JN174987

評伝 尹致昊

「親日」キリスト者による朝鮮近代60年の日記

木下隆男
Kinoshita Takao

明石書店

70歳の尹致昊

目　次

凡　例

・『尹致昊日記』からの引用は、大韓民国国史編纂委員会編、韓国史料叢書『尹致昊日記』を定本とし、引用者（著者）が、漢文日記部分は日本の漢文の読み下し、ハングル日記部分はほぼ直訳、英語日記部分は現代口語訳にして用いた。

・引用文における（　　）は上記定本の原注を示し、〔　　〕は引用訳者による注である。他の引用文もこれに準ずる。

・人名など固有名詞の漢字表記については、必ずしも常用漢字および人名用漢字に統一しなかった。

序章
尹致昊とはいかなる人物か？

　本書で紹介する尹致昊（1865〜1945）は、朝鮮が19世紀後半に外国勢力から開国を迫られ、やがて日本の植民地となり36年後に解放されるまで、まさに近代朝鮮が国家存亡の危機に瀕した激動の時代を生き抜いた政治家・教育家・宗教家である。その意味では朝鮮近代史を代表する人物のひとりと言うことができる。

　しかし現在の韓国で尹致昊と言えば、まずは1919年の3・1独立運動に反対し、安昌浩、李承晩らが上海に樹立した大韓民国臨時政府に協力することを拒否したことで知られる。次いで1937年の中日戦争勃発以後は総督府が進める内鮮一体、皇国臣民化運動に協力して朝鮮人を戦争協力へと扇動した"親日派"の代表的な人物として知られる。要するに尹致昊に対する韓国世論の一般的な評価は低い。

　その一方で彼に対する別の評価もある。1890年代末期、尹致昊は徐載弼と組んで朝鮮初の朝鮮人自身によるハングル専用新聞『独立新聞』を発行し、それまで両班階級が独占していた政治に庶民も参加できるようにした。同時に朝鮮初の近代的市民運動との評価がある独立協会運動に加わり、その指導者として旧制度の改革に努力した。さらに日韓保護条約（1905年）により韓国の主権が日本に剥奪されたのちには、主権回復のために起こった民族実力養成運動の指導者として活躍したとされる。

　このように尹致昊に対する評価が彼の生涯の前半と後半において相反する結果となったのは、冒頭で述べたように、彼が生きた1865年から1945年にいたる80年が彼の祖国朝鮮にとって激動の時代だったからである。

　1876年、日朝修好条規の締結によりそれまで西洋人から「隠者の国」と呼

ばれ鎖国政策をとってきた朝鮮は日本との国交を再開し、国際交流の舞台に登場した。1882年、米朝修好通商条約を締結したのを皮切りに英独仏伊露等の欧米諸国との交流も始まった。しかし1894年に始まった日清戦争により日本の勢力下に入ると、10年後には日露戦争の結果ついに日本の保護国となった。そして1910年から1945年8月15日まで36年にわたる日本の植民地支配が続く。

その激動の80年間のうち、1883年1月1日から1943年10月7日にいたるまで60年あまりにわたり尹致昊は日記を書きつづけた。「60年あまりにわたり」と言ってもその途中の1906年7月から1915年末までの9年半（いわゆる105人事件により逮捕投獄された3年間を含む前後の期間）が空白になっているほか、日記が逸失したと思われる時期が合わせて4、5年、その他にも生活に追われ、あるいは単なる怠惰によると思われる空白部分が数日、数週間、時には数ヵ月もあって、日毎の日記に換算すれば、日記の記述は正味40年分ほどである。

にもかかわらず彼は日記を書くだけの余裕があればせっせと日記を書きつづけた。若くして日本（英語を学ぶ）、中国（キリスト教に入信する）、米国（ヴァンダービルト、エモリー両大学卒）に留学したほか、ロシア、フランス、ハワイ等に数ヵ月におよぶ長期旅行をしたが、その間にも寸暇を惜しんで日記を書きつづけた。書きつづけただけではなく、それを大事に保存して子孫に残した。残された膨大な量の日記帳は生涯の前半部と後半部の2つに分けられ、長男と五男に託された。託された2人は朝鮮戦争をはじめ多くの混乱があり、また度重なる住居の移動があったにもかかわらず大切に日記を保存しつづけた。そして尹致昊の死から30年近くたった1973年、遺族の同意により大韓民国国史編纂委員会から『尹致昊日記』第1巻が刊行され、89年に最終巻第11巻が刊行された。

朝鮮近代史における激動の80年のうち60年にわたり日記が書きつづけられたこと自体稀有なことである。さらにその日記が公刊され、誰でも自由に読めるということは奇跡に近い。しかも彼は1895年から1905年にいたる10年間、朝鮮政府の要職（文部次官、外務次官、中枢院議官、その他）にあったため、この間に起こった重要事件をその核心において知る位置にあった。閔妃暗殺事件、俄館播遷、独立協会運動、日露戦争、第1次・第2次日韓協約の締結等々について記録した彼の日記は、事件の渦中にあった者が具体的な日付と場所を明記

して残した記録として第一級の歴史資料である。

　にもかかわらず『尹致昊日記』はこれまで歴史資料として十分に利用されてきたとは言い難い。それには次のような理由があると考えられる。

　まず記録媒体の問題として、最初の7年間を除き残りすべて（1889年12月7日〜1943年10月7日）が英文で書かれていることである。日韓併合後の植民統治末期に内鮮一体、皇国臣民化の嵐が吹き荒れ、すべての西洋人宣教師が本国に強制退去になったのちにも英語で日記を書きつづけた。同時代の朝鮮人が書いた日記にこのような例はない。朝鮮人が朝鮮人の歴史を記録するのに英文を用いたという事実そのものに対する違和感がまずある。また英語というフィルターをとおしてはたして朝鮮人の生の歴史をどこまで掬い取れるのかという疑念がある。

　次いで、日常生活における私事に関する内容が多いことである。青年期における性の悩み、ひとつ屋根の下で3人の妻と生活を共にする父への反発、再婚した妻との不和、子女の養育問題、嫁姑の対立、諸物価の高騰・暴落……等々。朝鮮知識人の日記は伝統的にこのような話題を避ける。家族の恥部、取るに足らない日常生活は記録するに値しない。知識人の日記が持つこのようなイメージが『尹致昊日記』に卑俗な印象を与え、まともに研究対象とすることを憚らせる。

　最後に、そしてこれが最大の理由であるが、尹致昊が"親日派"という烙印を押されていることである。日韓保護条約締結後、尹致昊は政府内部にあって祖国を改革することを断念し官界を去った。以後、彼は朝鮮中央YMCA副会長、青年学友会委員長、韓英書院（米国南メソジスト設立のミッションスクール）院長、大成学校（安昌浩が平壌に設立した民族精神養成学校）校長等として民族実力養成運動の指導者となる。政府内部にあったときには立場上、キリスト教による祖国復興という米国留学時以来の夢を実現できなかった。民間人となった彼は教会、ミッションスクール、YMCA等のキリスト教機関を通じて朝鮮人が相互に団結し自立する運動を本格的に開始した。

　しかし不幸にしてこの時期、キリスト教徒による凶悪事件が相次いだ。朝鮮政府外交顧問スチーブンスの暗殺、統監伊藤博文の暗殺、総理大臣李完用の暗殺未遂事件等、犯人はすべてキリスト教徒だった。その結果、彼は統監府から

反日運動の指導者として疑われることになり、日韓併合後の1912年2月、総督謀殺陰謀事件（105人事件）の首謀者として逮捕された。裁判の結果、6年の実刑を言い渡され服役したが1915年、特赦により減刑釈放された。

この3年の獄中生活の間に尹致昊は民族運動の指導者から親日派に転向したというのが韓国における尹致昊評価である。事実、彼はその後、3・1独立運動に反対し、中日戦争勃発後は日本帝国主義に担ぎ出されて朝鮮人を戦争協力へと扇動した。公の場における彼の言動は当時の御用新聞、『京城日報』、『毎日申報』等に大々的に報道された。それらの報道によるかぎり彼の親日行為は否定の余地がない。しかし同じその親日行為も彼が日記に記した内容からは別の側面が窺える。新聞雑誌に発表された公の記録のみにより彼の言動を評価することには限界がある。

朝鮮人にとって"親日派"の烙印を押されることは政治的な死を意味する。その親日派を弁護することは自ら"親日派"と呼ばれる危険を冒すことになる。近代史研究者が『尹致昊日記』から彼について肯定的な結論を引き出すことはきわめて困難である。結果的に、『尹致昊日記』に関する研究はすでに与えられた結論、すなわち「尹致昊＝親日派」を改めて確認するだけになりがちである。1975年に始まった『尹致昊日記』の翻訳事業がいまだに第3巻で足踏みしたままになっているのもこのような現実の結果であろう。

日本において尹致昊および『尹致昊日記』がほとんど話題にならないのは恐らく、韓国における以上のような状況の影響によるものと思われる[*1]。しかし60年にわたって書き継がれた『尹致昊日記』の持つ史料的価値は彼が親日派であると否とに直接かかわりない。当初、尹致昊の遺族は日記を公刊することに同意しなかった。国史編纂委員会が忍耐強く説得した結果、前半部分のみようやく公刊にこぎつけた。だが、彼の親日時代に属する後半部分について遺族は公刊を固辞しつづけた。公刊すれば尹致昊の親日行為が彼自らの口を以て語

＊1　一方、英語圏における研究は尹致昊を積極的に評価するものが多い。例として次のような研究がある。Kenneth M. Wells *New God, New Nation: Protestants and Self-Reconstruction Nationalism in Korea, 1896-1937*（University of Hawaii Press, 1990）/Vipan Chandra *Imperialism, Resistance, and Reform in Late Nineteenth-Century Korea: Enlightenment and the Independence Club*（University of California, 1988）/Koen De Ceuster（ライデン大学講師）「尹致昊の親日協力に対する再評価」:『尹致昊の生涯と思想』（佐翁尹致昊文化事業会、1998）

られることになる。すでに“親日派”の烙印を押されている彼をますます不利な情況に追いやることは明らかである。

　にもかかわらず最終的に遺族は公刊に同意した。なぜか？　恐らく遺族を決断させたのは故人の遺志である。米国留学中、英語で日記を書き始めた尹致昊は、毎日、日記を書きつづけることの意味を次のように記している。「過去、現在の経験から未来の人々が学ぶことができるようにありのままを記録することにベストを尽くす……たとえ未来から笑われるようなことがあってもありのまま記録するだけのプライドを持ちつづけたい。なぜなら過去、現在における経験から学ぶことができるのは、未来よ、君だけだ」（第2巻、1891年11月27日を要約）。故人のこの遺志がなければ遺族は日記の公刊に同意しなかったであろう。『尹致昊日記』の公刊には、“親日派”としての彼の経験から歴史の教訓を学び取ることが後世の者に託されているのである。

　現在でも日韓関係がギクシャクするたびに韓国では反日世論が支配的になる。そして日本に対する反日世論は韓国国内における親日派糾弾の世論と一体になっている。このような現状が続くかぎり、今後も日韓関係の安定化は望めないだろう。最近、韓国では親日派清算に関する様々な法律が制定され、親日派の定義、親日派と認定された人物のリスト・略歴が公表され、親日派と認定された人物の遺族が財産を没収されるような事例もあるという。しかし親日派を断罪するのみで、個々の人物が親日派となった動機やその内面的葛藤を詳しく追跡理解する作業がなければ、親日派の問題は今後も蒸し返されるだろう。日韓関係を安定化させるためにも親日派に対するより深い理解が必要である。『尹致昊日記』はそのための貴重な史料となるはずである。そしてこの日記をとおして尹致昊の生涯を辿りながら彼の成功と失敗から学ぶことこそ、60年間にわたって彼が日記を書きつづけた意図を最善に活かす道であると考える。

　以下、本論においては主として『尹致昊日記』によりながら、韓国の近代化と日本およびキリスト教との関係、キリスト者である尹致昊が親日派へと転向した経緯を辿りなおしてみたい。

第1章
誕生から甲申政変まで
1865～1884年

1．生い立ちと日本に来るまで

　『尹致昊日記』の作者尹致昊は1865年1月23日（甲子12月26日）、忠清南道牙山郡屯浦面新村に生まれた。父尹雄烈はのちに大韓帝国の軍部大臣にまで出世する人物で、1856年に17歳で科挙の武科に合格し、尹致昊が生まれる前にはすでに忠清道、咸鏡道等地における軍隊指揮官としての経歴を踏んでいた。家系は海平尹氏に属し、先祖の中には中央政界の要職を占めた者もいたが、曾祖父の代には没落して、ただの田舎百姓同然になっていた。母は全州李氏である。当時の女性は結婚すると自分の父方の姓のみを以て記録され、いわゆる固有名詞を持たない。全州李氏から海平尹氏に嫁いできた女性という意味である。全州李氏は李王朝の姓であり、したがって尹致昊の母は王室と氏祖を同じくする名族の出身ということになる*2。

　屯浦面はソウルの南方、牙山湾から5キロメートルほど内陸に入った純農村地帯で、尹致昊は9歳になるまでこの地で過ごした。5歳のときから張先生という漢文の教師に就き素読を始めたが、8歳になると親元を離れてこの師の家に預けられ、儒教の古典を勉強させられた。意味もなく漢文を丸暗記するのが嫌いで、師の目をぬすんで山川に遊ぶこともあったという。

　9歳のとき、3つ年上の姉慶姫とともに上京してソウルの勝洞にあった父の

＊2　以下、尹致昊の生い立ちの部分については主として金永義『佐翁尹致昊先生略伝』（基督教朝鮮監理会総理院、1934年）および同書のハングル訳（佐翁尹致昊文化事業会委員会、1999年）による。

家で過ごすようになった。父雄烈は科挙に合格した武人であったが、文を尚ぶ両班社会にあって、同じ両班でも武科出身者は文科合格の両班よりも一般的に地位が低かった。そこで父親としては息子に文科を受験させてより高い地位をめざさせようとしたらしく、尹致昊は11歳になると、再び父の家を離れ同じソウル内の安洞に住む金正言という有名な漢学者の家に住み込みで入門させられ、科挙の試験をめざして本格的に勉強することになった。以前は身が入らかなかった漢文の勉強もこの頃から次第に興味を持つようになり、特に『三国志（演義）』や『水滸志』を耽読したという。

　しかし時代は徐々に変わりつつあった。尹致昊が11歳になった1876年には日朝修好条規が結ばれ、それまで宗主国清国との交際を除き固く外部に対して門戸を閉ざしてきた朝鮮も、他国との交際へ自ら踏みださざるを得なくなっていた。同年4月、条約締結に対する謝礼の意味と開化日本の諸相視察を兼ねて金錡秀（キム キ ス）を正使とする第1次修信使が日本に派遣された。

　さらに80年には金弘集（キムホンジブ）（＝金宏集）を正使とする第2次修信使が日本に派遣されたが、この一行の中に朴泳孝（パクヨンヒョ）、閔泳翊（ミンヨンイク）、姜瑋（カンウィ）ら当時の開化派を代表する人物とともに尹致昊の父雄烈が含まれていた。来日した雄烈は当時、陸軍教導団長だった小沢武雄と接触し日本陸軍の現状を知り、自国軍隊を近代化する必要性を痛感する（第1巻、1883年1月3日）。修信使一行が帰国したのち、韓廷は使節の報告を参考にしながら81年4月にはさらに大規模な日本視察団（紳士遊覧団と称した）の派遣を決定するとともに5月には、別技軍なる特別軍隊の創出を決定する。これは当時5つあった軍営の中から壮健なる兵士を選抜し日本から堀本礼造少尉を教官として招いて新式教練を施すというものだった。この別技軍指導の中心となったのが尹雄烈であった。

　一方、大規模な日本視察団の方は韓廷の著名紳士12名を日本に派遣して開化日本の政治行政制度から学問にいたるまで幅広く情報を収拾しようとするもので、各紳士には数名ずつ随員という名の若者がついていた。その中の何名かは一行が帰国したのちも引き続き日本にとどまり留学生としてさらに新文明を学習することになっていた。兪吉濬（ユ ギルチュン）、金鏞元（キムヨンウォン）、孫鳳九（ソンボン グ）、柳定秀（ユ ジョンス）、金亮漢（キムヤンハン）らとともに尹致昊もその1人となった（朴泳孝「使和記略」：『韓国史料叢書第九』）。

2. 日本留学時代

　遊覧団一行は5月25日に東京に到着し、8月8日に帰国の途に就くまでおよそ2ヵ月半、日本に滞在した。尹致昊は一行が帰国する直前、当時、小石川江戸川町にあった中村正直の同人社に入学した。宿所は同人社の寮である。どのような授業を受けたのか、詳しいことは分からない。とにかくまじめに同人社の授業に出たのは1881年の8月から翌年6月頃までの1年足らずのことだったらしい。82年4月に一時帰国して母に会って日本に戻ってきたが、同年7月、故国で壬午軍乱が起こり、授業どころのさわぎではなくなっていた。おまけに親日派と目されて乱徒に追われた父雄烈が命からがらソウルを脱出し、8月下旬には元山を経て日本に亡命してきた。

　当時英国公使館書記であったアーネスト・サトウの日記には82年9月9日、尹雄烈父子がサトウを訪ねて来たこと、翌10日には2人が英国公使ハリー・パークスを訪ねたこと、さらに22日には再び父子の他にもう2人の朝鮮人がチェンバレンとともにサトウを訪れて夕食を共にしたことが記されている（萩原延壽『遠い崖14　離日』、210～17頁）。また当時来日していた動物学者のエドワード・モース（1877～79年、東京帝大教授）が書いた『日本その日その日』には82年10月18日に尹雄烈父子が彼を訪ねてきたこと、その後も1、2度訪問したのち、12月の初旬頃、父親がまもなく帰国するので別れの挨拶に2人でやってきたことが記されている（モース『日本その日その日』、142～65頁）。サトウは尹致昊のことを「若くて利発な息子」と言い、モースは「子息は極めて秀麗で」あると言っている。当時の尹致昊はよほど聡明な少年だったのだろう。

　尹雄烈父子が最初にモースを訪ねた5日前、新たに朝鮮から朴泳孝を正使とする修信使が東京に到着した。壬午軍乱で乱徒が日本公使館を焼き打ちし、堀本礼造少尉をはじめとする多くの日本人を殺害したことに対する謝罪の目的を兼ねていた。一行は10月13日から12月27日まで、2ヵ月余にわたって東京に滞在したが、朴泳孝の他に、副使金晩植、従事官徐_{ソ ヴァンボム}光範、随員として柳赫魯_{ユ ヒョンノ}、邊燧_{ビョンス}等々、多くの親日派が含まれていた。これとは別に高宗の密旨を帯びた金玉均_{キム オッキュン}と、戚族閔氏の期待の星であった閔泳翊が同行するとともに、新たな留学

生として朴命和（同人社）と朴裕宏（慶応
義塾→陸軍戸山学校）も同行していた（朴泳
孝「使和記略」）。

　こうして1882年10月から12月にかけて
東京には親日派の二大巨頭である金玉均、
朴泳孝をはじめとして徐光範、尹雄烈、閔
泳翊らの大物が会集することとなり、新聞
には連日、彼らの動静が報道されるように
なった。10月19日、朴泳孝は金晩植、徐
光範を伴って天皇に国書を捧呈したが、こ
のとき金玉均と閔泳翊も特別に謁見を許さ
れた。朴泳孝一行は滞日中、多くの政府要
人（井上馨、岩倉具視、大木喬任、山県有朋
etc.）、経済界の代表（渋沢栄一、大倉喜八

1882年に来日中の尹雄烈と尹致昊（左）

郎etc.）、各国公使と接触し、政府機関、大学、兵学校、造幣廠、名所旧跡を視
察観光したが、行く先々で大歓迎された。

　公使館を焼き払われ、堀本少尉を殺害されたにもかかわらず官民こぞって日
本人が彼らを厚遇したのには訳がある。壬午軍乱を契機に朝鮮に対して宗主国
としての干渉を強化しはじめた清国に対抗する意図があったのである。一行は
12月28日に横浜を抜錨して帰国の途に就いたが、福沢諭吉の肝煎りで朝鮮政
府に招聘された牛場卓造、高橋正信らも同行していた（のちに井上角五郎がこ
れに続いた）。尹致昊は高宗の密旨を帯びて引き続き東京にとどまることにな
った金玉均、徐光範とともに父を見送った。その4日後の1883年1月1日、全
11巻におよぶ膨大な『尹致昊日記』の最初の1頁が記されることになる。尹致
昊はまだ満18歳の誕生日を迎える前の少年だった。

『尹致昊日記』第1巻冒頭の2週間

　『尹致昊日記』第1巻冒頭の日本滞在部分は1883年1月1日から同16日まで
の2週間あまりである。その内容は大きく2つに分けることができる。

　1つは壬午軍乱後、朝鮮に駐留することになった清国軍の横暴、そして乱後

数ヵ月にして（1882年10月1日）、中朝商民水陸貿易章程が締結されたことに見られるがごとき、清国が朝鮮に対して宗主権を強化したことへの不満と怒りである。ところがその不満と怒りは1月13日、福沢諭吉から、「米国上院において朝美修好条約が批准されたから、これからは李鴻章もこれまでのように勝手なことはできまい」という話を聞き、一変して躍り上がらんばかりの喜びに変わる。すなわち、壬午軍乱後における清韓宗属関係の強化が時事問題として最大の関心事となっている。

　一方、尹致昊個人のレベルにおいては英語の勉強に本格的に取り組むことが重要な問題となっている。正月三が日明けの1月4日、はやくも横浜のオランダ書記官を訪れ、またベルギー公使を訪れて英語の手ほどきを依頼しようとしたものの、あいにく両者とも不在でこの日は空しく引き返す。1日おいた1月6日、再びオランダ書記官を訪ねた結果、今度は首尾よく16日からレッスン開始の快諾を得ている。この英語学習開始の計画は、しかし、単に尹致昊個人の思いつきによるものではなく、最初の横浜訪問時には開化派の大先達、金玉均と卓挺植（覚治公）が同行しており、2度目（1月6日）、3度目（1月12日）のオランダ書記官訪問時も、帰京後、逐一金玉均に報告している。新年とともに始まった尹致昊の英語学習開始への行動が金玉均ら日本滞在中の開化派指導層の強い要請によるものであることは明らかである。このことは朝美修好条約がアメリカ議会で承認されたことと無関係ではあるまい。3ヵ月余ののち、尹致昊は初代駐韓米国公使としてソウルに赴任することになったルーシアス・フート（Lucius H. Foote）の朝鮮語通訳として公使に同伴して帰国の途に就くことになるのである（この項に関しては終章を参照）。

　以上、2つの問題のうち前段である清韓宗属問題は、19世紀後半極東アジアにおける一大問題であり、日清戦争によりひとまず決着をみながらも、21世紀の現在にいたってなお日中韓3国の政治問題としてくすぶりつづける重大問題である。しかも後段の尹致昊の英語学習もそれと密接に関連している。『尹致昊日記』第1巻が1883年1月1日を以て書き始められた理由の一端も恐らくここにあり、以後、『尹致昊日記』全体の背景をなすものなので、ここでこの問題をやや詳しく振り返っておくことにしたい。

3.　清韓宗属問題

　戊辰戦争における勝利により徳川幕府から政権を引き継いだ明治新政府は1868年12月、対馬藩を通じて釜山の草梁倭館に使者を派遣して、今後朝鮮との交渉は徳川幕府に代わり明治政府が管轄する旨を通告する書契を提出した。しかし、倭館側は書契の中に「皇室奉勅」等、不適切な言葉遣いがあるとして受け取りを拒否した（「皇室」なる語句は朝鮮にとって宗主国清国のみに許された言葉である）。これは朝鮮が新政権を認めないことを意味するから、維新政府はなんとか書契を受け取らせるため引き続き努力したが、朝鮮側の態度は一向に変わらない。

　そこで事態を打開するため、まず朝鮮の宗主国である清国と対等な関係に基づく条約を締結することにより朝鮮側の受け取り拒否の根拠を除去する方策に出た。明治政府が清国と対等な条約を結んだとなれば、少なくとも「皇室奉勅」の文字を理由に書契受け取りを拒否する根拠は失われるからである。こうして1871年9月13日、両国間に日清修好条規が調印され、73年4月30日を以て批准互換が成った。ここまでの段階では清韓宗属関係が特に重大問題として浮上することはなかった。

　ところが1875年9月20日、いわゆる江華島事件が起こったため事態を収拾し開戦を回避するために翌76年2月、日本政府は特命全権大使黒田清隆を朝鮮に派遣して交渉にあたらせることにした。日本政府は朝鮮との直接交渉に先だってまず清国に対して宗主国としての責任を問い、清国が朝鮮政府の行為について責任を負うことを拒否した場合——すなわち、清国が朝鮮の宗主国であることを否定した場合——に初めて、日鮮両国のみによる交渉にあたることが有利と考えた。そこで黒田の朝鮮派遣と時を同じくして外務少輔森有礼を公使として清国に派遣して黒田の交渉を側面から援助させることとした。

日清修好条規第1条の解釈をめぐって

　かくて76年1月5日、北京に到着した森有礼は、北京駐在日本公使館書記鄭永寧を伴って総理衙門の大臣たちに接見し、清韓宗属関係を明らかにしようと

した。だが彼らは「朝鮮は清国の属国ではあるがその内政外交に関しては自治に任せている」と言うのみで一向に埒が明かない。そこで森は総理衙門との接触を一時中断し、日清修好条規調印の当事者である李鴻章との面談を希望した。幸いに李鴻章の了承を得た森は李のいる保定に赴いたのち、1月24日、李との会談に臨んだ。

　この会談における李鴻章の発言はすこぶる重要な意味を持つものだった。すなわち、日清修好条規第1条に言う、「……又両国に属する邦土（所属邦土）も各礼を以て相待ち聊も侵越する事なく永久安全を得せしむべし」における「所属邦土」の「土」の字は清国国内の直省（18省）を指すものであり、「邦」の字は朝鮮その他の諸国を指すものであると明言したのである。これに対して森が、日本臣民は「所属邦土」は清国本土の18省を指すものであり、朝鮮が「所属邦土」の中に含まれていると考える者は誰もいないと言うと、李は「それでは将来、この条約を改訂するとき、"所属邦土"という字句の下に"十八省および朝鮮琉球"という字句を付け加えることにしよう」とまで言った*3。

　もし李の言うとおりであるなら、日本は朝鮮、琉球に対する清国の宗主権を認めるためにわざわざ日清修好条規を結んだようなものである。しかし事実はそうではない。『日本外交文書』によれば調印した修好条規の各条下に「伊達全権側並に外務省側にて貼付せる下げ札」なるものが付属書類としてあり、第1条の下げ札には「両国所属の邦土は和誼無窮の字より演出せし義のみにて邦土の二字は別に藩属土の名を指すに非ず」との注意書きがある。日本側調印当事者である伊達宗城としては「所属邦土」の字句が藩属土を指すものでないことを確認した上で調印したものであることは明らかである。然るに伊達はこの重要な事実を公式文書により言質をとることを怠った。このような曖昧な字句をそのままにしたことは後になって清国側（李鴻章）が、「所属邦土」は「藩属土」そのもののことではないが「直省（18省）と朝鮮その他の諸国」とを合わせ指すものであると強弁する余地を与えてしまったことになる。

　日清修好条規締結に先だち清国側は当初、第1条の「所属邦土」を「高麗

＊3　光緒元年十二月二十八日「日本使森有禮署使鄭永寧来署晤談節略」：『李鴻章全集・第6冊』所収「訳署函稿・第四巻」、3015〜17頁。

（朝鮮）」とすることを考えたが、このような表現を用いると日本側の疑いを買うことを恐れて敢えて「所属邦土」という表現を選んだことがすでに明らかにされている（佐々木揚『清末中国における日本観と西洋観』、27～31頁）。恐らく清国側としては調印前後に日本で起こった征韓論、その後の台湾出兵、そして今回の江華島事件によって日本の対外侵略の意図があからさまになってゆく過程において、当初意図的に曖昧にしておいた表現を明確化するにいたったものであろう。姑息と言わんよりはむしろ老獪な処置であったと言うべきである。

　事実、森・李鴻章会談に先だって、李鴻章は朝鮮政府前領議政（総理大臣）李裕元から書信を通じて対外政策についての助言を求められていたが、会談2週間前の1月10日、李裕元に対する最初の回答を送った。以後、両者の文通は1879年8月にいたるまで続けられ、李鴻章はこの文通を通じて朝鮮外交を指導することになるが、李裕元の書信の内容はすべて国王高宗の諒解済みであったという。従来、清国は朝鮮に対して冊封と朝貢に関する以外、その内政外交には一切干渉しない立場であったが、江華島事件を契機に李鴻章がこれを変更し、李裕元との書信往復を通じて朝鮮の内治外交を指導する方針に転じたことは明らかである。

　以上の森の経験が黒田全権による対韓交渉にどれだけ活かされたか、あるいは活かされなかったか、詳細は分からない。しかし、森・李鴻章会談のあった1月24日から1ヵ月後の2月26日、日朝修好条規は締結された。その第1条は「朝鮮国は自主の邦にして日本国と平等の権を保有せり」となっている。日本側はこれを以て、朝鮮を宗主国清国から切り離し、完全なる独立国としたものと考えたようであるが、上述の李鴻章の考えからすれば従来の清韓宗属関係になんら変更を加えるものではない。

　かくして日清、日朝、2つの修好条規の締結は本来の意図とは裏腹にその出発点から、朝鮮、琉球をめぐって日清両国の対立を抱えるものとなった。さしあたり日本は琉球と清国との宗属関係を断ち切るために79年4月4日、いわゆる琉球処分を断行した。清国はこれに抗議したが、もちろん日本が応ずるはずがない。

　この頃たまたま、前アメリカ合衆国大統領（1869～77）グラントが退任後の世界一周旅行の途次、シンガポール、上海等を経て北京に入城したあと、6月

12日、保定に赴き、李鴻章と会談、琉球問題につき話し合う機会があった。グラントは1872年、岩倉使節団が訪米した折、正使岩倉ほか木戸、大久保、伊藤ら明治政府の指導者と接見した経緯もあるので、中国の次は日本を訪問する予定だった。そこで李鴻章はグラントに日本天皇に謁見した際、前米国大統領という権威を以て琉球処分の非なることを説得してくれるよう依頼した。日本に渡ったグラントは天皇に謁見するに先だち、伊藤、西郷従道、吉田清成らと琉球問題について話し合ったが李鴻章が期待するような結果はとても望めないことを理解した。8月10日、グラントは天皇に謁見した折、琉球事件につき意見を交換したが、すでに伊藤らとの話し合いにより結論は出ていた。

　グラントによる調停が不調に終わるや李鴻章はただちに次の策に出た。琉球の次に日本が朝鮮併呑に乗りだすことは必至とみた彼は、79年8月26日付で、新たな対抗策を指示する書簡を李裕元に送る（『李鴻章全集』第9冊「遺集」、4779頁）。朝鮮が現在とるべき計策は「敵を以て敵を制す」、すなわち朝鮮がアジア全体にとって敵である西洋諸国と積極的に条約を結ぶことにより、条約締結国の中でひとり日本だけが突出して朝鮮に支配力を行使することのないよう先進西洋帝国主義国の監視と威力により新来帝国主義日本をチェックするのが最善の策であるというのである。その手始めとして、西洋諸国の中でもアジアへの進出が最も遅れ、また領土獲得の意図が最も希薄な米国とできるだけ有利な条件で条約を結び、これを以て他の西洋諸国との条約の模範とせよ、というのが李の書簡の趣旨である。

　ところが李裕元が李鴻章の指導の下に西洋諸国との開国を企図しているとの噂が広がったため、李裕元は攘夷鎖国を主張する守旧派の追窮弾劾を受け窮地に陥る。進退きわまった李は自己弁明のため意図的に李鴻章書簡を他人に示した。ひとたび世に出た書簡はまわりまわって中国の新聞紙上に公表せられる所となり、さらに1881年4月4日付の『郵便報知新聞』にその全文がすっぱ抜かれることになった。これを見て日本政府人民が怒ったのはもちろんであるが、とりわけ韓廷に対して怒りを爆発させたのは李鴻章であった。

　しかし、たまたま『郵便報知』によるすっぱ抜きが起きたのが紳士遊覧団が日本に出発する直前であったため、韓廷は急遽、遊覧団一行に、本来の新文明視察という目的の他に、渡日後、李鴻章に対する日本の誤解を解くよう努力す

ることを付け加えたという。

　ちなみに、福沢諭吉は壬午軍乱発生後、遡ってこの『郵便報知』の記事を取り上げ、清国（李鴻章）および韓廷を痛烈に批判している*4。従来、清国、朝鮮と手を携え日本がアジアの盟主となって西洋諸国の侵略に対抗することを主張していた福沢がいわゆる脱亜へと方向転換するにいたったひとつの原因はこの事件にあると思われる。

朝美（韓米）条約の締結

　李裕元を通じて朝鮮を開国へと導こうとする李鴻章の計画は李裕元の失脚により一頓挫したが、李鴻章は「敵を以て敵を制す」、すなわち朝鮮に米国と修好条約を結ばせることにより日本の野望を阻止せんとする計画をあきらめなかった。尹致昊が随員として同行した紳士遊覧団が81年8月半ばに帰国して間もなく、今度は北京をめざして留学生の一団がソウルを出発した。「領選使」と呼ばれる一団である。

　宗主国清国がすでに多くの西洋諸国と条約を結び、朝鮮自身もすでに日本と修好条約を結んだいま、西洋諸国に対して門戸を閉ざしつづけることの不可を悟り開国への道をめざす国王高宗および戚族閔氏にとって最大の障害となったのは頑なに鎖国政策を主張する守旧派である。李裕元の失脚はそのよい教訓となった。領選使の目的は天津にある機器製造局に近代兵器製造技術習得のため学徒25人、工匠13人を送り届け、かつ当地において彼らを監督するというものであった。しかしそれはあくまでも表向きの目的で、一行の責任者（領選使）となった金允植は主君高宗より重大な密命を授かっていた。直隷総督兼北洋大臣李鴻章に朝美（米韓）条約締結の仲介、実行を全面的に依頼することである。一行は1882年1月6日に北京到着後、1月11日、直隷総署がある保定府に向かった。領選使金允植と李鴻章との会談は1月17日の第1回会談から、4月4日の会談まで全6回におよぶ。

　両者の会談が最終段階に入った2月15日の第5回会談において李鴻章は次の

＊4　『時事新報』1882年8月24日「日支韓三国の関係」、同8月29〜9月1日「支那国論に質問す」：『福沢諭吉全集』第8巻（岩波書店、1970）、301〜03頁。

ように主張し、これは絶対に譲れない条件であると言明した。すなわち、「〔朝美条約の〕約内冒頭に必ずや、"朝鮮久しく中国の属国たり。而して外交内政の事宜、均しく自主たるを得べし"云々の一条大意を添えなければならない」と。これに対して金允植は全く同意する旨の返事をした（韓国史料叢書第六『従政年表　陰晴史』、52〜53頁）。

　これより先、米国は太平洋航行上、薪水の補給、また遭難した場合の救助等の必要から朝鮮と修好条約を結ぶ必要を感じ、海軍提督シューフェルト（R. W. Shufeldt）を日本に派遣して日本の仲介により朝鮮と交渉を試みたが、2度にわたり朝鮮から拒絶された。日本の仲介による交渉をあきらめたシューフェルトは清国の仲介による交渉再開に転じ、1880年8月、李鴻章と会見することを得た。交渉は停滞したが、81年7月、李鴻章との第3次会談におよんで、近いうちに朝鮮から交渉のための官員が到着するはずであるから、しばらく待機するようにとの指示があった。こうして、ようやく到着したのが既述の領選使金允植であった。

　李鴻章は金允植と打ち合わせして成った条約草稿をシューフェルトに提示したが、「朝鮮は中国の属邦であるが外交内政に関しては自主である」などという曖昧な表現を含む第1条は、もちろんシューフェルトも認めない。交渉は難航したが、李にとって日本の野望をチェックする方法は朝美条約の締結により西洋列強の監視を導入すること以外にない。そこで草稿第1条とほぼ同様の内容を持つ米国大統領宛の国書を条約に添えることを提案したところ、米国側が認めたために辛うじて妥協が成った。大統領宛の国書の内容は以下のとおりである（高麗大学校亜細亜問題研究所『旧韓国外交文書・美案1』）、10頁）。

　　朝鮮は中国の属邦である。しかし内治外交に関しては従来其の自主にまかせ
　　てきた。この度大朝鮮国と大アメリカ合衆国は互いに協議して次のことに同
　　意した。大朝鮮国国王はこの約内の各条項が万国公法の独立国同士の公例
　　に照らして確実に実行されるように努力すること。大アメリカ合衆国大統領
　　は朝鮮国が中国の属邦であることを認め、今後永遠にこの問題には干渉しな
　　いこと。

こうして李鴻章、シューフェルト、金允植等を中心に清国においてすべてお膳立てされた朝美条約原稿を持って朝鮮に赴いたシューフェルトは、1882年5月22日、朝鮮側が済物浦（仁川）に仮設した天幕の中で調印式に臨んだ。式には調印事務を援助すべく李鴻章により前もって派遣されていた馬建忠が同席した。ソウル城内あるいは江華留守（仁川監理）庁舎で行うと人目を引いて守旧派に妨害されることを恐れたからである。朝鮮側全権は申櫶と金弘集であったが、米国大統領宛の高宗国書は彼らに代わって馬建忠が準備し、申櫶、金弘集両名はただ言われたとおりに印を押すだけというきわめて異常な調印式であったという。

　ほぼ2週間後の6月6日には英国との間に朝美条約とほぼ同内容の朝英修好通商条約が調印されるが、これにもまた米国大統領に宛てたと同趣旨の、英国女王宛の国書が添えられた。

　問題は米英両国がこの国書に対してどのように対処するかである。米国議会で朝美条約が批准された今、米国は批准書交換のために朝鮮に使節を送ることになるが、使節は同時に朝鮮国王の国書に対する大統領の返書をも託されるはずである。朝鮮政府、李鴻章にとってはもちろん、日本政府にとってもその内容はすこぶる重大な意味を持つ。1883年5月17日、済物浦に到着した初代駐韓米国公使フートは3日後の5月20日、通訳尹致昊を帯同して朝鮮国王高宗に謁見、米国大統領の国書を捧呈した。しかるにこの前後の事情を知る上で絶好の手掛かりとなるべき『尹致昊日記』第1巻は1883年1月17日より同年10月17日まで空白となっているのである。

4.　空白を埋めるもの：帰国から日記の再開まで

　さて、『尹致昊日記』第1巻冒頭部分は、1883年1月16日に東京から横浜に居を移したところで突如中断され、頁をめくると「大朝鮮此より多事、日記を続く」という見出しのもとに、いきなり、日付の記載もなしに脈絡のない記事が始まり、次いで1883年10月19日の記事へと続く。1883年1月17日から同年10月17日までほぼ9ヵ月におよぶ日記の空白がなぜ生じたのか？　それを知る手掛かりになる史料が2つある。

①金永義『佐翁尹致昊先生略伝』（基督教朝鮮監理会総理院、1934年11月15日刊）

②文一平「対米関係五十年史」：『湖岩文一平全集第1巻』（ソウル・民俗苑、1995）所収

　前者は1934年に尹致昊が古希を迎えるに当たってその記念事業として米国南メソジストの朝鮮支部、基督教朝鮮監理会が企画したもの、後者は『朝鮮日報』1934年7月15日号〜12月18日号に同じタイトルの下に全101回にわたり連載したものを39年に至って歴史家文一平の5巻全集を出版するに際してその第1巻に収録したものである。

　まず前者の第4章「同人社修学」には次のようにある。

　17日は陰暦12月9日だった。……佐翁先生は……オランダ書記官を訪ね、明朝8時を約束して帰ってきた。翌日はとても寒い日だった。書記官の家で英語を初めて学び、その晩の日記には次のように記した。「8時より始めて蘭家に行きFirst Reader and languageを読む。10時に至り元楼〔元長楼：横浜における尹致昊の寓処〕に帰る。夜に至り、月白く、風寒く、山高く、海長くして、人をして思家恋就の懐を起生せしむ」。そして夜毎、フランス人建築家サルダから英語を学ぶことにして、この日初めて彼からも英語を学び、11時に帰宅した。このように英語学習を開始した先生は4日目になる20日には、Weather very cold, from 8 o'clock in the morning, have come at No. 1790 Bluff yesterday.と記した。これより日記には英語が所々混じるようになり、23日の日記には「是の午後地震Earthquake」と記した。

　引用文中にカッコ（「　」）で引用された部分が『尹致昊日記』第1巻の1883年1月16日に続くものであることは明らかである。記述がきわめて具体的であること、さらに日記から直接引用していることからみても著者が『尹致昊日記』の自筆原本を参照していることもまちがいない。『略伝』執筆にあたり尹致昊から日記閲覧の便宜を受けたことが推測できる。恐らく、日記解読にあたり疑問の点に関して尹致昊に直接問い合わせることもあったにちがいない。

『略伝』のその先を見ると次のようになっている。

　　……はや3ヵ月の月日が過ぎ、記憶すべき4月24日がやって来た。……4月
　　19日、初代駐韓米国公使フート将軍が横浜に到着した。当時、東京近辺にい
　　た朝鮮人志士たちはこのことをひどく喜んだ。だが、さらに23日の朝になっ
　　て、佐翁先生が英語字典と首っ引きで勉強しているとき、井上馨の秘書官が
　　佐翁先生の部屋に姿を現して、24日の朝、グランドホテルで井上およびフー
　　ト将軍と会ってくれないかという伝言をつたえたとき、佐翁先生は予期せぬ
　　喜びで跳び上がらんばかりだった。佐翁先生は喜んでこの申出を受け入れた。
　　……24日朝の会見は、底知れぬ深い心を持っているように見えながら温かい
　　ユーモアを満面に湛えた厳父の如きフート将軍のお伴をして帰国してくれな
　　いかという要請がその要旨だった。英語の勉強は24日を以て終わりにした。
　　……公使一行と佐翁先生は26日に横浜を発って、玄海丸で長崎まで行き、長
　　崎からはモノカシー号に乗り換えて5月8日に出発して13日午後6時に仁川
　　に到着した。その後ソウルに上京して20日には佐翁先生の通訳で高宗の御前
　　に拝謁を賜った。これが外国公使が高宗に拝謁した最初となったのである。

　フートの横浜到着から尹致昊が帰国の途に就くまでのことは詳しいが、帰国
後、外衙門で批准書を交換したことには一切言及がなく、またフートが高宗に
拝謁した時、大統領国書を捧呈したはずであるが、そのことについても言及が
なく、またこの引用部分の先にも見られない。しかし尹致昊がフート公使の通
訳になったのは井上馨の要請によるものであることがこれで明らかになった。
井上が尹致昊をフートの通訳として選んだ意図は何か？
　そこで後者、文一平の「対米関係五十年史」の「米公使来駐と初期外交」の
章（85〜86頁）を見ると次のような記事がある。文中の下線は筆者による。

　　〔フート公使が高宗に謁見した模様に関して朝鮮側史料には『承政院日記』にわ
　　ずか数行記されているだけで詳しいことが分からない：先行部分要約〕しかし
　　当時、米国公使の通訳として昼夜分かたず影の形に従う如く公使と行動を共
　　にした尹致昊氏による米公使館1年半の日記は何よりも信頼するに足る貴重

な証言として当時の史料の欠陥を補って余りあるのみならず、外交界裏面の秘話としても興味津々たるものがある。その日記にはフート公使が朝鮮にやってきたこと、統理衙門と条約を批准したこと、高宗に謁見して国書を捧呈したこと、公使が高宗の諮問に対していつも公平な意見を上申したこと、外衙門と一大衝突を来した事件、その他様々な公私の生活が活き活きと描かれている。その日記によればフート公使が米国から駐韓公使として朝鮮に赴任する途中、まず日本に立寄った際、該地に1ヵ月あまり滞在しながら朝鮮語通訳を探すうちに、当時、日本に留学していた尹致昊氏がわずか18、9歳の少年であったにもかかわらず通訳として選ばれたのだという。しかし先生は日本語は流暢であるが英語は習い始めて3ヵ月にしかならなかったのでその申出を固辞したところ、自分についてくれば英語の勉強もよくできるようになると公使に言われ、引き受けることになったのだというが、日本外務卿井上馨の秘書である齊藤修一郎が英語が堪能だったので、彼がフート公使の通訳として朝鮮に同行し、3ヵ月ほど寝起きを共にしながら二重通訳をしたという。

"二重通訳"というのは先ずフートの英語を齊藤が日本語に訳し、次いで尹致昊がそれを朝鮮語に訳して朝鮮人に伝えることをいう。『略伝』において井上の伝言を尹致昊に伝えに来たという「井上馨の秘書官」なる人物が齊藤修一郎であることが分かる。

「尹致昊氏による米公使館1年半の日記」とあるからには著者は少なくとも公使一行が済物浦（仁川）に到着した1883年5月13日から翌年12月4日に起きた甲申政変までの『尹致昊日記』を読んだということになる。

『略伝』によればフートは4月19日に横浜に到着し、26日には尹致昊とともに横浜を発ったことになっている。従って彼が横浜に滞在したのはわずか1週間である。一方、『五十年史』には、「日本に立寄った際、該地に1ヵ月あまり滞在しながら……」などと日本滞在中の部分に関しては不正確であることからみて5月13日以前の日記は直接見なかった可能性が高い。このことは『略伝』と『五十年史』の執筆時期がほぼ重なっていることを考え合わせるとき、もし両者が尹致昊から日記原本を借り受けたとすると、金永義が1月17日から4月

一杯までの部分を、文一平が5月以降、翌年の12月までを借り出したとの推測が成り立つ。

　『略伝』では大喜びで井上の申出を引き受けたことになっているが、こちらは未熟さを理由に一度は固辞したことになっている。『略伝』は著作の性格上、朝鮮南監理教（南メソジスト）の草分け尹致昊を美化する傾向があり、恐らく『五十年史』の方がより事実を伝えているように思われる。単独では十分にフートの通訳を果たしえない尹致昊であればこそ、日本外務卿井上馨が"当分の補助"という名目で齊藤を同行させる口実が成り立つわけで、それが井上の意図であったと思われる。

　『五十年史』には『略伝』にはなかった国書捧呈の様子を含めフート公使着任当初の様子がかなり詳細に記されている（86～87頁）。

　　フート公使が神戸から米国戦艦モノカシー号に乗って仁川に到着したのは1883年5月7日の午前8時だった。一行は公使夫妻とその秘書スカッダー（Scudder）、モノカシー号艦長と士官若干名、および日本人通訳齊藤修一郎と尹致昊氏だった。……5月19日午後4時にフート公使は外衙門に出向いて条約批准を行ったが当時の外衙門督弁閔泳穆以下、協弁、参議が一堂に会し公使一行とともに両国代表が署名捺印して式を済ませた。外衙門で批准交換があった翌日は日曜日であったにもかかわらず高宗に拝謁して国書を捧呈した。朝10時に外衙門から公使の宿所である磚洞のメーレンドルフ邸〔後の師範付属普通学校一帯〕に馬車をまわし公使を乗せて昌徳宮に入った。公使は燕尾服で主上の御前に進み出ると脱帽して緊張した面持ちで最大限の敬意を表した。起立された主上が軽く会釈すると公使が国書を捧呈した。主上みずから受け取ると傍に侍立した金玉均氏に手渡し、金氏はただちにその漢訳本を朗読した。それが済むと主上は公使に向き直りながら大統領の安否をお尋ねになり、次いで、長旅の途中何事もなかったかと公使にお尋ねになった。……この間、フート公使夫人は仁川に留まっていたが、しばらくして京城に移って公使と同居することになった。公使の宿所も磚洞メーレンドルフ邸から貞洞閔判書家〔のちの米国総領事館〕に移した。

仁川到着が5月7日となっているのは5月13日の誤りである（次項を参照）。著者（文一平）の錯誤であろう。『略伝』とちがい、こちらは5月19日の批准書交換に続いて翌20日、高宗に謁見して国書を捧呈した様子が詳しい。金玉均が朗読したという国書の漢訳文が『旧韓国外交文書』第十巻「美案1」（高麗大学亜細亜問題研究所刊、18〜19頁）に「朝鮮自主国書に対する美国答書」と題してその全文が載せられている。今その日本語拙訳を示せば以下のごとくである。

　　大アメリカ合衆国大統領アーサー、大朝鮮国君主に返書す
　　この度、特派全権大使フートを貴国に派遣します。昨年、条約を交わした折、貴君主よりの国書を受け取りましたが、ここに返書を修してフートに託してお届けいたします。さてご依頼の件ですが、朝鮮が中国と交際しても、もしそのことが我国の商民を妨害することにならなければ、我国としましては口出しするつもりは一切ありませんし、「朝鮮は中国の属邦である」という件に関してもとりたてて問題にするつもりもありません。また、貴国の内治外交に関しては貴君主の自主に属すこともすでに承知しておりますので、我国としてもこの点を深く尊重いたします。…（中略）…また条約調印時、中国の大官が同席しましたが、米韓双方を邪魔だてするどころか、却って有益な助言を与えてくれました。これにより中国が我国に対して和睦の意思がきわめて深いことを知ることができます。
　　　　　　　西暦1883年3月14日　　　　大美国大統領アーサー　　画押
　　　　　　　文責　国務長官フリリングヒューゼン

　日本外務卿井上馨が知りたかったのはまさにこれである。米国大統領の国書は朝鮮が清国の属邦であること、またその内治外交が朝鮮の自主であることを明確に認めている。朗読した金玉均はさぞかし失望したことであろう。井上は何時、どのようにしてこの内容を知ったか？『略伝』にも『五十年史』にもそのことに関する手掛かりはない。

齊藤修一郎による米国公使随行報告書：井上馨の諜報戦略
　しかしここにもうひとつ、当時の事情を知ることのできる未公刊の貴重な史

料がある。齊藤修一郎が井上（および外務大輔吉田清成）宛に送った報告書、「齊藤修一郎　駐韓米国公使に随行渡韓中の報告雑纂」と題する文書がそれである*5。全体は1883年5月16日付の第1書簡から同7月12日付の第13書簡にいたる13通の書簡から成っている。

　齊藤は当時27歳、福井県出身で、1875年、第1回官費留学生として米国ボストン大学に留学した。80年に帰国して外務省に入省し、当時、権少書記官だった。以後、たえず井上の下で外務、あるいは農商務省の官吏を歴任し、1894年10月、井上が第2次伊藤内閣の内務大臣を中途降板し自ら駐韓公使を志願して朝鮮に乗り込んだとき、彼に従って渡韓して朝鮮政府の内部顧問官となった。「井上馨の秘書」と呼ばれるにふさわしい人物である。

　第1書簡によれば一行が済物浦（仁川）に到着したのは5月13日午後7時、この日から16日まではモノカシー号を宿所として仁川日本領事館官員およびソウルより派遣された朝鮮政府の迎接官との打ち合わせに費やされた。末尾に「尹致昊帰京の義は何の不都合も之なくと存じ候」と記されている。日本に留学していた尹致昊を初代米国公使の通訳官に仕立て上げて帰国させたことに対する朝鮮政府側の反応を井上が気にしていたことが分かる。翌17日にはソウル入城の予定であることが予告されている。

　5月18日付の第2書簡は入京後の朝鮮政界の概況報告が主となっているが、冒頭、欄外に細字で「尹致昊には着京即日外務主事に任ぜられ候。尤も米公使へ付属のことは為に妨げなく候」と書き添えられていて、尹致昊が米公使の通訳と兼ねて朝鮮政府外衙門の主事に任命されたものの、通訳としての地位には支障がないことを報じて井上を安心させている。

　5月22日付の第3書簡になると19日に外衙門で行われた条約批准書交換の様子と翌20日に行われた高宗陛見、国書捧呈の様子が報告されているが、「通弁の義はすべて尹致昊と小生にて相務め候」とあって国書捧呈の場に尹致昊のみならず齊藤も通訳として同席したことが分かる。しかしすでに言及したごとく、

＊5　この文書は元、外務省外交史料館編纂『外務省記録』に含まれていたが、同館が数次の災難に見舞われる過程で紛失し現在、米国国立公文書館にマイクロフィルムとして保存されているという。筆者はファクシミリ版『韓日外交未刊極秘史料叢書45』（ソウル・亜細亜文化社、1996）を利用した。

金玉均により朗読された国書は漢文訳であり、朝鮮語式に発音朗読されたであろうから、齊藤には理解できなかったはずである。

　そこで齊藤は国書捧呈後10日ほど経過した6月1日、金玉均とフート公使が仁川のモノカシー号上で朝鮮独立の前途に関して秘密の会談を持った際、談後、金玉均とふたりだけになったのを幸いに両者で次のような会話に及んだという（6月7日付第7書簡）。

> 齊藤　前刻、米公使へ御話にては国王の震翰(ﾏﾏ)へ米大統領より返書これあり候趣、右は写を以て井上外務卿へ御示の御心なるや。
>
> 金　　拙者もただ一読致し候のみに候間、ただ御趣旨だけは御話申す積りに御座候。
>
> 齊藤　よほど朝鮮のために利益に相成り候こと書載之あり候や。
>
> 金　　然り。何卒米公使には我邦の内情相分かり候様致したく候。竹添公使でさえ御分かり相成らず候義ゆえ実に残念に候……（後略）。

　齊藤の問いに対して金玉均が曖昧な返事をしているのは大統領国書の内容がまったく予想外だったためであろう。東京滞在中、朝美条約が米国上院を通過したという福沢からの知らせを聞いて小躍りして喜んだことを悔やんだにちがいない。それはともかく、齊藤の言動は情報スパイそのものと言っていい。いかに未熟な尹致昊を補助するためとはいえ、れっきとした日本外務省の権少書記官が米国公使館の臨時職員となり、そのことから得た情報に基づいて朝鮮官吏（金玉均は外衙門の参議である）に米大統領の国書の写しを日本外務卿に提出するよう促すなどということは現在では考えられない。案の定、その時すでに齊藤に対する清国側の抗議が始まっていた。6月25日付の第7書簡には次のようなことが書かれている。

　当時、ソウルには中国から派遣された呉長慶、馬建常らが朝鮮政府の監視役として駐在していたが、彼らは米国公使が齊藤を同行させて赴任したことを直ちに李鴻章に報告した。李鴻章は上海駐在米国総領事O・N・デニーに抗議した。デニーは李鴻章の意を受けてフートに忠告の書簡を送付する。さらに上海の中国系新聞がこの問題に関して攻撃キャンペーンを展開する。

　このような動きを受けて齊藤はもはやこれ以上、現在の役割を続けることは外交上においても不利であると判断し、井上に次のような書簡を送る（6月29日付第8書簡）。

　　小生跡役の義は如何致すべき所存なるやと本日米公使へ相尋ね候う処、公使には、モレンドルフ氏もあり、又交際上の事には尹致昊も近頃少しだけは英語も相解し候様なりたり。しかのみならず日本公使館には通弁これ有り候故、先ず君の代わり別段誰も求めざる心得なりと申し候。尤も閣下〔井上〕の御思召にては今暫くの処、何人か腹心の者、付属致し居り候うこと御希望の事と存ぜられ、又小生においても同様希望致し候へども、又退きてこれを考察するに米公使の方向もやや相分り候うのみならず、竹添〔当時の駐韓日本公使〕とも充分親密なる交通も出来候義にあればこの上は別段の気遣もこれ有るまじく、又何程希望〔する〕とも米公使の言行を終始我外務省役人において監視〔し〕居り候うにも致し難き次第に御坐候へば、小生はために約三ヵ月の間滞在〔して〕八月中旬の便船にて帰朝仕るべく候う間、この段御承知下さるべく候。　　　敬具

　こうして齊藤は7月12日付の第13書簡を最後に、4月下旬以来3ヵ月以上にわたったフート公使の監視役を切り上げ帰国（8月中旬の予定と言っている）することになるが、井上による諜報戦略はこれで終わらなかった。

米国使節派遣問題

　米国上院における朝美条約批准に伴い初代駐韓米国公使が大統領国書を携えてソウルに到着し、批准書の交換、国書の捧呈が済んだ。朝鮮が中国の属邦であることを認め、今後永遠にこの問題には干渉しないことを要請した高宗国書に対して承認する旨の米国大統領国書を得た以上、朝鮮政府としてはぜひとも答礼の使節を派遣する必要があった。この情報を察知した齊藤は早速、井上に次のように進言した（7月12日付第13書簡）。

　　朝鮮政府に於ては今般閔泳翊を正使とし洪英植を副使、徐光範を従事官と

し国書接領の答礼として米国へ派遣致し候に付ては米公使には横浜滞留の米提督に請求しモノカシー号に右使節を載せ横浜まで回航することを長崎より電通致すべき趣に之あり候に付、必ずモノカシー号には横浜まで航行致すべくと存じ候。…（中略）…右三氏の外、なお三四名同行致し候趣に御坐候。而して目今は専ら通弁の人に困却致しおり候趣にて米公使の心は成るべく米人を付属せしめ日本人も支那人もこの一行に関するなきを希望し、閔氏の少しく支那語を解するを幸とし米人にて支那語を解するエールコウレジのドクトルウイリヤムス氏にでも政府に請求し付属せしめんと周旋し、又統理衙門英語学教師の支那書生は親から通弁たらんことを希望いたし候趣に之あり。而してこの事たるや瑣少の義にして敢て力を尽すに足らず候へども、米国に対する政略上より論ずるときは日本人の通弁を付属せしむる方良策かと存ぜられ候。然る処、○○○○〔解読不能〕福沢にて修業し日本語を能くし日本に熱心なる兪吉濬も同行致し且つ徐光範も随行候間、使節東京へ到着の日は同氏等に依て日本通弁携帯の義、御勧告為され候ては如何御坐候や。（後略）

　一行に付ける通訳としてフート公使が日本人、清国人を排し米国人通訳のみを予定していることを知りながら、齊藤が敢えて日本人通訳を加えることを進言したのは第8書簡においてやや不安を残した形になった「小生跡役の義」の埋め合わせをする意図からであろう。

　米国派遣朝鮮使節（報聘使）一行は7月26日、米戦艦モノカシー号に搭乗して仁川を出港したが、出発時の陣容は以下の9人であった。

正使閔泳翊、副使洪英植、従事官徐光範、随員兪吉濬、邊燧、高永喆、玄興澤、崔慶錫、通訳呉礼堂。

　通訳の呉礼堂は第13書簡に「統理衙門の英語学教師の支那書生」とあった清国人である。当然、清国側の推薦による人選であろう。日本人、清国人を排してエール大学のウィリアムズをというフートの希望は米国から呼び寄せるには時間的に無理がある。これは米国到着後のことになろう。米国到着までの間の米人通訳は結局、一行が横浜寄港の際、駐日公使ビンガムの仲介により日本

滞在中の米国人の中から人選することとなった。横浜到着の時期は不明であるが、8月17日に横浜を出港しているから、少なくとも2週間以上、東京・横浜に滞在していたことになる。

　金玉均『甲申日録』序文によれば正使閔泳翊（ミンヨンイク）はこの時、「米人チロラタン（造端）」なる人物を通訳として雇用することにして、その約束まで取り付けてあった。「造端」はすなわち"조단"、Jordanなる米国人であろう。ところが日本政府の妨害により突如、この約束は反故にされた。第三者である日本のために出鼻をくじかれた閔泳翊は以後日本人を憎み清国人に与するようになったという（金玉均著・趙一文訳注『甲申日録』、114頁）。

　この証言は最終的に米国人通訳としてパーシヴァル・ローエル（Percival Lowell）が選ばれた経緯を考えるときわめて信憑性が高い。宮崎正明『知られざるジャパノロジスト　ローエルの生涯』（丸善ライブラリー、1995）によれば、1883年8月13日、当時滞日中であったローエルが中部山岳地帯を縦断する旅から自宅に戻ってくると使節団の秘書官兼参事官として随行するようにという米公使館からの依頼状が待ちかまえていた。彼は自分が適任者ではないことを理由に2日の間、固辞し続けたが友人ビゲロー（W. S. Bigelow）の説得によりついに承諾することになったという。彼が承諾したのは8月15日あるいは16日ということなろう。使節の出発は17日であるから、この人選がいかに慌しいものであったかが分かる。米人通訳の人選がこのように強引かつ慌しいものになった背景には次のような事情があったと考えられる。

　ローエルを説得したビゲローはすでに来日経験のあるエドワード・モースおよびフェノロサが米国に一時帰国したのち再び日本に戻る際、2人に同行して1882年に初来日した人物である。日本美術研究家として著名な人物であるが、ローエルはそのビゲローの親友で、ビゲローの後を追って1883年に来日した（ちなみにローエルは火星の運河、火星人存在説を唱えた天文学者として知られている）。モース、フェノロサ、ビゲロー、ローエルはみなハーバード大学出身であり、当時の東京には彼らの交際グループがあって、動物学、考古学、歴史、美術、信仰、登山等々、東洋・日本のあらゆることに興味を持っていた。その彼らに日本文化を紹介し、日本人との仲介役を務めていた人物に宮岡恒次郎という当時18歳になる帝大生がいて、この青年がローエルとともに使節団の通

訳として加わることになったのである。

　ローエルが朝鮮使節随行通訳の依頼を受けたのが使節出発4日前であり、しかも登山旅行で不在中に依頼が決まっていたこと、2日にわたる固辞にもかかわらず説得されたことを考えると、この時すでに日本人通訳として宮岡を新たに加えることが確定していたはずである。となればローエルの人選は宮岡との関係を抜きにしては考えられない。日本人通訳の人選は米国公使館（ビンガム）が日本政府に依頼したであろうから、宮岡に決定したのは日本外務省、すなわち井上馨である。その宮岡との関係で閔泳翊の推す「米人チロラタン（造端）」を排してローエルに変えてしまったのも恐らく井上であろう。井上は齊藤修一郎の進言に従って、朝鮮使節一行に日本人通訳を潜り込ませる口実としてローエルと宮岡との関係を利用したというのが真相ではないか。

　宮岡恒次郎はもと竹中姓であったが、幼くして宮岡家に養子に入り、宮岡姓を名乗った。幼少の頃から英語で教育を受け、バイリンガルに近い生活をし、14歳の時にはすでにモースの地方公演などで通訳をしていたという。のちに東京師範の校長となる高嶺秀夫が1878年に米国留学から帰ってくると高嶺の家に書生として入り、東京英語学校（のちの一高）に通った。高嶺は米国留学中、教育学を専攻したが、動物学にも興味を持って勉強した経緯があり、帰国後は東京師範で動物学を開講する傍ら、東京帝大でも生物学教授モースの助手を兼任したという。宮岡がモースと親しくなったのはそんな関係からと思われる。

　また宮岡は尹致昊が日本留学中、彼を父雄烈とともにエドワード・モースに引き合わせた人物でもある。『日本その日その日』（142頁）には尹致昊のことを「宮岡の友人」としてある。『尹致昊日記』にもたびたび登場して、宮岡を通じて尹致昊がフェノロサや神田乃武といった当時最高の知識人に紹介され、英語の初歩を手ほどきされたことが記されている（第3巻、1893年8月14日）。

　かくて朝鮮出発時に9名であった米国報聘使の一行が8月17日、横浜を出港する際には宮岡、ローエルを加えて総勢11人になっていた。日本政府の意向によって新たに加わった2人の通訳をめぐって使節一行に亀裂が入る。正使閔泳翊は2人の参加により自分の意図が思うように実現できなくなったと不満を抱くようなったのに対して、開化派（日本党）の洪英植は2人を歓迎した。米国到着後、大統領に高宗国書を捧呈しおえた一行は、2つのグループに分裂し、

副使洪英植の一行は早々と12月末に帰国を果たすが、正使閔泳翊の帰国は半年あまり遅れて1884年6月2日であった。

それからさらに半年後に起こった甲申政変に際して、かつて齊藤に日本党と呼ばれた閔泳翊は同じ日本党である洪英植の送った刺客のために半死半生の重傷を負うことになる。井上も齊藤も、彼らがとった諜報戦略が閔泳翊の反日感情を誘発し、ひいては壬午軍乱まで開化党の一翼を担っていた戚族閔氏を反日、清国依存へと追いやる一因になろうとは夢にも考えなかったであろう。

5.　日記再開から甲申政変まで

9ヵ月のブランクののち、1883年10月18日から「大朝鮮此より多事、日記を続く」と頭書して再開される『尹致昊日記』の内容は、帰国後の尹致昊がフート公使の通訳とともに朝鮮政府の外衙門主事として活躍する姿を記録するものとなっている。

長い間鎖国状態にあった朝鮮にとってフート公使のソウル入城は一大事件だった。すでに前年12月、ドイツ人メーレンドルフ（穆麟徳）が政府の外交顧問となっていたが、彼は来韓以前に清国滞在経験が長く中国語にも堪能で、李鴻章の推挙により来韓した人物である。おまけに常時、朝鮮服を着用していたために西洋人との印象はやや薄い。これに対してフートは黒々とした口髭をたくわえ体も大きく、生粋の西洋人といった風貌だった。

日本のはるか東、太平洋の彼方にある新興強大国"美国"（米国にあたる朝鮮語）に国王夫妻は大きな期待を寄せていた。壬午軍乱後、宗主国として急速に朝鮮に対する支配を強化する清国、その清国を押しのけて新たに朝鮮に進出することを企てる日本、この両国から弱小国家朝鮮を守ってくれる新たな存在、それが"美国"であった。

その美国代表の通訳として帰国した若干18歳の青年は、国王夫妻と美国とを結ぶ唯一のパイプである。こうして尹致昊は、国王夫妻の言葉をフート公使に取り次ぎ、かつフート公使の考えを国王夫妻に説明するために、ほとんど毎日のように御前に伺候して国王夫妻と自由に意見を交わす機会を得た。渡日前には無名の少年にすぎなかった彼が、国王夫妻の寵愛をほしいままにする花形

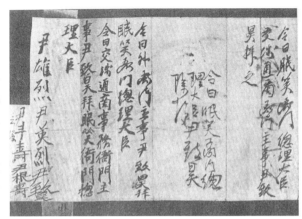

1883～84年、尹致昊が駐韓米国公使フートの通訳として宮中に参内していた頃、国王高宗の政務が終わるのを待つ間しばしば居眠りしているのを見た高宗が、戯れに尹致昊に書き与えたもの。中央に段を下げての3行が国王の宸筆で、「今日眠笑衙門総理大臣尹致昊除授」（今日"よく眠り、よく笑う"官庁の総理大臣に尹致昊を任命す）と書かれている。高宗の尹致昊に対する親密な感情がよく表れている。

スターとして朝鮮政界にデビューすることになったわけである。恐らく、尹致昊の生涯で最も晴れがましく得意絶頂の時期であった。

朝鮮政界の花形としてデビュー

　しかし国王夫妻に対する尹致昊の上奏はフート公使の考えを代弁するばかりではなかった。金玉均を中心とする開化派のメンバーは国王夫妻に自由に謁見する機会を得た尹致昊を利用して、彼を通して自分たちの意見を高宗に売り込んだ。尹致昊自身も日頃、金玉均から聞かされた話を自分の意見に仮託して上奏することがしばしばだった。また当時、「布衣宰相」と言われた開化党の隠れた理論的指導者劉鴻基（字は聖達、号は大致）の登用を上奏し、その陛見を実現させている（第1巻、1884年2月19日、4月5日）。

　尹致昊の上奏は、国王夫妻が聞くといかにも斬新な考えを含んでいたかも知れないが、その多くはフート、金玉均、劉大致らから聞いた話の受け売りにすぎない。しかし時には、日本留学時代に福沢や井上と接したことから吸収したのではないかと思わせる進言もなくはない。たとえば1883年11月2日の謁見において、政府各部署は年度当初に立てた予算に従って支出し、互いにその独立性を厳守すべきことを彼が説いているのは、のちに日本政府が日清戦争開戦の端緒とした朝鮮政府の内政改革、さらには井上馨公使の内政改革案として引き継がれてゆくものを彷彿とさせる（第1巻、1883年11月2日）。

余又奏して曰く、外国は即ち百司の官員、各々其の職を守り、外務は内務の事に関らず、礼部は工部の事に干らず。たとへば一年の首めの月に、諸官司、各々其の一年の所用の預記を撰し、之を戸部に付す。戸部はただ其の金銀を分配するのみ。故に官員は能く其の所任の職に通達し、事として紊乱せず。而して政治に道有り。我国は則ち然らず。外務官は内務の事に関理し、戸部は工部の事に干渉す。夫れ人に兼才なく、事に分別有り。何ぞ一人にして両務を兼ぬべけんや。故に我国の第一事は、当に政府の組織を改変すべし。而して毎事成るべしと。是の奏畢り、両殿可否の間下教する所なし。

わずか18歳の少年が畏れ多くも主上に対してこんなことを喋喋とまくしたてるのを聞きながら、高宗夫妻は痛い所を突かれたと思ったのか、コメントを避けたという。尹致昊の上奏はそのほとんどが馬鹿正直な直言に近いものであるが、国王夫妻はそのことによって気分を害するよりも、むしろその直言を愛し楽しんでいるように思われることの方が多い。

1883年12月24日には遣米使節一行のうち副使洪英植がローエル、宮岡その他とともに帰国した。ローエル、宮岡は王宮内に宿所を与えられて、翌年3月18日まで3ヵ月近く朝鮮に滞在した。ローエルは高宗に謁見し、またソウル近郊を遊覧観光しながら得意のカメラ術を駆使して当時の朝鮮の貴重な写真を残した。2度にわたって高宗の御真影を撮影してもいる（第1巻、1884年3月10日、13日）。

当時、金玉均は高宗から日本での300万円国債募集の密命を帯びて渡日（83年6月）していて不在、また徐光範も遣米使節の正使閔泳翊と帰路を共にしたため不在だった。若きリーダー洪英植の帰国は開化党に再び活気を与えた。

翌84年6月になると洪英植グループに半年余り遅れて正使閔泳翊が徐光範、邊燧とともに帰国する。時を同じくして日本から金玉均も済物浦に到着した。日本の陸軍戸山学校に留学している徐載弼以下12名の兵学生を除けば、これで甲申政変にかかわる朝鮮側のメンバーはほぼ出そろったことになる。

開化派のリーダー閔泳翊、保守派へ転向

芸眉閔泳翊は尹致昊より5歳年長の1860年生まれ、実父は閔台鎬であるが、

1875年、叔父の閔升鎬が大院君の手にかかりその母、幼児ともども悲惨な最期をとげたために15歳で閔升鎬の養子となった。閔升鎬は国王妃、閔妃の実兄であるから閔妃と閔泳翊とは叔母甥の関係になる。1877年18歳にして文科に及第して吏曹参議となり、81年には統理機務衙門堂上として尹致昊の父雄烈とともに新式軍隊別技軍の養成にあたった開化派であった。壬午軍乱以前には自宅の客間（サラン）に李東仁はじめ初期開化派の多くの人材を迎えてこれを積極的に支援した。日本留学中の尹致昊も閔泳翊のポケットマネーからその学資を得ていたほどである（第1巻、1883年1月15日）。

しかるに壬午軍乱に際して大院君を担ぐ乱徒により閔謙鎬（升鎬の実弟）が殺害され、あやうく乱徒の手を逃れ九死に一生を得て忠州に潜伏していた閔妃が開化派の敵である清国軍に守られて無事ソウルに戻ってきた。さらには閔妃一族を憎悪し次々に殺害してきた大院君が乱後、李鴻章の命により清国保定に引致軟禁される所となるにおよび、閔泳翊は閔氏一門の安全のためには開化日本と結ぶより清国に依存する方が現実的であると悟るにいたる。

加えて井上馨による度重なる諜報戦略のために朝鮮の自主性が損なわれたと感じた彼は10ヵ月あまりに及ぶ海外旅行の間に、金玉均、朴泳孝らの開化派と断然、袂を分かつ決心をしたと言われる。一方に閔妃への復讐心に燃える大院君があり、他方に清国を排除して朝鮮の支配者たらんとする日本の存在を考えるとき、閔泳翊の選択はきわめて現実的なものと言える。

閔泳翊の帰国に先立ち、韓廷においては日本に公使を派遣する必要を感じ、すでに閔応植が内定していたが、帰国した閔泳翊はこれに強硬に反対しついに無期延期に追い込んでしまった。次いで、新たに雇用することになった国王の外国人顧問の人選にあたり、朝美条約の締結にあたった米国人シューフェルトと、1877年以来、天津駐在米国領事や上海総領事の経験者であり李鴻章とも親交のあった米国人O・N・デニーの2人が候補にあがったとき、高宗がシューフェルトを強く希望したにもかかわらず閔泳翊は李鴻章と親交のあるデニーを主張して譲らなかった。結局、閔泳翊の主張どおりデニーに決まる（その着任は種々の理由で86年になる）。

次いで1884年6月21日にはいわゆる"李範晋不法逮捕事件"が起こる。壬午軍乱以後、朝鮮駐在の清国官吏ならびに駐屯兵士による朝鮮人に対する狼藉事

件が頻発していたが、この事件は84年1月に発生したいわゆる漢城旬報事件（第1巻、1884年1月30日参照）を凌ぐ一大事件であった。

　事件の概要は、前御営大将李景夏の息子李範晋が同人所有の家屋売却に関して清国商民との間に紛争が生じ、6月23日にいたり朝鮮駐在の清国官吏ら数十名が李範晋を襲って殴打したうえこれを捕縛して清国商務公署に連行した。そしてたまたま公署に居合わせた刑曹官吏の朝鮮人を同席させていわゆる領事裁判を行ったというものである。

　82年締結の中朝商民貿易章程によれば朝鮮人官吏を逮捕審理する場合には単なる庶民と異なり、必ず国王の命令を待たなければならないことになっているが、李範晋は前司諫院正言の肩書を持つれっきとした官吏である。同席を命ぜられた朝鮮人官吏が国王の命令なしに審理に加わることを辞退したところ、清国官吏は「ここは中国皇帝の法廷である（天子法廷）」と威嚇したため恐懼のあまり従わざるを得なくなった。

　この事件は朝鮮政府において大問題になるとともに、国王夫妻も朝鮮の国体を害うものとして激怒した。しかるに閔泳翊のみ、清国に逆らうことを憚り、「自分はこの問題にとやかく口出しするつもりはない」との一点張りである。尹致昊はかつて自分のパトロンであった閔泳翊〔芸胎〕を次のように酷評する。

　　芸胎言無く、還りて不悦の色有り。噫、国亡ぶるの日、閔敗るるの時、必ず其の時日を同じくせん。而して乃ち、国の為に力を出さず、つねに己が身に固執し、好言を納れず。未だ知らず、其れ自ら清に倚りてその身家を保つを得可しと以為へるや。且つ群狐に迷はされ、公義に暗昧にして、陋習に奔走し、既に自主を欲せず、又他人を戯するの事を作す。抑も何の心事、知量ぞや。恨む可し、痛む可し（第1巻、1884年6月21日）。

　閔泳翊の保守反動はさらに高じ、76年の日朝修好条規締結以来、次第に乱れてきた官吏の服装を儒教の古式に則って改めることを提言するにいたった（『高宗実録』甲申閏五月二十四日）。

朝鮮をとりまく情勢の激変

　こうして閔泳翊の帰国以来、かつて一体であった開化派は閔泳翊の離反によって分裂の様相を募らせた。戚族閔氏内の守旧派は開化派を離れた閔泳翊を中心に結集して閔妃、高宗を自らの陣営に取り込もうとする。これに対抗して金玉均、朴泳孝、洪英植らの開化派は閔泳翊に対する憎悪を募らせ、次第に過激化してゆく。

　1884年後半の朝鮮国内情況がこのように変化しつつある一方で、国外にあっても重大な変化が起こりつつあった。まず米国政府は、初代駐韓公使派遣当初、朝鮮との通商関係に大きな期待を寄せ、フートに特命全権公使の肩書を与えるとともに書記スカッダーの他に、公使館付海軍武官バーナード（John B. Bernadow）、およびスミソニアン博物館の研究員ジューイ（Pierre L. Jouy）を随行させ、広く朝鮮国内を遊歴させて将来の通商の可能性を調査させた。しかるに1年間の調査の結果、道路その他のインフラ整備が劣悪なうえ、資源開発に必要な人材技術が貧弱であり、近い将来に本格的な通商に発展させることの不可能なことを知った。

　かくて1884年7月7日にいたりフートの資格を弁理公使兼総領事に格下げし、消極的な対韓政策に切り替えた。この措置を不満としたフートは辞任の意思を固めたが国王に事実を伝えることなく、朝鮮において日清の間に万一のことがあった場合には米国海軍を以て国王を保護すると確約しつづけていた。噂によりフートが帰国する予定であることを国王が知ったのは11月になってからであり、しかもこの時点においてすらフートが弁理公使に格下げされた事実は知らされなかった。かくて高宗の米国に対する過大な期待は甲申政変後にいたってもやむことがなかった。

　一方、宗主国である清国では壬午軍乱発生の直前すでにフランス軍によるハノイの占領があり、以後、ベトナムをめぐって清仏間にいざこざが絶えなかったが、84年8月に入り両国の対立は本格化し、8月26日、ついに清国はフランスに対して宣戦布告する。この間、孝欽太后の垂簾政治の下、政権を執っていた恭親王奕訢と李鴻藻は82年以来の外憂に対する対応のまずさを反対党（清流党）に指弾され失脚する（84年4月の政変）。代わって孝欽太后の支持を得た醇親王が実権を握ったが、醇親王とその幕僚は無能で、その無策がのちの日清

戦争の大きな原因になったと言われる。朝鮮の宗主国としての清国の威信は大いに揺らいだが、さらに4月28日、李鴻章はソウルに駐屯していた呉長慶指揮下の清国軍6営のうち3営（1500名）を撤収させる命令を下す。撤収軍を率いて帰国した呉慶長は7月7日に病没した。

　6月21日に起こった李範晋不法逮捕事件において朝鮮の君臣がこぞって清国に対する怒りをあらわにしたのは、以上のような清国宗主権の弱体化が背景にあった。

　一方、日本は壬午軍乱後、花房義質公使に替えて竹添進一郎を駐韓公使として派遣したが、竹添は漢学者としての名声が高く、1880年、琉球問題に関し井上の内命で清国に渡り李鴻章と交渉して成績を挙げた人物である。同年、天津領事となり、該地で李鴻章をはじめ中国官吏と得意の筆談を通じて交際を広めたほか、当時、李鴻章の幕客だったドイツ人メーレンドルフとも交際があった。井上が竹添を抜擢した理由は清国でのこのような人脈が朝鮮でも活かされると考えたからであろう。当然ながら、着任後の竹添の態度は朝鮮駐在清国官吏、およびドイツ人顧問メーレンドルフと協調的なもので、彼らに批判的な態度をとる開化派を軽蔑し、まともに扱おうとはしなかった（第1巻、1883年10月22日参照）。

　着任約1年後の1883年12月、竹添は洪英植一行が米国から帰国するのとほぼ時を同じくして賜暇で帰国したまま1年近く公使館を留守にする。彼がソウルに帰任するのは84年10月30日、甲申政変勃発のほぼ1ヵ月前であるが、その間に上述した重大な変化が朝鮮の内外で起こっていたわけである。

　清国政府内部における政権の激変と清仏戦争の勃発、これに対応する朝鮮内部における反清国感情の高まりを知った日本政府はそれまで執ってきた消極策を再検討する必要に迫られた。井上外務卿は漢城旬報事件後、身の危険を感じて帰国（84年5月）していた漢城旬報主事の井上角五郎を外務省に呼び出し、再び渡韓して漢城旬報を日本人の手で維持すること、その後のことは近く竹添が帰任する予定なので、万事竹添と打ち合わせて行動するようにと指示した。これを受けて角五郎は8月24日に東京を発つ。その後、井上外務卿は参議伊藤博文、外務大輔吉田清成、竹添の4者で対韓政策の刷新を協議した結果、壬午軍乱の賠償金40万円を無条件で朝鮮政府に寄贈することに決定し、これを手

土産として竹添を帰任させたのである。

　竹添帰任後から甲申政変勃発にいたる経過についてはすでに多くの論文、書物が出ているので省略する。本日記の該当部分を直接読んでいただきたい。ただ注意したいのは、尹致昊が開化派に属し甲申政変が勃発する以前において金玉均、朴泳孝、洪英植らの会合に参加していることは事実であるが、日記の中にはクーデタの具体的な計画に関する記述は皆無であり、むしろ金玉均らが性急な行動に出ようとしていることに対するフート公使の批判を紹介しながら尹致昊自身がクーデタに反対していることである。金玉均らの中心メンバーが具体的な計画を尹致昊に一切知らせなかったのは、万一これを尹致昊に洩らせば、彼を通じてフート公使や高宗に知られることになり、計画が未然に発覚することを極度に恐れたためであると思われる。

第2章
海外亡命・留学時代
1885～1893年

1. 上海亡命

　2年近くにおよぶ日本留学ののち初代駐韓米国公使フートの通訳として帰国した尹致昊であったが、わずか1年8ヵ月後には再び故国を後に亡命同然の形で上海をめざすことになった。

　甲申政変後、金玉均一派は新政権を発足させようとしたがたちまち人材不足に直面し、よんどころなく本人の承諾なしに尹致昊を外衙門の参議として組閣リストを公表した。わずか3日後に政変が失敗に帰すや、このリストのために尹致昊は賊党の一味として糾弾されるにいたる。反対党の追及にもかかわらず乱後、尹致昊が無事でいられたのは国王の信任厚いフート公使のお蔭である。ところがその公使も国王の命により日本政府と政変の善後策を話し合うために渡日することになった。前年7月の弁理公使降格以来、辞任を決意していたフートはこれを機会にいよいよ帰国の途に就くことに決したのである。金玉均、朴泳孝、徐光範、徐載弼ら開化派のリーダーはすでに日本に亡命し、国内に残った開化派はみな虐殺されるか囹圄の人となった。このような情況のなかで米公使の後ろ盾なく国内に留まれば反対派の報復は避けられない。尹致昊にとって公使の通訳として随行することを名目に国外に脱出することが当面の危機を回避する最善の策であった。

　情況的には亡命であったが、あらかじめ国王から外遊許可の御親筆をもらってあった（1885年1月12日）。外遊中は必要に応じて髷を切り、洋装するも可という内容である。政変の成否にかかわらずいずれ米国に留学したいというのが

かねてからの念願だった。上海到着後の2月14日、後にしてきた祖国での2年を振り返って彼は次のように述懐する（第1巻、1885年2月14日）。

> 何を以て夢過の一年と謂ふや。……日本横浜より福〔福特すなわちフート〕公使に従ひ帰京し、旅留すること二載。務むるところは英文と語、為す所は只上意を福公使に伝致し、公使の言を上に伝達するのみ。関はる所は外交通商の一班、望む所は国家昇平にして文明の道に就くの事。而れども年幼く識浅く、学問は未だ錬せず、常に福公使とともに往きて美国に学ぶを希ふ。故に美館に逗留し、以て時梯を待つ。

米国公使館におけるフートとの2年弱の生活を“旅留”と言っている。この2年間はあくまでも米国留学へのワンステップと考えていたことが分かる。しかしフートとともに日本に渡れば、政変失敗と同時に日本に亡命した金玉均以下の逆賊と同類と見なされるのは必定である。恐らくフートはそう考えて尹致昊を駐上海米国総領事スタール（Julius H. Stahel）に託した。スタールは1884年まで大阪駐在米国総領事を務めていた人物である。フートの依頼を受けたスタールは、尹致昊を上海共同租界内にある米国南メソジスト監督教会（美以美会）経営のミッションスクール、中西書院（Anglo-Chinese College）への入学を斡旋する。

米国南メソジスト経営の中西書院

こうして尹致昊は上海到着2日後の1885年1月28日、中西書院に入学した。尹致昊とキリスト教との本格的な出会いである。フートはなぜ南メソジストのミッションスクールを選んだのか、詳しいことは分からない。しかし当面の亡命先として上海が最適であると考えたとすれば、上海におけるヤング・J・アレン（Young J. Allen）の存在が大きかったのではないか。

米国メソジスト監督教会（Methodist Episcopal Church）は奴隷制をめぐり1844年に南北に分裂する。同じ44年、中国は阿片戦争敗北の結果として、それまで禁止していたキリスト教の布教を広東、上海等、5開港都市に限って認めざるを得なくなる。米国南メソジスト（Methodist Episcopal Church, South）

が中国に最初の宣教師を派遣したのは1848年である。58年には中国全土にお
いてキリスト教布教が許され、派遣される宣教師も徐々に増えていったが、61
年に南北戦争が起こり本国との連絡、支援は70年になるまで一切とだえた。

　この困難な時期にあって南メソジストの中国布教の中心となったのが54年
に赴任したJ・W・ランバス（James William Lambuth）一家、および60年に赴
任したY・J・アレン一家であった。ランバス一家は病弱な家族を多く抱えて
いたため何度か一時帰国を余儀なくされたが、アレン一家はほとんど帰国する
ことなく中国における南メソジストの布教拡大のために奮闘した。

　南北戦争により米国本部からの財政支援を断たれたアレンは、家族を支え布
教事業を継続する手段として石炭・米のブローカー、綿花の買い付け、教師、
翻訳、その他もろもろの仕事に手をつけるとともに、当時、洋務運動を展開中
だった中国政府のお雇い外国人的役割を果たすようになる。彼の多様な活動の
中でもその名前を世に知らしめたのは『万国公報』の発刊である。1868年に
『教会新報』として出発したこの月刊誌は74年にいたり『万国公報』と改題さ
れ、84年から89年まで一時休刊したのち再刊、1907年まで続いた。西洋の文
物を中国に紹介するうえで甚大な役割を果たしたと言われる。84年から6年間
休刊したのは81年にそれまで南メソジスト中国宣教部の総理（Superintendent）
を担当していたランバスが帰国したため、代わって総理に任命されたアレンが
中国政府関係の仕事をいっさい辞任して宣教事業に専念することにしたからで
ある。

　そのアレンが1884年に上海共同租界に設立した男子専門のミッションスク
ールが中西書院である。開設者であり院長でもあったアレンが上述のような人
物であったせいで、その経営方針はできるだけ宗教色をうすめ、中国政府の官
吏となることをめざす富裕層の子弟を対象としていた。85年当時の学生数は
70名ほどであり、内20名以上の日本人留学生（ほとんどが長崎出身）がいた。
朝鮮人は尹致昊ただひとり、他にベトナム人およびイタリア人の留学生がそれ
ぞれ1人、残りはすべて中国人だった。教師は院長アレン（林楽知）の他に、
レーエ（George R. Loehr：劉師）、ボネル（W. B. Bonnell：馮師）、未婚の女性宣
教師としてハミルトン（Miss Dona Hamilton：荷小姐）らがいた。

　J・W・ランバスは「羅師」という名前で日記の中に登場するが、1886年3

月29日を最後に姿を消す。布教対象を貧民層に置き、キリスト教による近代化よりも魂の救済そのものを重視したランバスとアレンの間には対立確執があったらしく、30年以上にわたって献身してきた中国布教に見切りをつけ、ランバス一家はこの年末に新天地を求めて神戸に移住した。息子のウォルターは後に関西学院の初代院長となる。

　中西書院に入学した尹致昊の生活はそれまでの生活から一変した。日本留学時代には金玉均という庇護者がおり、そのお伴さえしていれば朝鮮高官（父は新設別技軍の指揮官）の息子として丁重に扱われた。井上、福沢といった開化日本の著名な指導者、あるいはサトウ、モース、フェノロサといった当代一流の西洋人に親しく接することができたのもこの庇護者のお蔭である。次いで米国公使館時代にはフートを後ろ盾とすることにより国王夫妻の寵愛をほしいままにし、若干18歳にして朝鮮政界の花形スターとなった。

　しかるに、ここ上海中西書院においては尹致昊の後ろ盾となる人物は誰もいない。おまけに日本留学時代は開化日本に学ぶために派遣された官費留学生という身分だったが、今は亡命者同然の私費留学生にすぎない。朝鮮高官の御曹司も宗主国である中国の学生からみれば藩属国からやって来た一介の貧乏学生にすぎない。

　後ろ盾を失い、母語の通じない世界にただひとり投げ出された尹致昊にとってわずかに慰めを見出すことができたのは日本人留学生だった。彼らの多くは中国人学生が生活する書院の寄宿舎を避け、書院周辺で日本人が経営する食堂兼旅館に下宿していた。書院のある共同租界虹口昆山路一帯はのちに日本居留民団が設けられるほど日本人が多く、食堂・旅館・下宿を兼ねた飲食店が数多くあった。

　日本留学時代にも宮岡のような友人がいた。しかしいっしょに酒を飲んでドンチャン騒ぎをするような友だちは日本にはいなかったらしい。ところがここ上海では彼の素性に関心を持つような日本人学生は少なく、尹致昊自身もまたそういう彼らの群にすすんで溶けこみ、バンカラ風の青春時代を謳歌した。ともに遠く故郷を離れた解放感があるうえに、上海共同租界には一種独特の雰囲気がある。英米人の経営する商社、学校、教会があるかと思えば、東本願寺、西本願寺といった日本式の寺院がある。欧米人、日本人、中国人、それに国籍

も知れない人種が通りを行き交う。自由と言えば自由、無秩序と言えば無秩序
な世界が広がっている。こういう雰囲気の中で日本の若者と交際すれば自然、
酒と女の世界への入り口とならざるを得ない。

酒と女の生活からキリスト教入信へ

　尹致昊が初めて上海の娼楼を経験したのは中西書院入塾後半年ほどたった
1885年8月7日のことである。入塾後、最初に迎えた夏季休暇が7月26日に始
まっていて、この日、尹致昊は日本人学友の永見、西村とともに出かけた蘇州
旅行から1週間ぶりに上海に帰還したところだった。9月9日に始まる新学期
まで夏休みはまだあと1ヵ月もある。恐らくその解放感からであろう、1週間
後の8月13日、再び同じ娼楼を訪れた（第1巻、1885年8月13日）。

　　　13日（木）　是の晩、お松さんの誕生日の宴に往く。大酔酩酊し、十時頃、
　　　四馬路の東洋茶館に往きて一宿す。而して夜口渇きてやまず。

「お松さん」とは中西書院周辺の食堂兼旅館で働く女中。長崎出身で、いわ
ゆる"からゆきさん"のような存在と思われる。他にも「おはま」、「おとよ」、
「おさか」といった同じような境遇の女性がいる。次は翌日の日記。

　　　早くに起く。身倦み神困じ重病を経たるが如し。以て此の後大酔の後、女の
　　　家に往く勿からんことを誓ふ。やむを得ずして往くと雖も、ともに合歓する
　　　勿からん事を自戒す。馳せて渡邊家に帰り宿す。九時頃に到り始めて起き、
　　　すなわち蘇醒するを覚ゆ。

「渡邊家」は尹致昊の行きつけの日本食堂兼旅館、「女の家」とは前日の日記
にある「東洋茶館」のことである。この頃の中国において茶館は同時に売春宿
であるのが通例。上海1年目はもっぱら中国人の経営する「娼楼」の女を相手
としていたが、2年目に入ると渡邊家の女中「おコマさん」と親しい関係にな
る。日記に見るかぎり、尹致昊が性関係を持った最初にして最後の日本人女性
である（第1巻、1886年2月6日）。

6日（土）　早（朝）、雪を冒して渡邊家に往く。……午後一時頃、諸人と仏
　日租界人の家に往き飲酒す。晩、渡邊家に帰る。夜、おコマさんと同寝す。
　甚だ寒く且つ風あり。

　この2月6日に始まり同27日にいたるまでほとんど毎日のようにおコマさん
との関係が続く。旧暦では正月三日から二十四日にあたり、書院は二十日（陽
2月23日）まで正月休課である。1年前まで米国公使館と朝鮮王宮の間を往き
来しながら列強の間にあって朝鮮の独立を維持することに奔走していた青年が、
いま、上海の安宿で、吹き込む隙間風の寒さに堪えながらおコマさんを抱いて
いる。おコマさんの体に、そのぬくもりに尹致昊が求めたものは何だったの
か？
　そのおコマさんは2月27日を最後に日記から姿を消す。1日かぎりの女では
なかったが将来を約束するほどの女性でもなかったらしく、会うたびごとに3
円、5円とカネを与えている。
　ミッションスクールの学生でありながら、こんな生活をしていても特に教師
から注意された様子はない。授業だけはまじめに受けていたらしく、最初の学
期の成績は50数名中首席で、全学生の前で表彰された（次席は日本人永見、三
席は中国人江載祐）。日曜日の礼拝と、毎週水曜の晩にアレン宅で行われるキリ
スト教の勉強会にも出席している。しかし特に入信を勧められた形跡はない。
それがアレンの教育方針だったのかも知れない。
　しかしおコマさんと別れたあとはなにか感ずるところがあったものとみえ、
1ヵ月あまりのちの1886年4月4日の日記には英文で次のように書かれている。

　汝の誓いを守れ。さなくば汝神に罪を作らん。……汝、あまたの葡萄酒を飲
　む。蓋し大きなる悦びなりと思えるなるべし。されど汝の心の内にては棘の
　如き鋭き呵責が汝を責め、汝の力は腐りゆくなり。されば何ぞ儚き喜びを求
　むるや？　魂を失える者にとりてこの世は何の意味ありや？　おお、神よ、
　この度ばかり吾を許したまえ。昨夜なしたるが如き哀れなる罪は吾二度とな
　さざるなり。おお、神よ、吾を許したまえ。而して吾が聖教を我が魂の糧と
　して愛すべく助けたまえ。おお、神よ、この度ばかり許したまえ。

神に対する「罪」、「魂を失える者」、「吾が聖教」。尹致昊の心に変化が起こっていることは明らかである。さらに4ヵ月後の8月14日には同じく英文で次のような誓いの言葉がある。ちなみに、当時、この部分を除き日記はすべて漢文で書かれている。

　　吾が健康を害うを防がんがため、吾が身を高貴、高潔、賢明に振る舞わんことを願い、吾が金銀を無益に費やさんことを防がんがため、而して、吾が身を有益にして神のみ為の知識のために更に捧げんがために、吾れ心に約せり、少なくも吾の上海に留まらん限りは、それが如何なる国に属するとも、"夜をひさぐ"女たちとは一切肉体の交わりを絶たんことを。主よ、吾に勇気と力を与え、如何なる場合、如何なる時、如何なる場所に於いても吾がこの約、そして他のあらゆる気高き決意を実行することに堪え忍び、成功せしめ給え。主の教義の聖なる似せ形である良心の名において誓いたり。心約なり。

　放任とも思える中西書院1年半の生活の中にあって尹致昊は徐々にキリスト教に向かって進みつつあった。酒と女は一時、憂さを忘れさせてくれたが、過ぎてみればただ空しさだけが残る。その繰り返しのなかで堕ちてゆく自分を救うものは、自分の外にではなく内にこそあることを次第に悟るようになる。自らの内にあって自分を支えてくれるもの、それが「主の教義の聖なる似せ形である良心」という確信になったように思われる。

　以後、日記から女性と交渉を持った話は一切なくなり、代わって「夢泄」、「夢精」、「泄精」という言葉が頻出するようになる。しかし飲酒だけは断ち切ることができず、その後も節酒、節飲の段階が続くが、翌87年2月、日本からやってきたレヴィット夫人の禁酒演説を聞くにおよび、ついに禁酒の誓いを立てるにいたる[6]。

　恐らく尹致昊の変化を見てとったのであろう、レヴィット夫人の禁酒演説を聞いてしばらくたったある日、書院のボネル教師が尹致昊を自宅に呼んでキリ

---

[6]　第1巻、1886年12月14日。Mary Clement Leavitt は世界キリスト教婦人矯風会遊説委員で、1886年6月に来日。92年まで日本に滞在して矯風会のために活動した。

スト教入信の話を持ちだす。すでに心の準備はできていたものとみえて、2週間後、尹致昊はボネルに入信願いを提出する（終章の2を参照）。かくして1887年4月3日、中西書院の多くの宣教師が見守るなか、彼は受洗の誓いを行った。朝鮮人として米国南メソジスト第1号である。朝鮮ではキリスト教がまだ禁教であった時、国家の要職にあった者として入信することは、かなりの勇気を要する決断だったはずである。

中国内地への旅行

　さて中西書院最初の1年はもっぱら日本人留学生との付き合いに明け暮れた。しかし翌86年になると個人教師について中国語（会話）を習い始め、さらに3年目の87年に入ると日記に中国人学生が登場することが格段に多くなる。中西書院の学生の大半が中国人であることを考えれば自然のなりゆきとも思えるが、上海滞在1年の間に、文字としての中国語（漢文）と耳で聞く中国語とがあまりにもかけ離れていることを発見し、その新鮮な驚きが改めて中国語を学ぶことの必要性を痛感させたものと思われる。

　このことは上海における尹致昊の生活をそれまでのような文語調の漢文で日記に記すことに次第に違和感を抱かせることになったようである。朝鮮における伝統的両班の生活は型にはまった四字熟語や常套句を以て表現するにふさわしい。しかしすでに述べたような上海での新たな生活は自ずとそれにふさわしい言語表現を必要とする。1887年11月になるとそれまでの漢文を捨ててハングルで日記をつけるようになるが、ハングルが女性と庶民階級専用の文字であり両班が学ぶことなど問題外であった当時にあって、画期的なことである。しかし当時のハングルはまだ正書法も定まらず、語彙も庶民レベルのものか漢文の音をそのままハングルを借りて表記したものに限られていた。87年11月から89年12月にいたるまで2年間に試みられたハングル日記が、やや単純でもの足りない感じがするのはそのためであろう（終章の3を参照）。

　日本語、英語に加えさらに中国語（官語＝マンダリン）も徐々にマスターしながら尹致昊は書院がある上海の外部の世界、中国内陸部への旅行を試みるようになる。最初の旅行は上海1年目の1885年7月の末から1週間ほどかけて日本人留学生、永見、西村とともに行った蘇州旅行である。蘇州は上海、南翔と

ならんで米国南メソジストの布教の一大拠点であり、宣教部が経営するミッションスクールや病院があったので、その見学が目的だった。87年にもさらに2度、宣教師のお伴をして蘇州に旅行している。これらはいずれも宣教師がらみの旅行だったが、87年7月14日から2週間ほどかけて行った鎮江旅行は本格的な中国人学生との旅行だった。

中西書院に筥襄伯なる成績優秀な中国人学生がおり、その故郷が鎮江だった。そこで夏休みを利用して筥襄伯、張慧均、許六符兄弟ら中国人学生と行った旅行である。鎮江は上海から揚子江を船で遡り、南京にいたる手前の中都市であり、ここも南メソジストの拠点のひとつだった。鎮江滞在中は筥襄伯の実家に寝泊まりし、父親はじめ家族の温かいもてなしを受けている。

長崎旅行と西京同志社・新島襄

こうして日本人学生のみならず中国人学生との交遊も次第に深まりつつあったが、中西書院4年目の1888年になると次第に書院の学生たち、とりわけ中国人学生に不満を抱くようになる。これ以上、ここにいてもあまり意味がないと思い始めたようである。

だがそれ以上に切迫した問題だったのは、生活費が底をついてきたことである。上海到着時に銀行に預けておいたカネ500円あまりは87年2月にほぼ使いはたした。その後は万一に備えて携帯してきた砂金10袋を売って700円あまりを得たが、それもそろそろ底をついてきた。両親に手紙を書いて送金してもらうしかないが、父の雄烈は甲申政変に加担した罪で86年7月、定配になったことを人伝に聞いた。母に頼むしかないが、父の不在だけでも窮しているはずの母にカネを無心するのは気が引ける。それにキリスト教に入信したことを母に報告したものかどうか。

様々な事情を考えたうえでのことと思われるが、尹致昊は京都の同志社、新島襄のもとに行けばなんとかなるかも知れないと考えたらしい。かくて彼は88年7月、長崎行きを決行する。夏休みを前にすでに長崎に帰省していた書院の親友永見を追って長崎を訪れ、同地に滞在しながら同志社に手紙を出して入学の可否を打診するという計画である。7月21日に上海を出発し9月10日に帰ってくるまで約1ヵ月半の長期旅行だった。同志社のことは書院の教師に内緒

にしたまま、旅費はボネル先生に借りた。

　キリスト教に入信した尹致昊が、維新日本立国の基礎をキリスト教におくという新島の思想に関心を抱くのは自然であるが、いつ、どのような経路を通じて新島のことを知り、彼に傾倒するようになったのかは明らかでない。

　『尹致昊日記』に新島の名前が登場するのは長崎滞在中の88年8月21日に「西京同志社の新島襄に手紙を出す」とあるのが最初である。これに対する返事が9月4日、長崎の尹致昊のもとに届いたが、「朝鮮政府の許可がなければ入学は認められない」というものであった。返事を受け取った2日後には早くも長崎滞在中に親切にしてくれた者たちとの別れの準備にとりかかり、8日には上海に向け出航しているところからしても1ヵ月半におよぶ長崎滞在の目的が同志社入学の可否を確認することにあったのは明らかである。

　ならば、なぜ長崎に到着してから1ヵ月近く経過した8月21日になって新島に手紙を出したのか？　この間、尹致昊は長崎に帰省中の永見とその妻オユキ（およびその家族）、同じく帰省中の他の中西書院学生、あるいは上海で出稼ぎするオマツ、オハマ、オトヨといった女たちと彼らの故郷での交友を深める一方、出島にある出島メソジスト教会、聖公会出島教会に礼拝して宣教師たちと会見し、また該地のミッションスクールである監督会女学校（活水学院の前身）、カブリ学校（鎮西学院の前身）等を訪問している。また新島に手紙を出す前日の8月20日には、出島にある聖書関連書店で中村正直訓点『天道遡原』を購入している。尹致昊が同人社在学中、社主の中村はすでにメソジストの洗礼を受けていたから、西京同志社の噂も日本留学中に中村を通して聞いていた可能性もある。これらのことを考えると、長崎到着後1ヵ月の間に尹致昊は西京同志社に関する情報を集め、新島に手紙を出すにはどうすればよいかを探っていたのではないかと思われる。

2.　新島襄と別れて米国ヴァンダービルト大学をめざす

　しかし当時、朝鮮ではキリスト教が禁止されていたうえに、亡命同然に祖国を出た彼に、朝鮮政府が同志社入学の許可を出すことはありえない。「朝鮮政府の許可がなければ入学は認められない」という同志社からの返事は、彼にと

って拒絶されたも同然である。あきらめて上海に戻った彼がボネル教師を訪ね、長崎滞在中に同志社入学を打診したものの拒絶された旨を報告したところ、同情したボネルはアメリカ本部に申請して日本に留学できるよう頼んでやると約束してくれた（第1巻、1888年9月11日）。

　ところが思いがけないことに、翌日になって、院長のアレンが米国のヴァンダービルト大学に留学できるよう援助してやると言いだした。ヴァンダービルト大学は米国南メソジストが教役者養成を目的に1875年、テネシー州に設立した大学である。恐らく、ボネルから話を聞いたアレンは、尹致昊を米国に送り専門的なキリスト教教育を身につけさせ、将来、南メソジストが朝鮮布教を開始する足がかりにしようとしたものと思われる。朝鮮にはすでに84年に長老派のH・N・アレンが、85年には北メソジストのH・G・アッペンツェラーが入国して禁教下の朝鮮で布教を進めていた。日本および朝鮮における南メソジストの布教はプロテスタント他派に比べ大きく遅れをとっていたのである。

　話はトントン拍子にまとまり9月28日には横浜丸に乗って長崎に向け上海を発った。30日に長崎着、永見と別れの挨拶をしたのち、翌日、再び、乗船して10月3日に神戸に到着した。神戸では1泊して、86年に上海から該地に転出していたランバス等と再会して別れの挨拶をしたのち、4日に出港、5日には横浜に入港した。

　横浜での寄港時間は限られていたが尹致昊には米国に発つ前に是非とも会っておきたい人物がいた。福沢と新島である。あいにく福沢は留守で会えなかったが、新島は突然の訪問にもかかわらず会ってくれた。

　新島はこの年4月、京都から東京に出て大学設立のための説明会を何度か開いたのち、7月下旬、持病の心臓病を療養するため伊香保温泉に行った。幸運にも尹致昊が訪ねたのはたまたま新島が伊香保から再び東京に戻っていた時であった。わずか2日の寄港の間に新島が東京にいること、そしてその滞在場所をいったいどうして知ることができたのか。キリスト教徒の間にはこの種のことに関して情報網があったのかも知れない。

　当日の日記（1888年10月6日）にはただ「新島を訪ねる。新島は日本教会の有名な人物である」とあるのみで、2人の間にどのような会話が交わされたのか何も書かれていない。しかし米国留学後の1891年、Y・J・アレンから英文

の新島伝を贈られて読みおわった日の日記にはその時の様子がやや詳しく書かれている*7。

　それによれば、当日、尹致昊は横浜から新橋まで汽車で移動すると、人力車を雇って降りしきる雨の中を新島の住所をめざした。取り次ぎに出てきた女中は「あまり長くなければ」という新島の言葉を伝えた。やがて客間に通され、新島と対面した尹致昊が長崎での同志社入学打診の件を伝えると、新島は自分の不在中に学校当局が入学願いを拒否したことを詫びてから、同志社を専門学校から大学に昇格させたいという話をした。恐らくこの時、新島は彼の持論、キリスト教主義による教育立国を尹致昊に熱く語ったものと思われる。最後にアルバムにサインしてほしいとの願いに快く応じるとともに翌朝、船まで彼の写真を送り届けてくれると約束した。別れ際に彼は次のようなことを言った、「米国において君はきっと東洋におけるよりもさらにひどい悪を目にすることだろう。だが、よい点だけを学んで悪いものは捨てなさい」と。

　翌日（10月7日）、約束どおり船上で新島の写真を受け取った尹致昊は米国をめざして横浜を出港した。尹致昊が新島と会ったのはこの時（88年10月6日）1度だけ、最初にして最後の対面だった。しかし別れ際に新島が言った言葉は以後、尹致昊の生涯において重要な意味を持つようになる。

　米国に渡った尹致昊は新島の予言どおり数多くの悪を見た。"キリストの愛と正義と平等"の国アメリカの白人はインディアンから土地を奪い、奴隷解放後も黒人に対する過酷な差別をやめず、アジア人を動物のように蔑視していた。新島はさほど深い意味もなく、ただ一般的な心構えとして先の餞別の言葉を尹致昊に与えたのかも知れない。しかし5年間の米国留学中にこの言葉は次第に尹致昊の心の中で成長し、キリスト者としての彼の人間性を大きく左右することになる。

＊7　第2巻、1891年12月3日。ちなみに新島は前年1月13日に亡くなっている。尹致昊はそのことを『月刊伝教報（Missionary Monthly）』を通じて2月28日に知った。新島については「2章の8」を参照。

3. 19世紀末米国の時代背景

　南北戦争終結後の1865年から1900年までの約35年間は、米国史上「金ピカ時代（Gilded Age）」と呼ばれ、戦後の国家再建運動とともに本格化した産業革命と都市化の波が南部諸州にまで及び、西部への発展、金鉱・石油その他の地下資源の発掘ブームと相俟って米国が未曽有の経済発展をなしとげた時代である。

　その一方で経済発展による多くの犠牲者が出た。米国東部の白人たちが西に向かって開拓を進めるためには西部と東部の間に横たわる広大な土地に生活するインディアンが最大の障害となった。個人による私有財産を基本とする白人が西部へ進出しようとすれば、力ずくでインディアンを一定区域に押し込めて定住させるか、白人社会に同化させることになる。その結果、1890年に米国国勢調査局がフロンティアラインの消滅を告げるまでにはインディアンによる大規模な抵抗はほぼ完全に抑え込まれてしまった。

　また産業革命を推進するためには人と物資の移動のために全国的な市場形成が前提になるが、全国市場形成にとって不可欠な鉄道建設のためにアイルランド人、中国人をはじめとする多くの移民労働者が輸入された。さらに南部における黒人は名目上、自由になったものの、農作業以外の技術も教育もなく生産手段を持たないために新たな地主から土地と農具と牛馬を借り受け労働することで収穫の一定割合を地主に収める一種の小作人にならざるを得なかった。

　一方において鉄道事業、金鉱・石油の採掘、農業機械の大量生産等々で巨万の富を築きあげる立志伝中の人物が輩出するなかで、他方において、或いは保護地区に閉じ込められ、或いは家畜小屋同然の飯場に起居しながら過酷な肉体労働に酷使され、或いは奴隷にまさるとも劣らない小作人として働かざるを得ない大量の人々がいるという矛盾した社会が金ピカ時代であった。尹致昊がアメリカで過ごした5年間はその「金ピカ時代」がまさに絶頂に達した時期であり、彼が最初に入学したヴァンダービルト大学はそのような時代が生みだしたひとつの典型でもあった。

4. ヴァンダービルト大学：神学を専攻する

　ヴァンダービルト大学は南北戦争後の1875年、米国南メソジストが聖職者を養成する目的でテネシー州ナッシュヴィルに設立した大学である。1872年、南メソジストの教会指導者たちはマクティエール監督（Bishop McTyeire）を中心に地域に根ざした牧師養成のための大学設立を決議したが資金が集まらなかった。翌年、マクティエール監督は当時、鉄道王と呼ばれた大実業家コーネリアス・ヴァンダービルト（Cornelius Vanderbilt）のニューヨーク邸に宿泊する機会があった。彼の妻がヴァンダービルトの3度目の妻と従妹の関係にあったためである。この機会を利用して彼は聖職者養成のための大学建設のために50万ドルの資金援助をヴァンダービルトに要請した。晩年になって慈善事業に乗りだすことを考えていたヴァンダービルトは快く100万ドルを提供した。現在のレートに換算すれば17億7千万円ほどの大金である。中国人、アイルランド人労働者を酷使して鉄道事業を成功させ、それにより得た莫大なカネを教育事業に投じることにより、ヴァンダービルトは鉄道王としての名声に加えて慈善事業家としての名声も得た。これこそ金ピカ時代の実態であった。

　こうしてこの大学は資金提供者の名をとってヴァンダービルト大学と命名され、1875年10月、約200名の学生を以て開校した。

　尹致昊が在籍した1888年11月から91年6月までのヴァンダービルトはガーランド（Landon Garland）学長の下にあり、南メソジストの宗教色が濃厚だった。尹致昊は大学構内にある神学部の学生寮・ウェスレーホールを宿所として大学生活を送ったが、当時の神学部のスタッフと彼が受講した授業は次のようなものだった。

　　ホス博士（Elijah Embree Hoss）。1885年から90年まで聖教史記、教会制度論（Church Polity）、牧師神学（Pastoral Theology）を教授。1890年に辞職して南メソジスト教会の機関新聞である週刊紙"Nashville Christian Advocate"の編集長となる。

　　ティレット博士（Wilbur Fisk Tillett）。ランドルフ・メイコン大学およびプ

リンストン神学校卒。1884年から組織神学の教授兼神学部学部長、1886
年からは副学長。

バスカーヴィル博士（William Malone Baskervill）。英語英文学教授。公民権
運動および黒人教育運動に熱心な進歩的学者。

カークランド博士（James Hampton Kirkland：1859-1939）。1886年から93年
までラテン語教授、1893年からは学長。バスカーヴィルおよびスミスと
はウォッフォード大学（Wofford College）時代からの親友。

スミス博士（Charles Forster Smith）。ギリシャ語教授。

マーティン（Martin）博士。ヘブライ語および聖書学の権威。

フィッツジェラルド博士（Oscar Penn Fitzgerald）。英語（ポーの授業）。
1878年に"Nashville Christian Advocate"の編集長に、1890年には南メ
ソジスト監督教会監督となる。

　在学3年間に尹致昊がこれらの教授陣から受講した授業は、教育学、心理学、
教会史、組織神学、聖書学、論理学、説教史、教会制度論、雄弁術、化学、算
学、英語、ギリシャ語、ラテン語、アングロサクソンリーダ（Anglo-Saxon
Reader）等である。

神学部長ティレット教授

　上記の教授陣の中で尹致昊が最も親しくなったのはホス博士とティレット博
士である。とりわけ神学部長であったティレットは入学当初から尹致昊の優秀
さを認めその将来に大いに期待した。米国での生活に慣れない彼を毎週祈祷会
に誘い、時には自宅に招待して食事を共にしてくれた。小遣い銭に困っている
時には融通してくれ、夏休みにはキリスト教系出版社にかけあって『注釈賛美
歌集』を1部売るごとに50セントの手数料をもらえるアルバイトを探してくれ
る……等々、なにくれとなく気づかってくれた。この親切には尹致昊もすっか
り感激し、ティレット教授の熱烈なファンになった。

　ところがヴァンダービルト在籍2年目のある日のこと、ティレット教授の組
織神学の試験で尹致昊が書いた答案が、教授みずからのコメント付きで学内誌
に掲載されるという出来事があった。そのコメントには、「答案として申し分

なく、朝鮮人がこのような答案を書けるということは、"異教徒は教育するに値するか？"という問いに対する十分な答えになっている」と書かれてあった（第2巻、1890年2月6日）。ティレットとしては尹致昊の努力と才能を他の学生たちの前に顕彰したつもりだったのだろう。しかし当の尹致昊はこのコメントが自分を単なる実験材料扱いしたものとみて強く反発した。

　ティレットは当時、英国のメソジスト神学者として定評のあったポウプ（William Burt Pope）の組織神学の専門家であり、位格的結合、堕罪前予定説、堕罪後予定説、……などなど、難解な教義を学生たちに丸暗記させた。尹致昊も入学1年目は神学部長という彼の肩書に圧倒され、授業前日には深夜におよぶまで準備に余念がなかった。だが、このことがあって以来、知識の詰め込みに終始する神学という学問に興味を失い、自分は決して聖職者にだけはならないという意思を固めていった。

　ところで上の"異教徒は教育するに値するか？"という問いはカルヴァンの予定説にかかわるものである。カルヴァン派の主張によればアダムの堕罪により全的に堕落した人間は自分が救済されるために善行を積むことも、罪を悔いて回心することも無駄である。各人の救済と破滅はあらかじめ神によって決定されており、しかも十字架上で死んだキリストの贖罪は、神により救済に選ばれた者のためにだけになされたものであって、破滅に予定された者にとっては無効である（限定的贖罪）。人は神によるこの選びをみずからの努力や自由意思により覆すことはできない。

　このようなカルヴァンの主張に対してメソジストの開祖ウェスレーは言う。すべての人間はアダムの堕罪により全的に堕落してしまったが、十字架上におけるキリストの死によって神の恵み（贖罪）はあらゆる人間に注がれることになった（不特定的贖罪）。従って、人はその恵みによって回復した自由意思により神の救いに近づくことができる、と。

　異教からキリスト教に改宗した尹致昊が書いた答案を以て"異教徒は教育するに値する"ことの証拠であるとティレットがみたのは以上のような文脈においてであろう。キリスト教の神を信じることにより救済されたいという異教徒の努力が神の前には一切無効であるとするなら、異教徒を改宗させることも、彼らにキリスト教教育を施すことも無駄である。

この事件を契機として尹致昊は、カルヴァン派の予定説に対して、人間の自由意思をより重視するメソジストの教義に強い興味を持つようになった。詳しい内容は分からないが、その後ティレットの授業で「意思（Will）」に関するレポートを発表している（1890年11月20日）。さらにヴァンダービルト最後の年になる91年4月になると、ティレット教授の授業で行われた「（メソジストの信仰基準）25ヵ条」に関する討論の模様を詳しく記録している。

自由意思をめぐって

メソジストの信仰基準に関する「25ヵ条」というのはメソジストの開祖ジョン・ウェスレーが自ら主張する信仰をローマカトリックのそれと区別するために1784年に発表したもので、もともと英国聖公会が1563年に聖職会議において「全聖職者が同意すべき」ものとして定めた「信仰39箇条」を25ヵ条に編成しなおしたものである。その最大の特徴はカルヴァンの予定説が人間の救いに関して人間の側における自由意思の余地をいっさい認めていないのに対して、神の選びと恩寵の重要さを認めながらも人間の側における自由意思の余地を認めたことにある。

ティレット教授の授業においてなされた「25ヵ条」に関する討論の主題は、ウェスレーが自らの信仰の立場をローマカトリックから区別するために「25ヵ条」を定めたように、米国南メソジストも自らの立場を明らかにする信仰基準を新たに定める必要があるか、というものであった。これに対して尹致昊を除く全員が「必要である」という意見であったのに対して、尹致昊はただひとり反対したという。その理由を彼は6項目に分けて詳しく説明しているが、結論だけを言えば、「現在は信仰基準を作っているような時代ではない。人々は無味乾燥なドグマや、告白、化石化した神学にうんざりしている。いま必要なのは……信仰そのものである」。従って、「もし誰かが、"あなた方の基本となる教義は何ですか"と聞いたら、聖書だと答えよう」という単純明快なものだった（1891年4月30日）。これは「25ヵ条」のうちの第5条に「聖書は救済に必要なすべてを含む」とあることからすれば、ある意味で当然のことである。

しかしその一方で、尹致昊は25ヵ条を整理して分かりにくい表現を平易なものに改め、切り捨てるべきものは切り捨て、25ヵ条の趣旨をもっと明確に

表現し直す必要があると付け加えている。

　この考えはのちに「ウェスレー・アルミニウス的信仰告白を新たにする必要性（Need of a new Wesl. Arminian Conf. of Faith）」と題する論文となってティレット教授に提出された（1891年6月9日）。その具体的な内容は明らかにされていない。しかしこの論文を提出したのち、いよいよヴァンダービルトを卒業してエモリー大学に進学するに際してティレットに依頼してあった推薦状をもらいに行ったとき、ティレットが尹致昊に言った言葉によりほぼ推測することができる。彼は尹致昊に次のように言ったという（第2巻、1891年6月8日）。

　　海外の伝道地から学生を米国に送り教育を受けさせることは賢いことだとは思わない。そのような学生の信仰は、米国人の視点から物事を見ないことにより、或いは米国の教会員の首尾一貫性のなさを見ることにより、或いは又、懐疑的な友人とつきあったり、そのような人物が書いた本を読むことにより動揺する。米国での教育は伝道のために役立たない。……非常に多くの若者がヴァンダービルトにやってくる。そして英語で神学コースを取ったあと、自分が期待したものとは違うと分かった時にはすでに遅すぎる。自分の能力を十分に発揮することができないヴァンダービルトで勉強するより祖国に帰った方がよい。……君は非常に優秀である。ヴァンダービルトでの生活のすべてが新鮮だった初期の頃の方が後半になってからよりも優秀だったが、君は成功した学生の部類に入る。

　ティレットの結論は最初の部分にある、末段にあるのは単なる外交辞令である。要するにヴァンダービルトにおける尹致昊の3年間は無駄だったということだ。かつて尹致昊をあれほどまでに高く評価し後押ししてくれたティレットがこのように変化した理由を、尹致昊は次のように説明している。すなわち、彼がティレットに提出したレポート、「ウェスレー・アルミニウス的信仰告白を新たにする必要性」において尹致昊はティレットの持論を批判した。このことでひどく傷つけられたティレットは尹致昊が米国で受けた悪い影響により懐疑論に傾いたと疑うようになったのだと（1891年6月9日）。

　これが事実であるとすれば、ティレットはウェスレー・アルミニウス的信仰

基準を懐疑論と見なしていたことになる。

　ウェスレー・アルミニウス的信仰基準のどこが懐疑論なのか？　それは「25ヵ条」とウェスレー・アルミニウス的信仰基準を照合し、その違いを調べれば明らかになるはずである。

　「25ヵ条」のうち第7条および8条によれば、アダムの堕罪のためにその後裔である人間は例外なく堕落しておりアダム堕罪以前の義人の状態からはほど遠く、彼自らの能力と努力により信仰に近づくことも、神の召しに応ずる準備をすることもできない。それ故、十字架上のキリストの死を通じて神から与えられた恩寵なしに、人は神を喜ばせ、神に受け入れられるようないかなる善行をもなすことができないとなっている。これはカルヴァンの予定説と異なり、キリストの贖罪を通じて万人に自由意思が与えられたことを認めてはいるものの、「神から与えられた恩寵なしに」という条件が強調されていて各人における自由意思の働きを積極的に認めるものではない。

　これに対してヤーコブ・アルミニウスの死（1609年）後、1610年に彼の支持者が自らの信仰の立場を定めた「アルミニウス派5ヵ条」の第5条は次のようになっていて、人間の側における自由意思の余地をはるかに積極的に肯定している。

　　真の信仰によりキリストと一体となり、そのことにより、生命を与えるキリストの聖霊の協力者となった者は、その賜として悪魔、罪、現世、および自らの肉に抗して戦い、勝利を勝ち取るための全き力を持つ。それが聖霊の恩寵の助けを借りなければならないことは勿論である。またイエスキリストは人が経験するあらゆる誘惑においてその聖霊を通して彼らを助けたまい、彼らに救いの手をさし伸べ、また彼らがこの戦いのための準備をおこたらず、キリストの助けを積極的に望み、努力を惜しまない限り、彼らを堕落から守り、悪魔によるいかなるペテン、誘惑によっても彼らが道を誤ることなく、キリストの手から奪い去られることのないようにしてくれる。

「真の信仰」を維持し「聖霊の協力者となった者」という限定付きではあるが、カルヴァンの予定説とは雲泥の差であり、「25ヵ条」と比べても人間の自

由意思は大幅に拡張されている。もし尹致昊がそのレポートにおいてこの部分を取り上げていたとすれば、ティレットがそれを以て全能なる神の権威をないがしろにする異端的な考えと見なすことは大いにありえる。

　だが朝鮮民族再興の夢をキリスト教に託す尹致昊にとって、自由意思の余地を一切認めないカルヴァンの予定説ではなく、アルミニウスおよびウェスレーによる先行的恩寵と自由意思の教説こそ、朝鮮民族に必要な信仰と思われたはずである。将来、朝鮮民族が生き残れるか否かが、朝鮮人の努力に関係なくあらかじめ神によって定められているのであれば、朝鮮人がキリスト教を信じる意味がどこにあると言うのか。

　　朝鮮はもしかすると"生き残る"のに"ふさわしく"ないのかも知れないという思いは、私の楽天的な期待を萎縮させることがしばしばある。では、どうすればいいのか？　私のなすべきことは朝鮮人が生き残るにふさわしくなるようにするため最善を尽くすことである。一生懸命努力した結果、もしそうならなかったならば、その時には、彼らは生き残るにふさわしくなかったのだとあきらめるしかない。神よ、ひとりの人間として私が現実から眼をそらすことのないよう助けたまえ。（第2巻、1892年10月14日）

ホス博士とその夫人：尹致昊と女性

　ティレット博士とならんでヴァンダービルトにおいて尹致昊が最も親しくしたのはホス博士である。イライジャ・E・ホスは尹致昊がはじめてヴァンダービルトを訪れて入学手続きをしたとき、その面接に応じた人物である。そんな関係からか、入学当初、まだ友人もない尹致昊を自宅に招き、食事に招待してくれることもたびたびあった。人のよい教授は学生に人気があり、また食事には尹致昊以外に多くの学生が同席する。そんな席ではきまって彼らにとっての宣教地である東アジアの国々が話題にのぼる。まずは中国の話題、日本の話題に花が咲く。落ちめとはいえ中国は大国であり、プロテスタント伝道にかけては先進国である。文明開化著しい日本はいつも彼らの賞賛の的である。しばらくすると、彼らの話題は尹致昊の祖国朝鮮のことにまわってくる。そんなとき彼は、「自分の国の威信が備わっていないため衆座の中で自分の国の話が出る

と、ホラを吹いてお国自慢をするわけにもゆかず、惨めな実情をしゃべって見苦しい国体をさらけ出すのがいや」（1889年5月24日）になる。そこで、せっかくの招待もありがたくお礼を言って断ることが多かった。

　そんな彼が足しげく博士の家を訪ねるようになったのは入学後、1年ほどした頃のことだった。しかし訪問の目的は博士にあったというより、博士に会うことを口実にアビー・ホス夫人（Mrs. Abbie Hoss）に会うことにあった。彼女はいつも陽気で親切、世話好きなうえに思慮深く、寮の学生が病気で部屋に寝たきりになると必ずスープなどを送り届けてくれるような女性で、尹致昊にとっては「まるで天使のよう」な女性だった。

　アビゲイル（Abigail）、通称アビー・ホス夫人は1872年にホス博士と結婚し、尹致昊が足しげく通うようになった頃には、長女のメアリを頭に3人の子供を持つ母親だった。当時、夫のホス博士は40歳だったから、恐らく彼女は30代の半ば頃か。25歳だった尹致昊とは10歳ほどの年齢差であるから母親の年齢というには若すぎ、せいぜい姉にあたる年頃で、尹致昊が恋愛感情を抱いても決しておかしくない若さである。

　「私の悩みを、愛を、母への熱い想いを、その胸にすべてぶちまけることのできる優しく思いやりのある女友達が欲しい。ああ、ホス夫人に会いたい！」（1891年4月20日）。日記にはホス夫人に対する熱い想いを吐露するこんな言葉がしばしば記されるようになる。抑えても抑えても体の奥底からこみあげてくる女性への欲望を上海時代には夜の女や日本料理屋の女中にその直接的な捌け口を見いだしていた。ところが米国滞在数年にしてようやく彼は別の捌け口を見いだすようになる。ヴァンダービルトからエモリー大学に移ったのちに、ホス夫人に宛てた手紙の中で彼は書いている（第2巻、1892年1月8日）。

　　あなたが私にとって持つ意味は、ちょうどエドガー・アラン・ポーの孤独な少年時代にヘレン・スタナード夫人が彼に対して持ったのと同じ意味を持っています。彼は彼女に対して感謝に満ちた愛情を抱いていましたが、私のあなたに対する愛情はそれ以上のものがあります。

ヴァンダービルト在学中、フィッツジェラルド教授の英語の授業でポーの詩、

「ヘレンへ（To Helen）」を読んだ。ジェイン・スタナード夫人（Mrs. Jane Stannard）はその詩に登場するヘレンの実在のモデルであったとされる。彼女はポーの最初の理想的な女性、魂の恋人とされた人物であるが、実はポーの学友の母親だった。学友の母親に対する熱烈な想いを詩に表現したポーにならって、尹致昊は恩師の夫人に対する熱烈な想いを手紙に託したわけである。夫の教え子からこんな手紙をもらったホス夫人は途方に暮れたにちがいない。

　しかし意外なことに夫人との関係はその後も長く続いた。ヴァンダービルトを去るに際して彼は別れの記念として夫人に指輪を贈った。故国を出るとき何かの役に立てばと持ってきた数個の指輪のうち最後に残ったひとつだった。これに対して彼女はエモリー大学に移った尹致昊のもとに彼女の写真を送ってきた。以後、大学寮の彼の部屋には「大事な大事なホス夫人の写真が日本製の写真枠に入って南側の壁にかかってい」た（1892年11月17日）。こんな2人の関係にもかかわらず、尹致昊とホス博士夫妻との関係は終生変わらず良好だった。

　美しい女性、好ましい女性を見て自分のものにしたいという欲望が起こるのは男性に一般のことである。上海時代の尹致昊はこの欲望を女性との直接的結合によってなだめることしか知らなかった。キリスト教に入信したのは、この欲望を抑えることがその動機のひとつだった。しかし相変わらず欲望は消えることなく、信仰による禁欲生活は逆に夢精や自慰行為の過剰となってあらわれ、そのことがますます彼の罪の意識を深め、ついに健康にまで甚大な影響（視力弱化・疲労・不眠等々）を及ぼすにいたった。これが米国到着後1年目までの彼のウィタ・セクスアリスである。米国で知った男女自由交際の習慣はそんな彼を新しい世界に導き入れてくれたように思われる。

　女性に対するコメントの豊富さは『尹致昊日記』全巻を通ずる特徴のひとつであるが、米国留学時代の日記はそれが突出している。ホス夫人に加えて、エモリー大学移籍後は学長キャンドラー博士の夫人ネティ・キャンドラーへの思慕、その娘たちとの兄妹のように親密な関係、下宿先となったベリー教授宅に同居するベリー夫人の妹トミーとの熱愛、夏休みの巡回説教中に宿所を提供してくれた家の娘たちとの交流、時には黒人女性にさえ好意を寄せる。米国社会を知るまでは個人の秘密として抑圧してきた女性への欲望を男女自由交際と文通により解放することで、尹致昊は"健全なる色好み"として生まれ変わる。

70歳をすぎた晩年にいたるまで健在でありつづけたこの色好みは、彼の日記にある種の潤いを与え、彼の信仰に緊張感を与えているように思われる。

神学部の学友吉岡美国との聖職者論争

　ヴァンダービルト大学に在籍した3年間、尹致昊は同大学の学生寮ウェスレーホールで過ごした。寮生の多くは卒業後、牧師や宣教師をめざす米国南部の若者たちであり、宣教師志望者の中にはのちに中国、日本、朝鮮に派遣された者も少なくない。その神学部の学生に対して尹致昊が持った印象は概して否定的なものだった。当時の神学部の学生たちの不品行には大学当局も手を焼いていたらしい。彼らは夜の祈祷会から寮の自室に戻ってくると、深夜にいたるまで大声を張り上げてドンチャン騒ぎをやらかすこともめずらしくなかった。寮生の中でもまじめな学生は勉強に集中できず、満足に睡眠もとれない。彼らの傍若無人ぶりは良識ある学生の批判の的であり、とりわけ非キリスト教徒の学生はこれらの神学生、ひいては聖職者全体に対して強い不信感を抱いていた。

　このような風潮の背景には南北戦争後の産業化と都市化のなかでキリスト教人口が急増し、それに伴って牧師、宣教師の経済的な地位が向上した結果、かつて清貧の職業であった聖職者が収入の安定した、若者にとって魅力ある職業になりつつあったことがある。

　独立戦争終結後の1800年、全米国人口に占めるキリスト教徒の割合は15人に1人にすぎなかった。それが、1800年代前半に起こった信仰復興運動により1850年には一気に倍増し、7人に1人の割合となった。この大躍進の中心になったのがメソジストとバプテストで、とりわけメソジストは1775年にわずか3000人にすぎなかった会衆が80年後の1855年には一気に500倍の150万人にふくれあがっていた。

　かつて人家もまばらでろくな教会も持てず主として巡回説教師に頼っていた地方も、人口の増加とともにより設備が整い立派な牧師館を備えた教会を持てるようになった。このような教会が増えるにつれ牧師に対する需要もまし、神学校や大学神学部に籍を置く聖職者予備軍はより条件のよい教会を選べるようになる。

　金ピカ時代の世相は実業界はもちろん広く宗教界にも及んでいた。否、尹致

昊も言う如く、拝金主義は自由放任、優勝劣敗をモットーとする実業界におけるよりも、日頃、愛と平等を説く宗教界においてあらわれるとき、その醜悪さはいっそう顕著である。

　にもかかわらず聖職者の予備群である神学部の学生が卒業をまぢかに控え、いよいよ牧師なり宣教師となって世に出る決意するとき、必ず口にする言葉は、自分が聖職者の道を選んだのは「神の特別のお召し」によるというものだった。尹致昊は彼らのこの言葉によほど反発を感じたらしい。ウェスレーホールの学生たちが深夜まで大騒ぎする事件があって（1890年12月13日）からしばらくして、彼は同じウェスレーホールの寮生である「ヨシオカ」とこの問題について議論する（第2巻、1891年1月23日）。「ヨシオカ」はヴァンダービルト神学部に籍を置く日本人留学生である。

　　（前略）　夜、ヨシオカが〔自分の部屋に〕やって来た。神の特別の召しによって聖職者になるということについて2人で次のようなことを話しあった。尹「いかなる場合にも特定の人に対して聖職に就くよう神が召されるなどとは僕は信じない」。ヨシ「どうして？」　尹「ここに2人の人がいるとする。1人はもう1人の者より知性ばかりか道徳的また精神的にも劣るとする。劣る者の方が聖職に入ったとする。彼は、自分には神のお召しがあったと言っている。人は神の召しにより伝道の道に入るのだとすると、なぜ神は資質的に劣る者をお召しになったのか？　また現実においても、あらゆる資格において在俗の者に劣る伝道者がたくさんいるのはなぜなのか？　彼らは多くの在俗者と比べて特に聖潔な生活をしているわけでもなし、堅固な信仰を持っているわけでもなし、また充実した仕事をしているわけでもない。もし神が聖職者を召されるとしても、こんな者を召すはずはない」。ヨシ「でもそういう人たちが聖職の道に入るのは他の職業に就くのと同じことじゃあないか。要するに生計を得るためだ。神に召された訳じゃあない。純粋にキリストのため、必要とあらば自分自身の利益を犠牲にしてまで聖職に入った者こそ真に神によって召された人たちだ」。尹「僕が言いたかったのはそのことさ。ただ単に生計を得るために聖職に入った人たち、そういう人が神の召しによってなどと言うのを僕は信じない。例を引こう。2つの任地が選択肢として

68

与えられたとしよう。一方は500ドルの収入が約束され、他の一方は1,000ドルの収入が約束されているとする。1人の伝道師は収入の高い方を選んで、世間の人々に対して自分は神の召しによりその任地に赴くのだと言ったとする。僕はこの言葉を信用しない。彼が収入のより高い任地に行くのはカミ（God）の召しがあったからではなく、カネ（gold）の召しがあったからである。500ドルの方を選ばずに1,000ドルの方を選んだからといってその人間を非難しようとは思わない。僕が非難するのは自分の選択を神の召しの所為にすることだ。職業として聖職を選んだからといってその人を非難するつもりなどない。僕が非難したいのは、そのことを神のお召し、天職だなどと言うことなんだ」。**ヨシ**「そもそも宣教師というのは職業ではない。すなわち、職業として宣教師になるのは誤りだ」。**尹**「いや、それは違う。宣教師はキリスト教諸国において立派な職業だ。職業として宣教師になる者がまちがっていないのは、職業として医者や弁護士を選ぶ者がちっともまちがっていないのと全く同じことさ。事実、英国や米国では何千もの人々が宣教師を職業として選び、立派にやっている」。**ヨシ**「でもそれは悪であることに変わりにない」。**尹**「いや、ちがう」。ここで私たちは話をやめにした。このことについてはもっと考える必要がある。

　宣教師とは神の召しがあった者のみに許された仕事で、それなくして宣教師になるのは悪であると主張する純粋主義者ヨシオカに対して、尹致昊はいわば現実主義者であって、生計を得るために（すなわちカネが目的で）宣教師を職業として選ぶことは一向に構わない、ただそのことを神の召しがあったからだなどと言うのはやめろという立場である。ヨシオカにとって正義は正義であって、そこに悪が入り込む余地はない。一方、尹致昊にとって神の召しなしに宣教師になりキリスト教布教のために働くことは可能であり、事実また、そうして立派な仕事をしている宣教師がいくらでもいると言う。これは（キリストの贖罪による）先行的恩寵によって回復された自由意志により、あらゆる人が（信仰と神の助けにより）福音の召しに応ずることができるとしたアルミニウス派の立場をあらわすものと言えるのではないか。尹致昊が「（メソジストの信仰基準）25ヵ条」のクラス討論に加わり、また「ウェスレー・アルミニウス的信

仰告白を新たにする必要性」なる論文を書いてティレット教授の持論を批判したのは、ヨシオカとの上記の議論ののち、1891年4月から5月にかけてであるが、それは単なる授業やレポートのための議論ではなく、日ごろ目にする米国キリスト教への具体的な批判を彼なりに理論化したものであろう。

ちなみに、この「ヨシオカ」という日本人留学生は、上海中西書院にいたランバス一家（J・W・ランバス、その夫人メアリ・I・ランバス、およびその息子ウォルター・R・ランバス）が1886年、米国南メソジストの日本宣教部開設とともに神戸に赴任して日本宣教の拠点として設立した（1888年）関西学院の出身であり、同学院の初代院長ウォルター・ランバスの後を継いで第2代院長となった吉岡美国である。

5. エモリー大学

ヴァンダービルト大学神学部で3年間キリスト教神学を専門的に学んだ尹致昊は1891年10月、ジョージア州オクスフォードにあるエモリー大学文学部（A.B. course）の2年生として編入学する。

ヴァンダービルト卒業がまぢかに迫ったころ、米国滞在の機会に神学部ではない普通学部、それもできれば小規模な大学でもっと勉学したいという希望を上海のアレンに伝えた。アレンは尹致昊に内緒でエモリー大学に連絡をとり、これを受けたエモリー大学ではYMCAが中心となって一文無しの尹致昊を受け入れるために募金運動を起こし、260ドルの募金を集めてくれた（1891年1月26日）。米国キリスト教に対しては批判すべき点も多かったが、こういう組織力には尹致昊も脱帽せざるを得なかったであろう。キリスト教を批判しながらも終生、キリスト教徒としてとどまった理由の一端もこのあたりにあるのかも知れない。

エモリー大学は1836年、ジョージア州のメソジスト協会（Methodist Conference）が大学設立の認可を獲得し、38年、I・A・フュー（Ignatius Alphonso Few）を初代学長として1、2年生合わせて15名を以て出発した。校舎があったオクスフォードという町名はメソジストの創始者ジョン・ウェスレーとその弟チャールズが卒業したオクスフォード大学からとられた。創立以来、

エモリー大学在学時の尹致昊（1893）とエモリー大学キャンパス

厳格な校風で、定められた学習時間内に学生が部屋から出ることを禁じ、学長の許可なしに町の外に出ることができなかった。また1888年にウォーレン・A・キャンドラー（Warren Akin Candler）が学長になるまで大学対抗のスポーツ試合が禁止されていた。

　尹致昊が入学した1891年当時、このキャンドラーが学長だった。コカ・コーラカンパニーを設立したエイサ・G・キャンドラー（Asa Griggs Candler）は彼の実兄である。1915年にキャンパスをオクスフォードから州都アトランタに移転させカレッジから総合大学に昇格させることにより南部の名門大学として躍進することになったのも実兄からの莫大な財政援助によるところが大きい。

　エモリー在学中の尹致昊の生活はきわめて質素なものだった。彼の新たな住まいは大学構内にある学生寮マーヴィンホール、寮生25名という小規模なもので、うち17名がキリスト教徒だったという（1892年6月9日）。ヴァンダービルトのウェスレーホールのように神学部の学生の深夜におよぶバカ騒ぎはなく、食堂の食事はきわめて粗末なものだった（第2巻、1892年1月23日）。

　　私の寄宿舎はマーヴィンホールと言います。25人の学生が1つのテーブルに
　　座って食事をします。鶏肉といったらめったに出ないご馳走です。卵がでる
　　こともごくごく稀です。牛乳なんて口にしたこともありません。出るのはハ

ムと、ブラックコーヒーと、ジャガイモ、トウモロコシの挽き割り、それに
ホワイトビスケットがふんだんに出ます。私たちはみなお腹いっぱい食べま
す。そのことを食堂の給仕はとてもうまい具合にこんな風に表現しています、
「学生たちに皿いっぱいビスケットを出してもまるで100匹の犬にトウモロコ
シ1本投げ与えるみたいなものさ」と。

　こんな寮生活をしながらの新たな大学生活であったが、なぜかエモリーに移
ってからの日記には授業についての言及がほとんど見られない。わずかに自然
地理学と植物学の授業について簡単に触れるのみである。代わって話題の中心
となるのは課外活動と下宿生活、そしてキャンドラー学長をはじめとするキリ
スト教関係の人々との交流である。
　課外活動に関してはヴァンダービルト時代からすでに多くの活動に参加して
いた。学内においては論理的討論術の会（Dialectic Society）に所属し、「規制
は社会の安寧のために必要であること」と題した演説をしたこともある。また
1889年の12月末から約1年間にわたり刑務所の日曜学校教師として囚人の教
育に携わる傍ら、諸所の教会から演説を頼まれて朝鮮の現状に関してスピーチ
することもしばしばだった。
　エモリーに移ってからの新しい課外活動として特筆すべきは、エモリーの伝
統的な文化系サークルである「フューソサエティ（Few Society）」の会員とな
ったこと、それに夏季休暇を利用して南部諸州（テネシー、ジョージア、ヴァー
ジニア、南北カロライナ）の鉄道沿線にある教会を巡回して会衆に朝鮮の現状
を訴え、朝鮮にキリスト教教育を普及させるために必要な資金を集めたことで
ある。

伝統あるフューソサエティの会長に選出される
　1838年の開学に先だってエモリー大学の学生自治会は学生間の討論活動を
活発にするためファイガンマソサエティ（Phi Gamman debate Society）を設立
した。開学数年後、ファイガンマソサエティの活動をさらに活発にするためそ
のライバル団体として設立されたのがフューソサエティである。両団体のため
に構内にはそれぞれの名を冠したファイガンマホール、フューホールという名

の会館が建てられるほどで、エモリー大学で最も伝統と権威のある団体だった。それぞれの団体には定期活動の他に、年に数回、両団体の合同討論会があり、エモリーの名物行事になっていた。討論会の内容は、ひとつのテーマを設定し、両団体が賛否いずれかの立場に立って討論し、その内容の優劣を競うというもの。日記に記録されたテーマの一部を挙げれば次のようなものである。

　　「偉大な人物の欠点は記録に残すべきである」（1891年11月20日）／「（学生の）得点公表制度は廃止すべきである」（1892年11月11日）／「俗世で成功するために宗教は不可欠である」（同11月12日）／「地方自治体ごとに禁酒を決めるよりも国全体として禁酒にする方が好ましい」（同11月25日）

　たとえば3番目の討論において尹致昊は最初反対の側にまわったが、討論後、賛成の立場に考えを変えている。その理由を次のように説明する。

　　個々のケースにおいては世俗で成功するために宗教は不可欠でないように思われる。だがこの問題をよく調べてみると、宗教はいかなる成功においても（個人としても民族全体としても、あらゆる場合に）不可欠であることが分かる。なぜなら宗教がなければ道徳や法の秩序もない。道徳も法もなくなれば個人や財産の安全もない。安全がなければ民族の繁栄もない。繁栄がなければ個人の成功はなく、従って民族全体も成功することはないからである。卑怯で非宗教的な人間が成功した例は、この考えと矛盾するように思われるかも知れないが宗教によって育まれ愛された人々の法と正直によって彼らの身体や財産の安全が保証されなければ彼らの成功はおぼつかない。宗教を信じない人間が、自分が宗教のお蔭をこうむっていることを断固否定したとしても事実は変わらない。

　この論理の当否は別として、討論を通じて自己の立場が変わりうることを身を以て学んだことは尹致昊にとって貴重な経験だった。話し合いにより相手を説得し、また自らも相手に説得されることにより互いに変わってゆくという、いわば民主主義の基本原理を体得できたのはフューソサエティのお蔭であろう。

後年、帰国した彼が徐載弼とともに独立協会運動の指導者となったとき、民主主義導入の基本手段として政治討論会を取り入れたのもフューソサエティにおける経験があった。独立協会運動のさなか、彼は現在も議会規則の基本となっているヘンリー・M・ロバート（Henry Martin Robert）の"Robert's Rules of Order"をハングル・漢文混用体で訳出し、『議会通用規則』（三文社、1898年4月）と題する29頁の冊子として発行した。民主主義の基礎として彼がいかに討論を重視していたかを傍証するものである。

　尹致昊がこのフューソサエティにおいていかに優秀な会員であったかは、1892年11月、恐らくアジア人として初めて会長に選出されたことからしても分かる。米国人会員の中にはアジア人に対する差別意識からこれに反対する者もあり、また同じアジア人である中国人学生の中にこれを妬んで尹致昊が候補者に挙げられたとき、彼を会長に選ぶべきでないと横槍を入れた者がいた。尹致昊自身も固く辞退したが、結局、受け入れられずに会長に選出されるという経緯があった。

夏季休暇を利用しての南部諸州巡回説教

　米国留学時代、尹致昊は極度の貧困状態にあった。授業料と寮の費用は免除されていたが、それ以外にも衣料費、書籍代、交通費、交際費等々、毎日の生活に欠かせない最低限のカネが必要である。同窓会に入会したくても入会金を払うこともできないほどだった。あちこちの教会関係の団体から朝鮮に関する講演を頼まれたり、宣教機関誌への原稿を依頼され、謝礼をもらうこともあったがそれでは焼け石に水である。

　そんな彼の事情を伝え聞いたか、匿名で20ドル、15ドル、時には50ドルと寄付してくれる人物があらわれた（のちにローラ・バクスター夫人と判明する）が、それでもまだ足りない。なによりも困ったのは、ヴァンダービルトにおける毎日の食費は経済的に困難な学生を援助する補貧金（Sustentation Fund）から出されていたが、夏休み中はこれが支給されないことが分かったことである。キャンパスの草むしりや、ウェスレーホールの掃除のアルバイトもしてみたが、これも一時的な臨時収入でたいした助けにはならない。1889年と90年の夏は上述の臨時収入とこれまでの貯えでなんとか凌いだものの、エモリーへの進学

が決まった91年の夏休みを前にして、なんとか本格的な現金収入の道を考えざるを得なくなった。

　寮友スペンサーと地図を広げながら考え出したのは、ヴァージニア州マリオンから出発してテネシー州ノックスヴィルまでの鉄道沿線にある教会を巡回しながら朝鮮に関する講演をして献金を募るという案だった。事前に教会の牧師宛に依頼状を送って許可をとり、受け入れの準備をしてもらう。巡回中の宿所と食事は牧師の世話になるか、近くにヴァンダービルトの友人がいる場合には友人一家の世話になることにした。こうして最初の夏休み巡回説教は1891年6月30日、ヴァージニア州西部にあるウィズヴィル（Wytheville）から始まった。巡回説教初日の日記には次のようにある（第2巻、1891年6月30日）。

　　30日（火）　ほとんど1日中晴　午後2時、スペンサーとともにギグ〔一頭立て二輪馬車〕に乗ってウィズヴィルをめざす。4時30分、着。……町には公立学校1、高校1、女学校3～4、教会10（うち3つの黒人教会を含む）、……、週に2回の定期刊行誌1がある。町を貫く通りは幅が広く、緑の木陰に覆われている。人口はおよそ4000。避暑地として有名である。夕方頃、雨が降りだし夜になるにつれて激しくなっていった。この雨に加えて大規模なドイツ舞踊のパーティーがあったために人々の出足は悪かった。来たのは数人のみ——話は短く台なしにならざるを得なかった。献金、94セント。牧師館で寝る。牧師のサマーズ師はとても冷たい、これっぽっちもユーモアがない人だったが、顔はとてもハンサムだった。南京虫のために眠られず。

　ウィズヴィルでの献金はわずか94セントだったが、その後は順調で7月2日のマリオンでの8.25ドルをはじめとして7月9日、モッスィークリークでの4.65ドルにいたるまで、平均5ドル近くの献金となっている。しかし、モッスィークリークからニューマーケットに移動したあと、日記は7月12日を以て突如中断し、2ヵ月後の9月9日まで空白となっている。

　異国の地で長期にわたる初めての1人旅。明日の教会は自分を受け入れてくれる準備ができているか？　宿所は確保できるのか？　スピーチはうまくゆくだろうか？　不安と緊張でストレスはたまるばかり。牧師との人間関係がうま

くゆかず、スピーチが受けなかったときには惨めな敗北感におそわれる。おまけに宿所は劣悪な場合が多く、毎晩、暑さと南京虫に苦しめられて睡眠不足になることがしばしばだった。出発1週間後の彼の体重は101ポンド（45.85キロ）、平常時より4〜5キロおちていた。2ヵ月あまりの日記中断の背後には恐らくこんな事情があったのではないか。

　にもかかわらず翌年の夏と、翌々年の夏と巡回説教は続けられた。尹致昊を突き動かしていたのは「他人の援助に頼りきりになっている自分」という「針のように私の胸を刺」す自責の念だった（1891年1月6日）。この屈辱感を克服するためには自らの労働によりカネを稼ぎだすしかない。「働かざる者食うべからず」。朝鮮人がキリスト教徒となるにはまずもって両班意識を脱ぎ捨てなければならない。

　こうしてエモリーに移って最初に迎えた夏休み（1892年）に行った2度目の巡回説教は6月13日から9月19日にいたる約3ヵ月間を無事に乗りきることができた。地図の上でこの3ヵ月間の尹致昊の足取りを追うと、ほぼジョージア州の全域に及んでいる。米国南部、しかも1年で最も暑い夏の盛りを一介の"よそもの"として巡回して歩くのは並大抵のことではなかったはずである。単なる旅行の域を超えて宗教的な巡礼を思わせる。いま彼が訪問した主な都市を列挙すれば次のようになる。

Lithonia, Marietta, Acworth, Dalton, Rome, Dallas, Austell, Lawrenceville, Buford, Gainesville, Athens, Lexington, Greensboro, Washington, Thomson, Augusta, Harlem, Appling, Sparta, Milledgeville, Meriwether, Macon, Marshallville, Americus, Cordele, McRae, Savannah, Reidsville, Lumber City, Brunswick, Waycross, Thomasville, Bainbridge, Albany, Dawson, Bronwood, Richland, Buena Vista, Columbus, LaGrange, West Point, Opelika, Newnan, Griffin, Greenville, Shiloh, Forsyth, Senoia

　巡回説教を無事済ませた9月19日の日記において次のようにこの旅行を総括している。

ありがたいことに3ヵ月前にオクスフォードを出発したときには5ドルしか持っていなかったのに375ドル持って帰ることができた。この夏の間に508ドルほど寄付を集めることができた。うち約123ドルは衣類を含む諸経費として消えた。恐らく今年が長い学生生活最後の年になるだろう。すべての点で今年が最善の年となりますように。……どこに行っても、人々の話題は"不況（hard times）"だった。誰もが不満を抱いていた。……いたる所で政治が話題になっていた。どこに行っても人々の心を捉えているのは政治だけだった。国中いたる所に広大な未開拓の土地がどこまでも続いていた——しばしば何百マイルもの間、人が住んでいる気配のない土地を旅行することがあった。人口6000万のこの国がいかに広大であるかを示している。

　3ヵ月で508ドルという寄付金の額は、当時の米国が深刻な不況に陥っていたことを考えれば予想外の好成績である。近距離への汽車賃が1ドルほど、靴1足が4ドル、田舎町の肉屋の月収が10ドル、20ドルといった時代である。諸経費を差し引いても手元に375ドルを残すことができた尹致昊としてはほっと一息といったところではなかったか。

"キリスト教による祖国再建"へのヒントを得る

　しかし経済的な問題を解決する以上に彼はこの巡回説教から多くのことを学んだ。米国の広大さ、そして地方都市に暮らす人々の日常生活は、彼がナッシュヴィルやオクスフォードで経験してきた狭小な学園生活とはまったく異なる新たな世界であることを肌身で感じることができた。なによりも彼の心を捉えたのは米国社会が教会を中心とした地域社会をなしていること、そして個々の地域社会は教会を通して隣接する地域社会と結ばれており、このネットワークを利用すればキリスト教徒はほとんど無賃で米国全土を旅することができるという事実だった。政府を頂点とする上から下へのネットワークとは別に、キリスト教による横のネットワークにより国民がひとつに結ばれている。もし同じような組織を祖国朝鮮に作ることができるならば無力な国民を結束させる強固な基盤となるだろう。92年の段階ではこれはまだ漠然とした考えにすぎない。しかし、93年夏、3度目の巡回説教（第3巻）を行う過程でこの考えは尹致昊

の中で具体的な形をとることになる（第2章の8を参照）。

6. 人種差別とキリスト教

黒人とインディアン

　5年間の米国滞在中、尹致昊は多くの黒人と接触する機会を持った。すでに米国到着直後の1888年11月に言及があり、翌12月には黒人の教会を見学に行っている。しかし黒人との個人的な接触を試みるようになったのは米国滞在2年をすぎてからのことだった（第2巻、1891年4月19日）。

> 公共広場からの帰途、バスは満員だった。ひとりの黒人女性が乗り込んできた。だが誰も彼女に席を譲る者はいない。日頃米国人が吹聴する"女性の権利"なるものをどんな風に実行するのか見てやろうと待っていたが、一向にその気配はない。私はその黒人女性に席を譲った。乗客たちの顔が次々にほころんだ。米国人が尊敬するのは女性ではなく皮膚の色であり、権利ではなく人種であることが、これでよく分かった。

　恐らく、この経験により黒人に対する先入観念が吹っ切れたのだろう、しばらく後の日記には次のようにある（第2巻、1891年5月2日）。

> 午後、街に行く途中、たまたま――黒人のボーイである――ジョージの家の前を通りかかった。請われるままに部屋に入ると、とてもこじんまりした家だった。この家で、私は生まれて初めて黒人女性――結婚したばかりのジョージの新妻――と握手した。ジョージは彼女のいる前で、さも誇らしげに、自分の妻をどう思うか！と聞いた。私は微妙な質問だからと言って、丁重に返事を拒否した。どちらかと言えば彼女は引き締まった美しい顔立ちである。彼女は北メソジスト監督教会が経営する中央大学に通っていたようだ。

　2つの引用文からも分かるように黒人に対する尹致昊の態度はいたって同情的である。しばしば中国人、日本人、あるいは米国人からバカにされてきた朝

鮮人として自己の立場を黒人の姿に重ね合わせているようにもみえる。事実、『アンクルトムの小屋』を読了した日の日記には、「読みながら私の胸は奴隷制度に固有の残虐性とそれが現実にもたらした罪悪に怒り狂い、悶々としたあまり、思わず本を置いて、"今はもう奴隷制度はなくなったのだ"と自分に言い聞かせて辛うじて心を慰めた」（1892年7月12日）と記したほどである。

　黒人に対するこのように同情的な態度は彼がインディアンに対して示す突き放すように冷たい態度と比較するとき、その意外さに驚かされる。1893年10月、5年間の留学を終え上海に帰るためカナダのバンクーバーをめざして汽車に乗ったとき、途中、目にしたインディアンについて彼は次のように記している（第3巻、1893年10月14日）。

　　ほとんどの駅でインディアンの姿を目にした。彼らのうちのある者は顔をまっ赤に塗り、ほとんどの者が赤または青の毛布で体全体をおおっていた。悲しくもあり同時に情けなくもあった。悲しいというのは彼らの過去の歴史のためであり、情けないというのは自らの状況を改善する能力の無さのためである。避けようと思えば避けられないわけではないのに、自ら怠惰と無知を選ぶことにより手の届くところまで近づいてきた文明を利用できないような人種は生きるだけの価値がない。

　強大かつ優秀な民族に圧倒され虐げられている民族は同情に値する。しかしその差別と虐待をはねのけるために自ら努力することを怠るような者は哀れとは思うものの同情には値しないということだろう。それなら黒人はインディアンといったいどこが違うと言うのだろうか？

黒人の地位向上運動に民族再興へのヒントを得る

　1891年1月、ヴァンダービルトのウェスレーホールで吉岡と聖職者問題について議論を交わした頃のことである。当時、尹致昊は課外授業の一環として大学近くにある様々な教会を訪れて説教を聞くことを楽しみにしていたが、ある日、黒人のバプテスト教会に行き、黒人指導者として名高いJ・C・プライス博士の説教を聞く機会があった（第2巻、1891年1月16日）。博士の説教は黒人

に対するそれまでの尹致昊の評価を再認識させたばかりでなく、帰国後の彼の祖国再建運動、とりわけ日韓併合後、朝鮮が日本の支配下に置かれた状況の中で朝鮮人がとるべき行動について大きな示唆を与えた。

　午後2時30分、黒人バプテスト教会に行き、"黒いデモステネス"と呼ばれるJ・C・プライス博士の「黒人の将来」と題する説教を聞く。説教の要旨は以下のとおり。（1）この世で最も偉大なものは知力（mind）である。黒人が未来に期待するためにはまず他の人々と同じような知力を備えていることを証明しなければならない。ところで、過去25年間において我々の物質的な所有、道徳的素質、知的達成の面における進歩は黒人が他の人々に負けないだけの知力を備えていることを証明した。（2）黒人に対する偏見は色によって起こるものではなく我々が置かれた状況に原因するものである。貧困を富に、悪徳を美徳に、無知を知性に——要するに我々の置かれた状況を変えよ、そうすれば偏見もなくなるであろう。（3）諸君の手を神の手と結べ。そして働け！　働くことによって諸君には知力があることを示せ。世間の現実に立ち向かって叫ぼう、「黒人だからといって、俺たちにお情けなんか無用だ。黒人だからといって俺たちを拒否するな」と。（4）アメリカは黒人の故郷である。我々はこの地で我々の運命を全うしなければならない。海外移民などナンセンス。白人との融合など夢だ。人種問題という難問はナンセンスによっても夢によっても決して解決できない。我々の置かれた状況——道徳的、知的、物質的——を高めること、この難問を解決できるのはこれだ、これ以外にはありえない。

　本当に博士の雄弁はすばらしい。説教はユーモアに満ちている。プライス博士は生粋の黒人である。黒人は他の人種と交配しないかぎり知的能力を高めることはできないという説に対して博士の存在は生きた反証である。

　J・C・プライス（Joseph Charles Price：1854～1893）は19世紀末の米国における黒人の地位向上運動、市民権運動の指導者として有名であり、彼の死後、その運動はブッカー・ワシントンに受け継がれてゆく。1910年、3度目に米国を訪れた尹致昊は、アラバマ州タスキーギにワシントンが設立した「タスキー

ギ職業訓練校」を訪れ、長時間にわたって彼と面談している（『佐翁尹致昊先生略伝』、第25章）。植民統治下における尹致昊の民族自立運動にはブッカー・ワシントンの影響が見られるが、上に引用したプライス博士の演説要旨をみれば、ワシントンの主張は、プライス博士の主張に情況的な修正を付加したものであることが分かる。1910年にブッカー・ワシントンを訪問するはるか以前に、尹致昊はすでにプライス博士を通じて強者の支配下にあって弱者がとるべき道を学んでいたのである。

中国人

　当時、白人による人種差別の対象となっていたインディアンおよび黒人に対して尹致昊がとった態度は、概して前者に対しては冷淡、後者に対しては同情的なものだった。しかし少なくともインディアンは自らの価値を守るために白人の支配に抵抗して戦い、そして敗れた。一方、その真の意図がどこにあったにせよ、奴隷制廃止のために南部の白人と戦ったのは黒人自身ではなく北部の白人だった。抑圧者・搾取者に対して武器をとって戦ったのは黒人ではなくインディアンである。にもかかわらずインディアンを非とし黒人を是とする尹致昊が文明、すなわち白人の側に身を置いていることは明らかである。このことは当時、同じく白人による人種差別を受けていた中国人に対する尹致昊の態度をみるときいっそう鮮明になる。インディアンや黒人とちがい中国人は尹致昊により近い。当時の米国人は朝鮮人も日本人もひとしなみに中国人と見なしていたから中国人に対する差別は他人事ではなかった。

　米国留学のためサンフランシスコに向け横浜を出発した尹致昊は、途中、ハワイに立ち寄った際、次のような印象的な場面に遭遇する。

> 午前2時にホノルルに到着。清人の旅券を調べている様子を見ると、彼らが世界各処で受けている屈辱には甚だしいものがある。然るにその政府はこれに全く無関心で、国体を害うばかり。なんとも残念である。この広大世界にあって清人が悠々と暮らせるのは我国〔朝鮮〕しかない。ホノルルには上陸できず。晩、発船す。（第1巻、1888年10月20日）

祖国朝鮮にあっては宗主国の国民として朝鮮人を虫けらのように扱っている中国人が、白人によりまるで家畜のように扱われていたのである。

　次いでサンフランシスコに到着し、大陸横断鉄道でナッシュヴィルをめざす途中のことである。デンバー、リンカーンを経てカンザスシティーに到着した時、すでに夜の9時頃になっていた。宿所を求めて駅近くの旅館に行ったところ、中国人と見なされて宿泊を拒否され、よんどころなく駅舎で野宿した（1888年11月2日）。米国到着早々、人種差別の洗礼を受けた。

　ヴァンダービルト入学後も学内の友人から、あるいは街中で出会った見ず知らずの白人から中国人と見なされて屈辱的な気分を味わった経験がしばしば記録される。そんな時、彼が中国人に対して抱く気持ちはインディアンや黒人に対して抱く気持ちと異なってやや複雑である。

　　　1歩あるくごとに、街角を曲がるごとに卑劣な黒人や白人のクズのような者たち……に"支那人（Chinaman）"と呼ばれることに腹が立ち、悔しくてしかたなかった。こんなふうに言われるのもこの町には、シン・シンだとかサム・シン、その他、耳あたりのいい名前の中国人が山ほどいるせいだろう。（第2巻、1892年7月2日）

　率直に言って、中国人とまちがわれて迷惑、自分は中国人とはちがう、というのが尹致昊の本音であろう。「"支那人"と呼ばれることに腹が立ち、悔しくてしかたない」という心理。それは単に中国人とまちがわれたことに対する憤りではない。朝鮮人である自分が中国人のように「下等な人種」と見まちがえられたことに対する悔しさであり、従って彼自身もまた中国人を「下等な人種」として差別していることの証拠である。次の引用は米国留学を終えて上海に戻った直後に記したものである（第3巻、1893年11月15日）。

　　　私はコスモポリタンなせいかいかなる国のにせよ贅沢な食べ物には無関心な方であるが、中国人の料理人が料理の準備をしている様を見ながらそれを口にすることはほとんど不可能である。中国人は――朝鮮人を除けば！――世界でもっとも不潔な民族である。朝鮮人でさえいくつかのことにおい

ては中国人よりはましである。たとえばうすぎたない運河の同じ場所で、ある者は古くなった衣服を洗い、ある者は足を洗い、またある者は尿瓶を洗い、ある者はおまる〔持ち運び用の便器〕を洗い、さらにその傍らで野菜やコメを洗う者さえいる！　その同じ水が水汲み人によって家庭用飲料水として汲まれてゆくのである。少なくとも朝鮮人はここまでしない。……世界の中でも“正しく”、“善良で”、“高潔で”、“正直な”国民であることを鼻にかけるこの不潔な国民の軽蔑すべきプライドはただただ愚かしく厭わしいかぎりである。

　「中国人は世界でもっとも不潔な民族である」と軽蔑しながらも、ただし「朝鮮人を除けば！」という除外条件を付けざるを得ないところに朝鮮人尹致昊の複雑な事情がある。1880年代に渡米した日本人の多くも尹致昊と同じように中国人と見なされる屈辱をみずから体験し、あるいは身近に見聞し、その記録を残している。たとえば内村鑑三の『余は如何にして基督信徒となりし乎』第6章、あるいは東海散士柴四朗の『佳人之奇遇』巻3を読めば、当時の中国人差別が日本人にとって決して他人事でなかったことを知ることができる。しかし彼ら日本人の反応は尹致昊のそれと異なる。彼らのある者は中国人と呼ばれても素知らぬ顔をして通り過ぎる。ある者は中国人と見なされたことに抗議し、日本人と中国人がいかに異なるかを詳細に説明する。なかには差別した相手の米国人がアイルランド人（彼らもまたアングロサクソン系の米国人から差別されていた）であることを暴露して溜飲を下げる者もある。自らこうむった差別をまぬがれるためには新たな差別を作りだすことが最も有効だからである。
　しかし「世界でもっとも不潔な民族である」中国人と朝鮮人には自らの身代わりとなる対象を見つけだすことができない。いや、見つけだすことができないのではなく、差別から脱け出すために新たな差別を生みだすという差別の悪循環の不毛さを尹致昊が知らないわけではなかった（1892年2月17日）。

　ウォーカーストリート教会もアトランタの他の教会も中国人の洗濯業者に大きな関心を示している。一般に高々とした立派な尖塔を持つ教会はそういう方面のことは教会の仕事として大して重要だとは考えないらしい。尖塔が高くなればなるほど教会の精神性は低くなるものと見える。……神の恩寵を以

って、私は中国人の洗濯業者を吾が友と呼び、彼らのためにも彼らと付き合うことを恥ずかしがらないことに決心した。

　米国社会にあっては、朝鮮人である自分が中国人と見なされて人種差別されるという屈辱を味わったにもかかわらず、キリスト教徒としての原点に立ち返り、中国人を同じアジア人として「吾が友」と呼び彼らの側に立つ決心をすることができた。しかるに、ひとたび中国に戻り多くの現地中国人にまじって生活するようになると、彼らのあまりの不潔さと大言壮語に彼らに対する連帯意識はいっぺんに吹き飛んでしまう。この時の彼は中国人の側にはなく恐らく西欧文明の側にある。米国社会で中国人に寄せた同胞意識は、キリスト教の万人平等思想に基づくというよりもむしろ同じマイノリティーに属する者の連帯意識だったのかも知れない。

尹致昊、アジア人として宣教師に苦言を呈す

　尹致昊がヴァンダービルトからエモリーに移って間もない1891年10月、ヴァンダービルトのあるテネシー州ナッシュヴィルで神学校宣教師連合会の年会が開催された。ジョージア州オクスフォードにいた尹致昊はホス博士夫妻から招待され特別ゲストとしてこれに出席した。会期は10月22日から25日までの4日間である。

　初日の開会式のあと、2日目の23日にはロンドン・メソジスト宣教会総理ヒュー・プライス・ヒューズ、南メソジスト日本宣教部総理のウォルター・ランバス、朝鮮で布教中の米国北長老派宣教師H・G・アンダーウッド、およびアメリカンボードの中国派遣宣教師として83年から89年まで活動してきたハーラン・ビーチらがそれぞれの任地における宣教活動について報告演説をした。この種の大会に出席するのは初めてだったので、尹致昊は期待と緊張のうちに各演説に耳を傾けていたが、最後にビーチ博士の演説を聞いて彼の期待は一気に羞恥と怒りに変わる（第2巻、1891年10月23日）。

　次いで、中国での伝道から帰ってきた神学博士H・P・ビーチ師（Rev. H.P. Beach）が短いお話をする。話の中でビーチ師は、朝鮮人の汚さにもほとほ

と呆れはてると言った。朝鮮人に対してこのような攻撃をすることは全く必然性がない。しかも彼は肉体労働者以外に朝鮮人をまったく見たことがないのだから、彼の言っていることは正しくもない。しかし彼の話に必然性があるなしにかかわらず、又、正しいか否かにかかわらず、この発言はそれを聞いて思わず顔を真っ赤にさせた私の上に、その場にいた全ての人々の目を注がせる結果となった。そのとき私の魂が経験した拷問をいったい何と形容すればいいのか！　この神学博士様は、ただ自分より貧しい者たちにまじってちょっとした"お楽しみ"と冒険を経験して、帰国したら自分がいかに英雄的で献身的であったか自慢話をすることしか海外伝道の目的を持たない連中のひとりらしい。今日は1日中、惨めで孤独でいやな気分だった。

　一般論として当時の朝鮮人が不潔であったことは尹致昊自身すでに認めている。また肉体労働者以外の朝鮮人は清潔であるかのように言っているが、これに関しても、帰国後、父尹雄烈の家で暮らすようになった彼が衛生問題につき何度も父と衝突している（第6巻、1904年5月27日）ことを考えると、ビーチの発言を暴言とするだけの根拠があったわけではない。当時は両班階級も不潔であると尹致昊が考えていたことは明らかである。

　従ってビーチの言葉に尹致昊が極度に傷つけられ憤慨したのは、ビーチが事実を歪曲したからではない。むしろ尹致昊自身が日ごろ最も気にし、外国人の前で話題になるのを極度に恐れてきた問題を、このような席でビーチが暴露したからであろう。

　翌日、大会3日目になっても前日のショックは去らない。講演を聞きながらも耳の中ではビーチ師の言葉がこだましつづけている。午後の部になって気分が悪くなった尹致昊は早々に切り上げて宿所に引き揚げてしまった。

　最終日の10月25日、ロバート・スピア（Robert Speer）の閉会演説のあと非公式に意見を言う場が設けられ、最初に尹致昊が指名された。恐らく、この2日間、ショックから立ち直るためにひとり考えつづけたものとみえ、彼の話は屈折した陰影にみちたものになった。そこには宣教師を受け入れる側が送りだす側に対して抱く複雑な感情がプライドと皮肉にみちた言葉で表現されている。次はその冒頭部分である。

みなさんは、現在、朝鮮では1,200万人の人々が絶滅寸前の状態にあると聞いているはずです。そしてまた、彼らは福音がもたらされるのを待ち望んでいる、「どうか私たちを助けに来てください」とみなさんに訴えていると。たしかにこれらの言葉の多くは真実です。私はそれを否定するつもりは毛頭ありません。ただ私はこれまでに触れられてこなかったいくつかの点に皆さんの注意を喚起したいと思います。

「どうか私たちを助けに来てください（Come and Help Us）」という言葉は当時の海外宣教運動を象徴するキャッチフレーズであり、宣教師の派遣は押し売りではなく、あくまでも現地の貧しい人々の切実な要求に応ずるものであることを強く印象づける言葉だった。1920年に製作された宣教用ポスターには振り袖姿におかっぱ頭の日本の少女が両手を前に差しだした絵の脇に、「どうかアジアにやって来て私たちを助けてください（Come Over Into Asia And Help Us）」と書かれている（W. R. Hutchison, *"Errand to the World"*, 11頁）。宣教師を送りだす側みずからが考案したものとしてはあまりにも独善的であり、受け入れ側のアジア人からすれば、なにか自分たちが勝手に物乞い扱いされているような不快感を禁じ得ないキャッチフレーズである。これに対して釈然としない思いを抱きつつも自らキリスト教に救いの道を求めた尹致昊としては、これまでなかなか異議を唱えることができなかった。それがビーチの発言によって一気に明確な形をとる機会を得た。

まず初めに、現在朝鮮にいる1,200万人の人々は死んではいない、生きているのだという点を強調したいと思います。…母親がこの薬は体に良いからお飲みなさいと言って子供に薬を飲ませようとしても子供は決してそれを欲しがらないように、彼ら朝鮮人も他人から与えられたからといって福音を欲しがるものではありません。私がこんなことを言うのを聞いて、みなさんはがっかりするかも知れません。しかし、みなさん、あまり期待しすぎて裏切られるよりも、朝鮮に行くなら最悪の事態を想定して行ってください。そうすれば彼らは喜んで福音を受け入れるでしょう。

　1,200万の朝鮮人は白人キリスト教徒と同じように生きた人間である。どんなに貧しく不潔でも生きた人間である以上、自由意思がある。自由意思がある以上、彼らがキリスト教に援助を求めることと、キリスト教そのものを受け入れることとは自ずから別問題である。援助と引き換えにキリスト教を押しつけることはできない。朝鮮に来るならどうかその覚悟で来て欲しい。尹致昊の言いたいのはそういうことであろう。

　太平洋のかなたで「どうか私たちを助けに来てください」と懇願しているはずの朝鮮人の口からこんな挑発的な言葉を聞いた聴衆は一瞬、身構えたにちがいない。その場にはビーチ師もいたはずである。彼はさらに続ける。

　　私は、「どうか私たちを助けに来てください」という言葉を使うのが好きではありません。この言葉は多くの場合、伝道事業における一種の常套句のようになってきたからです。その上さらに、あなた方に向かって、地上のいかなる国にもまして文明がほとんど完成の域にまで達したこの国を捨てて、他の条件はともかくそこにいる人間といえば野蛮な人間ばかりの朝鮮に行ってくださいなどとお願いできるでしょうか？……私は決してそんなお願いはしません！……他人に説得されて伝道に就くなどということを私は信じません。信じませんから、そういうことを他人にお願いすることも説得することもありません。

　ヴァンダービルト時代、尹致昊は日本人留学生吉岡と宣教師問題について長時間、議論したことがあった。宣教師という仕事はいわゆる職業ではなく、神の召しにより行う特別の行為であると主張する吉岡に対して、尹致昊は他の諸々の職業と同じように宣教師もまた生計を立てるための職業にすぎないという立場だった。今風に言えば、吉岡の立場は宣教師＝聖職論、尹致昊のそれは宣教師＝サラリーマン論である。一見、吉岡が正論で尹致昊は俗論であるかのように思えた。

　しかし高度に文明が発達した白人キリスト教国から野蛮な現地の布教に赴く宣教師は、福音とともに文明の伝達者たらざるを得ない。現地における彼らの活動を、ここからここまでは福音を広める活動、そこからそこまでは文明を普

及させる活動（教育、医療等々）と截然と切りはなすことはできない。もし宣教師が純粋に福音のみを布教しようとするなら、彼らの文明が持つあらゆる利器・利便性を捨て現地人と同じレベルの野蛮な生活に堪えながら布教しなければならないであろう。そこまで徹底しなくても、少なくともある程度まで文明の利便さを放棄し野蛮な現地人のレベルに近い所まで降りてゆく必要がある。17、8世紀におけるインディアンへの布教にはこのような努力、謙虚さがまだ残っていた。だが19世紀以降、このような努力は次第に顧みられなくなり、19世紀末にはキリスト教国が持つ高度な文明こそ最も有力な布教手段であるとする考えが支配的になっていた。宣教師は福音の謙虚な証人である前に優越なる白色人種の一員として無知な現地人に接するようになったのである。

　尹致昊のスピーチはこのような傾向に現地人として異議を申し立てるものである。もしこれがまじめに受け入れられないようであれば、キリスト教に対する尹致昊の疑いはさらに深まっていたであろう。

　幸い聴衆は彼のスピーチを真摯に受けとめてくれたようである。彼のスピーチが終わったとき、朝鮮に行きたいという若者が2人、名乗りでた。ビーチ師の発言により大会当初から屈辱を味わわされ孤立しかけた尹致昊であったが、その最後をこのような形で締めくくることができたことに満足したものとみえる。4日間にわたる大会の印象を彼は次のようにまとめている。

　⑴　見せかけだけの熱意はいっさい見られなかった。　⑵　会議は一貫してビジネスライクに進んだ。　⑶　実行委員会の議長としてフレッチャー・ブロックマンはこのような仕事に対してきわめて有能な人物であることを証明した。　⑷　ブラザー・アダムズ〔朝鮮行きを希望した若者〕はどちらかといえば、格好をつけすぎる。もし彼が朝鮮でもやっていけたら脱帽する。　⑸　代表として参加したすべての神学校の中では長老教会系の神学校が数においても知性においても際立っていた。その長老派系神学校の中ではプリンストンが傑出していた。そのプリンストンの代表の中ではスピアが際立っていた。わずか24歳という若さにもかかわらずスピアが長老派教会の宣教部総務に選出されたという事実は、彼がなかなかの人物であることを示している。衒いのない敬虔な態度、実務家としての優れた才能、不屈の意思を持ち合わ

せた青年である。(第2巻、1891年10月25日)

　フレッチャー・ブロックマン (Fletcher Sims Brockman：1867-1944) はのち (1898年) に妻子とともに中国に渡り上海・蘇州を中心に宣教活動にあたった南メソジストの宣教師であり、植民地時代に何度か朝鮮を訪問している。尹致昊が注目したスピーア (Robert Elliott Speer：1867-1947) はジョン・モットとならんでプロテスタントのエキュメニカル運動の中心となり20世紀前半におけるキリスト教の世界的な拡大に貢献した人物である。1896年の初来韓以降、数度にわたり韓国訪問の経験があり、大韓帝国期から植民地時代の韓国キリスト教に大きな影響を与えている。

　ビーチ師の演説によりキリスト教宣教師の傲慢さ、アジア人に対する人種差別に腸が煮えくりかえるような屈辱を感じ、米国キリスト教に対する不信感を募らせた尹致昊であったが、最後に彼らに対する信頼を回復している。だが彼らに対する不信感がこれで最終的に解消したわけではなかった。

7. 「力は正義なり」vs「正義は力なり」

　米国到着以来、尹致昊はいたる所で白色人種の傲慢さと、他民族、他人種に対する彼らの露骨な差別を目の当たりにしてきた。しかし、彼らの傲慢さ、人種差別も、彼の祖国朝鮮における支配階級の残虐さと腐敗ぶりを考えるとき、そしてまたつい最近まで滞在していた上海における中国人の空疎な大言壮語と不潔さを考えるとき、白色人種に対する批判の矛先は鈍る (第1巻、1889年6月18日、12月23日)。白色人種の傲慢さと人種差別は祖国朝鮮およびその宗主国である中国の支配者たちの傲慢さ、および被支配者に対する残虐さに比べればはるかにましであることを認めざるを得ない。

　欧米人の高度の文明が何世紀もの時間をかけて築き上げられたものであること、そして彼らの享受する自由と権利とが彼ら自らが多くの犠牲を払って獲得したものであることを考えるとき、アジア諸国の人々が自ら努力することを怠り、結果的に西欧列強から差別されるようになったのはある意味で当然の報いである、というのが当時の尹致昊の考えであった。

従って、「ひとつの民族にとって弱さと貧しさほど大きな罪はない」（第2巻、1891年5月7日）という彼の言葉は自虐的な敗北主義ととるべきではなく、弱さと貧しさの原因が自らにあることを認めることから出発しようという彼の決意の表明と見るべきであろう。

　ヴァンダービルト在学2年目になる1890年初頭、米国では1882年に10年間の期限付きで可決された中国人排斥法が改定更新の時期を2年後に控えていた。そしてこの法律を廃棄すべきか、更新すべきかの問題が当時の大きな話題になっていた。この問題に対して彼は日記に次のように記している（第2巻、1890年2月14日）。

　　中国人労働者の米国への移民は、中国人に対する米国人の偏見を引き起こす大きな要因となった。この問題には2つの面がある。米国側から見た面と、中国側から見た面である。（1）如何なる者にとっても米国人が誇らしげに主張する“不可侵の絶対的な権利”だとか、“人間の自由”といったものにだまされることほど愚かしくも又バカげたことはない。……要するに、もし我々が、この“自由の国”において彼らが言うところの人間の不可侵の絶対的な権利とやらを享受しようとすれば、我々は白人でなければならないのである。西部における中国人迫害、南部における黒人の扱い方、そして全ての米国人によるインディアンの処遇、それらは彼らが大言壮語する“人間の不可侵の絶対的権利”に基づく“米国流の考え方”なるものが如何なるものであるかをものの見事に語っている。

　米国独立宣言は「すべての人間は生まれながらにして平等であり、その創造主によって、生命、自由、および幸福の追求を含む不可侵の権利を与えられている」と高らかに謳っている。だが、この宣言に言う「すべての人間」とは文字どおりの意味ではなく、現実には「白色人種であるすべての人間」を意味するものであることを尹致昊は米国滞在1年あまりにして理解した。彼らは自らが長い年月をかけ多くの犠牲を払って獲得した自由と権利を、その苦労を経験しなかった者、無知で怠惰な野蛮人に認めようとはしない。無知で怠惰な野蛮人は自由と権利に値しないからである。これに対して、彼らの言う自由と権利

を否定された者たちは彼らの傲慢さと不正を非難する。自由と権利を否定された弱者が抗議するのは当然である。だが、尹致昊は立ち止まって考える。はたして弱者の言うことが一方的に正しく、強者の言うことは一方的にまちがっているのだろうか？　上の引用文から少しあとの所で彼は次のように続ける。

　(2)　米国に移民して来る中国人は当然のことながら中華帝国の中でも最下層の人々である。彼らの頑なさに加えて、迷信、無知、民族的な恥辱に対する鈍感さ、個人的な向上心のなさ——これらの短所は、開化した共和国の市民たることを希望する者としてきわめて不適格と言わざるを得ない。この問題に関して中国人の言い分についてちょっとだけ言わせてもらう。理論家や空想家、雄弁家や愚か者たちが何と言おうと、実際的また現実的にこの世を支配している原理は正義ではなく、力である。"力は正義なり"、これこそこの世を支配する神である。ところで、中国〔政府〕には米国在住の中国人を保護するだけの力があるか？　あると言うならやってみるがいい。もしあるなら、ドイツやロシア、あるいはアイルランドが享受している移民の権利を中国人にも認めるよう米国人を強制してみるがいい。もし中国にその力がないなら、もし中国が米国人をしていわゆる"人間の不可侵の絶対的な権利"なる信条を中国人に対しても実施させることができないのなら、彼らは中国人が移民することをやめさせなければならない。強者が強者なりに振舞うのと同じように弱者が弱者なりに振舞うことは大切なことである。

　この世を支配する原理が正義にではなく力にある以上、現実に行われている不正、不公平に対していかに不満があろうと、その不正、不公平を是正するだけの実力を伴っていなければいくら不満を言っても無駄である。これが尹致昊の結論である。とりわけ最後にある、「強者が強者なりに振舞うのと同じように弱者が弱者なりに振舞うことは大切なことである」という言葉は、現に不正と不公平をこうむっている者にとっては身も蓋もない冷酷な言葉のように聞こえるかも知れない。だが、これを以て尹致昊が強者を擁護する立場にあると見るのは早計である。この日記を書いてから3ヵ月ほどした日記には次のようにある（1890年5月6日）。

力のある者は不可侵の権利と、正義と、成功を持っている。しかし力のない者には悪と、不正と、失敗しかない。このことはより強い民族・人種の、より弱い民族・人種に対する扱い方によって証明される。故に、私は次のものに１つの強力なるものを見出す。力、ただ力しかない。

「力、ただ力しかない」という自らに言い聞かせるような断言を以て終わっているのは、「より強い民族・人種」に対して「より弱い民族・人種」に属する尹致昊が、「不可侵の権利と、正義と、成功」を獲得するためには「力」、すなわち実力を養成するしかないという強い決意の表明と取るべきであろう。いわば「より強い民族・人種」に対する尹致昊の戦闘宣言である。事実、最初に挙げた２つの引用文（1）と（2）の間には次のような言葉が記されている。

　　私は一瞬たりとも米国人の民族的あるいは人種的偏見を非難するつもりはない。しかし、最も卑劣で偏見に満ちた彼らの行動と、高邁ではあるが決して実現されることのない普遍性に満ちた彼らの信条との間に横たわる完全な矛盾を非難せずにはいられない。

　この世を支配する原理が力にある以上、米国人の差別、人種的偏見を非難しても無駄であるのは分かっている。だがそのような差別と偏見に満ちた言動をしているにもかかわらず、日ごろ彼らは高邁な理想と信条を語ってやまない。彼らのこの自己欺瞞だけは非難せずにはいられない。これが渡米２年目における尹致昊の考えであった。
　以後、彼の日記には強大民族と弱小民族の関係に対して様々に思考を重ねる記述が散見するようになる。代表的なものを次に挙げてみる。

　　1891年5月12日　最終的に全人種を改善することが神の摂理の目的である。人間性の現実を考えるとき、弱者が自らの政府を持てるよう訓練を施すために強者が弱者に対して犯した愚行と犯罪は、そのような巨大な事業を遂行するにあたって避けることのできない必要悪と見なされなければならない。
　　同年11月27日　1民族にとって弱いことは最大の罪である。民族同士の間で

は"力は正義なり"が支配する。より強い人種（民族）があらゆる弱小人種（民族）を絶滅しきるまで、あるいは、弱小人種（民族）が自らを守るだけの力を獲得するまでは、この地上に正義と平和が確立されることは決してないだろう。

1892年10月4日　弱さとは、(1)「もしあの時～していたら」とか「もし君がそうしていたら」と、そんなことをいつまでも言っていること。(2) 国際間、あるいは人種間の問題において"力が正義である"ことを嘆くこと。(3) 強い人間や強い民族の首尾一貫性のなさを嘆くこと。矛盾に満ちたこの世にあっては、首尾一貫性のない人間がいることは十分にありうることである。

　これまでの議論と異なり、91年の2つの日記においては人種問題をキリスト教の観点から見ていることが注目される。これまで強大民族が弱小民族に対して犯してきた差別と虐待は単なる白人欧米諸国の横暴だったのではなく、弱小民族が自立して強大民族と肩を並べられるように訓練するための神の摂理、すなわち必要悪である。従って、弱小民族は神の与えたこの試練に耐えて自立を獲得し強大民族の仲間入りをするか、さもなくば試練に耐えられず絶滅するかのいずれかである。これは、「力、ただ力しかない」という彼の実力養成、自力更生論に新たにキリスト教的な根拠づけを加えたものであろう。しかしこの段階においても、この世を支配する原理は"力は正義なり"であるという彼の主張に変わりない。最後に挙げた92年の日記はそれを示している。

　ところがそれから1ヵ月半後の92年11月、彼の主張に大きな変化が現れる（1892年11月20日）。

　　国際間、あるいは人種間の交際において、"力は正義なり〔の原則が支配している〕"であろうか？　わたしはこれまでずっとそうだと思ってきた。しかしいろいろ考えてみた末に、この点に関してこれまでの考えを修正する必要を感じる。なぜなら、道徳、宗教、および知性の点において征服される側が征服する側よりも優れているのでないかぎり（すなわち、より正しくないかぎり）、ある民族が他の民族を打倒したことを以て"力は正義なり〔の実現〕"と言うことはできないからである。…（中略）…ある人種が他の人種をその

勢力下に収めた場合を見ると、道徳、宗教、政治の面において必ずと言って
いいほどに強い人種は弱い人種よりも優れているか、あるいは腐敗の度合い
が少ないというのが実情であって、そうではない実例を見出すことはきわめ
て困難である。かくして我々は、一見、力が正義に勝ったと思われるような
場合でも、実際には単に比較的に――敢えて"絶対に"とは言わない――正し
い人種が比較的正しくない人種に勝っただけなのだということを知る。故に、
結局のところ、人種間の交際においては――もちろん、ごく特殊な些細な例
外は認めるものの――〔"力は正義なり"ではなく〕"正義は力なり"が当ては
まるのである。悪に対して善を以て報いる必要がないのに、敢えて悪に対し
て善を以て報いることはキリスト教的な報復の仕方の1方法である――それ
こそ我々の取るべき道だ！

　まず彼の主張の前提となる一般論、すなわち征服する側は武力・経済力のみ
ならず道徳・宗教・知性の面においても征服される側よりも優っている場合が
ほとんどであるという点、これは一見すると尤もらしく聞こえるが、そうであ
るとは言い難い。武力・経済力の優劣を比較することはできても、道徳・宗
教・知性の優劣を比較することはさほど容易ではない。彼自身が言うように、
事の善悪や、何が正義であるかを決めるのは弱者ではなく強者であろう。征服
する側は道徳・宗教・知性の面においても征服される側より優っているとする
彼の主張は、彼自身がすでにキリスト教白人文明の側に立っていることを示す
ものではないか？　だがこの点は一歩譲って、尹致昊が西欧近代合理主義――
あるいはキリスト教――の立場にたって白人の側（すなわち、征服する側）に
有利な判断したものとしてひとまず、そのまま受け入れるとする。
　しかしこの前提から引き出される次の結論、すなわち武力・経済力のみなら
ず道徳・宗教・知力をも含む総合的な観点からみてより優れた民族はより正し
い民族であるから、彼らがそうでない――すなわち、より正しくない――民族
を征服した場合、これを以て力が正義に勝利したと見るのは正しくない、逆に
正義が力に勝利したものと見るべきであるという彼の結論は、明らかに議論の
飛躍である。なぜなら、いかに道徳・宗教・知性において優れた民族であって
も征服する時にはもっぱら武力を以て相手を征服するからである。いっさい武

力を用いず、道徳・宗教・知力のみを以て他民族を征服したような例がただの
1例でもあるだろうか？

　尹致昊は渡米当初から米国人による人種差別を身を以て体験し、彼らの人種
差別とキリスト教徒の自己欺瞞を鋭く批判してきた。その彼が、1892年11月
の時点になって、このように強大民族による弱小民族の征服・支配を擁護する
ようになったのはなぜか？

　上に見たように尹致昊は米国滞在3年目になる1891年から人種差別の問題を
キリスト教の観点から見るようになった。さらに前節（6. 人種差別とキリスト
教）で述べたように、1891年10月、ナッシュヴィルで開催された神学校宣教
師連合会の最終日（10月25日）、非公式にではあったが、日ごろ彼が抱いてい
るキリスト教徒による人種差別に対する不満を述べる機会を与えられた。自分
のスピーチが真摯に受け止められたと感じた彼は、ブロックマン、スピーアを
はじめとする米国キリスト教指導者に対する信頼を回復することができた。そ
して、それから1年あまりのちに彼は、上に引用した日記を書いたのである。

　この神学校宣教師連合会におけるスピーチが切っかけとなって、それまで米
国キリスト教を部外者的な立場から自由に批判してきた彼は、自分も米国キリ
スト教界の一員として認められたと感じ、それまでのように部外者として一方
的に批判を加えるのではなく、内部の人間としてより責任ある態度を取るよう
になったのではないか。そして、その結果が上述の日記になったものと思われ
る。

　しかしながら強大民族による弱小民族の征服・支配を擁護する彼のこのよう
な考え方は長続きしなかった。議論の立て方そのものに無理がある上に、東ア
ジアの弱小民族国家朝鮮に生まれた彼が強大民族に対して持つ憤りは米国キリ
スト教界の一員として認められた程度のことで一気に解消されるものではない。
1年もたたずして彼は、「力さえあれば正義を主張できる」（1893年6月12日）
世界の現状に対して批判を再開することになる。だが、一時的にもせよ強者に
よる弱者の征服・支配を尹致昊が正当化しようとしたことの意味は大きい。ア
ジアの弱小民族の一員である彼が強大国米国のキリスト教に改宗したことは、
"正義は力なり"を信条とするキリスト教と、"力は正義なり"を掟とする現実
世界との間にあって、絶えざる葛藤を彼に強いる。日清日露両戦争のあとにな

ると、世界の強大民族の中に日本が加わってくる。やがて朝鮮を植民地として支配下におさめた日本は、アジアの被抑圧民族の盟主を僭称して欧米列強に挑戦するようになる。日本は朝鮮民族の支配者であると同時に、かつて尹致昊が“力は正義なり”の体現者として糾弾した欧米列強に対しては被抑圧者であると主張する。あくまでもキリスト教徒として支配者日本に抵抗するか、それともかつて西欧強大民族による弱小民族の征服・支配を正当化したように、支配者日本を擁護することになるのか？　それは1895年に10年ぶりに帰国したのちの祖国朝鮮における彼の体験と思索によって決まるであろう（この問題のその後の発展については第7章の3を参照）。

8. 新島襄の死と朝鮮にミッションスクールを設立する構想

　米国留学2年目の1890年2月28日、尹致昊はキリスト教の伝道機関誌を通じて新島襄の死を知った。実際の死（1890年1月23日）から1ヵ月ほどのちのことである。かつて尹致昊は上海から米国をめざす途次、横浜に寄港したとき、特に新島を訪問して米国留学に対する助言を仰いだことがある。訃報に接した彼はその時のことを次のように回想している。

> 私は渡米の途中、最初で最後に師と会って話をすることができた。その時、師はこう言われた。「君がどのような人々の下で働くことになろうとも、又、どのような人々の間で働くことになろうとも、見せかけやおためごかしによってではなく、君の心の内からする本物の行動によって人々の信頼を勝ち取らなければダメだ」。（第2巻、1890年2月28日）

　米国留学中に新島の訃報に接したことで、1年半前の彼との最初の出会いが最後の出会いとなった。
　新島の訃報に接してからさらに1年9ヵ月が経過した1891年12月3日、上海中西書院のアレン博士から1通の手紙とともに新島の伝記（*Dr. Neesima's Life*）が送られてきた。さっそく読み始めた尹致昊はわずか2日で読了した。読みはじめた日の日記には3年前の新島との最初で最後の会見について鮮やかに回想

されている（第2章の2を参照）。

　そのとき新島が尹致昊に与えた助言、米国においては東洋における以上の悪を目にするだろうが、「よい点だけを学んで悪いものは捨てなさい」という言葉は、米国到着後、尹致昊が実見した人種的偏見、キリスト教の拝金主義等々、白人キリスト教文明の持つ多くの矛盾・欠点により実証された。いままたあらためて新島の伝記を読むことにより尹致昊は新島の生涯のうちに自らの将来に対する具体的な手本を見いだしたように思われる。伝記を読了した日の日記には次のようにある（第2巻、1891年12月4日）。

　　新島博士の伝記を読み終わる。博士の性格について考えたことをいくつか。
　　(1) 目的の単純さが博士の成功の秘訣である。　(2) 冒険なければ進歩なし。
　　これは民族全体としても個人としても言えることである。　(3) 博士の愛が
　　友人を作り、謙虚さが敵の心を和らげ、忍耐力が困難を乗り越えさせ、見え
　　ざる手を信じたお蔭で人生に明るく立ち向かうことができた。

「冒険なければ進歩なし。これは民族全体としても個人としても言えることである」という書き込みは単なる新島へのコメントではなく自らへ向けた言葉であろう。その生涯をかけた新島の冒険に鼓舞されて尹致昊自身の内で新たな冒険への意欲が萌しはじめたように思われる。

　この新たな冒険への意欲はやがて米国留学を切りあげて上海に帰る日が近づくにつれ徐々に煮つめられていった。エモリー大学の卒業年度生となり、6月の卒業式を控えて様々な大学行事も行われはじめた1893年3月、尹致昊は学内誌『フェニックス』に投稿するために自ら新島の略伝を書きはじめる（原稿は結局ボツになる：4月15日）。その内容は明らかでないが、この略伝を書きはじめると同時に上海帰還後の活動計画を考えていることからみて、新島の生涯を自己の将来に対する手本とみていたであろうことはほぼまちがいない。

　　1893年3月8日　水曜　（中略）午後4時から11時まで新島略伝を書くために
　　費やす。9〜10時、激しいドシャ降り。祈りながら考えているうちに、次のよ
　　うな計画が自然に浮かんできた。　(1) 現在、キャンドラー博士に預かって

もらっている200ドルは預金してもらって利子が付くようにすること。（2）今年の夏は巡回説教して回ること。鉄道運賃と上海へ帰るための旅費を差し引いた額はキャンドラー博士に送って貯金して利子を付けてもらうようにすること。（3）上海に帰って3年以内に朝鮮にミッションスクールを開設することが実現可能と分かれば、預けたカネとそれまでに付いた利子はこの計画のために用いること。（4）3年以内に私が故国に帰れるようにならなくても、南メソジスト監督教会が朝鮮に宣教を確立した場合には、このカネは宣教本部に委託して、朝鮮における教育のために使ってもらうようにすること。（5）3年以内にこれらいずれの事態も起こらなかった場合には、期限が来た段階で私がもっとも適切と考えるやり方でこのカネを処理すること。あまり要領よくまとまっていないが以上が私の計画の粗案である。しかし、朝鮮にキリスト教の学校を設立するための具体的で実行可能な計画の第一歩になるものと思う。

　新島略伝の執筆→激しいドシャブリ→祈り、そして上海帰還後の計画が「自然に浮かんできた」というのも彼が神の「見えざる手」を信じたお蔭なのかも知れない。「キャンドラー博士に預かってもらっている200ドル」というのは91年、92年に行った夏季休暇中の巡回説教により得た寄付金のうち生活費として使用したその残りをキャンドラーに預けたもののことである。そして今夏も最後の巡回説教を行って得た寄付金のうち、上海帰還のための旅費をさしひいた額を200ドルに上乗せして銀行預金とし、将来、帰国が実現した場合は祖国にミッションスクールを設立するための基金の補助としてこのカネを使いたい、それが尹致昊の計画、新たな冒険の第一歩であった。
　新島が米国ヴァーモント州ラトランドで開かれたアメリカンボード年会において日本にキリスト教主義の大学設立を訴えたときのあの有名な逸話（「同志社設立の始末」所収）を尹致昊もどこかで読んでいただろう。滞米中の新島は幸いたまたま訪米した岩倉使節団の一員に見出され、密航の罪を許されて無事帰国して同志社設立までこぎつけることができた。はたして彼もまた新島と同じように成功することができるかどうか？　いや、無事、帰国を果たすことができるかどうかさえ分からない。しかし、いよいよ5年間の米国留学終了を前

にして上海帰還後の具体的な道筋の第一歩だけはここに踏み出された。新島の助言を胸に米国をめざした尹致昊は、いま米国を去るにあたって、再び新島の伝記を自分なりに整理することにより、キリスト教徒としての自らの進路を決定したわけである。ちなみに尹致昊の5男斑善（1928年生）の洗礼名「ジョゼフ（Joseph）」は新島の英語名"Joseph Hardy Neesima"からとったものであろう。

9.　シカゴ万国宗教会議

　2年間すごしたエモリー大学の卒業式は1893年6月7日に行われた。わずか2年という変則的な在籍であったがキャンドラー学長の提案により尹致昊も正式に卒業資格を与えられ同窓生となることができた（1893年6月13日）。

　1週間後の6月15日、彼は予定どおり最後の夏休みを利用して巡回説教に出発する。6月18日のノースカロライナ州グリーンズボロでの説教を振り出しにノースカロライナ州のほぼ全域およびヴァージニア州の一部の教会を回り、9月6日に再びジョージア州オクスフォードに帰るまで、約2ヵ月20日におよぶ長期旅行だった。米国南部の厳しい夏の暑さに耐え、ひたすら教会から教会へと移動しながら朝鮮の現状を訴えてまわる過酷な旅だった。訪れた教会は50以上、集まった寄付金は300ドルになった。

　オクスフォードに戻るとひとまずキャンドラー博士の家に逗留して長旅の疲れを癒すと博士夫妻に最後の別れを告げた。次いでアトランタにアレン博士を訪ねた。当時、アレンは上海から一時帰国中だった。最後にナッシュヴィルに戻るとホス博士夫妻に別れを告げたのち、9月15日、万国博覧会が開催されているシカゴに向けて出発した。太平洋経由で上海に帰還するには横浜行きの船が出るカナダのバンクーバーに行く必要があるが、鉄路でバンクーバーをめざす途次、シカゴに立ち寄り、万国博覧会と並行して同市で開催中の万国宗教会議（会期は9月11日～27日）を傍聴することがその目的である。シカゴに到着したのは会議が始まって1週間ほどたった9月17日（あるいは16日）であった。

　シカゴ万国博覧会はコロンブスによるアメリカ大陸発見400周年を記念して開催された。会期は5月1日～10月3日。世界各国から大勢の人々が集まるこの機会を利用して様々な会議が催されたが、宗教会議はそれら多くの会議の中

でも最も大規模なもののひとつだった。キリスト教側が中心となり世界各地の宗教界の代表に呼びかけて開催にこぎつけたもので、アジアからは仏教、儒教、イスラム教、ヒンズー教、ジャイナ教、神道その他、西側からはカトリック、プロテスタント、ユダヤ教その他キリスト教諸教派の代表が一堂に会して宗教間の対話を試みた最初の集まりだった。

　日本からは仏教を代表して臨済宗の釈宗演、真言宗の土宜法竜、天台宗の蘆津實全、浄土真宗の八淵蟠竜、仏教徒で英学者の平井金三、神道を代表して柴田禮一、そしてキリスト教からは小崎弘道が代表として参加した。

　会議はキリスト教側の呼びかけに応じて招集されたため、キリスト教以外の宗教代表者たちは最初からキリスト教により会議の主導権を握られることを警戒したらしい。さらに（尹致昊によれば）キリスト教内でも少数派に属するユニテリアンとユニヴァーサリストは多数派（メソジスト、プレスビテリアン、バプテスト等）に対抗するために仏教側と足並みを揃えたという。結果として、会議は仏教側の主張が脚光を浴びることになった。宗教会議開催中、「新聞は日本と、仏陀の生涯・業績を紹介するすばらしい文章でいっぱいだった」（第3巻、1893年10月9日）という。しかし2年間の日本留学経験があり日本仏教の実情を白人以上によく知る尹致昊は、米国においてにわかに脚光を浴びることになった仏教人気に胡散臭いものを感じた（同前9月26日）。

　　仏教徒は今回の会議において絶頂、というより最低だった。演壇は仏教、神道、その他インドの様々な宗教の僧侶によって占められた。日本人僧侶は、シカゴの人々が仏教界の"大僧正！"とあだ名した1人だけを除き、みなこの上なく卑しく下賤に見えた。私は日本の仏教僧侶の私的生活がいかなるものであるかよく知っているので、バロウズ博士〔会議の議長〕その他が仏教僧侶のことを純潔で神聖な人々（！）と言うのを聞いてくすぐったくなってしまった。

　シカゴ市民が「仏教界の"大僧正！"」とあだ名した1人とは釈宗演のことであろうか。キリスト教諸教派の中でも正統派であり、従って世界の諸々の宗教のうちでも最も優れている（と尹致昊は考えている）メソジストに属する尹致

昊としては、これまで軽蔑してきた仏教が白人キリスト教国でにわかに脚光を浴びるのを見ながら内心穏やかでない。そんな彼のやる方ない不満に追い打ちをかけるかのような事件が起こった。いよいよ閉会式も翌日に迫った9月26日、ひとりの日本人があからさまにキリスト教攻撃に出たのである。

　　夜の部では日本から来た、特定宗教に属さない学者である平井氏が読み上げた論文がいちばんよかった。内容は曖昧な形而上学的な言葉で表現されていたが文体が優雅だったため聴衆を惹きつけた。しかしながらその誤謬のために倫理的には無益な内容だった。彼は総合的な宗教を提唱して宗教を“未知の実体を先験的に信じること”と定義した。ついでこの未知の実体の性質についての考察に入った。“ナンセンス！”　なぜならその実体が“未知である”のにどうやってその性質を考察するというのか？　彼は一定の条件に制約され有限である存在の創造者が無限で無制限ではあり得ないことを示そうとした。そんなことをするよりは無知な偶像を造った者に知性などなかったと言った方がましである。最後に平井はすべての宗教を列車にたとえた。彼は言う、「キリストは〔この列車にブレーキをかける〕制動手にすぎない。キリストなど気にする必要はない。バイブルを破り捨てよ。神はその中にいない。あなた方こそ神の内にあるのだ」。むしろ彼は乗客に向かってこう言いたかったのだろう、「運転手を列車から蹴落とし、これまで嵐の大海を無事乗りきって彼およびその他の乗客を導いてきた運行図を破り捨てよ」と。この総合的な宗教の哲学者（似非学者）は旅行者に向かって、これまで平野と山々を無事に運んできてくれた機関手をぶちのめし鉄路を破壊せよと言うつもりなのか？　こんなたわ言が拍手喝采をもって受け入れられた。

　平井金三は1859年の京都生まれ、青年時代にドイツ語、英語を学び、91年に得度して臨済宗の僧侶となった。92年に渡米し、滞米中に今回の宗教会議に出席することになった。しかし94年に帰国してからはユニテリアンに接近したこともあり（以上、吉永進一「平井金三の近代」）、のちには幸徳秋水、堺利彦らとともに社会主義研究会に名を連ねたこともある（杉村楚人冠「幸徳秋水を襲う（下）」：『東京朝日新聞』1909年6月8日）変わった経歴の持ち主である。

引用文にもあるように英語が得意であったらしく、そのことが宗教会議における彼の存在を聴衆に強く印象づけたらしい。バイブルを破り捨てよ、神はバイブルの中にいないという言葉は、聖書無謬説、三位一体、原罪のすべてを否定するユニテリアンに接近したのちの平井を思わせるものがある。

　そんな平井の主張が拍手喝采を以て聴衆に受け入れられたとは信じがたいが、少なくともこの会議を通じて、キリスト教以外の宗教に初めて接した人々が新鮮な驚きを感じ、自らの信仰に少なからぬ動揺を感じたことは事実だったようである。

　この会議が東西宗教の最初の大規模な出逢いの場となったことはまちがいない。しかし同時にまた、それは20世紀における東西宗教対立の幕開けであったことも否定できないであろう。すでに大日本帝国憲法を発布して議会政治を実施していた明治政府も、その関心を国内問題から対外問題へと移行させつつあった。

宗教会議後日譚：横浜に向かう船中にて

　1893年9月27日、宗教会議閉会式に参加した尹致昊は翌28日、ひとり万博会場の一隅にある朝鮮館を訪れる。他国の陳列館にはみな国旗が掲げられているのにここだけは国旗が掲げられていない。朝鮮は清国の属邦であると主張する中国政府は国外における朝鮮の外交活動を厳しく制限していたからである。陳列物はどれもこれもみすぼらしいものばかりだった。言いようのないさびしさと惨めな気分に襲われたが、なぜか立ち去ることができず、午前11時から午後5時までとどまった。

　その後、引き続き2週間ほどシカゴに逗留し、市内の教会やキリスト教関係者を訪問したあと、10月9日には「シカゴの日」の催しを見学した。1871年10月8日夜発生したシカゴ大火を記念する日で、この日の万博の入場者は屋外行事としては最高の71万6881人を記録したという（万博は10月3日までのはずであるが日記にはこの日も万博会場は超満員だったとある）。

　翌10日、シカゴを出発し、14日夜、バンクーバーに到着。尹致昊が乗ったカナダ太平洋汽船のインド女帝号（Empress of India）は16日午後7時にバンクーバーを出港した。船上ではたまたまシカゴ宗教会議に出席した3人の日本人

と相部屋になった。すでに紹介した浄土真宗の八淵蟠竜の他に、前弁護士の島、それに同志社学長小崎弘道の弟の「小崎成性」である。また、宗教会議で清沢満之の『宗教哲学骸骨』の英文訳（*The Skeleton of a philosophy of religion*）を朗読した復堂野口善四郎も部屋は異なるが食事の時は一緒だった。野口は平井金三と親しい関係にある人物で、『宗教哲学骸骨』の英文訳も彼によると言われる。「前弁護士の島」なる人物については未詳。日記に小崎弘道の弟「小崎成性」とあるのは「小崎成章」の誤りで*8、尹致昊によれば、7年間アメリカに留学し、ハーバードを卒業して今帰国する途中であり、帰国後は同志社の哲学教授に収まることになっていたという。その性格は、ことあるごとにハーバード卒であることを吹聴し、白人に対してペコペコするその一方で中国人、朝鮮人に対しては横柄な態度をとる、キリスト教徒らしからぬ俗物だったという。船中における彼らの会話を尹致昊は次のように記す（第3巻、1893年10月29日）。

彼らの議論の中で私が興味あると思ったことをいくつか記す。(a) 当然のことながら八淵と野口は宗教会議で仏教徒が勝利したことを大いに自慢した。彼らは言う。会議において聴衆を惹きつけた唯一の宗教は仏教である。ジョゼフ・クックがキリスト教に関する強烈な発表を終えたとき、何人かの婦人が彼らの所にきて、"あの雄牛"〔クックの肥満体のこと〕が言ったことなんか気にしないでくださいと言った。神官どもは英語に無知なため神道のわけの分からない教義を英語に翻訳する無駄を省いてしまった。(b)「仏陀の埋葬所は現在キリスト教国にあるため、それを買い戻すために篤志家から募金する努力が行われている。だが万一これが失敗したら、キリスト教徒がイエスの墓を奪還するために戦ったように我々も戦争に訴えるつもりである。しかしながら流血沙汰は仏教の教義に反するので我々としては英国女王そのものを改宗させる必要がある」。(c)「日本人はみな仏教徒である。日本に〔宗教的に〕未開の地などない。故に我々は新たなる土地を占拠せねばならない。〔海外〕宣教活動は戦うことにしか満足を見出せない血気盛んな者を海外に

---

*8　同志社大学社会学部研究員のMichael Shapiro氏のご教示による。小崎成章の簡単な伝記がハーバード・クリムゾン・レヴューに載っている。http://www.thecrimson.com/article/1891/5/21/

送り出すことにより国内における宗派争いを抑えることになる。フランス人が仲間どうし殺し合わないようにするためナポレオンⅠ世が考えた計画がすなわちそれである」。(d)「日本において伝統的な信仰を尊重する者は政治的に保守主義者であるのに反してキリスト教徒は進歩を好む。このため宗教上の議論はしばしば政治的論争になりやすい。それで自分は政治的な発言をすることをいつも控えてきた」。(以下略)

「仏陀の埋葬所がキリスト教国にある」というのは大英帝国治下にあるインドのことを言うか？ いずれにせよ全体として、これまで一方的に西洋キリスト教国の宣教攻勢にさらされてきた仏教界が今回の宗教会議を機に一気に反転攻勢に打って出ようと意気込んでいると尹致昊がとったことはまちがいない。東西宗教の対話の場として提唱された万国宗教会議であったが、主催者側の西洋キリスト教としても仏教、儒教、ヒンズー、イスラム、その他の非西欧宗教を受け入れようとしたわけではない。それは平井の演説に対する尹致昊の反応からも察せられる。むしろ19世紀に入って活発化したプロテスタントの世界伝播に対して受け入れ側が示した抵抗を少しでもやわらげようとする試みであったろう。非キリスト教勢力は会議の席上では一応これに応ずる姿勢を示しながらも本心においては各自の宗教の世界的な認知を迫り、教勢拡大を意図した。そのリーダー的役割を（日本の）仏教勢力が買って出た、というのが全体としての構図ではなかったか。引用文中の (d) に見られるように、これまで宗教的には国外に対して保守的、消極的であった非キリスト教勢力が、キリスト教勢力の進歩的、積極的な宣教政策に挑発されて覚醒せざるを得なくなったのである。

10. 5年ぶりの日本

横浜寄港

　1893年10月16日のバンクーバー出港以来2週間、29日午後5時、横浜に到着した尹致昊は和田彦屋に投宿した。翌30日、汽車で品川に行き、福沢諭吉、金玉均を訪ねるも両者ともに不在。時間をつぶして再び訪ねた金玉均は夜中の11時をすぎてようやく戻ってきた。この日は金の宿所に泊り、翌早朝、金の

家を出て朴泳孝を訪ねるもこれまた留守。朴を待つ間にその付き人が言う話によれば朴と金とは2年間絶交中であるという。正午になって戻ってきた朴はひとしきり金玉均の悪口を言ったあと、彼が計画中の親隣義塾や朝鮮青年愛国会について熱弁をふるい、青年愛国会の（入会）誓約書なるものをくれた。朴のもとを辞したあと、今度は小石川大曲（現在の水道橋）の同人社に今は亡き中村正直の未亡人を訪ねた。

　中村はかつて尹致昊が学んだ同人社の社主であるが、91年にすでに他界していた。日本留学時代の『日記』に福沢への言及は何度かあるものの、中村へのそれはただの1度にすぎない。88年、渡米の途次、尹致昊が横浜に寄港したときも、米国留学への助言を得るために是非会っておきたい人として新島と福沢の名前を挙げているが、中村については訪ねようとした形跡もない。彼の同人社入塾とほぼ時を同じくして（1881年8月）、中村は東京帝大教授に任命されている。大学のことに忙しく、同人社のことは他人まかせにしていたのかも知れない。福沢とちがい中村は尹致昊にとって遠い存在だったのだろう。

　社主亡きあとの同人社は変わり果てた姿になっていた。かつて尹致昊が学んだ校舎も、寝起きした宿舎もみな「貸家」の札が掛かっていた。ただ、むかし葛粉湯や卵茶を飲んだ神田川沿いの小さな店はいまだに残っていて、店の主人一家と懐かしい昔話をすることができた。同人社を去ったあと、洪鍾宇（後に金玉均狙撃犯となる）を訪ねた。

福沢と尹致昊による宗教談義

　さて、前日訪問したときにはあいにく不在だった福沢が、今日（10月31日）になってあらためて尹致昊を自宅の夕食に招待し、無事米国留学をすませて帰ってきた彼のために特に一席設けてくれることになった。88年、渡米の途次に尹致昊が訪ねたときには留守だったが、その埋め合わせの意味があったかも知れない。ふたりと関係が深い金玉均、朴泳孝も招かれていた。壬午軍乱前後からたびたび日本を訪問し、なにかと福沢に世話になることが多かった朝鮮開化派のメンバーが、爾来十有余年、それぞれ紆余曲折を経た今、再び彼らの恩師の呼びかけで一堂に会した。時に福沢の年齢は58、金玉均42、朴泳孝33、尹致昊29である。

あたたかく尹致昊を迎えた福沢は遅れてきた金、朴両人が席に着くや、さっそく「ユンさん、どうだ、一杯？」と親しく酒をすすめる。なんと答えたものやら、一瞬途方にくれる彼を見て、傍らから金、朴が「これは信者なので飲みません」と本人に代わって師匠に釈明する。今夕の話題の中心が尹致昊のキリスト教入信のことになるだろうと見越しての発言である。福沢の関心ももちろんそこにある。かつて金玉均や父尹雄烈のお伴をして熱心に福沢の開化思想に耳を傾けた聡明な少年がなぜキリスト教など信じるようになったのか？　以下、その時の会話を『日記』によって紹介する。

　　福沢「メソジストは禁酒にゃとっても厳しいっていうが、ほんとかね？　できるもんなら、ワシも神様を信じてみたいもんだ！　しょせん、宗教なんてもんは、貧乏人や無知な者に現状満足させるための方便にすぎんじゃないか。……むかし、ワシの家に宣教師が住んでたことがある。悪いことはしなかった。だが、ただそれだけのことだ。嘘は言わなかった。だが、ワシも嘘は言わん。盗みをするようなことは決してなかった。だが、ワシもこれまで盗みなど一度もしたことはない。宣教師は博愛主義者だと言うのか？　それを言うなら、ワシも博愛主義者だったよ。神を信ずるその男がワシより特にすぐれているわけでもなく、また、神を信じてないこのワシが特に彼より劣っていないとすればだ、いったい、どこに宗教の存在価値があるというのか？」

　自分の教えを離れてキリスト教に鞍替えした弟子に対する嫌味と取れないこともないが、福沢は案外本気なのではないか？　宗教が国民道徳形成の上に持つ重要性は認めながらも、みずから具体的な宗教を信じるような心境には生涯無縁だった福沢としては、尹致昊のように聡明な青年が宗教を信じるにいたった過程に大いに興味があったにちがいない。「できるもんなら、ワシも神様を信じてみたいもんだ！」という言葉には、ついに自分が持ちえなかった〝なにか〟を持つ人間に対する羨望がこもっているようにも思われる。

　これに対して尹致昊は答える。

　　尹致昊「でも、先生のように特別な人と普通のキリスト教徒を比べるのは公

106

平じゃありません。信仰というものは、普通のキリスト教徒がもし神を信じ
ていなかったらもっと悪い人間になっていたかも知れないっていうことを考
えるときに初めてその存在価値が出てくるんです」。

　恐らくこれは、1883年の米国公使館通訳時代から1887年に上海中西書院で
メソジストの洗礼を受けるにいたるまで、酒と女に溺れた自分自身のことを念
頭に置いての発言であろう。そのような経験のない福沢に宗教の存在意義を説
明することはむずかしいというのであろう。だが福沢は、キリスト教入信を以
て人をその前後に分け、以前を悪とし以後を善とすることそのものに疑問を投
げかける。

　　福沢「ワシの頭の中では、善も悪も、清いことも汚いことも、喜びも悲しみ
　　も、みな主観的なことにすぎん。その時その時の人の心の状態によって、善
　　くもなり、悪くもなり、嬉しくもなり悲しくもなるもんだ。要するに、まっ
　　たく利己的な動機からしたことがたまたま善いことだと言われ善人と言われ
　　れば、その人間は善人となるだけのことだ。我々が善人を好むのは、彼らに
　　善人になってもらいたいという殊勝な心がけからではない。ただ自分の命や
　　財産を侵されたくないだけのことさ」。

　人の善悪が単なる主観にすぎないというこの発言は、弟子の本音を引き出す
ことを急いたあまりに福沢がちとオーバーになりすぎた感がある。現に福沢は、
亡命中の金玉均が経済的に彼の世話になりながら、酒に女に賭けごとにと浪費
を繰り返すそのあまりの乱脈ぶりに再三、注意を与えている（第1巻、1883年1
月4日）。福沢にとっても善と悪は単なる主観的なことではなく常識的なけじめ
があったのである。

　10年ぶりに再会したかつての恩師福沢との会話は、宗教に関する尹致昊、
福沢両者の立場が決定的に異なるものであることを明らかにした。だが、宗教
の持つ意義を積極的に認めようとしない福沢を怨みがましく思う様子は一切尹
致昊に感じられない。むしろ宗教に対する疑問をかつての弟子に向かって率直
にぶつける福沢に対して好感を抱いたかのように思われる。両者の間には親子

ほどの年齢差がある上に、一方は功なり名遂げた日本を代表する言論人であり、他方は（祖国朝鮮では多少名前を知られてはいるものの）米国留学帰りのまだ20代の青年にすぎない。その両者の間でこのように率直な議論ができたのも相手を選ぶことのない福沢の度量を示すものであろう。恐らく祖国朝鮮はもちろん、米国においてもこのような議論は考えられないことであり、尹致昊としては改めて日本の懐の広さを感じたのではないか。

日本再発見：米国留学後に見た日本

　尹致昊の日本訪問は今回で4度目。1881年、紳士遊覧団に随行しての最初の訪問と留学（約2年）。1888年夏、中西書院の日本人留学生永見の故郷長崎を訪ねての約50日間におよぶ日本滞在。同年9月末から10月初めにかけて米国留学への途次、寄港した長崎・神戸・横浜（東京）。そして4度目の今回は3度目のコースを逆に辿ることになるが、それぞれの寄港地における滞在日数は前回よりもだいぶ長い。

　最初の日本訪問時の記録は『日記』第1巻においては1883年1月1日から16日までのわずか2週間分にすぎないが、そこには特に日本を賛美するような表現は見あたらない。しかし2度目の長崎旅行になると、「チャンギ（長崎）の山水佳麗なると、道路、家屋、人民の清潔なるを見て我国の人々の汚らしさが恥ずかしかった」（88年7月23日）という日本の清潔さに言及する記事があり、さらに3度目の神戸寄港においては「神戸は一字青山を背後に負い、鏡のような水を前面にめぐらし、道路家屋は清潔にして見る人ことごとく称賛せざるなし。日本は東洋の一桃源郷といっても過言ではない」（88年10月3日）といった日本礼讃の言葉が見られるようになる。しかし、ここまでは日本人そのものに対する賛美というよりはむしろ外見的なものにとどまる。

　ところが4度目の今回は、福沢邸での宴会のあと浅草のホテルで1泊した翌日、のんびりと浅草界隈を見物して1日を過ごした。浅草公園の見世物小屋ではたった2銭でワクワクするようないろいろな見世物を見ることができた。次はその日の感想である（第3巻、1893年11月1日）。

　　（前略）日本の都市をブラブラ歩くことは私にとってこのうえない喜びであ

る。どの人もどの人もみな幸せそうだ。気障りな音に耳を煩わされることは
滅多にない。1日中歩いても泣いている子供の姿を見ることもなく、泣き声
を聞くこともない。比較的貧しい階層の人々が住む通りを歩いていても、中
国や朝鮮の通りで悩まされる反吐の出るような悪臭もなく、むしろ快いほど
である。ホテルの従業員も店の者たちも、人力車夫のような労働者ですらと
ても礼儀正しくまた親切なので、料金を払う時も気持ちがいい。……沿道に
ある露店では、いつも小さな商品の可愛らしさと値段の安さにビックリする
とともにすっかり気に入ってしまった。日本は小さなモノを作る偉大な国だ。
……もし自由に自分の家が選べるなら、私はきっと日本に家を持つだろう。
ひどい悪臭のする中国や、人種的偏見と差別が大手を振ってまかり通る米国
や、朝鮮（そこに地獄のような政治が続くかぎり）には住みたいと思わない。
日本万歳！　東洋の天国！　世界の楽園！

　ここにあるのは維新以降、日本に導入されたにわか作りの欧米文化に対する
礼讃ではなく伝統的な庶民文化への称賛である。ハーバード大出身であること
を鼻にかける日本人留学生、或いは仏教の優越性を得意になって吹聴する宗教
会議出席者、彼らに対する辛辣な批判とは一変して手放しの礼讃である。しか
もほんの2週間前までの5年間、近代文明の最先端、自由と平等の国、米国で
過ごしてきた者の口から出た言葉である。
　礼儀正しさ、清潔、治安、親切、物価の安さ……、すべては“ほんのチョッ
トしたこと”にすぎない。しかしその“ほんのチョットした”ことが暮らしの快
適さをもたらす。だからすっかり夢中になり、満足した気分になる。思想、教
義といった大げさなものではなく、平均的な国民（庶民）の生活意識の方へと
尹致昊の関心は移っている。だが、それだけでは、「日本万歳！　東洋の天
国！　世界の楽園！」という手放しの日本礼賛にはならないだろう。彼が示し
た日本庶民文化への共感は、アジア人として単身、米国白人社会において5年
間を過ごした者が、再び同じアジア人の社会に戻った時に感じる、ある種の安
堵感のあらわれではないか。異国の地で単身、不慣れな生活を送った者が、住
み慣れた故郷に戻ってきた時に感ずるのと同じ、あの解放感の発露ではないだ
ろうか。

上の日記を書いてから約10年後、当時の西欧とアジアとの間に横たわって
いた"隔絶感"について彼は次のような感想を書き記している（第6巻、1903年
1月15日）。

　　最近、M・タウンゼンドによる『アジアとヨーロッパ（*Asia and Europe*）』
　を読んでいるがとても面白い。著者はこの問題に関してめずらしく公正で視
　野が広い。この本には次のようなことが書かれている。西洋人に対して"ア
　ジア人の抱く隔絶感（Asiatic separateness）"。著者によれば、この克服不可
　能かつ説明不可能な隔絶感は、主としてアジア人の特殊な精神構造に基づく
　ものであるという。しかし私から見ればそこに不可思議なものなど何ひとつ
　ない。アジア人と西洋人との間の隔絶感は前者の感受性と後者の傲慢さ
　（superciliousness）に基づくものである。白人は我々を単なる劣等者として
　遇するにとどまらず、先天的な劣等者として遇するのが常である。言葉に表
　すことはないが本能的に、しかし心の奥底から我々は彼らのこの態度に反発
　を感じる。人種としてみれば、褐色人種も黄色人種も白色人種がジャングル
　から出てくるはるか以前に高度の文明を発達させていた。我々は停滞してい
　たかも知れない、またその停滞期間は長すぎたかも知れない。だが、今後の
　進歩の過程において我々はまだまだ賢くなる可能性がある。我々が再び白色
　人種に追いつくのは単に時間の問題である。しかもアジアにおいて"時間"は
　物理的なものと見なされていない。我々アジア人が再び彼ら白人を追い越さ
　ないといったい誰に断言できるだろうか？

　こう、前置きした上で、彼は自らの個人的な体験に基づいて次のように述べ
る。

　　私個人の問題として言えば、この"隔絶感"は私が生きているのと同じくらい
　現実的な問題である。私は心から白人を称え愛してさえいるにもかかわらず、
　そしてまた私の考えや理想は多かれ少なかれアメリカナイズされているにも
　かかわらず、さらにまた私は本能的に日本人に反発を感じ彼らに対して偏見
　をいだいているにもかかわらず、ヨーロッパやアメリカの友人──断ってお

くが、それは私の"友人"である——と共にいる時、私は決して日本人と一緒
にいるときに感ずるあの"気の置けない親しさ（camaraderie）"を感ずるこ
とがない。何かが——それが何かは分からない——白人に対して私の"心"を
さらけだすことをおしとどまらせる。そして白人もまたその"何か"を感じて
いるように思う。
（傍点は引用者による。）

　これに続けて彼は、彼自身と彼の家族が在韓宣教師との家族ぐるみの付き合
いにおいてそれまでに嘗めてきた屈辱的な経験をいくつか具体的に列挙してい
る。

　米国留学の5年間に尹致昊は類まれな語学の才能と猛烈な読書により現地の
米国人にひけをとらない英語力を獲得した。その英語力によってヴァンダービ
ルト、エモリー両大学の学生、教授陣のみならず当時の米国キリスト教界を代
表する指導者たち（W・R・ランバス、R・E・スピーア、J・R・モット等々）と
対等に渡り合うことができた。当時の日本人でもこのような例は稀であろう。
いわば尹致昊は当時のアジア人として最も米国人を深く理解する位置にあった
といってよい。その彼にしてなお、欧米人に対するとき、日本人に対して感じ
る"気の置けない親しさ"を感じることができないというのである。

　グローバル化が進んだと言われる21世紀の現在にあってなお、アジアの知
識人が欧米人に対するとき、卑屈な態度にとらわれることが稀ではない。今か
ら100年以上前に尹致昊が欧米人に対して抱いた"隔絶感"がほとんど絶望的な
ものであったろうことが推測できる。

　その尹致昊が5年ぶりに懐かしい日本の土を踏み、かつての開化党の先輩で
ある金玉均、朴泳孝とともに福沢邸に招かれ、自身のキリスト教入信について
福沢と率直な議論を交わした。福沢を納得させることはできなかったものの、
福沢の率直な疑問にはむしろ爽やかなものを感じたであろう。そしてあくる日、
浅草界隈をぶらついて日本の庶民文化に触れたのである。「日本万歳！　東洋
の天国！　世界の楽園！」という彼の手放しの日本礼賛は、上の引用文に見ら
れるアジア人と西欧人の間に横たわる隔絶感を抜きにしては理解できないので
はないか？

　だが、そのことを現在の韓国人に理解してもらうことは困難である。彼らは

言うだろう。5年間の米国留学にもかかわらず、尹致昊は5年ぶりに日本の土を踏むやたちまち親日派に逆戻りしたと。

京都・神戸・長崎

　さてのんびり浅草見物に1日を費やした尹致昊は、翌11月2日、丸善に行きウェブスターの『インターナショナル・ディクショナリー』を買い、次いで明治学院総理の井深梶之助をその私宅に訪ね、シカゴ万国宗教会議の話をしている。翌3日は再び朴、金両人を訪ねてよもやま話をしたのちに、午後3時、井深宅で開かれたパーティーに招待された。学院の教師と宣教師が出席していた。

　翌4日、かつて東南諸島開拓使兼管捕鯨事に任命された金玉均の雇員をつとめ爾来その親友であった甲斐軍治に見送られて横浜から京都に向けて出発した。京都では新島夫人八重を訪ねるも不在、その足で新島の墓参りをした。

　1泊した京都を6日の午後発って夕6時に神戸に着く。神戸には6、7、8と3泊してヴァンダービルトで共に寮生活を送った吉岡美国を中心とする関西学院の職員（デマリー、ニュートン、ターナー、モズリーその他）と食事を共にし、買い物をし、あるいは有名な「布引の滝」見物を楽しんだ。8日の夜は吉岡の家に1泊し、翌日、神戸丸に乗って長崎をめざす。

　12日朝8時、長崎に到着すると活水女学院を訪ねて吉岡夫人から依頼された届け物を彼女の妹岡島おなる[*9]に届けたあと、中西書院の同窓生永見を訪ねた。書院では尹致昊に次いでいつも次席の成績を維持していた永見であったが、丸山遊郭に入り浸りの様子ですっかり変わっていた。

　長崎には1日寄港しただけで、午後6時に上海に向け出港した。上海到着は11月14日。1888年9月28日以来、5年と1ヵ月半ぶりの上海であった。

[*9]　吉岡美国の妻「初音」の結婚前の名前は岡島初音。その下にマサ、ナル、2人の妹がいた。吉岡はヴァンダービルト大学学生寮ウェスレーホールで尹致昊と生活を共にしたが、あるとき尹に初音と結婚するに至った恋愛譚を語っている。第2巻、1890年12月25日。

第3章
日清戦争から三国干渉へ
1894〜1896年

1. 再び上海に

金玉均暗殺

　上海帰還後の尹致昊はかつて学んだ中西書院において今度は助教として英語を教えることになった。月給は30ドル。しかし5年におよぶ米国での生活から環境も言語も毎日つきあう人々も一気に変わったために、たちまち孤独感におそわれるようになる。キリスト教徒となった今、かつてのように酒と女に寂しさをまぎらわせることもできない。周囲の人々もそんな彼の気持ちを察してしきりに結婚を勧める。何人かの候補があがったが、結局、中西書院の姉妹校中西女塾で音楽を教える馬秀珍という中国人女性との結婚が実現する（1894年3月21日）。中西女塾は米国南メソジストの女性宣教師が経営する中国女性向けのミッションスクールで、のちに「宋家三姉妹」として有名になる宋靄齢（孔祥熙夫人）、宋慶齢（孫文夫人）、宋美齢（蒋介石夫人）が学んだ学校である。

　結婚して1週間後の3月27日、突然日本から金玉均が上海にやってきた。そして翌日、日中韓の世論を沸騰させる大事件が勃発する。金玉均の暗殺である。

　1894年3月27日（旧暦21日）　火曜　6時39分、呉葆仁から連絡があり金玉均氏が上海に到着したので日本人経営旅館東和洋行に氏を訪ねるようにとのこと。夕食後、東和洋行に行くと金玉均氏、氏の私的な日本人召使、在東京清国公使館の通訳である呉〔葆仁〕氏、および以前東京で会ったことのある洪鍾宇氏がいた。金玉均氏の話によると氏が上海に来たのは李鴻章の息子

〔この先の李敬邦のこと〕の招待によること、福沢〔諭吉〕、後藤〔象二郎〕の両氏が諸経費としてそれぞれ1,000円をくれたこと、また氏が大阪で会った李世植〔＝李逸植〕氏が一行の渡航費用として600ドルをくれたこと、洪氏が同行した理由は李氏がカネを預けてある中国銀行・小東門外天豊寶號から5,000ドルを引きだすためであること、この5,000ドルのうち2,000ドルは金玉均氏のものとなり、残りは洪を通じて李氏に返送することになっているとのことだった。洪氏はスパイとして派遣された可能性があると私が言うと金玉均氏は言った、「だが、スパイすることなど何もない。あれは何もかも知っているようだ。もっともワシはあいつを信用せん」と。金玉均氏はいま蕪湖にいる李敬邦氏から詳しい連絡が来るまで上海に逗留するつもりであると言った。

　金玉均の「私的な召使」とは彼が小笠原に居住制限を受けていたとき、その身のまわりの世話をすることになった小笠原父島扇村出身の青年和田延次郎である。李敬邦（＝李経方）は李鴻章の養子で、前任駐日清国公使。洪鍾宇は久しくフランスに流浪していたが、帰国の途次、1893年秋、東京に滞在、この間、横浜に寄港した尹致昊が彼を訪ねたことはすでに述べた。李世植（別名、李逸植）は甲申政変で逆賊となった金玉均、朴泳孝らを討滅せよとの王命を受け莫大な運動資金を手に権東壽、権在壽両名を配下に従え1892年5月に日本に潜入した。いわゆる刺客である。彼はたまたま東京に滞在中の洪を説いて、金を上海におびき出し、暗殺することを承諾させたのである。

　金玉均が尹致昊に語ったことは田保橋潔『近代日鮮関係の研究・下』（180～84頁）に記する所とほぼ一致する。直接、金から聞いたことを記録した1次史料として、或いはこちらの方が正確かも知れない。金玉均、洪鍾宇ともに5ヵ月前に東京で会ったばかりであるが、そのときの印象から、ふたりが同行していることに尹致昊としても危険なものを感じたらしい。翌日、不安は的中する。

　4時30分、東和洋行から「大急変起ル、至急来東」という知らせが届いた。事の重大さからみて私はすぐに金氏が囚われの身となったかあるいは暗殺されたのではと思った。親切にもボネル教授がホテルまで同道してくれると言った。到着するや洪鍾宇が金氏を撃って逃走した！と知らされた。被害者の

遺体は籐製の寝椅子の上に横たわっていた。血なまぐさい光景は恐ろしいかぎりだった。これで金玉均もついに死んでしまった！　事件が日本人ホテルで起こったために日本人官吏が検死を行った！　事件の原因に関して言えば、金玉均は始末されるためにここにおびき出されたのは言うまでもない。事件が起こったのは午後4時から4時30分の間であった。（第3巻、1894年3月28日）

「来東」は「東和洋行に来られたし」の意味。尹致昊が現場に駆けつけたのは5時前後と思われる。挙式後まだ1月もたたない彼はパニック状態に陥る。追い打ちをかけるかのように事件4日後の4月1日、逮捕された洪鍾宇が「上海には金の共犯者がひとりいる」と言ったという噂が出まわる。もしそれが本当なら、尹致昊のことを指しているとしか考えられない。

　4月3日、金が暗殺された同じ日に東京で朴泳孝暗殺未遂事件が発覚したとのニュースが入る。同日、それまで日本官憲の手にあった洪鍾宇が中国官憲の手に委ねられたという情報とともに、朝鮮政府が中国官憲に向けて金の遺骸といっしょに洪を朝鮮に送還するよう打電するとともに洪の無罪を宣言したとの情報が入る。

　4月6日、中西書院では院長アレンを中心に緊急職員会議を開き尹致昊の身の安全を確保する対策を検討した。9日、新聞は天津駐在朝鮮領事が先週金曜日（4月6日）に上海に来て一昨日（4月7日）、金玉均の遺体と洪鍾宇を中国の軍艦に乗せて済物浦に向かったことを報じた。金の遺体と犯人の洪が上海を去ったいま、ひとまず尹致昊の身の危険は去った。だが彼が上海にいることが朝鮮政府に知れれば、あらためて刺客が送られてくる可能性がある。

　4月20日、東京から岡本柳之助と齊藤修一郎が金玉均の遺体を引き取るために到着した。

午後7時15分頃東和洋行に行って岡本、齊藤修一郎の両氏と夕食を共にする。両人とも副島伯らの命令により金氏の遺体を日本に持ち帰る目的で派遣されたが、すでに一足遅く、日本領事の仲介により朝鮮政府に対し金氏の遺体に凌辱的な扱いをしないよう申し入れるのが精一杯だった。岡本氏は見事な顔立ちをした日本人である。氏は自由に活動できるようにするためにはできる

だけ大人しくゆったり構えている方がいいと助言してくれた。岡本氏は、も
し私が日本に避難せざるを得なくなるようなことになればしかるべく手をま
わしてくれると約束してくれた。(第3巻、1894年4月20日)

　岡本柳之助は初見であるが、齊藤は尹致昊が初代駐韓米国公使フートの通訳
だった時に米国公使館で寝食を共にした旧知の間柄である。彼らは長らく日本
亡命生活を送った金玉均と交友のあった人々(副島種臣、柴四朗、井上角五郎、
大井憲太郎、中江兆民、尾崎行雄、頭山満その他)が事件後、金の非業の死を惜
しんで組織した「故金玉均氏友人会」の代表だった。
　彼らが到着したとき遺体はすでに中国軍艦により朝鮮に搬送されたあとだっ
た。日本政府および岡本らの申入れにもかかわらず、朝鮮政府は金の遺骸を凌
遅の刑に処し、その首級、胴体、手足を朝鮮数道に分かって晒しものにした。
当初、日本官憲の管理下にあった遺体が中国官憲の管理下に移り、最終的にこ
のような残酷な処置を受けたことを知った日本の世論は政府の手落ちを糾弾す
るとともに、事件は李鴻章、李経方による陰謀であり、その背後には朝鮮を属
国視する中国政府の横暴があるとした。甲申政変以来、朝鮮に対する支配を強
めていた中国に対する日本国民の不満は一気に高まり、反清感情が爆発した。
折しも朝鮮では東学党による民乱が頻発しはじめていた。この後、岡本は一旦
帰国したのち、5月には朝鮮の国内事情を偵察するために渡鮮する。齊藤も新
任駐韓公使として10月にソウルに赴任することになった井上馨に従って渡韓
する。両者ともに日清戦争で成立した親日政権の顧問となって朝鮮内政に深く
かかわることになる。
　金玉均暗殺事件が日本国内に反清感情を呼び起こし、東学党の民乱を契機と
して一気に日清戦争へと急傾斜してゆく事情はしばらく措いて、次に尹致昊の
結婚問題に触れておくことにする。

中国人女性馬秀珍との結婚
　尹致昊は満16歳で来日する以前、すでに14歳のとき、ソウル貞洞の両班家
の娘姜氏と結婚していた。朝鮮には早婚の風習があり、両班家の男子は12、3
歳になるとたいてい自分より2、3歳、時には5、6歳年長の女性と結婚する慣

わしがある。結婚したとき姜氏が何歳であったか分からないが、尹致昊が日本
留学中も、帰国後、米国公使館に住み込み勤務をする間も彼女は舅尹雄烈の家
で孤閨を守っていた。ところが甲申政変勃発1月半ほど前のこと、この姜氏が
実は孤閨を守りきれず、尹家の家僕"円満"なる男と姦通し妊娠6ヵ月の身であ
ることが判明した。おまけに彼女が両班家の娘というのはまっ赤な偽りで、貞
洞のさる両班が娼妓に生ませた娘を実の子である（にはちがいないが）と偽っ
て嫁入りさせたことも判明した（第1巻、1884年10月20日）。

　たまたま尹致昊はこの頃、王妃の使いとして米国公使夫人を訪れた白氏とい
う女性の娘（日記には白氏娘、或いはその居所により毛橋娘、後に貞洞の尹家に入
ってからは貞娘と記される）から猛烈なアタックをうけ、ついに男女の関係を結
ぶに至った頃だったから、両親と叔父が乗りだして姜氏を離縁して代わりに白
氏娘（シラン）を側室としてしまった。だがその白氏娘も国外に亡命したままいつ帰ると
も知れぬ尹致昊をあきらめてすでに他家に嫁していた（第1巻、1887年11月8日）。

　そんな過去を持つ尹致昊だったから、新たな結婚に先だちキリスト教徒とし
てそのことが障害になることを恐れた。そこでありのままに事実をボネル教授
に告白したところ、なにごともなく周囲の了解を得ることができた。

　さて結婚の相手、馬秀珍は中国人馬夫妻の娘である。父親の馬氏については
ロンドンミッションで訓練を積んだ中国人キリスト教徒ということしか分から
ない。しかし母親の馬夫人は意外な経歴の持ち主であった。

　尹致昊が上海中西書院に在学中、J・W・ランバスという宣教師がいたこと
はすでに述べた（第2章の1）。そのランバス夫妻が中国に赴任してまだ間もな
い頃、あるとき中国内地を伝道中に、天然痘にかかって草叢に打ち棄てられて
いる女の子を発見した。2人はこの子を拾って帰り、メーロン（Mai-Long）と
名付けて我が子のように大切に育てた。やがて彼女はランバス夫人（Mary
Isabela Lambuth）が上海で経営するクロプトンスクール（Clopton School：中西
女塾の前身）で学び、成長して伝道婦人となり馬氏と結婚した。2人は何人か
の子供をもうけたが、その子供たちの中の1人がすなわちシューツン（Sieu
Tsung）、馬秀珍であった[10]。要するにランバス夫妻は馬秀珍の母親馬夫人の
育ての親であり、従って尹致昊にとって彼らは義理の祖父母ということになる。

　結婚に先だって尹致昊が以上のような事情を知っていたかどうかは分からな

1900年3月に赴任先の元山で撮った家族写真。右手に立つのが馬秀珍夫人。子供は左から長男永善、次男光善、長女鳳姫。

い。ともかく、当時、中西女塾の校長だったヘイグッド先生（Miss Laura Haygood）に花嫁候補の人選を一任した。ミス・ヘイグッドは1884年に中国赴任当時48歳、尹致昊が米国で何度も会い、またその説教を聞いたことのあるヘイグッド監督の妹である。ある日のこと、ヘイグッド先生のはからいで尹致昊は日曜学校で子供たちを教える秀珍の姿を見ることができた。一目見た瞬間、「秀珍の端正な顔立ち、控え目で威厳のある態度、涼しい声と絶品の笑顔に私の心は天にのぼらんばかりの心地になった」（1894年1月28日）。

ただちにヘイグッド先生を通じてプロポーズし、秀珍側からも前向きな返事がきた。しかし、問題はそれからだった。

　話が具体化すると交渉の相手は秀珍本人ではなくその背後にいる両親がとって代わる。ともにキリスト教徒とはいえ格式を重んじる中国人、大事な娘の結婚式はすべて"規矩"に従って行うことを主張して一歩も引かない。まず式は中国式でなければならない。ということは尹致昊も中国服着用ということになる。しかし尹致昊からすれば、本来、朝鮮人男性と中国人女性との結婚式であるから、男性側の立場を優先して朝鮮式にすべきである。しかしここは中国で、尹致昊側には招待すべき朝鮮人もいない。そこで双方ともにキリスト教徒であることを考慮して西洋式にすべきである。というのが彼の表立った主張であるが、実は大事な結婚式に大嫌いな中国服を着ることががまんできないというのが本音だった。その他にも守るべき"規矩"はもろもろあったが、服装の問題

＊10 以上、"Little Beginnings and Great Endings"（Women's Missionary Council、著作年不明）を参照。関西学院大学学院史編纂室にそのコピーがある。

に関して1ヵ月あまりの攻防の末、ついに尹致昊が譲歩して中国服を着用することでなんとか結婚にこぎつけることができた。

　式は3月21日、上海黄浦区漢口路にある南メソジストの女性宣教師住宅（McTyeire Home）の大広間で行われた。招待客は男女に分けられ男性側にはアレン、ボネル、レーエ、マッキントッシュ、コリヤー、それに中国人招待客として尹致昊の中国語個人教師鄒先生が主賓となった。日本人としてただ1人、上田周太郎なる人物が出席しているが、この人物はのちに内村鑑三、幸徳秋水らとともに理想団に参加するメソジストの牧師である。新婦の介添え役はヘイグッド先生が務めた。結婚したふたりはこの年12月31日、最初の子供（女児）を授かった。とりあえず秀珍の大の親友韓愛芳の名を採って「愛芳」と名づけたが、のちに鳳姫と正式に改めた[*11]。彼女の洗礼名「ローラ（Laura）」は、ヘイグッド先生のファーストネームから採ったものであろう。

2.　東学農民軍の蜂起から日清戦争へ

　さて岡本、齊藤両名が金玉均の遺体を引き取りに上海にやってきて、空しく帰国した前後から、新聞には祖国朝鮮で活発になった東学党に関するニュースが頻繁に伝えられるようになった。激化する東学党の活動に手を焼いた朝鮮政府は清国に援軍派遣を要請した（6月3日）。これより先、すでに清国による朝鮮出兵の内報を得ていた日本政府は6月2日の段階で朝鮮派兵を閣議決定していた。こうして6月8日、清国軍第1陣が朝鮮牙山湾に到着し、6月10日には大鳥駐韓公使が公使館および在留商人保護を名目に海軍陸戦隊400を率いてソウルに帰任する。事態はすでに単なる東学党鎮圧の段階をすぎて日清開戦への序章へと移っていた。

　これら一連のニュースを尹致昊は上海共同租界において知る。彼が見た新聞には親日的な傾向のものもあったが、多くは親中国的な論調の華字紙、英字紙

＊11　第4巻、1895年1月2日に、「1894年12月31日午後9時30分、蘇州にてローラ・ユン誕生（尹愛芳生于蘇州對門閣天賜후甲午十二月初五夜九點半鍾）」とある。ちなみに韓国の尹致昊研究者はこの記事を読み誤って、尹致昊の妻「馬秀珍」を「馬愛芳」としている。また、『尹致昊日記・第6巻』口絵写真には「後列左から尹致昊、<u>婦人　馬愛芳</u>」とある。

である。当然のことながら清国に有利な記事が多い。このような情報をもとに彼が意見を交換すべき相手は中西書院の教師（宣教師）か学生のみ、外から聞こえてくるのは中国人の声ばかりである。上海において尹致昊がリアルタイムで感じた日清戦争とはいかなるものであったか。

中西書院院長アレンの対日本観

　日清両国が互いに宣戦布告を発表する（8月1日）以前、朝鮮に駐屯中の清国軍と日本軍との間に局地戦があったという噂が流れ、また日本が4000もの大部隊を朝鮮に駐屯させたことにつきその意図を疑う様々な意見がとびかっているころ、中西書院の院長アレンは日本に関して次のような意見を尹致昊にもらした（第3巻、1894年6月25日）。

　　(1) 日本人が政党政治を実現できるなどと考えるのは愚かなことである。英国がその完成にほとんど1000年を要した憲政政治を開国後、50年にも満たない日本が実現するなど愚かしい限りである。　(2) 日本人は西洋列強の治外法権を撤廃したがっている。しかし彼らの法体系、行政機構、民度が我々より劣っている限り我々は自らの国民や財産を信頼できない国民に託すわけにはいかない。治外法権はむしろそれを撤廃するために彼らがよりよい政治を確立し、よりよい道徳観を身につけようと努力するための励みの糧である。　(3) 日本人のようになんでも分かった気になって付けあがっている国民に対しては誰かがお灸をすえてやる必要がある。

　アレンは中西書院の院長たるにとどまらず中国政府の近代化運動を側面から援助するために政府の教育政策、西洋文物の翻訳事業等に関わりながら一種の啓蒙雑誌『万国公報』の編集に携わってきた人物である。上記の意見は当時、中国政府のお雇い外国人の位置にあった西洋人の平均的な意見と言える。彼らの間では、もし日清開戦ということになれば、緒戦において日本は有利に事をすすめるかも知れないが最後は清国が数の力にモノを言わせて勝つというのが大方の予想であった。

尹致昊の日清戦争観

　これに対して尹致昊の予想は以下の如くであった（第3巻、1894年7月24日）。

　（1）日本はただ清国の侵略に対して朝鮮の独立を維持するために戦争を起こしたにすぎないと公言しているが信じがたい。朝鮮が清国の属国に組み入れられ、その結果日本の国内情勢が混乱をきたし内戦状態に陥ることを恐れたというのが実情であろう。もし日本が勝てば、朝鮮に一種の保護権を確保し台湾を獲得するだろう。もし負ければ、日本は朝鮮に対する影響力を完全に失い、恐らく琉球諸島を清国に譲歩せざるを得なくなるだろう。　（2）朝鮮政府が反乱軍を鎮圧するのを援助するために軍隊を派遣したという一見なんの悪意もない行為が清国をして戦争によるほか逃れようのない困難に陥れた。事態が悪化すれば当面のあいだ清国は朝鮮に干渉することを断念するしかないだろう。もし清国が勝利するようなことになれば清国による朝鮮蹂躙は耐えがたいものになるだろう。　（3）もはや手遅れではあるが、この機会に賢明な愛国者が半島の事態を掌握して改革を実行することにより清国の軛を脱する可能性がないわけではない。しかしより大きな可能性は優柔不断な国王、利己的な王妃、両者の取り巻き連中の無力・利己主義・卑劣さ・無知は結局、朝鮮をより強力な隣国の餌食とすることになるだろう。唯一の慰めは、今後いかなる事態が起ころうと朝鮮がこれ以上悪くなることはないことである。（4）結局、戦争が起こればそれにより利益を得るのはロシアだけである。ただ、日本はいま中国を叩かなければ二度と再びそのチャンスはないだろう。

　これは日本軍が大院君を擁して朝鮮王宮を占拠した事件（1894年7月23日）の翌日に書かれたものであるが、もちろん前日のニュースはまだ尹致昊のもとに届いていない。大局的な観点からのアレンの日本観と異なり、尹致昊の日清戦争観はより具体的であり、日本の意図をよく見抜いている。朝鮮の将来に対して描く彼の悲観的な予測は、皮肉なことにほぼそのまま実現されることになる。

　日本軍による王宮占拠事件のことは、7月25日の豊島沖海戦中に起きた高陞号撃沈事件とともに、7月31日になって初めて日記に登場する。

今朝の『ノース・チャイナ・デイリー・ニュース』が伝えるところによれば、今月23日、日本の兵隊が王宮に攻め入って国王、王妃を日本公使館に連れ去った。25日、1200名の清国軍兵士とフォン・ハネケンを乗せた英国船高陞号が日本軍艦により撃沈された。日本軍は清国軍指揮官葉将軍を殺したものの、のちに牙山から撃退されたという。同紙は高陞号を撃沈させた日本軍の残虐なやり方をありとあらゆる言葉で非難した。ついに日本は行く所まで行ってしまった——私の予想をはるかに超える。日本はこれ以上進まないでほしい。（後略）

　"*The North China Daily News*" は1864年に創刊された英国系英字新聞で、その中国語版が『滬報』である。中国で発刊される英字紙として歴史も古く、親中国的な論調を以て知られる。それ故の意図的な改竄なのか、或いは戦時の情報混乱によるものなのか、上記の内容には誤りが多い。

　「国王、王妃を日本公使館に連れ去った」というのは事実ではなく、国王は日本の圧力により国政の総裁を大院君に委譲させられたというのが真相である。また、「日本軍は清国軍指揮官葉将軍を殺したものの、のちに牙山から撃退された」というのも事実と異なり、牙山に上陸した直隷提督葉志超は成歓の戦いにおいて500名あまりの死傷者を出したのち、余兵を率いて陸路平壌まで退却している。日本軍が撃退されたというのは捏造記事であろう。

中国現地紙による記事捏造

　ところが同じ『ノース・チャイナ・デイリー・ニュース』は8月2日になって日本の宣戦布告を報ずる電文とともに「牙山に派遣された日本軍は7月27日もしくは28日に壊滅させられた。ハネケン艦長を殺すために高陞号が沈没させられたが、ハネケンは小さな漁船に救出された」というニュースを載せる。

　陸では日本軍が壊滅し、海では（恐らくその復讐のため）日本軍が中立国英国の艦長ハネケンを殺そうとしたという、日本軍にきわめて不利なニュースが大々的に伝えられたため、「上海現地人の日本人に対する怒りは今や最高潮に達した。夜、日本人がひとり出歩くことは危険」なまでになった（8月3日）。

　しかし戦況の推移とともに、親中国的な現地紙および英字紙が伝える日本軍

の"卑劣な"行動の中には、日本人に対する国民の憎悪を煽り戦意高揚をはかるために捏造されたものが少なくないことが、次第に明らかになってゆく。

　　上海の英字新聞は、フォン・ハネケン艦長の次のような宣誓供述書を掲載した。蒸気船高陞号は日本の軍艦により沈没させられた。海に投げ出された大勢の人々を完全武装した沢山の日本海兵が船の上から狙い撃ちし、甚大な被害をもたらした。清国兵は溺れながらも日本兵と高陞号の搭乗者めがけて発砲した、恐らく仲間が誰ひとり生き残ることのないようにするために。日本人の残虐性がもっとも露骨な言葉をもって非難されている。新聞は人殺し〔日本人〕をとっちめるよう英国人に呼びかけている。『滬報』英文版の済物浦特派員が送ってきた報道によれば、大鳥氏配下の日本人が大院君に剣を突き付けて彼らの言うとおりにするよう強要した。大鳥公使は国王に髷を切って洋装するよう強要しつづけた。日本軍兵士は朝鮮人の倉庫、商店等にある食料品その他を自由にしている等々。これらのニュースはこれまで何度も日本人に不利な虚偽の記事——たとえば高宗が退位させられた等々——を送ってきた人物からのものなので十分注意して扱う必要がある。（第3巻、1894年8月7日）

　この段階ではまだ一般市民にとって捏造記事の真偽は判別しがたい。ところが9月に入って次のようなあからさまな捏造事件が起こる（1894年9月7日）。

　　1、2日前に『上海申報』は清国艦隊が横浜を攻撃して占領した、清国は5000万テールの賠償金を日本に要求した、それに対して日本は2500万テールに負けてくれと懇願した等々の内容の号外を本気で出した。この種の嘘八百に対する私の不快感と軽蔑の気持ちは表現しようのないほどである。

　さらに9月も半ばになって平壌の戦い、黄海海戦が行われたあたりから清国の敗勢はもはや覆いがたいものになる（1894年9月22日）。

　　1日中とても気分がすぐれなかった。9月17日、鴨緑江河口において11隻の日本戦艦と17隻の清国戦艦の間に海戦が行われた。戦闘は4、5時間つづいた。

清国船5隻が沈没炎上した。日本船はただ被害をこうむるにとどまった。平壌の戦いにおいて日本側戦死者は士官11名、兵士154名。負傷者は士官30名、兵士521名。清国側は死者2,000名、負傷者は甚大な数にのぼった。

　平壌の戦い、黄海海戦の後にも九連城占領（10月）、旅順港占領（11月）、と日本軍の連戦連勝がつづき、いよいよ中国の敗色が濃厚になるにつれ、中西書院の中国人学生（キリスト教徒）および宣教師の間には奇妙な日清戦争観が流行するようになる。

キリスト教と日清戦争

　旅順港の陥落は中国人のみならず中国側に肩入れする在清西洋人にとっても衝撃的な出来事だった。国外（朝鮮）での戦いとちがい、国内（旅順）での戦いはいかに国粋主義的なマスコミといえども勝敗の結果を極端に歪曲することは不可能であり、人々が事実を知るのは時間の問題である。これまで歪曲された報道により中国の勝利を信じてきた人々は旅順陥落を機に、最近の敗北のみならず過去に遡ってまで戦争の実態を知るようになる。負けるはずのない中国が日本に負けたことを知ったとき、彼らには納得のできる説明が必要である。

　最初の説明は、李鴻章が中国を日本に売り渡したというものである。開戦以来、現在にいたるまで、重要な転機に李鴻章は意図的に適切な処置をとることを避けた。今回の戦争は負けたのではなく、李鴻章が中国を日本に売ったのだと。21世紀の今日にいたるまで李鴻章は反日的中国国民にとって売国奴の代名詞である。

　一方、中国人キリスト教徒と宣教師の間にはキリスト教独自の説明があった。中国人はこの壊滅的な敗北という不幸に奮起して眠りを覚ますにちがいない、敗北はむしろ歓迎すべきものであるという逆転の発想である。中西書院の祈祷会において学生主任のレーエは、今回の敗北は「中国がキリスト教を受け入れないことを罰するために主が日本を利用しているのだ」と学生に繰り返し説いた（11月14日）。また書院の上級クラスにおいて「現在の戦争は中国にとり有益である」というテーマで行われた討論会においてひとりの中国人学生は、「神は中国がいちばん軽蔑する日本を利用して皇帝とその臣下に帝国がいかに

弱体化しているかに目覚めさせたのだ」と主張した（12月29日）。在中国の宣教師および現地キリスト教徒は日清戦争における壊滅的な敗北をキリスト教への帰依を促進する一大転機として利用した。

　清国艦隊が横浜を占領し5,000万テールの賠償金を日本側に要求したという号外が出てからわずか2ヵ月たらずの間に、中国における戦争認識は一変した。開戦直前には尹致昊に向かって、傲慢な日本にお灸をすえる必要があると主張していた院長アレンも自己の見通しの誤りを率直に認めた。

　　12月10日　この前の日曜日の午後、アレン博士が私に言った、「私はちょうど地理の勉強の第1章を勉強する学生のように興味津々、今度の戦争を研究してきた。戦争直前、中国は新式の陸軍、海軍、要塞に対して定評を得ていた。ところが戦争はその定評の空しさを完全に暴露した。私はこれまでの自分が嘘を信じることに慣れてしまった人々に説教し、彼らのために書いてきたという事実を思い知らされてショックを受けている」。

　アレンのように清国政府高官と親しい関係にあり、中枢部の事情にも通ずる人物がこのように告白するということは日清戦争の帰趨がほぼ確定したことを意味していた＊12。

帰国への道が開ける

　7月23日の朝鮮王宮占拠後、日本軍の強力な後押しにより樹立された親日政権は後に甲午改革と呼ばれることになる朝鮮内政改革を推し進めてきたが、日清戦争の帰趨が明らかになるとともに日本公使館の勧告の下に海外にある亡命親日派の帰国を積極的に推し進めることになった。

　8月22日、中西書院の尹致昊のもとに長崎にいる永見（中西書院のかつての同窓生）から手紙が届いた。永見は尹致昊の帰国を強く勧めるとともに、朴泳

＊12 この反省に基づいて、アレンは『中東戦紀本末』（蔡爾康訳）を上海広学会から1896年5月に刊行した。日本では1898年に博文館から藤野房次郎訳で出版された。また1900年、当時、服役中の李承晩が獄中で一部抜粋して『清日戦記』と題して1917年に太平洋雑誌社から刊行している。『尹致昊日記』第4巻、1896年12月27日にこの本のことを尹とアレンが話題にしている。

孝その他の海外親日派が罪を解かれたこと、綾州に定配されていた尹致昊の父が定配を解かれたこと、日本政府が作成した放免者のリストに尹致昊の名前も載っていること等を知らせてきた。

　しかし9月に入ると、いったん帰国した朴泳孝が朝鮮政府高官の反対にあって再び朝鮮から去らざるを得なくなったという情報が入る（9月18日）。10月8日、父雄烈から手紙があり、「まだ帰ってくるな」とあった。帰国への道が開けたと思った矢先、再び道は閉ざされたかに思われた。だが12月になると日本に滞在中の従弟尹致昕から、「新政府の閣僚から私〔尹致昊〕に帰国することを勧めるよう依頼された」との手紙が届く（第3巻、1894年12月27日）。従弟尹致昕は、前年11月に慶應義塾に入塾し、当時、日本に留学中だった。従弟の手紙により帰国への道が確実に開けたと考えた尹致昊は手紙を受け取ったその日に書院の教授たちに対して、帰国してキリスト教の布教に努めるために書院を辞すことを申し出た。

3.　10年ぶりの祖国と井上内政改革

　1895年2月12日午前9時、尹致昊は済物浦に上陸した。10年ぶりに踏む祖国の土、しかもすばらしい天気だった。体中で喜びをかみしめて然るべきところだったが現実はまさにその正反対だった。

　　（前略）ああ、それにしても、なんてこった！　こんなに悲しいことはほとんど経験したことがない。泥だらけのむさ苦しい白衣をまとった下層労働者たち、彼らが住む地面すれすれの平べったい掘っ立て小屋、これに比べれば中国人の最も汚らしい小屋でさえも宮殿のように思える。そして、あたり一面に積み上げられた汚物の悪臭。惨めなまでの貧しさ。人々の無知、愚劣さ。そして、悲しくも朝鮮の無防備さをそのまま象徴するかのような哀れな禿げ山 ──この光景をみればどんなに愛国心にみちた朝鮮人でも吐き気をもよおすにちがいない。（後略）

　今後、彼を待ちかまえている朝鮮の現実を象徴するかのような第一歩だった。

翌13日、済物浦を発ち、午後4時、ソウルの自宅に到着。母とは10年ぶりの再会を喜びあったが父は故郷に帰っていて不在だった。

　母と再会を果たしたのち、即日かつての旧友を訪ねて情報を収集した。米国公使館書記H・N・アレン、長老派宣教師アンダーウッド、そしてかつて開化党の先輩だった徐光範と朴泳孝。次は最後の2人と会った時の話である（第3巻、1895年2月13日）。

　　徐光範（S.K.P.）を訪ねる。心から私を歓迎した後、手短に政府の現状を語ってくれた。それによれば、内閣は大院君派と国王派とに分かれているという。前者には魚度支〔魚允中度支部大臣〕、金外務〔金允植外務大臣〕、金総理〔金弘集総理大臣〕が属し、徐光範と朴泳孝（P.Y.H.）が国王派を率いているという。徐氏が教えてくれたところによれば、大院君はリベラル派すなわち国王派を追い出す陰謀の最後の詰めに没頭しており、兪吉濬は大院君派であるという。朴泳孝は予想したとおり私に対して心を許さず、親切な態度ではなかった。彼は私を学務参議かなにかに任命しようと曖昧な言い方をした。彼は政府を自分ひとりで牛耳ろうというつもりらしいが、私を参議、ただの1閣僚にしておきたいらしかった。これが家系によってではなく能力により人材を登用するということなのか？　なにか役立つことをさせてくれるのでなければ、私はいかなるポストも欲しくはない。なのに参議のポストでいったい何ができると言うのか？（第3巻、1895年2月13日）

　当時、徐光範は朝鮮政府の法部大臣、朴泳孝は内部大臣だった。その徐と朴が国王派のリーダーとなり、総理金弘集、外務大臣金允植、兪吉濬等の大院君派と対立抗争の真っ最中である、というのが徐の語る政府の現状である。一方、次に訪ねた朴泳孝は一昨年（93年）10月、米国から上海への帰路、横浜に寄港した際に東京で会っている（第2章の10）。その時には尹致昊を温かく迎えた朴が今、尹致昊を警戒してそっけない態度をとったのは恐らく兪吉濬のためであろう。既述のように（第1章）、兪吉濬と尹致昊はかつて日本で留学生活を共にした仲にある。しかるにその兪は現在、朴泳孝と対立する大院君派の一員であるという。朴泳孝が尹致昊を警戒するのは当然である。

待ちに待って10年ぶりに実現した帰国だったが、いざ来てみれば祖国の政界は親日派同士が2派に分かれて対立抗争していた。新派（国王派）、旧派（大院君派）の対立はその後閔妃暗殺事件を経て翌96年の俄館播遷にいたるまで朝鮮政局を左右する重大問題である。上記の引用文だけで両者の関係を理解するには少し“手短”すぎるので、以下、やや詳しく説明しておくことにする。

内閣新派と旧派の対立

　朝鮮内閣における新派と旧派の対立は1894年7月23日の日本軍による王宮占拠事件に淵源する。事件後、日本軍と日本公使館の後ろ盾により樹立された大院君政権は戚族閔氏を中心とする旧勢力を一掃し、金弘集、金允植、魚允中らが政府（議政府）の中心となった。新政権は大鳥公使の指導の下に内政改革を推進するため新たに「軍国機務処」なる合議制の機関を設立した。総裁金弘集、副総裁朴定陽の他に軍国機務処の委員に抜擢されたのは当時、親日的傾向を有した以下のような中堅官僚だった。

趙羲淵、李允用、金嘉鎮、安駉壽、金鶴羽、権瀅鎮、兪吉濬、申正熙、金宗漢

　以後、軍国機務処は事実上、新政権の実権を握って改革を推し進めたため、実権を奪われた形になった大院君との間に深刻な対立が生じた。その結果、大鳥公使の進める内政改革に対して日本政府内外から批判が高まり、大鳥公使更迭論が浮上する。

　1894年9月、平壌戦、黄海海戦において日本が大勝し、最終的な勝利が視野に入ってくると、戦後の講和条約において朝鮮に対する日本の支配権を確保するためにも日本主導による朝鮮内政改革の実績を挙げておく必要性が痛感された。そのような状況の中、当時、第2次伊藤内閣の内務大臣の要職にあった井上馨が大臣のポストを擲って朝鮮公使に転出することを志願した。井上は1876年の日朝修好条規締結に正使黒田清隆とともに副使として臨んで以来、87年に外務大臣を辞するまで10年以上にわたり対朝鮮政策の中心にあった。異例の志願だったが、井上の経歴、大鳥公使の不評、戦局の推移等を考慮した政府は彼の申出を受け入れ井上朝鮮公使が実現した。

　10月26日、大鳥公使に替わってソウルに着任した井上は自ら、「日本政界の大物」、「明治の元勲」であると吹聴して、強硬かつ威圧的な政策を次々に断行した。かつて親日政権を樹立するために担ぎ出した大院君を退陣に追い込むと、政権を再び国王の手に戻した。さらに甲申政変失敗後、大逆犯罪人となって海外に亡命していた親日派を朝鮮政界に復帰させた。こうして自己がめざす内政改革のための準備を整えると、12月17日、軍国機務処を廃止して日本の内閣制にならった新政権を発足させた。旧軍国機務処の成員と海外亡命組とから成る新政権の顔ぶれは以下のとおりである。ちなみに「内閣総書」は内閣官房長官に、「協弁」は次官に相当する。

　　総理大臣金弘集・内閣総書兪吉濬、内務大臣朴泳孝・協弁李重夏、外務大臣
　　金允植・協弁李完用、度支部大臣魚允中・協弁安駉壽、軍部大臣趙義淵・協
　　弁権在衡、法務大臣徐光範・協弁鄭敬源、工務大臣申箕善・協弁金嘉鎮、農
　　商大臣厳世永・協弁李采淵、学務大臣朴定陽・協弁高永喜、警務使尹雄烈
　　（『高宗実録』、甲午11月21日）

　海外亡命組（新派）からの入閣は朴泳孝、徐光範のみで、旧軍国機務処組（旧派）と比較すれば圧倒的に少数派である。おまけに彼らは10年間の海外亡命の間に祖国における政治基盤を完全に失っている。このままでは旧派に吸収されるしかない。ところが幸いなことに、井上公使は国王夫妻を操縦する手段として夫妻と特別な関係にある朴泳孝を利用した。朴は11歳の時、第25代国王哲宗の娘永恵翁主と結婚し王室の一員（宗親）となり正一品錦陵尉の爵位を得た。甲申政変後、この爵位は取り消されたが帰国後、復爵した。当時の習慣で王妃は宗親以外の男子と謁見することを許されなかったので朴は閣僚中、王妃に謁見できる唯一の人物だったのである。その結果、朴は井上公使および国王夫妻（とりわけ王妃）という強力な権威をバックに絶大な力をふるうにいたった。
　一方、国王夫妻にとって朴はわずか1年足らず前まで刺客を送るほどの大逆犯罪人だった。だが大院君と軍国機務処に奪われた政権を奪還する機会を窺っていた彼らは、当分の間、朴を利用して井上公使の内政改革に協力することが政権奪還への捷径であると考えた。

これに対して金弘集、兪吉濬らの旧派は当初、井上公使の就任と朴泳孝の復帰を改革勢力を勢いづけるものとして歓迎した。ところが朴が井上公使と国王夫妻の権威をバックに内閣を牛耳るようになると朴に対する反発を強めた。こうして尹致昊が帰国した95年2月頃の政界は、朴泳孝、徐光範ら甲申政変の亡命組からなる新派と、金弘集、兪吉濬ら大鳥公使時代の内政改革を担った旧派との対立抗争の場と化しつつあったのである。

　帰国後の尹致昊が政界に復帰する道は、朴泳孝からではなく兪吉濬、すなわち旧派の方から開かれた。徐、朴と会った翌日（2月14日）、兪吉濬（内閣総書）が訪ねてきて、総理金弘集が尹致昊を彼の書記にしたいと望んでいると言った。即日、総理を訪ねてみると兪の話のとおりだった。こうして2月27日、尹致昊は正式に内閣総理大臣秘書官（参議）に任命された。

東学征討軍の帰還と訓錬隊の創設

　政府参議に任命された当日（2月27日）には、東学農民軍を征討するために派遣されていた兵士たちが一団、また一団とソウルに帰還する姿が見られた。すでに同年1月、農民軍の首魁（金介男、全琫準、孫和中）は捕縛されていた。4ヵ月近くにおよぶ長期の掃討作戦により東学農民軍による大規模な反乱はようやく終わりを告げた。3月7日には内閣において征討策戦の成果に関する征討使（南小四郎）の講話があり、尹致昊も総理秘書官として出席した。

　ところでこの征討軍には南小四郎率いる日本軍（後備歩兵独立第19大隊）の他に3つの朝鮮軍（統衛営、壮衛営、経理営）と、ソウル駐屯日本軍が朝鮮軍の中から精鋭を選りすぐって養成した朝鮮兵士の部隊（教導中隊）が参加していた。そこには実戦経験のない朝鮮兵士を日本軍の指揮下に参戦させることにより朝鮮軍を改編するための中核にせんとする井上の意図が込められていた。

　これより先、井上公使は仁川到着の翌々日（10月27日）、仁川駐屯兵站監伊藤祐義から東学党征討のための増援軍派遣を要請され、翌日、川上操六参謀次長に増援軍派遣を打電していた。求めに応じて到着した後備歩兵独立第19大隊は11月12日、目的遂行のため龍山を出発した。その後、井上は既述の如く第2次金弘集政権を発足させると（12月17日）、直ちに軍制改革に乗り出した。第一着手として12月19日、国王に謁見して公使館付武官楠瀬幸彦少佐および

岡本柳之助を政府の軍部顧問として推薦し国王の同意を得た。ちなみに岡本は94年7月23日の王宮占拠事件に際して大鳥公使の命により大院君を説得して起たしめた人物であるが、大院君政権成立後、10日ほど軍国機務処の成立に関わった後、一旦帰国して静養していた。しかし同年10月、井上馨が朝鮮公使に内定すると外務大臣陸奥宗光（岡本のパトロン格に当たる）のたっての依頼により井上の補佐として再び来韓していたのである。

　楠瀬、岡本の軍部顧問が決まった翌々日、井上は早速、公使館に軍部大臣と協弁（趙義淵、権在衡）、度支部協弁（安駉壽）、および楠瀬、岡本の5名を招いて軍制改革につき最初の打合せを行った。この会合において従来あった朝鮮軍隊（扈衛庁、統衛営、壮衛営、壮禦営、経理庁その他）をすべて廃止して軍部の下に一括することが決まった。かくて朝鮮軍隊の再編が決するや、翌95年1月17日、国王に謁見した井上は新たに訓錬隊を創設してこれを以て近衛兵とすることを提議し、国王の同意を取りつけた（『日本外交文書』第28巻第1冊386～90頁）。そして早くも2月には訓錬隊第1大隊が編成されソウルに配置された[13]。

　東学党掃討作戦を終了した兵士たちが続々と凱旋してきたのは以上のような軍隊改編作業が進行しているさ中だった。掃討策戦展開中に日本軍に功績を認められた朝鮮兵は凱旋後、新たに編成される訓錬隊に組み込まれてゆく。東学党農民軍による反乱の危機が去った今、日本軍が養成した強力な訓錬隊を指揮下に置く軍部の重要性が増すのは当然である。かくて軍部閣僚および訓錬隊指揮官のポストを巡り内閣の新旧両派の対立が激化することになった。

井上公使による内政改革の破綻

　楠瀬、岡本が軍部顧問として採用されたのと相前後して、他の政府部門にも井上公使を介して次々に日本人顧問が採用された[14]。これら顧問を手足とし

---

[13] その後4月1日に第2大隊、5月21日に第3大隊、7月8日に第4大隊が編成され、第1・2大隊はソウルに、第3大隊は平壌に、第4大隊は清州に配置された（高宗実録乙未4月27日および閏5月16日）。

[14] 主な顧問を採用順に列挙すると、警務顧問武久克造、内閣顧問石塚英蔵、度支部顧問仁尾惟茂、内部顧問齊藤修一郎。以上の4名は楠瀬、岡本とともに94年12月中に採用された。最後に95年4月に法部顧問星亨が採用される。この他に農商工部顧問山田雪助がいた。なお、井上は岡本を宮内部顧問としても推薦したが結局実現せず、外部にも日本人顧問は置かれなかった。

て井上公使は内政改革を着々と推し進め、就任約半年後の95年4月25日（旧暦4月1日）にそれまでの集大成として新官制をスタートさせるにいたった*15。

　一方、その間に日清戦争は最後の段階を迎えつつあった。2月1日に行われた日清講和の初回談判で清国使節の資格に問題ありとされ、19日、改めて李鴻章が清国全権となった。途中、李の遭難事件があり一時交渉が危ぶまれたが、3月30日には休戦条約が調印され、4月17日は講和条約が調印された。井上公使の内政改革はあたかもこの講和条約の進展に歩調を合わせたかのようである。そこまでは井上の計算どおりであったかも知れない。

　だが直後の4月23日、いわゆる露独仏3国による三国干渉が始まり日本政府は同30日、これを受け入れることを回答する。駐韓ロシア公使館を通じて一連の情報は韓廷に伝わり日本の威信は頓（とみ）に低下する。それまで威圧的な態度をとってきた井上公使は露独仏3国公使からの抗議を恐れ中立的な政策をとらざるを得なくなった。これをみた国王夫妻は井上公使追従からロシア依存へと方針転換し、これに応じた新派が旧派に対する攻勢を開始した。

　5月11日、閣議において新派は軍部大臣趙羲淵の些細なミスを取り上げて攻撃した。旧派大臣は趙を擁護したが、新派の背後で国王が趙の罷免を主張する。17日、この問題につき御前会議が開かれたが、趙を弁護する旧派の大臣に対して国王は激怒して次のように言ったという。

　　抑々国家統治の大権は君主に在ることは各国皆同様にて井上公使も亦斯くの
　　如く説けり、故に朕が命ずる所を奉行せざるに於ては是君主なきも同様なれ
　　ば朕は此国に君臨することを欲せず、爾等宜しく此国を共和政体と為す可し。
　　（『日本外交文書第28巻1冊』426頁）

　国王は専制君主制復活のために井上公使の持論を巧みに援用した。かくして総理金弘集は辞表を提出し、軍部大臣趙羲淵は罷免、協弁権在衡（国王派となる）がその代理となった。5月19日、井上公使は朝鮮政府の現状に匙を投げ、本国の陸奥外相に一時帰国を申し出る。

---

*15 新官制は裁判所構成法の公布から地方制度（法）の公布に及ぶ本格的な制度改革だった。

21日、辞表を提出した金弘集に代わり内部大臣朴泳孝が臨時総理兼任を命ぜられた。即日、朴は軍部大臣代理権在衡をして訓練第三大隊を平壌（戚族閔氏の影響下にある）に配置し、23日にはこれまで内部から独立していた警務庁を内部大臣の指揮下に置いた。さらに25日になると宮内府に新たに特進官16人が置かれたが、中に戚族閔氏の閔泳煥と閔泳奎が含まれていた。すでに王妃による戚族閔氏の復活策が進行し始めた証拠である。31日、臨時総理朴泳孝に代わり朴定陽が総理となった。6月2日、内閣人事異動が発表されたが朴泳孝色が濃厚な内容だった。

　内閣における新旧両派の対立が激化する中で、5月31日、井上に対して速やかに帰朝すべしとの電令が陸奥から届く。6月5日、井上は一時帰朝の挨拶を兼ね国王夫妻に謁見したのち、7日にソウルを発った。仁川に4日滞在してあれこれ送別会に出席したのち、11日に仁川を出港した。井上なきソウルでは、"ポスト井上"体制に向けた動きが活発化することになる。

　ところで『尹致昊日記』は95年4月1日から次に述べる朴泳孝不軌事件が起こる7月7日の前日まで空白となっている。再開後の日記を読むとこの間に上海に残してきた馬夫人と長女鳳姫がソウルにやってきているから、上海に残してきた妻子を引き取りに行ったことが空白になった理由と思われる。

朴泳孝不軌事件

　井上が仁川を出港した翌々日（6月13日）、新設隊編成所および新設隊将卒給料に関する勅令が発布された（『高宗実録』乙未5月21日）。"新設隊"とは前年7月23日の王宮占拠事件により武装解除された朝鮮軍を再建するため、国王がジェネラル・ダイに委嘱して密かに王宮内で訓練を施してきた朝鮮兵のことである（後に侍衛隊と呼ばれることになる）。ダイは錬武公院の軍事教官であったが1894年9月以来、乾清宮（国王夫妻の居所）に隣接する建物に住居を与えられ王宮内で生活してきた。

　国王夫妻が"ポスト井上"体制に向けて動き出したことを察知した朴泳孝は、直ちに対抗策をとった。これまで朴と持ちつ持たれつの関係にあった国王夫妻は以後、ロシア公使に急接近したため朴と王妃との間に隔離の兆候が見え始めたという（『日本外交文書第28巻1冊』3～44頁）。

6月23日、朴は軍部協弁李周会（イジュヘ）をして旧王宮護衛兵（すなわちダイが訓練する新設隊）と訓錬隊との交替を国王に奏上せしめた。既述のようにこのことは同年1月17日に井上公使が国王に謁見した際にすでに国王の承認を得ていた事案である。ところが国王は言を左右にして承知しない。朴の意を受けた李周会は翌日、翌々日と同じことを奏上し続けた。李周会が3度目の上奏をするにおよびついに国王は激怒した。そこで他の大臣がこの件はすでに陛下が裁可されたことであると言うと、国王はますます激怒して、「昨年6月〔新暦では7月23日〕以来の勅令あるいは裁可された案件は朕の意図したことにあらず、すべて取り消すべし」と断言した（同前、444頁）。国王自ら過去1年にわたる親日政権の内政改革を全否定したのである。

　総理朴定陽は内閣と国王の板挟みとなり翌日（6月26日）辞表を提出。これを受けて井上の留守を預かる杉村代理公使は27日、齊藤、岡本以下の日本人顧問を招集し対策を練るとともに李圭完（イギュワン）、浅山顕蔵をして朴泳孝の意向を探らせた。28日、再び各顧問とともに朴泳孝を招き、朴には過激手段を取らないよう説得したが、朴は興奮状態にあり、杉村および顧問団の話を聞く耳を持たない。月がかわって7月に入ると、朴泳孝が護衛兵交替を断行するために訓錬隊を宮中に入れ、旧護衛兵を駆逐するとの噂がひろがる。そして7月7日、事件は発生した。次は当日の『尹致昊日記』である。

　　日曜　午前5時、物々しい音に目を覚ますと、びっくりしたことに朴泳孝氏、李圭完および申応熙（シンウンヒ）が逮捕される寸前に逃走し、安駉壽が警務使に任命されたという。しばらくすると兪〔吉濬〕氏から昨日の真夜中〔7日未明〕に出された詔勅が届き、それで話が本当だったことが確認できた。そこにはこう書かれていた。「我々は朴泳孝が心新たに忠誠を尽くすことにより前非を償ってくれることを期待してその罪を特別に許してやった。ところが恩知らずにも彼は謀反を企んでいたことがこの度発覚した。故に我々は詳しく取り調べるために彼を逮捕するよう警務庁に命じた。彼の身柄を拘束し次第その共犯者すべてに恩赦を施すことを約束する。閏五月十四日」

朴泳孝の他に逮捕令状が出された李圭完は警務官、申応熙（申応凞）は訓錬隊

第1大隊隊長である。両人は朴とともに訓錬隊を率いて宮中に入ると噂された人物であった＊16。

　この事件はその前後の一連の経過を考えるとき、朴泳孝と王妃の間に隔離が生じたと見てとった旧派（兪吉濬が首謀者）が一時的に王妃と組んで朴泳孝を追い落とそうとした陰謀であることは明らかである。すなわち尹致昊に朴逮捕の詔勅を届けた兪吉濬は、前日7月6日付ですでに朴泳孝に代わって内部大臣代理の辞令をもらっていた（『高宗実録』乙未閏5月14日）。また朴一味逮捕の勅令発布直後に洪啓薫（ホンゲフン）（王妃の腹心の部下）が訓錬隊連隊長に、申泰休（シンテヒュ）が訓錬隊第1大隊長に、安駧壽が警務使に任命された。さらに7月9日に開かれた閣議には国王が親臨して、「勅任、勅命に関して内閣が上奏するのは本末転倒である、今後は朕自ら決裁する」（『續陰晴史・下』乙未閏5月17日）と宣言し、改めて前年7月以来の内政改革を全否定したのである。

　7月17日、ジェネラル・ダイが訓練した宮中護衛兵を「侍衛隊」として新設することを内容とする官制が公布された。こうして前年10月以来、井上公使が取り組んできた内政改革はここに完全に振り出しに戻ってしまった。

4.　朴泳孝不軌事件以後

三浦新公使の着任と王后暗殺事件

　一時帰朝中の日本で朴泳孝失脚の報を受けた井上公使は7月20日、夫人同伴で急遽、帰任の途に就くが、この時すでに井上に替わり三浦梧楼が新任公使として内定しており、22日には官報を以て正式に交代が告示された。帰朝中の井上は国王夫妻懐柔策の目玉として清国からの賠償金の内、300万円を朝鮮政府に寄贈するという案を政府に提案して内諾を得ていた。実現させるには議会の承認を得る必要があるが、帰任後の7月25日、彼は国王夫妻に謁見した際、300万円寄贈を口約束してしまった。急速にロシアに接近する国王夫妻を自分の影響下に呼び戻そうと焦るあまりの勇み足である。井上による必死の懐柔策

＊16　令状の根拠は、佐々木日出雄なる無頼漢がある朝鮮人と筆談し、彼に朴が陰謀を企んでいると告げたところ、男がその筆談書面を国王夫妻に提出したというものである（第4巻、95年7月19日）。

にもかかわらず、8月17日には前年7月の王宮占拠事件以後、政治犯として追放されていた閔泳駿以下260名の守旧派全員を釈放する旨の詔勅が出された（『高宗実録』乙未6月27日）。過去1年間におよぶ親日政権の内政改革は崩壊の危機に瀕していた。だが、これに追い打ちをかけるような事件がさらに続いた。

8月31日、後任の三浦がソウルに到着し、9月3日、井上は三浦を伴って参内、国書を捧呈して無事新旧交代を済ませた。ところが翌9月4日、西園寺（病気療養となった外相陸奥に代わり外相代理）から300万円寄贈の件を上程する予定だった臨時議会が召集されなくなったとの知らせと同時に、新旧交代の引き継ぎが済んだ以上、至急帰朝せよとの通達が井上のもとに届く。300万円寄贈の実現を三浦への置土産として帰国する予定だったが、逆に三浦は不渡り手形となった口約束の後始末をする仕儀になった。朝鮮政府に対する三浦の威信は丸つぶれである（『外交文書』28巻1冊、374〜77頁）。

満腔の心残りを胸に井上は9月19日、仁川より帰国の途に就いた。彼の離韓を待ちかまえていたかのように10日後の9月29日、親日政権誕生以来発してきた勅令の通し番号が突如、第154号から第1号に逆戻りした（第4巻、1895年9月29日）。閣内親日派と背後にある日本勢力にとって、これは日本に対する公然たる挑戦と受け取られた。新任公使三浦がもはや非常手段に訴える以外に事態を打開する方法はないと腹をくくったのは、恐らくこの頃と思われる。

そして10月8日の事変を迎える。当日何が起こったかについてはすでに日韓双方に多くの論文・研究書があるが、本日記には事件当日の10月8日未明から同日午後にかけて起こったことが詳しく記録されている。事件当事者の回想録、あるいは研究書と異なり、事件の渦中にあった者によるリアルタイムの記録なので、長くなるが比較参考のために次に引用する。（　）は原文の注、〔　〕は筆者が付した注である。

　10月8日（陰暦8月20日）　火曜　午前4時、李巡根に起こされる。彼は通りに落ちていたという1通の手紙を見せてくれたが、それは訓錬隊第1連隊長〔the commander of the First Regiment：洪啓薫のことと思われる〕に宛てられたもので次のようなことが書かれていた。李斗璜〔第1訓錬隊大隊長〕および日本人教官村井〔日本守備隊第2中隊長村井右宗大尉〕に指揮された数組

の集団がどこかに向かって営舎を出発した、と。手紙の署名は訓錬隊兵士李敏宏〔洪啓薫の娘婿〕となっていた。李巡根を警務使のもとに送りその手紙を見せるようにさせた。〔午前〕5時、宮中から義和宮（the 2nd Prince）がやってきた。ここに来る途中、多数の日本人兵士が王宮の西門すなわち迎秋門に向かって行進してゆく姿と朝鮮人訓錬隊員の隊列が建春門および春生門方面に向かってゆくのを目撃した。宮は何が起きたのか確かめてくるよう陛下に遣わされたのだった。5時半頃、数分間にわたり短く鋭い銃声が聞こえた。そして沈黙。王宮に日本人兵士が突入した──朝鮮人訓錬隊は攻撃に荷担することを拒否して逃げ出した──洪在熙〔洪啓薫のこと〕将軍が殺された──大院君が日本人に護衛されて入城した。宮門は日本人兵士により警護された。入城を許されたのは金弘集、金允植、趙義淵〔前軍部大臣〕のみであった。

　午後1時になって義和宮が〔再び〕やってきて次のように報告した。宮が〔最初に尹致昊を訪れるために〕宮城を出られた直後、両陛下と王世子がおられた奥所は抜刀をさげた一群の日本人により襲撃された。彼らは王后を探し求めた。数人の女官がきわめて残忍に殺害された。明らかに王后であることを確認するための手段だった。彼らは王世子妃の髪をつかんで、殴る、蹴る、引きずりまわすの暴行を加えて、王后の居場所を教えるよう迫った。妃が返事を拒否すると、彼らは彼女を息絶えつつある、またはすでに死んでいる兵士の間に投げ出した。1人の日本人は王世子の髪を鷲掴みにして彼を足蹴にした。やがて100名近くの女官たちが集められた。彼女らは恐怖で互いに抱き合っていた。そこに后〔閔妃〕が入ってきた。1人の日本人が彼女を掴まえ、足で蹴り倒した。彼女は大声で自分は后ではない、ただ食べるものを取りにやってきただけだと叫んだ。暗殺者たちは彼女が気を失って死んだようになるまで蹴りつづけた。それから人殺したちは彼女をある一室に引きずってゆき、彼女をシーツで覆い、次いで彼女が后であることを確認するため、日本人通訳の鈴木〔鈴木順見〕という人物が安尚宮〔宮中の女官〕に向かって、そのシーツを指さしながら言った、「王后は"あの部屋"の中にいる」と。安尚宮は部屋に入ると血だらけになったその様子を見てショックをうけ、恐怖のうちに部屋をとびだしながら叫んだ、「きゃー、お后さまが死んだ！」　こ

れを聞いて、暗殺者たちは部屋に駆けこむなり王后の体を近くにある窪みに
なった花壇まで引きずっていった。そこに王后の体を置くと、彼らは王后に
火をつけた。すべてが考えるだけでも恐ろしい。

　后が遭遇した無惨な運命のことを考えるとすっかり神経が興奮して、夜眠
ることができなかった。后の治世が良かったなどと認めるつもりは決してな
い。なんとしてでも彼女にその陰謀と悪しき取巻き連を断念させることがで
きないならば、私は彼女を退位させることさえ支持するだろう。しかし今度
の日本人殺し屋たちによる残酷な殺害は絶対認めることはできない。外国人
たちは例外なく今度の事件を起こした者たち（朝鮮人、日本人いずれを問わ
ず）に対して不快感を露わにしている。

　この事件についてここで具体的に検討することはしない。ただ事件の背後関
係について兪吉濬が深く関わっていたという（確信に近い）強い疑念を尹致昊
が抱いていたことについて一言しておきたい。

深まる兪吉濬への疑惑

　尹致昊が兪吉濬と閔妃暗殺事件との関係について強い疑惑を抱くようになっ
た切っかけは、事件直後（『高宗実録』乙未8月25日：西暦10月13日）に急遽、
「イギリス・ドイツ・ロシア・イタリア・フランス・オーストリア各国報聘大
使」として派遣されることになった義和宮のお伴をするように兪吉濬から持ち
かけられたことだった（第4巻、1895年10月15日）。仮にも閔妃は国母であり、
義和宮の義母である。その閔妃が殺害されて下手人もまだ明らかにされていな
い今、条約締結国である欧州諸国に義和宮を報聘使として派遣するとはあまり
にも唐突であり、儒教国である朝鮮の国民感情からしても許されることではな
い。しかも一行には日本人が1人同行することになっていた。

　既述の如く、事件勃発と同時に、国王の意を受けて宮中から尹致昊のもとに
駆けつけ、事件の一部始終を子細に報告したのは義和宮だった。事件後、露米
をはじめとする外国使節団は事件には多くの日本軍人および民間人が関わって
いるとして、三浦公使に強く抗議し、釈明を要求した。三浦は曖昧な返事をし
て追究をかわそうとしたが、王宮の内外に多くの目撃者がおり三浦の言い訳に

は全く説得力がない。彼ら事件の首謀者にとって最も都合の悪い目撃者は王后
の殺害現場を至近距離から目撃した人物である。なかでも最も重要なのは王后
の近くにあった国王、王世子、王世子妃、義和宮の4名である。その4名の中、
国王および世子夫妻の言動には多くの制限があり、自由に真相を語ることは困
難である。比較的に自由に行動し発言することが許されるのは義和宮に限られ
ている。外国使節団に王后暗殺の真相が洩れる可能性があるとすればまずは義
和宮の口を通してであろう。

　義和宮に同行する話を最初に兪吉濬からもちかけられたとき、以上のことを
考えた尹致昊は、兪の意図を次のように推測した。義和宮と尹致昊を事件直後
に国外に送り出すことにしたのは、王后殺害事件の証人である義和宮と外国使
節団との接触を遮断し、彼から事件の一部始終を聞いた尹致昊が得意の英語で
外国使節団に真相を語るのを遮断するためであると。やがて10月23日になる
と尹致昊と彼の従弟尹致昕が「特派大使随員」を命ぜられた（『高宗実録』乙未9
月6日；西暦10月23日）。ところが兪吉濬は特派大使の派遣先が西洋諸国である
にもかかわらず、まず日本を最初に訪問することを主張してやまない（第4巻、
1895年10月21日）。尹致昊が同行することを拒否すると、随員は従弟尹致昕のみ
となり、義和宮と尹致昕は23日の晩にソウルを発ち、24日早朝、龍山を発った。
一行が出発した後、尹致昊は外部協弁として一行の渡欧旅費の内訳を提出する
よう度支部顧問の仁尾惟茂から求められた。尹致昊が見積書を提出すると仁尾
はあれこれ難癖をつけて受けつけようとしない（第4巻、1895年10月26日）。

> 義和宮とその随行団が訪問先の諸国において滞在すべき時間と滞在地間の距
> 離を記した書面を仁尾に提出するや、この財務顧問官は再び異議を唱え、
> 各々の滞在地における1日ごとの出費の見積もりを提出せよと私に迫った！
> 私はほとんど怒りと絶望を抑えることができず、彼と議論することをあきら
> めてしまった。今回の特派大使の件は義和宮を東京に送ってしまおうという
> 兪吉濬と日本人たちが考え出した計略であるということは一点の疑問の余地
> もないと私は思う。なぜなら宮が日本滞在に要する1,300円を支払うことに
> ついて仁尾は何も言わなかったではないか。

尹致昊が予見したとおり、日本に渡った義和宮一行は渡欧費用が捻出できないという理由で足止めを食い、11月になると政府から義和宮に対して渡欧使節は中止、本国召還の命令が出された（第4巻、1895年11月8日、および『高宗実録』乙未10月初2日；西暦11月18日）。ところが、召還命令が出たにもかかわらず、義和宮は待てど暮らせど日本から帰ってこない。

1896年4月、ロシア皇帝ニコライⅡ世の戴冠式に派遣された閔泳煥の随員としてロシアに赴いた尹致昊は横浜に寄港した際、東京の義和宮を訪ねた。義和宮は、国王がロシア公使館に移っていることについてあれこれ質問したのち、次のように言ったという（第4巻、1896年4月17日）。

> 尹致昨のおかげで余はもう終わりだ。あれは余の名前を使って福沢から3,000円を借り入れる約束をしたが、それにはこの3,000円に利子を付けて返済しないかぎり余は日本を出ることができぬという条件がついていた。余はどこに行ってもまるで狂人のように絶えず観察されている。（後略）

義和宮の言うことが必ずしも荒唐無稽な作りごとでないことは、1896年2月4日付で福沢諭吉からソウルの兪吉濬宛に送られた次の書簡により裏付けられる（『福沢諭吉全集第18巻』、715～16頁）。

> 益御清安奉拝賀。陳ば大君主陛下より義和宮御依託の義、内々の上意、老生におゐては是まで種々の関係もあり、御請可仕候得共、宮には近来米行の念禁ず可らざるもの丶如くなるより、其次第電信にて申上候處、是れは勅命にて御差留相成候に付ては、今後の處置如何す〔べ〕きやと申に、兎に角に宮の真意いよいよ日本御留学と決するにあらざれば、何事も着手すべからず。唯今の處にては米行御差留にて止むを得ず此地へ御滞在には候得共、尚其心には釋然たらざるもの丶如し。（後略）

国王が義和宮の監督を福沢に委託することを内々希望しているというので福沢としては承知した、また義和宮がしきりに米国行きを希望するので、福沢が電信で問い合わせたところ、これも国王親ら差し止められたという報告を兪吉

濬から受けた、というのである。だが、これはあくまで福沢と兪吉濬との間でのやりとりで、どこまで国王が事実を掌握しているか明らかでない。恐らく、国王と福沢との間をとりもった兪吉濬が適当に双方を納得させてしまった可能性が大である。

　肝心の義和宮は、とりあえず日本に渡ったものの、当初の目的であった西欧諸国報聘使節がとりやめとなり、代わりに希望した米国行きも差し止めになった。挙句の果てに福沢の監視の下に日本に足止めを食ったまま帰国することもできなくなった義和宮が、「心に釈然たらざる」を得なかったのは当然である。以後、義和宮は自暴自棄になって生活は次第に荒れていったという。

　しかし、俄館播遷により兪吉濬が日本に亡命すると、1897年5月にいたり韓廷は方針を転じて、義和宮に米国遊学を許可する旨の勅許を送付した。ここに日本滞在1年7ヵ月にしてようやく義和宮は日本を離れることが可能になった（第5巻、1897年5月21日）。しかし、これを知った福沢は、事前に自分の了承を得ることなしに韓廷がかかる処置に出たことに激怒して、朝鮮国宮内府大臣宛に厳重抗議の手紙を起草した（1897年5月20日付、「朝鮮国内府大臣〔案文〕」：岩波書店『福沢諭吉書簡集第八巻』、298〜300頁）。結局、この手紙は韓廷に送付されずに終わったが、閔妃暗殺事件直後に義和宮を欧州各国報聘使節に仕立て上げた張本人が兪吉濬であることを間接的に証明するものであろう。

　この事件を切っかけに兪吉濬に対する尹致昊の疑惑は次第に膨らんでいった。1896年2月11日、俄館播遷が成功してロシア公使館内に親露政権が樹立されると、王后殺し政府の中核メンバーであった金弘集、鄭 秉 夏、魚允中は次々に怒り狂った暴徒に虐殺された。しかし彼らの参謀格だった兪吉濬は日本に逃亡した。このことを知った尹致昊は、兪吉濬に対する疑惑をますます深める。事件のあった2週間後、彼は日記に次のように記した（第4巻、1896年2月26日）。

　（前略）…金玉均一派は6、7人の人物を殺せばすべてうまくゆくと考えた。そして彼ら（金一派）はそのとおり実行したが、結果は朝鮮をますます悪くするばかりだった。王后陛下は金玉均とその仲間さえ殺せば彼女の地位は永遠に安泰だろうと空想した。そこで彼女は何百人という人々を殺したが、そのことで彼女はあらゆる人々から忌み嫌われただけだった。兪吉濬は朴泳孝

を追放するためにその悪魔的な頭脳を働かせて残酷な計画を練り上げ、王后陛下がその権力を乱用し自らの墓穴を掘るように誘導した。そして再び杉村〔日本公使館書記官杉村濬〕と兪吉濬は王后陛下を虐殺した。彼らはその一撃により朝鮮のありとあらゆる禍根を除去できると考えたのだ。だが彼らの犯した卑劣きわまる犯罪は結果的にすべての朝鮮人の生命と財産を危険に陥れる誤った手段であったことを自ら証明してみせたのだ。

「杉村と兪吉濬は王后陛下を虐殺した」という彼の言葉には論理の飛躍があり、また客観的な裏付けもない。だが、杉村を参謀として三浦公使、岡本柳之助らの日本人を中心に進められた大院君担ぎ出し工作が結果的に王后の殺害をもたらしたことは事実であり、彼ら日本人に朝鮮政府内部から呼応したグループの核心に兪吉濬があったことは確実であろう。兪吉濬に対する尹致昊の疑惑は半ば当たっている。

閔妃暗殺事件後の親日政権

　現在では事件当日10月8日に王后閔氏が日本人により殺害されたことは既成の事実となっているが、実際には事件後しばらくの間、様々なニュースと憶測がとびかい彼女の生死は謎に包まれ、日本勢力をバックに政権を掌握した内閣（尹致昊はこれを"王后殺し政府＝Regicide Government"と呼ぶ）は閔妃の死を認めなかった。

　彼らは、13年前の壬午軍乱時、辛くも王宮を脱した閔妃が地方に潜伏し、2ヵ月近く経過したのちに再び還御したように、今回もどこかに潜んで復帰の機会を窺っていると主張した。そして事件2日後には王后の位を剥奪して庶人に格下げした。彼らが正式に彼女の死を宣布したのは、同年12月1日になってからである。その間にも王后殺し政府は、7月の朴泳孝不軌事件以来、1894年の王宮占拠事件以前に逆戻りした感のある韓廷をして再び改革の軌道に乗せようと次々に斬新な改革策を打ち出した。

　日清戦争勝利により朝鮮が完全に清国の支配から脱したことを明らかにするために従来の国王の称号を皇帝に改めるべきであるという"皇帝称号問題"、同じ趣旨の下に従来、清国に使節を派遣して年毎にさずかってきた正朔（太陰

暦）を廃して太陽暦を採用すること、陸軍服装規則の制定、そして旧習を打破する上で最も象徴的で挑発的な断髪令の提案……等々。

　閣議においてこれらの議題を強硬に主張したのは10月8日の事件後、安駉壽に代わって軍部大臣に返り咲いた趙羲淵と警務使の権瀅鎮（山県有朋の信頼が厚かった）ら、親日派の少壮派軍人であった。彼らは事件において重要な役割をになった訓錬隊の指揮官禹範善、李斗璜らを掌握して、武力を背景に国王、内閣に強硬路線を迫ったという。

　一方、事件発生の報を得るや事態を重視した日本政府は真相究明と事後処理のために直ちに外務省政務局長小村寿太郎を派遣した（10月10日）。小村は三浦公使の本国召還後、その後任の弁理公使に任命され引き続きソウルに駐在する。事件後、日本政府がとった方針はあくまでもソウル駐在外国使節団との協調を重視して、この際、10月8日事件を以て韓国に対する日本の意図が侵略にあると彼らに疑わせないことを基本としたから小村は趙羲淵、権瀅鎮グループが過激に走るのを抑えることに腐心した。外国代表団は、趙、権および彼らの影響下にある軍隊のために国王が身の安全に極度の不安を感じているとして日本公使に強い不満を述べる。代表団の強い抗議をかわすため、11月下旬にいたり小村は事前に趙、権に迫って辞職を納得させた上、総理金弘集と諮り内閣が先手を打つ形で善処策をとることを決定する（『日本外交文書第25巻1冊』589頁）。

　こうして11月26日、国王は外国使節団を宮中に引見して剝奪した閔妃の后位を元に戻すとともに事件翌日に出されたすべての勅令を無効にすること、および事件当日の犯罪者を逮捕して処分する旨の詔勅を伝えた。その一方で内閣を通じて趙、権の免官処分が代表団に伝えられた。このことは事件後、日本に対する強い疑いと不満を抱いてきた（露米を中心とする）外国代表団にとっては圧倒的な勝利を意味した。

5.　春生門事件：親日内閣にとって起死回生の事件

　ところがわずかその2日後、守勢一方にまわっていた日本勢が一気に攻勢に転ずる絶好の機会が到来する。10月8日事件において訓錬隊および日本人により蹴散らされて逃亡した侍衛隊の生き残り部隊、事変により宮廷から駆逐され

た李最純（イ・ジェスン）、安駉壽らら、さらにはこれに貞洞派（親米親露系の官吏）と呼ばれる李範晋（イ・ボムジン）、李允用、李完用らが加わり、夜陰に乗じて王宮を奇襲し国王、王世子を戴いてロシア公使館に拉し去ろうと計画した。ところが事前に内閣側に寝返った者がいて計画は筒抜けとなり、内閣側に先手を打たれて不発に終わった。いわゆる春生門事件である。

　首謀者の多くは逮捕を免れるために貞洞にある米露の公使館や宣教師宅に逃げ込んだ。背後にはアメリカ人宣教師が加担していたと言われ、当時国王派であった尹致昊の父尹雄烈も計画に加わっていた。計画が頓挫すると尹雄烈は上海に亡命し、尹致昊自身も貞洞の米国人宣教師宅に避難生活を余儀なくされる。

　この事件は10月8日事件と比べれば規模は小さかったものの、日本側からするとこれまで王后暗殺事件に対して日本の責任を厳しく追及してきた露米中心の外国代表団が自ら同じような事件の黒幕となったことを暴露したものである。反論の余地なくじっと堪えてきた日本勢力の鬱憤が一気に爆発する。この事件が親日内閣にもたらした効果は絶大だった。小村公使は当時の臨時外務大臣西園寺に次のように報告している＊17。

　　……（10月）8日の変後に於て幾多の艱難蝟集し来りたる当時に在ては彼内
　　閣は或は其重荷の下に壊崩するに至らざるやを疑はしめたるも11月28日の
　　事変が有り起死回生の効を有したることは実に測らざる幸運に有之候。則ち
　　右事変の結果として内閣と軍隊の関係を親密ならしめ外国代表をして八日事
　　変の処分を政府に迫ること能はざるの地位に立たしめ外国人を宮闕内より退
　　去せしむるの機会を政府に与へたる如き其効験の最も著しきものにして内閣
　　は茲に始めて其自信と原動力を回復致候。……（後略）

　かくして「自信と原動力を回復」した結果であろう、王后殺し政府はそれまで激しい抵抗にあって断行できずにきた断髪令をいよいよ12月30日を以て実行することに決定する。この日、国王は名目上の断髪令発令者として諸人に率

＊17　1896年1月21日付、在朝鮮国弁理公使小村寿太郎→外務大臣臨時代理西園寺公望「機密第四号　朝鮮現内閣の地位」；憲政資料室蔵陸奥宗光文書：ファクシミリ版『韓日外交未刊極秘史料叢書48』（ソウル亜細亜文化社、1996）、122～23頁。

先して断髪することになっていた。もちろんそれは本意ではなく、なんとかしてこれを免れるためにロシア公使館に救いを求める等、最後の最後まで抵抗した。しかし当日午後11時にいたりついに観念して断髪を受け入れざるを得なかった。高宗に鋏を入れたのは農商工部大臣の鄭秉夏、王世子に鋏を入れたのは内部大臣兪吉濬だった。

　その翌々日、かねての決定通り、陰暦乙未11月17日を以て陽暦1896年1月1日として太陽暦が採用された。新暦を以て迎える最初の新年の朝、ソウル市内は目もくらむような一面の銀世界だったが、漢城内外は断髪令に対する怨嗟の歯ぎしりと泣き声で大変な騒ぎだったという。

断髪令に反対する騒擾

　しかし11月28日事件を契機に親日内閣が起死回生の「自信と原動力を回復」し、その勢いに乗じて断髪令を断行したことは大きな誤算だった。正朔を廃して太陽暦を採用してもその影響は公式的なお役所仕事の範囲にとどまる。人々の日常生活には何ら変化がない。またこれまでの国王が皇帝となろうがなるまいが、実質が伴わないかぎり、これまた日常生活には何ら支障がない。ところが断髪令実施に当たっては、政府各部署の役人は立場上、意に反しても自ら髷を切り落とさなければならない。次いで命令を受けた巡警は市内を巡回して髷をつけて歩いている者があれば捕まえて問答無用、髷を切り落とした。しかるに儒教道徳を統治の根本原理とする朝鮮社会にあって「身体髪膚、受之父母、不敢毀傷、孝之始也」は日常生活を支配する基本倫理である。国母（閔妃）が暗殺されたと聞いて憤りを感じながらも直接、意思表示に出られなかった者たちが断髪令にいたってついに怒りを爆発させた。

　新年も1月半ばを過ぎると地方各処に断髪令に反対する暴動が起こり、内閣は征討兵を派遣して鎮圧に当たらざるを得なくなる。1月30日になると、江原道春川府の観察使が断髪に反対する騒擾民によって殺害されたという知らせが飛び込んできた。国内各処で相次ぐ騒擾を鎮圧するために、政府は春生門事件直前に罷免した親日派の急先鋒趙義淵を軍部大臣として再起用して彼の指揮の下、征討兵を地方に派遣した（『高宗実録』建陽元年1月29日）。

6. 俄館播遷以後

　その結果、ソウル城内の軍備が手薄になったと見てとった親露派は、再び親日内閣から国王を奪還する計画を立て、2月11日、ついに王宮から国王と王世子を擁してロシア公使館に連れ去り、ロシア公館内に親露政権を樹立することに成功した（俄館播遷）。親日政権の中心だった金弘集と鄭秉夏は正規の裁判なく即日処刑、屍骸は怒り狂った暴徒の蛮行の餌食となった。内閣の参謀格であった兪吉濬は日本に逃亡。数日後、度支大臣を罷免されて故郷に帰る途中にあった魚允中も龍仁の地で暴徒に虐殺された。

　ロシア公使館内に成立した新たな親露内閣の顔ぶれは総理大臣朴定陽、外部大臣李完用、軍部大臣李允用、警務使安駉壽、法部大臣 趙 秉 稷（チョウビョンジク）、度支部大臣尹用求（ユンヨング）、農商工部兼学部臨時署理大臣李完用である。こののち、ほぼ1年間にわたって国王が王宮を留守にしたままロシア公使館で国政を執るという異常事態が続く。韓廷は再び前年10月8日以前の状態に逆戻りし、親露派全盛の時代となった。

　幸い、尹致昊父子は国王派と見なされたらしく、尹致昊は外部協弁から再び学部協弁に遷され、大臣空席の間、署理大臣事務を命ぜられた。3月15日になると春生門事件以後、上海に亡命していた父尹雄烈も呼び戻されロシア公館で高宗に謁見している。

ニコライ二世戴冠式使節団の随員としてロシア行

　当時、ロシアはアレクサンドルⅢ世が崩御（1894年11月）したあとで、この年（1896年）5月には後継者ニコライⅡ世の戴冠式が予定されていた。ロシア公館に避身中の高宗はこの戴冠式に祝賀の使節を派遣するのにことよせてロシア兵による王宮保護を依頼する密約を結ぼうとした。高宗にとって自らの身の安全が確保されることが王宮に戻るための絶対条件であった。

　3月初旬、ロシア派遣特命全権公使として戚族閔氏の代表格閔泳煥が選ばれた。比較的に仕事が少ない学部協弁のポストにあった尹致昊がその随員に任命された。ところが10月8日の事変で閔妃を殺された高宗は、以後日本人はもち

ろん、周囲のあらゆる人物に対して極度の不信感を抱くようになり、ために戚族の重鎮さえ信じられなかったものとみえ、閔泳煥の一行とは別に成岐運、朱錫冕、閔 京 植からなる秘密の使節を任命していた。国王が自分を信頼していないと知るや、閔泳煥は怒って使節を辞退すると言いだした。しかしロシア公使ウェーベルのとりなしで辛くも出発を承諾するにいたる。

　一行は正使閔泳煥、随員尹致昊の他に正使書記として金 得 錬が、ロシア語通訳として外部主事の金道一およびロシア公使館通訳のスタイン（E. F. Stein）が選ばれ、これに閔泳煥の身の回りの世話をするソンヒヨンという小姓とを合わせて総勢6人からなっていた。英語の通訳は尹致昊、ロシア語通訳は金道一とスタインが担当することになった。

　4月2日、一行はロシア戦艦に搭乗し仁川出港、上海に1週間ほど寄港したのち、長崎を経て16日正午に横浜着、1泊して滞日中の義和宮に面会すると翌日正午にバンクーバーめざして横浜を発った。太平洋を横断してバンクーバーに着くと、そこからニューヨークまでは汽車旅行、そこから先は汽船に乗り換えてロンドン経由オランダ、オランダからは再び汽車でドイツ、ワルシャワと移動してモスクワに到着したのは5月20日だった。

日清露の政治的かけひき

　一行がモスクワに到着した時、すでに日本からは特派大使山県有朋が到着していて、24日には山県・ロバノフ会談の第1回が開かれた。中国から派遣された李鴻章もすでに到着していて、やがて露清密約が結ばれることになる。日清戦争以来、東アジア最大の懸案であった朝鮮問題をめぐって、日本、清国、それに当事国である朝鮮代表がそれぞれの思惑を胸にモスクワに集結し、ホスト役のロシアから少しでも有利な条件を引き出すためにこれから数週間にわたり駆引きが繰りひろげられることになる。

　第1回山県・ロバノフ会談が開かれた5月24日、朝鮮使節は各国使節を公式訪問して回ったが、清国代表を訪問した折に閔泳煥と李鴻章との間には次のような会話が交わされた。

　　李：その〔ソウルを発った〕時、国王はまだロシア公使館にいたか？　閔：

はい。**李**：大院君はまだ健在で活躍しているのか？　**閔**：はい。**李**：彼は今いくつになるか？　**閔**：78歳です。**李**：君は大院君派か、それとも反大院君派か？

　ここで閔泳煥は答えるのをためらい、婉曲的な言葉で李の質問を回避した。すると李はさらに続けた。

　李：誰が王后を殺害したのか？　**閔**：公式発表が出されれば、閣下も誰が犯人かお分かりになるでしょう。**李**：なぜ金弘集は殺されたのか？　彼はいい人だったのに。**閔**：彼は王后暗殺に関係していました。**李**：君は親日派か？　**閔**：私はいかなる党派にも属しません。**李**：私はそんなことは信じない。朝鮮人は日本人が好きなのか？　**閔**：日本が好きな者もおれば嫌いな者もおります。それは中国人も同じことでしょう。

　閔のこの最後の一撃が老人を黙らせたと、この日の日記は記している。
　日記には山県への言及が見られない。高宗の密命に関して閔泳煥とロバノフとの間に最初の話し合いが持たれたのが6月5日、交渉が本格化するのは山県がいわゆる山県・ロバノフ協定を結んで帰国の途に就いた（6月10日）あと、すなわち6月13日から16日にかけてである。ロバノフはすでに6月3日に李鴻章との間に露清密約を締結していたが、その後直ちに6月6日から9日にかけて山県と3度にわたる会談を持ち、9日に山県・ロバノフ協定の最終確認を行っている。
　このことから考えると、ロバノフはまず6月5日、閔との会談において朝鮮側の希望の骨子だけを確認したのち山県との交渉に入り、9日にできあがった山県・ロバノフ協定と先の露清密約との結果を以て再び朝鮮との具体的な話し合いに応じたものと思われる。要するにロシアが朝鮮に与えることのできる保障は露清、露日の間に交わされた密約の範囲内において許容できるものに限られていたのである。6月5日、閔泳煥がロバノフに告げた朝鮮側要求の骨子とは次の5項目である（第4巻、1896年6月5日）。

　（1）朝鮮の兵士を訓練して頼りになる軍隊ができるまで国王を護衛してくれ
　る護衛兵の派遣。（2）軍事教官の派遣。（3）顧問の派遣：国王の身のまわ
　りに関する王室顧問官1名、内閣顧問官1名、鉱山・鉄道その他に関する顧
　問官1名。（4）露韓双方に有益な条件でロシア－朝鮮間を電信で結ぶことに
　関連して電信に関する専門家1名の派遣。（5）日本からの借款を償還するた
　めの300万円の借款。

　この内、最も重要なのは第1項目であるが、6月13日に行われたロバノフと
の2度目の会見においてロバノフは（1）に関して全く否定的な回答を与えた
のみならず、（2）以下の項目に関しても前向きに検討すると言うのみで確答を
避けた。期待を裏切られた閔が、もし護衛兵がだめなら200人規模の大規模な
軍事教官団を派遣することはできないかと食い下がったが、これも全く問題に
されない。絶望に陥った閔は3日後の6月16日、今度はロシア外務省アジア局
長カパニスト伯（Count Kapanist）を尹致昊とともに訪問し、護衛兵、あるい
はそれに代わる大規模な軍事教官団の派遣を改めて要請する。これに対するカ
パニストの答えは、「かつて我々は日本が宮中に兵士——それがいかなる性質
のものであれ——を駐屯させることに反対しました。なのにどうして我々自
身が同じことをできますか？」という至極もっともなものであった。
　6月9日に成った山県・ロバノフ協定の第2条は、「日露両国政府は朝鮮国財
政及経済上の状況の許す限りは外援に藉らずして内国の秩序を保つに足るべき
内国人を以て組織せる軍隊及警察を創設し且つ之を維持することを朝鮮国に一
任することとすべし」というものであった。いかに閔泳煥が粘ったところで結
果を変えることができないのは当然である。
　こうして韓露密約は全くの不首尾に終わったが[*18]、朝鮮使節一行はその後
もロシアに滞在しつづけ、政府施設の視察、名所旧跡の観光遊覧等々に時間を
費やした後、8月18日になってようやく腰を上げる。ロシア滞在中、閔泳煥は
交渉の準備あるいは要人との会談に際して尹致昊の通訳を避け他の人物を起用

＊18　これはあくまでも尹致昊の側からみたものである。高宗が別途派遣した成岐運・朱錫冕・閔京植
　　からなる秘密の使節がもたらした結果については「第4章の1」を参照。

した。親米、親日の疑いのある彼に高宗の密命を知られることを恐れたものと思われる。このことに愛想を尽かした尹致昊は、シベリアルートをとって帰国の途に就く正使閔泳煥一行と袂を別ち、ひとりフランスをめざした。フランス語修得のためである。

3ヵ月間のフランス留学

　尹致昊のフランス語学習についてはすでに閔妃暗殺事件が起こる以前の95年8月16日の『日記』にソウル在住のフランス人カトリック神父シャルジュ・ブフ（Charge-beuf）からフランス語を学び始めたことが見えている。しかしその後はフランス語学習に関する記事がなく、断念したかに見えたが、翌96年2月の俄館播遷により親露政権ができた直後の2月25日に再び、ソウル在住のフランス人エミール・マーテル（Emile Martel）からフランス語を学び始めたことが記されている。3月2日の日記には、「例の如くフランス語の勉強」とあるから、今度はやや本腰を入れて勉強を始めたことが分かる。しばらくの間は親露政権が続くものと予想し、いずれ自分がロシアとの外交に関係することを予期したものかも知れない。

　ロシア使節団の一員としてモスクワに到着後、1ヵ月経過した6月19日に、「今日からボアヴァン夫人（Madm. Boivin）からフランス語の勉強をはじめる。週6日、1日2時間、月謝40ルーブル」とある。ロシア社交界において貴族、外交官がほとんど例外なくフランス語を話している様子を身近に体験して今がフランス語修得のチャンスと考えたのかも知れない。

　8月18日の夜、閔泳煥はじめ使節団仲間に見送られてひとりペテルブルク駅を後にした尹致昊はワルシャワ、ベルリンを経て、21日にパリに到着した。とりあえずラファイエット通りにあるセントラルホテルに投宿したが、ホテルの支配人は"諏訪"という名の日本人だった。投宿3日目（8月23日）になってたまたまこの支配人と話をしているとき、彼が突然、「自分は朝鮮の王妃に対する陰謀を計画し実行したあの岡本の弟である」と言うのを聞いてびっくりした。

　閔妃暗殺事件に深く関与した岡本柳之助は、尹致昊の上海滞在中に金玉均が洪鍾宇に暗殺されたとき、その死体を引き取りに齊藤修一郎とともに日本から

やってきた時に面会している（1894年4月20日）。その岡本の弟にこんな所で会うとはまさに奇遇である。

　やがて尹致昊は諏訪のホテルを出て凱旋門近く、ポアソン通りにあるミス・シュミットの家に下宿して同じ建物内に住むアーカンボー（Arcambeau）氏なる人物およびもう1人の婦人からそれぞれ週3回ずつフランス語のレッスンを受け始める。アーカンボー氏は、パリ駐在日本公使館付武官瓜生外吉（日露戦争時、第4戦隊司令官、後に海軍大将）が紹介してくれた人物である。

　ある時、アーカンボー氏とフランス語会話の練習をしているとき、最近駐韓公使の小村が日本に召還されたこと、また、新しい駐韓日本公使には"原"という人物がなったが、原はアーカンボー氏の昔の教え子であると知らされた。奇しくもアーカンボー氏はかつて原敬が外務書記官としてパリ駐在中にフランス語の個人レッスンを受けた人物であったのである。

　フランス到着当初はこんな奇遇もあったが、1週間後には早くもホームシックと孤独感に悩まされはじめる（第4巻、1896年8月27日）。

　　　フランス語の下調べをして部屋にこもる。ホームシック。何を望んでフランス語の勉強をするのか？　それが私に何の利益をもたらすのか？　なんのために私はここにいるのか？　ひとり寂しく、みじめに落ち込んで、恐らくなんの役にも立ちそうもない言葉を習得しようとして？

　仮にフランス語をマスターして韓・日・中・英・仏、5ヵ国語を駆使する外交官になれたとしても祖国朝鮮の現状は決してそれが活かされるような状態にない。モスクワで会った英仏独、および日本の代表者たちと比較するとき、朝鮮代表の姿はあまりにも惨めだった。それを考えるといま自分のしていることは徒労をこえて滑稽にさえ見えてくる。目的を見失った彼は、3ヵ月後の11月18日、フランス語習得を断念してパリを後にした。22日にマルセーユを出港するとスエズ運河経由でインド洋をまわり、12月27日、馬夫人が待つ上海に到着した。　（この後のことは第4章の2へ続く）

第4章
独立協会と地方官吏の時代
1897〜1902年

1. 三国干渉以後、朝鮮をとりまく日清露の勢力関係

　三国干渉以後、朝鮮政局はロシア勢力の台頭、井上公使の一時帰朝、朴泳孝不軌事件、井上公使の更迭と三浦新公使の赴任、閔妃暗殺事件、春生門事件、俄館播遷、……等々とめまぐるしく変化した。このような不安定な政局を安定化させるべく、日韓清3国は1896年5月、モスクワで開かれたニコライⅡ世戴冠式祝賀式典に使節を派遣して当事国であるロシア政府と個別に協議した結果、それぞれロシアとの間に協定（あるいは密約）を結んだ。

　まず清国使節李鴻章とロシア外相ロバノフおよび蔵相ウィッテとの間に結ばれた露清密約の主な内容は以下のとおりである。

> （1）日本がロシア極東、朝鮮、清に侵攻した場合、露清両国は陸海軍で相互に援助する。　（2）締約国の一方は、もう一方の同意なくして敵国と平和条約を結ばない。　（3）戦争の際には、清の港湾は全てロシア海軍に開放される。（4）ロシアが軍隊を移動するために、清はロシアが黒竜江省と吉林省を通過してウラジオストクへ至る鉄道を建設することを許可する。鉄道の建設と経営は華俄道勝銀行が引き受ける。　（5）戦時あるいは平時にかかわらず、ロシアはこの鉄道により軍隊と軍需物資を自由に輸送できる。

　この密約は三国干渉の盟主ロシアが日本政府に干渉して清国に遼東半島を返還せしめたその代償として、日本との有事の際に備えて清国が全面的にロシア

に協力することを確約せしめたものである。

　これに対して日本使節山県有朋はサンクトペテルブルグにおいてロバノフ外相といわゆる「山県・ロバノフ協定」を結んだ。主な内容は以下のとおりである。

　　(1) 日露両国は朝鮮政府に財政再建を促す。必要な場合、両国政府は財政援
　　助を行う。　(2) 日露両国は朝鮮国の財政上、経済上において許す限り、外
　　援に頼らず国内秩序を保つに足るべき朝鮮人を以て組織する軍隊及警察を創
　　設し且つ之を維持することを朝鮮に一任することとする。　(3) 日本は現に
　　朝鮮に有する電信線を引き続き管理する。露国は京城よりその国境に至る電
　　信線を架設する権利を留保する。朝鮮国はこれら電信線を買収することがで
　　きるようになり次第、買収することができるものとする。

　この協定における日本側の意図は朝鮮における日露両国の権限を同等なものにとどめ、日本に対するロシアの優位を認めないことにある。

　最後に朝鮮代表閔泳煥は日清両国代表がロシア政府と協定を結ぶに先だち外相ロバノフと会談したが、その時、ロシア政府に行った請願は前章の「6.俄館播遷以後」に述べたとおりである。

　これに対するロシア側の最終的な回答は次のようなものであった（和田春樹『日露戦争　起源と開戦・上』、238頁）。

　　(1) 朝鮮国王はロシア公使館にとどまる間ロシア兵によって守られる。　(2)
　　近く軍事教官として高位級の将校1名を派遣する、財政問題についても同様
　　の専門家を派遣する。　(3) 借款の締結は韓国の経済状況が明らかになった
　　のち行う。　(4) 電信線の建設に努力する。

　これらの内、(1) に関してはすでに小村・ウェーバー協定により、朝鮮国王がロシア公使館から王宮に還御しても安全が確保されるという条件がそろえば日露両国はその還御を忠告するということに合意していたから、国王還御までの一時的な措置と考えられる。

問題は（2）である。これは明らかに山県・ロバノフ協定の（2）に、「外援に頼らず」とあるのに矛盾し、朝鮮における日露両国の権限の同等を意図した同協定の趣旨に背く。この密約に従ってロシアは翌97年5月、第1次軍事教官団21名を、ついで7月には第2次軍事教官団13名をソウルに派遣した（同前、239頁、251頁）。さらに同年9月、財政顧問としてアレクセーエフを派遣し、それまで度支部（大蔵省）顧問兼総税務司であった英国人ブラウンを廃して、11月、アレクセーエフを正式に度支部顧問に据えた。

　ロシアによる以上の処置は97年2月に朝鮮国王高宗が約1年ぶりにロシア公使館から王宮に還御したのち実行したものである。山県・ロバノフ協定により、朝鮮における日露両国の権益の同等を約束したにもかかわらず、軍事教官団ならびに度支部顧問を派遣することにより、ロシアはかつて日本が井上公使時代に朝鮮において行使したのと同じような影響力を行使することになったのである。

　このようなロシア勢力全盛の時期にあって、徐載弼、尹致昊を指導者として広範な大衆を巻き込みながら近代初の市民運動として起こったのが独立協会運動であった。それは同時に尹致昊の生涯の中でも最も輝かしい時期であるが、以下、これを徐載弼が中心であった前期と、徐載弼が米国に去った後、尹致昊が中心となった後期の2つに分けて述べる。

2. 独立協会時代（前期）：1897年1月〜1898年5月

　ロシア派遣特命全権公使閔泳煥の随員としての役割を終えた尹致昊が使節団一行と別れてひとりフランスのパリに赴きおよそ3ヵ月の間、フランス語を学んだのち、マルセーユを発って帰国の途に就いたのは1896年11月22日。その後、スエズ運河まわりでインド洋に出て12月27日に上海に到着した。

　ロシア派遣使節団の一員として出発する際、妻と長女は上海の中西女塾に預けておいたが、今回、彼がヨーロッパから帰還して8ヵ月ぶりに到着したときには長男（永善）が生まれていた（1896年12月25日）。久しぶりに妻の愛情をたっぷり吸収し、新たな生命と対面を果たして長旅の疲れを癒したが、1ヵ月後、妻子3人を上海に残したまま単身、帰国の途に就いた（97年1月23日）。

　1月27日に済物浦に到着すると、翌28日、ほぼ10ヵ月ぶりにソウルの土を踏んだ。帰国後しばらくの間は米国南メソジストの朝鮮布教の拠点探しのためにリード師（C.F. Reid：朝鮮布教開拓のために上海から朝鮮に派遣された南メソジスト宣教師）とともに松都に実地踏査にでかけた。実地踏査を済ませてソウルに戻ってきてから1週間ほどしたとき、大事件が起こる。前年2月11日以来、ロシア公使館に播遷していた国王が1年ぶりに貞洞にある明礼宮（徳寿宮）に戻ってきたのである。小村・ウェーバー協定第1条に述べる国王の安全が確保されたと日露両国が認めたことになる。

　3月16日、尹致昊は帰国後、初めて高宗に謁見してフランスでのフランス語習得のことなどを報告した。翌17日、再び謁見して今度は妻子をソウルに連れてくるために上海に行く許可を受けた。3月28日に済物浦を出発した彼が妻子を伴って再びソウルに戻ってきたのは6月17日だった。一家は（尹致昊の）両親とは別に、米国南長老派のジャンキン牧師（Rev. W. M. Junkin）が西小門外薬峴に持っていた土地を購入して家を建て新居を構えた。こうして当時としては珍しい一家4人の核家族生活が始まった。1894年3月に結婚して以来、いつも夫婦は別れわかれ、子供ができても家族らしい生活の楽しみを味わうことのなかった尹致昊に初めて家庭を持つことの喜びを知る時が訪れた。新居に移った日の日記は簡潔に次のように記す（第5巻、97年6月24日）。

　　24日　木曜　晴　午後、新しい家に引っ越しをする。妻がこのささやかな新
　　居を気に入ってくれてうれしい。私たち自身の家を持てたことを神に感謝。

　しかし喜びもつかの間、新たな政治の季節が始まろうとしていた。

徐載弼の帰還
　徐載弼は1884年12月の甲申政変後、金玉均、朴泳孝らとともに日本に亡命した。渡日後、金玉均の独裁体制に不満を懐いた彼は金玉均と袂を分かち朴泳孝、徐光範らとともに米国に渡る。その彼が異国の地で苦学の末に医学博士号を取得し、米国人女性と結婚して米国市民権を獲得したことは広く知られている。

彼が12年ぶりに祖国の土を踏んだのは尹致昊に遅れること10ヵ月あまりの
ちの1895年12月末のことである。彼が帰国することになったのは、当時、米
国に亡命していた朴泳孝の説得による。朴は95年7月の朴泳孝不軌事件により
逮捕命令が出たため日本に亡命したが、彼の世話をした福沢諭吉から、日本に
いると朝鮮の親日派に迷惑がかかるからと忠告されたため米国に渡った。もと
もと朴は不軌事件直前の95年5月、金弘集を失脚させ自己の思いのままになる
朴定陽内閣を成立させたとき、米国市民にしてかつ米国在住中の徐載弼に外部
協弁のポストを与えるという離れ技をやってのけたことがある（『高宗実録』乙
未五月初十日に「九品徐載弼、任外部協弁」とある）。

　1895年8月、米国に渡った朴泳孝はやがて祖国において王后暗殺事件が起き、
再び金弘集を首班とする親日政権ができたことを知る。不軌事件を利用して朴
を国外に追放したのは王妃と組んだ旧派（金弘集と兪吉濬）であるから、親日
政権ができても朴自身が帰国することは無理である。そこで朴は自ら叶えられ
なかった計画をかつての同志に託して帰国を勧めたものと思われる。徐載弼が
帰国に要した渡航費1000円は朴が強引に福沢に出させたものである（1895年
11月4日付、村井保固宛の福沢書簡：『福沢諭吉全集：第18巻』書翰集二、695頁）。

　1893年8月、5年間の米国留学を終えた尹致昊が帰国するためにジョージア
州からバンクーバーへ向かう途中でワシントンに立寄った際に徐載弼を訪ねた
ことがある。当時、徐はコロンビア医科大学を次席で卒業し、出身校の精神病
理学の準教授に任命されて100ドルの俸給をもらっていた。前触れもなく訪ね
てきた朝鮮の友人に対してよそよそしく、いかにも迷惑そうな態度だったとい
う（第3巻、1893年8月14日）。

『独立新聞』の発刊

　そんな過去を持つ徐載弼と尹致昊が再びソウルで行動を共にすることになっ
た。尹致昊が徐載弼から「一部を英語、一部を朝鮮語で書かれた新しい新聞」
を発行することに関して相談を受けたのは、徐が帰国して1ヵ月ほどたった
1896年1月下旬のことである。そのとき尹致昊が新聞経営に関して全くの無知
であることを彼に伝えると、徐は自信たっぷりに、「経営のことなら自分に任
せておけ、君は翻訳の方の面倒をみてくれたまえ」と言ったという（第4巻、

1896年1月28日）。

　しかしその直後に日本人から横やりが入り新聞発行がおもわしくなくなった
ことを徐から知らされた。当時はまだ親日派の金弘集政権時代であり、日本人
が発行する日本語新聞『漢城新報』が同年1月23日から朝鮮語版も発行するよ
うになった。徐の計画する新聞がこれと競合し、さらには反日的な内容となる
ことを恐れた日本人が圧力をかけたものと思われる（同前、2月2日参照）。

　ところがその直後に俄館播遷が起こり、親日政権が崩壊し、ロシア公使館に
親露政権が成立した。その結果、一時頓挫しかけた徐載弼による新聞発行の件
はトントン拍子に進み、96年4月7日には『独立新聞』第1号が発刊されるはこ
びとなった。1、2面がハングル、3面が広告で、4面は英文、漢字はいっさ
い使用しないという体裁である。しかし尹致昊はこの第1号が発刊される直前
の4月2日にロシア派遣使節の随員として仁川港を発っていたから、韓国近代
史上記念すべきこの事件に直接立ち会うことはなかった。

　10ヵ月におよぶロシア・ヨーロッパ旅行から戻ってきた後も、尹致昊はし
ばらくの間『独立新聞』の編集にはほとんどタッチしなかったようである。た
だ彼が『独立新聞』のハングル版についていろいろ考えていたことは、妻子を
呼び寄せるために出かけた上海から徐載弼、アッペンツェラー、リード医師、
およびアンダーウッド博士の4名に宛てて送った書簡の中でハングル正書法に
関する改革案を提唱していることからも推測できる[19]。

　すでに述べたように当時、『独立新聞』に先行して『漢城新報』、それに教会
紙として『朝鮮クリスト人会報』等のハングル使用の新聞が発行されていた。
徐載弼から『独立新聞』のハングル版をまかされていた尹致昊としては、帰国
後、いよいよ本格的に『独立新聞』の編集に携わるにあたり、『独立新聞』ハ
ングル版を多くの朝鮮人が容易に読めるようにするためにはどうすればよいか
を真剣に考えていたものと思われる。

独立協会の発足

　『独立新聞』の発刊に3ヵ月遅れて1896年7月2日、独立協会が発足した。こ

＊19　第5巻、1897年5月5日。同趣旨の論文を『朝鮮クリスト人会報』同年5月26日号に発表している。

のとき尹致昊は閔泳煥とともにはるか彼方のロシアの地にあった。そのため独立協会のことが日記に初めて登場するのは1897年7月25日（第5巻）、すなわち協会結成から1年ほど経過したときのことである。

　　午前中ずっと大雨。午後4時、独立協会にゆく。有名なメンバーが多数出席。〔旧暦〕7月16日〔西暦1897年8月13日〕に行われる朝鮮開国505年記念式典の実行委員が選出される。このクラブ〔独立協会〕は茶番だ。だいいち相容れない者同士の寄せ集めである。互いの利害関係のためにさし当たり一緒になっている李完用の一団があり、大院君派あり、ロシア派あり、日本派あり、国王派あり、その他の派ありといった次第である。様々な集団があちこちに徒党を組み、私のようなアウトサイダーは行き場がない。（後略）

　この頃の尹致昊が独立協会の中心メンバーでなかったことが分かる。当時の協会幹部の布陣は次のような顔ぶれだった。

　　議長兼会計長：安駉壽、委員長：李完用、委員：金嘉鎮、金宗漢、閔商鎬、李采淵、権在衡、玄興澤、李商在、李建鎬、幹事：南宮檍、彭翰周、呉世昌、その他。

　上記のうち、安駉壽、金嘉鎮、金宗漢は大鳥公使時代に軍国機務処議員として甲午改革をになった中堅官僚であり当初は親日派と目されていた。しかし彼らはその後に起こった新派と旧派の対立、王后暗殺事件、俄館播遷等々、朝鮮政界の勢力関係を一変させる多くの大事件にもかかわらずその都度、巧みに鞍替えして現在まで政界中枢にとどまり続けてきた、いわば日和見主義者である。一方、李完用はこれまで親露派であり、李采淵、李商在は滞米経験のある親米派で、3者ともにいわゆる貞洞派に属す。権在衡、玄興澤はいわば国王派、閔商鎬は戚族閔氏生え抜きのエリート官僚である。

　これら寄り合い所帯の中にあって協会結成後、1年近く経過したのちに帰国して参加することになった尹致昊は、本人からすれば「アウトサイダー」であったかも知れないが、世間は親米派と見ていたであろう。いずれにしてもこの

時期の独立協会に対して尹致昊の評価は否定的である。8月13日の日記にもこの日、独立会館大講堂で行われた朝鮮開国505年記念式典に参列した来賓の大多数が日本人だったとある。協会が標榜する「自主独立」の「独立」が真の独立ではなく日本人が後押しする「清国からの独立」を意味していたことは明らかである。ところがそれからしばらくたった8月29日になるとやや様子が変わってくる（第5巻、1897年8月29日）。

　　午後4時、独立協会に行く。独立協会の討論クラブの活動がはじまった。この組織からはかなりよいものが期待できそうだ。この会が定着し次第、朝鮮人と外国人による一連の講演会をやりたい。それから図書館──ついでにレクリエーションルーム──さらには博物館。この秋、私はソウルにあるあらゆる学校に討論の授業を導入しようと思う。ジェイソン博士〔徐載弼〕に会い、その話を聞けば聞くほど、ますます博士を尊敬したくなる。彼は話が上手であるばかりでなく、説得的である。

　独立協会に名を連ねる政府の高官たちには胡散臭いものを感じる一方で、独立会館で行われる若者たちの討論会に尹致昊は希望の光を見いだした。米国留学時代にヴァンダービルトやエモリー大学内に結成されていた学生クラブで自ら経験した討論会を思い出したにちがいない。当時の尹致昊の肩書は「中枢院議官兼校典所知事員」[20]にすぎなかったから、ソウル内の全学校に討論授業を導入するだけの実権を持っていたかどうか疑わしい。しかし少なくとも培材学堂内に結成された協成会においてはすでに討論会が盛んに行われていた。事実、上記引用文における独立協会の討論クラブも場所は独立会館で行われたものの、参加者の多くは協成会の会員だった（金東晃「協成会の思想的研究」：『韓国学報』第25輯）。
　独立協会は若者たちを中心としたこの討論を通してやがて守旧派、中庸派、

＊20「中枢院」は1894年の甲午改革により廃官になった者のために設けられた役所で、適宜俸給を給してその才能に従い将来の任用に備えるようにしたもの。当初は一種の失業対策事業として置かれたが、のち政府の諮問機関の役割を果たすようになる。「校典所」は俄館播遷後、甲午改革以来、新たに成立した法典と旧来の法典とを整理し新旧法典を折衷するために中枢院内に設置された機関。

開化派の寄り合い所帯から開化・民主化をめざす先鋭的な集団へと変身してゆくことになるが、折しもこの動きと並行するかのように朝鮮に対するロシアの干渉が強まっていった。

ロシア勢力の台頭

　1896年2月の俄館播遷以後、ロシア軍人による朝鮮護衛兵の軍事訓練がすでに始まっていたが、翌97年8月、さらに13名のロシア人兵士が補強された。前年に結ばれた韓露密約の実現である。さらに9月には同密約に従ってロシア政府が派遣したアレクセーエフがソウルに到着し、11月初め正式に度支部顧問に任命された。一方でこの年10月には朝鮮国王が皇帝を名のり、国号を「大韓帝国」と改めた。11月には前年暮に着手した独立門の建設が竣工した。独立機運を高める国家行事が相つぐ中でのロシア勢力の浸透は、「自主・独立」を標榜する独立協会にとって格好の攻撃目標となる。彼らの背後では日本勢力が、ロシアの干渉強化は「山県・ロバノフ協定」違反であるとたきつける。

　1897年9月15日、1885年以来10年間にわたり駐韓ロシア公使を務めてきたウェーベルがついに朝鮮を去った。ウェーベルに代わって着任したスペイヤーはアレクセーエフを度支部顧問に就任させるために現任度支部顧問の英国人（アイルランド人）ブラウン（J. M. Brown）の追い出しにかかった。

　ブラウンは1893年に海関の総税務司に任命され、96年からは度支部顧問もかねていた。学識はあるが独裁的な性格であったため敵も多かったが、彼が総税務司の仕事を通じて朝鮮財政の建て直しに大きく貢献したことはその敵さえも認めざるを得なかったという。イギリス総領事のジョーダン（J. N. Jordan）は総税務司の更迭に強力に抵抗したが、11月5日、ついにロシア公使スペイヤーと朝鮮外部（調印者の趙秉式は親露派だった）との間にアレクセーエフを度支部顧問および総税務司として雇用する契約が結ばれた。契約の第7条は、アレクセーエフがあらゆる財政問題につき全権を持つことが明記され、かつ第8条にはこの契約は朝鮮政府がもはやアレクセーエフを必要と認めなくなるまで無期限に有効であり、朝鮮人あるいはロシア人以外は（財政顧問として）採用しないことを明記していた（"*The Korean Repository*" IV, 434〜36頁）。

　スペイヤーはブラウンを追い出す一方で、ロシアにとって邪魔なもう1人の

人物、徐載弼の追い出しをもすすめていた。1897年12月13日、外部大臣　趙
秉式はスペイヤーの助言に従って米公使アレン宛に「中枢院顧問徐載弼解雇
の件」なる公文を発し、徐載弼の雇用は米国政府の推薦によるものではないこ
とを理由にその解雇を望む旨を伝え、このことを徐に通知し徐から契約書を取
り戻してくれるようアレンに要請した（第5巻、97年10月12日、12月13日）。こ
れに対してアレンは翌日、次のような回答を送った。

　徐載弼の雇用が米国政府の推薦によるものではないとの理由で彼を解雇した
いとのことであるが、米政府は従来いかなる他国政府に対しても米国市民を雇
用するように売り込んだことはない、従ってこの件は米国公使の関わる問題で
はない。故に朝鮮政府が望まないのに彼を雇いつづけるよう強制するつもりは
ない。本人（徐載弼）にこの話をしたところ、当初契約した期間分（10年間）
にあたる俸給全額の支払いに応じてくれるならば喜んで契約を解消すると言っ
ている、と（『旧韓国外交文書第11巻（美案2）』、291〜93頁）。

　こうして徐載弼は朝鮮政府との間で俸給額および支払い条件が確定し、全額
が支払われた時点で米国に帰国することに決まった。彼が帰国の途に就くこと
になるのは翌98年5月中旬であるが、実際にはこの時すでに帰国を決意してい
たことになる。12月18日、徐載弼からこの話を聞いた尹致昊はもし徐が帰国
することになった場合、独立協会を引き受けたい旨を申し出ている。

　この頃、ロシアは清国においてもその勢力浸透をすすめていた。12月15日、
ロシア小艦隊が旅順に入港した。同20日にはロシアの巡洋艦が大連港に入港
した。当時、両港への入港は事実上の占拠と見なされていた（和田春樹『日露
戦争　起源と開戦・上』、262〜63頁）。これは11月14日、ドイツ軍艦が膠州湾
を占領したことに反応したものであるが、三国干渉以後、独露英も清国、朝鮮
に軍事拠点を求める動きを見せていた。

　ロシアによりブラウンを追い出されたイギリスも黙ってはいなかった。12
月28日、イギリス戦艦6隻が済物浦に入港した。30日には月尾島の前洋にイ
ギリス戦艦が並び立ち、前日来碇泊していた戦艦と合わせて7席になった。夜
になると船上にランプを掲げ、さながら星々が燦然と煌めいているかのようで
あった（『續陰晴史・上』光武元年12月30日）。翌々日、1898年正月元旦の『尹
致昊日記』は次のように記す。

土曜　霧の深い1日　年賀の挨拶回りで1日中大忙し。宮中も市民も済物浦に着いた10隻の軍艦のために大騒ぎ。もしイギリスが政治的な目的で朝鮮にやってきたのであれば、彼らは我々に大歓迎されるだろう。朝鮮国民は、趙秉式、鄭洛鎔（チョンナギョン）、李容翊（イヨンイク）、金鴻陸（キムホンニュク）といったロシア公使館の言いなりになる連中にはもううんざりだ。もしイギリス艦隊が何事もなく引き揚げてしまえば、この悪党どもは再び大手をふっていっそう悪事の限りをつくすだろう。人々はひそかに、恐れをなした国王が身の安全のためにロシア公使館に避難するのではないかという不安にとらえられている。

　ロシアが大規模な軍事教官団を送り込み、アレクセーエフを度支部顧問に据えるためにブラウンを追い出したこと、さらに旅順港、大連港を占領したのに対してイギリスがロシアを牽制する措置に出たことは明らかである。このようなイギリスの示威行動にもかかわらずロシアはさらに次の行動に出た。
　1月21日、ロシア軍艦シヴーチ（Sivoutch）が釜山港に入港し、ただちに水兵が釜山港沖にある絶影島に上陸して松杉の苗をロシアが借り受けを望む区画に植えつける様子を見せた（和田春樹、264頁）。朝鮮国内にロシア軍艦の石炭基地を確保するための措置である。1月末、日本人経営の『漢城新報』がこのことを報じると大問題になった。ところがロシアの攻勢はこれにとどまらず、さらに木浦と鎮南浦に租借地を要求してきた。

独立協会による反ロシア運動

　ロシアによるたびかさなる朝鮮への勢力拡張策に批判が高まるなかで、1898年2月13日、独立協会において時局演説集会が開かれた。集会の題目は「隷属状態への服従は神と人間に対する冒瀆である」というものだった。題目が題目であるだけに多くの過激な意見が飛び出した。批判の矛先がロシアにあることは明らかだった。「現在われわれを隷属下におきつつある国はシベリア鉄道を建設中であるが、もし我々が彼らの奴隷になれば、我々はシベリア鉄道で働くことを強制されるだろう」と言うものもあった。このような演説を聞きながら尹致昊は独立協会の行く末を占うことになる次のような感想を記している。

あたかも流れを堰き止められた川が、堰にできたほんのわずかな隙間を突いて猛烈な勢いで決壊するように、何世紀にもわたる専制政治により発言の自由を奪われてきた者は自由にものが言えるようになった途端、叡智の言葉ではなく激しい熱情の言葉で語るものである。将来この熱情が協会の命取りになりはしないだろうか？（第5巻、1898年2月13日）

このあと発言を求められた彼は一般論として、朝鮮の持つ主権が他のあらゆる国々の主権と対等であることを強調したあとで——恐らくロシアに対する過激な主張を抑えるためであろう——朝鮮の安全を脅かしているものは外国戦艦の存在ではなく内政の失敗にあることを、協会として皇帝（高宗）に伝えようと提案した。そして通常の討論が終わったのち、皇帝への上疏を動議として提出し、圧倒的多数（賛成50、反対4ほど）で可決された。ここに初めて独立協会として協会の主張を皇帝に上疏するという形式が生まれた。以後この形は独立協会が万民共同会へと発展してからも踏襲され、大衆集会とならぶ民主化運動の二大戦術のひとつとなる。

独立協会として皇帝に上疏するという尹致昊の考えは、在野の人々からは支持されたが政府にポストを占める者からは反対された。やがて安駉壽、李完用は協会を去ってゆく。協会が過激化することを懸念した尹致昊であるが、その思いとは裏腹に、皇帝上疏という彼が提案した方式が新旧混合の寄り合い所帯であった独立協会から保守派を淘汰することになり、協会を次第に過激化させることになったのは皮肉なことである。

この日から1週間後の98年2月20日、出来あがった疏文の原稿が協会の講堂で読み上げられた[21]。会場に入れない人々が何百人も出て、ドアにも窓にも人々が鈴なりになっていたという。出来あがった漢文の疏文に対して尹致昊はこれを「漢字まじりのハングル文」に書き改めるよう動議を提出した。これまで国王（皇帝）に疏文を提出できるのは「幼学」以上の肩書を持つ儒生に限られていたため、中国古典の常套句をちりばめた古めかしい漢文で書かれていた。結果として疏文は庶民には関係のないものとなった。尹致昊の提案はこれを漢

---

[21] 原文は『高宗実録』光武2年2月22日に「中枢院一等議官安駉壽等疏略」として掲載されている。

字まじりのハングル形式にすることにより「あらゆる身分の人々が陛下に意見を申し上げやすくするため」であった。だが旧習に対する執着は根強く、動議は賛成57反対67で廃案となった[*22]。

しかしこの前後の独立協会における尹致昊の発言は一般大衆の支持を集めたものとみえ、1週間後の2月27日、尹致昊は独立協会の副会長に選出される。さらに3月11日、協会の会長だった李完用が全羅北道観察使に任命されたために尹致昊が会長代理となった。同12日には議長の安駉壽が京畿観察使に任命され、彼も協会を去った（『高宗実録』光武2年3月11、12日）。次第に先鋭化し反政府、反皇帝色を強める独立協会を弱体化させるために政府（高宗）がとった措置であろう。

ロシア勢力の撤退

独立協会を中心に高まる反露運動に業を煮やしたロシア公使スペイヤーは3月7日、朝鮮政府を牽制する照会状を外部に向けて発した。大略、以下のような内容である（『駐韓日本公使館記録12』、413〜14頁）。

> 最近、ソウルにおいて悲しむべき事件〔親露派金鴻陸暗殺未遂〕が起こったほか、無頼の徒〔独立協会〕がロシアに背く運動をしていることに対してロシア皇帝は非常に驚いている。そもそもロシアが軍事教官と財政顧問を派遣したのは朝鮮の求めに応じて隣邦の自立を助けるためである。にもかかわらずこれに反対を唱えるというのではロシアとしても捨て置くことはできない。ロシア政府は韓国皇帝および政府に敢えて問う。貴政府はロシアの援助を本当に必要とするのか、もし軍事教官および財政顧問が必要なしというのであれば直ちに撤退する用意がある。24時間以内にこれに対する明確な回答をせよ。

スペイヤーとしては軍事教官および財政顧問の撤退をちらつかせることにより韓廷内の反露派を牽制し、あわせて韓廷が独立協会に対して弾圧策に出るよ

[*22] しかし尹致昊自身が会長となった後には漢字ハングル混交体の疏文を実現させている。『高宗実録』の1898年7月9日、7月22日、10月23日、10月25日の記述を参照。

うに仕向けたつもりだった。だが意外にも韓廷は、ロシアの好意に対して丁重に謝意を表しつつも軍事教官と財政顧問の引き揚げを希望する旨回答した。これに対してスペイヤーは3月18日、軍事教官と財政顧問撤退に対してロシア政府の許可があったことを正式に外部に伝えてきた。独立協会の完全勝利である。

　スペイヤーの当初の目論見に反してこのように意外な結果となった背景には、皇帝が事態の処理に関して日本公使加藤増雄の助言を求め、韓廷側が加藤の助言に従って行動したことが大きいが（同前、413～14頁）、さらに他方では、当時、ロシアが清国との間に旅順口および大連湾租借条約（租借期限25年）の調印作業をすすめていたことがある。この条約締結に対する日本側の反発を抑えるためにも朝鮮における日本との対立関係を一時的に解消しておく必要があった。遼東半島の租借というより大きな利益のために、朝鮮における勢力拡張というより小さな利益を犠牲にしたわけである。

　10日後の3月27日、露清間に「旅順口及大連湾租借条約」が調印された。これをうけて4月25日、東京で「西・ローゼン協定」が締結された。この協定において、日露両国は朝鮮の国内政治への干渉を差し控え、かつ朝鮮政府の依頼で軍事または財政顧問を送る前に、互いに事前承認を求めることで合意した。ロシアは朝鮮の商用・経済発展への日本の投資を妨害しないことを誓約し、それにより朝鮮が日本の勢力範囲になることを明確に認めた。代わりに、日本は満州におけるロシアの勢力範囲を暗黙に認めた。

　かくして1896年2月11日の俄館播遷以来、朝鮮に浸透してきたロシア勢力がほぼ2年ぶりに撤退することになった。当面、朝鮮は日露両国の干渉から比較的自由になったわけである。独立協会にとってますます有利な状況が開けてきた。しかしこれまで独立協会の中心であった徐載弼は中枢院顧問としての朝鮮政府との契約を中途破棄する話がまとまり、10年契約のうち残り8年分の俸給28,800ドルを手に、いよいよ米国に帰国することになった。5月14日のことである。

　これより先、徐載弼は帰国後の『独立新聞』の経営を尹致昊に託した。具体的には契約は1年契約であり、徐載弼が編集長および事実上の経営者、朝鮮における実務はアッペンツェラーと尹致昊が担当するものとした。年俸は徐載弼が600ドル、アッペンツェラーが360ドル、尹致昊が720ドルであったという（第5巻、1898年5月11日）。

3. 独立協会時代（後期）：1898年6月〜1902年12月

高宗と尹致昊

　1898年3月、独立協会設立以来、議長であった安駉壽が去り、同じく会長であった李完用が去った。5月には独立協会の生みの親である徐載弼が帰国後わずか2年半にしてこれまた米国に去った。かくて98年6月以降、独立協会の運営と『独立新聞』の経営はともに尹致昊がその中心とならざるを得なくなった。

　米国留学帰りでしかもキリスト教徒の尹致昊がトップとなったことにより独立協会のイメージは一新する。協会の活動の中心となったのは、これまでのような政府高官、閣僚経験者ではなく、中堅若手官僚と培材学堂および京城学堂等の学生およびその卒業生、あるいは95年の官費留学生制度により日本（慶応義塾）に留学して帰ってきた若者たちだった。いずれ協会が急進化することは避けられない。

　一方、皇帝および政府の側にあっても98年前半期は激変の時期だった。1月8日、驪興府大夫人（大院君夫人＝高宗実母）が死去し、さらに2月22日には大院君が死んだ。1864年に即位した幼い高宗に代わり実父として10年間摂政政治を行ってきた大院君であったが、73年の国王親政により政権の座を明け渡してからというもの、朝鮮の政治は国王、王妃、大院君の3者をめぐって絶えざる政争の場と化した。82年の壬午軍乱、94年7月の日本軍による王宮占拠事件、95年10月の王后暗殺事件。3度にわたり大院君はみずから政権奪還に乗り出し、或いは日本人による政権奪還に利用されたが、いずれも長続きしなかった。王后暗殺事件当時、すでに75歳になっていた彼にとって4度目の政権奪還をめざすことは事実上不可能だったが、愛孫李埈鎔により自ら果たせなかった夢を実現しようという意思が彼にあるかぎり、その存在は皇帝および朝鮮政界にとって依然として無視できなかった。なによりも大院君は皇帝の実父であり、その彼が皇帝に不満を懐いているかぎり、皇帝にとっても政府にとっても大院君は厄介な存在でありつづけた。

　国王親政となって以来、高宗は実父大院君と妻（閔妃）の間にあって実父を捨てて妻をとった。明敏で男まさりの上に権謀術数に長けた妻に助けられな

ら親政以来、彼女が亡くなる95年までの22年間、実父の干渉を排して辛うじて王朝を維持してきた。その生涯の伴侶、良き助言者はすでに2年前になく、彼女の不倶戴天の敵であった大院君が今またこの世を去った。在位35年目にして高宗はついに自由（孤独？）になった。一方において高宗が自由になったように、他方において朝鮮もまた日清戦争により清国の支配を脱し、俄館播遷により日本の支配から脱し、いままたロシア勢力が撤退することにより、外部勢力の干渉から自由になった。

　尹致昊が徐載弼から『独立新聞』と独立協会を引き継いだのは皇帝にとっても朝鮮にとっても自主独立を実現するための条件がもっとも整った時期であった。このような新しい状況を迎えて皇帝は6月25日、詔勅を発表した。これまで改革の実を挙げられなかった自らの不足不明を反省し、今後、国事のために有能な者すべてを積極的に採用することを声明したものだった（『高宗実録』光武二年六月二十五日）。7月10日、高宗は高永根（コ　ヨングン）を使者として尹致昊のもとに遣わし、独立協会に対して彼（高宗）がいかに対処するのが望ましいかを問い合わせてきた（第5巻、1898年7月10日）。

　　高永根氏が私をリード医師の家〔当時尹致昊は彼の家に避身していた〕に訪ねてきて陛下の使いとして来たことを断った上で、陛下は独立協会に対してどのように処するのが一番いいかと聞いた。……私は彼に、陛下には次のように伝えてくれと言った。協会に対する処し方は2つある。ひとつは勅命により黙らせることである、ただし陛下がそうできればの話であるが。もうひとつは、そしてこの方が賢いやり方と思うが、協会を陛下の味方にすることである。私はただ私の行くべき道をまっすぐ前進するしかないと陛下に伝えてくれ、今の私の立場で陛下と取引することは私ばかりでなく陛下にとっても全く大義名分が立たない。陛下が協会を黙らせることができる唯一の道は公正明大なる法を制定執行することである。私は国民に対してあくまで率直な態度で臨みつづける必要がある一方で、陛下に対しても率直であらねばならない、「私には陛下と国民に二枚舌を使うことはできません」と。高氏は私の立場を理解してくれた様子で、今後、復活した中枢院の議官に私が任命されたことが官報に発表され次第すぐに陛下に謁見するため参内するようにと

言った。「このことは私から直接君に伝えるよう陛下からお達しがありました。君に参内するよう君の家に使者を向けて人目を惹くことを陛下は憚られたのです」。

　高永根はのちに万民共同会の会長となる人物であるが、この当時はまだ高宗のお気に入りのひとりにすぎない（彼は、高宗の後宮厳妃の愛人だったと言われている。第5巻、1899年1月22日参照）。最良の助言者であった閔后を失い、ロシア公使ウェーベルの去ったいま、高宗にとって助言を求めるべき相手はいまや守旧派と戚族閔氏、それに駐韓日本公使の加藤増雄がいる程度だった[23]。専制君主でありながら内政改革と近代化の必要性そのものは認めていた高宗として独立協会の存在は無視できない。高永根を通して尹致昊の意見を求めてきたのは頼るべき助言者を失った高宗の自信のなさの表れであろう。

　高宗からの働きかけに対する尹致昊の態度は冷静である。皇帝には徹底して内政改革を推し進める意思のないこと、従って尹致昊を中枢院議官に取り立てたことも一種の取引であり、見返りとして独立協会の改革運動をほどほどにおさめることを暗に要求したものであることを理解した。

　『独立新聞』のこれまでの主張からして彼が取引を拒否したのは当然である。しかし協会側にも弱みはある。安駉壽と李完用が去ったのちも協会には依然として親日派、親露派、親米派、あるいは急進派、穏健派等々、様々なグループが存在する。いずれ空中分解するか、急進派に牛耳られることになる危険性は高い。いや、事件はすでに起こっていた。高宗が尹致昊のもとに高永根を派遣する直前に多くの独立協会員が逮捕されていたのである。

青年愛国会事件：“青年”の登場
　事件は“青年愛国会”を名乗る一団が皇帝を強制して皇太子に譲位させたのち実権を握ろうという陰謀を企てたものの、軍部参領李学均の告発するところ

＊23　1896年10月、病気のため一時帰朝した駐韓特命全権公使原敬に代わって弁理公使となった加藤増雄は99年5月まで約2年半にわたり（途中、98年10月14日から2ヵ月間一時帰朝）駐韓公使を務めた。ロシア公使ウェーベルの去ったあと外国代表団の中で加藤が首席の位置にあったから、高宗は重要問題に関して決定を下すに先だち加藤の意見を求め、それに従うことが多かった。

となり全員が逮捕されることになったというものだった。まず7月8、9日にかけて前警務使の金在豊および李忠求、親衛第1連隊長の金在殷、侍衛隊大隊長の李南熙、李鍾林、その他が逮捕され、翌10日には政府の重臣朴定陽、閔泳駿まで逮捕された。最初に逮捕された者の供述によれば、彼らを説得して陰謀に加担するよう持ちかけたのは安駉壽であるという点で全員一致していた。またある証言によれば、安駉壽は独立協会はもちろん、日露両公使館も謀議の決議書に署名していると言ったという（第5巻、98年7月12日）。事件発覚後、当の安は日本公使館に逃げ込み逮捕を免れた。

　すでに述べたように、安駉壽は、1998年2月、尹致昊の提案により独立協会が初めて安を疏頭とする疏文を皇帝に提出したのち、突如、京畿観察使に任命され、協会を去っていた。その後4月にいたり黄海道観察使に任命されたが安はこれを受けず、5月にいたり辞表を提出したが聞き届けられなかった。6月18日になってようやく辞表が受理され、6月23日、再び中枢院議官に戻された。事件を審理した高等裁判所の判決文によれば安による謀議はすでに2月から始まっていたという（「法部大臣申箕善奏」:『高宗実録』光武二年八月十四日）。

　元独立協会議長が皇帝強制譲位事件の首謀者であったという事実は独立協会を敵視する守旧派に恰好の攻撃材料を与えた。さらに事件直後に事件を弁護する内容の怪文書が“青年愛国会”なる匿名の下にソウル城内に出まわった。政府および事件に関心のある者は“青年愛国会”がいったい何者であるか、多大の関心を以てその特定作業を開始した。

　当時の朝鮮にあって“青年”および“愛国”という言葉は耳慣れない新奇な言葉だった*24。このような言葉を使う者はごく限られている。そこで最初に疑いをかけられたのは前年97年9月、ソウル内にある米国北メソジスト系の達城教会（現尚洞教会）および貞洞教会内に設立された「青年会」であった。しかしこの「青年会」は当時、メソジスト教会が米国本土で展開していたキリスト

＊24 日本における“青年”という言葉の初見は、1874年発行の福沢『学問のすゝめ』である。この言葉が市民権を得るようになったのは、小崎弘道、植村正久らにより「東京基督教青年会」が設立された1880年以後のことである。“愛国”という言葉が流布するようになったのも、板垣により愛国公党、愛国社が設立された1874、75年以降のことである。「青年」という言葉以前には「少年」が、「愛国」以前には「報国」という言葉が用いられていた。

教青年運動、"エプワース青年会（Epworth League）"の朝鮮版であることが判明したので疑いはすぐに晴れた。結局、"青年愛国会"の正体は安駉壽の支持者の青年グループということになった（「前承文正字高永中疏略」：『高宗実録』光武2年7月22日）。独立協会の安駉壽グループの中には95年に官費留学生として日本に留学し翌96年7月に卒業して帰国した、魚瑢善、申海永、卞河璡らが含まれていた。彼らは滞日中、朴泳孝、李斗璜、李圭完らと親交があったと言われる[*25]。

　その朴泳孝は日本亡命中に親隣義塾、朝日義塾を設立し朝鮮留学生に愛国教育を施したことが知られているが、一方で「朝鮮青年愛国会（the Patriotic Association of the Corean Youths）」なるものを設立し、祖国復興の準備をしていたことが『尹致昊日記』に記されている（第3巻、1893年10月31日）。黃玹は今回、摘発された青年愛国会事件の背景を日本亡命中の朴泳孝に安駉壽が唆されて起こしたものとみているが恐らく正しいであろう（『梅泉野録』文学と知性社、233頁）。

　青年愛国会事件は1896年の独立協会発足以後、急速に存在感を増しつつあった新たな層、"青年"の政治参与を強く印象づける象徴的な事件だった。若者たちにとって科挙に合格することがこの世で成功するための必須条件であった朝鮮にあって甲午改革により科挙制度が廃止された。彼らは科挙に代わる新たな出世の機会を模索した。この時、甲午改革の一環として第1次官費留学制度が施行され大量の若者が日本の慶応義塾に送りだされた。95年4月21日、117名の留学生が日本をめざして済物浦を発った。彼らの多くは両班名家の子弟であり、その半数近くは1年半の課程を終えて、翌96年12月までには卒業した。卒業後もそのまま日本にとどまり上級学校に進んだ者も多かったが、残りの者たちは『独立新聞』の発行で自主独立と旧弊打破をスローガンとする大衆的覚醒運動が高揚しつつあった祖国に帰国することになった。日本において自由民権論や福沢諭吉の自主独立の主張に触れて帰国した彼らが独立協会に加わり政府批判の中心となるのは自然の成り行きである。

＊25　朴贊勝「一八九〇年代後半における官費留学生の渡日留学」：日韓共同研究叢書2『近代交流史と相互認識Ⅰ』（慶応義塾大学出版会、2001）、参照。

　青年愛国会事件は、独立協会が日本亡命中の朴泳孝一派と結託していることを守旧派および皇帝に強く印象づけた。事件発覚直前の7月7日、守旧派は独立協会に対抗する団体として皇国協会なる団体を組織した（『駐韓日本公使館記録13』、154頁）。しかし皇国協会の設立は守旧派に対する独立協会の反発をますます強め、両者の対立過程を通じて独立協会は若者たちを中心とする過激グループが次第に主導権を握るようになる。

独立協会の過激化

　高永根が尹致昊を訪ねてきた1898年7月10日の午後、独立会館で協会の集会が開かれ高宗に対し以下の内容で2度目の疏文を上呈することが決まった。

　　(1) 法令集に載せられた良い法律を実行するようにとの協会の要請を高宗が
　　拒否したのはなぜなのか説明すること。(2) 不正な参議を罷免し民衆の声を
　　政治に反映させること。

　この上疏を提案したのは安駉壽一派だったが、できあがった疏文原稿は過激な内容で、現在の朝鮮が不甲斐ない情況に陥ったのは無能な高官たちに原因するのみならず高宗自身が目前の安逸を優先させて根本的な国家の安寧を犠牲にしているからだと断言していた。あまりの過激さに尹致昊はこれが協会の命取りになるのではと不安にかられた（第5巻、1898年7月12日）。

　7月13日になるとソウル城内は独立協会会長尹致昊が逮捕されるという噂でもちきりになった。そして『尹致昊日記』はこの日を最後に、「上述の日記から11月1日までの間のことは独立新聞を見よ」と記したのち中断され、長い空白が続く。次に日記が再開されるのは3ヵ月半後の10月31日である。恐らく逮捕の手を免れるために宿所を転々と変えながら『独立新聞』の発行と、独立協会の運営統率にあたるに忙しく、日記を継続させる余裕も暇もなかったものと思われる。

　この後しばらくの間、守旧派は皇帝譲位を謀議した青年愛国会と独立協会を結びつけて協会を弾劾する疏文を皇帝に上呈し、執拗に協会攻撃を続けた。しかし8月半ばに事件に対する審理の結果が出て、金在豊以下7名の者が定配処

分になることで一段落を告げる。さらに8月下旬、伊藤博文が訪韓したことで独立協会内の親日派、過激派は態勢挽回の切っかけを掴んだ。

　これより先、1898年1月、松方内閣に代わって3度目の首相の座に就いた伊藤だったが、同年6月、はやくも議会対策に窮して衆議院を解散、伊藤は政府党を組織することにより出直しを図るが、元老院会議で反対され、激論のすえ辞表を提出する。その結果、初の政党内閣と言われる隈板内閣が成立し、閑職の身となった伊藤はこの機会を利用して朝鮮、中国漫遊の途に就いた。8月22日、伊藤は楢原陳政（駐北京日本公使館書記）、私設秘書頭本元貞、詩人森槐南、その他2名を伴って済物浦に到着した。朝鮮には9日間滞在し30日に中国に向けソウルを発ったが、その間、25日、29日の2度にわたり高宗に謁見したほか朝鮮人に対して2度、スピーチする機会があった。そのうち29日に京城学堂で行ったスピーチでは同学堂学生の他に多数の朝鮮青年が参会した。このスピーチで伊藤は教育が国家にとって必要であること、独立を尊重すべきことを力説したという（『駐韓日本公使館記録12』、437〜39頁）。

　さらに翌30日、別れに臨んで朝鮮外部で行ったスピーチでは次のように述べた。自分は1873年のいわゆる征韓論に対して人間性に背くものとして終始一貫反対の態度を貫いた。帝国政府も征韓論は正義にもとるものとして断固反対した。以来、日本の朝鮮に対する政策は一貫して朝鮮を援助し、朝鮮に対して友好的たらんとするものだった。そのような自分として、今日、朝鮮が完全なる主権国家となったことを心から喜ぶものである。日本は朝鮮に対して一切よこしまな動機は抱いていない、どうか安心してもらいたいと（*"Korean Repository"* V, 350頁）。

　当時、東洋一の政治家と自他ともに認めていた伊藤が朝鮮の青年、政治家を前にこのように断言したことは、一方において独立協会内の親日派の自信を強め、他方において高宗はじめ守旧派の面々が親日派に抱いていた疑惑を和らげるのに一定の効果を持ったことは確実である。さらに伊藤の離韓後まもなくして独立協会を後押しする事件が立て続けに起こった。

皇帝毒殺未遂事件、お雇い西洋人巡査拒否事件

　1898年9月11日、皇帝および皇太子に毒薬の入ったコーヒーを飲ませ殺害

しようとした事件が発覚した。皇帝、皇太子ともに嘔吐しただけで命に別状なかったが、事件は親露派の巨魁金鴻陸（当時、黒山島に定配中）の使嗾によるものであることが判明した（『駐韓日本公使館記録12』、429～30頁）。新たに皇帝、皇太子暗殺未遂事件が発覚したことにより前独立協会議長安駉壽による皇帝強制譲位事件に向けられていた批判の矛先は親露派および金鴻陸へと移った。

　ついで3日後の9月14日、英・米・仏・伊・露、5ヵ国の無頼漢からなる外国人巡査30名が済物浦に上陸し、翌15日ソウルに入城した。これはロシア軍事教官の撤退により宮中警護に不安を感じた皇帝が宮廷顧問グレートハウス（米国人）その他を上海に派遣して、該地にいる外国人に多額の給料を約束して傭入れてきたものだった。だがこれは、半年前の同年3月、もはや宮中の護衛は自国の兵士で充分であるとの理由からロシア人軍事教官団を撤退させたことを考えると、まったく大義名分が立たない。独立協会はただちに排斥運動を起こした。協会のみならず日露両公使も黙っていない。日露が手を引いた隙を衝き、英米勢力が皇帝に入れ知恵したものとみた彼らはただちに抗議した。日露両公使からの抗議に狼狽した皇帝および政府は挾雑輩が陛下を欺瞞した結果であると言い訳して、閣議を開いてお雇い西洋人巡査の受け入れ拒否を決定し、これを日露両公使館および独立協会その他に通告した。9月26日、30名の外人警官は契約期間分の給料全額を手に再び上海に戻った（同前、435～37頁）。

　これまで朝鮮政治を動かす者は皇帝とその取巻きの重役連に限られていた。一般庶民が国政の決定を左右するなど問題外だった。ところが独立協会の結成以来、協会はロシアの絶影島石炭基地化反対、ロシア人財政顧問および軍事教官団の国外退去その他に関して、排露運動を展開し、政府にその実現をせまって成功を収めた。そして今度は政府、皇帝の政策そのものに反対して撤回させることに成功した。もちろん日露両公使館の影響が大きかったことは否めないが、協会は協会として独自に運動した結果である。しかも独立会館、あるいは鍾路の街頭において政府に対する反対演説をなし、示威運動を行った中心は青年たちである。彼らはますます自信を深め、運動は過激化していった。

官民共同会による献議六条と街頭集会

　自信を深め勢いに乗った独立協会は10月17日、総代員5名を政府に派遣し

て以下のような要求を突きつけた（『駐韓日本公使館記録12』、511頁）。

> （1）中枢院の官制を改革し、これに参政権を与えること。　（2）中枢院には議長・副議長以下議官50名を置き、これを折半して議官半数は政府より、残りの半数は独立協会より選出すること。ただし議長は政府に譲り副議長は独立協会自らこれを選出すること。　（3）正規の徴税以外の根拠なき徴税を全廃すること。

　これに対して政府は1週間を期して回答することを約束した。

　しかし、これまで独立協会に対して寛大な態度をとってきた高宗も、勝利に乗じてますます攻勢を強めとどまる所を知らない彼らに対して、歯止めをかける必要があると感じたのであろう、3日後の10月20日、これまでとは打って変わって次のような厳しい詔勅を下した。すなわち、他国における国会なるものは国家公立の組織であり国民の利害を議決する場であるのに対して協会なるものは民人の私設組織にすぎない。然るに独立協会は私設組織であるにもかかわらず政府の事に異議を申し立てるのはその役割ではない。今後このことを弁えずに従来のごとくに妄りに発言行動すれば法に基づいて厳しく処罰すると（『高宗実録』、光武2年10月20日）。

　従来、政府の役職を外された官吏が再度、役職に就くまでの間、一時的に身を置く閑職にすぎないと見なされてきた中枢院を改革しこれに議決権を与え、一種の立法機関とすることを提議するのは専制君主制を建前とする政府、皇帝に対する公然たる挑戦である。独立協会の意図を政府、皇帝は正確に見抜いていた。彼らも彼らなりに勉強していたのである。

　これに対して独立協会は10月23日、ただちに尹致昊を疏頭とする疏を上呈して反論した。ハングル混じりの漢文体疏文の概略をおおまかに意訳すれば以下の如くである（「中枢院議官尹致昊等疏日」：『高宗実録』、光武2年10月23日）。

> 立派な政治家が正しい政治を行っていれば独立協会がでしゃばる幕ではないが、陛下が近侍の奸臣の謬言に従いまちがった政治をされているからこそ協会が活動しているのである。それに独立協会に対しては皇太子から下賜金が

あり、さらに懸額の題字も皇太子が揮毫したものであるから独立協会は私設
とは言えず公認の機関である。故に臣らは一命を賭して敢えて諫言し、1人
が死ねば次に10人が続き、……1000人が続いても止めないのが臣等の義務
である。中には民権が勝れば君権が損なわれると主張する者があるがこれは
無識の言というべきである。民意を反映させなければ今日の政治と法律が滅
びることは明らかである。……

皇太子からの下賜金があり懸額の題字が皇太子の揮毫であるから独立協会は
公認組織であるというのは尹致昊の牽強付会であり、せいぜい半公認であるこ
とを主張できるにすぎない。全体的に感情的でやや過激な内容である。

同日（10月23日）、高宗は尹致昊を中枢院副議長に任命し、政府は10月17日
に独立協会が提出した3つの要求をほぼ認めた。ただし、中枢院の議官の半数
を独立協会員中から推薦する件に関しては、もし希望どおりにすれば皇国協会
も必ず独立協会と同じ要求をするであろう、そこで折衷案として、独立協会、
皇国協会両協会から各17名ずつ議官を推薦することを提案してきた。

尹致昊がこの政府案を持って協会に戻って説明したところ、協会員の意見は、
これでは皇国協会と政府がグルになれば過半数を占めることができることにな
り独立協会は何もできないと主張して大反対となった。その結果、中枢院改革
に関する政府との交渉は廃棄すべしとのことになり、27日、鍾路にくりだし
て官民共同会を開くことに決した（『駐韓日本公使館記録12』、512～13頁）。

事前に政府諸大臣に出席を求めたものの或る者は異議を唱えて出席を拒み、
或る者は言を左右にして出席を拒む。当日になって出席した大臣はひとりとし
ていない。然るに一般大衆はぞくぞくと詰めかけ、その数、3～4000人に及ん
だ。出席する政府大臣がひとりもいないことに不満を感じた群集が、委員を派
遣してその出席を促したところ、深更におよびようやく議政府参賛の朴定陽、
李 鍾 建の2名が参加するにいたった。
イ ジョンゴン

翌28日正午12時を期して再び鍾路において官民共同会を開き、政府大臣に
重ねて交渉した結果、この日は2、3大臣を除き他は悉く出席した。ここにお
いて議事を開き討論の末、独立協会派の提議にかかる国政改革に関する6ヵ条
の建議案を通過させ、諸大臣の同意を得てこれに署名したうえ、上奏裁可を乞

うことに一決しその日は退散した（同前、513〜14頁）。その6ヵ条とは以下の
とおりであり、一般に「献議六条」と呼ばれている。

(1) 外国人に倚附〔依頼〕せず官民同心合力して皇権を堅固にすること。

(2) 鉱山、鉄道、石炭、森林、および借款・借兵並びに政府と外国人との条
約のことは各部大臣・中枢院議長の署名捺印を得たうえでなければ施行
できないこと。

(3) 全国の財政は税の種類に関わりなく度支部が管掌し、他府郡および私会
社はこれに干渉してはならない。また、予算決算は人民に公開すること。

(4) 今後、すべての重大犯罪は公判に付し、被告みずからの反省に基づく自
白を得たのちでなければ刑を執行しないこと。

(5) 勅任官は大皇帝陛下より政府に諮問してその過半数の協賛を得たのち任
命すること。

(6) 章程を実施すること。

（『高宗実録』、光武2年10月30日）

　大前提として皇帝の権威・権限を堅固にすることを謳いながらも第2項以下
第5項にいたるまですべてが皇帝の裁可に先だち政府大臣および中枢院議長の
同意を得ることを条件として付加することにより皇帝による恣意的な独断をチ
ェックするものである。独立協会の意図が無制限の専制君主制に一定の歯止め
をかけ制限君主制を実現することにあることは明らかである。皇帝に法令遵守
を促す第6項も同様の趣旨である。

　これに対して皇帝は政府に命じて六条を検討させることを約束した。皇帝の
意を受けた政府は10月30日、まず中枢院章程を作成し、中枢院議官の半数は
皇帝が勅任し、残り半数は人民会議（独立協会および皇国協会のこと）から選出
するものとした。その一方で、皇帝は内部および農商工部に命じて他外国の例
に倣って新聞条例を裁定施行すること決定せしめた（『高宗実録』、光武2年10月
30日）。後者は明らかに『独立新聞』による大衆扇動的な記事を検閲するため
の措置であるが、独立協会員はこのような弾圧措置が政府部内で密かに進んで
いることをまだ知らない。

翌31日、旧暦1年前のこの日、高宗の称号を国王から皇帝に変えたことを記念する祝典が行われた。その一環として皇帝から独立協会に下賜金200ドルが贈られ、政府『官報』に献議六条が皇帝により裁可されたと報じられたため、協会員は政府も皇帝の意に従ってこれを実行してくれるものと期待して喜んだ（第5巻、1898年10月31日）。11月1日、ひきつづき鍾路に天幕を張り、官民共同会を開き、政府による献議六条の実施を待った。

　翌11月2日、勅令第36号中枢院官制改正が発表になった。その内容は中枢院が審議すべき対象を大幅に拡大し権限を強化するもので、議官を50名とし、半数は国家功労者を政府が勘案して推薦し、残り半数は人民会議の中から27歳以上で政治・法律の学識がある者を投票により選挙するものとする。また議長（勅任官一等）は皇帝が直接決め、副議長（勅任官二等）は中枢院による公選後、皇帝が任命するとあった＊26。独立協会員は自分たちの要求が認められたものと思い喜びにわいた。

官民共同会から万民共同会へ：反動と抵抗

　ところが翌々日4日、突如、大略、以下のような詔勅が下った（『実録』、光武2年11月4日：筆者による要約）。

> これまで独立協会は開明進歩に役立つものとみなして温かく見守ってきたつもりであるが、朕の善意に背き上疏を繰り返し、公共の場を占拠し、大臣閣僚を脅迫して放縦の限りを尽くしてきた、これ以上黙認するわけにはゆかない。いわゆる協会の名を持つ団体〔独立協会・皇国協会・総商会その他〕はすべて禁止し、内部、法部、警務使、漢城府に命じて一斉に取り締まる。また各会中、大衆を扇動すること特に著しい者は捜索逮捕し、大小官員の別なく、容疑者および容疑者を匿った者は法に照らして厳罰に処し断じて許さない。しかし一般市民あるいは年少無知の者で追随したにすぎない者は全て不問に付すので、安心して生業に勤めよ。

＊26 『高宗実録』、光武2年11月2日。しかしこれは11月12日「中枢院官制中改正裁可頒布」の段階になり半数を「人民会議から投票選挙する」という部分が「会議が奏薦する」ことと改正された。

予告どおり翌5日、李商在、方漢徳、劉猛をはじめとする17名の独立協会員
（同時に中枢院議官でもある）が逮捕された*27。尹致昊にも逮捕状が出されたが
あやうく逮捕を免れた（『実録』、光武2年11月7日）。

　10日になって法務大臣韓奎卨が上記17名に対する高等裁判所の審理結果を
奏上すると、意外にも高宗は現職に就いていない者（逮捕された17名を指す）
と現職者との間にはおのずから違いがあるとして、特に寛典を施して全員無罪
とする旨の裁可を下した。5日の逮捕以後、日英米公使からの圧力を受けた結
果である。とりわけ日本代理公使日置益はこのように独立協会をだまし打ちに
するようなことがあれば民衆の同情は政府を離れますます独立協会を擁護する
ことになるであろうと17人逮捕の不適切なることを兪箕煥、閔泳綺らを通じ
て力説したという（『駐韓日本公使館記録12』、445頁）。

　在ソウル外国使節団の意向を極度に気にしていた高宗としては、力で独立協
会をねじ伏せることに対して使節団の同意を得ることは困難とみて断念したも
のと思われる。政府は17名の無罪を決定すると同時に反独立協会派の趙秉式、
閔種黙、李基東らを諭旨免官あるいは地方左遷の処分にするとともに、再び
独立協会の活動を許可した。退陣した趙秉式、閔種黙、李基東らに代わって閔
泳綺、閔丙奭、閔泳煥、韓奎卨ら穏健派に属する人物が頭角を顕すにいたった。

　勢いを得た独立協会員および民衆は15日、これまでの官民共同会という名
称を「万民共同会」と改め*28、集会場を鍾路から大漢門（徳寿宮の正門）前広
場に移し次の5項目の要求を掲げた（『駐韓日本公使館記録12』、446頁）。

　(1) 五凶奸（趙秉式、閔種黙、兪箕煥、金禎根、李基東）を逮捕すること。

＊27　その他の14名は鄭恒謨、玄済昶、洪正厚、李建鎬、卞河璡、趙漢禹、廉仲模、韓致愈、南宮檍、
　　鄭喬、金斗鉉、金亀鉉、兪鶴柱、尹夏榮である。
＊28　98年11月1日の『独立新聞』英文版の社説タイトルに“AN ASSEMBLY OF ALL CASTES”、
　　すなわち、「あらゆる階級から成る集会」という言葉が用いられているが、「官民共同会」という
　　言葉に代わって『尹致昊日記』に「万民共同会」なる言葉が使用されるようになるのは98年11
　　月10日が最初である。当日の日記には―― The Club and the people or the "People's Meeting"
　　――とあって、この"People's Meeting"が「万民共同会」に当たると思われる。11月4日の詔勅
　　により「〜協会」を称するすべての団体に対して解散命令が出て、独立協会名義で屋外集会がで
　　きなくなったため、これを回避する方便として「万民共同会」なる名称が考えだされたものであ
　　ろう。上述の英文版『独立新聞』の記事を参照。

　(2)　献議六条を実行すること。(3)　政府大臣は国民が是認する人物を採用すること。(4)　各協会を復設すること。(5)　趙秉式、閔種黙が執権中に外国公使館と往復した書簡を公表して人民の疑惑を解くこと。

　翌16日、皇帝は上記の要求に対して次のように譲歩を示してきた。すなわち、五凶は裁判にかける、献議六条は実行する、五凶の執権中に外国との間にいかなる密約も結ばれた事実はない、と（第5巻、1898年11月16日）。

街頭集会から市街戦へ

　さて、10月31日に再開された『尹致昊日記』第5巻はこの日（11月16日）を以て再び中断し、12月26日にいたるまでほぼ40日間の空白となる。恐らく、一時、小康状態にあった政府との関係が万民共同会による街頭集会の高揚とともに再度緊張した局面を迎えたために日記を書く余裕がなくなったからであろう。事実、駐韓日本臨時代理公使日置益が本国の青木周蔵外務大臣に送った報告書によれば11月21日にいたり、仁化門（大漢門）前で万民共同会と褓負商との間に衝突があり、万民共同会員の多くは難を避けて泥峴街方面（南山下倭城台近くの日本人居留地）に逃走したが、夜にいたり彼らは褓負商を唆したと疑われる政府大官の邸宅を襲ってこれを破壊したという（『駐韓日本公使館記録12』、453頁）。再開された『尹致昊日記』の12月27日において空白の40日間の情況をまとめ書きにしているが、そこには次のようにある。

　(1)　今月6日〔98年11月6日：正確には11月5日である〕、数名のせっかちな連中が大衆集会〔すなわち万民共同会〕を始めた時、私はこの軽はずみな行動に対して次の理由を以て反対した。まだ大衆の怒りと同情に訴えるに十分なだけの大義名分がないこと、金銭的準備もなく集会を開くべきではないこと。これに対して過激派は、大衆の同情もカネも集会を開きさえすれば自然に集まってくると主張した。連中は褓負商に対しては石戦の猛者を集めて対抗する覚悟だった。だが私は極力これを抑えようとした。過激派がこのような愚かな行動に走るのを食い止めることに気を取られて、彼らが普通の集会を開くことを止めることができなかった。そのため、私は集会を開くという

彼らの提案を事実上認めた結果になり、ついに集会の運びとなった。

(2)　集会はほぼ20日間継続されたが、その間に毎日700〜1,000人の石戦要員を動員するために200〜300円を費やすことになった。だがカネの出所などどこにもなかったから、集会の指導者たちはソウル内の金持ちから寄付金を募るという愚行を犯すはめになった。このことはソウルで勢力を持つ人々の間に集会はインチキ臭いという印象を与えてしまった＊29。

「石戦」は日本の民俗にある「石合戦」のこと。朝鮮ではすでに高句麗時代（前1世紀〜7世紀）からあったという。戦国時代の日本では実戦においても用いられたといい、民俗行事においても負傷者にとどまらず死者を出すこともまれでないのは朝鮮でも同じだったらしい。万民共同会による街頭集会が大衆参加の直接民主主義という本来の姿を逸脱して急速に騒乱状態を呈していったことが分かる。尹致昊によれば、街頭で万民共同会の扇動活動を指揮したのは若手の過激派である李承晩（『帝国新聞』編集長）、梁弘黙（培材学堂助教）らであったという（第5巻、1898年11月11日）。

事態に狼狽した皇帝は翌11月22日、各国使節を宮中に招き、収拾策を打診した。使節のひとり日置によれば、高宗が使節を召見した意図は暴徒（民会）を鎮圧するために兵力を用いることにつき、事前に各国使節の同意を求めておくことにあったのは明確であるという（『駐韓日本公使館記録12』、453〜57頁）。この時、ロシア公使（マチューニン）は騒乱鎮圧のために兵力を用いるべきであると主張したが、英米両公使はこれに強く反対した。兵力使用を断念した皇帝は翌23日、尹致昊を漢城府判尹（府知事）に任命した（『実録』光武2年11月23日）。尹致昊を万民共同会の指導者の立場から逆にこれを取り締まる側に強制的に配置換えしたものである。

しかし万民共同会と皇国協会との対立は一向に鎮静化する気配はない。翌24日、農商工部が商務規則を発表するに際してその数日前より同部の門前に集結していた独立協会派と褓負商派の両派千数百名がまたもや大乱闘となった

＊29　第5巻、1898年12月27日。原文には石戦の要員を“from 7,000 to over a 1,000 stone fighters”とあるが、下線部を“700 to over 1,000 stone fighters”と読み替えた。

（「農商工部大臣金明圭疏略」：『高宗実録』光武2年11月24日）。事態を重視した日本代理公使日置は皇帝に収拾策を進言するため、この日、内謁見の予約を取り付け、翌25日、国分通訳官を伴って謁見し次のように進言した。すなわち、「国家の秩序紊乱し政府之を回復する力なきときは則所謂無政府と認め他国は之に干渉する権利を有する者なり」と日本兵による介入を仄めかしたうえで、「此際強固なる政府を組織し一方に於ては直に以て秩序の回復に必要なる手段を取らしめ一方に於ては漸次改革の実を収めて自然民怨を除去し国家百年の経営を為さしむること肝要なり」と進言した。謁見がいったん終わったのち、皇帝は人払いをして、いざというとき日本軍の出動を仰ぎたいので、兪箕煥（議政府賛政）を日本公使館近くの宿所に潜ませ、高宗との連絡係としたいと申し出たが日置はいったんこれを不適切として断った。しかし高宗の再度の願いにより日置はなんとか処置することを受諾する（『駐韓日本公使館記録12』、457〜61頁）。かくて日本軍応援の言質を取り付けた皇帝は翌11月26日、「未曾有の大英断」に出た。

高宗、仁化門に親臨し独立協会、皇国協会に勅諭を賜う

　11月25日、外部大臣より各国使臣に通牒があり、翌「26日午後1時を期して仁化門に親臨し万民共同会および褓負商の2団体に対して均しく親諭和解せしむべき旨の詔勅を下し同時に各国使臣に右式場に於て謁見せらるる」旨を伝えてきた（同前、457頁）。

　各国使臣は突然の通牒に要領を得ないのでまず米国公使館に各国使臣が集まり、その場に外部大臣の出席を仰いで皇帝親諭の趣旨説明を聞くことに決した。米公館に臨んだ外部大臣は、皇帝が独立協会、皇国協会の両団体に対して親しく諭旨を下して解散を命じる他は敢えて他意なき旨を力説した。首席の米公使が各国使臣に式場参列の可否を諮ったところ、ロシア公使は参列を拒んだが、他の使臣は時間も切迫しており、たとえ参列の結果、両協会が解散せずとも皇帝の請いにより参列するのであるから責任を分担するにも及ばざるべしと、みな参列することに一決し、打ち揃って式場に出かけた。

　式場にはすでに皇帝が親臨していて、直ちに使節を便殿（控えの間）に引見して概要、次のように述べた。すなわち、今回の万民共同会、皇国協会の衝突

のために城下の人心きわめて不穏な情況を呈するに至ったことは軫念に堪えない、そこで本日を卜して2団体の主なる者を召喚して説諭を加え融和解散させ各々その堵に安んぜしめたく考えて各国使節の参列を要請した次第である、と。勅語の後、一同が退席して準備された席に着くと、皇帝はまず万民共同会員200名を呼び出し、侍臣をして詔勅を読み聞かせたのち、高永根、尹致昊、李商在の3名を御前に引見して懇ろに諭旨を賜わったところ、3名は万民共同会を代表して次の4ヵ条の実行を奏請した。

　(1) 各協会復設、(2) 5凶処分、(3) 献議六条実施、(4) 褓負商解散
皇帝が以上の4項目を採納するや一同、解散を諾して皇帝のために万歳を三唱して退出した＊30。

　次いで褓負商200名が洪鍾宇、吉永洙、朴有鎮に引率されて御前に平身低頭した。侍臣が万民共同会に対したと同様に、彼らに対する詔勅を朗読しおわると、洪以下3名を御前に召して親諭されること最前に同じ。代表3名は褓負商規約の認可を奏請したが、これに対し皇帝は担当当局に対してその処置を求むべしとして懇ろに解散を命じた。ここに褓負商もまた万歳三唱したのち、城外に退散した（当時、褓負商の拠点は城外の麻浦にあった）。

　皇帝みずから王宮正門に臨御し、連日連夜、市街戦を繰り返す民間団体に融和解散の詔勅を下すというのは長い李朝の歴史にあっても前代未聞、まさに「未曾有の大英断」であろう。しかし万民共同会が奏請した4ヵ条を皇帝が即席で採納したのに対して、褓負商が奏請した褓負商規約の認可を留保したことは褓負商側に大きな不満を残したにちがいない。

　もともと皇帝の大英断は日本代理公使日置から得た、いざというとき日本軍の応援を得られるとの言質の上に立っている。さらには愛国青年会事件以来、独立協会の背後には日本亡命親日派がおり、日本公使はもとより英米公使も独立協会支持の立場にあることを強く疑っていた皇帝および守旧派が日英米の外国勢力を配慮したうえでの処置であることもほぼ確実である。このように皇帝・守旧派が民会（独立協会および万民共同会）の背後に親日勢力があるとの強

＊30 ただし、独立協会の復設に関しては本部外に於て集会すべからず〔すなわち独立会館内以外の街頭集会は禁止〕との条件を付して存立を許可した。（『駐韓日本公使館記録12』、517頁）

い疑いを抱いていたにもかかわらず、民会側はさらに彼らを刺激し自ら墓穴を掘るような策に出た。日本亡命中の朴泳孝に対する復帰運動である。

朴泳孝復帰運動：得意の絶頂から瓦解へ

　すでに述べたように1898年春以降、李完用が去り、安駉壽が去り、さらには徐載弼が協会を去った。その独立協会において政府の要職を経験し多少とも知名度のある指導者は尹致昊（学部協弁・外部協弁経験者）と李商在（内閣総書・議政府総務局長経験者）を数える程度だった。ところが中枢院に参政権を与えこれに独立協会員を送り込むことにより政府をチェックする一種の立法機関としようとなると、尹致昊、李商在のみでは人材不足である。独立協会の顔となるべき指導者が是非とも必要になる。しかるに積極的にこの役割を引き受けるべき人物が国内にはいなかった。

　この問題を解決するため、独立協会内の親日派は早くから日本亡命中の朴泳孝と連絡をとってきた。朴との連絡役にあたったのは朴の私設秘書であった安沂中と、甲申政変後、日本に亡命した朴に近づき、日清戦争勃発後の朴の帰国に際して同行した恒屋盛服であった。恒屋は1895年7月、朴が2度目に日本に亡命したのちも小安洞にある朴の邸内にとどまり主人不在中の邸を管理しながら朴との連絡にあたってきた。安沂中、恒屋盛服の両名に加え独立協会内親日派と朴ら日本亡命親日派との結びつきをさらに強めたのは、第1次官費留学生として渡日後、帰国した留学生であった。このうち魚瑢善、申海永、卞河瑃の3名は中枢院議官に任命されている＊31。

　一方、朴泳孝は2度目に日本に亡命したのち一時米国に遊学したが、96年5月下旬に再び日本に戻ってからは神戸に居を構えて故国に復帰する機会を窺っていた。1898年1月下旬、ロシア軍艦が絶影島に上陸したのをきっかけに独立協会の排露熱が高まると、朴の本国復帰への期待はようやく現実味を帯びてき

＊31　1898年11月30日付、日置より青木周蔵宛「韓廷閣臣更迭の続き」：『駐韓日本公使館記録12』、515頁。ちなみに3名はともに慶応義塾普通科を1896年7月卒業。その後、魚瑢善と申海永は東京専門学校に進み、卞河瑃は航海学校に進んだ。恐らく、上級学校に進んだのち、本国の政情を知って休学あるいは途中退学して帰国したものと思われる。—朴贊勝「一八九〇年代後半における官費留学生の渡日留学」『近代交流史と相互認識Ⅰ』、第一部第四章を参照。

た。安駉壽による皇帝強制譲位事件（青年愛国会事件）が起きた7月頃になると日本各地に滞在していた亡命朝鮮人が福岡、門司周辺に集まってくるようになる。彼らが門司に集まった理由は、ここが仁川と大阪を結ぶ定期航路の中継地点だったからであり、福岡は亡命朝鮮人と接触をはかり彼らの生活になにかと便宜を与えていた玄洋社の根拠地があったからである＊32。朝鮮において独立協会が献議六条を提出し街頭集会が盛んになった10月以降になると、門司周辺に来会する朝鮮人がことに目立つようになった。

　1898年10月8日、朴泳孝は黄鉄（俄館播遷後、日本に亡命）、安泳中、安駉壽とともに門司に来たり、同所の石田旅館を当分の寓居とした。翌9日には東京より禹範善が留学生の尹世鏞、李珪義、金尚準とともに朴のもとを訪れたが、その後も石田旅館に朴を訪れる朝鮮人が絶えなかった（『駐韓日本公使館記録13』、158〜59頁）。1ヵ月後の11月9日、同旅館に李圭完（甲申政変以来の朴の腹心、95年7月、朴とともに日本に亡命）、黄鉄、および留学生の尹世鏞、李珪義、金尚準が来会して何ごとか会談する風であったが、李圭完、黄鉄は同日午後4時出帆の玄海丸で仁川に向け出発した。出発に際し朴は頗る長文の書簡を託したというが、彼らの目的は朴一同の帰国の時期が果たして来るや否やを知るためであった。この時、留学生3名も李、黄に同行した模様だったという（同前、160頁）。

　仁川に到着した李圭完と黄鉄の行動について日本公使加藤増雄は後に次のように日本外務省に報告している（99年2月7日付、「李圭完黄鉄再び日本亡命の件」：同前、227頁）。

　　客歳十月当地に於て民論沸騰の際李圭完黄鉄並に留学生若干名突然日本より来たり我居留民の旅店に止宿し、出ては大道に演説を試み、入りて忌憚なき時事を断じ居れり、其当時韓廷は本邦に亡命せる韓人は誰彼の別なく皆な朴泳孝安駉壽等の一味と見做し民会と気脈を通じ且つ之を煽動するものと想像し恐怖注目の際なれば彼等の帰国は大に一般の耳目を聳動し殊に民会に対し

＊32　朴泳孝が滞在した石田旅館には、玄洋社の的野半助、小西小五郎、平岡浩太郎、進藤喜平太、藤島震四郎らが出入りしている。（『駐韓日本公使館記録13』、156〜61頁）

　ては一種の声援を与えたるものの如し。…

　時期的にみて李圭完、黄鉄がソウルに到着したのは11月中旬頃、すなわち仁化門前で万民共同会と褓負商との間に衝突があった11月21日の直前である。翌22日に、「外国に依頼して国体を損じた者に対する処断例」が皇帝により裁可されているのはすでに韓廷においてこのような事態を予想して事前に準備していたことを示すものである＊33。

　11月26日に皇帝が直々に仁化門に臨御して万民共同会、褓負商両団体に詔勅を賜わり情勢が独立協会にとって有利となった後の12月12日頃、恒屋盛服が尹致昊に面会を求め、万民共同会において朴の復帰を提案してくれるよう依頼した。これに対して尹致昊は政府に対する万民共同会の立場は問題にならないほど弱いものなので、もし集会でちょっとでも朴のことを口にしたら、たちまち政府と無知な大衆の攻撃にさらされることになるから絶対、受け入れられないと拒絶した（第5巻、98年12月27日）。尹致昊の拒絶にもかかわらず、恒屋および帰国した李圭完ら親日派は独立協会内の親日派に手をまわしていたものと思われる。

　数日後、中枢院において独立協会派により朴泳孝復帰の動議が提出された。12月16日、独立協会内でも過激派として知られる崔廷徳（チェジョンドク）は中枢院において、「今政府にとって必要なのは有能な人物を登用することである。そこで政府各大臣としての職務に堪えうる器の人物を無記名投票で11人選出し政府に推薦することにしたい」旨の動議を提出した。全員異議なくこの動議に賛成し投票した結果、選出された11人中に朴泳孝と徐載弼が含まれていた。結果を知って分かったことであるが、これは崔ら独立協会派の陰謀で、実は有能な人物を登用するという口実で朴、徐の復権を意図したものだった。

　議長（李鍾健に代わり李時宇が代理する）および反独立協会派はこれに反対したが、崔廷徳、魚瑢善、申海永、卞河璡らが一斉に賛成を連呼した。その日は

＊33 「依頼外国致損国体者、処断例」：『高宗実録』光武2年11月22日。具体的には外国政府に向かって本国の保護を暗に訴えた者、本国の秘密を外国人に漏らそうとした者、外部の許可なく外国人に借款・傭兵・借船等を企図した者、外国人の紹介により官職を得ようとした者、外国の事情を以て本国へ恐怖を与えようと謀った者に対する処罰令である。

賛否両論あって未決のまま散会したが、数日後再開した際には崔廷徳ら過激派は表に尹始炳をたてて自論を展開しついに決議するにいたった[＊34]。

決議後、尹始炳は投票の結果を議政府賛政徐正淳に通牒した。徐正淳から報告を受けた高宗は激怒し、関係者に対する厳格な処分を命ずるとともに、21日、「亡命者に対する詔勅」を以て、「凡そ域外に逋逃する者、本罪の大小軽重を論ぜず亦該犯の魁たり従たるを問わず其乱臣賊子たる一なり、邦に常憲あり、永遠赦すなし」と、朴泳孝ら日本亡命親日派に対して厳格な態度で臨むことを宣言した（『実録』、光武2年12月21日）。

徐正淳は23日、以下のような処置を奏上し皇帝の裁可を得た。すなわち、動議を提出した崔廷徳、および推薦状を政府に取り次いだ尹始炳はともに免官処分、採決の場で動議を支持した議官（申海泳、魚瑢善、卞河璡、李承晩、洪在箕）はみな免官、当日に議長代理をした李時宇は1ヵ月の減俸処分、また議長の李鍾健は投票選挙に参加しなかったとはいえ動議を防止しえなかったので譴責処分とした（『高宗実録』光武2年12月23日）。上記以外の独立協会員の内、劉猛、洪在厚、鄭恒漢の3名ははじめ動議に不可を唱えたものの政府に通牒することに賛成した故を以て罰俸に処せられ、独立協会選出の中枢院議官のうち7名が免官となり、3名が罰俸となった（『駐韓日本公使館記録13』、380頁）。

こうして尹致昊が危惧したとおり、これまで独立協会、万民共同会を支持してきた世論は一気に非難の声に転じた。再開された『尹致昊日記』には次のようにある（第5巻、1898年12月27日）。

　　中枢院において人民派が朴泳孝復権の議案を承認するや、たちまち独立協会および万民共同会に対する一般大衆の反感が潮のごとく盛りあがった。宮廷はこの機会をとらえて集会を解散させるために実力行使に乗りだした。

12月25日、皇帝は独立協会に対する詔勅を下し、11月26日の仁化門親臨の勅諭にもかかわらず協会が犯してきた罪状を11ヵ条にわたり列挙して、これ

＊34 「中枢院議官朴来東等疏略」：『高宗実録』光武2年12月23日および1899年1月26日付、加藤発青木宛「朴氏召還問題の成行」：『駐韓日本公使館記録13』、380頁。

以上、命に背くときには容赦しないと警告した。同時に、内部、軍部をして市街に群集し集会と称して横行する者は見学者も含めて逮捕厳罰に処するよう命じた。これまで外国使節団の批判を顧慮して控えてきた武力による弾圧を敢行したのである。さらに3日後の28日、皇帝は改めて25日の詔勅同様の詔勅を下し、事実上、民会（独立協会、万民共同会、皇国協会）の解散を命じるに至った（『高宗実録』光武2年12月28日）。

独立協会運動に対する尹致昊の総括

　『コリアン・レポジトリ（The Korean Repository）』1898年12月号に尹致昊は「朝鮮における民衆運動（Popular Movement in Korea）」なる一文を寄稿している。1897年1月にロシア・ヨーロッパ旅行からほぼ10ヵ月ぶりに帰国して以来、2年間にわたりかかわってきた独立協会運動を5頁にわたって総括したものであるが、恐らく上記、高宗の詔勅により事実上民会が解散させられた直後に起草されたものと思われる。その末尾には次のように書かれている。

　　いまや独立協会を憎悪する者たちが全権を握った。しかし私は彼らに対して自分の良心に誓って次のように断言できる。私は独立協会の一員であったことを恥としない。なぜなら協会は朝鮮の歴史上初めて支配者たちの腐敗と悪辣さを勇気を以て暴露し、何百万人もの虐げられた人々に政府は彼ら人民のために作られたものであり、政府のために人民が作られたのではないと教えたからである。協会は消え去ってもその精神はこれからも生きつづけ——そして人々の心を動かしつづけるであろう。

　尹致昊にとって独立協会本来の運動は、褓負商（皇国協会）の挑発に乗って若手の過激派が石戦のプロを雇い彼らに応戦したとき、さらには褓負商により痛めつけられた報復として彼らの指導者（洪鍾宇、吉永洙、李基東）あるいは守旧派大臣（趙秉式、閔種黙、閔泳綺）の邸宅を焼き打ち破壊するにいたったとき（『梅泉野録』文学と知性社、240頁）、すでに終わっていたものと思われる。

　すでに述べたように、政府、皇帝は単なる諮問機関にすぎなかった中枢院に参政権を与えこれを立法議会化せよという独立協会の要求に答えて順次に中枢

院官制を改正するその一方で、新たに「新聞条例」を設け（10月30日）、また「外国に依頼して国体を致損する者の処断例」を制定し（11月22日）、さらには「亡命者に関する詔勅」を発して（12月21日）、独立協会の過激化、親日化に備える措置も怠らなかった。このような政府、皇帝側の動きを無視して大衆動員と"暴力には暴力を"の戦術を以て朴泳孝復権を強行しようとした独立協会が自ら墓穴を掘ることになったのは当然の結果であろう。

　年が明け、1899年になると次々に独立協会員が逮捕され、李圭完と黄鉄は再び日本に亡命した。6月になって趙秉式、朴定陽、申箕善、朴箕陽ら政府要人の家に爆裂弾を投じる事件が連続して発生した。数日後、小安洞の旧朴泳孝邸（恒屋盛服が管理していた）において爆裂弾を製造中、誤爆して2人の即死者を出すという事件が発生した。その結果、政府要人宅への投弾事件は独立協会および万民共同会の残党による事件と判明した。過激化した独立協会の末路を示す象徴的な事件であった（『駐韓日本公使館記録13』、441〜45頁）。そして同年末、事件の黒幕と目された高永根（万民共同会々長）が政府の追及の手を免れて日本に亡命したことにより万民共同会の残滓は完全に跡を絶った（同前、306頁 および『尹致昊日記』第5巻、1899年12月31日）。

4. 地方官吏時代：1899年1月〜1904年3月

　独立協会解散の詔勅が出た2週間後（1899年1月7日）、尹致昊は徳源監理兼徳源府尹としてソウルからはるか離れた東北の地、咸鏡南道元山に左遷された。かつて独立協会委員長だった李完用が全羅北道観察使に左遷された処置に準じたものともとれるが、今回事件の重大さを考えると、彼に対する保守派の憎悪、弾劾から彼を守るために高宗が特別に配慮したものと考えるべきかも知れない。それにはまた、高宗の信任厚かった彼の父尹雄烈が当時、法部大臣のポストにあったから父親の口添えもあったものと思われる（第5巻、1899年1月5日、1月24日）。

　すなおに辞令を受けるべきか、それとも上海あるいは米国に一時、身を避けるのが賢明か、本人も迷い、周囲の者たちからも様々な助言を受けた。結局、皇帝に不遜な意を抱いていないことを示すためにはソウルを出て任地の元山に

赴くのが最善であるという日本公使加藤増雄の助言に従って3月の初めに単身、ソウルを発った。元山港に到着したのは同月5日だった。

　到着後10日ほどした3月17日より同年12月30日まで日記が空白になっているので、この間の詳しい事情は分からない。翌31日にこの空白期間につき14頁にわたって纏め書きしたものによれば5月になってソウルから妻子を呼び寄せたことが分かる。

　以後、尹致昊は1904年3月、外部協弁として中央政界に復帰するまでほぼ5年間、地方官吏としての生活を送ることになる。その間にあった任地替え、妻子との別居等、一身上の変化をあらかじめ整理すれば以下のとおりである。

1899年　3月 5日　単身、徳源監理兼徳源府尹として徳源（元山）に赴任。

　　　　5月　　　妻子を元山に呼び寄せる。

1900年　6月 5日　父の61歳の誕生日を祝うために一時ソウルに戻る。

　　　　7月上旬　妻子が上京し、しばらくソウルの実家に滞在する。

　　　　7月20日　新たに三和（鎮南浦）監理兼三和府尹に配置替えになったため仁川より汽船で子供たちと共に鎮南浦に向け出発。翌日、同港着。

1901年　1月 1日　父尹雄烈が全羅南道観察使に再任され、同月22日、両親が光州に向けソウルを発つ。その結果、妻はソウルの家に、両親は光州に、尹致昊と子供たちは鎮南浦にと家族バラバラの生活になる。妻が4月5日鎮南浦に来る。

　　　　6月14日　風邪をこじらせた妻を医者に診せるために子供を鎮南浦に残して夫婦でソウルに向かう。15日、妻がミス・キャンベル（Miss Campbell：97年来韓の米国南メソジスト女性医療宣教師）の家で流産。妻が入院中、光州の両親に会うために6月24日、仁川から木浦に向かう。7月2日、ソウルに戻る。

　　　　7月16日　妻は症状が完全に回復するまでミス・キャンベルの家に預けておくことにして鎮南浦に戻り子供たちと再会。

　　　　25日　再び徳源監理兼徳源府尹に配置替えになったとの辞令を

受ける。

	8月14日	子供をつれてソウルに向け鎮南浦を発つ。17日、仁川に到着。
	26日	家族全員で元山に向けソウルを後にし、9月1日、無事、元山に到着する。
1902年	10月21日	病弱の妻と長女鳳姫を連れて上海に行きしばらく2人を上海で養生させる。尹致昊は男児2人が残る元山に戻る。妻と鳳姫は11月に元山に戻る。
1903年	5月 3日	一時上海に里帰りしていた妻が同地で次女龍姫を生む。
	7月 6日	天安郡守兼稷山郡守に任命される。
1904年	2月15日	務安（木浦）監理に任命される。
	3月12日	外部協弁に任命される。

　35歳から40歳に及ぶこの期間は尹致昊の青年期から壮年期への移行期である。1897、98の2年間が家庭をなげうち独立協会による啓蒙運動と内政改革に没頭した青春時代であったとすれば、この5年間は多少とも家族との絆をとりもどしながら、中央政界とは異なる地方政治の実情に触れる現実回帰の時期であった。

徳源監理時代

　徳源とは概ね植民地時代に元山（げんざん）と呼ばれた地方に該当する。その監理と府尹を兼ねるということは警察権を含む域内における全権を掌握することで、いわば地方における独裁君主である。1876年の日朝修好条規により1880年に（それまで元山津と呼ばれていた）元山港が開港場となると日朝貿易の日本海側の玄関口として発展し、さらに日清戦争においては日本陸軍の上陸港となり、多くの日本人が往来するようになった。赴任当時の元山の様子を尹致昊は次のように記録している（第5巻、1902年11月16日）。

　1,600人の日本人が居留する元山の小日本人街は朝鮮内における同様の居留地の中では一種の箱庭と見なされている。しかしまた、それは学校、病院、公

　　会堂の他に、西洋風の大きなホテルやレストラン、芸者を抱えた日本風料亭、
　　多くの小料亭、仕立屋2軒、床屋5～6軒、靴屋、劇場、公園、墓地、銀行
　　等々を持っている。これらはみな同規模のヨーロッパおよびアメリカの居留
　　地と比べると箱庭のように小さい。だが日本人街と朝鮮人街の差は計り知れ
　　ないほどである。朝鮮人街は戸数2,000戸あまりに対して住民は日本人街の
　　ほとんど10倍ちかくになる。にもかかわらず、まともな料亭ひとつなし。ま
　　ともな旅館もなし。娯楽施設もなし。仕立屋もなし。朝鮮人を人間らしくし
　　てくれるような施設は一切ないのである。

　域内における日本人と朝鮮人との格差がこのように歴然としていたので前者
による後者の差別・虐待は甚だしかった。日本人居留地で働く朝鮮人港湾労働
者に対して日本人労務者は日本人官吏黙認の下で集団暴行を加え、大怪我を負
わせることが日常茶飯事である。日本人警察官はこれを見て制止するどころか
見物人を決めこみ、日本人病院の医師は負傷した朝鮮人の治療を拒否するほど
であったという（1902年11月9日）。尹致昊の役割はこのような朝鮮人を保護し、
日本官憲との橋渡しを務めることである。
　次いで地方に跋扈する朝鮮人官吏の汚職、不正の問題がある。劉漢源という
かつて皇帝のお気に入りだった人物が元山の警務官となっていたが、彼が逮捕
した犯人を賄賂とひきかえに釈放した事実をつかんだので尹致昊は公衆の面前
でその罪を自白させ、巻きあげた賄賂を返還させた。ところがこれを恨んだ劉
は、彼の悪事に腹を立て民衆が刑務所を襲った事件を以て、尹致昊が黒幕とな
り唆したと偽って宮廷に密告した。中央から捜査官が送られ尹致昊が失脚させ
られそうになったが、捜査の結果、尹致昊に下された罪過は「愛民太過甚於虐
民太過」、すなわち、「人民を過度に愛するのは人民を過渡に苦しめるのよりも
もっと悪い」というユーモアあふれるもので、かえって彼の公明正大な監理と
しての名声を高めることになった（1900年12月14日）。

三和監理時代

　良心的な監理としての尹致昊の名声は三和においてさらに高まった。三和は
平安南道の中心都市平壌から大同江を下って黄海に出る途中の北岸地帯である。

日清戦争以前はこれといった特徴のない地域であったが、この地域にある鎮南浦が日清戦争時に兵站基地となったことからこの港を中心に周囲が発展するようになり、1897年に同港が開港場となって、さらに鉄道が敷設されるにおよび急速に発展した。

実質的にわずか1年たらずの三和在任であったが、尹致昊が他所に転任することになったと知るや、人々は役所を包囲して彼を三和から出さないと言って、彼の自転車と駕籠を持ち去ってしまった。さらに人々はみな店を閉め、鎮南浦はストライキ状態に入った。尹致昊を三和に留任させてくれるようにという請願の電報がソウルの関係当局に何度も送られ、新しい監理が赴任することになっていた1901年8月9日に人々は新任監理を鎮南浦に上陸させないことに決議した。尹致昊はやっとのことで人々を説得することができたが、最後に別れを告げる段になると人々は大泣きして別れを惜しんだという。

その後、再び徳源監理兼府尹となった尹致昊は1903年7月まで約2年間、最初の1年あまりと合わせて3年余、徳源の地方官史として過ごすことになるが、彼が去ったのち、土地の人々はその善政を称えて「清徳善政碑」を建立したという（ハングル版『佐翁尹致昊先生略伝』佐翁尹致昊文化事業委員会、174頁にその写真がある）。

地方における外国人との出会い

地方監理としての新たな経験に加えてこの時期は尹致昊にとって新たな出会いの時でもあった。元山、鎮南浦ともに開港場であったのでそこには当然、朝鮮人以外の外国人が居留する。とりわけ元山は開港後、20年が経過していたので、すでに述べたように日本人居留地には1500名前後の日本人が生活していた。居留地内にある日本領事館の領事瀬川とは職務上、しばしば接触することになったが、話をするうちに彼がかつて尹致昊が在籍した同人社の卒業生であり、キリスト教徒であることが分かった（第5巻、1901年5月4日）。彼は後に中国漢口総領事などを務めた瀬川浅之進と思われる。

また、同じ居留地内には朝鮮人向けの日本語学校、「源興学校」があり、経営者兼校長を務める近藤範治とも親しくなり、彼の熱意に打たれた尹致昊は監理としてこの学校を支援した*35。近藤は石光真清の『曠野の花』の中にも登

場する人物であるが（中公文庫、262〜63頁）、咸鏡北道城津に「城津学堂」を
設立した笹森儀助とならんで日韓近代関係史においてもっと注目されてよい人
物である。

　また源興学校の支援者の中に「潮敬二大尉」という元山駐屯日本軍の指揮官
がいた。尹致昊はこの人物に次のような異例の賛辞を呈している。

> 　潮大尉は小柄ではあるがガッチリした体躯の持ち主である。あの横柄で高飛
> 車で、半ば外国人化してしまった日本人などたとえ何十人束になってもこの
> 人ひとりに値しない。彼は日本人紳士の持つすべての長所をその短所なしに
> 具えている。……彼は思いやりがあり、思慮深い。その公平さは、無知ゆえ
> の尊大さから哀れな朝鮮人に理不尽に威張りちらす同国人を面と向かって叱
> 責する彼の態度となってあらわれた。誠実な大尉があまりにも率直公平だっ
> たために日本人の中には彼には大和魂がないと言って非難する者さえあった。
> 元山に駐屯していた間、彼は終始変わらぬ朝鮮人の友人だった。公平無私で
> 誠実な日本人——滅多にないことだ！……彼のように公正明大で心の寛い日
> 本人に又いつ会えるだろうか？（第5巻、1900年12月31日）

　この「潮敬二大尉」は後に横浜連隊区、甲府連隊区などの司令官を務めた
「牛尾敬二　歩兵少佐」のことである。彼もまた、近藤、笹森、石光などがロシ
ア領ハバロフスクやウラジオストックへ足を踏み入れたように元山の北方、ロ
シアとの国境地帯へと踏査を試みている（『駐韓日本公使館記録14』、216頁）。

　元山にはまた日本人以外にも海関職員、宣教師等の西洋人が居留していた＊36。
うち、海関職員としてウェイクフィールド（C. E. S. Wakefield）、アーレンツ（F.
L. Ahrendts）、マンハイマー（P. E. Mannheimer）、オイセン（Janus F. Oiesen）
らが日記に登場するが、オイセンは朝鮮に移住した最初のデンマーク人である。

　ついで宣教師であるが、尹致昊が元山で親しくなった宣教師の中には後に韓

＊35 稲葉継雄「源興学校について——旧韓末「日語学校」の一事例」（『文藝言語研究、言語篇』15
　　筑波大学文藝・言語学系、1989年2月）参照。
＊36 第5巻、1899年12月31日によれば、内訳はカナダ人6、アメリカ人4、ドイツ人4、イギリス人
　　3、デンマーク人1、ノルウェー人1、フランス人1名であった。

国キリスト教史において重要な役割を演じた者が少なくない。まず米国南メソジスト宣教師ハーディー（R.A. Hardie）は1890年に妻と4人の子供を連れて来韓し、釜山、ソウル等で医療事業および宣教事業に従事したのち98年の暮れに妻子を伴って元山に赴任した。当時は独立協会、万民共同会と褓負商との間で激しい市街戦が行われていた頃で、政府から逮捕状が出された尹致昊は身の危険を避けるため、ハーディー一家が元山に去った後、空き家になったその家に一時借り屋住まいしたことがあった（第5巻、1899年2月6日）。ソウルでは親しく付き合う余裕もなかったが、ここ元山の地では互いに家族ぐるみの親しい付き合いが始まった。そのハーディーは1903年、元山の倉前教会で行われた祈祷会で自らの宣教活動の無力さを告白したが、これが韓国キリスト教史上に有名な信仰復興運動の端緒となり、4年後の1907年、平壌大復興運動となったと言われている（ハーディー一家に関しては10章の9を参照）。

　同じく米国南メソジスト宣教師ジャーダイン（J.L. Gerdine）は1902年11月に来韓したばかりの32歳の青年で（尹致昊の5歳年下）、来韓直後の12月に元山で初めて彼に会った尹致昊は、第一印象としてあまり好感を抱けなかったようである（第5巻、1902年12月4日）。しかし8年後の1910年にジャーダインはソウルYMCAの第13代会長となっていて、1911年暮に起こった総督府による朝鮮キリスト教大迫害事件（105人事件）に際して、多くのキリスト教徒が逮捕され拷問にあったのみならず、当時ソウルYMCAの副会長であった尹致昊まで逮捕されたことに対して強く抗議し、その無実を世界に訴えるために奔走することになる（『百五人事件資料集第3巻』不二出版、192～214頁）。

　ハーディー、ジャーダインは米国南メソジストの宣教師であるが、当時の元山にはカナダ長老派の宣教師が多かった。その一人、ゲイル（J.S. Gale）は1888年に来韓したのち、93年から家族（妻とその母親）とともに元山に居を構えていた。97年に米国北長老派に移籍してから主な活動場所はソウルになったが、時折、元山に戻る。元山滞在中の尹致昊の日記にゲイルが登場するのは2度だけであるが（1899年3月10日、1902年11月9日）、学者肌で朝鮮人に対して辛辣な批判をする彼に反発しながらも、次第に彼が好きになったものとみえ、1904年に中央政界に復帰してのちの尹致昊にとってゲイルは良き理解者であると同時に良き助言者となる。1927年にゲイルが朝鮮を去るまでふたりの関

係は続いた。

　もう1人、元山にはフェンウィック（M.C. Fenwick）というスコットランド系カナダ人の宣教師がいた。特に尹致昊と親しくはなかったが（1899年2月12日、1902年4月6日、および同9月14日に登場）、この人物は韓国キリスト教においてやや異色の存在である。1889年に来韓し、当初はいずれの教派にも属さずに活動していたが、93年一時米国に渡ってバプテストの按手礼を受けたのち、96年再び来韓すると元山を起点に布教を再開した。カナダや米国の教会への従属関係を否定して個人的に独自の布教を展開し、現在、韓国ではバプテスト（浸礼教）の草分けとして知られている。

　元山、鎮南浦での尹致昊の監理生活はあわせてわずか4年である。しかし自らの祖国について故郷の忠清道とソウルしか知らなかった両班生まれの彼が、朝鮮の東北部（咸鏡道）と西北部（平安南道）の生活に直に触れたことは小さくない。日韓併合後も両班階級の地盤である朝鮮南部と、両班支配から疎外されてきた朝鮮北部との対立は長く続く（第8〜9章を参照）。元山、鎮南浦での4年間はこの両者の対立に対する何らかの教訓を尹致昊に与えたものと思われる。一方、地方で活動する様々な外国人との出会いは中央政界での権力闘争にあけくれる官吏生活を多少なりとも相対化する視点を彼に与えてくれたであろう。

第5章
日露戦争から日韓保護条約へ
1903～1906年

1. 地方官吏から中央政界への復帰

　独立協会による朝鮮内政改革運動の挫折以後、地方官吏となった尹致昊は徳源監理、三和監理を経て再び徳源監理となった（第5巻、1901年8月31日）。その彼に再び中央政界に復帰する兆しが見えたのは、徳源に再赴任して1年半ほど経過した1903年の正月末のことだった。

　この年1月24日の『高宗実録』に「徳源府尹尹致昊、按覈使差下」とあって尹致昊に対する人事異動があった。「按覈使」とは地方官吏の汚職・非行を内密に探査するために高宗が派遣する一種の“隠密”である。尹致昊のもとにこの辞令が届いたのは2月2日（第6巻、1903年2月3日）。

　　昨日、宮内部からの電報で、去年、観察使金宗漢が統治していたとき咸鏡道で発生した謀反の原因を究明する按覈使に私が任命された旨連絡してくる。面倒なことになった！

　この辞令を受けて尹致昊が事件の背景を調査して報告した結果、金宗漢が3ヵ月の減俸に処されたことが『実録』光武7年（1903年）8月3日に記されている。しかしこの結果が出る前に尹致昊はすでに5月19日、按覈使の職を解かれてソウルに戻っている。6月19日の日記には次のようにある。

　　ソウル、典洞　ソウルに戻ってきてちょうど1ヵ月がたった。ただしその内

12日間（6月1〜12日）は元山にいる妻を連れ戻すための往復に費やした。

これによれば上海に里帰りしていた馬夫人も同地で生まれた（1903年5月3日）次女龍姫を連れて03年6月までには元山に戻っていたことが分かる。ソウルに戻ってからは父尹雄烈の家に同居することになるが、地方にいて家族水入らずで幸せな団欒生活を送ることができたのが一転して窮屈で不潔不快な生活を強いられるようになったことに対する愚痴と不満が日記を埋めるようになる。父親に対する彼の不満は後に改めて述べる（第5章の5を参照）。

ところで『実録』には記載されていないが、ソウルに戻って間もなく（7月6日）、尹致昊は新たに「天安郡守兼稷山郡守」に任命されたらしい[*37]。徳源監理にくらべれば天安郡守はひとつ格下であるから一種の左遷ともいえる。しかしそれからおよそ半年後の03年12月14日、彼は「務安監理」に任命される。務安はほぼ今日の木浦地域に当たる。もともと日本人が多いことで知られる町であるが日露戦争がまぢかに迫っていた時なので日本人の数はさらに多くなっていたと思われる。この務安監理への任命が尹致昊の中央政界復帰へのきっかけとなったという（第6巻、1904年4月24日）。

> 奇妙な夢。　昨年の11月のことである。私たちは天安にいた。ある朝、劉庇仁（ユビイン）〔天安郡庁職員、後に尹家の農園管理人〕が私に語ったところによると、その前の晩の夢の中で天安郡の衙前（アジョン）〔下級役人〕たちが私が外部大臣署理に昇進したことを祝福した。およそ1週間後、私は木浦の監理に任命されたが、これが切っかけとなって私は一連の出世の結果、外部協弁の地位にまで昇進することになったのである。

尹致昊を務安監理に任命してくれたのは当時新たに外部大臣となった李夏栄であったという。こうして務安監理となった尹致昊はわずか3ヵ月後の04年3月12日、「外部協弁」の辞令をもらって中央政界に復帰することになる。復帰

＊37　金永義『佐翁尹致昊先生略伝』、542頁、および車相瓚『私が見た尹致昊生』所載の尹致昊自筆「履歴書」；『慧星』1巻2号（1931年4月号）；『韓国近世史論著集・2』、187頁。

への足がかりを与えたくれた李夏栄に対して尹致昊は感謝の気持ちを表明しているが（1904年4月23日）、彼を中央政界に呼び戻したのは李夏栄の単なる個人的な好意によるものとは思えない。

　これに先立つ2月4日、日本では御前会議において日露開戦が決定され、同8日には日本陸軍部隊が仁川に上陸、連合艦隊は旅順港外のロシア艦隊を攻撃していた。そして2日後の2月10日に日本政府はロシアに対して宣戦布告する。ロシアと戦うために日本軍は韓国の港に軍隊を上陸させ、韓国内を北上させる必要がある。それを実行するための法的根拠となったのが2月23日に調印された日韓議定書である。しかし議定書の調印に先立ち、すでに2月上旬には木浦の造米機（精米機）と多くの造米商人が軍用米を製造するために群山に輸送されていた。さらに2月9日には朝鮮のチゲ（背い子）数十万個を搭載した日本船が木浦に入港し、これを陸揚げした。朝鮮人労働者を徴用して軍糧を運搬させるためである*38。

　韓国政府は以上のような日本側の強硬な要求に対して現地住民の反発を抑えて適切に処置できる官吏を必要としていた。皇帝ならびに韓国政府としてはこの困難な事態に処するために天安郡守の尹致昊を木浦に異動させたとの推測が成り立つ。

2. 日露戦争

日韓議定書の威力

　ロシアに対する宣戦布告から2週間後に調印された日韓議定書の第3条は「大日本帝国政府は大韓帝国の独立及領土保全を確実に保證する事」と謳っている。「大韓帝国の独立及領土保全を確実に保證する」と言いながら、事実上この文言が意味するところは、日露戦争の目的が韓国の独立および領土を保證するためであることを韓国政府に認めさせることにある。そして日本が韓国の独立および領土保全のために戦うことの見返りとして韓国が日本に果たすべき

＊38 『續陰晴史・下』1904年2月9日および10日。著者の金允植は当時、木浦の北北西海上の務安郡智島に定配中であり、日露戦争時における木浦近辺の日本軍の様子を具に把握していた。

義務を定めたのが次の第4条である。

　　　第三国の侵害に依り若くは内乱の為め大韓帝国の皇室の安寧或は領土の保全
　　　に危険ある場合は大日本帝国政府は速に臨機必要の措置を取るべし。而して
　　　大韓帝国政府は右大日本帝国政府の行動を容易ならしむる為め十分なる便宜
　　　を与ふる事。大日本帝国政府は前項の目的を達する為め軍略上必要の地点を
　　　臨機使用することを得る事

　末尾にある、「軍略上必要の地点を臨機使用することを得る事」（下線は筆
者）の下線部分は日本側が当初示した原案においては、「占有することを得る
事」となっていた（『朝鮮の保護及び併合』、15頁）。「臨機使用する」と言えば、
一時的に日本政府の管理下に置くことを意味するが、「占有する」と言えば、
日本政府が恒久的に所有することを意味する。恐らくそれが日本政府の本音で
あったと思われる。

　議定書の調印に際して韓国政府が条文の意味する所を軽く見たわけでは決し
てない。そもそも彼らはこのような議定書を交わすことそのものを拒否してい
た。しかし、いざ調印してしまうとその威力は破壊的なものであることを改め
て思い知らされることになる。外部協弁任命の辞令を手に務安（木浦）からソ
ウルに上京する途中、京釜鉄道沿線において目にした光景、人々から耳にした
話を尹致昊は上京後に次のように記している（第6巻、1904年5月27日）。

　　　京釜鉄道が貫通する韓国南部の諸道における日本人の朝鮮人に対する態度は
　　　何年か前にアメリカにおいて白人がインディアン（そして今でもアフリカに
　　　おける黒人）に対した態度と同じである。日本人は朝鮮人の田畑、森林、家
　　　屋を名目上は"買う"と称しているが実質上は"ひったくっている"も同然で
　　　ある。もし誰かが彼らの甘い言葉を拒否しようものなら、彼らはまるで犬の
　　　ように朝鮮人を殴り、蹴り、時には殺すことさえある。朝鮮人はこれを訴え
　　　たくてもどこにも訴える所はなく、保護を求めようにも求める所がない。日
　　　本人は口では朝鮮人の幸福のために戦っているのだと言いながら、その実、
　　　朝鮮人を彼らの奴隷にしようという公然たる彼らの意図を取り繕おうとさえ

しない。

　日本人によるこのような横暴は地方にとどまらず、やがてソウルのど真ん中でも見られるようになる。すでに2月下旬にはソウル内の日本人兵士は数万人になっていたという（『續陰晴史・下』光武8年2月29日）が、その後の状況を『尹致昊日記』は次のように記している（第6巻、1904年8月7日）。

　　先週以来、日本の軍当局は西大門と西小門に見張りを立てている。警備上の必要という口実の下、日本人はやりたい放題である。どこもかしこも占拠し、逮捕したい者は誰でも逮捕し、取りたいものは何でも取る。この国は事実上、日本人の支配下にある。しかも朝鮮人には日本人の持つ恩恵は一切与えられない。

　仁川、鎮南浦、元山、羅南等の港に上陸した日本軍は戦争に必要な食糧、物資、朝鮮人労働者を現地調達しながら準備を整えて北上する。5月には九連城、鳳凰城が日本軍の手に陥ちる。「巷には日本軍当局が朝鮮人日雇い労働者を戦争の前線に連れて行き"肉弾"として利用するために人夫を駆り集めている最中であるという噂」が広まる（1904年8月15日）。この頃には軍夫として使役させる朝鮮人の徴発が朝鮮全土で行われるようになっていた（第6巻、1904年8月20日）。

　　鳳凰城での軍事作業のために日本軍当局は合計（ママ）人の日雇い労働者を募集あるいは徴用しようとしている。この徴用は韓国全土に割り当てられた。日本が朝鮮人に対してこのような要求を行うことは事実の上ではなんら不都合はないようにも思われるが、この要求が荒蕪地問題とかさなったため朝鮮人の疑惑と恐怖は頂点に達した。朝鮮人は日本人が自分たちの髷を切り落として1人に小銃を1挺ずつあてがって強制的に前線に送り出すのではないかと噂している。バカげたことではあるが今、朝鮮人は日本人に対する悪い噂ならなんでも信じてしまうような状態にある。

　開戦当初、ロシアと戦う日本に対して好意的な朝鮮人も多かった。だが日本
軍の上陸とともに、日韓議定書を盾に強制的に土地を取り上げ、家屋を没収し、
肉体労働者として朝鮮人を徴用する日本人に対して不満と反感が高まってゆく。
そのような反日感情の高まりの中で尹致昊の出番が用意されていた。彼を地方
から中央に呼び寄せたのはそのためである。

尹致昊、第1次日韓協約の調印者となる

　日韓議定書により日露戦争遂行に必要な環境を確保した日本は戦いにおける
連勝を背景にさらに一歩すすめて韓国の保護国化に乗り出した。

　議定書の調印後、駐韓日本公使林権助は皇帝に次の3つの合意事項を含む協
定を提案した（第6巻、1904年8月20日）。

> 　（1）外部に外国人顧問1名を採用すること。（2）度支部に外国人監督を1名
> 採用すること。（3）韓国が外国政府または（外国）臣民と彼らに特殊権益を
> 認可する内容の契約を結ぶ場合にはそれがいかなるものであれ必ず前もって
> 日本代表に相談すること。

　高宗の命により林と交渉を開始した外部大臣李夏栄は（1）、（2）に関しては
「監督」を「顧問」と変えることにより合意に達した。しかし（3）に関しては
高宗が合意をしぶったため、彼は（3）を削除または修正することを林に申し
出た。ところが林は、「監督」を「顧問」と変えれば全3項に関して同意する
と李夏栄は約束した、皇帝からもすでに同意を得ていると言い張って譲らない。
交渉が膠着状態になった8月21日、突如、外部大臣李夏栄が病気になった。す
ると皇帝は、病気の間、彼の職務を免除するとの詔勅を出すとともに、尹致昊
を外部大臣署理（代理）に任命するとの辞令を出した。

　高宗および李夏栄としては主権の侵害に当たる第（3）項はなんとしても拒
否したい。しかし林は譲らない。林に妥協してこれを認めてしまえば高宗は軟
弱であるとして、また李夏栄は売国奴として非難されること必定である。それ
を避けるためには責任を他者に転嫁する必要がある。このような時のためにこ
そ尹致昊を地方から呼び寄せたのであろう。

突然、辞令を受けた尹致昊は驚くとともに不愉快なことこのうえない。だがこうなっては逃げるわけにもゆかない。已むなく同日（8月21日）午後5時、林を訪ね、第3項は韓国が独立国であることの威厳を傷つけるものであることを指摘し、削除するか又は次のように修正することを提案した。「いかなる契約も外部に無断で韓国政府と外国政府との間または韓国政府と外国臣民との間で結んではならない」。

　尹致昊の提案は、高宗あるいは高宗の密旨を受けた人物が外国政府（または外国臣民）と密約を交わすのを防ぐ手段として日本の力を借りることなく朝鮮外部の力によってチェックすることを意図したものである。これに対する林の反駁は次のようなものであった。過去、韓国におけるほとんどすべての国際的な紛糾の原因となった大問題は韓国政府が外国人と契約した浅はかで無思慮な契約または条約にその原因がある、日露戦争も半ばは龍厳浦条約が原因となっている、今後韓国皇室が外国列強のいずれかに与えるかもしれない危険な権益譲渡のために再び戦争をする余裕は日本にない、韓国と他の国々との間の条約締結に関して日本に一切発言権がないならば日本は韓国の独立を保護できない。

　林のこの反駁を受けてさらに調印を拒否するためには次の2つのことを確約しなければならない。(1) 皇帝は2度と外国人との間に密約を結ばないこと。(2) 直ちに本腰を入れて内政改革に取りかかること。だが尹致昊の考えでは皇帝が生きているかぎり、この2つのことを保証できる者は誰もいない。

　翌8月22日、林は調印を迫るため参内した。皇帝は病気と称して謁見を許さず代わりに李址鎔、閔泳喆、沈相薫の3人に林に対応するよう命じた。尹致昊も外部大臣の資格で出席するよう命じられる。席上、林は沈相薫に前日尹致昊に言ったことと同じことを繰り返した。林が話し終えたのち、沈相薫は言った、「もし"日本代表"という言葉を"日本政府"という表現に変えていただけるならば協定に調印することには何ら異論はありません」と。

　自分が考えていたこととは全く異なる沈相薫の意外な発言に尹致昊はただただ唖然とするしかなかった。しかし林は直ちに字句の修正に同意したため、協定は事実上合意に達し、翌日調印されることとなった。その日の『尹致昊日記』には次のようにある（1904年8月28日）。

火曜　午後2時、閣議が召集された。沈氏はこの文書は閣議にかける必要は
ないから、"協定"を持って行って署名して日本公使館に送るようにと私に言
った。しかし私はそれを正式に審議にかけ閣議を通すように主張した。その
結果、沈氏も私の意見に従った。閣議ののち、協定は署名され日本公使館に
送られた。閣議に出席した閣僚は次のとおり。沈相薫〔総理大臣署理〕　贊政
/朴定陽　度大〔度支部大臣〕/李載克　学大〔学部大臣〕/金嘉鎮　贊政/権
在衡　贊政/洪？？　贊政/許蔿　贊政

　尹致昊の主張はほとんど無視されるか、消極的に取り入れられたにすぎない。
しかし日韓協約の韓国側調印者は「外部大臣署理　尹致昊」となった。

高まる反日感情と日本の勝利

　第1次日韓協約調印のほぼ1週間後から遼陽会戦（8月28日～9月4日）が始
まり日本は遼陽を占領するが、この頃から翌年1月1日の旅順陥落にいたる4
ヵ月ほどの間に朝鮮における反日感情はピークに達する。
　9月下旬、朝鮮人人夫の強制徴用に反発した京畿道始興郡の一部朝鮮人が暴
徒化して郡守朴嶼陽と日本人人夫2人を殺害する事件が起こった。10月初旬、
今度は黄海道谷山郡で日本人7人が殺害された。同じ頃、忠清南道公州で朝鮮
兵士が多数の日本人を襲ったが、被害者の中には沃溝（全羅北道）の日本領事
が含まれていた（第6巻、1904年10月5日）。
　事件を起こした朝鮮人のみならず多くの朝鮮人には日本が負けてくれればい
い、いや、最後にはロシアが勝つにちがいないという願望があった。皇帝もま
た日本の強圧的な要求に対して言を左右にしてその実行を遷延させながらロシ
アが攻勢に転ずるのを待ち望んでいた（第6巻、1905年6月20日）。
　だが旅順陥落、奉天会戦（3月1～10日）と日本の勝利が続く。そしてつい
に皇帝が最後の望みを託したロシアのバルチック艦隊も日本海海戦（5月27～
28日）において壊滅状態になったとのニュースが伝えられる。6月1日、高平
小五郎駐米公使は米国大統領に日露講和に向けて友誼的斡旋の労を取ってくれ
るよう申し入れていた。かくてロシアにかけた最後の望みも断たれた。
　勝利をほぼ手中にした日本が今後ますます高圧的な態度で韓国に臨んでくる

ことは明らかである。日本の出方をやわらげておく必要を感じた皇帝は日本懐柔策の一環として日本使節団派遣を決定した。優れた日本の政治制度を学ばせるためというのが表向きの口実であった。

日本視察団の一員として渡日する

一行は7月15日、京釜鉄道でソウルを発った。その陣容は以下のとおりである。カッコ内は視察の担当分野を示す(『駐韓日本公使館記録26』、298頁)。

> 表勲院総裁・閔丙奭(団長格)/度支部大臣・閔泳綺(大蔵省)/陪従武官長・趙東潤(海軍省)/中枢院参議・閔商鎬(文部省)/外部協弁・尹致昊(外務省)/弁理公使・李範九(内務省)/宗簿司長・李達鎔(宮内省)/陸軍副領・金成殷(陸軍軍隊)/陪従武官長副官陸軍正尉・李甲(陸軍各学校)/六品・俞致嵩(農課学校)

京釜線で釜山に到着した一行は釜山から船で下関にいたり上陸すると、汽車で大阪をめざした。大阪では造幣局、兵器廠、煙草専売局を視察(20〜22日)。22日に東京に移動、24日までは分散して宿に落ち着くことに時を費やし、翌25日から行動を開始した。この日は全員で時の首相桂太郎を自宅に訪問したのち、外務省に赴き外務次官の珍田捨己に会った。

1日おいて27日、閔丙奭、閔泳綺、閔商鎬、趙東潤および尹致昊の5人で侯爵伊藤博文を訪問した。当日の日記はこの視察団の特徴をよく表しているとともに、視察団を受け入れる日本側(伊藤博文)が韓国政府をいかに見ていたかを示して興味深い(第6巻、1905年7月27日)*39。

---

*39 ちなみにこの視察団の派遣に際して一進会員から政府に対して、「視察に名を借りて実は売国行為を行わんとするもの」との批判があった(『続陰晴史・下』、05年8月1日)。事実、一行が帰国後、閔丙奭が高宗に行った視察報告の中に不実な内容(伊藤の機嫌をとるため伊藤に韓国国政を監督してくれるよう依頼したというもの―同前、05年10月4日)があり国体を壊損するものであるとの批判が寄せられ、閔丙奭は智島郡古群山に流罪刑3年となった(『実録』、05年9月14日)。にもかかわらず彼は1カ月後の10月13日、特別免赦となり10月26日には陸軍副将に、さらに11月14日に「宮内府特進官、叙勲任官一等」に任ぜられている。これらの経過からすると、閔丙奭に伊藤の韓国監督就任を依頼させたのは高宗自身であり、帰国後、事が露見するや一時的に閔丙奭に罪を与えてその場のお茶を濁したものというのが事の真相ではなかったか。

曇り　午後になって蒸し暑くなる。午後3時、3人の閔氏と趙大将および私とで伊藤侯を訪ねる。ソウルで私が最後に会ってから1年半経過したにもかかわらず、この老政治家〔当時64歳〕はまったく衰えた様子がない。閔秉奭は侯爵に次のように言った。「自分は日本の内閣および枢密院の組織と機能を学んでくるよう韓国皇帝に派遣されたものである」と。これを聞いて伊藤は言った。「たいへんけっこう。だが、貴国皇帝がこれまでどおりのやり方を改めないならば、新しい法律も新しい組織機構も、貴国にとって何の役にも立たないだろう。君主というものは法を定めることができる。だが、ひとたび法を定めたら、自分もその法に従わねばならぬ」と。日本は韓国における諸悪の根元が奈辺にあるか分かっているのだ。にもかかわらず日本はその諸悪の根元を保護し強化しようとしている。なぜか？　その元凶によって生み出された諸悪から逃れるため、韓国は慈悲深い日本の両腕の中に救いを求めざるを得なくなるからである。だからこそ、日本は日本のために忠誠を尽くした者たちに報いるときに輝かしい勲功をたてた陸海軍の将軍たちに褒賞を与えると同時に、彼らに劣らぬご褒美をK（の取巻き連）に与えることを忘れないのだ。

　末尾に「K（の取巻き連）」とある部分のカッコ内は原文で解読不能として空欄としたものを筆者が推測して補ったものである。「K」が"King"、すなわち高宗の略であるのはほぼ確実。伊藤は今回、高宗が視察団を派遣した意図をすっかり見透かしていた。伊藤の発言は日頃、尹致昊も感じていたことだけに彼から指摘されたことは尹致昊にとって単なる恥ずかしさ以上の屈辱だったにちがいない。

　その後の日程では、東京の電話中継局視察と京釜鉄道総裁古市公威が催した晩餐会（7月29日）、王子製紙および大蔵省印刷局の視察（7月30日）、第一銀行主催の晩餐会（8月4日）などに出席した。しかしどこにおいても一行に対する日本人の態度は表向きの歓待とはうらはらに「あからさまに軽蔑され、見くびられ、冷たくあしらわれていることは明らかだ」った（8月4日）。尹致昊にとってもはやこれ以上東京にいることは耐えがたいほどの気持だったが、東京滞在は8月末まで続く。

しかし8月9日になって今次視察団の最も重要な任務である明治天皇への謁見が済むと、尹致昊の心は視察団の任務から急速に離れてゆく。一時、東京に帰還中であった韓国外交顧問スチーブンスと共にした昼食の席上、彼からハワイ砂糖農園経営者協会のスウォンズィー氏（Mr. Swanzy）を紹介されたことがその切っかけだった（第6巻、1905年8月12日）。

朝鮮人ハワイ移民を1ヵ月にわたり視察

　ハワイに行きたいという尹致昊の希望はすでに1904年3月、外部協弁の辞令をもらって木浦から上京してしばらくした頃からの夢だった。同年7月4日の日記には、当時、駐韓米国代理公使だったH・N・アレンが尹致昊をホノルル駐在領事として高宗に推薦してくれたことに対し礼を述べたことが記録されている[40]。この時、ホノルル駐在領事の夢は実現しなかったが、今次日本視察旅行の直前に外交顧問スチーブンスが、朝鮮人ハワイ移民の現状視察のために尹致昊をハワイに派遣するよう高宗に進言してくれていた。

　8月12日の昼食席上、スチーブンスがスウォンズィーを尹致昊に紹介したのは以上のような経緯があったからである。スチーブンスと別れたあと、さっそく尹致昊は紹介されたスウォンズィー氏を帝国ホテルに訪ねて、自分の希望を述べるとともにこれに対する氏の説明を聞いた。8月28日、韓国外部から尹致昊宛に、「ハワイおよびメキシコに向へ　日本銀行に1000円送金する」との電報が届く。スチーブンスの進言がようやく実現したわけである。

　ハワイならびにメキシコ視察のための費用がわずか1000円というのはずいぶん無茶な話であるが、今の尹致昊にとっては自腹を切ってでもハワイに行きたいところだったので、その後の彼の動きは迅速だった。翌29日には東京か

---

[40] これに先立ち、日本政府はハワイの朝鮮人移民を日本政府が掌握できるよう、駐ホノルル日本領事斎藤幹をして駐ホノルル韓国名誉領事を兼任させることを目論み、駐韓代理公使萩原守一を通して韓国政府にホノルルに名誉領事を置くことを勧めた。名誉領事派遣には同意したものの日本の意図を察した高宗は、韓国としては速やかに正規の領事を派遣するつもりであり、既に尹致昊を駐ホノルル領事として内定していると外部大臣をして萩原に通告せしめた。それでは日本側の目論みが外れることになるので、萩原は韓国がホノルルに新たに領事館を開くことを差し控えるように忠告することに決し、小村外務大臣の意見を求めた（『駐韓日本公使館記録23』、285〜86頁）。その結果、尹致昊のホノルル駐在領事は没となった。今回のハワイ視察旅行は実現しなかったその夢の復活である。

ら横浜に宿を移し、翌30日午後4時には早くも蒸気船満州丸でハワイをめざし横浜を出港した。

　午前11時に乗船して出港を待つ間に、日本の大陸殖民会社の「大匣（おおば）」（大庭、すなわち大庭貫一の誤りと思われる）なる人物が別れの挨拶と称してやってきて次のように言った。大陸会社の者は朝鮮人がハワイに移民することに反対している、なぜならそれは日本人移民に対して障害になるからであり、彼らとしては朝鮮人移民が日本人移民のいない、例えば、メキシコのような国々に向けられることを望んでいる、と。尹致昊は大庭（大匣）のこの会話から、ソウルの日本公使館がなぜ必死になって朝鮮人の移民を止めさせようとしているのか理解したという。

　出港10日後の9月8日、船はホノルルに到着、待ちかまえていた例のスウォンズィー氏の案内でホテルに落ち着いたのち、ハワイ総督、ホノルル駐在日本領事斎藤幹（たまたま尹致昊と同じ同人社の出身と分かる）らに会った。当日午後8時からさっそくメソジスト礼拝堂で約80名の朝鮮人を前に演説した。以後、9月8日に始まり10月2日まで3週間あまりにおよぶハワイ在住朝鮮人移民の視察旅行が始まる。

　その間の行程はオアフ島に5日（9月8～12日）、カウアイ島に4日（13～16日）、再びオアフ島に戻って3日（17～19日）、次いでハワイ島に渡り10日（20～29日）、最後にマウイ島に渡って4日（9月30～10月2日）過ごした後、10月3日、三たびオアフ島のホノルルに戻って同日午後3時、満州丸で横浜をめざして帰国の途に就くという強行軍だった。

　各島での行動は、島内にある農園で朝鮮人がいる所はほとんど隈なく訪れて教会・集会所に集まった朝鮮人に演説したのち話し合いをするというもので、宿所は農園管理人の家、農園から農園への移動は管理人の馬車によることが多かった。これはスウォンズィー氏が前もって手配してくれたものであろう。全行程を終えてオアフ島ホノルルのハワイアンホテルに戻った10月3日の日記では今回の視察旅行を総括して次のように述べる。

　　ホノルルに上陸して以来の25日間に、私はオアフ、カウアイ、ハワイ、マウイの4島、32の農園を訪れ、約5,000人の朝鮮人に41回演説した。

当時のハワイ諸島在住朝鮮人移民の総数については諸説があり正確なことは分からないが、1905年9月、韓国で発行された新聞によれば7000人あまりであったという（『續陰晴史・下』、光武9年9月21日）。すると今次視察旅行で尹致昊が演説した朝鮮人は全体の7割強になる。それら朝鮮人に関する詳細な記録が9月8日から10月2日にいたるまで1日も欠かすことなく綴られているのは驚嘆に値する。

　毎日、早朝に起床して活動を開始し、息つく暇もなく農園から農園へと馬車で（時には船で）移動しながら、時には夕食後にいたるまで朝鮮人移民に対して演説、集会、会話をこなしたことを考えると、就寝前に日記をつけることは相当な苦痛だったはずである。彼らハワイ在住朝鮮人に関する記録は恐らく当時ハワイで発行されていた新聞以外にないだろう。短期間に集中的に全島を廻ってのこれだけ詳細な記録は皆無と思われる。そのことを考えるとこの日記に残された朝鮮人移民の記録は奇跡の記録と言っても過言ではない。

　さて、オアフ島に戻った尹致昊は即日午後5時30分、満州丸でホノルルを抜錨、10月14日午前7時に横浜に入港して、約1ヵ月半におよぶハワイ視察旅行の幕を閉じた。

　最後に付け加えると、このハワイ旅行中に尹致昊が現地で会った朝鮮人の中に、玄楯（ヒョンスン）と宋憲樹（ソンホンス）がいた。両者はともにのちに上海臨時政府に関係して有名になるが、前者はオアフ島ワイアルアの農園で朝鮮人向けの伝道師をしていた（9月11日）。後者は視察終了後、尹致昊がホノルルから横浜に向う船中で同船した（10月3日）。

中止となったメキシコ移民視察旅行

　ところで日本視察団として東京滞在中に韓国外部から届いたハワイ移民視察の辞令には同時にメキシコ移民の視察も含まれていた。1902年12月に始まった朝鮮人ハワイ移民に続いて、1905年4月に1033人の朝鮮人移民がメキシコのユカタン半島におけるエネケン（リュウゼツランの一種）栽培の労働者として渡航していたからである*41。そのメキシコ移民視察に対する具体的な指示が外部から届いたのはカウアイ島の視察を終えてオアフ島のホノルルに帰ってきた9月18日のことである。

　在ホノルル日本領事斎藤幹を通じてもたらされた電報には、「正金銀行カラ490円受ケ取レ、ユンチホ、メキシコ旅費、外部、ソウル」と書かれてあった。ユカタン半島まで往復するには4週間、旅費のみで最低360円はかかる。そこで「490円受領ス。メキシコ行ニハ更ニ300米ドル〔600円〕不足　尹」という電報を翌日韓国外部に送ったが、返事は来ない。全日程が終了した10月3日になっても返事はない。そこでひとまず日本に帰ることにしたのである。

　東京到着2日後の10月16日、駐日韓国公使館からの使いがもたらした電報には、「尹ノ墨西哥旅行用経費600円ヲ郵船便デ送ル。即発行セヨ」とあった。しかし600円不足というのはハワイから直行する場合の話である。改めて東京から出発するには600円もらっても更に500円近くの不足である。そこで尹致昊は、外部に対して具体的に必要な費用についてはワシントン駐在韓国公使館に調査報告を依頼するよう折り返し打電した。

　外部からの返事が届く間に、当時まだ東京に帰還中であったスチーブンスおよび駐韓公使林権助と昼食を共にする機会があったが、席上、林からメキシコ派遣を中止するよう提案があり、これを受けてスチーブンスが尹致昊のメキシコ派遣を中止するよう外部に打電した（10月19日）。これに対して10月25日、外部大臣の朴斉純からスチーブンスに電話があり、尹致昊をメキシコに派遣するようにとの指示が改めてあったとの連絡がある。しかし旅費の件に関する具体的な回答がまだない。そこで尹致昊は28日、外部に向けて改めて「メキシコヘノ旅費、未着。帰国スベキカ？　返事待ツ」と打電した。これに対して同日遅くなって外部から帰国するようにとのメッセージが届いた。結局、メキシコ移民視察旅行は取り止めとなったのである。

　こうして尹致昊は5日後の11月2日、鳥居坂の義和宮に別れの挨拶をすませたのち、午後4時、品川駅から神戸をめざして帰国の途に就いた。11月5日、下関から対馬丸に乗船し、釜山を経て南大門駅に到着したのは6日深夜11時半。

＊41　1905年7〜8月の朝鮮の新聞『大東新報』によれば、1904年、日本人設立の「墨西哥殖民会社」がその支部を朝鮮各港に置き、メキシコは楽土であると喧伝して朝鮮人移民を募ったところ1020〜30人の貧しい朝鮮人が争ってこれに応募した。ところが実情は、日本人はメキシコが楽土ではないことを知りながら、メキシコ人から賄賂をもらって朝鮮人を騙したのだという──金允植『續陰晴史・下』光武9年乙巳8月13日。

7月15日にソウルを発って以来3ヵ月3週間ぶりのソウルだった。

2日後の11月8日に参内して高宗にハワイ視察旅行の報告を行ったが、皇帝からハワイ在住の朝鮮人に関する質問はほとんどなかったという。

3. 第2次日韓協約締結を悲観して官界を辞す

さて尹致昊が日本とハワイの視察に忙しく日々を送っている間に、日露戦争は講和条約締結に向け着々と進んでいた。日本視察団一行が桂首相を表敬訪問した7月25日、米国大統領ルーズベルトの娘アリスと陸軍長官タフトが日本に到着した。「東京は全市をあげてアメリカからの訪問客歓迎の熱気に酔いしれてい」たという（第6巻、1905年7月25日）。2日後の27日には桂とタフトの間にいわゆる「桂・タフト覚書（Taft-Katsura Agreement）」が交わされている[*42]。さらに8月12日には第2次日英同盟が調印され、尹致昊がハワイに向け横浜を出港してから6日後の9月5日にはポーツマス日露講和条約が調印された。これにより日本政府は朝鮮に対する日本の支配権承認を列強から取り付けることに成功したのである。

ほぼ4ヵ月ぶりに帰国した尹致昊が参内して高宗にハワイ視察の結果を報告したその2日後には、侯爵伊藤博文が特派大使としてソウルに入城した。伊藤の入城は王侯並の出迎えを受けたが、今回来韓した彼の目的が韓国政府を強制して保護条約に調印させることにあることを知らぬ者はなかったという（同前、1905年11月10日）。その後、11月18日に第2次日韓協約が締結されるにいたる経緯は日記につぶさに記録されているが、とりわけ17日の晩から翌日未明にかけての緊迫した様子を記録した11月18日の日記は第1級の1次史料である。

外部協弁辞任を申し出る

11月17日の晩、宮中で何が起こっているのか不安で眠れぬ夜を明かした尹致昊は翌早朝、外部庁舎にかけつけ、庁舎で夜を明かした主事の申泰定から一部始終を聞いた。即日、彼は外交顧問スチーブンスに次のような手紙を書いて

---

*42 この覚書は1924年に公表されるまでその存在は全く知られていなかった。

外部協弁を辞職することを通告した（第6巻、1905年11月18日）。

　　昨夜、条約が調印されました。それはここ数年の間に起こった一連の出来事
　　の不可避的な結果です。この結果に対して私は韓国におけるあらゆる災禍の
　　立案者であり総仕上げ人である人物〔高宗のこと〕を除いて誰をも責めるつ
　　もりはありません。ただ問題はその災禍がまだこれで全部終わったわけでは
　　ないということです。私は日本が単に大袈裟な美辞麗句やほとんど聞きあき
　　てしまった口約束によってではなく、この目で見ることのできる具体的な行
　　動と実例により韓国の利益を保護してくれることを期待――この期に及んで
　　まだ期待するとは私もほんとに愚か者ですが――します。調印されたばかり
　　の条約を目にして私は直ちにその調印が不可避であったことを理解しました。
　　そしてもうひとつ、同様に避けることのできない問題があります。すなわち、
　　私の辞任です。厚かましくも今日までなんとか屈辱に耐えながら現在の地位
　　をもちこたえてきました。しかしいかに恥知らずな私といえども、このよう
　　な屈辱的な状況にもはやこれ以上耐えることはできません。（以下省略）

　辞表を提出したのは尹致昊ばかりではない。協定に調印した大臣の中からも
次々に辞表を提出する者が現れた（李夏栄、権重顕）。皇帝に上疏する資格のあ
る者たちは連日のように協定締結反対を表明する疏状を提出した。主権喪失に
等しい協定が結ばれたことを知った国民の轟々たる非難の前にみずから閣僚に
とどまろうとする者は限られている。

伊藤博文による尹致昊の外部大臣昇格案

　ここに混乱を収拾する必要を認めた伊藤は11月28日、帰国のための別れの
挨拶を兼ねて参内して高宗に次のように進言した。

　　〔第2次日韓協約締結成った今〕差当り前後の処分に関し必要なるは人心をし
　　て一般に安堵ならしむること是なり、其の手段としては現内閣大臣を何処迄
　　〔も〕現職にあらしむるを以て得策と認む、博文此度各大臣と数回会見し良
　　や其の人物為人を察する事を得たり、皆各其の人を得たるものと確信す、就

中〔外部大臣の〕朴斉純の如きは内閣の首相として適任と認めらるるに付同氏を参政〔総理大臣〕に御専任ありて然るべく、又其後任には最早外部を特設するの必要なく、唯其職務を処理するに過ぎざれば協弁尹致昊をして暫く大臣署理たらしめらるれば足る儀と存ぜらる（此時林公使も亦傍らより大使の奏聞せらるる通り今夜中にも首相の御任命と同時に尹致昊の大臣代理を任命発表せられむことを望む旨を奏す）斯くして現状維持を主とし陛下も亦充分各大臣を御信頼ありて各々其職に尽瘁せしめられんことを望む、其の中には博文も又再び渡韓の機会あるべし。（「韓国奉使記録」別紙二「十一月二十八日午後三時半伊藤大使御暇乞を兼ね内謁見始末」：『駐韓日本公使館記録25』、172頁）

これに対して高宗は、「勿論なり、朕も亦た斯く信ず、決して大臣を変更するの意なし」と答えたという（同前）。高宗は伊藤の進言に従って即日、外部大臣朴斉純を議政府参政大臣（総理大臣）に、外部協弁尹致昊を署理外部大臣事務とする辞令を発した。尹致昊はこれを拒否してあくまで辞任を主張したが、伊藤の進言があった以上、皇帝もこれを撤回することはできない。かくて尹致昊は、辞表を提出したにもかかわらず12月13日になって李完用が臨時署理外部大臣に任命されるまで署理外部大臣事務としてとどまることになる（『高宗実録』光武9年12月13日）。

年が改まって1906年2月1日、統監府開庁式が行われた。翌2日には伊藤博文が初代統監として入城し、いよいよ統監府政治が本格的に始動する。

その後尹致昊は5月4日に在日韓国人留学生の監督に任命されるが、家族の事情により6月15日に辞任した。以後、彼はいよいよ民間人として本格的な活動を開始することになるが、『尹致昊日記』第6巻はその後、6月16日、7月2日、7月3日の3日分が書かれたのみで終わる。それから先、第7巻の開始までには9年半の長い空白が横たわっている。

4. 馬秀珍夫人の死、白梅麗との再婚

第2次日韓協約締結に将来を悲観した尹致昊はこれを機会に永久に官界を去ることを決意した。韓国の主権喪失がその直接的な理由であるが、この決断の

背後にはそれを後押しする伏線があった。11年間苦楽を共にした馬秀珍夫人の突然の死である。

1904年8月の第1回総攻撃の失敗後、10月に行われた第2回総攻撃を以てしてもなお陥ちなかった旅順要塞が1905年1月1日、第3回総攻撃により遂に陥ちた。これにより日露戦の趨勢はほぼ日本勝利と決した。戦況がこのように推移する中、1905年2月10日、馬秀珍夫人が突然亡くなった。死因は子宮外妊娠だった。

彼女が最初に腹部に激しい痛みを訴えたのは同年1月13日から15日にかけてだった。貞洞にあるメソジスト系婦人病院である保救女館の女医カトラー先生（Dr. Cutler）に診てもらったが、彼女はしばらく病因を同定することができなかった。そこでセブランス病院のアヴィソン博士（Dr. O.R. Avison）に診てもらったところ、博士は子宮外妊娠の可能性を示唆した。この診断に基づき1月30日、彼女を保救女館に入院させた。

入院後も馬夫人は激しい痛みを訴え続けた。2月9日になり、アヴィソン博士は彼女が重態であること、今は手術に賭けるしかないことを尹致昊に伝えた。同日夕、患者を保救女館からセブランス病院に移し、午後7時10分からアヴィソン、マンチ（Dr. Munch）、カトラー、ハースト（Dr. Hirst）ら4人の医師により手術が行われた。8時50分、手術は終了し病因は子宮外妊娠であることが明らかになった。

翌10日早朝、尹致昊が病院に妻を見舞った時には意識はしっかりしていて術後の経過は良好のように思われた。ひとまず安心した彼は、午前10時から外部庁舎において中国公使を接待する必要があったので、妻を後にして職場に向かった。

ところが午後4時になって外部の彼のもとにアヴィソン博士から伝言が届く。「まことに残念ながら、夫人は2時、静かに、しかし突然亡くなりました」。

彼女の突然の死は尹致昊に大きなショックを与えた。ショックがいかに大きかったかはその後の日記に表れている。

彼女が死んだ当日2月10日付の日記には、彼女が腹部に激痛を訴えた1月13日から2月10日の突然の死にいたるまで、彼女の容態の変化、手術の様子、2時間も遅れて訃報が届いた経緯、等々が時系列に従って克明に記録されている。

ところが同じこの日の日記に、3日後に行われた葬儀の様子が記され、さらに
葬儀が終わったのちの14日、15日、一家が暮らしていたソウル薬峴の自宅で
夫人の遺品を整理した話が続いている。要するに1月13日の発病から葬儀後の
遺品整理にいたるまでの一切が2月10日付でまとめ書きされている。本来なら
「2月15日」とすべき日付を夫人が死んだ当日の日付にしているのである。

　これに続く日記は3月10日に始まるが、以後、7月4日にいたるまでの日記
はすべて「天使となった我が亡き妻に」という死んだ夫人に対する呼びかけで
始まっている。日記が元の形式に戻るのは日本視察団の一員として日本派遣が
決まった7月10日以後のことになる。しかしその後も、日本視察中の8月4日、
および12月25日（クリスマス当日）には「天国にいる我が妻よ！」という呼び
かけの形式で書かれていることからすると、たとえ天国にいる妻への呼びかけ
で始まらない場合でも、同年3月10日以後の日記は天国にいる亡き妻へ語りか
けるつもりで書かれているのではないかと思われる。一例として4月20日の日
記は次のようになっている。

　　天使となった我が愛する妻に。君よ、私の愛しい妻、私の天使よ、このまえ
　　君に手紙を書いてからちょうど1ヵ月が過ぎた。先週の日曜日、16日の日に
　　子供たちと私は君のお墓参りのために外人墓地に行ってきた。子供たちが
　　「お母さんのお墓だ！」というのを聞いただけでもう私の目には涙がいっぱ
　　いになった。彼らはこんなに幼く、まだまだ母親のキスと乳房と愛が必要な
　　のに母親の墓の話をしなければならないとは！　君の墓に供えるために家か
　　ら桃の花を持っていった。君が去年植えた花は小さな葉を出した。草花の葉
　　も花も、毎年散ってもまた翌年には芽を出し花開くが、私の花、君は永遠に
　　散ってもう二度と戻ってはこない。ただ私を元気づけてくれる唯一の慰め、
　　遠い地平線を神々しい虹で輝かせてくれる唯一の慰めは、やがて時がたてば
　　再び君のその輝くばかりの美しさとその不滅の愛とともに君をこの私の胸の
　　中にしっかりと抱き締めることができるということだ。さあ、それではこの
　　前君に手紙を書いてから起こったことを簡単に報告しよう。（後略）

　尹致昊にとって馬秀珍夫人は理想の女性だった。8月4日の日記には「天国

214

にいる我が妻よ！……永遠なる私の恋人、大事な大事な私の妻、探しに捜し求めた私の天使である君」とある。

　生涯、尹致昊にとって馬秀珍夫人は天使であり、彼が日記をつける時にはいつも傍らに彼女があったように思われる。

　ところが、死んだ馬秀珍夫人が天使となって彼の心の中に住みはじめたのと時を同じくして、1人の若い女性が新たな妻として尹致昊の前に現れた。実は上述4月20日の日記が書かれた3日後に彼は白梅麗（ベクメリョ）と再婚していたのである[43]。彼女は尹致昊より25歳年下だった。

白梅麗との再婚

　馬夫人が死んだ時、後には4人の子供が残された。長女鳳姫（10歳）、長男永善（8歳）、次男光善（6歳）、次女龍姫（1歳10ヵ月）である。幼い彼らの養育を心配したのは尹致昊自身より彼の母親（61歳）だった。馬夫人の死後、直ちに彼女は息子の後妻の物色にとりかかった。そして夫人の死後40日が経過した3月20日にはすでに婚約が成立していた（第6巻、1905年3月21日）。花嫁の選択、婚約から結婚式にいたる一切の手続きは母親がやったという。再婚という大事な問題を母親まかせにした理由を尹致昊は、「家族と家計への配慮は勿論であるが、独身を通すことによりもたらされる悪を取るか、結婚することにより痛手を癒すかの特殊具体的な問題となれば、私は後者を選ばざるを得ない」と述べている（同前、4月20日）。

　恐らく彼は馬夫人を失った悲しみのあまり、生涯の伴侶を選択することがいかに重要な問題であるかに無関心だった。再婚するに当たり、彼はゲイル博士に宛てた手紙で次のように述べている（第6巻、1905年4月20日）。

　　こういう結婚から私が期待するものは何もありません。……従って、たとえ

＊43　尹致昊と白梅麗との結婚が1905年4月23日であることは第6巻、1905年5月10日に明記されている。しかるに金永義『佐翁尹致昊先生略伝』の第25章「米国旅行」冒頭には1907年3月に白梅麗と結婚したとある。どのような経緯でこのような誤解が生まれたのか定かでないが、以後、この記載を根拠として金相泰『尹致昊日記』（歴史批評社、2001）巻末に付された年譜も「1907年3月（43歳）、白梅麗と再婚する」とある。韓国における尹致昊伝記には『尹致昊日記』本体を読まず、『略伝』のみに基づいた、これに類する誤りがこの他にも沢山ある。要注意。

1905年の再婚時に撮った記念写真。左が尹致昊の
実母全州李氏、右が白梅麗夫人。

ば私が今度の結婚から何ら
かの幸福を期待するとする
ならば、それはあくまでも
当然のこととしてではなく、
予期せぬ贈り物、嬉しくは
あるが、にもかかわらずあ
くまで望外の神の恵みとし
て受け入れるべきではない
でしょうか？

しかし現実は「幸福を期待す
る」どころか、まさにその逆だ
った。第7巻に始まる10年後の
夫婦生活がひたすら忍耐の連続
の日々となることをこの時、彼
は夢にだに予想しなかった。

1894年に結婚して以来97年
から98年にいたる波乱万丈の独立協会時代に苦楽を共にし、99年から1904年
にいたる地方官吏時代の不便な生活に耐えながら、4人の子供を尹致昊にもた
らした最愛の女性をわずか1ヵ月で忘れることなどできるはずがない。おまけ
に新婦は40歳の尹致昊に対して15歳の少女である。長女の鳳姫が10歳だった
から、妻というより娘のような年齢である。白梅麗夫人との新婚生活は尹致昊
にとってのみならず新妻にとっても苦痛だったのではないか。

　恐らく、その苦痛と馬夫人を失った悲しみから逃れるためであろう、再婚後
まもなく尹致昊は外交顧問のスチーブンスを通じて、日本に旅行できるよう高
宗に依頼した（同前、1905年6月20日）。7月に彼が日本視察団一行に加えら
れることになったのは、その結果である。かくて彼は、7月15日から11月6日に
及ぶ長期にわたり、新婚ほやほやの新妻を後に残して、日本およびハワイ視察
旅行に出かけることになったのである。

　この頃すでに、日露戦争は日本海海戦における日本の勝利（5月28日）によ

り講和への動きが加速している。外部協弁という要職にありながら、この重要な時期に4ヵ月近く本国を留守にすることは官吏としての政治生命を放棄するにひとしい。この時すでに第2次日韓協約の締結とともに尹致昊が辞表を提出する下地は整えられていたように思われる。最愛の伴侶であった馬夫人を失ったことが、彼が官界との訣別を決意する要因のひとつとなったことは否めないであろう。

5.　パトロンからの離反：父尹雄烈と皇帝高宗

　第2次日韓協約締結後、尹致昊が官界を去る決意をした背景には馬秀珍夫人の突然の死以外にも伏線があった。フロイト流に言えば、尹致昊にとっての"父親殺し（patricide）"の問題である。

　尹致昊がわずか18歳にして初代駐韓米国公使ルーシアス・フートの通訳として華々しく朝鮮政界にデビューした背景には彼を支えた強力なパトロンの存在があった。そもそも彼がフート公使の通訳となる切っかけとなったのは彼の日本留学である。それに先立って彼の日本留学が実現したのは、1881年の紳士遊覧団の一員として彼が日本に派遣されたからである。その遊覧団の一員となるに当たっては、前年、修信使金弘集一行の随員として来日した父尹雄烈の影響力がものを言っている。

　前年に父が開拓した人脈により、彼は福沢、井上ら当代一流の日本の指導者と親しく接することができた。また当時、日本に滞在中だった金玉均、徐光範、卓挺埴らに近づくことができたのも開化派であった父の人脈による。フートが朝鮮赴任の途次、横浜に立寄ったとき、彼の朝鮮語通訳として尹致昊を薦めたのは井上、福沢である。

　かくて1883年春、フート公使の通訳として帰国した尹致昊は高宗夫妻とフートの連絡係として自由に国王夫妻に謁見することが可能になった。フートに対する国王夫妻の信頼には絶大なものがあり、英語を話せる朝鮮人が皆無であった当時において、わずか18歳にして摩訶不思議な外国語を操り、フートとの会話を仲立ちする若者は一躍、国王夫妻の寵児となった。

　ところが甲申政変後、クーデタに加担したとの嫌疑を受け、彼に対する守旧

派の追及が強まると、高宗は一時、彼を守旧派の追及から避難させるため国外留学の道を開いてくれた。

その後、10年間の海外亡命生活を余儀なくされたが、1895年に帰国を果たすや、内閣参議を振り出しに学部協弁、外部協弁を歴任することができた。これも国王高宗と父尹雄烈という強力なバックがあったからである。

1897〜98年の独立協会時代にあっては立場上、高宗と対立することが多かった。しかし両者の対立は決定的になるにはいたらなかった。独立協会、万民共同会の運動が瓦解したのち、尹致昊に対して強まる反対派の糾弾を抑え、彼が地方官吏として一時ソウルを離れて守旧派の糾弾の手を免れることができるよう配慮してくれたのも高宗であろう（第5巻、1899年1月24日）。

ここまでは父親、国王という2人のパトロンとの関係は概ね良好だった。少なくとも決定的な破綻にはいたっていない。ところが5年間の左遷時代を終えて、1904年に再び中央政界に復帰してから尹致昊と両者との関係は一変する。

父尹雄烈との葛藤

尹致昊が朝鮮政界にデビューして以来、絶えず強力な後ろ盾となってくれた父尹雄烈に対して彼が強い不満を抱くようになった背景には、ほぼ10年間におよぶ長い海外留学生活において彼が体験した新しい価値観がある。とりわけ1888年暮から93年10月にいたる約5年間の米国留学中に彼が接した米国人の家庭生活は、家族のあり方に対する彼の考え方を大きく変え、父親との対立を避けがたいものとした。

一夫一婦を前提とし親子2世代が同じ食卓を囲んで年齢差、男女の性別にかかわりなく自由に会話を楽しみながら食事をする家族団欒の光景。彼が米国で身近に接したこの光景は、家族というものに対するそれまでの彼の考えを大きく揺るがした。両親と子供は食事を別にし、しかも食事中は会話を許さない習慣の中で育った彼には驚きであるとともに、生まれて初めて家庭の温かみ、親子関係のあるべき姿を知った。

彼が10年ぶりに帰国した当初は、妻子を上海に残したままであったので父との間に問題は起こらなかった。その後、妻子を上海から呼び寄せた後も、両親とは別に新居を構え、当時としては珍しい核家族の生活を楽しんだ。1899

年から1904年にいたる5年間の地方官吏時代には、不便ながらも夫婦と子供た
ちだけで家族水入らずの楽しい団欒の時を過ごす機会を得た。恐らくこの5年
間が尹致昊にとって生涯で最も幸せな家庭生活を送ることができた時期であっ
たと思われる。

　ところが1903年6月、徳源監理を辞した尹致昊は──天安郡守に任命される
までの短期間──妻子ともども、ソウル典洞にある父の家に一時同居すること
になった。ここに初めて家族のあり方と家の構造をめぐって父との対立が鮮明
になる。

　　　1903年6月19日　父の家にいると実に惨めな気持ちになる。快適さと家政に
　　　対する考えが父と私とではまるでちがう。まず父はこの家に3人も妻を持っ
　　　ている。家庭におけるこの無秩序の根源を辛うじて食い止めているのは、た
　　　だただ驚嘆に値する母〔実母全州李氏〕の賢さと忍耐力と能力だけである。
　　　部屋、部屋、部屋……。この家には部屋がいっぱいある。にもかかわらず私
　　　が落ち着くことができ、そしてプライバシーを維持できるような部屋はひと
　　　つとしてない。…（中略）…私の妻と子供たち〔2男2女〕は縦2間、横1間
　　　半の1部屋で寝起きしなければならない。家はとても不快な臭いのする水溜
　　　まり（ママ）によって取り巻かれている。

　地方官吏時代の親子水入らずの家族生活から一転して、同じ屋根の下で1人
の父親とその3人の"妻"が同居する生活（第7章の1を参照）、3人の異なる母親
から生まれながら同じ1人の父親を持つ大勢の子供たちが雑居する無秩序この
うえない生活が始まる。

　倫理観の欠如に加えて、さらに衛生観念の欠如がある。当時の両班家庭にお
いてはトイレがなく「御虎子」や「尿瓶」を用いており、容器がいっぱいにな
ると中身を内庭に捨てた。「不快な臭いのする水溜まり」とはそのことである。

　衛生観念の欠如に加えて、父親には自己の地位を利用した汚職に対する倫理
観念も欠如している。父の口癖は、「ワシがもらわなければ他人に取られるだ
けだ」、あるいは、「こんな汚い世の中で正直にやっても損するだけだ」（第5巻、
1901年1月1日）であり、「要するに、人気のある地方官吏が必ずしも最善の地

方官吏であるとはかぎらぬ。最善の地方官吏とは権力を持っている連中の私的利益を尊重する術を心得ている官吏であるというにすぎぬ」（同前、1899年2月10日）というのが彼の人生観、処世術だった。

　だが500年におよぶ陋習にどっぷりつかった父親にいくら抵抗しても無駄だった。長い抵抗の末に尹致昊は結局、父の権力の前に泣き寝入りするしかなかった。

　　　　1906年3月21日（前略）　古くさく腐敗した朝鮮！　その芬々たる悪臭にまみれた旧態依然たること以外に私が何を言おうと、全て父の頑強な反対にさえぎられてしまうため、自分の家庭を改革することにかけて、私は全く無力である。それを思うと私は自分自身があまりにも惨めだった。

　かつて彼を政界に送り出し、たえず陰で擁護してくれた父は、今や家庭と政界における旧習を打破しようと悪戦苦闘する息子の前に立ちはだかる大きな壁となった。独立協会時代には近代化の一環として旧態依然たる官吏の腐敗を是正することを訴えつづけてきたが、気が付いて見れば自分の父親こそ、その腐敗官吏の典型であった。その父親さえ変えることができない無力な自分がこれ以上政界にとどまっても祖国の近代化など夢のまた夢である。

　父親との対立を通じて尹致昊は、政界内にとどまってする朝鮮近代化には限界があることを次第に認識するようになったものと思われる。

高宗に対する呪詛

　1902年9月8日は高宗の生誕50周年にあたるとともに、この年は即位40周年に当たる。この記念すべき日を前にソウルの新聞『皇城新聞』が皇帝の業績を称える社説を発表した。任地の徳源（元山）でこの記事を読んだ尹致昊はあまりにも見え透いたオベッカに腹を立て、高宗在位40年に対する彼自身の評価を次のように総括した（第6巻、1902年9月7日）。

　　　　(1) 皇帝の王宮が日本兵により3度侵されたこと。　(2) 日本人による王后暗殺。　(3) 陛下とその父親〔大院君〕との間の異常なまでの確執。　(4) 日本

のお蔭を被って中国人を韓国から追い出し、その結果、王が皇帝に昇格した
こと。　(5) 陛下がロシア公使館に避難したこと〔俄館播遷〕。　(6) 取るに足
りない利益のために、かけがえのない韓国の利権を諸外国に譲渡してしまっ
たこと。　(7) すばらしい改革を何度も約束しておきながら、そのつど陛下
はこれを反古にしてきたこと。　(8) 陛下が最近新たに様々な部局を設置し、
各局ごとに局長、副局長、主事、局員等々、余計なポストをいっぱい新設し
たこと。既存の政府部署の他に以下のようなものがまたぞろある。 (後略)

どのひとつをとっても在位40年の事績として誇れるようなものはない。しか
し独立協会時代まではこのような高宗に対して、李朝500年において最も困難
な時代に君主を引き受けることになったその不幸に同情するとともに、自分を
引き立て擁護してくれた主君として感謝の気持ちを抱いていた。それが5年に
およぶ地方官吏生活ののち、中央に呼び戻されて外部協弁となり、身近に高宗
の言動に接するようになって以来、高宗に対する評価は急速に悪化する。

　外部協弁となって間もない1904年8月21日、前触れもなく外部大臣李夏栄
の代理を命ぜられ、尹致昊自身は反対したにもかかわらず第1次日韓協約の調
印者に仕立て上げられた。以来、高宗に裏切られたという思いが募る。

　同年9月30日の日記には高宗を指して「あの悪魔に魂を売り渡したE」とい
う過激な言葉が登場する。"E"というのは"Emperor"の略号である。さらに10
月13日になるとますますエスカレートして「過去40年間にわたり度し難く、
言語に絶し、そして許し難い我がままと悪意により、韓国の上に次々と恥の上
塗りをしてきたあの男（?）に呪いあれ！」という呪詛となって表れる。

　皇帝に対してこのように過激かつ不穏な言葉を尹致昊が用いるようになった
のは、彼一個の個人的感情に基づくものではない。当時、儒学者として名声の
高かった崔益鉉は「皇帝が急速に破滅しつつあることを朝鮮の全人民が嘆いて
いること、および陛下が内政改革を導入しないかぎり隣接する敵国に国を乗っ
取られてしまうであろうことを皇帝に喚起させるとともにその恥ずべき非道を
暴き立て」る内容を盛った「秋霜烈日のごとき疏」を上呈していた（第6巻、
1905年3月21日、および『高宗実録』、光武9年1月14日）。

　事実、当時の高宗の生活は昼夜が逆になり、毎日、就寝するのは午前4時過

ぎ、起床するのは正午過ぎであり、宮中にはムーダン（女性霊媒師）、バクス（男性霊媒師）、占星術師、風水師等、あらゆる種類の占い師、大衆芸人が出入りしていた（第6巻、1904年4月15日、4月26日）。また皇室の収入は売官に大きく依存していたので官吏のポストは数週間をたたずに入れ替わる。漢城判尹のポストが4日間に3度、交替したことさえあった（同前、1904年8月7日、1905年7月10日）。

　守旧派の象徴的存在であった崔益鉉がこのように諫疏しなければならなかったということが事態の深刻さを物語っていた。

　1905年11月、特派大使伊藤博文がソウルに入城し、同18日、ついに第2次日韓協約が締結される。11月30日、第2次日韓協約の「廃約」を上疏して聞き入れられなかった閔泳煥が自決した。同じ日、外交権の喪失によりいずれ公使館の撤退を余儀なくされることを見越して英国公使J・N・ジョーダンが早くも帰国の途に就いた。当日の日記は、ついに高宗を指して「大魔王（Beelzebub）」と呼ぶにいたる（第6巻、1905年11月30日）。

　　今朝6時頃、閔泳煥大将閣下が自殺した。どうせ死ぬ覚悟であったのなら私は閣下に戦って死んでほしかった。閣下の秘めた勇気に栄光あれ！　閣下の愛国心に栄光あれ！　閣下の英雄的な死に栄光あれ！　死ぬことにより閣下は生きていた場合よりも大きな功績を残すであろう。
　　午後になって、大勢の青年たちが鍾路の大群衆に向かって愛国演説会をした、否、しようとした。彼らは日本憲兵と兵隊により解散させられた。この時生じた乱闘騒ぎにおいて日本人憲兵1人と巡査部長1人が投石のため怪我をした。日本人は100名以上の朝鮮人を逮捕した。その光景はそれを見ていた者たちにちょうどこの鍾路において1898年に起きた同様の事件〔万民共同会の政府弾劾集会〕を思い出させた。ただしあの時は群衆を蹴散らした者は朝鮮兵士だった。あの時もやはり11月だった。皇帝は彼の取巻きの腹黒い参議たちに関して民衆が真実を述べたという理由を以て、そして彼らが改革を要求したという理由を以て皇帝自身の臣民を棍棒で殴り、銃剣を向けた。今度は日本人が皇帝に対してそれと全く同じことをしている。
　　今朝、英国公使のJ・N・ジョーダン卿とM・ブラウン〔総税務司、度支部

顧問〕がソウルを発った——彼らは二度とソウルの土を踏むことはないだろ
う。米国公使のモーガン氏もあと1週間かそこらで発つだろう。ソウルの公
使館にいる残りの人たちも次々と後を追うことになるだろう。かくてその存
在によってもたらされる威厳と便宜が韓国にとって不可欠の人々が不快感を
胸に去っていく一方で、世界中の人々——とりわけ朝鮮の人々——が無間地
獄に堕ちて業火に苛まれるがよいと望んでいる大魔王（Beelzebub）とその配
下の小悪魔（his devils）たちは彼らの手下のゴロツキどもが挙げた手柄を目
にして涼しい顔をして悦に入っている。神よ、これが正義というものでしょ
うか？

　"大魔王（Beelzebub）"という言葉はマタイ福音書12章およびマルコ福音書3
章のいわゆる「ベルゼブル論争」を踏んだ表現である。ベルゼブル論争自体が
分かりにくい内容なので、それを尹致昊がどのように理解し、ここの文章に結
び付けているかを詳らかにすることはできない。しかし少なくとも彼が、高宗
を以てイエスの敵である悪魔（Satan=devil）の大頭目、大魔王（Beelzebub）に
擬し、その取巻きの側近たちを小悪魔としたことは、高宗に対する当時の彼の
不信感、嫌悪感の激しさを表している。
　優柔不断な高宗は、日韓保護条約の締結を迫る伊藤に対して、締結可否の判
断を閣僚たちに丸投げにすることで責任逃れをする一方で、ハルバートを密使
として米国に派遣した。1882年の米韓条約に基づき、韓国に対する日本の強
圧的政策につき善処してくれるよう米国政府に訴えようとしたのである。計画
は失敗したが、その後も高宗の秘密工作は続き、ついに1907年のハーグ密使
事件の発覚となり、結局、伊藤に強制退位させられることになった。
　以上のような経緯があったために、保護条約締結前後まで高宗は国民の非難
と嘆きの的であった。にもかかわらず、強制退位以後、一転して国権喪失の悲
劇を象徴する存在となり、国民の同情を一身に集めることになった。
　しかし尹致昊からすれば、1882年の壬午軍乱以来、1905年の第2次日韓協約
締結にいたるまで、繰り返し国政改革の必要が叫ばれながら、つねに当座の弥
縫策でお茶を濁すにとどまり、真剣に内政改革に取り組もうとしなかった人間
が、すでに国権を失った後に慌てて米国はじめ世界列強に助けを求めるなど茶

番にすぎないと思われた。すなわち、高宗が専制君主として帝位にあるかぎり、残念ながら韓国政府自身の手による内政改革は不可能であると断念したものと思われる。

　かくして父尹雄烈、皇帝高宗というかつての強力なパトロンから離反した尹致昊は韓国政府内部からの内政改革に見切りをつけ、民間人としての内政改革に方向転換することになったのである。

6. 松都韓英書院の初代院長となる

　第2次日韓協約の締結後、官吏としての世界に決別した尹致昊は活動の場を宗教、教育の世界へと大きく転換させた。もちろん1895年の帰国以来、朝鮮南監理教会（米国南メソジスト教会の朝鮮支部）の一員として同教会の朝鮮布教のために尽くしてきた。また1903年に皇城基督教青年会（韓国YMCA）が設立されるとその理事としての役割を果たしてきた。しかしそれはあくまでも外部協弁という政府の要職をこなしながらの片手間仕事であった。

　ところが尹致昊が民間人となった1906年9月、彼が属する朝鮮南監理教会の第10回年会が開催されることになり、このとき同教会の朝鮮布教10周年を記念して米国南メソジスト本部からW・A・キャンドラー監督が訪韓したことにより尹致昊に新たな世界が開けることになる。

　米国留学中、尹致昊はヴァンダービルト大学卒業後、エモリー大学に入学したが、この大学の学長がすなわちキャンドラーであった。エモリー在学中の夏休み、尹致昊は南部諸州に点在する教会を巡回しながら祖国朝鮮の実情を紹介し、朝鮮に対する理解と宣教師の派遣を訴えた。この巡回講演旅行において彼の演説を聞き同情した聴衆が寄付してくれた小額の献金が3夏の講演旅行の終わりに必要経費を差し引き200ドルあまりに達した。米国を去るにあたり彼はこのカネをキャンドラーに託し、いつの日か、祖国に帰ることができたなら祖国再興のためキリスト教精神による学校を設立したい、ついてはこれをその足しにして欲しいと頼んで別れたのである。

　ソウル滞在中、キャンドラーはかつての尹致昊の夢を実現させるため、米国本部の資金により松都（現開城）に監理教会経営の私立学校を設立し、これを

松都地方における南部メソジスト布教の拠点とすることに決定して尹致昊にその校長就任を依頼した。紆余曲折はあったものの学校は韓英書院と名づけられ1906年10月からスタートすることになる。

　こうして尹致昊はソウルと松都の間を往復しながら、ソウルのYMCAと松都の韓英書院を拠点として新たな活動に乗りだすことになるが、その主要な部分はみな『尹致昊日記』第6巻以後の空白部分に該当する。この空白期間には1912年2月に逮捕されるまでの間に、大韓自彊会会長、大成学校校長、青年学友会設立委員長、等々、民間における実力養成運動の指導者としての仕事があり、1897年から98年にかけての独立協会時代と並んで尹致昊の生涯の中でも最も輝かしい活躍の時代とされる。

　だが、日本（とりわけ統監伊藤博文、韓国外交顧問スチーブンス）の強い要請にもかかわらず韓国政府閣僚として止まることを拒否し、一民間人として民族の実力養成運動に専心したという正にそのことが、後に反日運動の最高指導者として105人事件の首謀者に仕立て上げられる原因となったことも否めない。次章においてはこの問題について『尹致昊日記』以外の資料を用いて検討することにする。

第6章
空白の9年半
1907～1915年

　すでに何度か触れたように『尹致昊日記』第6巻（1903年1月1日～06年7月3日）と第7巻（1916年1月1日～1919年12月31日）の間には約9年半におよぶ長い空白期間が横たわる。この空白期間について、日記を刊行した大韓民国国史編纂委員会の解説はいっさい触れていない。この9年半の間、果たして尹致昊は日記を書かなかったのか？　それとも日記は書かれたが何らかの理由で逸失したものか？

　この疑問を解くための手掛かりを与えてくれる史料が2つある。ひとつは105人事件に関する公判資料であり、もうひとつはすでに何度か言及したことのある金永義『佐翁尹致昊先生略伝』である。

　まず公判資料に関して言えば、105人事件に対する第2審第11回公判（1912年12月7日開廷）における被告李龍赫の訊問において尹致昊の弁護人を務めた小川平吉は次のように述べている。「被告〔尹致昊〕所有の米国滞在中に所持しおりたる日記帳によりてその一昨年〔1910年〕11月27・8日頃、京城行の乗車券を購入せしや否や金銭の出入を明記しあれば取調べあり度」（『韓民族独立運動史資料集・2』大韓民国国史編纂委員会、548頁）。

　尹致昊は1910年1月8日にソウルを出発して米国に渡り、該地でメソジスト平信徒大会に出席する等、5月下旬まで過ごした（第6章の3を参照）。次いで英国エディンバラに渡って万国宣教師会議に出席したのち、同年7月16日にソウルに帰還した。この事実と上記、小川平吉弁護士の発言とを合わせ考えると、少なくとも尹致昊は1910年1月から同年11月27・8日頃までのことを記した日記を所持していたことになる。

　次は金永義『佐翁尹致昊先生略伝』である。1934年に尹致昊が古希を迎え

るにあたって朝鮮南監理教会関係者の間で同教会入信者第1号である彼の伝記編纂作業の計画が持ちあがった。当初、英文による伝記と朝鮮語による伝記のふたつが計画された。英文伝記を計画したのは米国南メソジスト女性宣教師ミス・ワグナー（Ellasue C. Wagner：1904年来韓、好壽敦女学校校長などを歴任）であったが、彼女は計画を進める過程で様々な困難に遭遇した。「日記から豊富に引用しながらありのままに英語で書いたら、当局の激怒にさらされることになるばかりか、まだ存命中の多くの朝鮮人の激怒を買うことになるだろう」と考えた彼女は伝記を書くことをしばらく断念することにした（第10巻、1935年1月5日）。英語で伝記を書く以上、当然、日記からの引用は原文どおりの英語とせざるを得ない。当局の検閲は誤魔化しようがない。

　一方、朝鮮語の伝記を計画した金永義も原稿執筆中に当局から呼び出しを受けた（同前、1934年11月16日）。しかしこちらは英語を朝鮮語に翻訳する際に多少の融通がきく。加えて南監理教会の一員として大先達尹致昊の古希記念は是非とも形にして残さなければならない。こうして『佐翁尹致昊先生略伝』は1934年11月15日に上梓される運びとなった。しかし、実際に発行された『略伝』は当局による大幅な検閲削除を受けた。削除された部分はすべて尹致昊が民間人となった1905年以降に集中している。その削除された部分を前後を含めて整理すれば次のとおりである。ちなみに全体は尹致昊の出生から説き起こした「第一章　時代相」から、古希を迎える彼の近況を伝える「第三十二章　光輝の余生」にいたる全32章、260頁余から成っている。

　　「第二十一章　官職を離れて」：削除なし。
　　「第二十二章　自強会」：最初の6行のみ原文のまま、以下105行にわたり削除
　　「第二十三章　（タイトル不明）」：全文削除
　　「第二十四章　教育事業」：削除なし
　　「第二十五章　米国廻遊」：2頁後半で5行削除／3頁後半以下112行にわたり
　　　全文削除
　　「第二十六章　百五人事件」：削除なし
　　「第二十七章　佐翁先生と基督教青年会」：削除なし
　　　　　＊削除された行数は原文の当該個所に（　　）に入れて記されている。

これによれば、当局が関心を持っていたのは尹致昊が大韓自強会（自彊会とも）の会長に推された（1906年4月14日）頃から、105人事件の最高指導者として逮捕された1912年2月4日までであったことが分かる。逮捕されたのちの拘留および服役期間（ほぼ3年）には日記を書けなかったはずであるから、検閲削除を受けた期間はまさに空白の9年半の前半部分、すなわち1906年7月4日から尹致昊逮捕の1912年2月4日にいたる5年8ヵ月に該当する。空白の9年半が105人事件による尹致昊逮捕と大きく関わっていることは明らかである。

『略伝』を執筆するにあたり、金永義が尹致昊から日記原本を借り受けたことは確実である。たとえば「第二十五章　米国廻遊」において米国到着後の尹致昊がサンフランシスコ、アトランタ、ヴァージニア、チャタヌーガなどから家族に送った手紙が朝鮮語あるいは英文によりカッコ付きで引用されているほか、所々に引用符付きで日記からの引用がある。大幅に削除された二十二章、二十三章については確認できないが、事情は同じであると推測される。

以上のことから結論すると、少なくとも1934年に金永義が『略伝』を執筆した当時には1906年7月以降1912年2月にいたる『尹致昊日記』が存在していたことはほぼ確実である。しかしその後、それがどうなったかは不明である。総督府当局が検閲時に押収した可能性が最も高いが、この部分が当局から問題視されたことを考慮して尹致昊自身が遺族に日記を残すにあたり、この部分だけを除外した可能性も排除できない。

いずれにせよ日記が現存しない以上、空白の9年半における尹致昊について知るには日記以外の史料により埋め合わせるしかない。『略伝』からは大成学校および青年学友会に関する事柄が全面的に削除されているので、以下、この両者に焦点を当てて述べることにする。

1.　大成学校の設立

安昌浩の帰国

1907年2月6日、統監府に1通の怪文書が届いた。日付は1906年4月28日、差出人は米国シカゴ在住の朝鮮人「金益完」以下5名となっており、宛名は伊藤博文となっていた。その内容は、一部の固有名詞が漢字で書かれていたほか

は英文で書かれており、次のようなものだった。最近、米国サンフランシスコ、ロサンゼルス在住の朝鮮人から成る「工立協会〔共立協会の誤り〕」なる組織が結成され、統監府を倒し伊藤博文を殺害することを目的としている。その指導者は安昌鎬〔安昌浩〕、宋錫峻、林致院の3名であり、うち安昌鎬は1907年1月20日から24日にかけて朝鮮に上陸するはずである。彼らにより朝鮮に悲劇がもたらされるの未然に防ぐべく、貴殿が十分な準備をされることを望む。と同時に安昌鎬が二度と米国に戻れないようにするとともに、当地にいる宋錫峻、林致院も朝鮮に引致して欲しい（『韓国近代史資料集成3：要視察韓国人挙動』大韓民国国史編纂委員会編、165～66頁）。

　1週間後の1月13日、再びほぼ同趣旨の怪文書が届いた。ただし今度の差出人は前回とは別人でニューヨークのブルックリン在住「閔柄湖」以下3名となっており、日付は1907年1月7日となっていた。また安昌鎬は1月後半に朝鮮に向け出発する予定であるとなっていた（同前、166～67頁）。

　この報告を統監府農工商部総長木内重四郎から受けた日本外務省の珍田捨己次官は2月21日、外務大臣名で米国サンフランシスコ、シカゴ、ニューヨークの（総）領事宛に上記怪文書の差出人に関する調査を依頼した。ところがその回答の来る前に、安昌浩は太平洋を横断して一時、東京に立寄ったのち、同年2月20日、すでにソウルに到着していた（同前、170～71頁）。

　安昌浩は1878年、平安南道生まれ。94年に上京してキリスト教（長老派）に入信、一時、帰郷していたが97年に再び上京し独立協会運動に接して共鳴、帰郷して平壌に万民共同会関西支部を設立したという。1902年に夫婦同伴でハワイを経て米国サンフランシスコに渡り、米国人家庭の使用人として働きながら小学校に通ったという苦労人である。

　1905年4月、在米朝鮮人の親睦団体である共立協会を設立して初代会長となる。同年11月の第2次日韓協約締結の報を受け、憤慨した在米朝鮮人は祖国の独立に向け運動を活発化させたが、やがてその運動方針をめぐり党派争いが生じ、上述、怪文書の差出人金益完らは安昌浩派と対立して共立協会から分離し大同教育会を設立した。上述の怪文書はこの党派対立がもたらしたものである。

　帰国後、安昌浩は梁起鐸（『大韓毎日申報』主筆）、尹致昊らに米国で結成した新民会を朝鮮国内でも設立することを打診したというが、それがいつ頃のこ

安昌浩（1878〜1938）

とであったか定かでない。いずれにせよ梁起鐸によれば、安昌浩は尹致昊に相談した結果、学校経営に主力を注ぐことにしたので新民会設立に関しては崔　光玉に委ねることにしたという＊44。この梁起鐸の証言は、帰国後の安昌浩の行動をトレースすることで、ほぼ裏付けることができる。

　2月20日にソウルに到着した安昌浩は、ソウル南署所轄石井洞にある宋錫峻方に2泊した。その後、セブランス病院（当時、南大門外にあった）構内にある金弼淳医師（安昌浩の遠縁に当たる）方に宿所を移した

が、当分の間は尚洞教会（米国北メソジスト系）に出入りする程度で、特に変わった行動はなかった（『韓国近代史資料集成3』、170頁）。そして西友会（3月2日）、徽文義塾（3月12日）等で帰国演説をしたのち、4月初旬には平壌に赴き、同月7日から10日にかけて平壌内の教会、あるいは明倫堂で激烈な調子で反日扇動の演説をした。明倫堂での彼の演説会には平壌観察使李始栄の他に近在の郡守多数が出席した（『駐韓日本公使館記録26』、379頁）。その後10日に平壌を発ってソウルに戻った彼は5月中旬、大韓自強会会員鄭雲復を伴って再び日本をめざした。

安昌浩の日本行

　5月16日に東京に到着した安昌浩、鄭雲復は、本郷区元町2丁目にある壱岐坂館に投宿、27日に新橋駅より帰国の途に就くまで約10日間、東京に滞在した（『韓国近代史資料集成3』、186頁）。旅館のある元町2丁目は、元の韓国公使

＊44 「105人事件公判京城覆審法院第22回公判梁起鐸訊問調書」：『韓民族独立運動史資料集1』、719頁、および「大邱覆審法院第1回公判梁起鐸訊問調書」：『韓民族独立運動史資料集2』、660頁。ちなみに崔光玉は1904年に渡日して文一平と下宿をともにしながら正則学校、東京高等師範等で勉学したのち（文一平「私の半生」：全集3、489〜90頁）、1906年に帰国して平壌の崇実学校、義州の養実学校等で教鞭を執っていたが（Naver百科事典）、日韓併合直前の1910年7月19日に急逝した（雑誌『少年』、1910年8月15日号、63頁　黒枠）。従って安昌浩なく、崔光玉なき朝鮮国内にあって新民会の組織作業は組織化半ばにして立ち消えとならざるを得なかったはずである。

館ならびに朝鮮人留学生監督部があった麹町中六番町も近く、周辺には文一平、
金鴻亮、張膺震、李光洙、崔南善等、多くの留学生が下宿していた*45。

　米国から帰国の途次、彼が東京に立ち寄った際には朝鮮人留学生（太極学
会）から盛大な歓迎を受けたというが、わずか2ヵ月あまり後に、なぜ再び東
京を訪れたのか？　　現地警察の偵察によれば2人は何人かの日本人を訪問した
ほか市内遊覧をしただけで特に変わった様子はなく、旅館への来訪者は朝鮮人
留学生のみであったという（『韓国近代史資料集成3』、186頁）。

　李光麟（「旧韓末　平壌の大成学校」）によれば、このとき安昌浩が短時日のう
ちに日本を再訪した目的は、留学生の中から優秀な人材を物色し、大成学校の
教員候補として確保することにあったのではないかというが、その後の経過を
みれば彼のこの推測は当たっている（同前：『東亜研究・第10輯』1986、100〜
101頁）。

　事実、安昌浩が日本を再訪した当時、東京帝大農科に在学中（聴講生）だっ
た金鎮初は、翌1908年7月に卒業して帰国すると、9月から開校する大成学校
の教師となった。同じく東京高等師範学校に在学中だった張膺震は、翌々09
年に卒業すると帰国して同年8月より大成学校の教務主任として就任し（『東亜
研究』、100〜101頁）、さらに安昌浩が伊藤博文暗殺に関連して逮捕されてから
は校長となる。その他、後に歴史家として有名になる文一平も1910年3月に明
治学院を卒業したのち帰国して一時、大成学校の教員となった。彼の下宿は本
郷の日勝館といい、隣室には張膺震がいたという（『文一平全集・3巻』、490頁）。

　東京高等師範といえば当時の日本人学生にとっても難関校であったが、朝鮮
人留学生にとっては難関校中の最難関校である。張膺震は朝鮮人留学生として
初の東京高師卒業生だった。大成学校の教員として彼を引き抜くにあたり安昌
浩は、卒業後の彼が帰国する際の旅費として300円を送金したという（『韓民族
独立運動史資料集1』、662〜63頁）。東京・大阪間の3等列車の切符が3円70銭、
平の巡査の月給が14円という時代である、大成学校の教師陣として優秀な人
材を確保するために安昌浩がいかに破格のカネと時間と労力をつぎ込んだかが

---

*45 文一平「私の東京留学時代」：『湖岩文一平全集・第5巻』（民俗苑、1998）、297頁。同「私の半
　　生」：同第3巻、490頁。崔南善「真実精神」：『島山安昌浩論説集』（乙酉文庫、1987）、290頁。

分かる。

大成学校の設立に向けて

大成学校は1908年9月に開校した。安昌浩が学校設立に向けて具体的に動き出したのは前年5月からである。わずか1年3ヵ月の間に優秀な教師陣を確保するのみならず、必要な敷地を確保し、校舎を建設しなければならない。人材確保のために破格のカネをつぎ込んだことはすでに述べたが、敷地獲得、校舎建設のためにも莫大なカネが必要である。さらに学校運営には最低限のノウハウが必要である。カネはどこから出て、運営方針はどのようにして決められたのか？

『大韓毎日申報』1908年9月15日号に掲載された大成中学校の募集広告によれば、入学試験が9月24、25の両日、開校日は翌26日（土）となっており、末尾に「平壌大成中学校　主務人　李鍾浩　安昌浩　尹致昊」とある。「主務人」とは運営責任者のことであろう。

ここに新たに登場した李鍾浩（イ・ジョンホ）は李容翊（イ・ヨンイク）の孫にあたる。李容翊といえば独立協会時代の尹致昊の不倶戴天の敵である。独立協会の活動が始まった1897年から日露戦争により韓廷から親露派勢力が一掃されるまでの10年近くにわたり、彼は内蔵院卿その他の要職を歴任したが、その間、みずからの地位を利用して莫大な不正利得をため込んだために、"金牛大臣"とあだ名されたほどの人物である（第5巻、1902年12月4日）。晩年、彼はその莫大な蓄財をつぎ込んで普成学校（のちの普成専門、高麗大学の前身）を設立したが、1905年、日韓保護条約が締結されて韓廷から親露派が一掃されると同時にロシアに亡命した。

祖父の遺産を受け継いだ李鍾浩はその遺志を継いで普成学校、普成印刷社等を経営する傍ら、出身地（咸鏡南道）である西北系の教育事業に多額の寄付をした。大成学校の設立にあたっても当時としては巨額の1万円を寄付したと言われる。さらに李鍾浩の寄付に加えて、呉熙源（オ・ヒウォン）と金鎮厚（キム・ジンフ）がそれぞれ3000円、尹致昊が500円を寄付したという（『韓民族独立運動史資料集1』、507〜10頁、『韓民族独立運動史資料集2』、629頁）。この他にも何人かの寄付者があったから、恐らく大成学校に対する寄付金の総額は2万円を下らなかったはずである。

以上のことからすると大成学校設立にあたって主務人となった3人のうち、

李鍾浩の役割は財政担当にあったと推測できる。一方、尹致昊は韓英書院の校長としての豊富な経験に基づき学校運営の基本方針について安昌浩の相談役を引き受けた。尹致昊によれば、安昌浩のたっての願いで校長役を引き受けたが、肩書は名目のみで実際の運営はすべて安昌浩にまかせてあったという（『韓民族独立運動史資料集1』、399頁）。

　しかし学校運営のノウハウのためだけなら、敢えて韓英書院に加えて大成学校の校長として尹致昊を担ぎ出す必要はなかったはずである。当時まだ知名度の点において尹致昊に及ばなかった安昌浩としては、尹の名声を利用しようとの意図もあったであろう。だがそれ以上に、1907年の帰国時に統監府に寄せられた怪文書のために当局からマークされていたことが、尹致昊を担ぎ出したより大きな理由だったのではないか。大成学校成功のためには彼が表に立たないことが賢明である。いわば当局に対する風除けとして尹致昊を利用したものと思われる。

　一方、担ぎ出された側の尹致昊は韓英書院に加えて大成学校の校長をも引き受けたことについてどう考えていたのか？　のちに大成学校設立当時のことを回想しながら彼は次のように言っている。安昌浩および李東輝に大成学校の校長職就任を要請されたが、「同志のすることですから賛同して2つの学校を合わせて担当」した、と*46。

　安昌浩、李東輝、ともにキリスト教に入信した経歴はあるが、単にキリスト教徒であることを以て彼らを「同志」と呼ぶことはありえない。また安昌浩は尹致昊がリーダーとなった万民共同会に参加したというが、李東輝にそのような経歴はない。従って尹致昊が言う「同志」とは、保護条約により主権を喪失した祖国にあって、ともに力を合わせて実力養成運動を志す者という意味であろう。

　しかし当時の民間運動は地域ごとに党派を作って互いに対立していた。安昌浩をはじめとして大成学校の設立に参加した李鍾浩（咸鏡南道）、張膺震（黄海道）、呉熙源（平安北道）、李東輝（咸鏡南道）らはみな朝鮮北部出身者であり、

＊46 尹致昊「風雨二十年—韓末政客の回顧談」（初出、『東亜日報』1930年1月11日～15日）：『国訳尹致昊日記・下』（探求堂、1977）巻末付録、351頁。

いわゆる西北派に属する。一方、尹致昊は忠清南道の出身で、西北系人士と激しく対立したいわゆる畿湖派の代表的人物と見なされていた。その畿湖派に属する彼が西北系人士のリーダー格である安昌浩、李東輝を「同志」と呼び、彼らが設立する大成学校の校長職を引き受けるというのは異例のことである。敢えてこの異例の役割を引き受けることになった背景を、彼は105人事件公判の法廷で次のように説明している（「京城覆審法院第1回公判尹致昊訊問調書」：『韓民族独立運動史資料集1』、399頁）。

　　裁判長：大成学校を設立したる目的は如何？　　**尹致昊**：それは安昌浩等の発起で、西北の方面には小学程度の学校は鮮少ならざるも高等科程度の学校がないから〔キリスト教徒以外の普通の〕鮮人の子弟を入れて教えるために設くることとなったのであります。尤も〔西北方面にも〕耶蘇教会の方では高等科程度の学校はあるが鮮人の入る高等程度の学校がないからと云う事で設立したのです。

　ソウル（畿湖派の拠点）には延禧専門、培材学堂などのキリスト教系学校の他にも非キリスト教系の学校として普成専門、徽文義塾がある。一方、平壌（西北派の拠点）にはキリスト教系の学校としては崇実学校のような専門学校レベルの学校があるが、非キリスト教徒のためにはまだ小学校レベル以上の学校がない。大成学校はこの両者の地域格差を是正するために安昌浩らが発起したもので、そのことに賛同して尹致昊は校長職を引き受けたというのである。上の引用文に続けてさらに彼は賛同した理由を次のように述べる。

　　裁判長：大成学校では其の頃から高等科程度の教育を施したか？　　**尹致昊**：左様です。尤も其の頃は韓国の青年の精神力が落ちて来て従って愛国心は日に薄らいで来ておりますから、韓国の上にとっては尤も愛国心を養成するの急務なるを考え、其の目的が主であります。

　要するに地域対立を超えて愛国心を養成することが現下韓国の急務であるというのが、安昌浩および李東輝の要請を彼が受諾した理由であった。尹致昊が

「同志」というからには安および李も同じ考えであったはずである。

　こうして大成学校は1908年9月、100名たらずの新入生を以て開校するが（『韓民族独立運動史資料集2』、623〜24頁）、前年5月、開設に向けて安昌浩が具体的に始動してから開校するまでの間に、韓国政局は激変していた。

ハーグ密使事件と韓国政情の激変

　安昌浩、鄭雲復両名が日本から帰国して（1907年5月末）1ヵ月後の7月2日、李相卨、李儁、李瑋鍾によるいわゆるハーグ密使事件の第1報が日本外務省に入る。皇帝の密命を帯びた3人がハーグの国際会議に姿を現して、日本による外交権剥奪の不当性を訴えようとしたこの事件は、韓国皇帝と韓国政府を監督する立場にあった伊藤博文のプライドをひどく傷つけた。加えて事件を知った日本国民の世論は強硬であった。

　メンツを失った伊藤と日本政府は矢継ぎ早に強硬策を打ち出す。7月19日、高宗が強制退位させられると、ソウル市内の人心は不穏を呈し、韓国兵約1中隊が兵営を脱し鍾路に現れ、銃を撃ち日本人巡査を襲撃した。翌20日には総理李完用宅が暴徒のために焼き払われた。事態を重くみた伊藤は混成1旅団の派遣を要請した（『統監府文書5』、18、21、23頁）。

　ハーグ密使事件をうけて日本政府は7月6日、「朝鮮併合の廟議」を閣議決定し、即日、天皇の裁可を得ていたが、同月24日、ついに第3次日韓協約が調印され、大韓帝国は外交権につづいて内政権も失うことになった。さらに8月12日、抜き打ち的に韓国軍隊の解散が行われると、高宗退位以来、人心不穏になっていた韓国人による日本人襲撃事件が相次ぎ、騒乱状態はソウルから地方へと拡散していった[47]。

　事態を収拾するために1907年10月、明石元二郎が韓国駐剳憲兵隊長として派遣された。明石の赴任に伴い韓国駐剳憲兵は一挙にそれまでの5倍にふくれあがり同年末には2369名に達した（田保橋潔『朝鮮統治史論稿』、82頁）。さらに明石は解散させられた韓国兵が失業者となり、なかには反日義兵闘争に投ず

---

[47] 7月19日〜8月31日までの警察官、官吏、一般在留邦人を含めた被害状況は遭難死者30名、負傷者22名であった。『統監府文書10』（国史編纂委員会、2000）、102〜05頁。

る者が少なくないことを解決するために、彼らを憲兵補助員として大量に雇用した。失業した韓国兵を救済するとともに、他方で彼らをして義兵・反日暴徒を取り締まらせるという一石二鳥の策であった。1908年募集の朝鮮人憲兵補助員は4065名に達した（同前、83頁）。朝鮮人により朝鮮人を密告・逮捕させるという、悪名高い憲兵補助員制度の始まりである。後に105人事件において500名以上の朝鮮人が大量逮捕されることになったのは、この憲兵補助員制度を利用した結果であり、さらには3・1独立運動において一般大衆が多数参加した理由も憲兵補助員に対する大きな不満があったと言われている。

　外交権の剥奪、皇帝の強制退位、軍隊解散、内政権の剥奪、憲兵警察制度の施行と、矢継ぎ早に繰り出される日本の対韓政策に対して、韓国人の反日感情は先鋭化する。1908年3月には、一時、米国に帰国中の統監府外交顧問スチーブンスがサンフランシスコで在留韓国人により暗殺された。5月1日には、同じく親日的宣教師として知られるメソジスト監督M・C・ハリスが一時帰国した機会に、彼に危害を加えんとする陰謀が発覚する（『統監府文書5』、376頁）。韓国人の反日感情は直接行動へと移りつつあった。

　従来、尹致昊は声高に"愛国心"を口にする者に対してむしろ冷ややかな態度をとってきたが、このような世相の中で、次第に日本への不信感を募らせ、愛国心を養成することが急務と考えるようになった。彼が安昌浩、李東輝の求めに応じて大成学校の校長職を引き受けたのもその表れのひとつであるが、他方、文筆活動においても『笑話』と題する冊子を発行して、情況に対する鋭い批判を試みている。尹致昊の生涯において異例のことである。

尹致昊著『笑話』の発刊と押収

　1908年7月30日、尹致昊はソウルの大韓書林から『笑話（우스운 소리）』と題する小冊子を発行した（金乙漢『佐翁尹致昊伝』、巻末収録）。全71話、有名な『イソップ寓話』を換骨奪胎した文学作品である。一読して直ちに『イソップ寓話』の翻案と分かるようなものもあるが、ほとんど創作に近い作品もかなりある。内容としては日韓保護条約により主権（外交権）を喪失するにいたった大韓帝国末期の失政を自嘲まじりに風刺したものがほとんどである。全71話のうち20話にはそれぞれ最後に寓話から引き出された教訓が示されている。

いまそれを分類して例示すれば次のとおりである。

日本を風刺したもの：

　　　第5話「強弱同じからず」（力は強いが義理のない者とは共同事業をするな）

　　　第7話「強者の論理」（弱者には善悪の論理も法の論理も適用されない）

　　　第17話「恩恵と圧制（北風と太陽）」（人の心を勝ち取るには、恩恵厚い温かさ
　　　　の方が圧制の寒風よりもましである）

皇帝高宗を風刺したもの：

　　　第9話「カエルとウシ」（強大な国の称号と儀式ばかりマネした結果、ついに亡
　　　　びてしまった国もあるということ）

　　　第12話「保護国」（自分で自分を保護することもできずに、一体どうして他人
　　　　の保護など当てにできるだろうか？）

　　　第13話「カツラ」（自国政府が自国の民衆を虐待するというのに、よその国が
　　　　他国の民衆を優遇するはずもなかろう）

政府の重臣たちを風刺したもの：

　　　第3話「ネコとサル」（外国人の手先になって売国行為をする人たちのことを考
　　　　えてみてください）

　　　第19話「ワシの自覚」（一方では主君を欺き、民衆を虐待し、国を亡ぼしてお
　　　　きながら、他方で仏さまの功徳を頼み、山川へ祈祷を捧げることにより国
　　　　の安泰を願うような者たちは、ワシにも及ばぬウツケ者たちである）

　　　第32話「金の卵を生むガチョウ」（農民を殺し、彼等の財産をいちどに奪い取
　　　　ったために、結局は財物も農民も国も、みんな失ってしまった人々も少な
　　　　くない）

韓国人一般を風刺したもの：

　　　第4話「シカの角」（外見ばかり見て友達と付き合うなかれ）

　　　第46話「ヒバリの決断」（自分のことをちゃんとやりたかったら自分でやりな
　　　　さい、他人に頼んだ時には、いい加減になるのを覚悟しておきなさい）

第12話「保護国」は題名からも分かるように尹致昊の創作である。当局が後にこの書を発禁処分にした理由がよく分かるので以下に全文引用する。

　　ハイタカが何日もの間、ハト小屋の周りをうろうろしていましたが、ハトは一向に外に出てくる気配がありません。そこで、ハイタカは笑顔を作りながら小屋の前にやって来て、ハトに甘い言葉でささやきかけました。「わたしにも翼と羽毛があり、あなたにも翼と羽毛がありますから、わたしたちの先祖は同じ先祖にちがいありません。だからわたしたちは同じ仲間同士、いわば兄弟同然です。今日見ていると山ネコがこの近くを徘徊しています。あいつの悪巧みが心配です。あなたたちは生まれつき従順な性格で、ともすると他人の圧制の被害者になりがちです。もしわたしと保護条約を結ぶなら、わたしはあなた方を保護し、あなた方の主人も礼儀をつくして敬い、あなた方の家も末永く続くようにして、あらゆる動物たちに対してあなた方の独立と富強を保証してあげるつもりですが、いかがでしょうか？」　そう言って上等の米の粉を贈り物として差し出しました。ハトたちは大喜びでハイタカを小屋の中に招き入れると、自分たちの強力な保護者として祭りあげました。ところがその翌日からハイタカはハトの独立と安寧を維持するためと称してハトの首を絞め殺すと次々に食べてしまいました。ハトどもを食べ終わると、しまいにはその小屋まで自分のものにしてしまったということです。
　　（自分で自分を保護することもできずに、いったいどうして他人の保護など当てにできるだろうか？）

　ハイタカが日本、ハトが韓国、山ネコがロシアを意味することは明らか、しかもタイトルは「保護国」である。寓話、あるいは「譬喩小説」と言いながら末尾の3行が日本に対する痛烈な批判であることは誰が読んでも疑いようがない。しかし尹致昊は一方的に日本を非難するのではなく、むしろ最後の教訓においては大韓帝国（高宗）を批判している。これは『笑話』全体をとおして言えることで、強者日本に対する批判はもちろんであるが、それ以上に強者に付け入られるような行いしかなし得なかった皇帝、政府重臣、ひいては韓国人一般に対して反省を迫ることに寓話の重点があった。そしてそれこそが尹致昊の

意図する愛国心の養成であった。空白の9年半に彼が何を考えて行動していたかは、ここに明らかである。

1909年2月23日、韓国政府（統監府）は出版法を頒布した。これにより治安を妨害する惧れがあるとされた出版物は、法律施行以前に遡って押収できることになった。その結果、『笑話』は同年5月4日、発売頒布禁止処分となった（『統監府文書10』、362〜63頁）。

『笑話』は当時の韓国人の間に好評を博したらしく、禁止処分以後も他の雑誌・新聞に転載したり、禁止処分を知ってか知らずか販売を続ける書店があった[48]。最終的に、『笑話』は58冊が店頭から押収された（『統監府文書10』、623頁）。発売禁止処分の書物の著者として、尹致昊の名前が統監府のブラックリストに載ったのは恐らくこれが最初であろう。1909年の半ばまでに尹致昊はすでに要注意人物となっていたのである。一方、時を同じくして彼が校長を務める大成学校も当局のブラックリストに載ることになった。

純宗の西鮮巡視と大成学校の受難

ハーグ密使事件以後、一気に高まった韓国民の反日感情は一向に収まる気配がない。事態を収拾する一策として、統監伊藤は1909年1月7日から2月3日にかけて、（高宗に代わって新たに即位した）純宗による朝鮮南北の巡視を計画した。一行には新皇帝の輔翼者として伊藤が扈従したが、その理由は、未だ不穏な状態が続く地方を皇帝が、「日韓両国臣民親和の状況如何をも親しく視察せられんがため」であった（『統監府文書9』、267〜68頁）。言いかえれば、日本が韓国を併合するものと疑って反抗する地方民の誤解を解くために、皇帝と伊藤が揃って地方を巡視することで、韓国に対する日本の好誼、日韓友好の事実を知らしめんとするものであった。

実施に当たっては皇帝一行が通過する鉄道各駅において地元の各学校生徒が教師引率の下に出迎えるよう、地方官庁に通達をだした。生徒は韓国旗に加えて必ず日本国旗をも携帯することを義務づけられた。

---

[48] 『大東共報』第71号（1909年9月16日発行）に転載、またその後の押収については1909年10月12日付、平壌理事官若松兎三郎より統監府参与官石塚英蔵宛「米国宣教師所有書籍買入の件」：『統監府文書8』、406〜07頁を参照。

まず1月7日から13日にかけて南鮮巡視が行われた。この時は地元民の誤解により多少のトラブルがあったものの、なんとか切り上げることができた。問題は1月27日から2月3日にかけて行われた西鮮巡視にあった。

　一行の日程は南大門駅より出発して京義線を北上し中国国境近くの義州、新義州まで行き、再び南大門駅に戻ってくるというものだった。途中、一時停車、宿泊が予定された主な駅は、開城、平壌、定州、郭山、宣川、車輦館、義州、新義州等であったが、いずれもキリスト教徒の多いことで有名な土地である。キリスト教徒間における反日感情は強く、もとより彼らは日本国旗を携帯することを好まない。おまけに新義州から平壌への帰路にあたった1月31日は、たまたま日曜日であったために、途中、停車駅の車輦館、宣川、郭山、定州等においては送迎にあたるべきキリスト教徒は安息日を理由に教会を優先して送迎に参加しない者が多かった。

　これら一連のキリスト教徒による日本国旗不携帯事件のうちでも、とりわけ安昌浩と大成学校に関するものは大きな注目を集めた。統監府各官吏の報告によれば、キリスト教徒が日本国旗を携えなかったのは、安昌浩、吉善宙らが他の学校の生徒に対して日本国旗を携帯すべからずと事前に通報したことによるものであり、さらに統監に対して万歳を唱うべからず、脱帽すべからずと指示したともいう（『統監府文書9』、339頁）。

　事実、1月31日、純宗一行が平壌に到着するのを安昌浩が出迎えに行ったとき、「大成学校生徒の引率官及教師が陛下に対し万歳を唱へ次で統監に対して脱帽敬礼を命ずるや安昌浩は早くも列の後方に位置し既に外套を着し敬礼無用と呼びたるを以て脱帽敬礼したる生徒も中止したる有様」であったという（『統監府文書10』、286頁）。そこで平壌理事官が、安昌浩、車利錫、金鎮初（いずれも大成学校教師）を召還して説諭したところ、非を悟った様子が見えたので彼らを帰したが、非を悟ったどころか安昌浩は帰路、周囲の者に次のように語ったという（『統監府文書9』、339頁）。

　　警察官は学校生徒に対し日本国旗の携帯を諭されしも日本国旗を携帯するは
　　皇帝陛下に対する礼にあらず、即ち統監は皇位の資格なければ陛下と同等の
　　敬意を表するときは却て不敬となるに警察は之を携帯せしめんとし其件に付

召還したるは即ち法律を無視したる処置なれば服従することを得ず。

この話は尾鰭が付きながら人々の口から口へと伝え広まった。皇帝西巡を契機に安昌浩と大成学校の"名声"は高まったが、同時にこの事件により大成学校はやがて廃止されるのではないかという噂と不安が広まった（『統監府文書6』、27頁）。

2.　青年学友会の設立

純宗による西鮮巡視が始まる直前の1909年1月24日、大成学校は2度目の入学試験を実施し、翌25日に新学期（第2学期）が始まった（『大韓毎日申報』1908年12月31日号広告）。前年9月に出発した当初は100人足らずであった生徒もこの頃には新入生と合わせて250人近くに膨れ上がっていた（『統監府文書8』、385頁）。9月から始まる新学期までには校舎も竣工する予定で、朝鮮北部における唯一の中等学校としての真価がいよいよ問われることになる。すでにこのことを予測して安昌浩は前年以来、日本の教育制度の調査を開始していた。

1908年10月、彼は大成学校教師として採用したばかりの金斗和を日本に派遣して、東京高師在学中の張膺震の指導の下に「東京における小学、中学、各専門学校等50有余の学校を視察し、同1909年3月下旬まで専ら調査をなしつつ研究」させた（『韓民族独立運動史資料集1』、679頁）。同年4月に帰還した金斗和は安昌浩に会って、さらに米国に渡り米国の教育制度を研究したいとの希望を申し出たが断られた。再び大成学校の教師として働くことになった彼は安昌浩から、「なにか有益なる事業を起こしたいが良案あるか」と問われ、東京での研究成果を基に安昌浩に自分の考えを提案するうちに、やがてそれが煮詰まって設立委員会を設けて会を設立する運びとなった。その会がすなわち後の青年学友会であるが、青年学友会なる名称が決まった経緯を金斗和は次のように述べている[*49]。

＊49 「京城覆審法院第19回公判金斗和訊問調書」：『韓民族独立運動史資料集1』、680〜81頁。原文、日本語。法廷はこの証言を以て青年学友会の成立を新民会の設立と決めつけた。以後、青年学友会は秘密組織新民会が世を欺くための仮称と見なされ、最終的に尹致昊もこれを認めさせられた。

そこでいよいよその会を組織することとなれば会長は必要であるが会長は名
誉ある人でなければならぬ。幸いに5月には大成学校に運動会があるからそ
の時に校長尹致昊は来会するから同人に談じて会長となってもらう相談に極
めました。5月となって運動会があるので尹致昊も来たので、大成学校にお
いて同人並びに安昌浩、安泰国と自分等相集まり図書館設立、雑誌発行、会
の組織に付き会長を定むることを協議しました処、会の名前に付き尹致昊は
同志会、安泰国は勧学会、安昌浩は学友会、被告〔金斗和〕の考えは青年会
という各自の意見がありましたが、会名に付きては意見一致決しませんでし
たが、目的は文学上の研究、智育徳育体育の三者発展を計る事とし、安昌浩
が発起会を開くと云う談が出て、呉大泳、玉観彬〔ともに大成学校生徒〕を
呼び寄せ他校の生徒を会員とすることは第二に置いて先づ大成学校の生徒を
会員に入るることとなり、学生を集め会名並びに目的等を談じた末、会名は
青年学友会とすること、安昌浩から会長は会員より選挙するという談があっ
て、会員となるには外の学校の有志は入会を許すこと、但し中学程度以上の
生徒たることとし、いよいよ青年学友会が成立する順序に運びました。それ
は1909年5月のことです。

　ここで「5月」というのは当時の韓国人の習慣で旧暦の五月のことである。
旧暦五月五日の端午節は、韓国では国民的行事で、この日は近在の山に登り1
日飲んだり踊ったり、のんびり過ごす習慣がある。この年の旧暦五月五日は新
暦では6月22日にあたり春季授業が終わり夏季休暇に入る時期なので、大成学
校においては翌23日、平壤箕子陵下の松林の中にある愍忠壇で夏季休暇放校
式（終業式）に開校1周年記念行事を兼ねた盛大な催しを行った。
　当日は校長尹致昊の他に平壤観察使李軫鎬、李東輝、全徳基（ソウル尚洞教
会牧師）、崔炳憲（ソウル貞洞教会牧師）ら多くの著名人が参席してそれぞれ演
説を行った＊50。上記引用文中でいう「大成学校で行われた尹致昊、安昌浩、
安泰国らをまじえての話し合い」というのはこの時のことである。この時、尹

＊50 『大韓毎日申報』、1909年6月30日学界欄、および『統監府文書6』、223～24頁。他に李甲も出
　　席したという。「京城覆審法院第1回公判尹致昊訊問調書」:『韓民族独立運動史資料集1』、400頁。

致昊は放校式の前後1週間ほど平壌に滞在して放校式の他に同校の運動会、あるいは西北学会の演説会に出席している*51。

引用文ではこの時の話し合いで会の名称が正式に青年学友会と決まったように書かれているがそれはのちのことで、この時はまだ「青年同志会」と呼ばれていた。また会の性格も学生による自治組織的なもので、会長も安昌浩の指示により学生の中から選出することにして呉大泳（オ デヨン）が選ばれた*52。

しかし4日後の6月27日、ソウルの大韓毎日申報社事務室で青年同志会の特別総会が開かれると、学生以外に多くの社会人が参加して会の性格はより本格的なものに変わってゆく（『大韓毎日申報』09年6月27日号、2面雑報欄5段）。6月下旬から7月にかけて、安昌浩、梁起鐸、林蚩正（イムチジョン）、李甲（イ ガプ）、李相翊（イ サンイク）、金允五（キム ユ ノ）、柳東説（ユ ドンヨル）らが北部朝鮮各地を遊説して回った結果（『統監府文書8』、393頁）、8月になって『大韓毎日申報』および雑誌『少年』に「青年学友会趣旨書」なるものが公表された。前者8月17日号1面に掲載された趣旨書には「発起人／尹致昊、張膺震、崔南善／崔光玉、朴重華等」となっており、同号2面雑報欄には次のようにある。

　　青年界　嘉信：韓英書院長尹致昊、大成学校校長張膺震、雑誌『少年』主筆崔南善、養実中学校崔光玉、大成学校教師車利錫、安泰国、崔弼近、五山学校李昇薫、青年学院教師李東寧、儆信中学校教師金道熙、普成中学校長朴重華、攻玉学校長全徳基の諸氏が発起して青年学友会を組織し趣旨書を発布したが、その目的は正当であり、趣旨も懇切丁寧であって青年会の指南とするに優に足るものである。我輩は該会の前途に対して大なる希望を有し深い賛同と祝意を表するものである。

一方、雑誌『少年』第8巻（9月1日発行）では以下のようになっている。

　　青年学友会報△青年学友会趣旨書：上に先民の遺緒を続ぎ其の短を棄て其の

---

*51 6月22日、平壌七星門内植松亭で行われた西北学会演説会に出席した尹致昊は「大韓の無窮なる資本」という演題で演説したという――『大韓毎日申報』09年6月27日号、2面雑報欄5段。
*52「京城覆審法院第19回公判呉大泳訊問調書」：『韓民族独立運動史資料集1』、684頁。

長を保ち下に同胞の先駆となりその険を越え、その夷<ruby>夷<rt>ひくき</rt></ruby>に就く者は即ち他ならぬ我ら一般青年なり……隆熙三年八月　発起人　尹致昊　張膺震外十人
△青年学友会設立委員会議定件（摘要）……　一、本会は総会と聯会を分置するが会員50人以上〔10月に30人と改定〕が集まった時聯会を成立させることができ、総会は聯会が7個以上成立した時組織する。……　一、通常会員の入会金は2円、月会費は20銭と定める。……　一、設立委員会任員氏名は左の如し　設立委員長　尹致昊　総務員　安泰国　書記員　玉観彬

　まず発起人となった12名をみると崔南善を除き全員が学校関係者である。その学校の所在地はソウル（青年学院・徹信中学・普成中学・攻玉学校）、開城（韓英書院）、平壌（大成学校）、義州（養実中学）、定州（五山学校）となっていて、韓英書院を除けばソウルと平安南北道に集中している。このうち、青年学院、徹信中学、攻玉学校、韓英書院はミッションスクールであり、大成学校、養実中学、五山学校はミッションスクールではないが、キリスト教徒が多い学校である。また発起人の出身地別でみると尹致昊、崔南善、全徳基を除けば（<ruby>崔弼近<rt>チェピルグン</rt></ruby>と<ruby>朴重華<rt>パクチュンファ</rt></ruby>は不明）、そのほとんどが西北地方出身者である。

　こうして正式に発足した青年学友会は、総務の安泰国、発起人の崔光玉が実務の中心となり、これを若手の崔南善、<ruby>玉観彬<rt>オククァンビン</rt></ruby>が補佐する形で地方聯会の組織化がすすめられ、その進捗状況は同会の機関誌となった雑誌『少年』に「青年学友会報」として報じられた。しかし発足後、束の間にしてまたもや大事件が起こり、青年学友会の幹部が次々に警察に拘束される事態となる。伊藤博文の暗殺である。

伊藤博文暗殺と李完用暗殺未遂事件

　1909年10月26日、前統監伊藤博文がハルビンで狙撃されやがて絶命したとの報が入るや、統監府はただちに犯人の特定にかかり、3日後の29日には犯人は平壌の「<ruby>安応七<rt>アンウンチル</rt></ruby>」なる人物でカトリック教徒であることが判明する。同日から翌30日にかけて「安応七」と関係ありと疑われる挙動不審者の調査がすすみ、早くも30日に<ruby>李甲<rt>イガプ</rt></ruby>が、31日には安昌浩、<ruby>金明濬<rt>キムミョンジュン</rt></ruby>、<ruby>李瑋鐘<rt>イギジョン</rt></ruby>が犯行連累者として逮捕された（『統監府文書7』、40〜43頁）。その後、安昌浩は龍山憲兵分憲所に

拘留されて厳しい取調が続いたため精神錯乱状態に陥り、しばしば自殺を企てるにいたる。その結果、一時、病気仮釈放にすることとなり、尹致昊と軍利錫（大成学校教師）が保証人となって12月20日に釈放された（『統監府文書7』、332頁、および『島山安昌浩全集・第5巻』、325頁）。

　ところが2日後の12月22日、今度はソウル明洞カトリック大聖堂の前で李在明による李完用暗殺未遂事件が発生する。この事件に連累して安泰国（青年学友会総務）が逮捕された。安泰国は証拠不十分で不起訴となったが、公判が始まる翌年4月13日まで自由に活動できなくなった（『大韓毎日申報』1910年1月29日号）。加えて一時、病気保釈となっていた安昌浩が1910年1月9日、再拘束されて、李甲、李東輝、李鍾浩らとともに龍山憲兵隊から永登浦監獄へ収監された（『大韓毎日申報』1910年1月9日号）。

　こうして発足後いくばくもなく、青年学友会は発案者の安昌浩を失い、総務委員の安泰国を失い、さらに李鍾浩を失ったが、翌1910年になると青年学友会の象徴的存在であった尹致昊も米英に向け長期旅行の途に就くことになる。彼が出発したのは1月8日である（『韓国近代史資料集成3』、381頁）。名目のみとは言いながら、青年学友会の設立委員長を引き受け、安昌浩の病保釈の保証人となった彼が、この重要な時期になぜ韓国を後にしたのか？

3.　尹致昊の長期米英旅行

　これより先、1907年2月20日に帰国した安昌浩が、ソウル南大門外の金弼淳医師宅に宿所を定め、西友会や徽文義塾で帰国演説を行っていた頃のことである。尹致昊は3月16日、上海で開催される予定のYMCA東洋連合会および東京で開催予定の世界キリスト教学生連盟大会に順次出席するため、金弼淳、金奎植、姜泰膺とともにソウルを出発した（『皇城新聞』、1907年3月19日号）。

　4月3日から7日にかけて東京で行われた世界キリスト教学生連盟大会は世界25ヵ国から627人が参加した盛大なものだった。会議の運営はキリスト教青年運動の世界的な指導者として知られるJ・R・モットが指揮を執り、会議には統監伊藤博文から個人的に1万円の寄付が事前に送られるとともに長文の祝電が寄せられた。会議後、後藤新平男爵（満鉄総裁、妻はキリスト教徒）が出席

議員を招待して小石川後楽園で催した園遊会は、日露戦争により東西両文明が歩み寄り新しい時代が切り開かれたことを祝すことを趣旨としたものであった[53]。園遊会には日本メソジスト代表として本多庸一、米国メソジスト宣教部総務のW・R・ランバスも出席していたが、尹致昊は日本メソジスト会員を遠ざけるような風があったという（『要視察韓国人挙動3』、548～49頁）。

　会議後、尹致昊は4月11日に東京からソウルに戻ったが、彼の後を追うように翌12日夜、東京よりランバスがソウルに到着した。翌13日、彼は2人の米国人を伴って松都を訪れた。当時の韓国キリスト教界は同年1月に平壌に始まった信仰大復興運動が各地に広まり、ここ松都においても奇跡的なキリスト教改宗者が続出していた。信仰への熱気にあふれる松都の町で、14日早朝、ランバスは超満員の会衆を前に説教したのち、同日、ソウルに発った。わずか2日の滞在であったが、彼は松都宣教部が敷地拡大のために進めていた土地買収問題を積極的に支持したのみならず、将来事業を拡張するためには地価が安いうちにできるだけ多くの土地を獲得しておくことが至上命令であると言ったという（『尹致昊書翰集』探求堂、158～61頁）。

キリスト教徒による理想村建設の夢

　これを聞いた尹致昊は米国留学時代以来の夢だった韓国にキリスト教徒からなる理想村を建設する計画（第3巻、1893年4月8日）をランバスに打ち明けるとともに、その第一歩としてまず松都に理想村[54]のモデルとなる基地を建設したい旨を伝えた。

　この時はこれで終わったが、6月20日から25日にかけてソウル（培花学校）で開催された朝鮮南監理教会第11回宣教年会を主宰するために再びランバスが来韓した。この時、理想村の話がでるとランバスは理想村建設に必要な資金に関しては、尹致昊が米国に行き該地のキリスト教徒に訴えれば理想村計画は

---

[53] W・R・ランバス「日本雑記」（半田一吉訳）：関西学院キリスト教教育史資料Ⅲ『ウォルター・ラッセル・ランバス資料』（関西学院キリスト教主義教育研究室,1980）、66～79頁。

[54] 『尹致昊書翰集』（159、162、172頁）においては"a model Christian settlement"、"the settlement dream"、あるいは単に"Christian settlement"という言葉が用いられているが、韓国語で書かれた「風雨二十年」（『国訳尹致昊日記・下』探求堂、351頁）では、漢字で「理想村計画　水泡」という言葉が用いられているので和訳は「理想村」とする。

エモリー大学、The Robert W. Woodruff Library所蔵の尹致昊の手紙。冒頭部分にSongdo, Korea Feb. 15th, 1908とあるように、1908年2月15日付で、朝鮮の松都（現在の開城）から、米国留学時代の恩師でエモリー大学学長だったキャンドラー監督（Bishop Candler）宛に送った手紙、全7枚中の1枚目である。

　承認される可能性が高いこと、さらに韓英書院が軌道に乗る前に米国のブッカー・ワシントンの事跡その他類似の施設を訪ねれば有益なヒントが得られるだろうと助言した（『尹致昊書翰集』、166頁）。
　ランバスの来韓により事が予想外に運び出したので、長年の夢実現に向けて尹致昊の期待は一気にふくらみ、7月下旬になるとついに米国行きを決心し、

具体的に9月8日、神戸より蒸気船シベリア丸に乗って妻同伴で出発するという計画を立てるまでになった（同前）。ところが長年の夢実現に向かって現実が大きく動き出したと思われた矢先に一大事件が勃発し、米国行きの計画に暗雲が立ち込める。ハーグ密使事件の発覚である。

　すでに述べたように7月2日の密使事件発覚後、高宗の強制退位、第3次日韓協約締結、韓国軍隊解散と矢継ぎ早に日本による攻勢が展開されると、これに反発した朝鮮人の抵抗運動が頻発し、ソウルをはじめ多くの地方が騒擾状態に陥った。予断を許さない状況に9月8日、神戸より出発という計画は当面、中止せざるを得なくなった。9月を過ぎても朝鮮各地の騒擾状態は一向に止みそうにない。だが、このような情況下でこそキリスト教徒による理想村建設はその必要性がますます痛感された。

　　キリスト教徒によるこのような理想村（Christian settlement）は、現在の朝鮮のように人々が二大悪魔に苦しめられて進退きわまっている国においてはちょっとした天国のようなものになるでしょう。一方には村々から金品糧食を取り立てる反日"愛国者"を称する悪魔のようなゲリラ〔いわゆる義兵のこと〕。また一方には、村々を焼き討ちし罪もない人々を山野に追いやる"天使のように慈悲深い"日本人。山野に追いやられた人々はそこで腹を空かせ、寒さに凍え、そして死ぬしかないのです。そこでもまた彼らはゲリラから食糧を供出するよう強要されるからです。そうです。繰り返して言いますが、我々の夢であり願いであるキリスト教徒によるこのような新しい村は多くの人々にとって避難民の町（a city of refuge）となるでしょう。…（以下略）…（1907年10月13日付、尹致昊よりCandler宛の書簡：『尹致昊書翰集』、172頁）

　祖国で続く政情不安への気がかりと、理想村建設資金獲得のためこの際思い切って米国行きを決行したいというふたつの思いの間で尹致昊の心は揺れる。当時の心境を上に引用した書翰の後半で以下のように述べる。

　　私のアメリカ行きの件に関して、監督、次のように言うことをどうぞお許し下さい。祖国の屈辱に対する私の悲しみはあまりにも深く、国民の苦しみに

対する私の痛みはあまりにも深く、今の私はあなたの住む偉大な国の自由で幸福な人々に合わせる顔がありません。したがって私には個人的な意思でアメリカに行こうという気持ちは一切ありません。しかしながら、あなたとランバス博士が、私がアメリカに行くことが宣教の目的に有益である、あるいは学校〔韓英書院〕のためになる——言いかえれば、私がアメリカに行くことによって得られる成果がその出費と退屈な船旅をすることを正当化するものである——とお考えでしたら、いつでもそのように仰ってくだされば、私はその通りにするつもりです。…（中略）…

　追伸　我々の周囲およびこの国のあらゆる地方が騒然たる状況になっています。そのため多くの裕福な人々が松都へ流れ込んできています。ということは取りも直さず、この辺り一帯の不動産の価格が上昇していることを意味します。今すぐか、少なくともこの冬の間に土地を取得しておかなければ、手に入れるのが困難になると思います。手筈がつきましたら電報でただ、"Get"とだけご連絡ください。そうすれば私は"土地を買え"という意味だと理解します。

　末段の「追伸」に対するキャンドラーからの返事（11月18日付）は、5,000ドル（約1万円）ではどうかというものだった。これでは理想村建設のための費用としては遠く及ばない。その不足を補うかのようにエモリー大学同窓会から募金獲得のための演説会を米国で開催してはどうかとの招待状が届いた。しかし彼はこの申し出を「祖国がこうむった屈辱による私のショックは大きく、いかなる国にせよ今は国外に出られるような状態にはまるでありません」との理由で断った（1907年12月25日付、尹致昊よりCandler宛の書簡：『尹致昊書翰集』、175〜77頁）。

改めて米国行きを決意

　以上のような経緯により1907年の米国行きは結局、実現しなかった。その後、尹致昊が安昌浩の要請を受けて大成学校の校長職を引き受けたのは当面、米国行きをあきらめて祖国再興のために努力しようとの考えだったのかも知れない。しかしいわば彼が名前を貸しただけにすぎなかった大成学校が、李鍾浩、呉熙

源、金鎮厚ら資産家から豊富な資金提供を受け、優秀なスタッフを確保し、開校1年後には立派な校舎が竣工するほどの発展ぶりだったのに引き換え、彼の本業であった韓英書院は、校舎も人参製造室を改造した粗末なものだったうえに備品もほとんどなく、学生もわずか40人ほどだった。肝心なスタッフにいたってはさらにひどかった（『書翰集』、156頁、176〜77頁）。

1909年6月23日に行われた大成学校夏季放校式に出席した折、尹致昊は大成学校と韓英書院を比較して内心愕然としたのではないか。そして、一刻も早く韓英書院を充実させたい、できれば韓英書院を拠点として再び理想村の夢の実現にとりかかりたいとの思いが改めて米国行きを決心させるきっかけとなったものと思われる。

幸いこの頃、1910年6月にスコットランドのエディンバラで開催される万国宣教師会議への招待状がJ・R・モットから届き*55、さらにキャンドラー監督からは同年3月末にジョージア州アトランタで開催される米国南メソジスト平信徒大会への招請状も届いた。募金獲得のために米国旅行を決行するには恰好の理由ができた。

こうして2年以上遅れて尹致昊の米国行きが実現する運びとなったが、すでに述べたように当時は伊藤博文暗殺、李完用暗殺未遂事件の衝撃がまだ冷めやらない時期である。加えて1909年3月、憲兵隊は安昌浩が米国から持ち込んだ「大韓新民会趣旨書」及び「通用章程」を入手していた（『統監府文書9』、164頁）。尹致昊の米国行きは当局の重大関心事とならざるを得ない。彼が出発した直後の統監府機密文書には次のようにある。

前韓国外部協弁たりし尹致昊は英国に於て開かるべき万国宣教師会議に韓国南部メソジスト教代表として参列の為めと称し本月8日出発したるが、同人は日本を経て米国に渡り約5、6ヵ月間滞在するものにして米国に於ける用件は布教資金募集の為めなりと云ふも当地に秘密結社新民会の用件をも帯び米国在留韓人は何事か計画するの目的を有するものの如しとの風説これ有り候

---

*55 1910年2月1日付、モットより尹致昊宛（Care of Dr. W.R. Lambuth, Nashville, Tenn.）書翰：*Emory University, The Robert W. Woodruff Library, Special Collection*。

赴に候條、参考の為め取り敢えず此段通報告及び候也。追て同人渡米後の
動静に関しては其視察方当該官憲に然るべく御内訓の上御通報相煩わし度く
此段御依頼及び候也。(1910年1月10日付、「万国宣教師会議参席者尹致昊の動
静報告」：『韓国近代史資料集成3：要視察韓国人挙動』、381頁)

「大韓新民会趣旨書」および「通用章程」を入手していた統監府当局は、尹致
昊が米国に向け出発するにあたり、彼の渡米目的と新民会との関係を疑い、事
前に米国における彼の立ち回り先の駐在公領事館にその動静を観察するよう指
示を出していたのである。ちなみに彼が出発した翌日、病保釈中であった安昌
浩が再拘束された(『大韓毎日申報』1910年1月11日号)。

以上のような通達が事前に送られていることを知ってか知らでか、尹致昊は
1月30日にサンフランシスコに到着、同地居留の韓国人同胞による歓迎会に出
席して演説を行った。2月には母校ヴァンダービルト大学のあるテネシー州ナ
ッシュヴィルに滞在、3月下旬にはジョージア州アトランタのキャンドラー監
督の家に滞在して南メソジストの平信徒大会に出席した。その後、4月中旬に
アラバマ州モンゴメリに到着して、タスキーギ学園にブッカー・ワシントンを
訪ねて親しく対話した(『佐翁尹致昊先生略伝』第25章「米国廻遊」)。また5月に
はイリノイ州シカゴで「極東(The Far East)」と題する演説を行った[56]。

米国到着以来4ヵ月近くにわたり各地を巡回して、韓英書院の拡張事業と理
想村建設に必要な資金獲得のために遊説してきたが、エディンバラで開催され
る万国宣教師会議の時期も迫ってきたため、ニューヨークからの出航に備え、
5月下旬ワシントンD.C.に到着した。該地における尹致昊の行動について当時
の駐米大使内田康哉は次のように報告している。

(前略)　同人〔尹致昊〕渡米後諸所に歴游し新聞記者等との会見に於ても韓
国の政治問題に言及したことなく、自分は最早志を政治に断ちたる次第な
れば今後は一身を耶蘇教の宣伝に任ずべき旨公言し居るやに伝えられ候。然

＊56　『佐翁尹致昊先生略伝』第25章「米国廻遊」および「青年学友会報　○尹致昊氏の演説」：雑誌
『少年』第3年第4巻(1910年4月15日発行)、66～67頁。および The Robert W. Woodruff
Library, Special Collection 'Yun Chiho', Box No. 8f.8.

るに本年五月中当府〔ワシントンD.C.〕に於て万国日曜学校会議開催せられ
たる処、本邦よりは日本メソジスト教会監督本多庸一を初め20名内外右に参
列の為め来府に付、本使〔内田〕は5月21日、右本邦人代表者等并に本邦に
於ける耶蘇教伝道に縁故ある米人等併せて4〜50名を招待して立食の饗応を
なし其節韓国代表者として同会議に参列の尹致昊をも本多監督を介して相招
き候処、同人は快く来会し相応に談話を試みたる後引取りたる次第に之れ有
り候。尚本多監督の談話によれば同人は是迄兎角本邦人を忌憚し同宗派の本
邦人牧師等とも頗る疎遠の間柄なりしが近頃何等感ずる所ありしか漸く其態
度を改め本邦人牧師等と稍相接近するに至りたる趣に之れ有り候。同人渡来
後の模様は右の通りに之れ有り、右のみにては同人が果して自ら公言せる如
く政治上の野心を放擲したるや否や判断し難きも、右本使の招待に応じて当
館の夜会に快く出席したる次第は何等其筋の参考とも相成るべくと存じ此段
報告申進候　敬具（1910年6月1日付、内田大使より外務大臣小村寿太郎宛「前
韓国外部協弁尹致昊の動静に関する件」：『要視察韓国人挙動3』、548〜49頁）

米国滞在中の尹致昊には噂されるような新民会との関係を窺わせる挙動は一切
なく、却って日本人キリスト教徒に対する態度も以前に比べてだいぶ和らいで
きたように思われる、というのが内田の総合的な判断である。
　こうしてほぼ4ヵ月にわたる米国滞在を切り上げた彼はニューヨークより英
国に渡ったのち、6月16日、万国宣教者会議の「海外宣教地における教会に関
する第2委員会」において韓国を代表して演説した[57]。全日程を終えた後、エ
ディンバラを発ち、オランダ、ロシアを経てシベリア鉄道経由で長春にいたり、
7月16日に無事ソウルに到着した（『皇城新聞』、1910年7月16日雑報）。
　ほぼ半年に及ぶ米英旅行の主たる目的は韓英書院の拡充および理想村建設の
ための募金を米国キリスト教徒に訴えることにあったが、果たしてその成果は
どうだったのか？　直接それを示す史料はないが、後年、彼は1910年の米国
旅行について次のように回想している（『第10巻』、1933年10月10日）。

---

[57] *Spring lecture on the World Missionary Conference of Edinburgh 1910 : 2010 Project,*
Edinburgh University April 26, 2003/Kyo Seong Ahn

1910年のアメリカ行きにおいて私が南部の人々から受けた“歓迎”と“約束”は実に惨めなものだった。ランバス博士、リード（Reid：C.F. Reidのこと）その他が鳴り物入りで勧めたにもかかわらず、私は松都高普のために何ももたらすことはできなかった。それに“同窓生たち”の氷のような冷たさに私の心はすっかり冷え切ってしまったので、私はアメリカを訪問してあのような屈辱的な経験を二度と繰り返したいとは思わない。

　キャンドラーやランバスの強い勧めに従っての米国遊説旅行ではあったが、韓英書院や韓国キリスト教への支援を訴える尹致昊に対して米国キリスト教徒が示した態度は、期待を大きく裏切るものだった。1909年10月の伊藤博文暗殺事件後に韓国で起こった一連の動きにより、大韓帝国がいずれ日本に併合されることは不可避の事態であることは、すでに米国へも伝わっていたであろう。日本との良好な関係を保つ必要上、米国キリスト教徒としては敢えて日本当局の疑惑を招いてまでも韓国キリスト教徒を支援することを控えるようになっていたのではないか。

4.　青年学友会の終末

　尹致昊が米国に向け韓国を発ってから2ヵ月あまり経過した1910年3月に雑誌『少年』第3年第3巻が発行されたが、その「青年学友会報」欄は設立委員長の尹致昊が米国に発ったため朴重華（パクチュンファ）がこれに替わり、また総務員の安泰国（アンテグク）が「已むを得ない事故により」執務不能になったため崔南善（チェナムソン）が総務員に選出されたことを報じている。安泰国の「已むを得ない事故」というのは李完用暗殺未遂事件の重要参考人として拘束されたことを意味する。

　以後、青年学友会は崔南善、玉観彬（オククァンビン）というふたりの青年が中心となって地方に聯会を結成する作業をすすめ、1910年3月、最初に漢城聯会が成立した（『韓民族独立運動史資料集1』、701〜02頁）。聯会長には普成中学校校長朴重華がなり、事務室を同中学校内に置いた。そして同年6月までに、さらに平壌聯会（事務所は大成学校内）、安州聯会、義州聯会が成立した（『少年』第3年第6巻、

78頁）。安昌浩、安泰国、尹致昊ら重鎮の不在にもかかわらず青年学友会は崔南善、玉観彬、崔光玉ら若手の活躍により順調に発展しつつあるように思われた。

　ところが翌7月の『少年』（第3年第7巻：7月15日発行）には「青年学友会報は今回休載」とあり、次いで8月の『少年』（8月15日発行）所載の「青年学友会報」は2頁にわたり漢城聯会の活動を報告した後、突如、「○各地方聯會は来る11月まで一切集会を停止すること　青年学友会設立委員会」なる告示文を以て終わっている。集会を停止する理由には一切触れられていない。『少年』自体もその後、9〜11月は発行されず、12月15日になってようやく第3年第9巻が発行されたが、その巻頭（『少年』第3年第9巻、表紙見返し）にその間の経緯が簡単に記されている。

　それによれば、『少年』第3年第8巻発刊に際して統監府警務総長明石元二郎名で以下のような処分を受けていた。

　　警機高発265号　少年発行人崔昌善　明治43年8月25日発行少年第3年第8巻は治安を妨害するものと認むるに付韓国光武11年法律第5号新聞紙法第21条により該雑誌の発売頒布を禁止し之を押収し其発行を停止す　明治43年8月26日　　統監府警務総長　明石元二郎（「愛読者列位に謹告す」）

　すなわち、第3年第8巻には「8月15日発行」となっているが実際には当局の検閲があり15日には発行されず、25日に発行の運びとなったが、それも直ちに発売禁止、押収処分となった。恐らく当局の検閲をパスさせるために「青年学友会報」を休載するとともに当局の指示に従って地方聯会の集会を11月まで禁止する旨広告を出した、にもかかわらず検閲をパスすることができずに発禁、押収処分となったものと思われる。

　8月26日といえば日韓併合条約が発表される3日前である。これより先、すでに5月30日に曽禰荒助に替わって寺内正毅が3代目統監に任命されていた。寺内がソウルに着任するのは7月23日であるが、彼に先だって6月2日、明石元二郎が駐韓国憲兵警察司令官として着任していた。寺内の任命は日韓併合を実行するための布石であり、明石の着任は寺内の着任に先だって併合への準備

態勢を整えることにある*58。6月24日、韓国警察権を日本に委任する覚書が調印され、同29日には勅令を以て統監府警察官署官制が公布された。以後、韓国警察官はすべて統監の管轄下に移され、韓国駐剳憲兵司令官たる統監府警務総長（明石元二郎）の監督を受けることになった（田保橋潔『朝鮮統治史論稿』、88～89頁）。

　こうして7月以降、新聞・雑誌の検閲、政治団体をはじめとする韓国人の団体結社の取締りは警務総長たる明石の指揮下に置かれ、「治安を妨害する」ものと認められたものはすべて禁止となった。さらに8月19日には明石の名を以て、当分の間、政治に関する集会もしくは野外における多人数の集合は禁止となり、違反したものは拘留または罰金を処せられることになった（小森徳治『明石元二郎』、486～87頁）。

　上に引用した明石の命令はこのように周到に準備された日韓併合発布前の治安対策の一環であった。『少年』第3年第8巻の巻頭には1910年12月7日を以て『少年』誌の発行停止処分を解くことを通告する明石名義の書類も合わせて掲載されている。その結果12月15日に同誌が4ヵ月ぶりに復活したが、そこに「青年学友会報欄」はもはやなく、その休載広告さえない。玉観彬によれば日韓併合後、崔南善が警務総監部の保安課長に青年学友会設立に関する趣意書を出し許可を求めたところ、保安課でも差支えないということで設立準備にとりかかったというが*59、その後、青年学友会が活動を再開したという記録はない。

5.　安岳事件から105人事件へ

　一見、日韓併合は粛々として実行されたかのように見えたが、陰では反日と独立のための運動が進行していた。1910年12月29日、安重根の従弟安明根が逮捕され、翌11年2月3日には金九が逮捕された。いわゆる安岳事件関係者

---

*58　1910年6月25日付、明石より寺内宛書簡：国会図書館憲政資料室『寺内正毅文書1』、148～151頁。内容は韓国警察権を日本に委譲させる件に関して統監府総務長官事務取扱石塚英蔵と行った打合せ、および憲兵警察配置案原案のこと等について順調にいっていることを報告するもの。

*59　「京城覆審法院第21回公判玉観彬訊問調書」：『韓民族独立運動史資料集1』、701～02頁。

逮捕の始まりである。この事件により合計70名が逮捕拘束されたが、6月8日
36名が不起訴、残り34名が立件起訴された（『毎日申報』、1911年6月10日）。

直後の6月26日より1週間にわたり、尹致昊が院長を務める松都の韓英書院
において朝鮮YMCAの夏会会が開かれた。大会会長尹致昊の他に、李承晩、
崔相浩、陸定洙、李商在、梁旬伯、梁濬明、李容華が参加し、外国人として
はフランク・ブロックマン（ソウルYMCA総務）、ホワイト（G.C. White）、シャーウ
ッド・エディ（米国YMCA書記）、丹羽清次郎らが出席した。安岳事件の捜査を担
当した警務総監部の国友尚謙は、後になって、この集会において尹致昊が新民
会の名において暗殺実行を扇動したとして、YMCAを新民会の仮装団体にで
っち上げるための決定的な証拠としてこの集会を利用することになる*60。

7月22日、安岳事件に対する判決が出た。公判は独立運動資金獲得のために
強盗および強盗未遂事件を犯したとする安明根一派と、独立運動をするために
満州西間島への移住を計画したとする梁起鐸一派の二手に分けて争われたが、
前者に対しては主犯安明根の終身刑をはじめとして首謀者は15年ないし7年以
上の懲役を宣告された者が多かった。一方、後者は保安法違反事件として主犯
の朱鎮洙、梁起鐸、安泰国、林蚩正、高貞華、金道熙に対して懲役2年、玉
観彬以下に対しては懲役1年半以下という軽罪となった（『毎日申報』、1911年7
月23日）。これらのうち、梁起鐸、安泰国、林蚩正、玉観彬は後に105人事件
により尹致昊とともに最終判決において有罪となった人物である。

首謀者全員に15年以上の重罪を科すつもりでいた国友尚謙は、梁起鐸一派
（すなわち青年学友会会員）が保安法違反として軽罪に終わったことに強い不満
を感じ、彼らの西間島移住計画につき再調査を開始する。その結果、移住計画
と並行して梁起鐸一味が3度にわたり寺内総督暗殺を計画したがいずれも失敗
し、今また改めて計画中であるという結論に達する。こうして安岳事件の半分
である梁起鐸らの西間島移住計画事件は105人事件へと大きく変貌する（「不逞
事件ニ依ツテ観タル朝鮮人」、1～61頁）。安岳事件はいわば反日民族主義者が起
こした事件であったが、これを反日キリスト教徒が起こした事件として国友に

---

*60 全澤嶌『韓国基督教青年会運動史』（ソウル汎友社、1994）、156頁、および国友尚謙「不逞事件
ニ依ツテ観タル朝鮮人」：『百五人事件資料集第2巻』（不二出版、1986）、370～72頁。また第8
章7を参照。

より再構成されたのがすなわち105人事件であった。

　再構成にあたり国友はこれまで本稿が「空白の9年半」として略述してきた尹致昊を巡る様々な行動のすべてを事件に結びつける。彼によれば1909年6月中旬に平壌で行われた大成学校夏期放学式、西北学会演説会、米国宣教師の集会は総督暗殺を謀議するための機会として利用されたことになる。また青年学友会は総督府を欺くための仮の名で、その実体は新民会であり、さらに新民会は米国、ハワイ、英国その他、海外にあるキリスト教団体と通じており、西洋人の勢力を背景に朝鮮独立を企む国際秘密組織であるという。この国友の結論を明石も寺内も受け入れた。

総督府の事件処置に対して強まる欧米からの批判

　こうして尹致昊は1912年2月4日に突然逮捕され、警務総監部による訊問が始まった。当初、彼は容疑を全面的に否認したが、取り調べに当たった警視国友尚謙は今回事件に関する他の容疑者の取り調べはすべて終了しており、尹致昊が新民会の会長であることも全員が認めていると告げた。尹致昊には全く身に覚えのないことであったが、彼らの証言が偽証であることを確認しようにも他の容疑者との面会（対質）はいっさい許されない。無実を証明することが不可能と知った彼は、自分が容疑を認めればすべての容疑者に対して"寛大な処置"が与えられるであろう、また尹致昊自身も釈放されるであろうとの国友の言葉を信じて、国友に言われるままに"自白"した。しかるに4月6日になって、他の容疑者の取り調べは現在も進行中であり、やがて公判が開かれる予定であることを知った（大韓民国国史編纂委員会『韓民族独立運動史資料集Ⅰ』、408頁／『日本外交文書第45巻1冊』、471頁／ *The Korean Conspiracy Trial-Full Report of the Proceedings*, Japan Chronicle, 1912, p.13）。

　かくて6月28日、寺内朝鮮総督謀殺未遂事件の被告123名（全員朝鮮人）に対する公判が京城地方法院において始まった。初日の第1回公判において最初に訊問された4名の被告（申孝範、李鳳朝、魯孝郁、金晶煥）は全員、自分が新民会員であると自白したのは拷問により強制されたためであり、尹致昊が新民会会長であるとは聞いたことがないと証言した（前出の *The Korean Conspiracy Trial*, pp.3-8）。これを聞いた尹致昊はすっかり動転し、翌日第2回の公判に

おいて証言台に立った時、これまで彼がなした"自白"を撤回し、自分は他の容疑者により騙されて事件に巻き込まれたのだと主張した（同前、pp.8-13）。だが、裁判長（塚原友太郎）は尹致昊の陳述にはいっさいおかまいなく、引き続き、警察調書による被告123名の"自白"が正しいことを前提に裁判を進めた。

　法廷でのやり取りは日本語で行われ、尹致昊、柳東説その他、日本語に堪能なごくわずかの被告を除き、他の被告の陳述は日本人通訳官が朝鮮語から日本語に翻訳した。ところが、渡邊鷹次郎なるこの通訳官は総督府警務総監部の通訳官であり、国友警視が容疑者の取り調べをするにあたって国友と容疑者との間の通訳を担当した人物だった。調書のほとんどは国友尚謙、渡邊鷹次郎両人連名で書かれたものである（「105人事件訊問調書Ⅰ・Ⅱ」：『韓民族独立運動史資料集3』大韓民国国史編纂委員会、1987）。警察における容疑者の取り調べ、および訊問調書作成に当たった当の人物が、公判における同一被告人の通訳を兼ねるということ自体、被告の陳述に対する公平性を著しく損なう。当然のことながら、渡邊は被告の陳述が調書と食い違い、警察の主張が不利になるような場合、被告の陳述を歪曲して警察に有利になるように通訳することが稀でなかった。裁判を傍聴した『ジャパン・クロニクル』の記者は、その「公判傍聴記（前述の"The Korean Conspiracy Trial—Full Report of the Proceedings"のこと）」において、被告人の陳述を朝鮮語で記したメモと、渡邊が日本語に翻訳したものとを比較して、その歪曲ぶりを逐一指摘している。とりわけ、公判10日目に登場した梁起鐸の陳述に関して渡邊による歪曲は際立っていた（"The Korean Conspiracy Trial", pp.70-73）。ちなみに渡邊は1882年に駐韓日本公使館所属の外務省警察官として初来韓し、1895年の閔妃暗殺事件に加担して本国送還となったが、翌96年1月、広島地方裁判所において証拠不十分で免訴となった。同年、韓国警務顧問部に招聘されて再び渡韓すると、仁川領事館勤務等を経て、日韓併合とともに警務総監部に移り、総督府通訳官兼朝鮮総督府警視に任命されたという経歴を持つ。

　被告人の主張をいっさい聞き入れようとしない裁判長と、渡邊通訳官による歪曲のために、梁起鐸もまた自分がこの事件に巻き込まれたのは、尹致昊が虚偽の陳述をした結果であると考えるにいたった。怒った梁起鐸は法廷において、「尹致昊はウソつきである（… he must have told a lie）」と断言するにいたった。

こうして、警務総監部、検察、裁判官、通訳官が一体となって仕立て上げた離間策により、被告人たち、とりわけ尹致昊と梁起鐸との間には裁判の過程を通して強い不信感と憎悪が生まれ、両者の対立は3・1独立運動後の上海臨時政府をめぐる対立へと持ちこされることになる（後に梁起鐸は大韓民国臨時政府の大統領となる）。

　この事件の裁判の結果は、1審（1912年9月28日に結審）において被告123名中、鮮于燻その他17名が証拠不十分のため無罪となり、105人が有罪を宣告された（ただし金膺録は病気のため出廷できず、裁判延期となり、のちに無罪となる）。俗にこの事件を、「105人事件」と呼ぶのはここに由来する。判決を不服とした105名は京城覆審法院に上告した。その結果、1913年3月20日の覆審法院判決で尹致昊、梁起鐸、李寅煥（李昇薫）、安泰国、林蚩正は懲役6年、玉観彬は懲役5年、張膺震以下99人には無罪が言い渡された。有罪となった6人は判決を不服としてさらに京城高等法院に上告して争った結果、高等法院は原判決中、被告の有罪部分を破棄して、事件は大邱覆審法院へ移管されることになった。大邱覆審法院は同年7月16日付で尹致昊ら6名の上告に対して京城覆審法院の判決どおりとの裁定を下したため、未決在監中の180日も刑期と換算した6年刑、5年刑が確定した。この判決を不服とした6名は再度、高等法院に上告した。同年10月9日、高等法院が上告を棄却したため、ここに6名の罪状は京城覆審法院の原判決どおりとすることが最終的に確定し、6名は京城監獄および大邱監獄で服役することになった。

　こうして500名以上（韓国独立運動史研究家の中には700名以上とする者もある）の逮捕者から始まったこの事件は、まず検察による起訴の段階で123名に減り、ついで1審の結果105名が有罪となった。だが、京城覆審法院の段階になって有罪者はわずか6名となり、その後、2度の上告を経てこれが最終的に確定することになる。すなわち、最終的に有罪となった者は全逮捕者の100分の1以下にすぎない。しかも最終的に有罪となった6名のうち、尹致昊を除く他の5名はすべて先行する安岳事件（梁起鐸等保安法違反事件）ですでに有罪（ただし李昇薫のみは行政処分）となっていた者たちである（梁起鐸、安泰国、林蚩正、玉観彬の4名は105人事件第1審の法廷に赤い囚人服を着用して出廷した）。

　この事実は、寺内、明石をはじめとする総督府当局の当初の目論見が公判の

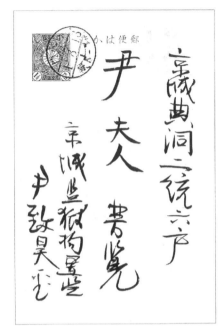

獄中の尹致昊に白夫人が送った葉書に対する、1912年8月12日付の尹致昊の返事の葉書。家族の健康を気遣い、4歳になったばかりの3女文姫の養育に関する注意を述べている。

進行とともに大幅に軌道修正を余儀なくされたことを意味する。朝鮮西北地方宣川にある長老派のミッションスクール信聖中学の生徒、教師の逮捕は1911年暮にクライマックスに達した。この時、総督府警務総長長明石元二郎は総督寺内に宛てた私信において次のように述べている（1911年12月6日付、明石より寺内宛の私信：国会図書館憲政資料室所蔵「寺内正毅文書1」、201～202頁）。便宜のため筆者が句読点を付した。

　　（前略）…宣川不穏行動事件之為目下まで引致取調中之者九十五名ニ昇連り、猶進行ニ伴ひ引致取調越要須へ起見込之者百名位可有之歟と存候。所謂一網打尽越期し居義ニ御座候……

要するに、1911年暮の段階で、信聖中学関係者をはじめとする宣川地方の逮

捕者はすでに95名となっており、さらに100名ほどを見込んでいた上に、宣川の後には平壌、ソウルへと大量逮捕の手が広げられたことを考えると、当初、寺内、明石ら総督府当局者が朝鮮全土における反日キリスト教徒および独立扇動者の「所謂一網打尽を期し」ていたことは明らかである。

　ところが公判の開始とともに、数名の例外を除くほとんどの被告が拷問により自白を強要されたことを訴え、また通訳官による被告の陳述の歪曲が明らかになった。おまけに弁護人と被告による提出証拠および証人喚問請求はすべて却下されたために、弁護人一同は協議の結果、「刑事訴訟法第41条により塚原裁判長、伊藤・鎌田両陪席判事に対して〔裁判官〕忌避の申請」を申し立てた（『毎日申報』1912年7月18日号）が、これは上告を経たのち最終的に却下された（『日本外交文書第45巻1冊』、531～33頁）。日本語新聞でこれらの事実を伝えたものは少なかったが、『ジャパン・クロニクル』をはじめとする英字新聞、および公判を傍聴した宣教師はこの事実を本国に伝えた。総督寺内は、本国の内田外相に向け、『ジャパン・クロニクル』を取り締まるよう要請するとともに国内のマスコミに対する規制を強化した（同前、494～95頁）。だが、拷問による自白の強要、客観的証拠によらず容疑者の自白のみに基づく立件等々、裁判の不当性に対する米国世論の非難が高まり、日本は法治国家としての体裁を備えていないという批判が日に日に強まっていった。日米関係が悪化することを憂慮した駐米大使珍田捨己は米国内世論に対する対策3ヵ条を策立して事態の収拾に向けて動き出す（同前、501～02頁）。初代朝鮮総督としての実績を引っ提げて次期首相の座に就くことを狙っていた寺内は、予期せぬ事態の展開に当初の「一網打尽」の目論見を断念し、総督府の名誉を保ちながら無事にこの事件を終結させることに方針転換した。それがすなわち、尹致昊以下6名の有罪判決という結論であった。史料による限り、恐らくこれが事実の真相に近いと思われる。すでに有罪判決を受けていた梁起鐸以下5名に加えて尹致昊を有罪とすることは、総督府の名誉を維持するためには不可欠の条件だったのである。

独立運動を親日派と反日派に分裂させた105人事件

　大成学校および青年学友会の設立から日韓併合を経て、直後の安岳事件、105人事件へといたる5年間の動きの中には様々な人物が登場する。彼らのう

ちのある者は逮捕を免れるために未然に国外に脱出し（安昌浩、李東輝、柳東説、李鍾浩、李東寧、李承晩、その他）、又ある者は逮捕服役後、国外に脱出し（金九、梁起鐸、安泰国、車利錫、玉観彬、その他）、やがて彼らの多くの者が上海臨時政府に関わることになる。服役して釈放された後も引き続き国内にとどまり続けた者は、尹致昊、林蚩正、李昇薫、その他、ごく少数である。

　3・1独立運動勃発後、尹致昊は独立運動に反対する主たる理由として、「弱い人種が強い人種とともに暮らさなければならない時には、自衛の手段として弱い人種は強い人種の善意を勝ち取る必要があること」を挙げた（第7章の3を参照）。この彼の立場は、彼が朝鮮にとどまり続けることを大前提としている。そして自らが朝鮮にとどまり続ける理由として彼は、「朝鮮人の戦場は〔国外ではなく〕朝鮮である」という持論を展開した（1919年12月19日）。国外にあって祖国の為に尽くすことができるなら、国内にあって祖国の為に尽くすことができるのは当然ではないかというのである。独立運動を展開するために国外に脱出する朝鮮人が続出するようになれば、手薄になった朝鮮の土地は日本人の所有に帰してしまうであろうから、これは正論にはちがいない。祖国において日本人の支配に悪戦苦闘しながら日々を送る朝鮮人がいる。その彼らを解放するためにこそ、国外における独立運動がある。国外での独立運動に資金を提供するために朝鮮にとどまり悪戦苦闘しているわけではない。

　だが、やはり105人事件を通じて日本人がとった離間策、──「（朝鮮人を）分断して統治せよ」──に彼が大きく影響されたことも否定できないであろう。総督府により仕組まれた105人事件は、植民統治期間を通じて朝鮮民族が親日派と反日派の2つに大きく分裂する最大の要因となったのではないか。

第7章
武断統治から3・1独立運動へ
1916～1919年

　1915年2月13日午後4時40分、尹致昊、李寅煥（李昇薫）、梁起鐸、安泰国、林蚩正、玉観彬の6名は京城監獄において国分三亥高等法院長その他監獄職員が列席する中で三井典獄から恩赦状を読み聞かされた。旧暦で新年を祝う朝鮮にあって正月を明日に控えた大晦日のことである。式場に呼びだされた当初、何のことやら分からなかった彼らも、この時初めて事の次第を知らされ驚きの余りただただ涙するばかりだった。しかし式後、各自の部屋に導かれると、突然“放声大哭”したという。

　御用新聞『毎日申報』（ハングル）は3日後の2月16日、このことを大々的に報じた。その内容は次に引用する主な見出しに見られる通り、新たに大日本帝国の支配下に入った朝鮮に対する帝国の処置がいかに寛大かつ慈愛に満ちたものであるかを強調するもの一色だった。

　　1面●陰謀事件受刑者特赦　前古未曾有の恩典　▲聖恩如天　尹致昊、李寅
　　　　煥、梁起鐸、玉觀彬、安泰国、林蚩正六名は今般寺内総督の上奏により
　　　　特赦の恩典を蒙る　●特赦に対する総督の訓示　●聖恩に報答せよ検事
　　　　長の論告
　　3面●特赦恩典執行経過　●極楽へ幻生した六人　△獄中所得　和気を浮か
　　　　べた尹致昊氏　獄中で得た数々　△尚在夢中　血色よい梁起鐸氏　久し
　　　　ぶりに故郷へ　△希望と歓喜　李寅煥、玉觀彬、林蚩正、安泰国

　こうして尹致昊は総督府により周到に準備された一大イベントを以て釈放された。しかし聖恩により“極楽へ幻生”させられた尹致昊を待っていたのは厳

しい現実だった。

　尹致昊逮捕（1912年2月4日）に先立つこと4ヵ月あまり前（1911年9月22日）に父尹雄烈が死んだ[61]。享年71歳。時あたかも朝鮮西北地方の新義州、宣川、定州におけるキリスト教徒の検挙旋風が始まった頃だった。父の死後しばらくの間は、古式に則った葬儀と煩雑きわまる祭祀のために郷里とソウルの間を往復することに時間をとられ、家督の引継にはほとんど手が回らなかった。そこに突然の逮捕である。3年の空白後、我が家に戻った彼は総督謀殺陰謀事件の主犯という汚名を着せられたまま大家族の家長としての役割を引き継ぐことになった。

　父雄烈は尹家の家長であったのみならず、数百人の会員を擁する海平尹氏宗親会の宗中代表だった。その父が預かっていた宗中櫃（尹氏一門の過去に関する重要書類が入っている）の行方が分からない。父が管理していた宗親会のカネの残金がどうなっているのかも皆目分からない。おまけに父が族譜を作るために準備しておいた紙を、釈放後の尹致昊はその使用目的が分からず売り払ってしまった（1916年9月30日）。奔走してなんとか辻褄だけは合わせることができたが、大家族の長として面目丸つぶれである。宗中会員のほとんどが非キリスト教徒である。会員のみならず、会員となることを許されなかった一門の女性たちも、彼の失態の原因を彼の獄中生活3年に求めるよりも、キリスト教徒である彼が祖先に対する尊敬の念を欠いているためと考えたであろう。大家族の成員たちの信用を回復する道は険しかった。

　さらに尹致昊の肩に重くのしかかったのは、父に代わって多くの家族を養わなければならなくなったことである。そのことがいかに釈放後の彼の活動を制約することになったか、それを知るために以下、『尹致昊日記』最終巻にいたるまでに登場する彼の家族を予め概観しておくことにする。

---

[61]『佐翁尹致昊先生略伝』第26章「百五人事件」は9月20日死去とする。しかし郷里にある尹雄烈の墓碑銘によれば「1911年9月22日卒」となっている。

1.　一家の家長として大家族を養う

　すでに述べたように（第5章の5）、父雄烈には3人の正妻に加えて側室が1人
いた。最初の妻全義李氏（1838〜1907）は子供に恵まれず、すでに1907年に没
していた。2番目の妻全州李氏（1844〜1936）がすなわち尹致昊の実母で、尹
致昊の他に姉の慶姫（1862〜1932）を生んだが、この姉は郷里牙山郡回龍里の
金氏に嫁ぎ、今は寡婦となっている。3番目の妻金海金氏（1879〜1959）は尹
致昊の異母弟、致旺、致昌の母、すなわち尹致昊の庶母にあたる。母とは言い
ながら尹致昊より14歳年下である。最後に側室は明洞宅（明洞の側室の意）と
呼ばれ、吉龍、達龍、2人の息子を生んだ。彼女は尹家に同居していない。従
って1916年現在、全州李氏（72歳）と金海金氏（37歳）、この2人の母親に孝
養をつくすことが尹致昊の最大の義務である。

4人の異母弟

　母親とは言いながら金海金氏と明洞宅は尹致昊よりはるかに若い。2人が生
んだ息子たちは尹致昊の長男、次男と同世代で、当然のことながら彼らの養育
は尹致昊の肩にかかってくる。致旺、致昌と、吉龍、達龍はその名前からも分
かるように、前者は尹致昊と行列字「致」を共有しているが、後者は行列字
（「龍」）を異にする。彼らに対する養育も自ずから異なってくる。4人の異母弟
の略歴は次のとおりである。

　　致旺（1895〜1982）1916年、英国留学。19年、グラスゴー大学医学部入学。
　　　　27年に帰国。14歳で全州李氏李熙悳の娘と結婚。留学中、妻と娘の善姫
　　　　は尹致昊が預かる。善姫の他に燾善ほか4人の男児をもうける。
　　致昌（1899〜1973）1919年、米国留学。24年、シカゴ大学商学部入学、29年
　　　　に卒業帰国。留学中、同じく米国留学中だった孫真実（上海臨時政府議
　　　　政院議長の経歴を持つ孫貞道の娘）と結婚。子供は長男涼善（34年生）た
　　　　だ1人。
　　吉龍（1894 or 95〜？）1917年、英国のクエーカーの学校に留学。その後不明。

達龍（ダリョン）（1900 or 01〜？）1916年、東京に留学。その後不明。

　吉龍、達龍の2人は1917年以後、日記から姿を消す。尹致昊に関する様々な研究資料において致旺、致昌は異母弟として言及されているが、吉龍、達龍に関する言及は皆無である。正妻の子と側室の子の差は学問の世界にあっても歴然としている。

　以上、4人の異母弟たちは1895年から1901年の間に生まれており、次に紹介する尹致昊と馬秀珍夫人の間に生まれた4人の子供たちと同世代である。

馬秀珍夫人の子供たち

　尹致昊が1894年3月に上海で結婚した中国人女性馬秀珍夫人は、1905年2月にソウルで他界するまでの間に4人の子供を生んだ。この期間は朝鮮近代史における激動の時代だった上に、尹致昊の単身帰国、10ヵ月におよぶロシア・フランス旅行、元山・鎮南浦等地方官吏としての赴任等々、生活環境が安定していなかったため、家族は上海、ソウル、元山等地に別れ別れに過ごすことが多かった（第4章の4を参照）。馬夫人の死後も子供たちは再婚した白夫人に養育されずに両親（長女鳳姫）、尹致昊（永善、光善）、ハーディー宣教師一家（龍姫）の3ヵ所に分けて養育された。さらに105人事件で父親が逮捕された後、彼らは総督謀殺未遂の凶悪犯の子供として厳しい人生を歩むことになった。4人の子供たちの経歴はそれを反映したものになっている。彼らの略歴は以下のとおりである（最初の英語は洗礼名を表す）。

鳳姫（ボンヒ）（1894〜？）Laura。蘇州生。幼名は「愛芳」。培花女学校を卒業。尹致昊釈放直後の1915年に小学校教師金兢善（キムグンソン）と結婚。18年以後、夫が家出を繰り返すようになり、母子ともに実家に戻り尹致昊の扶養を受ける。益国、益民、益煥、亮媛の4人の子供を生む。

永善（ヨンソン）（1896〜1988）Allen。上海生。尹致昊が服役中の1914年に渡米、17年、オハイオ州立大学農学部入学。22年に同大卒、帰国。渡米前に閔裕植の娘閔媛姫（ミンウォンヒ）と結婚、媛姫は尹家に残す。後に彼女は精神異常を来し、永善は再婚する（1933）。媛姫との間に英求、勝求、貞姫らの子供がいる。

解放後は農林部長官となる。

光 善（1898〜1950）Candler。ソウル生。幼名は「鳳城（or 鳳成）」。1917年、
　　南宮檍の娘と結婚。1923年、渡米、エモリー大学文科卒後、リンカーン
　　大学農科で修学したのち26年に帰国。留学中、尹致昊が妻子を預かる。
　　龍求、貞姫等3男3女あり。兄の永善が堅実な性格であったのに対し、
　　光善は派手好きで多額の借金をして尹致昊を困らせる。

龍姫（1903〜1991）Helen。馬夫人が上海に一時里帰りして出産。1911年に
　　ハーディー宣教師夫人に連れられて渡米、ケンタッキー州のMillersburg
　　Female College を経て21年にヴァンダービルト大学入学、25年に帰国。
　　生涯独身。幼くして渡米したため帰国後も朝鮮になじめず"放蕩娘"（尹
　　致昊）になる。

　以上4人の実子たちと前述の4人の異母弟合わせて8人のうち、鳳姫を除く7
人全員が海外に留学している。しかもそのうち側室の息子吉龍、達龍を除く5
人はみな米英の名門大卒である。彼らに対する学費仕送りの負担もさることな
がら、このような米英重視の傾向は次に述べる白梅麗夫人の子供たちの学歴と
比較するとき著しい違いがあることは注目に値する。

白梅麗夫人の子供たち

　馬夫人の死後、再婚した白梅麗夫人（1890〜1943）との間には105人事件で
逮捕される前にすでに文姫、武姫、2人の娘が生まれていた。武姫は尹致昊が
収監中の1914年に3歳で死んだ。再婚当時、尹致昊40歳、白夫人15歳であっ
たが、3年間の服役後、釈放されたとき、尹致昊はすでに50歳になっていた。
以後、尹致昊は63歳になるまでに3男4女、合わせて7人の子供を授かること
になる。文姫、武姫を合わせて9人の子供たちの略歴は次のとおりである。

文姫（1908〜？）Mary。京城師範付属普通学校女子部を経て29年に京畿女
　　子高普卒。29年に平壤出身の鄭 光鉉（延禧専門卒：後にソウル大教授）
　　と結婚。泰雄、泰振、泰嬋等を生む。

武姫（1911.5.4〜1914.3.10）尹致昊の収監中に死去。

恩姫（1915.11.11〜？）Grace。釈放後に生まれた最初の子。文姫と同じ学歴の後に梨花女専卒。36年に 鄭 奉燮（京城医専卒業後、京大医学部で博士号取得）と結婚。

明 姫（1918.2.8〜？）Margaret。学歴は文姫に同じ。38年、趙 麟鎬（実家はソウルの金満家）と結婚。明淑、英淑ら3人の娘を生む。

璋 善（1920.1.27〜2005.3.25）Washington。京城師範付属、第一高普を経て1938年、法政大学予科入学。解放後、サンフランシスコ総領事。

琦善（1921.10.22〜2013.7.27）Lambuth。璋善と同じ学歴の後、1938年、上野音楽学校入学。ピアノ科を卒業後、ピアニストとして活躍、戦前は日本でも名を知られていた。戦後、渡米して米国でピアニストとして活躍。

寶姫（1923.10.19〜？）Victoria。文姫と同じ学歴の後、1940年、梨花女専音楽科（ピアノ専科）入学。解放後は梨花女子大音楽科教授。夫は玄永学（民衆神学者）

瑛姫（1926.3.5〜？）学歴は文姫と同じ。戦後、米国に居住。

斑 善（1928.5.24〜2008.3.4）Joseph。槿花幼稚園、斎洞普通学校を経て1941年に京畿中学校入学。解放後は米国に移住。

　夭逝した武姫を除く8人の子供たちの中で米英に留学した者は1人もいない。初等教育、中等教育まですべて総督府下の官立学校であり、それ以後、男子は日本留学、女子は梨花女専である。このことは彼らがみな日韓併合後に施行された朝鮮教育令に基づいた日本式公教育を受けて成長したことを意味する。併合後、朝鮮の教育事情が大きく変わった結果ともいえる。

　しかし一方で、尹致昊が設立した松都の韓英書院（1917年、松都高普と改称）は当時まだ存続していた。馬夫人が生んだ永善、光善はともに韓英書院を卒業している。自らの理想に基づいて設立した学校があるにもかかわらず、なぜ白夫人が生んだ息子たちは総督府下の官立学校に通わせたのかという疑問が残る。この変化は永善、光善を韓英書院に通わせた大韓帝国末期における尹致昊と異なり、日韓併合と105人事件を経た1915年以後の尹致昊が"強者の支配下で弱者が生きる道"を学んだ結果とも言えるであろう。

郵便はがき

料金受取人払郵便

神田局
承認
8956

差出有効期間
2018年9月
30日まで

切手を貼らずに
お出し下さい。

101-8796

537

【 受 取 人 】

東京都千代田区外神田6-9-5

株式会社 明石書店 読者通信係 行

|ᴵᴵᴵᴵ·ᴵ·ᴵᴵ·ᴵᴵᴵᴵ·ᴵᴵᴵᴵ·ᴵᴵᴵᴵᴵᴵᴵ·ᴵ·ᴵ·ᴵ·ᴵ·ᴵ·ᴵ·ᴵ·ᴵ·ᴵᴵᴵ·ᴵᴵᴵᴵ|

お買い上げ、ありがとうございました。
今後の出版物の参考といたしたく、ご記入、ご投函いただければ幸いに存じます。

ふりがな		年齢	性別
お名前			

ご住所 〒　　　-

TEL （　　　） FAX （　　　）	
メールアドレス	ご職業（または学校名）

*図書目録のご希望	*ジャンル別などのご案内（不定期）のご希望
□ある	□ある：ジャンル（　　　　　　　　　　　　　）
□ない	□ない

書籍のタイトル

◆本書を何でお知りになりましたか？
　　□新聞・雑誌の広告…掲載紙誌名[　　　　　　　　　　　　　　　　]
　　□書評・紹介記事……掲載紙誌名[　　　　　　　　　　　　　　　　]
　　□店頭で　　　□知人のすすめ　　　□弊社からの案内　　　□弊社ホームページ
　　□ネット書店 [　　　　　　　　　　] □その他[　　　　　　　　　]
◆本書についてのご意見・ご感想
　　■定　　　価　　　□安い（満足）　　　□ほどほど　　　□高い（不満）
　　■カバーデザイン　　□良い　　　　　□ふつう　　　　□悪い・ふさわしくない
　　■内　　　容　　　□良い　　　　　□ふつう　　　　□期待はずれ
　　■その他お気づきの点、ご質問、ご感想など、ご自由にお書き下さい。

◆本書をお買い上げの書店
　　[　　　　　　市・区・町・村　　　　　　　書店　　　　　店]
◆今後どのような書籍をお望みですか？
　　今関心をお持ちのテーマ・人・ジャンル、また翻訳希望の本など、何でもお書き下さい。

◆ご購読紙　(1)朝日　(2)読売　(3)毎日　(4)日経　(5)その他[　　　　　新聞]
◆定期ご購読の雑誌 [　　　　　　　　　　　　　　　　　　　　　　]

ご協力ありがとうございました。
ご意見などを弊社ホームページなどでご紹介させていただくことがあります。　□諾　□否

◆ご 注 文 書◆ このハガキで弊社刊行物をご注文いただけます。
　　□ご指定の書店でお受取り……下欄に書店名と所在地域、わかれば電話番号をご記入下さい。
　　□代金引換郵便にてお受取り…送料＋手数料として300円かかります（表記ご住所宛のみ）。

書名		
		冊
書名		
		冊

ご指定の書店・支店名	書店の所在地域	
	都・道 府・県	市・区 町・村
	書店の電話番号　　（　　　　）	

尹致昊の経済基盤：大不在地主となる

　日記が再開された1916年の時点において、尹致昊は2人の母親を扶養し、4人の異母弟と6人の子供たち（馬夫人の子供4人、白夫人の子供2人）を養育しなければならなかった。おまけに英国留学中の致旺が残していった妻と娘（善姫）がいる、米国留学中の長男永善の妻も同居している。とりわけ海外留学中の致旺、永善、龍姫、達龍らに対する仕送りは現金為替で送ったためストレートに家計を圧迫した。これだけの財政的負担を支える尹致昊の経済基盤はいったいどうなっていたのか？

　父尹雄烈の死に伴って尹致昊は朝鮮各地に父が持っていた広大な農地を相続した。科挙（武科）に合格したのち地方官吏として出発した父は、咸鏡南道兵馬節度使、南陽（咸鏡北道）府使等として赴任する間に現地の土地を買い集めた。甲申政変後、8年間、綾州（全羅南道和順）に定配されたが、この間にも近隣の土地を買いためた。1896年の時点ですでにこれらの土地からあがる収入だけで普通の家計を賄うに十分なほどだったという（第4巻、1896年6月4日）。

　105人事件で逮捕された後、韓英書院の校長職を解かれ、中央YMCAからも遠ざかった彼は釈放後、父が残した農園からの収入に頼って生活せざるを得なかった。しかしすでに述べたように多くの扶養者、養育者を抱えては父が残した農園だけで支えるのは難しい。折しも当時は日韓併合後に公布（1911年4月）された土地収用令により、朝鮮人の土地が猛烈な勢いで日本人により買いたたかれていた。朝鮮人の土地が次々に日本人の手にわたるのを見て将来を悲観した彼は、土地を売りたいという朝鮮人がいると積極的にこれを買うようになった。3・1運動後、彼は、「人手〔日本人〕に渡って買い戻せなくならないように田畑を買っておく者は、独立運動資金を作るために自分の土地を手放す者よりも賢明である」（第8巻、1920年6月5日）と言っているが、これは3・1運動に反対した自己の立場を正当化するために後から理論化したもので、当初はむしろ経済的な理由が大きかったと思われる。こうして1915年から1920年代にかけて彼は北は咸鏡道から南は全羅南道にいたる朝鮮各地に広大な農園を所有することになった。次はその主なものの所在地である。

　咸鏡北道：南陽 ／江原道：洪川 ／黄海道：瑞興 ／京畿道：天安、果川、驪州、

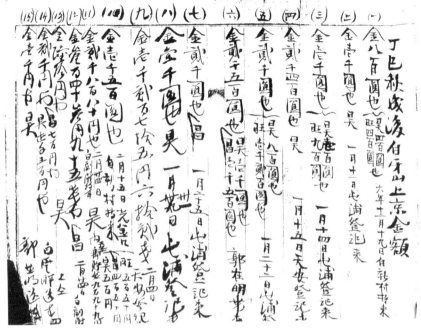

1918年用の日本製当用日記帳の余白に記されたメモ書き。尹致昊の故郷、忠清南道牙山にある農園で前年の1917年秋に収穫した米を農園管理人（舎音）が現地で現金化しソウルに送り届けた金額を記録している。

　　長湖院、烏山 / 忠清南道：天安、牙山、雲山里、全義 / 全羅北道：鎮安、

　　任実、南原 / 全羅南道：和順

　咸鏡北道、忠清南道および全羅南北道の農園は主として父から受け継いだもの、その他は尹致昊の代になってから買い集めたものが大半を占める。結果的にこれらの農園が朝鮮の南北に分散したことは、旱害、洪水により影響を受けやすい農園収入のリスクを分散させることになった。

　農園の経営方法は伝統的なやり方、すなわち、各農園を小作人に貸し付け、そこからあがる収穫物（米）を地主と小作人が5対5の割合で分け（打作と言う）、これを現金化するというものである。要するに尹致昊は典型的な不在地主、しかも朝鮮でも屈指の大不在地主となったのである。『尹致昊日記』第7巻以降

270

に季節ごとの天候、とりわけ朝鮮各地の日照り、洪水の記録が多く見られるのは、単に農民の生活に対する思いやりからばかりではなく、各地の農園の出来高のことが絶えず頭にあったせいであろう。

　ところでこれだけ多くの広大な農園を管理するには多くの人手が必要である。各農園には舎音（サウム）と呼ばれる管理人を置き、さらにソウルの尹家にはこれら地方の舎音と尹致昊との連絡係を務める大番頭的な人物が数人（例えば、白楽濬、白雲洋、劉高原、尹鶴淳たち）が常時、住み込んでいた。各地の舎音とこれらの人物だけでも総勢3～40人にはなるだろう。

　しかし尹家の使用人はこれにとどまらない。炊事洗濯から日常雑務を担当する多くの男女使用人があり、白夫人には数人の専属女中がついていた。人力車夫もいれば、数ヵ所にある先祖の墓所には専属の墓守がいる。ソウル竪志洞の家の他に松都にも家があり、使用人が管理している。これら全てを合わせれば使用人の数は100人を下らなかったであろう。彼らに支払う給料も各地の農園からあがる収入でまかなわなければならないのである。

　こうして釈放後の尹致昊にとって、年老いた母親以下20人以上の大家族を養うことが第一条件となり、それを支えるための経済基盤、すなわち不在地主制度の存続を保証してくれる安定した政権の存在が不可欠となった。そして多くの不満はありながらも、総督府はこの条件をほぼ満たしてくれたのである。釈放後、総督府に対する彼の態度が彼の経済基盤により大きく制約されていたことを知っておく必要がある。

2.　YMCA総務となる：総督寺内との会見

　釈放以来、ソウルと郷里の間を往復しながら徐々に一家の家長としての役割を引き継ぎ、大家族を養うに必要な経済基盤を整えつつあった尹致昊だったが、釈放以前に行っていた公的生活（韓英書院院長、YMCA副会長など）への復帰はなかなか実現しない。暇があれば将棋を打ち、温泉につかり、読書をするという生活がしばらく続いた。

　そんな尹致昊に公的生活へ復帰する道を開いたのは、意外にも総督寺内正毅だった。釈放後ほぼ1年が経過した1916年2月23日、京城日本YMCA総主事

271

の丹羽清次郎が来訪して、尹致昊に朝鮮中央Y（YMCAの略。以下、同じ）の総務を引き受けるように要請した。同時に彼は総督寺内を訪問するよう尹致昊に勧めた。

　その後しばらくこの件について動きはなかったが、10日ほど経過した3月3日、丹羽から手紙が届き、中に「総督が明日午前10時に公邸で君に会いたいと言っている」とあった。この日の日記に書かれているのはただそれだけである。しかし翌3月4日の日記は次のように記す。

　　土曜　寒し　午前10時、総督を訪問する。とても親切に迎えてくれて、「迷惑デアッタラウ」と言った。ついで総督は、私が朝鮮人と外国人、また朝鮮人と日本人との間の善意と相互理解を確立するために尽力してくれるよう望むと言われた。帰路、山縣五十雄を訪ねる。

　これが全文である。原文は英文で、「迷惑デアッタラウ」および「山縣五十雄」*62の部分のみ引用したとおりの日本語で書かれている。

　後段の「私が朝鮮人……望む」云々というのは、尹致昊が中央Yの総務となることにより、朝鮮人キリスト教徒と外国人宣教師、また朝鮮人キリスト教徒と日本人キリスト教徒との間の善意と相互理解を確立することに努力してくれ、ということであろう。

　総督府は日韓併合後も朝鮮中央Yが反日運動の拠点となっていると見なしていた。1903年の創立以来、中央Yは英米人宣教師と朝鮮人キリスト教徒のみにより運営されてきた。併合前、英米宣教師には治外法権があったため、中央Yは朝鮮人キリスト教徒にとって宣教師の特権を盾に反日運動を展開するのに有利な組織だった。併合後、宣教師の治外法権はなくなったにもかかわらず、朝鮮人キリスト教徒は相変わらず中央Yを一種の聖域として利用していた。かくして、中央Yを日本人の管理下に置くことが総督府の喫緊の課題となった。

＊62 御用英字新聞『ソウルプレス』主筆山縣五十雄は一高卒、東京帝大英文科中退の学歴を持つ。一高時代は内村鑑三に学び、帝大では漱石、マードック等の教えを受けた。主筆としての彼の役割は韓国キリスト教に一定の理解を示しながらも総督府に対する外人宣教師の批判に対して総督府を弁護する立場を取り、尹致昊に対しては彼を親日的方向に誘導することにあったと思われる。

その突破口として寺内は尹致昊に白羽の矢を立てたのである。

　その大任を尹致昊に依頼するに先立ち、寺内は「迷惑デアッタラウ」と尹致昊に言った。これは何を意味するのか？　尹致昊にとって何が迷惑だったというのか？

　そもそも寺内は105人事件において尹致昊がその暗殺を命じたとされる当の人物である。この嫌疑に基づき尹致昊を逮捕し、裁判の結果、実刑判決を下すことを最終的に承認したのも寺内である[63]。さらに彼は服役中の尹致昊に減刑の特赦を施し釈放させた[64]。その寺内が釈放後1年たった今、尹致昊を親切に迎えて「迷惑デアッタラウ」と言ったというのであるから、この言葉は事件の最高責任者として尹致昊を逮捕投獄したことに対して言ったものとしか考えられない。

　とするとこの言葉の持つ意味は次のように解釈できるのではないか。すなわち、寺内としては尹致昊が寺内暗殺を命令した事実はなかったと認めるものの、他方で、スチーブンス、伊藤、李完用等の暗殺あるいは暗殺未遂事件の犯人が朝鮮人キリスト教徒であったことは事実であり、併合後も依然として教会、ミッションスクール、YMCA等を拠点とする朝鮮人の反日運動が後を絶たない、そこで朝鮮人キリスト教徒のトップである尹致昊の道義上の責任感に訴えて、問題の改善に向けて彼が尽力するよう改めて依頼したものであると。

　これに対して、尹致昊がこの言葉の意味をどのように解したか、また寺内の要請をどう受けとめたかについては、一切言及がない。しかし少なくともこの日の日記からは寺内に対する不快感、恨みのようなものは一切感じられない。恐らく、自分が朝鮮人キリスト教徒のために犠牲となって無実の罪に服したことに、寺内が理解を示してくれたものと好意的に解釈したものと思われる。

　翻ってこの会見が成立した経緯を考えてみるに、両者を仲介してこの会見を実現させたのは丹羽である。しかもそれは尹致昊の釈放後ちょうど1年経過した時点であった。このことからすると、寺内と丹羽との間にはかなり以前からこのことが計画されていたのではないかという推測が成り立つ。

＊63 1911年7月1日付明石元二郎より寺内正毅宛の私信：憲政資料室「寺内正毅文書1」、164〜65頁。
＊64 「朝鮮宣川基督教徒ノ陰謀事件関与一件」『日本外交文書・45巻1冊』、453〜567頁。

1908年7月、ソウル在住の日本人を対象に京城日本YMCAが設立されたが、丹羽は日韓併合に先だつ1910年4月16日にその初代総主事として来韓した。京城日本Y設立の目的が併合当時まで外国人宣教師の管轄指導下にあった朝鮮中央Yを日本人の管理下に置き、まずは朝鮮中央Yを、ついで韓国キリスト教全体を日本化することにあったのは明らかである。併合後の1911年8月、丹羽は日本視察団と称して朝鮮キリスト教関係者29名を引率して東京に渡り、一行に帝都の新文明を観光させるとともに日本キリスト教徒との親睦をはからしめた*65。さらに105人事件の公判が進行中であった1913年1月、朝鮮Y内部の親日派が結成した維新会により朝鮮Yから外国人職員を一掃して朝鮮人と日本人による朝鮮Yに改編しようとした事件が起こり*66、外国人職員を中心とする朝鮮Yの主流派と維新会との間に激しい争いが始まると、丹羽は事態を解決するために、当時、日本を訪問していたYMCA国際委員会総務のモット（J. R. Mott）に調停仲介を依頼した。同年4月10日、朝鮮中央Yより李商在、アンダーウッドら5名が丹羽とともに来日して10〜12日にかけてモットの周旋の下、朝鮮Yの日本Y加盟問題について日本側代表である井深梶之助、新渡戸稲造、丹羽清次郎ら5名と議論し、朝鮮Yを日本Y傘下に置くことで合意に達した。このような経歴を持つ丹羽が今回、寺内と尹致昊との会見を仲介する役割を果たしたのは以上の過程をさらに一歩おし進めるためであったと思われる（第8章の「6.朝鮮YMCA」を参照）。

　寺内との会見の後、尹致昊は朝鮮Yの総務就任の諾否を決定するために様々な人物の助言を求めた。まず総督府関係では内務部長官宇佐美勝夫、御用新聞

＊65 日本キリスト教界の歓迎委員長は本多庸一、その他、植村正久、小崎弘道、元田作之進らが中心となって応対した。視察団一行中には崔炳憲、全徳基、玄楯らの北メソジストの著名牧師、長老教では梁甸伯、朱孔三らが、朝鮮Y関係者として李商在、金麟、李源兢らがいた。通訳は玄楯および京城日本Yの一行として同行した村上唯吉が担当した。（『日韓キリスト教関係史資料Ⅰ』、112〜15頁）

＊66 いわゆる"維新会事件"。1913年1月、朝鮮Yの看板に書かれていた「皇城基督教青年会」から「皇城」の2字を一方的に削り取り（以後、朝鮮Yは「朝鮮中央基督教青年会」と改称される）、維新会会長史一煥の名義で朝鮮Yに対して建議案、および新たな青年会憲法、会員規則を提出して、朝鮮Yから外国人職員を追放して朝鮮人と日本人によるYMCAにしようと画策した事件。中心人物は朝鮮Yの副会長であった金麟と京城学堂で渡瀬常吉の教えを受けた柳一宣らであった。（李光麟「日本改新教会の韓国浸透と維新会事件」：『東亜研究』、1987年11月号所収）

『京城日報』の監督徳富蘇峰、同じく御用英字新聞『ソウルプレス』主筆山縣五十雄、高等法院長渡辺暢（キリスト教徒）の4名。前3者は総務就任を強力に勧めたが渡辺は慎重な意見であったという。次いで外国人ではソウル在住宣教師中の大物アンダーウッド、朝鮮Yの現総務ブロックマン、メソジスト宣教師ハーディー等。彼らもみな積極的に勧める。最後に警察関係者として警務総監部警視国友尚謙、および鍾路署署長松井信介。彼らもみな積極的に受諾を勧める。国友は安岳事件と105人事件の捜査を陣頭指揮した人物であり、尹致昊を105人事件の総責任者に仕立て上げた張本人である（国友尚謙『不逞事件ニ依ツテ観タル朝鮮人』『百五人事件資料集・第2巻』、38〜39頁、241〜44頁、340〜41頁）。

　寺内との会見から1ヵ月あまり経過した4月8日、ついに尹致昊は朝鮮中央Y総務就任を受諾することを決意する。当日の日記には次のようにある。

　　土曜　雨　午前8時、松井署長を訪ね、YMCA総務を引き受ける決心をしたことを伝える。次いでブロックマンを訪ね、適当な人物が見つかるまで3年間だけ働くという条件で引き受けることにしたと伝える。午後2時、アンダーウッド博士の家で開かれた〔朝鮮中央Yの〕理事会に出席。渡辺〔暢〕判事、丹羽、松本〔正寛：弁護士〕の3人が〔京城日本Yを代表する〕名誉理事として出席する——明らかに親日的方向へ一歩踏み出した証拠である。私は総務に選出された。神よ、キリストのためにこの仕事に成功することができるようお助けください、アーメン。

　1903年の創立以来、朝鮮Yの総務はすべて米国人であった[67]。創立後13年にしてようやく朝鮮人総務が実現したことになる。それと同時にこれまで朝鮮人と西洋人しかいなかった朝鮮Yに新たに3名の日本人が名誉理事として加わった。まさに寺内が尹致昊に託した「朝鮮人と外国人、また朝鮮人と日本人との間の善意と相互理解を確立するために尽力してくれるよう望む」という期待がその第一歩を踏み出したわけである。しかしそれが朝鮮Yの親日化への第一

───────────────

[67] 1903年より朝鮮Yの総務はP. L. Gilletteが務めてきたが、105人事件に際して総督府を強く批判したために1913年に上海に追放された。以後これまでF. M. Brockmanが務めてきた。

Pale sun. Cold.

C.M.C.A. as usual.

6 P.m. went to a S[upper] given in honor of the ___ who had just returned from Tokyo. His report of the great encouragement which the reigning Cabinet and the Financial leaders of Tokyo gave to the ___ 5th which he __ established that great C.T. was a very interesting information. Mr. 3th is certainly an able man — but his success seems to have so increased his vanity —— his behavior is hurting him.

Pale sun. Cold.

Went to C.M.C.A. about 14 A. then calls on Cousin 3Bot + lunch.

7 P.m. went to Cousin's home to play Go. 3th 2th went out with an overcoat on, saying that he would return in a short while. He did not come back until 11½ the Japanese creditor waiting for him all the while. Cousin 3Bot has become veritable ___. He has lost, if he ever had ___ all sense of honor or of ___.

Goodbye 1918!

Praise God from whom All Blessings Flow!

1918年用の日本製当用日記帳の12月30日（上）の欄と12月31日の欄に記載された英文の日記。

276

歩でもあることは尹致昊自身が最もよく分かっていた。「神よ、キリストのために
この仕事に成功することができるようお助けください、アーメン」という
彼の祈りはそのまま信じてよいだろう。

　しかし現実は厳しかった。総務就任後の6月26日、中央Yの大講堂で開催さ
れた総会において3名の日本人理事を入れたことに対して猛烈な反対意見が出
された。これに対して尹致昊は、朝鮮Y内の反日派の中心人物である李命遠と
徐炳肇の解雇を断行する（第7巻、1916年8月26日）。

　以後、3・1独立運動が勃発するまで中央Y総務としての尹致昊の努力は、
総督府の官僚、およびその補助的役割をする日本人（渡瀬常吉、村上唯吉、丹羽
清次郎、山縣五十雄ら）と良好な関係を保つことによって、朝鮮Yに対する総
督府の好印象を確保することに向けられる。だが、朝鮮人、西洋人（宣教師）、
日本人の3者の関係を良好に保つことは至難の業である。にもかかわらず3者
それぞれからの不満が絶えない。17年以降になるとしきりに「辞めたい」を
口にするようになる。そして1919年3月に勃発した独立運動は、中央Y総務就
任を以て社会復帰を本格化させた尹致昊に、新たな再出発を余儀なくさせるこ
とになる。

3.　3・1独立運動

　朝鮮人による主権回復、独立達成への動きは日韓併合直後から中国東北部
（いわゆる満州間島地域）、ロシア領、ハワイ、米国本土、或いは日本国内（朝鮮
人留学生）等において始まっていた。しかしそれが本格化するのは、第1次大
戦における連合国側の勝利を見こした段階で、米国大統領ウィルソンが上下院
合同委員会において「平和原則14ヵ条」に関する演説を行った1918年1月以
降のことである。

　同年11月、ドイツが休戦協定に調印したことにより4年余におよぶ大戦が終
結すると、ウィルソンの民族自決発言を背景に、上海、米国、露領、日本にお
ける在外朝鮮人による独立への動きは活発化した。しかしそれは、日本統治下
の祖国にとどまることを潔しとしないごく一部の人々の動きにとどまり、国内
に残った圧倒的多数の朝鮮人は新たな支配者の下で生きることに精一杯であっ

た。その彼らが国外にある朝鮮人とともに、3・1独立運動という全民族的な運動を形成することになるには、前皇帝高宗の死という偶発的な事件が決定的な役割を担った。

高宗の死：御大葬を利用した独立運動

　1907年7月、いわゆるハーグ密使事件の責任をとらされる形で強制退位させられた第30代国王高宗は、1863年の即位以来その在位期間が44年の長きに及び、李朝歴代の国王（1897年からは、皇帝を称す）の中でも第25代英祖（在位52年）に次ぐ長命君主であった。後を継いだ純宗は身体に障害があり、その存在感は薄く、在位期間もわずか3年であったから、「大韓帝国最後の皇帝」と言えば、むしろ高宗を思い浮かべる朝鮮人が多かったはずである。

　1905年の日韓保護条約の締結にいたるまで、なにかと失政が続き、国民の不満と怨みが少なくない高宗であったが、保護条約締結以後は一転して国権を強奪された悲劇の皇帝として国民の同情の対象となった。とりわけ1907年に強制退位させられてからは、亡国の悲劇を一身に背負った感がある。併合後も国内にとどまらざるを得なかった朝鮮人は、自らの悲劇を皇帝の悲劇に重ねることによって日本人による圧政に耐えたと言われるほどである。従って、万一、独立運動が成功し、加えて高宗が健在であったなら、独立成った後の朝鮮の政治形態をいかなるものにするか（専制君主制の復活か？　それとも共和制か？）、高宗の処遇をめぐって大きな問題となっていたであろう*68。

　しかしその高宗は1919年1月21日にこの世を去った。日本陸軍に任官中だった英親王（高宗と厳妃との間に生まれた王世子、純宗の異母弟）と梨本宮方子女王との結婚式を4日後に控えての突然の死であった。

　新暦1月22日は旧暦ではまだ前年の12月の20日である。当時の朝鮮人にとって新暦は日本人の押しつけであり、必要やむをえない場合を除き日常生活は

＊68 現在でも上海臨時政府の正統性に対する議論はあるが、もし3・1運動当時、高宗が健在であったならその正統性の問題はさらに深刻になっていたと思われる。実際、上海臨時政府の動きと並行して義親王堈を擁立する動きがあった（「李堈事件」：みすず書房『現代史資料25』、586～91頁）ほかに英親王が国王となり朝鮮政府を組織するという噂も出まわっていた（第8巻、1921年5月15日）。

すべて旧暦によっていた。11日後に迫った新年は彼らにとって1年のうちでも最も重要な行事であり、めでたい時である。しかし皇帝が死んだとあればそのめでたい行事もなげうって全国民が喪に服して哀悼する。それがかつての習わしであった。日本の支配下になった今度はどうなるか？

　突然の発表であったため高宗の死因に関して様々な憶測が流言となって出まわる。英親王が日本女性と結婚することになったのを悲観しての自殺であるというもの。日本人の陰謀により毒殺されたというもの。あるいは親日派の奸臣により毒殺されたというもの等々。

　前皇帝の死に接し心から哀悼の意を表する者は、大漢門（徳寿宮正門）前にひれ伏して慟哭した。地方にあって王宮まで行けない者は、最寄りの山に登りはるかソウルを仰いで望哭式（儒教の習慣に従い死者を哀悼して哭する儀式）を行った。一方、大げさな慟哭などせずに心の中で冥福を祈るだけという比較的冷静な者（主としてキリスト教徒）も多かった。なかには同じ自殺するなら強制退位させられた時、もしくは併合当時に自殺すべきで今になって自殺しても意味がないなどと冷評する者さえあったという（みすず書房『現代史資料25・朝鮮1』、70～85頁）。

　時が経つにつれて次第に毒殺説が有力になり、2月中旬になると朝鮮全土に高宗毒殺説が出まわるようになる（第7巻、1919年2月11日、2月12日、3月4日）。日本人により退位を余儀なくされた悲劇の皇帝が、今また毒殺により最後を遂げたという話は、新たな統治者の施政に不満と怨みを募らせていた庶民の心を強く捉えたにちがいない。みずからの不幸を毒殺された皇帝の悲劇に重ねあわせることで、哀悼の情は怒りに変わり、新たな統治者に対する不満と怨みは正当なものとして肯定される。高宗の死は総督府の施政開始以来、人々の心にくすぶってきた不満にひとつの方向性を与える大きな機会となった。

　庶民の服喪に関して総督府から特別の通達はなかったが、前皇帝の葬儀を国葬とし、因山（御大葬の儀式）は3月3日とすることが決まると、朝鮮全土で白笠、白鞋を着用する者が目立つようになる。2月も末に近づくとソウル城内は御大葬の儀式を見るために地方からぞくぞくと上京してきた人々でごった返した。通りは人々で塞がれ、どの家も宿泊客で満杯、汽車に乗りこぼれる人が続出し、諸物価は高騰した（『續陰晴史・下』、己未2月27日）。警務総監部の報告

では御大葬のための入京者の数は数万人にのぼったという（『現代史資料25・朝鮮1』、287頁）。これには総督府もびっくりしたが、尹致昊にとってもこれまで彼が同胞に対して抱いていた考えを一変させる一大事件だった。

　　1919年2月27日　木曜　すばらしい天気　例の如くYMCA。通りは御大葬の行列を見に地方から上京して来た男女の人々でごった返している。民族（あるいは人種）の本能と言うべきか、それとも結束力と言うべきか。とにかくこの不思議な実態について研究することはきわめて興味深いことである。試みに、あのボヘミアを見よ。3つの強大国によって四方を取り囲まれた、わずか200万人ほどのチェコスロバキア人が厚い厚い灰の層の下にさながら種火の如く民族統一の火を維持し続けながら何世紀も待ち続けた果てに、ひとたびチャンスが訪れるや炎の如く爆発させたのである。このような人種の本能はたとえ懐柔することはできても決して圧殺することはできない。忍耐強く鈍感で、非好戦的な朝鮮人には人種的本能などないと人は思うかも知れない。だが、最近の出来事——死んだ前皇帝に対する国民的な哀悼の情、また東京における朝鮮人学生たちの扇動騒ぎ——は他の全ての人種同様、朝鮮人の心においても人種的本能は不滅であることを示す決定的な証拠である。日本はこの朝鮮人の本能を思いやりと寛大な精神により和らげる必要がある。それが両人種にとって最善の道である。

　ここで言う「民族（人種）の本能」とは「民族としてのプライド」とほぼ同じ意味を持つと思われるが、朝鮮人が民族としてのプライドを持つということは尹致昊にとって新たな発見だった。独立協会運動の挫折、日韓保護条約による主権剥奪、日韓併合、そして105人事件。これまで彼が目にしてきた朝鮮は屈辱の連続であり、これらの事件の中に「民族のプライド」を感じえたことは唯の一度もなかったと言ってよい。併合によりすでに国家は亡び、民族もまた滅びつつあるかに見えた。しかし朝鮮民族の象徴的存在とも言うべき「最後の皇帝」の死に際して、「民族（人種）の本能」が一気に爆発するのを彼は見た。
　翌日（2月28日）、ソウル市民と地方各地から上京してきた数万人の人々が見物する中で、御大葬の習儀（リハーサル）が行われた。そして月も変わり、御

大葬の当日が2日後に迫った3月1日、事件は発生した。尹致昊による記録は『日記』本文に譲り、ここでは金允植の記録を紹介する（『續陰晴史・下』己未3月1日。原文漢文を筆者が和訳する）。

　　午後3時、突然、大声で叫ぶ声が聞こえた。人をやって事情を探らせたところ、市内各学校の生徒が鍾路に集まって「大韓帝国独立万歳」を叫んでいる。或る者はパゴダ公園に集まり、また或る者は大通りで演説していたが、やがて互に連れだって大漢門に至り、門内に入って声高に万歳を叫んでいる。他の一団は昌徳宮周辺で万歳を叫ぶと米仏領事館を経て南大門駅へと行進した。その群は延々10里〔朝鮮里〕にわたって続いている。巡査、兵隊はただ威嚇するのみで敢えて禁止はしない。「独立宣言書」数万枚を家々ごとに配っている。その1枚を見ると、天道教教主孫秉熙が筆頭署名者となり、これに仏教およびキリスト教人が多数加わっている。宣言書の要旨は独立を宣言することにあるが、中には激越な言葉も見られ「報讐雪恥」などという言葉で結んでいるものもあって、これにはただ「国民会」と署名されているだけで姓名は書かれていない。一日中、独立万歳を叫び、きわめて危険な情況にある。路傍には見物人たちが無数に並んでいて、田舎からやってきた婦女子なども大喜びして拍手喝采している。夕方までに総督府により30〜40人が逮捕され留置取調を受けたが、その他はみな解散した。我が家に日本巡査が2名やってきて警務総監部から派遣されて保護しにやってきたと言う。

　これを読むと、3・1独立運動初日に示威行動に参加したのは事前に計画に参加した天道教、キリスト教、仏教、3派の教徒、および学生その他のみで、御大葬を見物するために地方から上京した数万におよぶ群衆は、ただの見物人だったことが分かる。さらに注目すべきは、「大韓帝国独立万歳」と叫んでいることである。庶民の願望は専制君主制の復活だった。ここにも高宗の死が影響している。

　当日夜から翌2日未明にかけて散発的に学生、労働者らの動きがあったが、2日はさしたる示威運動はなかった。しかし地方においては、事前に計画した扇動者たちの示威運動が、1日に続けて2日も行われている。

翌3日は葬儀の当日である。御大葬を妨害するような示威運動もなく、また葬列順路に集まった哀悼者の群に加わる学生はきわめて少数だったという（みすず書房『現代史資料25・朝鮮1』、285〜288頁）。この日、尹致昊は午前6時半に黄金町（現乙支路1街）に行き、歩道のほど良い場所に陣取って葬列を待った。葬列は午前9時頃に通過したが、武器を逆さまに持った日本兵の行列がいつまでもいつまでも、一糸乱れずに続いた。それを見て周囲の日本人が次のように言うのが尹致昊の耳に聞こえてきた（第7巻、1919年3月3日：原文、漢字片仮名交じりの英文を筆者が読みやすく書き換えた）。

　　「このくらいの兵隊を見たら、朝鮮人はビクビクするだろう。ハーハッ」。別の日本人が言った、「さよう。乱暴者もみな屏息〔恐れをなして縮みあがる〕したね」。さらに別の日本人が言った、「外の朝鮮人はおとなしいよ。ただ、宣教師、学校の書生が乱暴だ。あんな者はみな牢にぶち込んで、島流しにした方がいいよ」。

　この時点で日本人は、2日前に突如起こった独立運動が単なる一過性のもので、すぐに終息するものと高をくくっていたこと、そして運動の主体を外国人宣教師と学生と見なしていたことが分かる。
　翌4日から、因山見物のために地方から上京してきた人々が、帰郷の途に就きはじめる。南大門駅周辺は数千人規模の大混雑となり、その混雑を利用して扇動運動を始める者もあった。帰郷者の群は3月10日頃まで続いたが、次第に下火になり、14日までにはほぼ全員が帰郷して、ソウル城内は平日の姿に戻りつつあったという（みすず書房『現代史資料25』、291頁、309頁）。ここに御大葬を利用しての3・1独立運動はほぼ終わりを告げ、以後、ソウルと地方における本格的な独立運動が始まることになる。御大葬期間中のソウルにあってはただの見物人にすぎなかった人びとも、帰郷後、それぞれの地において新たな指導者として運動に加わった者も多かったと思われる。

独立運動への協力を拒否

　米国在住の朝鮮人が、ウィルソン大統領に請願書を送り、朝鮮の独立達成を

援助してくれるよう要請したとの情報は、すでに前年12月に尹致昊の耳に入っていた。また高宗の葬儀の日取りが発表されたのち、女子高普の生徒たちが葬儀の日に何か騒ぎを起こそうと計画しているとの噂も聞いていた（第7巻、19年2月10日）。さらに学生たちの間に、尹致昊が独立宣言に署名することを拒否したとの噂がでまわっていることも知っていた（2月26日）。しかしこれは根拠のない噂だった。『尹致昊日記』に彼が署名を求められたという記録はない。

　しかし署名拒否の事実はなかったとはいえ、尹致昊が、ウィルソンに対してにせよ、パリ講和会議に対してにせよ、独立請願運動をすることに一貫して反対であったことは事実である。彼が独立請願運動に反対する主たる理由は次の3点にあった（第7巻、1919年3月6日）。

　　(1) 朝鮮問題がパリ平和会議に上程される見込みはないこと。　(2) ヨーロッパにせよアメリカにせよ、朝鮮の独立のために日本と戦うような危険を冒す国は皆無であること。　(3) 弱小民族が強大な民族と共に生きてゆかなければならない時に、弱小民族にとって最善の道は強大な民族の善意を勝ち取ることであること。

　(3) は尹致昊の個人的な見解であるが、(1)、(2) は国際情勢に関する客観的な観察であり、結果的にみても、また当時の客観的な世界情勢からみた判断としても妥当だった思われる。事実、19年1月18日からパリで開かれる講和会議出席のため、ウィルソン大統領、ハウス名誉大佐、およびブリス将軍とともにヨーロッパに向けて出発した米国務長官ランシングは、ロンドン到着後の18年12月30日、以下のように記した（長田彰文『日本の朝鮮統治と国際関係』平凡社、91頁）。

　　「民族自決」権についての大統領の宣言について考えれば考えるほど、そうした概念をある民族の頭の中にたたき込むことの危険について、いっそう確信するようになっている。……この宣言は、ダイナマイトを積んでいるにすぎない。これは決して実現されえない希望を呼び起こすだろう。この宣言が何千もの命を失わしめることを私は恐れる。……この宣言を実行しようと試

みる人たちは、抑制するのに手遅れとなるまで危険を察知することができなかった夢想家と呼ばれることになろう。こういう宣言が出されたことは、何という災難か。これはいかなる不幸を引き起こすことか。

「民族自決権」に関するウィルソンの宣言が持つ危険性に対してランシングが抱いたのと同じような恐れを尹致昊自身も感じていた。パリ講和会議に出席した日本代表が人種平等の原則を国際連盟の規約に盛ることを提案し、それが葬り去られたことを知った彼は、「要するに平和会議の弱点はウィルソン大統領の高邁な理想と個々の国々の民族的・人種的利害関係の間に横たわる矛盾対立にありそうだ」と日記に記している（第7巻、1919年4月1日）。しかしランシングにせよ尹致昊にせよ、彼らが抱いていた危惧を世界の弱小民族に、あるいは朝鮮の人々に理解させることは不可能だったであろう。「民族自決」にかけた人々の願いはあまりにも切実である。にもかかわらず運動の結果に責任が持てない以上、自己の立場を明確にすることが義務である、そう尹致昊は考えた。

3月2日、前日の示威運動をうけて『大阪毎日新聞』の記者方漢昇（バンハンスン）が訪ねてきて今回の運動に対する尹致昊の意見を求めた。彼はすでに述べた持論を繰りかえした後に、「学生たちによる今回の扇動騒ぎは朝鮮に対する軍国主義的支配を長期化させるだけである。もしマンセー〔万歳〕を叫んで通りを走り回れば国の独立を獲得できるならば、この世に被支配民族も被支配人種も存在しないであろう」と付け加えた。

3月6日、こんどは方台栄（バンテヨン）[69]が『京城日報』代表者を連れてやってきて、今次の事件について地元紙が記事を書く許可が当局から出たので、尹致昊の意見を聞かせて欲しいと言った。『大阪毎日』と異なり、『京城日報』は総督府の御用新聞である。そこに彼の意見が掲載されれば、今度の運動の扇動者はもちろん、運動に期待して参加した多くの一般朝鮮人を敵に回すことになるのは、明らかである。しかし、現在の彼は総督府の監視下にある。

「私はいよいよ私の態度を明確にせざるを得なくなったと思った。いささかでも私の言い方に曖昧な点があれば、私は直ちに当局から厳しい疑いをかけら

＊69 当時「大正親睦会」の幹事。1919〜21年、『毎日申報』の発行人兼編集人・編集局長等を歴任。

れることはまちがいない。そして多くの朝鮮の青年たちに誤解を与えることになる。双方に良い顔をすることはできない」（第7巻、19年3月6日）。

　こうして尹致昊はこれまでどおりの持論を述べた。翌7日の『京城日報』には、彼が大衆蜂起に加わらない理由が大々的に報道される。これにより運動の中心がYMCAであると疑っていた日本人の疑いは和らげることができたが、一般朝鮮民衆のみならずYMCAの若者たちの彼に対する態度も一変した。彼が「日本人からカネをもらって許し難い罪！を犯した」と言って非難する匿名の手紙が送り届けられ、“裏切り者”、“警察のスパイ”、“親日派”等々、様々なレッテルが貼られることになる。

3・1運動と信仰の問題

　3月も半ばを過ぎて御大葬に便乗した示威運動が終わり、いよいよ独立運動そのものが本格化するにつれて、当初は威嚇するだけで禁止することはなかった巡査や兵士、憲兵も次第に取締りを厳格にするようになった。3月10日にはすでにデモ隊の女子学生が逮捕され、警察署から拘置所へと移送された。当然のことながら、朝鮮人の心の内に激しい怒りと憎悪の感情を呼び起こす。怒りと憎悪はますます抵抗運動を激化させ、これに対する当局の対応も日増しに報復的で露骨なものになってゆく。憎悪が新たな憎悪を生む悪循環が始まった。当局による弾圧のあまりの残虐さに、これまで運動に批判的であった宣教師や親日派朝鮮人の態度も一変する（第7巻、1919年3月28日）。

　独立運動に反対の意思を明確にした尹致昊であったが、逮捕された者たちに対する警察や検事の残虐性を耳にするたびに胸が痛む。「頭の中には彼らの苦しむ姿が絶えずこびりついていて離れることがない。これら勇敢な男女の苦しみが、私が彼らに空約束をしたり、誤った助言をした結果でないのはせめてもの救いである。神に感謝」（3月19日）。

　3・1運動勃発以前、高宗の葬儀を見るため地方からぞくぞく上京してくる何万人もの人々の姿に接し、朝鮮人にも「民族の本能」があることを実感させられた彼だった。さらに独立運動勃発後は日増しに激しさを増す彼らの勇気ある行動を目にして、朝鮮人に対するそれまでの彼の考えは大きく揺らいだ。運動がすでに3ヵ月目になった5月31日の日記には次のようにある。

午前11時頃、鍾閣広場で7、8人の男たちが垂れ幕を振りながら“マンセー”を叫んだ。警察が急行すると、彼らの1人は小刀で自分の喉をかき切り、残りの者たちは1列に並んで堂々と警察署の中に入っていった。これ以上示威運動を繰り返すことが愚かな行為であることがどんなに分かっていても、自分が正しいと信じることのためには一点のためらいもなく、文字どおり地獄の中に突進していく男たちの勇気には、ただただ脱帽するほかない。今度の事件において、非暴力の抵抗運動を展開するために秘密を守り、冷静かつ手際よく行動した朝鮮人の能力と勇気は、これまで朝鮮人はもはや道徳的に死んだと思いこんでいた西洋人や日本人の朝鮮人観を一新させた。

　これまでの朝鮮人観を一新させられたのは、西洋人や日本人以上に尹致昊自身であった。今度の運動に彼が反対したのは彼なりに十分考えた結果であり、冷静かつ客観的な情勢判断に基づいていた。にもかかわらず、彼が独立運動に反対する3つの理由として掲げた3番目、「弱小民族が強大な民族と共に生きてゆかなければならない時に、弱小民族にとって最善の道は強大な民族の善意を勝ち取ることである」という主張は、聞く者をして卑屈で権力に対して追従的な感じを覚えさせずにはおかない。これまで朝鮮人は土地収用令をはじめとする総督府の多くの悪政に苦しめられてきた。強大な民族（日本人）の善意を勝ちとるためにこれ以上どこまで耐えよと言うのか？　独立運動の火蓋が切られた今、尹致昊の主張を以て朝鮮人を納得させることは到底不可能である。

　しかし彼が上記の理由にこだわったのには理由がある。彼が属するメソジスト監督教会には「信仰25ヵ条」なるキリスト者として守るべき25ヵ条の原則がある。そこには三位一体から始まり、旧約聖書の持つ意味、原罪、自由意思、義認、教会、キリスト教徒の誓い、等々に関するメソジスト教会としての公式的な見解と原則が事細かに定められており、その最後に「世俗の権威に対するキリスト教徒の義務（Duty of Christians to the Civil Authority）」なる追加条項がある。それは以下のようなものである。

　すべてのキリスト教徒、とりわけ牧師は、彼がその市民または臣民である国、

あるいは彼が現に居住している国の支配的権威または最高権威の法と命令を遵守し服従する義務があり、また〔他のキリスト教徒が〕当局へ服従するよう促し奨励するために適切なるあらゆる手段を講じる義務がある。（It is the duty of all Christians, and especially of all Christian ministers, to observe and obey the laws and commands of the governing or supreme authority of the country of which they are citizens or subjects or in which they reside, and to use all laudable means to encourage and enjoin obedience to the powers that be.）

　メソジスト教会によるこの信仰25ヵ条について尹致昊が米国ヴァンダービルト大学神学部に留学中に集中的に研究したことはすでに述べた（第2章の4を参照）。
　3・1運動勃発に際して彼が反対の理由として第3点を掲げたのは、政治と宗教の問題に関して米国留学時代から彼の拠り所となってきたこの信仰25ヵ条によったものであろう。ところが3・1運動が長期化し、為政者による弾圧と朝鮮人の抵抗運動が激化するに従い、「世俗の権威に対するキリスト教徒の義務」は喫緊の問題として再検討を迫られることになる。

「我が王国は地上のものにあらず」
　尹致昊が、「世俗の権威に対するキリスト教徒の義務」の問題を再考することを最初に迫られたのは、3月3日の御大葬の儀式も終わり、地方から上京してきた人々の帰郷ラッシュが一段落した3月9日のことだった。この日は日曜日で、いつもなら青年会館で種々の催しが開かれる日であった（第7巻、1919年3月9日）。

　日曜　一日中、雨、寒し　華氏45度　家にいる。目抜き通りの商店はみな店を閉めている。何者かが3度にわたって電話をかけてきて、11時30分に鍾閣近くで行われるデモにYMCAも参加するようにと言ってきた。電話を受けたのは守衛の順龍だった。順龍は“何者か”に次のように返事をした。青年会館には誰もいない、鍾路通りは兵士・警察・憲兵・刑事によって完全に巡回

警備されているのでデモなどする余地はないと。同胞の苦しみを前に私は胸をかきむしられるように辛かったが、いくら知恵を絞ってもどうすれば彼らを助けることができるのか分からない。日本当局は主だった朝鮮人指導者を呼んで、朝鮮人が騒動を起こす原因を調査すべきである。日本人は感情においても理性においても完全に権力主義になってしまったので朝鮮人を統治するのにただ力しか信じていない。歴史は地上の権力者（a Kaiser）の上に神がいることを教えている。

　運動勃発当初、尹致昊は、弱小民族が強大民族の下で生きるには強大民族の善意を獲得することが最善の道であると言った。しかし権力主義一辺倒になった日本人を前にしてこのような処世術はまったく無力である。「同胞の苦しみを前に私は胸をかきむしられるように辛かったが、いくら知恵を絞ってもどうすれば彼らを助けることができるのか分からない」。窮余の末にか、あるいは考え抜いた結果なのか、彼は、「歴史は地上の権力者の上に神がいることを教えている」という言葉でこの日の日記を締めくくった。いったい彼は何を言いたかったのか？

　この問題と関連して『日記』には1919年2月22日から同年7月26日にかけて内村鑑三への言及が都合6回ある。内村が発行する『聖書之研究』を読んだ所感を記したものであるが、それが高宗の死の発表から1ヵ月後に始まり、独立運動が本格化した7月まで続いているのは単なる偶然とは思われない。その2回目には次のように書かれている（1919年4月21日）。

　　月曜　雨―涼し　家にいる。内村氏の日記を読む。40年もの間、一筋の道を右にも左にも脇目をふらず、近代日本が歩んだ激動の時代の真っ直中を、終始一貫してクリスチャンとして生きてきたとは実に羨ましい。氏の信仰は、神学と哲学との嵐のような葛藤の中を戦いながら切り開かれた――その末に純化され、強化され、そして勝利へと導かれたのである。内村氏は日本のキリスト教会にとって最も身近な手本である。ところで、朝鮮には政治を弄ばなかったようなクリスチャンがたった1人でもいるだろうか？　“我が王国は地上のものにあらず”。主のこの言葉に含まれる深遠なる真理を悟った朝鮮

　人はまだ1人もいないようだ。

　最後に引用された、"我が王国は地上のものにあらず"というイエスの言葉（ヨハネ18章36節）は先の、「歴史は地上の権力者の上に神がいることを教えている」という彼の言葉に対応するものであろう。そしてこの言葉を通じて尹致昊は3・1運動の渦中にある自らの立場を内村に結び付けた。

　いわゆる「教育勅語不敬事件」（1891年）によって内村は"不敬漢"、"不忠不孝の内村"、"奸賊"などと呼ばれ、一高を退職させられ地方に身を避けた。さらに2年後に再燃した「教育と宗教の衝突」論争において集中砲火を浴びた。あまつさえ事件の直後に妻を失い頼りとするキリスト教界からも追われた。わずかに救いの手を差し伸べたのは組合教会だけだった。大げさに言えば、敵のみならず味方からも見放されながら、しかも孤軍奮闘、キリスト教を手放さなかった人物である。

　翻って尹致昊自身を顧みるとき、8年前に反日朝鮮人（その多くはキリスト教徒であった）による総督謀殺未遂事件の首謀者と見なされて逮捕投獄された。3年の獄中生活ののち、出獄後は地上の権力の下で生きるべく、朝鮮中央Yの総務となった。しかるに今、独立運動の勃発とともに、一転して運動参加者からはもちろん、同じキリスト教徒からさえ"裏切り者"、"警察のスパイ"、"親日派"呼ばわりされる身となった。内村と同じ境遇とは言えないものの、地上の権力とキリスト教との間で翻弄されてきた点では似たようなものである。総督府からは睨まれ、同胞からは裏切り者呼ばわりされたことにより進退きわまったとき初めて「地上の権力者の上に神がいる」ことを発見し、「我が王国は地上のものにあらず」という聖句の真理に導かれた。それは「国人に捨てられ……需むるに朋友なきに至」って初めて「天の国」が見えてきたという内村の体験（『基督信徒のなぐさめ』）に近いものであったろう。

　内村の波乱万丈の生涯を追体験することにより尹致昊は同じキリスト教徒として、「我が王国は地上のものにあらず」という聖句が持つ深遠なる真理にようやく気がついたということらしい。それでは、その「深遠なる真理」とはいかなるものであったのか？

『ロマ書』第13章をめぐって

　1919年10月1日、この日は総督府の始政記念日にあたり、地上の権力は朝鮮家庭に日の丸を掲げることを強要する。しかし3・1独立運動を機に上海にできた大韓民国臨時政府は、この日、朝鮮人商店すべてに閉店することを命じるとともに日の丸の掲揚を禁止する通達を出した。多くの朝鮮人商店は閉店した。警官が家々をまわり商店には店を開けさせ、一般民家には日の丸を掲げさせる。

　10月31日、今度は天皇誕生日である。前日30日の日記は次のように記す。

　　あした日本の国旗を揚げるべきか止すべきか、この数日間、迷いに迷っている。私は自問する。閔泳煥のように自殺するか、李承晩のように朝鮮から出ていってしまえば、話は別だ。しかし私たちが好むと好まざるとにかかわらず、日本の法律の保護下にある以上、すなわち、生命と財産の安全のために日本の法律に頼らざるを得ない以上、その法律の命ずる所に従うのは当然ではないか？　単純に言えば、朝鮮人にとって日本の旗は、私たちがその保護を求めることを選択した日本の法律の下に私たちが暮らしていることのシルシである。たとえどんな状況下、どんな挑発を受けようと決して日本の法律の世話にはならないという決心をしないかぎり、そうすることを求められたらそのシルシ、日本の旗を揚げることを私たちは拒否すべきではない。

　1905年11月、日韓保護条約が締結されると、閔泳煥は死を以てこれに抗議した。1912年初頭、105人事件の逮捕劇が続く中、やがて警察の手が中央Y関係者に及ぶことを察知した李承晩は朝鮮を脱出し、日本経由で米国に亡命することで逮捕を免れた。だが、キリスト者である尹致昊に閔泳煥のように自殺することは許されない。また、「朝鮮人の戦場は朝鮮である」を信条としてきた彼にとって、李承晩のように国外に亡命することは選択肢にない。105人事件で3年間の服役生活を終えた後も、彼は地上の権力である日本が支配する祖国朝鮮に留まらざるを得なかった。

　かくして、3・1独立運動勃発後、尹致昊にとって、地上の権力の下にあってキリスト教徒はいかに生きるべきかの問題が最大の課題となった。そして前

項に述べたように、「我が王国は地上のものにあらず」という聖句が持つ深遠なる真理に到達した（と彼は言う）。その彼が下した結論が上記の日記である。

「生命と財産の安全のために日本の法律に頼らざるを得ない以上、その法律の命ずる所に従うのは当然」であると彼は言う。だが、尹致昊自身、何度も日記に記しているように、日韓併合以来、朝鮮人は日本人により「生命と財産の安全」を侵害されつづけてきた。日本人による土地収用令の悪用は日本の法律により朝鮮人の財産が侵されたよい例である。また、3・1運動において非暴力による抵抗を掲げて戦った多くのキリスト教徒が日本官憲から受けた迫害は日本により朝鮮人の生命の安全が侵された最たるものである。従って上に言う彼の主張は、朝鮮人が直面する具体的な現状から引き出されたものではない。彼の主張はどこから来たのか？

1919年10月1日、総督府の始政記念日に当たり、地上の権力が日の丸掲揚を強制したとき、尹致昊はすでに日記に次のように記していた。

> （前略）日本人は官民共に、朝鮮人が祝日に日の丸を揚げようとしないと言ってとても怒っている。国旗に対する侮辱だと彼らは言う。私は国家的行事の際に日本の国旗を掲げることに反対しない。なぜなら、我々が日本の支配下にある以上、我々はその支配に服従しなければならないからである。（後略）

国家的行事の際に、彼が日の丸を掲揚することに反対しなかった理由は、「生命と財産の安全のために日本の法律に頼らざるを得ない以上、その法律の命ずる所に従うのは当然」と考えたからではなく、実は、「我々が日本の支配下にある以上、我々はその支配に服従しなければならないから」という単純なものだった。

地上の権力の支配下にある者はその支配に服従しなければならないというのはメソジストの、「世俗の権威に対するキリスト教徒の義務」が規定する所と実質的に同じことである。しかし尹致昊は内村の日記を読むことにより、この義務が、「我が王国は地上のものにあらず」という深遠なる聖句からきたものであることを学んだ。内村によれば、キリスト教徒の国籍はこの世にない。

「クリスチャンとはその国籍を天に移せし者である」（内村鑑三『ロマ書の研究』教文館、426頁）。

　そのキリスト教徒が地上の権力に対していかに振る舞うべきかを説いたものが、すなわち、有名な「ロマ書（ローマ人への手紙）」第13章である。内村を通じて尹致昊が辿りついたのは恐らく聖書のこの部分である。その第1節には次のようにある。

　　　すべての人は、上に立つ権威に従うべきである。なぜなら、神によらない権威はなく、おおよそ存在している権威は、すべて神によって立てられたものだからである。従って権威に逆らう者は、神の定めにそむく者である。

　聖書そのものに、「〔上に立つ〕権威に逆らう者は神の定めにそむく者である」と書かれていては、日本の支配下にある朝鮮人キリスト教徒が日本の支配に服従しなければならないのは当然である。だが、地上に存在するあらゆる権力は神によって立てられたものだから、これに背くのは神に背くことだと言われても、朝鮮のように「圧制国の版図に属して暴虐横恣の下に悩む場合」（『ロマ書の研究』、427頁）にもキリスト教徒は尚、これに耐えてひたすら服従しなければならないのか？　米国滞在以来、強大民族による弱小民族の差別を批判しつづけてきた尹致昊にとり、それは認めがたいことであろう。

　独立運動が最も激しかった1919年3月から7月にかけて、運動に反対した尹致昊は孤立無援の状態にあった。自己の立場がまちがっていないことを保証してくれる拠り所を求めて彼は内村の日記を読みつづけた。その結果、「ロマ書」第13章に辿りつき、パウロの説く「地上の権威服従説」に傾倒した。というより、やや過剰に傾倒した。恐らく、独立運動に反対する自己の立場を弁護せんとするあまり、一種の過剰防衛になったものと思われる。

　しかし、1919年も後半に入り、独立運動の熱気が冷めるに従い、冷静さを取り戻した彼は、年も明けて1920年になると次のような注目すべきことを日記に記すことになる（第8巻、1920年1月26日）。

　　　午前10時30分頃、ウェルチ監督（Bishop Welch）を訪ねる。彼は偉大なる常

識人のように思われる。独立運動を目の当たりにして彼がとった態度は威厳に満ち、分別があると同時にまた同情に満ちたものであった。故にまた、必然的に公平で党派性からは自由であった。しばらく前に『ソウルプレス』に発表した論文の中で彼が次のように述べていたのは特に印象的だった。「いかなる国においても、現行政府には無条件で服従するように新約聖書が説いているとか、あるいは又、政府の形態や支配者を変えようと企てることを道徳律は禁じているなどと主張することは単に人間性に反するのみならず、人類の歴史——他の国々の歴史はもちろん、日本の歴史——にも反することである」。

　引用文中に言及されている「新約聖書」が具体的には『ロマ書』第13章を指すものであることは明らかである。
　ウェルチ監督とは1916年から28年までメソジスト監督教会のソウル地区（朝鮮・日本）担当監督を務めたハーバート・ウェルチ（Herbert Welch）のことである。また『ソウルプレス』はすでに何度か触れたように、宣教師を中心とする在韓西洋人に総督府の施政を理解させ、彼らを総督府の側に立たせることを目的に発刊された英文御用新聞である。その『ソウルプレス』としては当然のことながら、総督府を代弁して朝鮮人による独立運動を批判し、とりわけ運動に同情する宣教師に対しては『ロマ書』第13章を引き合いに出して、運動に加担することは聖書の教えに背く行為であると説くことを方針としてきた。総督府のみならず在韓宣教師の側でもこれまで自らの管轄下にある朝鮮人キリスト教徒が政治運動にかかわることを抑えるための説得理由として『ロマ書』13章を根拠としてきた。いわば『ロマ書』13章は総督府にとっては反日朝鮮人キリスト教徒を非難するための切り札であり、宣教師にとっては総督府との衝突を避けるための恰好の逃げ道として利用されてきた感がある。
　そのような文脈の中でメソジスト監督教会の監督という地位にある人物が総督府の機関新聞『ソウルプレス』紙上に、従来行われてきた『ロマ書』13章の解釈に異論を述べたのである。異例なことである。読みようによっては総督府の機関新聞を通じて公然と独立運動を支持、あるいは扇動したものと受け取られかねない。当時、この記事が総督府により問題視された形跡がないのは、

英字新聞であるために当局の注目を免れたのかも知れない。

　いずれにしても尹致昊がこの記事に注目し、彼の日記に上記のような感想を記したということは、日頃、彼自身が考えていたことを監督が代弁してくれたとの思いがあったからであり、内村に傾倒して「地上の権威服従説」を展開した後も、ひきつづきキリスト教徒として世俗の権威にいかに対処すべきかという困難な問題を真剣に考えていた証拠であろう。

　上の引用文からは、尹致昊が、もはや「地上の権威服従説」の絶対的信奉者ではなくなっていることが窺える。彼がこの日記を書いた頃にはすでに第2代朝鮮総督長谷川好道に代わって斎藤実が新たな総督に就任し、3・1独立運動の反省の上に立った新たな植民地経営（寺内・長谷川時代の武断統治に対して文化政治と呼ばれる）に乗り出していた。その新たな体制の中で、尹致昊自身も独立運動の渦中で信奉した「地上の権威服従説」を棄てて、強大民族の下にあって弱小民族が取るべき新たな道を模索する。文化政治も終わりに近づきつつあった1928年になると、地上の権力の支配下にある弱小民族が地上の権力に対抗する手段として、彼は次のような「抵抗の精神」を唱えるようになる（第8巻、1928年8月10日）。

　　人間の本性が現状のままであるならば——そして人間の本性がただちに良くなると信ずべき理由など全くない——、人間が個人としてもまた民族としても、自分たちよりも劣る、あるいは劣ると想像する人々を軽蔑し、抑圧し、差別することは全く自然なことである。…（中略）…白人は白人以外の人種を差別する。ウェノム〔倭奴：日本人〕は朝鮮人を差別する。…（中略）…いかなる政府も、いかなる哲学も、そしていかなる宗教も、現在までのところ、この人間性の悪を矯正することに成功したものはない。故に、不平を言ってもムダだと言うことだ。しかしながら、人間の本性はまた、強者の不正な処置に対して抵抗するための原動力として怒りと恥の本能をもまた我々に与えた。いかなる個人も民族も、抵抗する力を持てるようにならない限り、しかもその抵抗を成功させるだけの力を持てるようにならない限り、いくら泣き言を言ってもムダである。

　尹致昊にとって、強大民族の支配下にある弱小民族が生きるべき道は、3・1独立運動を経験することにより、「地上の権威服従説」から、怒りと恥を原動力とする「抵抗の精神」へと変わっていった。内村鑑三は、「愛敵論」（"汝の敵を愛せ"）を根拠とすることにより、あくまで「地上の権威服従説」を堅持したが、尹致昊は内村への傾倒から「ロマ書」13章に辿りつきながらも、内村とは別の道を歩むことになった。もし内村が朝鮮人であったなら、はたして彼は、「地上の権威服従説」を堅持しつづけることができたであろうか？

第8章
文化政治の時代
1920～1930年

1. 時代背景

　1919年3月に起こった独立運動は、当初の期待にもかかわらず目的を達成することからは程遠かった。しかしその運動は、朝鮮民族に大きな変化をもたらした。これまで政治の舞台にほとんど顔を出すことのなかった女性（とりわけ女子学生）が大量に運動に参加した。また都市の知識階級に限らず、ほとんど全朝鮮の地方都市、さらに農山村にいたるまで運動の輪が広がった。その結果、日本政府は従来の武断統治を文化政治に転換せざるを得なくなった。そしてその文化政治がもたらした規制緩和のなかで朝鮮社会には世俗化、価値観の多様化の波が広がる。

　一方、1923年9月1日に発生した関東大震災は日本に甚大な被害をもたらすとともに、震災後の復興過程において朝鮮に劣らぬ大きな社会変化を日本にもたらした。震災後の混乱を鎮静化させ動揺を引き締めるために、日本政府は同年11月10日、「国民精神作興ニ関スル詔書」を発するが、その1ヵ月余り後にいわゆる虎ノ門事件が起こった。事件の号外を読んだ尹致昊はその衝撃を次のようにコメントしている（第8巻、1923年12月27日）。

　　号外により、自動車で国会に行く途中の摂政の宮皇太子殿下を銃撃した者があったことを知る。何という世の中の変わり様！　誰も通りを通る天皇陛下を〔二階の〕窓から見下ろすことさえ許されなかった時代から、天皇陛下を銃で狙う――本当に、銃撃したのだ――ほどミカドの神聖さを忘れる（茂ろ

にする）時代にひとっ飛びするとは！　本当に世の中、どんどん変わっている！

　これまでにも大逆事件（1910年）や朴烈事件（1923年9月）があったが、その実態は官憲によるでっち上げの部分が大きい。しかし今回は現行犯である。"権威"に対する日本人の意識に甚大な変化が起きていることは明らかであり、そのことは植民地の人々にも影響を及ぼさずにはおかない。

　朝鮮での3・1独立運動、日本における関東大震災。相前後して起こった大事件、大災害により激変する社会に対して当局は懐柔と引き締めと、二重の対策を強化する。独立運動後の朝鮮にあっては、文化政治により従来の様々な規制を緩和させる一方で、朝鮮人の自主的活動を抑え込み、朝鮮を日本化する施策が着々と進行していた。

　震災により日本の多くの教育施設が破壊されたため、日本留学中の朝鮮人学生は一時、勉学中断を余儀なくされた。これを契機に日本の高等教育機関に頼ることなく朝鮮人自身の手で民立大学を建設しようとの動きが起こる。しかし民立大学建設が民族主義拡大につながることを怖れた日本当局は、先手を打って京城帝国大学を設立してこれを阻止した（1924年5月、京城帝大予科設置、26年5月、京城帝大法学部・医学部設置）。

　さらに3・1独立運動直後の1920年から、南山倭城台の総督府近くに建設が始まった朝鮮神宮が5年の歳月をかけて完成し、その遷座式が盛大に挙行された（1925年10月15日）。朝鮮人を皇国臣民化するための神道普及、神社参拝強制実施に向けての布石である。

　そして朝鮮神宮の完成に続いて、翌26年初頭には正月休み（1月4～11日）を利用して総督府庁舎を慶福宮（大韓帝国の王宮）の敷地内に移転させた。

　日韓併合以来、ソウル在住の日本人は概ね、総督府庁舎がある南山周辺を生活拠点としながら、徐々に旧王宮が立ち並ぶソウル北半部に向かって進出していった。しかし3・1独立運動前後まで朝鮮人は日本人によるこの"北進"を、ソウルのほぼ中央を東西に流れる清渓川を防御線として辛うじて食い止めてきた*70。ところが日本人はその防御線を突破していよいよ朝鮮人の本拠地にまで食い込んできたのである。南山山頂に日本精神の象徴として朝鮮神宮を配置

する一方で、政治の中枢機関である総督府を、朝鮮人の根拠地であるソウル北部のど真ん中（慶福宮）に配置させた。大韓帝国のかつての首都ソウルにおいて、朝鮮神宮の遷座式と総督府の移転が相継いで行われたことは、日韓併合後の朝鮮が新たな段階に入ったことを告げるものであった。2年半後、日記は文化政治の実態を次のように批判する（第9巻、1928年10月3日）。

> ソウル拡張に関する分厚い計画案を受け取る。私が委員の1人に予定されていた。だが、こんな計画にいったいどんな興味が持てると言うのか？　もし予期せぬ障害もなしに今の調子でソウルの日本化が進行すれば、今から15年後には、この町の中心にある商店街からは朝鮮人の住人も商人も1人もいなくなってしまうだろう。2年前に総督府が景福宮内の新しい庁舎に移転して以来、日本人は官民こぞってソウル北部に位置するこの宮殿の周囲一帯を日本化することに熱をあげている。通りは舗装され、車道は2車線に拡張され、日本人の家の建築ラッシュに湧いている。今から5年以内に、新しい総督府周辺のソウル北部一帯は、かつて日本公使館のあった南山一帯の日本人居住地域と同じように完全に日本化されてしまうだろう。（後略）

　こうして文化政治による規制緩和の一方で、日本人によるソウルの日本化は着々と進んでいた。しかし尹致昊が属するキリスト教勢力が直面しなければならなかったのは、日本化の波にとどまらなかった。武断統治による抑圧は人々を反日という一つの目標に向かって結束させやすかったが、文化政治の世になって多少の自由が認められるようになると価値観が多様化し、しだいに内部の反目と対立が激化するようになった。
　以下、文化政治の具体相に入る前にまずこの時期における尹致昊の家庭生活と社会生活を簡単にみておくことにする。

＊70 1936年作成「京城精密地図」によれば、清渓川以南は大和町、旭町、明治町等、日本式町名になっているが、以北は清進洞、臥龍洞、蓮池洞等のように旧来の「洞」名になっている。日本人による"北進"は地図上の地名の上に明瞭に示されていた。

この時期における尹致昊

　1915年2月に仮釈放となった尹致昊は翌16年4月、「適当な人物が見つかるまで3年間だけ」という条件付きで朝鮮中央Yの総務を引き受けた。その条件が延び延びになって10ヵ月ほど遅れた1920年1月24日、ようやく総務を辞任して申興雨（シンフング）に後事を託すことができた。しかしYMCAとの関係がこれで切れたわけではなく5ヵ月後の6月17日、今度は朝鮮中央Yの会長に選出された。いわば総督府と韓国キリスト教徒および在韓宣教師との間を取り持つという困難な仕事を第一線において担当する役割（総務）から一歩退いて、朝鮮Yの象徴的存在（会長）へと転じたことになる。この中央Y会長としての肩書で1920年8月に来韓した米国国会議員団の一部を中央Yに迎えることになり（第8巻、1920年8月25～28日）、また22年5月には日本に渡り、日韓双方のYMCAを統合するという、これまた困難な問題について日本側代表と協議することになった（本章の7を参照）。

　一方、1906年、尹致昊が初代院長となって松都（現開城市）に開設した韓英書院（1917年に松都高等普通学校と改称）は、1912年に尹致昊が逮捕投獄されたのちには宣教師のクラム（W. G. Cram）とワッソン（A. W. Wasson）が交互に院長を務めてきた。しかし、出所後の尹致昊が社会復帰して、このほど朝鮮中央Y総務という大任も無事果たし終えたということで、22年の10月前後に当時校長を務めていたワッソンから尹致昊に校長職を引き受けてくれるようにとの依頼があった。尹致昊はこれに対して前回の経験をもとに次の3つの条件を付して承諾した（第8巻、1922年10月6日）。

　　1）任期は3年とすること。　2）実母がソウルで暮らすことを望む間は少なくとも生活の半分はソウルの家で過ごす自由を許されるべきこと。　3）学校の運営資金を完全に自由にできる権利を与えられること。

　こうして1922年11月半ばから松都高普の校長として復帰した彼は、以後、ソウルのYMCAと松都高普を2つの拠点として、両者の間を往復する慌ただしい生活が始まることになる（ソウル、松都間は汽車で3時間ほどかかる）。

　ちなみに、1917年3月、次男の光善が結婚し、翌年2月に長男（龍求？）が

生まれたため、同年6月、それまで住んでいた松都の家を光善一家に譲って独立させ、尹致昊自身は別に松都に家を新築して10月から入居した。やがて米国から長男の永善が帰国して（1922年）、妻子と共にこの松都の家で暮らすことになる。すでに長女鳳姫も1916年に長男益国を生んでいたから、1920年代以降の尹致昊はハラボジと呼ばれる時代を迎えていた。

2. 文化政治：斎藤実による新体制

第2代総督長谷川好道の辞任問題は3・1運動が勃発する前年からすでに話題にのぼっていたが、それが具体化したのはやはり独立運動がやや小康状態に向かった1919年4月以降と思われる[71]。新任総督斎藤実、新政務総監水野錬太郎に対する辞令が出たのは8月12日であるが、このことはすぐに朝鮮にも伝わったものとみえ、翌々14日の日記には次のようにある。

> 新朝鮮総督の斎藤海軍大将は海軍省の給仕から出発した。彼は学がないと言う者もあるが、私に言わせれば、一介の給仕から努力の末に朝鮮総督にまで登りつめたような人物は、たとえ自分の名前が書けなくても十分に学があると言える。また彼が文民ではなく軍人であることを批判する朝鮮人がいるが、私はこれにも賛成できない。肝腎なことは次の点だ。朝鮮に対する日本の真の思い、狙い、目的、政策とはいったい何か？ もし日本が望むものが朝鮮人ではなく朝鮮の土地ならば、誰が総督になろうと朝鮮人に希望はない。（第7巻、1919年8月14日）

これによると朝鮮総督府官制（および台湾総督府官制）が改正され、文官にも総督となる道が開かれたことを独立運動の成果として大いに歓迎し、また期待したにもかかわらず、新しい総督が文官ではなく武官となったことに対して

---

[71] 1919年4月29日、一時帰国した長谷川から4月26日付の進退伺を受け取った原首相は5月2日、これを閣議に報告した（長田彰文『日本の朝鮮統治と国際関係』、253頁）。また後継者への事務引き継ぎを意図した「朝鮮施政要綱」および「騒擾善後策私見」が同年6月付で書かれている（みすず書房『現代史資料25』、481〜501頁）。

強い不満を抱く朝鮮人が多く、様々な噂と憶測が生まれたことが分かる。これ
に対する尹致昊のコメントも例のごとく冷静である。

　こうして期待と不満が交錯する中に斎藤新総督は、9月2日、南大門駅頭に
降り立った。だが着任早々、新総督は爆弾の歓迎を受けることになった。幸い
命に別状はなかったが、犯人は「悠然群集の間に姿を晦ま」し（田保橋潔『朝
鮮統治史論稿』、202頁）、犯行後16日が経過してようやく逮捕されるという警
察の失態ぶりであった。逮捕前、すでに当局は犯人がキリスト教徒と踏んでい
たが、案の定、犯人姜宇奎は平安南道出身（本籍は咸鏡南道）、中国領吉林省で
みずからミッションスクールを経営する長老派のキリスト教徒だった（『現代
史資料25』みすず書房、517頁、538頁）。このことは非暴力主義を以て出発し、
堤岩里事件をはじめとする当局の行きすぎた運動鎮圧、逮捕者に対する当局の
拷問が暴露されたことにより、在韓宣教師や米国世論の同情を獲得していた
3・1独立運動の参加者、とりわけ朝鮮人キリスト教徒にとって大きな打撃と
なった（第7巻、1919年9月3日）。韓国の保護国化以来、朝鮮人が関わった暗殺
および暗殺未遂事件の全てはキリスト教徒によるものであり、そのことがこれ
まで朝鮮人キリスト教徒および宣教師に対する総督府当局の不信感と弾圧を増
幅させてきたことは否めない。ところが、3・1独立運動勃発への反省から寺
内・長谷川時代の武断統治を改革することを目的に送りこまれた新総督に対し
て、又もやキリスト教徒による暗殺未遂事件が発生したのである。

　しかしこの事件により齊藤の施政が特に影響を受けたようには思われない。
事件の翌日、齊藤は着任の訓示において次のような施政方針を発表した（田保
橋『朝鮮統治史論稿』、202〜203頁）。

　　1. 総督武官制の撤廃　2. 憲兵警察政治の廃止　3. 総督府職員服制の廃止　4.
　　朝鮮人官吏の任用待遇改善　5. 朝鮮固有文化並に旧慣の尊重　6. 形式政治の
　　打破、特に行政処分の慎重を期す　7. 事務の整理簡捷により民衆の便益を図
　　る　8. 言論出版は取締を緩和して、民意の暢達を図る　9. 教育、産業、交通、
　　警察、衛生、社会救済の行政に刷新を加へ、民衆の生活安定を図る　10. 地
　　方自治制度施行の目的を以て、之が調査準備に着手す。

このように斎藤新体制は概ねリベラルな政策をとるようになったかに見えた。しかし1年も経過すると日記には次のような辛辣な批判が見えるようになる（第8巻、1920年8月1日）。

　　朝鮮人——天皇陛下の赤子——のために改革をほどこすという触れ込みで、仰々しい宣伝と山のような約束とともに、新しい総督が赴任してからちょうど1年が経過した。朝鮮人に対する虐待はなくなったか？　手厚い保護を受けた移民奨励策は怒濤のような勢いで進行しつつある。日本人入植者の土地を確保するために何百という朝鮮人が満州に追い立てられ、生活に窮して死に追いやられている。水利組合は土地収用令の名の下に朝鮮人の貴重な田畑を文字どおり没収しつつある。役所の官僚主義はますますひどくなった。いったい、なにが改良だというのか？

　憲兵警察が警察に変わり、学校の教師は軍服を脱いで私服になった。ミッションスクールでは聖書をはじめとするキリスト教の教育を施すことも可能になった（1922年2月6日、改訂朝鮮教育令を発布）。しかし表面的な変化とは裏腹に、日本人の大量移民と彼らに生活基盤を与えるための土地収奪は相変わらずである。さらにあらゆることが認可制になったために認可が下りるまで複雑な手続きと多くの日数が必要になった。その手続きと無駄な時間を回避するため朝鮮人は日本人の代書屋に頼らざるを得なくなった（第8巻、1923年1月6日）。

　そしてなによりも朝鮮人の生活に深刻な影響を及ぼしたのは増税であった。新体制以前に比べると付加税は3倍、地税割はほぼ2倍、その他7倍にもなった税金もあった（第8巻、1920年12月24日）。

　また、言論出版および集会結社の自由に対する取締りの緩和により、雨後の筍のごとく実に様々な団体が誕生した。1920年6月22日現在、成立している団体として尹致昊は次のようなものを挙げる。

　　住長会、国長会、大正実業親睦会、経済会、朝鮮労働共済会、労働大会、学生大会、孤児救済会、矯風会、女子教育会、樊法会、革清団、工友倶楽部、朝鮮青年会、青年協成会、新人協会、中央楽会、褓負商団、朝鮮長団、哲学

研究会、苦学カルトプ会、朝鮮教育会、監合青年会期成会、雄弁会

また宗教および類似宗教団体として挙げられたものは次のごとくである。

天道教、侍天教、済世教、青林教、済化教、天道教青年会、檀君教、大倧教、太極教、太乙教、百白教、三聖無極教、統天教、崇神人教、孔子教会、儒道振興会、大東斯文会、明文会、人道公議所、仏教大会、仏教擁蓮会、仏教振興会、朝鮮仏教会、仏教青年会

　もちろん、真面目な団体、宗教もあるだろうが、多くは一過性のもの、あるいは信者、会員を食い物にするインチキ団体、宗教も少なくない。尹致昊によれば、斎藤新体制が以上のような様々な団体を許容した意図は、朝鮮人、とりわけ青年たちの興味関心をキリスト教以外のものにそらすことにあるのではないかと言うが、半ば当たっているように思われる。
　言論の自由、団体結社および集会の自由の拡張は、第1次世界大戦終結後の世界的な傾向であったが、この流れに乗じて、1917年のロシア革命後、急速に普及しはじめた共産主義思想が朝鮮内に流入することになるのは自然の勢いであった。

3.　共産主義思想の流行

　すでにパリ講和会議の開催にあわせて上海在住朝鮮人の間では新韓青年党が代表をパリに派遣していたが、3・1運動勃発後、同地に設立された臨時政府に参加した李東輝は高麗共産党を名乗っていた。だがパリ講和会議で朝鮮独立問題が取り上げられなかったことから、朝鮮人は次に開催が予定されていたワシントン軍縮会議に期待を寄せた。その開催時期（1921年11月12日～）に合わせてコミンテルン側はイルクーツク（後にモスクワに移動）で「極東諸民族大会」を開催することを予告した。これには日本から徳田球一、鈴木茂三郎らが参加したが、朝鮮からは高麗共産党、新韓青年党、大韓愛国婦人会、大韓連合青年団、華東韓国学生連合会等、様々な社会主義系の団体が代表を送っていた。

このように一方においては北方ロシアから共産主義が流入するとともに、他方において留学生をはじめとする滞日朝鮮人が日本から社会主義および共産主義思想をもたらすようになっていた。こうして斎藤新総督による文化政治は共産主義、社会主義思想の一大流行の舞台となった。

　1917年のロシア革命以来、尹致昊は共産主義の勃興に大きな関心を抱いてきた。朝鮮各地に広大な農園を持ち、親兄弟、妻子、使用人、居候から成る大家族を抱える彼が、社会的にみれば典型的なブルジョワ階級に属することは明らかである。加えて入信以来、1度もキリスト教を離れたことがない朝鮮キリスト教界の元老的存在である。斎藤新体制の下で急速に進行しはじめた共産主義思想の蔓延と戦うことが、以後彼の主要な関心事となったのは当然である。

　1920年12月6日、朝鮮経済会（朝鮮経済改善を目的に設立された民間団体）が主催した講演会において、尹致昊は「新旧両様の危険思想」と題して演説した。この講演において彼は3つの理由を挙げて、ボルシェビズムを弄んではならないと青年たちに警告した。演説中、彼がボルシェビズムに反対する理由を述べたとき、超満員の聴衆の中の何人かが"ウソだ！"、"ウソだ！"と言うのを聞いてビックリしたという。青年たちの間にすでに共産主義思想が確実に広がっていることを実感した最初の経験だった＊72。

　やがて社会主義や共産主義の流行を思わせる事件が相次いで勃発する。いくつかの苦学生の懇親団体は「何万人もの貧しい人々が飢えと寒さで震えている時に呑気に食堂に集まってドンチャン騒ぎなどやっている場合ではない」との理由で解散を宣言した（第8巻、23年1月13日）。このように一見まじめな学生たちがいる一方で、自分たちは"プロレタリアート"すなわち"困窮者"だと主張して様々な催し或いは劇場に入場料を払わずに入場する"苦学生"たちが後を絶たない（同前、同3月4日）。また貧乏であることを理由に苦学生の団体が管理する会費を無断で流用する者がいる（3月16日）。

　以上のような傾向に対して尹致昊は様々な情報を集め、かくも急速に朝鮮の青年の間に共産主義が蔓延するようになった理由と、その背景に関する所見を

＊72　尹致昊は共産主義一般とロシア生まれのボルシェビズムを峻別した。前者が西欧近代民主主義が成熟した暁に到達する理想的な形態であるのに対して、後者は前近代的なロシアで生まれた暴力主義的な下剋上的平等主義とみていたように思われる。

何度か日記に記している。彼の分析によればそれはほぼ次のようなものになる。

　李朝500年の支配体制下において、氏族制度と儒教道徳により家父長制支配による従属関係のヒエラルヒーが完璧の域にまで発達した。その結果、支配階級は被支配階級から搾取し、逆に被支配階級は支配階級に寄生して暮らすことが朝鮮人の本能となった。ところが日韓併合によりこのような支配−被支配関係を維持することが困難になった。その結果、本来なら併合後の朝鮮社会では支配−被支配階級の関係を揺るがす大きな変化が起きるはずであった。しかし併合後10年つづいた寺内・長谷川の武断統治は力により朝鮮人の不満を捩じ伏せ、少なくとも表面的には秩序を維持することに成功した。当時まだ高宗が生存していたことは彼らが新たな支配者の抑圧に耐える上での象徴的な心の支えとなった。ところが1919年にその高宗が死去したことにより朝鮮人は象徴的な心の拠り所を失った。御大葬を見るために地方からソウルに上京してきた数万におよぶ人々は、そこで3・1運動を目撃し、家父長制支配による従属関係のヒエラルヒーと異なる“なにか”を発見した。そして3・1運動により武断統治の失敗が明らかになり、斎藤新体制の下にそれまでの抑圧政策が緩和されると、抑えつけられてきた被支配階級の不満は一気に解放された（第8巻、1921年1月22日／同12月1日／23年2月20日）。

　おおよそ以上のように分析した尹致昊は、結論として次のように述べる。

　　腐敗した朝鮮王朝の支配下にあって朝鮮人が豊かになることは不可能だった。だが、日本人の支配が慈悲深さ〔日本人の無慈悲さを皮肉って表現したもの〕を増せば増すほど、朝鮮人は最低限の生活を維持することすらますます困難になった。そして朝鮮人は無意識のうちにこの恐るべき事実に気づきつつある。かくして彼らはボルシェビズムを受け入れるようになったのである。（第8巻、1921年1月22日）

　要するに朝鮮人がいとも容易に共産主義に取り憑かれるのは、日本人による朝鮮人の収奪という事実がその根本にあり、朝鮮人には「ボルシェビズムが勝利すれば日本人支配を打倒しその呪いから解放してくれるかも知れないという期待がある」（同前、21年12月1日）からであり、さらに言いかえれば、朝鮮人

をボルシェビズムへと駆り立てているのは他ならぬ日本人である、というのが尹致昊の分析である。

　ここまでの分析は恐らくまちがっていない。しかし彼はそのようにしてボルシェビズムへと向かう朝鮮人を肯定的には見ずに激しく非難する。

　なるほど、朝鮮人をボルシェビズムに駆り立てているのは日本人である。しかし「共産主義というものは高度な助け合いの文明を達成した民族〔英国その他の北ヨーロッパ諸国〕にのみ可能である」（第8巻、1923年2月20日）。にもかかわらず、現在の朝鮮にあって庶民はもちろん知識階級に属する人々にいたるまで他人に寄生し、他人にカネを出させることを考える者が蔓延しているという。

　尹致昊が挙げる次の2つの実例は弱者、経済的に恵まれない者が強者、富める者に向かって援助を求めるのは当然であり、それを拒絶することは不当であるとする典型的な例である。以下は筆者による要約である。

（1）尹致昊の祖母の甥にあたるキムハンニョンなる人物があるとき田舎から上京してきて尹致昊に言った。今年の春に小学校を卒業する彼の息子たちを、尹致昊と従弟の致昭にそれぞれ1人ずつ引き取ってもらい、高等普通小学校を卒業するまで面倒を見てもらいたい。すなわち子供たちが高普を卒業するまでの5年間に要する費用の全額を尹致昊と致昭に負担せよと言うのである。その理由は普通学校〔小学校〕卒の資格だけではいかなる官職にも就けないからというものだった。（1921年1月22日）

（2）洪永厚〔後に作曲家、バイオリニストとして名声をはせる洪蘭坡の実名〕が東京に行き音楽を勉強したいので援助してほしいと言った。そこで過去1年にわたり250円の援助をしてきた。その彼がこのほど手紙をよこして、バイオリンを買いたいので250円送ってもらいたいと言ってきた。いくらなんでもそこまでは援助できないので尹致昊が断りの手紙を出すと、折り返して洪青年は、貧しい者を抑圧する金持ちの朝鮮人を非難し、ありあまる才能を持ちながらそれを開花させる術を持たない朝鮮の天才や英雄の運命を嘆き、ボルシェビキとコミュニストは義賊であるとまで断言し、金持ちだけが富を享受できるような時代はやがて終わりを告げるだろうと脅迫まがいの手紙を送ってきた。（1921年2月2日）

　尹致昊のもとに財政援助を求めて押しかける者は「今では老いも若きも、初対面の者も旧知の者も、友情のために私に面会を求めて来ると言いながら、実際に彼らが求めているのはカネ、カネ、カネ、すべてはカネのためである」（22年3月27日）といった有様だった。

　このような寄生精神はいわゆる弱者に限らず、社会的指導者、政治的指導者の立場にある者にあっても同じである。次の例も筆者による要約である。

(3) 崔南善の場合

　斎藤新体制の下、民族系新聞の発行が可能になり『朝鮮日報』、『東亜日報』が発刊されたのをうけ、これに対抗する形で崔南善が『時代日報』という新聞の発行を計画した。既に役所の許可も下り、資本金40万円で株式会社を設立する準備が現在順調に進行中であるが、崔自身も3万円を出資しなければならない。そこで尹致昊にその3万円を出して欲しいと持ちかけてきた。尹致昊が3万円は大金でとても応じられないと断ると、しばらくして彼が尹家にやってきて3万円出してくれるまで帰らないと座り込みを始めた。結局、崔は尹からの3万円を得られずに『時代日報』の発刊に踏み切ったが1年後に経営が行き詰まり新聞を普天教に譲渡することになった。（1923年10月13、14、17日、同11月4日、24年5月9日、同7月6日）

(4) 上海臨時政府の場合

　上海臨時政府樹立（1919年4月11日）後の1920年1月8日、安昌浩のメッセージを託された青年が新義州から尹致昊を訪ねてきて、独立運動に対する彼の態度をはっきり知りたいと言った。これに対して尹致昊は「朝鮮民族のために最善を尽くすということで我々の意見が一致している以上、お互い相手がどのような方法を取るかに関しては自由を認めるべきである」とのみ答え、それ以上のことは見ず知らずの初対面の人物に明かすことはできないと答えた。はるばる新義州からやってきたにもかかわらず目的を達することができなかった青年は、敵意を抱き捨てゼリフを残して帰った。しかるに、その直後から臨時政府の使者と称する人物が次々に経済的な支援を要請するために尹致昊を訪ねてきた。最初は李一なる人物を通して、上海－ソウル間に連絡機関を作りたいので費用の一部を負担して欲しいという要請があった（20年1月10日）。次いで

アメリカ人のヴィロダキ氏なる人物がやってきて「臨時政府はカネを必要としている」と訴えてきた（20年11月20日）。また李承晩からはミス・ジェンキンスという米国人女性を通じて書簡が届き、臨時政府の維持には年間すくなくとも4万円かかるのでカネを出してくれと訴えてきた（21年1月5＆6日）。さらに1921年11月に開催が予定されるワシントン会議を前に1人の青年がやってきて、孫貞道からの手紙を差し出した。中には臨時政府財政総長李始栄が書いた回覧形式の通知文が同封されていて、資金援助を要請するものだった（1921年9月27日）。

　こうして尹致昊は武断統治に代わった文化政治を批判し、新たに起こった共産主義の流行をも厳しく批判するのみならず上海臨時政府とも一線を画した。「我々を救えるのは神〔キリスト教〕のみである」（21年12月1日）というのが彼の一貫した立場であった。しかしキリスト教が本当に朝鮮を救済する根本的な解決になりうるのかというと、これまた大きな問題を抱えていた。

4. 「基督教彰文社」の設立

　1884年に米国長老教のH・N・アレンが来韓して以来、朝鮮におけるプロテスタントの布教歴はすでに35年以上になっていたが、その間、キリスト教関係の冊子、新聞、書籍類の印刷発行は「三文出版社（Trilingual Press）」、「英国聖書公会（British and Foreign Bible Society）」等すべて外国人宣教師の手で行われてきた。しかし斎藤新体制の下、表現・出版の自由に対する取締が緩和され、民族系のハングル新聞が発刊されたのをうけて、プロテスタント教界でも外国人宣教師に頼らず朝鮮人キリスト教徒のみによる出版社を設立しようという機運が高まっていた。こうして1921年の半ばから李商在、朴勝鳳、兪星濬らを中心に資本金2万円でキリスト教関係の文献を出版する出版社を設立する計画が持ち上がった。当初、この計画に加わることを持ちかけられた尹致昊は、（1）朝鮮人キリスト教徒だけで必要な資金を集められる見込みがないこと、（2）事業をビジネスとして軌道に乗せ利潤を得られるようにすることができる正直かつ良心的な人物を得るのはきわめて困難なこと、（3）多数の平安道人が

株式を購入した場合、事業のスタートとともに株主相互間に深刻な地域対立が生じるだろうこと（発案者の李商在、朴勝鳳、兪星濬らは平安道人と対立する朝鮮南部の畿湖派に属した）、などを理由として原案に反対し、最初5年間は小規模な経営に限定することを提案した。

　尹致昊の不安は的中した。発起人の多くが南部人であることに反発した平壌人の賛同が得られず計画は難航した。しかし兪星濬、朴鵬緒（パクプンソ）、朴勝鳳らが強引に主張した結果、1922年11月の段階で資本金200万円に対して7000株、社名を「広文社」とすることが決まった。紆余曲折の末、翌23年1月31日の創立総会（昼は勝洞教会で、夜は明月館で行われた）において資本金100万円に対して2万株に縮小し、社名を「広文社」から「彰文社」に変更して、いよいよスタートすることになった（第8巻、1922年11月17日、1923年1月31日）。

　創立後、彰文社は定期刊行物として雑誌『新生命』を発行し、キリスト教関係の書籍としては『創世記講解』、J・S・ゲイルおよび李源模共訳の『新訳聖教全書』、米国の自由主義神学者フォスディック（H.E. Fosdick）の『現代の聖教解釈』（翻訳本）等々を発刊する一方で、児童向けの書籍『幼い友』、『朝鮮童謡集』を発刊するなど、韓国近代出版史上に名を残す出版物を次々に刊行することになる*73。このような業績を見る限り、彰文社が外国人宣教師の手を借りず、実質的に朝鮮人キリスト教徒のみによって成った朝鮮初のキリスト教関係出版社として画期的な出版社であったことは否定できない。

　しかし歴史的なその名声とは裏腹に、『尹致昊日記』に記されたその内情をみると実に惨憺たるものがある。まず発起人を中心とする人たちは、朝鮮全土のキリスト教徒から株を募集するために講演団を組織して各々分担地域を決めて朝鮮各地を巡回して回ったが、人々を勧誘する手段として発起人自身がすでに数十株から数百株の購入を予約したと触れて回った*74。ところがこの約束（予約）を実行したものはただのひとりもいなかった。約束を実行しないだけならまだしも、このようにして信用させた人々から集めたカネを自己の役職を利用して着服する者が次々に現れた*75。

＊73『韓国キリスト教の歴史Ⅱ』（韓国キリスト教歴史研究所、1990）は79〜82頁。
＊74 第8巻1924年1月8日によれば彼らが予約した株数は朴鵬緒（700株）、尹明殷（300株）、李商在（100株）、兪星濬（200株）、崔炳憲と李承薫（50株）等となっている。

設立後1年たらずして早くもこのような事態に直面した初代社長の兪星濬は早々と社長を降りて彰文社から手を引くと言いだした。こうなることを予想していた尹致昊は、事態を収拾するために、李商在を説得してとりあえず社長代行を引き受けてもらった。そして、翌25年5月から7月にかけて人事刷新を行い、7月から、社長李商在、営業部長梁在機、営業取締役洪秉璇、庶務部長宋官鉉として新体制をスタートさせた。しかしその後も重役会は朴勝鳳の横暴発言、梁在機の背任行為等々のトラブルが絶えない。その結果生じた損害はそのほとんどを尹致昊が穴埋めることになった。彰文社の損失補填のために尹致昊が負担したカネは6万円になるという（第10巻、1933年4月29日）。

　以上は尹致昊が述べるところであるが、それに信憑性があるのは1927年3月下旬、危篤状態に陥った李商在が死を前に残した言葉が証明している。死の2日前、尹致昊が李商在を訪ねて彼の手をとり優しく撫でると、李商在は「帰りな、会いたくもないのに、なんで来たんだ」といたって素っ気ない。このように言う李商在の心の内は翌日、尹致昊が使いの者に李を訪問させた折、使いの者と李の間に交わされた次の会話から十分に理解できるであろう。

　　李商在氏の様子を知るために明燮を使いにやった。明燮が部屋を出ようとすると老人は「尹氏には無理して私に会いに来ないようにと言ってくれ」、そう言ってしばらく黙っていたが、さらにこう付け加えたという、「彰文社のことでは佐翁ひとりに迷惑かけてほんとに済まない」。（第9巻、1927年3月29日）

　翌3月30日、李商在は死んだ。恐らく彰文社の重役たちの中で、尹致昊が心から信頼することができたのは李商在たたひとりだったのであろう。

　李商在の死後しばらくして尹致昊は彰文社の株すべてを手放して社に対する発言権も放棄し、負債を一切整理したうえで、彰文社の全設備を現理事にまかせた。以後、彰文社は朴勝鳳に代わって専務に就任した李昇薫が中心となってしばらく続行したが、その李昇薫も1930年5月9日にこの世を去った。彰文社

＊75「尹明殷は…最終的には第1期支払い分として払ったカネさえ取り戻してしまった！　朴容義にいたっては500円を着服した。…朴鵬緒は…700円を横領した」──第8巻、1924年1月8日。

の経営にはその後様々な人物が関与したが、損失が出るたびに尹致昊のもとに助けを求めてくるのでいつまでたっても縁を切ることができない。1932年、重役会はアヴィソンはじめ数名の宣教師を招いて彼らの財政支援を求めたが拒否された（第10巻、1932年6月23日）。そして創立後11年経った1934年9月、彰文社はついに消滅することになった（同9月29日）。

　外国人宣教師からの独立をめざして設立された彰文社がわずか10年あまりで破産したという事実は、朝鮮キリスト教徒がまだ近代的資本主義を実行するだけの準備ができていないことを端的に物語るものである。当初、尹致昊が計画原案に反対した理由のひとつ、「事業をビジネスとして軌道に乗せ、利潤を得られるようにすることができる、正直かつ良心的な人物を得るのはきわめて困難なこと」という指摘がこの10年を通して証明されたことになる。

　にもかかわらず尹致昊は、朝鮮の未来を託すことができるのは、日本統治ではもちろんなく、上海臨時政府でも共産主義でもなく、キリスト教だけであるとする。それなら、彼のキリスト教運動の柱である教育事業はどうなっていたのだろうか。

5.　学生ストに揺れる松都高普

　1922年11月半ば、尹致昊は2度目の松都高普の校長に就任した。この就任に先だって同校ではすでに学生ストライキが発生していた。1920年11月頃、上級クラスの生徒が日本人教師山縣悌三郎（ソウルプレス主筆山縣五十雄の実兄）の辞任を要求してストライキを宣言した。背景には、学内教職員のうち反日派の中心人物であった物理化学担当教師李萬珪が上級クラス生徒を扇動したことがあったと言われる（第8巻、1920年12月10日）。この事件は当時校長代行であったクラムが生徒に対して厳格な処置をとることにより落着した。3・1運動後、反日運動が盛り上がっていた中での日本人教師に対する反発が表面化したストであった。

　しかし尹致昊が校長に就任した1922年11月以降になると、新たな傾向のストが発生するようになる。1923年6月21日、織物学科の男子生徒140名（当時松都高普全校在籍数は700名ほどであった）が9項目の要求を掲げてストを宣言し

た。9項目中の1つは、織物学科担当教師ディール（宣教師）の下で一種の独裁体制を敷いてきた金壽天という若者を解雇せよというものだった。しかし責任者のディールはスト学生の行為に対して謝罪を要求して譲らない。25日、尹致昊が校長の立場で両者の間に入りスト学生たちに学業に復帰するよう説得すると、彼らはディールに対する次のような不満をぶちまけた。

　（1）ディールは、朝鮮人は5分間も我慢することができないと言って朝鮮民族全体を侮辱した、（2）木曜日（21日）の夜、スト参加者が工場を攻撃したら直ちにスチームをかけて撃退できるようにスチームの温度（気圧）が最高度に上げられた、（3）生徒を威嚇するために警察を導入した。

このように主張して彼らは占拠した場から一歩も退こうとしない。スト学生の不満が朝鮮人学生に対するディールの蔑視扱いにあると見てとった尹致昊は、YMCA学生の仲介により再度彼らと交渉する機会を得て交渉した結果、ディールが朝鮮人学生に言ったことを撤回すること、ディールの助手金壽天を解雇する代わりに学生側が謝罪することでストは一件落着した（1923年6月25日）。

　前回のストが反日感情に起因していたのに対して、今回のストが外国人宣教師の朝鮮人蔑視に対する反感に起因するものへと転じていることが分かる。勃発当時、大きな期待を寄せた独立運動がこれといった成果を挙げることもなく有耶無耶になり、代わって斎藤新体制による文化政治の開始とともにある程度の自由が許容されたため、反日感情は次第に宣教師の横暴に対する攻撃へと変わりつつあった*76。

　しかし翌1924年4月に発生した学生ストはそれ以前とは様相が異なって学生の要求は多岐にわたり、事態を収拾するまでに夏休みをまたいでほぼ半年を要した。事の発端は4月19日、4学年男子生徒が次のような項目を含む請願書を

＊76 1920年代に宣教師の排斥を目標とした学生ストライキが流行した背景には、1911年総督府発布の教育令を受け入れて総督府指定の認可校になろうとしない宣教師に対して、認可校にならないと就職上不利になることに不安を感じた学生たちの反発があるという説があるが（『韓国キリスト教の歴史II』、84～85頁）、松都高普は早々と1917年に認可を受けているので、少なくとも松都高普にはこの説はあてはまらない。

提出したことにある。

　　（1）化学物理の教師（李萬珪）を解雇し科学室の設備を整えること、（2）英
　　語の時間は日本語で教えるようにすること、（3）博物学の教師を更迭するこ
　　と、（4）寄宿舎の舎監の許興龍を解雇すること。

生徒が解雇を要求する李萬珪と許興龍<ruby>許興龍<rt>ホ フンニョン</rt></ruby>はかつて日本人教師（山縣悌三郎）を排
斥するよう扇動したとされる人物である。従って今回のストは反日ストでも反
宣教師ストでもなく学校当局そのものに対する不満から出たものである。学生
らの要求に対して学校側がいかなる処置を下したか書かれていないが、5月下
旬になって今度は3、4年の学生が次のような最後通告を送りつけてきた。

　　（1）丸木、高松の両教師を解雇すること、（2）化学および物理の実験室を拡
　　張整備すること、（3）生物の授業はもっと設備を充実させること、（4）学長
　　（尹致昊）はもっときちんと出勤すべきこと。（第8巻、1924年5月28日）

　尹致昊が要求に応じられないことを告げると、学生たちは集団でやって来て
きわめて無礼な態度でテーブルの上に退学届けを山積みにして去っていったと
いう。学校当局としてはストが全校に波及することを恐れて急遽、ストに入っ
ていない1、2、5年生に対して5月30日の午後から夏季休暇に入ることを通告
した。その後、6月18日に職員会議を開き、ストを行った26名の4年生、およ
び11名の3年生を退学させることに決定した。休暇中の7月には保護者の代表
および松高後援会を招いて解決策を話し合ったが、後援会は全面的に学校当局
と対決する姿勢である。尹致昊はあくまで譲らず、そのまま9月1日の新学期
始業式を迎えることになった。この日、スト参加者は通学路に当たるすべての
通りに見張りを立てて、生徒が学校に来るのを妨げようとしたが、それが無駄
と分かると一転して、9月7日になって彼らの大半が学校に復帰したために、
意外な結末で半年にわたるスト騒動は一件落着をみた。
　以上、斎藤新総督就任後における朝鮮の世相を概観してくると、3・1独立
運動後、1920年から24年の5年間に朝鮮人、とりわけ若者たちの気風が大き

く変化していることが分かる。それは必ずしも尹致昊が言うようにボルシェビズムの影響とばかりは言えないように思う。1919年1月の高宗の死去にはじまり3・1独立運動を経て斎藤新体制下の文化政治の時代へと続く一連の動きの中で、朝鮮人の心の中に大きな変化が生じたことは否定できないであろう。いわば旧時代の象徴的な存在であった高宗の死を以て李朝500年は終わりを告げ、3・1運動以後、朝鮮人の新たな時代が始まったと言えるのではないか。

　或る者は新しい時代の原理としてボルシェビズムに活路を見いだし、或る者は民族主義に活路を求める。そして国内にとどまって斎藤新体制の下、キリスト教に活路を見いだす尹致昊のような者もいる。朝鮮人にとって何が最も正しい活路となるかは未だ誰にも分からない。そんな時代に突入したように思われる。

6.　朝鮮YMCA

　すでに述べたように、1912年2月4日、尹致昊は某重大事件（後の105人事件）の重要参考人として逮捕された。数日後、警察が鍾路の青年会館にやってきて前年6月26日から1週間にわたり尹致昊が校長を務める松都の韓英書院で開催されたYMCA学生夏令会の関連文書を調査したうえ、夏令会に参加した学生数名を逮捕した。いわば朝鮮YMCAの象徴的な存在である尹致昊が逮捕され、ひきつづきY会館が警察により捜索を受け、学生の中から逮捕者を出したことにより朝鮮Yは動揺した（第6章の5を参照）。1912年6月28日から陰謀事件の公判が始まり、覆審、上告審を経て最終的に判決が出たのは13年10月9日だった。その間、総督府の御用新聞『毎日申報』（当時朝鮮で唯一のハングル紙）は事あるごとに朝鮮Yを中心とするキリスト教界に扇情的な攻撃をしかける。

朝鮮Y、日本Yとの統合を免れる

　苦境に立たされた朝鮮Yに追い打ちをかけるように、朝鮮Y内の親日分子が組織した「維新会」なるグループが、朝鮮Yから外国人宣教師を排斥し朝鮮Yを日本Yの傘下に入れることを要求する"改革運動"、いわゆる「維新会事件」が起こる。13年3月25日、事態収拾のために日本滞在中のYMCAニューヨー

ク国際委員会総務モットが韓国を訪問する。モットの斡旋により朝鮮Yから李商在、南宮檍、申興雨、H・G・アンダーウッド、アヴィソンの5名が訪日してこの問題について日本Y代表と協議することになった。

　渡日した一行は13年4月10、11日の2日にわたり日本側代表の井深梶之助、元田作之進、新渡戸稲造、笹尾粂太郎、および丹羽清次郎と話しあった。協議の結果、朝鮮Yは日本Y同盟の傘下に入ることになったが、国際関係においては「韓国Yは日本Y同盟、米国Y、および万国キリスト教学生連盟（WSCF）と相互に連絡しあうものとする」ということになり、朝鮮Yの自主性が一定程度認められる形になった（『韓国基督教青年会運動史』、168頁）。

　最終的に朝鮮Yが自主性をとどめる形となったことに維新会グループ（そしてその背後にある総督府）は大いに不満であった。そこで朝鮮Yの総会を開いて決着をつけることになった。維新会側は朝鮮Yの憲法（憲章）を根本的に改訂する原案を提出したが、同年6月2日に中央Y講堂で開かれた総会において維新会の原案は否決された（同前、169頁）。

　その結果、朝鮮Yは日本Y同盟の傘下にありながらも国際関係にあっては自主性を持つという、朝鮮Yにとっては有利であるが、維新会グループおよび日本Y側にとっては不満足な状態が続いていた。

　ところが1920年10月になって日本Y側から再びこの問題に決着をつけるよう迫ってきた（第8巻、1920年10月27日）。

　　（前略）　フランク・ブロックマン氏がやってきて東京Yのフェルプス氏からの手紙を見せてくれた。日本基督教青年会同盟は1913年に日韓双方のY運動指導者が合意にこぎつけた日韓YMCAの併合協定書を早く実施したがっているようである。彼らの主張は次のようなものである。　(1)日本Y同盟はアメリカから送ってくる活動資金をいかに分配するかに関して最終的な決定権を持つべきである。　(2)朝鮮におけるYMCAの運動に関する基本原則を変更する場合はいかなる変更であれ全て日本Y同盟の承認を得なければならない。　(3)ニューヨークの国際委員会とのあらゆる交渉は日本同盟を通して行われなければならない。

1920年4月、上海にある中国YMCAの総務F・S・ブロックマンが訪朝した時、記念写真に応じた朝鮮中央YMCAの指導者たち。前列左がF・S・ブロックマン、その右が李商在。後列左から、尹致昊、F・M・ブロックマン（F・S・ブロックマンの弟）、申興雨（尹致昊の後継者にしてライバル）。

要するに、国際関係においても朝鮮Yは日本Y同盟の決定に従わなければならないとするもので、かつて維新会グループが主張した所を再度迫るものである。これに対する尹致昊のコメントは以下のようなものであった（同前）。

　議論上、かりに日本同盟の主張が13年の協定に基づいたものであることを認めるとしても、今は無理をしてこの問題を話題にすべき時ではない。今まで比較的に自立的な活動を行ってきた朝鮮Yの運動が日本Yの運動に拘束されるようなことになれば、次の2つの内のいずれかにならざるを得ないだろう。すなわち、朝鮮におけるYの活動はやがて放棄され亡びるか、または、朝鮮側指導者たちは協定を破棄せざるを得なくなるだろう。このような無害な協定は放置したままにしておく方が、憎しみの原因となるような意見の相違を引き起こすよりもはるかにましである。

　3・1独立運動後、朝鮮Y内の事情も大きく異なっている。併合後まもない1913年に交わされた協定を盾に、改めて朝鮮Yに対する日本Y同盟の拘束力を強めることが朝鮮キリスト教徒の心をいかに逆なでするか、改めて言うまでもない。

　恐らくこの問題に対する解決策を打診するためであろう、1921年10月21日にYMCAニューヨークの国際委員会議長マレー（William D. Murray）が訪韓し、翌22年3月18日から20日にかけて同じく国際委員会総務のJ・R・モットが訪

韓した。彼らとの事前協議によりある程度見通しがついたものとみえ、同年5月13日、尹致昊は李商在、申興雨、フランク・ブロックマンらとともに日本に発った。

　一行は15日に横浜に到着し、同地のプレザントンホテルに宿をとった。翌16日午後3時、モット、斉藤惣一（日本Y同盟主事）、井深梶之助（明治学院名誉総理）、元田作之進（立教大学々長）、フェルプス（東京Y外国人幹事）が同ホテルに一行を訪問して、直ちに協議が始まった。朝鮮側代表は前記の尹致昊、李商在、申興雨、フランク・ブロックマンの4名、日本側代表は斉藤、井深、元田の3名、モットとフェルプスが立会人となった。その場で会議の議長にモットが選出され、尹致昊が朝鮮側のスポークスマン役になった。当日の日記には次のように書かれている（1922年5月16日）。

　　（前略）　結論として私は次のように言った、「9年前に併合協定書が日韓双方のYMCA間で起草された時、私は不在だった〔収監中〕。しかしもし私がいたとしたら、協定を支持していただろう。協定の起草はそのような協定を結べば日韓双方の運動が互いに利益を得ることができるだろうとの信念に基づいてなされたものである。しかし、その後の状況の変化により、協定は日韓双方の青年たちにとって却って障害になってきた。現在我々が直面している問題は次のように要約できるだろう。すなわち、我々は協定の字句を活かして協定の精神を犠牲にするか、それとも精神を活かして字句の方を犠牲にするか？　私としては協定を維持することにより日韓双方の運動を非友好的なものにするよりも、双方の友好関係を促進するためにこの対立の原因となる契約を破棄する方がはるかに良いと考える」と。意外なことに、そして我々にとってありがたいことに、日本側委員は簡単なやり取りの後、協定を破棄することに同意した。

　最後に、「意外なことに……日本側委員は……協定を破棄することに同意した」とある。この時の英文議事録をハングル訳したものが『韓国基督教青年会運動史』（262～64頁）に全文掲載されているが、それを読んでもなぜ日本側が1913年の協定を破棄することに同意したのか見えてこない。日本側は主に井

深が中心になって13年協定が持つ問題点を朝鮮側委員に質しているのに対して、朝鮮側は主として尹致昊と申興雨が答えている。2人の説明に井深が納得しているとは思えないが、最後になって突然、井深が問題点を3つに絞り、それに対する適切な処置に関してモットの助言を求めると、モットはその場で直ちに建議案を作成した。そして建議案は満場一致で採択されるにいたった。その内容は以下のようなものである。

> ……朝鮮キリスト教青年会連合委員会の代表と日本キリスト教青年会同盟の代表は、日本と朝鮮の青年会に所属する様々な団体の相互協力関係を増進させる問題に関して、互いに祈祷し長時間にわたり真摯な論議を重ねた結果、1913年4月12日の東京会議において日韓双方委員会の正式代表により締結された協定を破棄することを満場一致で決議し、これを当該委員会にそれぞれ建議する。この建議案を作成するにあたり我々は当該委員会が本会議録を正確に理解し発表することを望むものであり、いかなる政治的意図も介在させることなく施行されることを望み、ひとえに我々が奉仕する一般青少年が我々すべての主であり教師であらせられるイエス・キリストの支配下に、より迅速、より完全に導かれて共同の目的を達成するために日韓双方青年会の最も緊密かつ最も友好的かつ最も協調的な関係を樹立せんとの願いと目的のためのみに施行されなければならない。(『韓国基督教青年会運動史』、262～64頁)

すでに述べたように今回廃棄されることになった協定が結ばれた1913年4月前後は105人事件の公判がまだ進行中であり、また維新会の背後にあった日本組合教会は総督府の保護の下に朝鮮で大きな勢力を誇っていた。しかし3・1運動勃発後、寺内・長谷川の武断統治が世論の批判の矢面に立つに従い、朝鮮におけるそれまでの組合教会の活動(とりわけ渡瀬常吉、村上唯吉)も厳しい批判を浴びることになった。すでに1921年9月に開催された日本組合基督教会第37回総会において、日本組合基督教会朝鮮伝道部所属の教会を日本組合基督教会より分離しこれを「朝鮮会衆基督教会」と改め、これに伴って日本組合基督教会朝鮮伝道部は廃止されるにいたった。

モットによる上記の建議案は3・1運動後におけるこのような情勢の変化を

考慮したものと思われる。

　ともかく朝鮮Yは1922年5月、モットの建議により国際関係においては日本Yの傘下に入ることなく自主的に行動できる裁量を認められた。しかし同時にそのことにより朝鮮Yは、この建議案が規定する高邁な理想を実現する重い課題を背負わされることになったのである。

朝鮮Yを中心とする農村改良運動

　1920年1月、尹致昊は朝鮮中央Y総務の職を申興雨に譲ったのち、やや名誉職的な中央Y会長になっていた。しかし25年8月に英国で開催された世界キリスト教学生連盟（WSCF）の総委員会に朝鮮男女キリスト教青年会が加盟することになったため、朝鮮でも新たに中央機関を設立する必要が生じた。そこで同年11月23日、男女両キリスト教青年会の連合委員会委員が集まり互選の結果、尹致昊が朝鮮キリスト教青年会連合会の会長に選出された（YMCA機関誌『青年』1926年1月号、42～43頁）。

　当時、朝鮮にはソウルにある中央Yの他に、光州、咸興、新義州、宣川、大邱、全州、元山、釜山、平壌の9都市に地方Yが設立されており、またソウルの培材学堂、延禧専門をはじめとする朝鮮全土18の学校に学生Yが置かれていた。「朝鮮キリスト教青年会連合会」とは以上、10の地方Yと18の学生Yを束ねる連合組織である。連合会の総務〔実務担当総責任者〕は当初、中央Y総務申興雨が兼任した。

　尹致昊に代わって朝鮮Yの実務担当責任者となった申興雨は、前任者が都市部の活動に重きを置いていたのに対して農村改良運動に活動の重点を移した。彼がそのような方針を採った理由として次のようなことが考えられる。

　第1に、3・1独立運動が多くの犠牲者を出したにもかかわらず、独立達成という所期の目的に関して何らの成果ももたらしえなかったことに対して、1920年以後、しだいにキリスト教の非暴力無抵抗主義に対して不満と批判が噴出するようになる。とりわけ運動後に広まった共産主義勢力からのキリスト教攻勢が強まる。この攻撃をかわすためには共産主義勢力の先手をとり、当時彼らがまだ手を付けていなかった農村問題に着手することが有効であったこと。

　第2に、文化政治は都市生活者、知識層に対しては多少の規制緩和を施すこ

とにより歓迎された面があるが、農村部においてはむしろ逆行していた。1920年から総督府は、30年計画で朝鮮米の増産と80万町歩におよぶ土地改良を実施に移す一方で大幅な税の引き上げを行った*77。米増産により米価が下落する反面税金は高騰したため、農地を抵当に入れる農民が続出した。抵当に入れた土地を取り戻すことができなくなった農民は都市に流れて浮浪者となるか、満州方面に追いやられた。共産主義対策にもまして農村問題を解決することが喫緊の問題となっていたこと。

第3に、内村鑑三の影響が考えられる。1923年7月、総督府の機関誌『朝鮮』に「朝鮮は丁抹に学べ」と題する小論が掲載された。その内容は、北欧の小国デンマークは土地が狭く、気候は悪く、自然資源に恵まれないにもかかわらず世界一の農業国として知られようになった背景を述べたものである。人口の85％以上が農業に従事する朝鮮はデンマークによく似ている。もし朝鮮がデンマークの採った農業政策をみずからに応用するならば朝鮮もまたデンマークのようになれるであろう、というものだった（『朝鮮』100号記念増刊号、110〜12頁）。

筆者の山縣五十雄はすでに何度か登場した総督府御用英字新聞『ソウルプレス』の主筆を務めていた人物であるが、農業には全くの門外漢だった。それがこのような文章を発表することになったのは彼が内村鑑三と旧知の仲であり、内村が1912年に『聖書之研究』に発表した「デンマルク国の話——信仰と樹木とをもって国を救いし話」のことをよく覚えていたからだと思われる。内容もほとんど内村の話に沿ったものであり、内村自身も（1924、25年に書いた文章の中で）「デンマルク国の話」の感化により朝鮮に何百万本もの樹木が植えられたこと、また感激のあまりデンマークに農業視察にでかけた者さえあると書いている（内村鑑三『後世への最大遺物・デンマルク国の話』岩波文庫、2012、付録解説）。

こうして申興雨が農村改良運動に着手した1920年代前半には総督府側において、また広くキリスト教界においても内村の「デンマルク国の話」が浸透していたことが朝鮮Yによる農村改良運動への大きなモメントになったと思われる。

---

*77 第8巻、1920年12月24日／1921年1月26日／同5月16日その他を参照。

申興雨の農村改良運動

　1923年冬、申興雨は手はじめにソウル近郊にある農村に入り約3ヵ月間にわたる農村調査を開始した。翌24年、朝鮮Yはこの結果を以て申興雨を米国ニューヨークのYMCA国際委員会に派遣した。申興雨はレイクプラシッドにおいてモット、ブロックマン（Fletcher Brockman）、ペニー（J. C. Penny）らと5人会談を持ち、以下の5項目に関して合意に達した。

　　(1) 朝鮮全土に10の地域を選定し、そこに米国から派遣した専門幹事を配置する。　(2) 1926年から1年に2名ずつ、5年間で10名の専門幹事を派遣する。
　　(3) これら幹事はY精神に精通した人物であり農村問題の専門家であること。
　　(4) 朝鮮Y連合会はこれら10名の米国人幹事と共に仕事をする朝鮮人幹事10名を配置する。　(5) 各地域には集会・教育のための施設を準備し農事改良と農作物増産の実験を行うための農地を準備すること。（『韓国基督教青年会運動史』、310頁、313頁）

　翌1925年5月、合意に従ってニューヨークY国際委員会が派遣した2名の農業専門幹事が来韓した。アヴィソン（G. W. Avison：O. R. Avisonの息子）は米（コメ）に関する専門家で、湖南地域に配置され、シップ（F. T. Shipp）は農村教育問題専門家で宣川に配置された。さらに1928年に派遣されたバンス（A.C. Bunce：畜産・果樹・養鶏等の専門家）が咸興に配置され、29年にはクラーク（F. O. Clark：農業行政専門家）が派遣されて農村問題の総責任者的な役割でソウルに配置された。他にすでに1916年に来韓し中央Yで活動していたバーンハート（B. P. Barnhart）がソウルに配置され、21年に来韓していたナッシュ（W. L. Nash）が平壌に配置された。

　以上のように朝鮮Y連合による農村改良策が具体化すると、ニューヨーク国際委員会は1926年、農村社会における教会の役割に関する研究者として著名な社会学者ブルナー（E. de S. Brunner）を派遣して本格的な朝鮮農村調査を行わせた。ブルナーは3ヵ月間にわたって行った調査の結果を帰国後、「農業国朝鮮（Rural Korea）」と題する報告書にまとめ、1927年、再び韓国を訪れ、これを朝鮮Yの関係者に説明した。それによれば、1920年代前半における朝鮮

農民の経済不況は主に次の4点に起因するものであるという。

> (1) 世界的規模における農産物の低価格と、対照的に高い金利。 (2) 機械
> 化製品が大量に流入するようになったことにより、国内における零細農家に
> よる手工業が壊滅的な打撃をこうむったこと。 (3) 一般的に朝鮮人の生活が、
> その収入以上に、贅沢であること。 (4) 朝鮮全土に見られる労働意欲の低さ。
> (第9巻、1927年11月18日)

　この報告書は1928年3月から4月にかけてエルサレムで開催されたエルサレ
ム国際宣教連盟委員会に提出され、会議報告書として採択された。以後、朝鮮
における農業問題が国際的に認知されることになる。
　この頃になると農村改良運動は朝鮮Yの活動の旗印のようになり、同会機関
誌『青年』には毎号のように農事改良、農村生活改善に関する記事が掲載され
るようになっていた[78]。
　こうして農村改良問題が朝鮮Yにおける時事問題として定着する中で、1928
年1月6日、Y連合総務の申興雨と農村部幹事の洪秉璇が欧米農村視察旅行の
途に就いた。

申興雨、洪秉璇による欧米農村事業視察

　2人は釜山から船で神戸にわたり、28年1月10日、神戸からフランス汽船シ
ェノンソ号に乗船、インド洋回りでマルセーユをめざした。同13日、上海に
寄港した際に、同地で開催されていた米国北メソジストの東亜総会に出席中の
金活蘭_{キムファラン}が加わり一行は3人になった（『青年』1928年4月号、51～52頁）。
　同14日、改めてシェノンソ号に乗りこんだ3人は40日に及ぶ長い船中生活
ののちマルセーユに上陸。引き続き汽車に乗り換え、スイスを経てパリに到着、

＊78 当時、『青年』に掲載された農業問題関連記事には次のようなものがある。1926年：「農村と基
　　督教」（金昶済）、1927年：「農村啓発に対する実際的要求」（申興雨）、「農村電化の意義及これ
　　に対する世界の現状紹介」（鄭利亨）、「世界養鶏業の趨勢と朝鮮斯界の将来」（李基台）、1928
　　年：「欧米農村事業視察途上から」（洪秉璇）、「林業に対する所感」（安栄植）、「まず文盲から退
　　治しよう」（李相文）、「丁抹の協同組合」（申興雨）、「堆肥について」（金錫用）。

4日間パリに滞在してルーブル博物館その他を見学した。その後、再び汽車に乗り、ドイツを経て3月26日、デンマークのコペンハーゲンに到着した。これより4月10日までの約2週間、同地に滞在して国民高等学校、諸種の組合事業、農場等の視察調査に全日程を費やした。

その後、申興雨と金活蘭がエルサレムで開催されるエルサレム国際宣教連盟委員会に出席するため3人はイタリア、エジプトを経てエルサレムに渡るが、エルサレムの宣教委員会が終了後、申興雨と洪秉璇はさらにパリ、ロンドンを経由して米国に渡り、米国の農業事情をも視察したのち、6月16日にソウルに帰還する。

こうして半年におよぶ欧米農業事情視察の成果を以て、朝鮮Y連合は総務申興雨、農村部幹事洪秉璇、YWCAの指導者金活蘭を中心として農村改良事業を本格化させ、朝鮮を東洋におけるデンマークとして再生させるはずであった。ところが翌29年10月に起こった世界経済恐慌のために朝鮮Yの農村改良事業は思わぬ方向へと漂流しはじめる。

7. 朝鮮YMCAの分裂

ナッシュ召還問題

1924年、米国レイクプラシッドで行われた5人会談の結果、翌25年に平壌Yに配置されて関西地方における農村改良事業に専念していたナッシュは1930年8月、突如、ニューヨークYMCA国際員会から召還命令を受けた。尹致昊によればその経緯は次のようなものであったという（第9巻、1930年8月15日）。

> ナッシュ氏は〔Yニューヨーク本部の〕ハーシュレブ氏（Mr. Herschleb）から帰国するようにという手紙をもらった。理由は、（1）ナッシュ氏が仕事に満足していないと伝えられているから。（2）氏がY朝鮮連合の方針とあわないから、また氏が地方の仕事に関してプロではないからというものだった。ナッシュはとても腹を立てた。彼によれば、手紙をもらってから2日2晩考えつづけたという。氏の考えでは、彼に対する解任命令は申氏およびバーンハート（Barnhart）氏がハーシュレブ氏に嘘を言って提出あるいは進言した

ものにちがいないという。ナッシュを召還するよう画策しておきながら、すべての責任をニューヨークのハーシュレブ氏に押しつけた申の姑息なやり方に、ナッシュは怒りを隠さない。問題は、ナッシュ氏がニューヨークの委員会により帰国するよう命令されたのは4月の予算編成における財政不足が原因であることである。あの時ナッシュ氏は、彼の給料は個人的な献金によって埋め合わせるので留まってくれるようにとニューヨークの委員会に依頼されたのだった。今度は、申がアメリカを訪れたのちに突然、氏に召喚命令が出されたことは、氏を深く傷つけた。

1929年10月24日、ニューヨーク株式市場の大暴落に始まった世界恐慌に直面したYMCAニューヨーク国際本部は、24年のレイクプラシッド5人会談で合意した約束（「25年以降、1年に2名ずつ5年間で10名の幹事を朝鮮Y連合に派遣する」）を履行することが財政的に困難になった。その結果、1930年度の予算編成にあたり、すでに派遣していたクラークの召還を示唆した。クラークは農業行政の専門家であり、ソウルにあってバーンハートとともに朝鮮Yの農村問題に関する総責任者的役割を担っていた。クラークを失うことによりY農村運動の中枢が弱体化することを恐れた申興雨は、クラークの代わりに関西地区担当のナッシュを召還させるよう画策したというのである。『尹致昊日記』によれば申興雨は1930年5月12日、米国に向けて出発しており、ナッシュ召還問題が起こったのは8月であるから、上記引用においてナッシュが述べ、尹致昊が補足している内容はほぼ事実に近いと思われる。

　ナッシュからこの話を聞き彼に同情したバンス（ナッシュと同じく朝鮮北部の咸興地区担当）は、ニューヨーク国際委員会がナッシュに対して偏見を抱くよう申興雨とバーンハートが画策したとして非難する内容の公開質問状をハーシュレブ宛に書いた。この質問状を兪億兼（ユ オッキョム）から見せられた尹致昊は次のように記す。

　　朝鮮Y連合の議長〔会長〕として私はバンス氏に手紙を書いて、彼も連合職員の一員である以上、公開質問状を書くのは賢明なやり方ではないと伝えざるを得なかった。咸興と平壌のY連合会員たちがこの機会を利用してソウルの会員と大っぴらに論争を始めるのではないかと私は恐れる。…（中略）…

問題は、絶えず陰謀に明け暮れていなければ気が済まない人々がいるということだ。議長としての私の立場は両者の間に挟まれて微妙なものとならざるを得ない。申がナッシュに反対する理由のひとつは、平壌その他の人々のソウルに対する地域感情をナッシュが煽ってきたことにある。（第9巻、1930年8月19日）

　ナッシュの召還に対して咸興担当のバンスがナッシュの肩を持って申興雨とバーンハートを非難したのに対して、ソウル地区を担当していたバーンハートと湖南地方を担当していたアヴィソン（息子）は申興雨を擁護する側に回った。その結果、ナッシュ召還問題は、平壌、咸興、宣川などを中心とする朝鮮北部のキリスト教徒と、ソウル、全州、光州などを中心とする朝鮮南部のキリスト教徒との対立の様相を帯びるにいたった。

　事態が深刻化したため、1930年9月23日、中央Ｙにおいて朝鮮Ｙ連合の集会を持ち、ナッシュ召還問題について話し合った。平壌Ｙ議長金東元と同総務の曺晩植はナッシュ留任を強力に主張した。一方、俞億兼をはじめとする中央Ｙの代表は極力これに反対した。話し合いは紛糾し、「Ｙ連合としてニューヨークのＹ国際本部にナッシュ氏の召喚命令を取り消すよう電報を打つべきである」との動議が提出された。これに対してアヴィソン（父親）は、もしこの意見が採用されれば申興雨とバーンハートの立場がなくなり、逆に却下されれば朝鮮Ｙ連合のメンツが丸つぶれになるとして反対した。その結果、ナッシュの召還は取り消すことに落ちついたが、金東元や曺晩植等の西北派の人々はますますソウル派の人々に反感を持つようになった（第9巻、1930年9月23日）。

　その後、事態はますます悪化し、10月4日、中央Ｙの設立27周年記念式典が開催されたが、宣川、平壌、咸興のＹからは通常あるはずの祝電が送られてこなかった（同、1930年10月4日）。

　やがて平壌Ｙが、「申興雨とバーンハートがナッシュを召還させるために偽りの報告書を提出した」として両者を非難する声明書をニューヨーク国際本部に送るとの情報が入った。そこで朝鮮Ｙ連合は12月末、平壌Ｙに声明書の送付を見合わせてくれるようにという和解文書を送付することに決定した。Ｙ連合の会長である尹致昊から和解文書の伝達を依頼された宣川Ｙの張奎明は、平

壌の人間はけっしてそんなことは受け入れないだろうと言った。こうしてナッシュの召還問題に端を発した朝鮮Ｙ連合の南北対立は決定的となった。

畿湖派と西北派——南北地域対立（1）

　ナッシュやバンスが派遣された平壌、咸興、そして調停役を依頼された張奎明の居住地宣川は西北地方に属する。一般に黄海道、平安道、咸鏡道地方を一括して「西北（地方）」と呼び、その出身者を「西北人」という。李朝建国以来500年の間に、西北人として科挙に合格した者の数は決して他の地域に劣らなかった。にもかかわらず、なぜか西北人で堂上官（正三品以上の官吏）以上の官職に就いた者は皆無だった＊79。李朝500年の間、政官界は京畿道以南の門閥を重視し、ソウルの高位高官（士大夫）は西北人と婚姻したり対等に付き合うことをせず、西北人もまた敢えてソウルの士大夫と対等な交際をすることがなかった。1895年に科挙制度が廃止されたのちも、両者の対立は止むことがなかった。10年後の1905年、朝鮮は日本の保護国となり、500年続いた李朝は実質的に終わりを告げた。にもかかわらず朝鮮を南北に分断する対立だけは終わることがなかった。

　1884年のプロテスタントの上陸以来、差別と対立を克服することを教旨とするキリスト教に多くの朝鮮人が入信した。とりわけ朝鮮南部と異なり両班階級による支配が希薄であった西北地方では異常なまでにキリスト教が広がった。にもかかわらずキリスト教人の間でも南北対立感情だけは生きつづけた。今回の問題の背後には西北人の根強い意識、すなわち、キリスト教がもたらした新学問、新文明を受け入れることによって500年の長きにわたり受けてきた差別から脱け出して、自分たちを差別してきた南部人を見返してやろうという西北人の積年の感情があったものと思われる。

　ナッシュ問題が表面化する以前にも畿湖派と西北派の間にはいざこざが絶えなかった。ソウルと平壌の学校の間でスポーツの対校試合が行われると審判の判定をめぐって暴力沙汰になるのがお決まりだった。基督教彰文社を設立する際にも平壌人の賛同を得られず、実現するまでに多くの紆余曲折があった。李

＊79 李光麟「関西地方と改新教」:『韓国開化思想研究』（一潮閣、1995）、247〜48頁。

昇薫の死に際しては、先に死んだ李商在（南部人キリスト教徒の代表的な存在である）の葬儀を社会葬としたため、西北人は李昇薫の葬儀も社会葬にすることを主張してやまなかった（第9巻、1930年5月10日）。これまで一時的、局地的な小競り合いにとどまっていた両者の対立が、ナッシュ問題を契機として一挙に朝鮮を南北に分断する対立として表面化した感がある。1931年1月8日の日記は、当時の情況を次のように記す。

> 　西北派と畿湖派（あるいは中央派とも）、この2つのグループはハワイ、合衆国、シベリア、満州、上海……、要するに朝鮮人のいる所ではどこでも朝鮮人を2つの敵対陣営に分裂させてきた元凶であるが、その2つのグループがいまソウル市内で次第に険悪な関係になってきた。西北派のリーダーである安昌浩氏は、"まず畿湖派を殺れ――独立はそれからだ！"、そう言ったと伝えられている。私にはとても信じがたいことである。私はこれまでずっと、これらの地域的、党派的な争いからは超然としているよう努めてきた。ところが私は、申興雨や兪億兼氏らとともに畿湖派のリーダーの1人と疑われている。私は反対側にいる人々の中にも何人か好きな人がいる――たとえば作家の李光洙氏などはその1人である。だが、申氏や兪氏は彼とは口を聞こうともしない。

安昌浩自身はその演説の中で地域対立感情の弊害とその克服を訴えているから[80]、独立を達成する前にまず畿湖派を倒せと彼が言ったというのは単なる噂であろう。しかし安昌浩がそう言ったか否かの事実問題とは関係なく、西北派の誰かが安昌浩の言葉としてそう言ったことは十分考えられることであり、また畿湖派の誰かがそのように思いこんだことも十分にありうることであって、それこそが問題だった。

　当時、西北派は安昌浩（在中国）が設立した興士団の朝鮮支部として「同友会」を組織していた[81]。一方、畿湖派は1925年3月22日、申興雨が中心となって米国の李承晩が組織する同志会の国内支部である「興業倶楽部」を結成し

＊80 「六大事業（時局大講演）」『島山安昌浩論説集』（乙酉文化社、1987）、174～80頁。

ていた（第9章の7を参照）。尹致昊は自分が西北派から畿湖派のリーダーの1人と疑われていることに不満を漏らしているが、興業倶楽部の会員となった以上、西北派がそう見なすのは当然だった。しかし尹致昊自身は畿湖派とは一線を画していたつもりだった。

　尹致昊の3女文姫の婿である鄭 光鉉（チョングァンヒョン）は、平壌の教育事業家として有名な鄭在命（チョンジェミョン）の次男である。日本に留学して明治学院、第六高等学校を経て東京帝大英法学科を卒業した秀才で、当時、崇実専門学校教授だった（後の延禧専門学校教授、解放後はソウル大教授となる）。光鉉の実兄鄭 斗鉉（チョンドゥヒョン）も動物学者として有名だった。いわば彼らは典型的な「西北派中の西北派」一家だった。尹致昊のようにソウルでも屈指の両班出身者が、そんな一家の人物と娘を結婚させることは、李朝500年において初のケースだったから、尹致昊が世間の「嘲笑と批判、さらには“罵詈雑言”の的となることは分かり切っていた」（第9巻、1929年3月12日）。さらに尹致昊の異母弟尹致昌は平壌の監理教徒として有名な孫貞道の娘、真実（チンシル）と結婚していた（同前、1929年2月19日）。孫貞道は上海臨時政府議政院の議長を務めた人物である。尹致昊が南北朝鮮人の党派争いを不可とし、和解を是とする立場であるというのも単なる建前論ではない。

　また尹致昊はかつて大成学校の校長だったから平壌には多くの教え子がいた。たとえば1922年に平壌に設立された同友倶楽部（興士団平壌支部）の会員はそのほとんどが大成学校の卒業生だった（『日韓キリスト教関係史資料Ⅱ』、803頁）。その1人である金東元は現在平壌YMCAの議長である。

　そういう個人的な事情があるだけに尹致昊が申興雨、兪億兼ら生粋の畿湖派と一線を画すのは理解できる。だが時代の波はそのような個人的な思いには関係なくすべてを飲み尽くそうとしていた。農村改良運動を巡って朝鮮Y連合が南北に分裂したことは、やがて来るべき日本軍国主義の大攻勢の前にY連合が総崩れになる大きな要因となったことは否定できない。

＊81　1922年2月に興士団の国内支部としてソウルで組織された「修養同盟会」と同年7月、同じく平壌に組織された「同友倶楽部」の2つを29年11月に統合して「同友会」とした。──『日韓キリスト教関係史資料Ⅱ』、803頁。

第9章
満州事変以後
1931〜1935年

1.　時代背景

　1925年、F・T・シップとG・W・アヴィソンの派遣により始まった朝鮮Y
連合による農村改良運動は1929年の大恐慌の余波を受けてナッシュ召還問題
に発展した。連合内において様々な弥縫策がとられたにもかかわらず結局、32
年にナッシュが、33年にクラークが、そして34年にはバンスが帰国すること
になる。こうして朝鮮Y連合におけるナッシュの召還問題が次第に南北キリス
ト教徒の対立へと発展し、さらには朝鮮全体を南北に分断する一大対立へと発
展しつつあったとき、外部にあっては満州をめぐる日中の対立が次第に激しさ
を増していた。

　1931年6月27日、陸軍参謀中村震太郎大尉その他3名が大興安嶺の東側一帯
を調査旅行していた際、中国の軍閥張学良配下の屯墾軍に拘束され、銃殺後に
証拠隠滅のため遺体を焼き棄てられるという事件が発生した。次いで同年7月
3日に万宝山事件が起こる。中村大尉事件と万宝山事件を伏線として9月18日
には関東軍が柳条湖の満鉄線路を爆破、これを口実に総攻撃を開始して満州事
変が始まる。同21日には、いわゆる朝鮮軍の満州越境出動となり、日本政府
の不拡大方針声明にもかかわらず事変は本格化した。

　翌32年の年明け早々1月8日、東京では閲兵式を終え皇居に帰る途中の昭和
天皇の馬車に朝鮮人李奉昌が爆弾を投げつけるという事件（桜田門事件）が起
こる。この事件に関して、上海の中国国民党機関紙が「不幸にして僅かに副車
を炸く」のみであったと報道したことに対し、上海日本人居留民が憤慨し、上

海における日中両国民の対立感情は急速に高まった。両者の対立は1月28日、ついに第1次上海事件となってあらわれ、さらに4月29日の天皇誕生日にはまたもや朝鮮人（尹奉吉）による「天長節爆弾事件」が発生した。事件に関与したと疑われた安昌浩が上海で逮捕され、朝鮮に押送される。

　朝鮮における抗日独立運動の有力な指導者であった安昌浩の逮捕と朝鮮送還は、朝鮮内における独立運動の主導権争いに微妙な影響を与える。安昌浩の影響力が強かった平安南北道の人々（李光洙、鄭仁果、方応謨、河一清その他）が安昌浩の下に結束を強めてゆくのに対抗して、李朝時代の両班輩出の基盤であった京畿道以南の人々（金性洙、宋鎮禹、申興雨、朴容羲、咸台永、呂運享その他）はことあるごとにこれと対立し西北派の勢力拡大を食い止めようとする。こうして1932年以後の朝鮮国内は安昌浩系の西北派（政治団体としては同友会系）と李承晩系の畿湖派（政治団体としては同志会系）による主導権争いの場と化す。

　このような地域対立に、平壌を中心とするプロテスタント長老教と、ソウルを中心とするプロテスタント監理教（メソジスト）の対立が重なり、これに言論界における西北派系の『朝鮮日報』と畿湖派系の『東亜日報』との対立が加わる。

　一方、柳条湖事件から上海事件へと発展した日中関係は、32年9月、日本政府による満州国承認へと発展して、ついに国際連盟が乗り出してリットン調査団の派遣となる。調査団の報告書に反発した日本は翌33年2月、ついに国際連盟脱退を宣言する。このような一連の流れの中で朝鮮社会は満州をめぐる日中対立、国際社会における日本の孤立化と軍国主義化の渦の中に巻き込まれてゆく。

2. 万宝山事件から満州事変へ

　中国長春近くにある三姓堡の朝鮮人集落を中国人暴徒が襲ったというニュースをソウルの人々が号外で知ったのは事件発生翌日の1931年7月3日だった。翌4日、号外に接して激高したソウルの「ゴロツキたちが中国人商店を襲いはじめた」。翌5日、平壌で多数の朝鮮人暴徒の群が中国人商店を襲い多数の中

国人を負傷させ、数名を殺害した。しかし、しばらくするとこの事件は日本側のでっち上げであり、平壌における中国人襲撃も日本人が朝鮮人を扇動したものであるとの噂が広まった。7月13日の日記は次のように記す。

　　最近、朝鮮で起きている中国人に対する無法行為は日本人に扇動されたものであるとの疑いが広まっている。その状況証拠として次のような点が挙げられている。（1）中国人が朝鮮人の村を襲ったという扇動的かつ誇張したニュースを長春駐在の『朝鮮日報』（のいわゆる）特派員が送ってきたが、この人物はスパイとして知られた人物であること。（2）『東亜日報』も同一人物から同一のニュースを受け取ったが、『朝鮮日報』とちがい、これを号外として発行することを拒否した。すると鍾路署のある有名な刑事が、なぜ重要な事件について号外を出さないのかと『東亜』社に電話してきたこと。（3）朝鮮在住中国人に対して朝鮮人が無法行為をはたらかないよう忠告するために朝鮮人代表の会議を招集しようとしたがソウルの警察はこれを許可しないこと。（4）日本の警察組織はきわめて効率よく、かつ強力なので、やろうと思えば簡単に平壌や仁川で起こった暴動を阻止できるのに、それをしなかったこと。

　こうして事件の真相に気づいた朝鮮人指導者たちは事態の収拾に向けて動き出す。7月16日、ソウル内の様々な社会層を代表する多くの朝鮮人が東京駐在中国公使の汪栄宝と朝鮮在住の中国人紳士数名を朝鮮ホテルに招いてお茶会を催し、平壌在住の中国人に対して朝鮮人が犯した言語に絶する無法行為に対して謝罪した。これに対して中国人指導者は朝鮮人の大半、とりわけ知識階級の朝鮮人はこの犯罪になんら責任がないこと、また、すべては日本人による陰謀の結果であるという点で意見が一致した旨を伝えた。

　お茶会後、朝鮮人指導者は中国人救済委員会を立ち上げ、集まったカネ100円を中央Y幹事の玄東完に託して平壌に派遣した。役目を果たして7月22日にソウルに戻ってきた玄東完によれば「彼が平壌に着いて中国人被害者たちを管理している中国人のもとにたどり着くまでに、5度も警察や刑事の検問所を通過しなければならなかった。また、彼が中国人と話をする際には警察の人間

により厳重に監視された。さらにまた、被害を受けた無実の中国人に対して全ての善意ある朝鮮人は遺憾の意を表明するという内容の文書と電報をソウルの救済委員会があらかじめ彼らのもとに送ってあったが、彼らはまだそれを受け取っていなかった」という（第9巻、1931年7月22日）。

　万宝山事件のみならずその報道、事件後に起こった朝鮮人による在韓中国人排斥事件にいたるまで日本人が警察ぐるみで関与していたことは明らかである。

　そして万宝山事件のショックがまだ冷めやらぬ2ヵ月後の9月18日、ついに満州事変が勃発する。これら一連の事件に対して9月23日の日記は次のように記す。

　　満州駐屯の日本軍は主要な都市——奉天、寛城子、吉林、長春、鄭家屯、撫順——すべてを掌握した。満州における政治的・軍事的都市である奉天は、関東軍の手に陥ちた。彼らはすでに全員日本人軍部指導者が委員となった地方自治委員会を組織していた。クーデタは電光石火の勢いで実行されたので世界中の人々があまりにも突然のことに冷静な判断を下すことができなかった。しかしながら次の2、3の点だけははっきりしている。（1）すべては日本軍部指導者により数ヵ月間——1年近くになるかも知れない——かけて周到に計画されていたこと。中村大尉の殺害、万宝山での中国人による朝鮮人に対する無法行為、朝鮮における反中国の騒ぎ等々は9月18日の暴発にいたるための単なる便利な口実にすぎない。（2）日本の経済的損失。軍事行動による何百万もの直接出費に加え、中国全土に広がる日本製品不買運動による膨大な額にのぼる間接的損失、日本はこのような負担に耐えることができるだろうか？　また、いつまで耐えることができるか？（3）満州内における朝鮮人移民に関するかぎり、日本が満州における政治的・軍事的問題を完全に支配することになれば——中国人の支配の下では安全の確保を望むことはできない以上——朝鮮人にとってはむしろありがたいことである。

　尹致昊が指摘する（1）および（2）は事変勃発直後、しかも朝鮮人が下した分析としては驚くほど正確である。現在行われている解説と比べてもさほど遜色がない。しかし、日本軍部の謀略をこのように正確に見抜いているにもかか

332

わらず、(3) において彼は日本軍の満州進出を肯定する結果となっている。その理由を彼は「満州内における朝鮮人移民に関するかぎり」という限定付きで説明する。

　当時、満州には60万とも80万ともいわれる朝鮮人が住んでいたと言われる。彼らがそこに住むようになった理由はともかく、現に彼らがそこに住んでいる以上、彼らの身の安全を確保することが必要である。満州を支配する国としては日本、ロシア、中国が考えられるが、キリスト教徒として共産ロシアの支配を望まないのは、当時すべてのキリスト教徒の常識だった。残るは日本と中国であるが、満州在住朝鮮人の身の安全を中国人に託すことはできない以上、日本に託すのが最善の方法であるというのが彼の結論である。

　中国に対する強い不信感は、『尹致昊日記』全11巻を通じてほとんど変わることのない基本的なトーンである。尹致昊にとって朝鮮両班階級の腐敗と堕落、李朝の事大思想と極端に文を崇め武を軽視した非現実主義等々、朝鮮民族の諸悪の根源は儒教思想にあるという信念は終生変らなかった。辛亥革命後、とりわけ五・四運動の後に中国に起きた新しい動きに彼は全くと言っていいほど無頓着だった。そのような彼が満州在住の朝鮮人の安全を託すに足る存在として、中国か日本かの二者択一を迫られたとき、日本をとることは当然の成り行きである。

　これには強い反論があろう。しかし、日本による朝鮮併合の当否は別として、現に朝鮮人が日本の支配下にある以上、日本にその庇護を託すのが最善の道であるとする彼の判断も一概に否定することはできない。しかしまた、そのことが満州事変以後、彼がより鮮明に親日的になってゆく大きな要因となったことも否定できないであろう。

　1932年以降、日記には軍国主義的な行事が多く記されるようになる。そのような世相の中で、尹致昊は次第に総督府に利用され、親日的な態度をとらざるを得なくなってゆくが、その背景には上述のような満州における朝鮮人の問題があったことはまちがいない。

3. 急速な軍国主義化

　1932年から1935年をカバーする第10巻を通読して目につくことのひとつは
日本軍人が頻繁に登場するようになることである。第9巻（1925～31）以前に
も日本人警察官僚はたびたび登場した。しかし総督以外の軍人が日記にたびた
び登場するようになるのはやはり満州事変勃発以後、とりわけ1932年になっ
てからのことである。

　その最初は、満州事変勃発直前に朝鮮憲兵隊司令官として就任した岩佐禄郎
少将が、夕食会と称して尹致昊をはじめとする朝鮮人名士と軍人を招待したこ
とに始まる（第9巻、1931年11月6日）。招待された側は返礼として岩佐少将を
招待する宴会を設定する。このような日本軍人と朝鮮人名士との会合は、昼食
会、夕食会、晩餐会、歓迎会、歓送会等々と称して頻繁に行われるようになっ
た。今、このような形で登場する日本軍人を列挙すれば以下のようになる。肩
書の後のカッコ内の数字は在職期間を、末尾の＊印は1931年から1935年末ま
でにおける日記への登場回数を示す。

　　　岩佐禄郎少将：朝鮮憲兵隊司令官（1931年8月～34年8月）　　　　＊8
　　　難波光造少将：朝鮮憲兵隊司令官（1934年8月～35年3月）　　　　＊1
　　　川島義之中将：朝鮮軍司令官（1932年5月～34年7月）　　　　　　＊2
　　　植田謙吉中将：朝鮮軍司令官（1934年8月～35年12月）　　　　　　＊3
　　　小磯国昭中将：朝鮮軍司令官（1935年12月～38年7月）　　　　　　＊1
　　　梅崎延太郎中将：龍山駐屯第20師団司令官（32年8月～35年3月）　＊1
　　　大串敬吉少将：朝鮮軍参謀総長（1933年8月～35年12月）　　　　　＊5
　　　児玉常雄大佐：関東軍特務部航空主任（1932年5月～同年9月）
　　　　　　→退役して満州航空副社長（32年9月～38年7月）　　　　　＊1
　　　林銑十郎大将：陸軍大臣（1934年1月～35年9月）　　　　　　　　＊1

岩佐禄郎少将が催した夕食会に初めて招待されたとき、尹致昊は自分が招待さ
れた理由について、「これら日本人高官たち——とりわけ、軍関係の高官——

がある種の朝鮮人に酒食を供するには、きっとなにかしらの魂胆があるにちがいない」（第9巻、1931年11月6日）と書いている。しだいに明らかになった「彼らの魂胆」とは次のようなものであった。

　まず招待した朝鮮人名士に音頭をとらせて朝鮮人から寄付を募り、「国防飛行機」と称して朝鮮軍に飛行機を献納させる。1932年4月17日「朝鮮1号」が献納され、続いて5月15日には「朝鮮2号」および「朝鮮3号」の洗礼式が行われ、さらに1935年1月10日に「国防飛行機献納会」、同3月21日には寄付金で製作された偵察機に対する命名式が行われている。以後、朝鮮人の寄付による「国防飛行機」の献納は45年の終戦にいたるまで継続して行われるが、正規の軍事費により製造された以外の朝鮮人献納による多くの軍用飛行機が、日本軍においていかに取り扱われどのように使用されたかは謎である。

　一方、以上のような軍への協力を恒常的に支える民間組織として様々な団体の設立が並行して行われた。1933年5月18日に国防義会＊82、同9月16日に在郷軍人会京城支部、34年4月8日に鍾路退役軍人会、同4月15日に朝鮮神宮で在郷軍人会大会が、35年4月21日に海軍協会朝鮮支部が、それぞれ開催あるいは設立されている。

　以上のように民間協力組織が着々と整備されるのに合わせて朝鮮人の戦意を高揚させるために様々な行事が実施される。1932年7月21日に満蒙博覧会、33年6月17日に防空訓練、同9月16日に満州事変勃発2周年記念式典（各学校生徒は旗を振りながら市内を行進させられた）、同11月11日に戦没兵士の追悼式、35年3月10日には奉天占領30周年記念行事と称してソウル市内で模擬戦が行われた。

　これら行事の中でも特に重要だったのは1933年11月7日から始まった国民精神作興週間である。関東大震災により動揺した国民感情に危機意識を持った日本の為政者は1923年11月10日に「国民精神作興ニ関スル詔書」を発したが、国民精神作興週間はこれに則って行われた朝鮮人の皇国臣民化運動である。33年11月10日の日記には次のようにある。

＊82　1913年10月に「国防ニ関スル各般ノ事項ヲ調査研究シ且汎ク国民ノ間ニ其知識思想ノ普及涵養ヲ計ルヲ目的」として日本で結成された「大日本国防義会」にならって結成されたもの。

金曜　薄日―快適　ソウルの家。……今月7日から始まった国民精神作興週間は13日に終わる予定である。その話題。7日、神社参拝日。国旗の掲揚。8日、お年寄りに敬意を表し若者には親切にすること。9日、生活水準の向上。時間厳守。節約と納税に関する講義。10日、克己の日。神聖なる皇室を翼賛するように呼びかける詔勅を公の場で奉読。国旗の掲揚。追悼記念式典。11日、公衆道徳の日。12日、健康増進の日。13日、感謝の日。

のちに、1937年7月に始まる日中戦争を契機として翌38年に結成される国民精神総動員朝鮮連盟がおし進めた国民精神総動員運動の基本は、すでにここに始まっていると言ってよい。軍国主義化は一部の朝鮮人著名人士を利用することから出発して、すべての朝鮮人の日常生活へと対象を拡大させていったことが分かる。そして34年12月になると軍国主義化の波は教育現場にまで及ぶ。朝鮮の学校に軍事教練が初めて導入された。次はその日の日記である（第10巻、1934年12月1日）。

秋季の始業式から公立第一高普および第二高普に軍事教練が初めて導入された。日本当局、とりわけ軍当局がこの新たな試みにかける期待がいかに強いものであるかは、今朝、第一高普で行われた演習を総督、および朝鮮軍・憲兵隊の司令官たちが何時間もかけて視察したことに端的に表れている。視察の結果が満足のゆくものであると判断すれば公立、私立を問わず、彼らはソウル内のすべての高普に軍事教練を導入するだろう。朝鮮における徴兵は時期尚早であるから代わって志願兵の募集が行われるだろう。朝鮮の青年はいずれ何らかの制度の下に日本の戦争準備のために相応の義務と犠牲を提供するよう求められることになるのは確実である。

1931年11月、岩佐禄郎少将が催した最初の夕食会以来、日本軍人からの積極的な働きかけが続き、ついに公立高普での軍事教練実施にいたった一連の動きの背後に、後の（朝鮮人）陸軍志願兵制度、徴兵制実施への伏線が着々と敷かれつつあることを尹致昊は正確に見抜いている。満州事変の勃発とともに、朝鮮は日本軍国主義者たちにより新たな役割と使命を負わされることになった

のである。

4. 満州問題

　しかし朝鮮人が一方的に日本軍人によって満州事変後の戦争遂行へと協力さ
せられたかといえば、そうではない。それは満州事変勃発に先だって起こった
万宝山事件に際して彼らがとった行動をみても分かる。当時の朝鮮人はその家
族、親戚、友人、知人、あるいは祖父母の代の誰かしらが満州で暮らしている
という者がほとんどだった。尹致昊自身についてもみても、従弟尹致昨の次男
明 善が致昨の実弟致昭の長男譜善から彼の妻と密通したとの言いがかりをつ
けられた挙句、ソウルを追われ、今では満州の奉天で暮らしている（第10巻、
1932年10月4日）。そんなわけで、ひとたび満州が戦場となればそこで暮らす
同胞の身の上を案じない者はいない。満州事変はすべての朝鮮人にとって他人
事ではなかった。1932年1月16日の日記は次のように記す。

　　土曜　快晴、穏やか　ソウルの家。午後3時、在満同胞問題協議会が満州移
　　民朝鮮人のうちで死んだ者たちを追悼する催しを開く。中央Yの大講堂は超
　　満員だった。雑多な人たちから成る大群衆の上には荘厳な沈黙が支配してい
　　た。あまりの静寂さのために針が落ちても聞こえるほどの静けさが1時間以
　　上続いた。おもしろいことに、同民会、国民会、満蒙権益擁護会といった組
　　織〔概ね親日的な団体〕の代表は出席していなかった。大群衆を構成してい
　　たのは明らかに一般大衆、学生、およびその他の愛国心に燃える人々だった。
　　もうひとつ私が興味を持ったのは、読み上げられる弔辞がみな日本の日付
　　（すなわち、昭和七年）ではなく、そのほとんどが西暦（すなわち、1932年）
　　を用いていたことだった。少数ながら、なかには干支による暦（すなわち、
　　壬申）を用いていた者もあるかと思うと、ある者などは年号をすっかり省略
　　してただ1月16日とだけ言った者さえあった。

　朝鮮北部の国境地帯に隣接する中国領（豆満江沿いの北間島および鴨緑江沿い
の西間島と呼ばれる地域）には、すでに18世紀頃から多くの朝鮮人が越境して

暮らしていた。加えて1905年のいわゆる日韓保護条約締結ののちには、祖国に見切りをつけて南満州に移住した朝鮮人がいた。さらに1910年の日韓併合を前後した時期にも多くの朝鮮人が満州に移住した。尹致昊が連座した105人事件も、1910年秋に梁起鐸、朱鎮洙、安泰国、金道熙ら青年学友会会員が西間島に集団移住しようと計画して当局に探知されたことがその切っかけとなった。1919年の3・1独立運動に際しては、満州地方に移住した多くの朝鮮人が国外から運動に参加した。そして近年、急速に南満州における朝鮮人越境移民が増加した背景には、併合後の土地調査事業、土地収用令、東洋拓殖会社による日本人移民事業等々により土地を失った多くの朝鮮人が、満州に移住を余儀なくされたという事実がある。従ってそこに暮らす多くの朝鮮人は、日本に対して怨みを抱く者が多く、親日的な朝鮮人は少数派である。にもかかわらず尹致昊は、満州が日本の支配下に入ることを望む。その理由はこうである（第10巻、1932年2月22日）。

（1）日本が満州を占領することによってこの広大な土地に暮らす100万人にのぼる朝鮮人移民の生命と財産が保障されるだろう。（2）この広大な宝庫を確保することにより、日本人は経済的な不安から解放されるだろう。そしてそのことにより日本は、朝鮮における朝鮮人を待遇するにあたって、政治的にも経済的にもより寛大になるのではないかと思う。（3）満州が日本人によって管理されることになれば多くの教育ある朝鮮人が働き口を確保されることになるだろう。（4）満州で暮らす朝鮮人の数が数百万に達すれば、その中から何人かの偉大な人間が現れて、英雄的な夢を実現するに足る広大な舞台を見出すことになるかも知れない。そのように私が考えるのは、朝鮮では決して偉大な人間が育たないと信ずるからである。（後略）

尹致昊がこのような期待を抱く理由は、満州事変勃発以前の満州には朝鮮人以外にも多くの中国人、ロシア人が併存し、彼らの統治をめぐって各国の主張が対立していたからである。日韓併合に続いて勃発した辛亥革命の結果、多くの中国人（満州人）がこの地に移住してきたと言われる。また、1917年2月のロシア革命の結果、革命政権に追われた多くの帝政ロシア人が国境を越えて満

州に南下してきた。法的に満州は中国領土ということになっているが、朝鮮の植民地化とそれに続く中国、ロシアでの革命により大量に流入してきた不法越境者が満州に定住し、それが既成事実となっている。中国領土でありながら中国政府はこれらの不法越境者を統治することはおろか正確に把握することすらできていない。日本政府は満州在住の朝鮮人は全て日本国臣民であると主張して、彼らが日本国籍を離脱して中国人となることを認めようとしない。その結果、中国に帰化しながらも日本国籍を離脱することができず二重国籍者となった朝鮮人が多かった。このような矛盾した膠着状態を武力により一挙に解決しようとしたのが満州事変である。そして尹致昊は上記の理由を以て日本による満州占領を支持したのである。これまで何度も日本に裏切られてきた尹致昊としてはいかにも楽観的にすぎる期待であるが、そこには中国とロシアに対する尹致昊の抜きがたい不信感が作用しているように思われる。

5.　尹致昊の親日化

　満州事変を契機に日本による朝鮮社会の軍国主義化が急速に進む。これに対して尹致昊は軍国主義化を警戒しながらも大局的には日本による満州占領を肯定する立場に傾く。満州国建国後の推移を見ながら、そこにかつて李氏朝鮮が日本の後押しにより大韓帝国となりながら、やがて外交権を剥奪され、ついには併合されるにいたったのと同じ運命を読み取る（第10巻、1934年1月16日）。にもかかわらず彼は、満州が日本の支配下に置かれることを望む。なぜなら「日本が満州を占領することは確かに悪い。だが、それは中国による無政府状態や、ロシアによる野蛮行為よりもはるかにましである」（同前、1932年4月28日）からと言うのである。

　残念ながら尹致昊には共産主義に対する同情的な理解は皆無である。朝鮮各地に所有する広大な農園からあがる収穫を現金化し、それによって家族を支え、使用人を雇い、宗教および教育上の慈善事業に出資する。これが彼のこれまでの生活の基本である。彼の生活基盤が不在大地主としての収入の上に成り立っている以上、共産主義を受け入れる余地はない。

　加えて1917年のロシア革命以来、共産主義ロシアはキリスト教の存在を脅

かす最大の敵となった。J・R・モットをはじめとする世界のキリスト教指導者たちは共産主義の封じ込め対策に真剣に取り組み始めた。ロシアの西方からは西欧キリスト教が、東方からは日中韓のキリスト教がロシアを挟み撃ちにすることにより、ロシア共産主義の世界への拡大を食い止める必要があった[*83]。

当時すでに満州在住の朝鮮人のために多くのキリスト教会とミッションスクールが満州に設立されていたが、ロシア共産主義政権の樹立とともにこれらの教会とミッションスクールは新たな使命を帯びる。満州はキリスト教にとって共産主義の東北アジア拡散を阻止するための防波堤の役割を荷うことになったのである。同時に今後も新たな朝鮮人の大量流入が見込まれる間島地域は、朝鮮のキリスト教各派にとって熾烈な教勢拡張争いの場ともなった。とりわけ長老派と監理教（メソジスト）の競争は激しさを増していた。

> 1934年3月19日　先日、満州代表の信徒の1人が〔朝鮮監理教会中央協議会〕年会の場で次のようなことを言った、「広大な満州の地においてキリスト教に対して広大かつ有効な門戸が開かれた」と。満州における朝鮮人移民を援助する上でキリスト教会にまさる組織・勢力は、現在のところ朝鮮には存在しないと私は思う。ところがこの友人はきわめて無分別なことを口走った。彼は言った、「この広大なキリスト教開拓地を長老派の人々に先を越されて占拠されることを食い止めるために、我々は早急に手を打たなければならない」。朝鮮内における監理教と長老派の競争意識は、現実的かつ深刻なものである。監理教の主張によれば、長老派は勢力分割に関する協定を一切守ろうとしない。これに対して長老派は反論する、監理教の信仰は合理的すぎる、不正確な聖書の解釈はほとんど異端的と言ってもいいほどである、と。

[*83] 3・1独立運動直後から、尹致昊は社会主義・共産主義に関する欧米の文献を収集し勉強を始めているが（第8巻、1922年5月15日）、1931年にはモット自身が尹致昊にEthan T. Colton著『共産主義のすべて（*The X. Y. Z. of Communism*）』を送っている（第9巻、1931年5月8日）。また、1921年7月から8月にかけて米国南メソジストの朝鮮・日本教区監督W・R・ランバスは満州、シベリア方面の実地踏査を行っているが、これは共産主義ロシアの極東への浸透を食い止めるために、この地域にキリスト教を確立することを前提としていたと思われる。詳細は、第8巻、1921年8月20日およびW. W. Pinson. *"Walter Russell Lambuth, Prophet and Pioneer"* (Cokesbury Press, Nashville, Tenn., 1924) の 'XIV Among the Yellow Folks Again', pp. 232-35を参照。

朝鮮キリスト教にとって日本による満州占領はむしろ教勢拡張にとり好都合な
ものとして受け取られたのみならず、そのことが教派間の競争意識をいっそう
激化させたことが上の日記からは読み取れる。

欧米列強による日本非難に対して日本を弁護する

　満州事変勃発の翌1932年3月1日、関東軍のお膳立てにより満州国の建国宣
言が行われ、同年9月15日、日本政府と満州国は日満議定書を交換して日本政
府は正式に満州国を承認した。直後の10月2日、前年末に国際連盟が派遣した
リットン調査団が調査報告書を発表し、日本軍の軍事行動は「合法なる自衛の
措置と認むることを得ず」とし、また満州国についても「現在の政権は純真か
つ自発的なる独立運動に依り出現したるものと思考することを得ず」とした。
柳条湖事件以来の日本の主張は欧米列強により否定された。

　このような欧米側の主張に対し、尹致昊は当初から批判的であった。満州国
建国宣言のあった9日後の日記は次のように記す（第10巻、1932年3月10日）。

　　　満州王朝の前皇帝、というよりラストエンペラーと言われたヘンリー・プー
　　イ（溥儀）が新しい共和国の初代大統領〔執政のこと〕に選ばれた。小国パナ
　　マ共和国は1903年、パナマ運河一帯を確保するために合衆国により建設され
　　た、というよりコロンビアから切り離されて設立されたものである。このよ
　　うに日本が行う帝国主義的な施策はすべて米国およびヨーロッパにおける偉
　　大で優秀な国民がとった愚かしい政策の足跡を日本が辿っているだけのこと
　　だ。中国における日本の高圧的な処置に対して西洋諸国が加える批判を目に
　　し読むにつけ、ただただ滑稽と言うしかない。

　なるほど日本が満州に対してとった行動は愚かしくも帝国主義的で高圧的な
処置にちがいない。しかしそれはかつて欧米列強がやってきた帝国主義の手法
を学んだだけのことである。唯一例外的に英国の帝国主義に対して、尹致昊は
他の欧米列強のそれと異なり好意的な印象を持っていた。

　（前略）当局は満州事変勃発2周年記念日に当たる今日を、軍事演習の祭典か

らなる一大記念日とした。学校の生徒たちは旗を振りながら市内を行進して歩いた。排他的、極端なまでの学問崇拝のために、中国・朝鮮は抵抗の術もなく侵略的な隣国の恰好の餌食となった。一方、排他的、極端なまでの武力崇拝は、プロシャ・日本をして恐るべき世界の敵としてしまった。これに対して大英帝国のとった態度と政策は、この両者の中間を行く黄金律であるように思われる。（1933年9月18日）

　英国がインドでとった統治政策は、スルタンらインド人自身による統治よりもインドの平和と繁栄のためにはるかに貢献してきたことは誰も否定できない、というのが尹致昊の基本的立場だった（第7巻、1919年5月11日、5月27日）。ところが彼のこの立場は、日本に亡命中のインドの独立運動家ラス・ビハリ・ボース（Rash Behari Bose）が朝鮮を訪れた際に、彼と会ったことにより一変する。

インド独立運動家ボースとの出会い

　尹致昊が初めてボースに会ったのは1934年5月8日、朴栄喆（バクヨンチョル）（日本陸士15期、中枢院参議）が自宅にボースを招き夕食でもてなした席上でのことだった。2日後、今度は警務局長の池田清が料亭千代本で行った安岡正篤（まさひろ）とボース両名を招いての宴会で再び彼と会う。翌11日、総督宇垣一成が安岡、ボースのために一席設けた場にも招待された。12日にも安岡、ボースに対する150人規模の歓迎会があった。1日おいて14日、尹致昊はひとり朝鮮ホテルにボースを訪ねた。この時の両者の話の内容は同日の日記にやや詳しい。

　そして同日夜、まず安岡が満州をめざしてソウルを発ち、翌15日にボースも満州に向けて発った。安岡の時には総督府の局長クラスの人物が多数見送りに出たのに対して、「ボースの時には総督府のお偉方が誰も来ていないのがとても印象的だった」という（第10巻、1934年5月15日）。

　恐らく5月14日に朝鮮ホテルで行われた2人だけでの会見時にボースが尹致昊に贈ったものと思われるが、6月になると尹致昊はボース著『桎梏の印度』を読みはじめる。そして「英国がこれまでインドで行ってきたことが、他の強国が他の場所で現在行っていることと大同小異であること、すなわち、英国はインドの利益を促進するためにではなく自国の利益を促進するためにインドを

所有してきたということを知り、ビックリする」（1934年6月18日、同24日）。

　要するに英国がインドで行ったことは、日本が現に朝鮮・満州で行っていることと基本的に同じことであると知るにいたった。その結果、尹致昊は英国も帝国主義日本の模範的先輩となった欧米列強諸国の例外ではなかったという結論に達する。かくて以後の日記には日本を弁護する次のような文が頻繁に登場するようになる（第10巻、1934年7月22日）。

　　好戦的な大国で日本と同じことをしなかった国がいったいどこにあると言うのか？　ドイツはどうか？　ロシアはどうか？　中国は？　あるはずがない。日本を非難することができる国などあるはずがない！

　翌年になるとこの考えはさらに進んで、好戦的な日本のサムライ精神は「日本民族をして高慢な白色民族と対等にわたりあうことができる唯一の非白色人種たらしめている」（1935年4月11日）という日本称賛の言葉に変わってゆく。

　日本が朝鮮に送りこんだ安岡とボースの2人の論客のうち、安岡は尹致昊を動かすことはなかったが（1932年6月21日）、ボースは確実に尹致昊の考えを変えた。にもかかわらず尹致昊は徹底した日本主義者、親日派朝鮮人とはならなかった。アングロサクソン民族に挑戦する日本のすばらしさは認めながらも、その日本の朝鮮に対する態度にはあくまでの否定的な態度を崩さない。

　　1935年7月19日　神道は忠誠に対する信仰の宗教である。その崇拝する神々は現在、日本を支配しているミカド、および天照大神以来、連綿として現在にいたるミカドの祖先たちである。日本民族は神聖なる天皇家に仕えることを全ての日本人の最大の誇りとして、この忠誠の宗教を信奉している。他のいかなる力にもまして、この天皇神崇拝こそ、その忠臣たちをして明治維新を達成することを可能ならしめた最大の原動力である。すなわち、それはかつて分裂していた封建諸侯を統一し、日本は綺羅星の如き偉大なる政治家と武将により一個の愛国集団にまとめあげられたのである。偉大なる明治維新。それは中国およびロシアとの戦争を戦い抜いて勝利を獲得した。さらに日本の指導者たちは日本民族の古い体制がおぞましい共産主義に蝕まれ解体され

るのを防ぐためにこの忠誠崇拝を再興し強化するためにありとあらゆる手段を尽くしたのである。そこまでは大いに結構。だが朝鮮人に天照大神および他の神々に関する神道の教義を信じ込ませようと現在、当局が必死に払っている努力はあまりにも未熟にすぎると言わざるを得ない。人に頭を下げさせることはできる、だがただ力のみによって人に教義を信じ込ませることはできないのだ。

　キリスト教を否定するロシア共産主義を阻止する上で日本軍国主義が有効であることは認める。だがその日本軍国主義は、同時に朝鮮人の民族性と朝鮮キリスト教を否定して、ミカドを中心とする国家神道を強制する。そのような日本軍国主義に対して彼は、「力のみによって人に教義を信じ込ませることはできない」と言い切った。「力は正義なり」を以て支配原理とするのが現実世界（すなわち日本軍国主義）であるならば、「正義は力なり」を以て応ずるのが彼の属するキリスト教界の立場であった。だが現実の朝鮮キリスト教界は果たして「正義は力なり」を以て、日本軍国主義に立ち向かうことができるのだろうか？　すでに述べたように（第8章の7）、朝鮮キリスト教界はＹＭＣＡの農村改良事業をめぐって南北地域対立の様相を呈していた。皮肉にも、その対立は日本軍国主義に一致団結して立ち向かわなければならないこの重要な局面にあってますます深刻の度合いを深めることになったのである。

6. 畿湖派と西北派：南北地域対立（2）

　1932年5月、メソジスト全体委員会が米国アトランティックシティーで開催されることになり、朝鮮監理教を代表して申興雨が出席することになった。彼が米国に向けて発ったのは4月6日。当時、太平洋航路で朝鮮から米国に行くには片道3週間ほどかかった。ところが今回の旅行で申興雨はソウル出発後、約1ヵ月と25日後の5月29日にはすでに帰国している。往復に要した日数を減ずると米国滞在は2週間弱となる。わずか2週間足らずの米国滞在中に、メソジスト全体委員会出席の他に彼がどのような行動をとったかは明らかでない。しかしながら帰国後、彼が次々に起こした運動の内容を考えるとき、短い米国

滞在中に米国本土あるいはハワイにおいて李承晩と会い、朝鮮内における李承晩系組織の立て直しについて話し合ったことはほぼまちがいない。

　帰国後彼がとった行動の主なものは、当時経営難に陥っていた『朝鮮日報』を買収しようとしたこと、積極信仰団の組織、および長老教、監理教が合同で経営していたキリスト教系週刊新聞『基督申報』を乗っ取ろうとしたことである。これらにおいて申興雨がいかにして畿湖派、あるいは李承晩系の組織を拡張させようとしたかを次に見ることにする。

申興雨による『朝鮮日報』買収計画

　日韓併合後、寺内総督による武断統治の下で発行禁止になっていた民族資本による新聞は、3・1運動の結果、『朝鮮日報』、『東亜日報』、『時代日報』、3紙の発行を勝ち取った。3紙のうち最も経営が安定していたのは『東亜日報』で、金性洙、宋鎮禹という2人の青年実業家が交互に社長に就任し、民族主義、民主主義、文化主義を社是として掲げていた。

　1921年4月、上海臨時政府で活動していた李光洙が臨政を去り単身帰国すると、「変節者」として非難の的となった。このとき金性洙と宋鎮禹は彼を客員として受け入れ朝鮮で再起する機会を与えた。以後、李光洙は『東亜』紙上に論説と小説を次々に発表して『東亜』に対する評価を高めることに貢献した。その功を買われて、彼はついに『東亜』の編集局長となった（1926年）。その後、病のため編集局長を辞して創作に専念し、1928年から『東亜』紙上に連載した『端宗哀史』は洛陽の紙価を高めたと言われるほどの好評を博した。その後1930年に李光洙は『東亜』の編集局長に復帰して旺盛な執筆活動を続けていたが、1932年4月29日、上海での天長節における尹奉吉爆弾事件に連座して安昌浩が逮捕されると、事態は思わぬ方向に展開することになる。

　これより先の1932年1月31日、2ヵ月後に米国行きを控えた申興雨は尹致昊を訪ねて『朝鮮日報』の窮状を救うために5000円のカネを用立ててくれるよう依頼した。当時、『朝鮮日報』は在満州の朝鮮人移民を救済するために全鮮から同社に寄せられた寄付金のうち5000円を不正流用してしまい、集まったカネを締切日までに総督府社会課に送金できずにいた。翌日までに5000円を総督府社会課に送金しないと編集長の安在鴻が公金横領の罪で逮捕される恐れ

があったので、安と親しい関係にある申興雨が尹致昊に助けを求めたのである。

しかし申興雨が米国から帰国したとき（5月29日）にはすでに『朝鮮日報』の編集長安在鴻と営業部長の李昇福（イスンボク）は公金流用の疑いで逮捕され、『朝鮮日報』は発行停止に追い込まれていた。そこで申興雨は自ら同紙の買収に乗り出すことにして、その資金1万円の借用を改めて尹致昊に申し込んだ。尹致昊はこれを断ったが（第10巻、32年6月9日、同10日）、申はあきらめなかった。尹致昊に断られながらも申が執拗に買収に固執したのは、その直後に安昌浩がソウルに護送されてきたことが大きく作用したものと思われる。安のソウル入りにより李光洙が編集局長を務める『東亜日報』は安昌浩派よりの発言を強めるであろう。『東亜』に対抗するための手段として『朝鮮日報』の重要性が増したのである。

安昌浩の朝鮮送還

1932年6月22日、総督府警務局の刑事三輪和三郎が1人の男を連れて突然、堅志洞の尹致昊宅を訪れた。男は三輪により厳しい取り調べを受けて変わり果てた姿となった安昌浩だった。この突然の訪問は尹致昊と安昌浩とのかつての関係（第6章を参照）を知る三輪が気を利かせて「ちょっと"挨拶"がわりに寄ってビックリさせてやろう」という配慮だったという（第10巻、1932年6月22日）。

彼のソウル入りは1910年4月以来22年ぶりのことである。囚われの身とはいえ、西北派の最高指導者としての安昌浩の存在は依然、絶大なる影響力を持つ。ソウル内にある者は彼を支持すると否とにかかわらず、以後、その存在を意識した行動をとらざるを得ない。

安昌浩のソウル入りを知った直後、申興雨は再び尹致昊に『朝鮮日報』買収のための資金提供を申し入れたが、尹致昊は再度これを拒否した（1932年6月27日）。結果的に申興雨による『朝鮮日報』買収計画は失敗に終わる。

それから2週間ほど経過した7月11日、今度は安昌浩派の李光洙が尹致昊を訪ねてきた。李光洙の依頼は次のようなものだった。

　　　李光洙氏がやってきて次のようなことを言った。安昌浩氏を取調べ中の三輪
　　　氏が李氏に語ったところによれば、もし安氏が司法当局の手に渡れば何年も
　　　の間、刑務所から出られないかも知れない。彼（三輪）は安氏の健康は長い

ともたないのではないかと考えている。三輪の考えでは、警察当局はその
気になれば、司法の手にゆだねることなしに安を釈放するよう手を打つこと
もできる、と。李氏は、安氏の取調べを管轄している警務課長の田中氏〔田
中武雄〕に会ってくれないかと私に言った。もちろん、私は田中氏に会って
みようと約束した。（第10巻、1932年7月11日）

翌11日、尹致昊はさっそく総督府警務局に警務課長を訪ねて安昌浩の健康
を配慮してなんとか不起訴処分にしてくれるよう頼んでみたが無駄だった。逆
に李光洙の依頼をうけて安昌浩釈放のために奔走したことに対して、彼は畿湖
派の人々から激しく非難される羽目になった（第10巻、1932年7月15日）。

今日の午後、安昌浩氏が刑務所に護送された。李光洙氏の頼みにより、午後
4時30分頃、安氏と簡単な会見をする。ところでミス・ヘレン・キム〔金活
蘭〕は、私が当局に対して安氏を釈放してくれるようさかんに運動している
という噂を聞いて憤慨したらしい。李博士〔李承晩〕と彼の支持者、これと
対抗する西北派のリーダー安氏との間の悪名高い党派争いがいよいよソウル
までやってきてしまったようだ──しかも決定的に！　ヒュー申〔申興雨〕、
兪億兼、キム・ヘレンといった人々は私があけすけに李光洙やとりわけ安昌
浩のような西北派の指導者たちと仲良くしていることに気分を害しているに
ちがいない。しかし、個人的な友情と政治的な党派性とはまったく別物であ
る。

上海からソウルに護送されてきた安昌浩に対する対応をめぐり、彼を病気釈
放処分にして西北派の象徴的存在に担ぎあげようとする李光洙一派と、これを
阻止しようとする申興雨、金活蘭、兪億兼ら畿湖派との間の対立が激化した。
尹致昊がソウルにおける畿湖派の元老的存在であるにもかかわらず安昌浩釈放
のために奔走したことが、利敵行為と見なされたのも当然である。しかし当の
尹致昊は自分が畿湖派と見なされることが不本意であったばかりでなく、日本
の統治下にあって朝鮮人が南部と北部に分かれて対立することこそが、朝鮮人
全体の敵である日本人を利する、より有害な利敵行為であると考えていたから、

周囲の非難は意に介さなかった。だが安昌浩や李光洙に対して彼が示した個人的な友情はかえって西北派により有利に利用される結果となった。

『朝鮮日報』、畿湖派の手から西北派へと移る

　尹致昊から援助を拒否され申興雨の『朝鮮日報』買収が失敗に帰したのち、同紙の所有権は畿湖派の安在鴻（京畿道平沢出身）から西北派の曺晩植（平安南道江西出身）に移っていた。さらに1932年6月、方応謨が『朝鮮日報』の営業局長に就任すると同社は急速に西北派の拠点の観を呈していった。

　方応謨は平安北道定州の出身でもともと定州にできた『東亜日報』支局の支局長として活躍していた言論人であったが、1924年、平安北道朔州の橋洞鉱業所を買収して鉱山経営に乗り出し、金鉱を掘り当てることに成功して巨額の富を得た。いわゆるにわか成金である。1932年、橋洞鉱山を135万円という巨額の値段で日本企業に売却したのち、同年6月、『東亜日報』の支局長を辞して『朝鮮日報』の営業局長に就任したのだった。

　翌1933年3月になると方応謨は豊富な資金にものを言わせて『朝鮮日報』の経営権を買収して同社の副社長に就任すると、同年7月、同社の8代目社主曺晩植から同紙を買収し、第9代の社主に就任した。

　就任後ただちに方応謨は編集局長の朱耀翰（チュ　ヨ　ハン）と相談して『東亜日報』から李光洙を副社長待遇で引き抜くことに成功した（第10巻、33年8月28日）。ここに『朝鮮日報』は社長方応謨、副社長李光洙、主筆徐椿（ソ　チュン）（3者ともに平安北道定州出身）、編集局長朱耀翰（平安南道平壌出身）と、主要ポストをみな平安道出身者で固めるにいたった。

　世人は『東亜』から『朝鮮』へ突然鞍替えした李光洙を強く非難した。この問題に対する尹致昊のコメントは当時の地域対立の様相を知る上で重要である。以下、長くなるが具体的にみてみることにする。

　　1933年10月2日　（前略）ハワイ、アメリカ、上海、満州――朝鮮人がいる所いたるところで繰りひろげられてきた西北派と畿湖派の間の見苦しい抗争・対立・陰謀が、ここソウルの地でも進行中である。ソウルにおける西北派のリーダーは李光洙、鄭仁果（チョンイングァ）、李容卨（イ　ヨンソル）だと言われている。一方、ヒュー申

博士〔申興雨〕、および朴容義、咸泰英〔咸台永のこと〕の両牧師は反西北派の代表的人物と見なされている。西大門教会〔現セームンアン教会〕の車載明牧師は西北派の期待の星と言われている。呂運亨氏は上海その他の地で党派争いを実地に目にしてきた人であるが、その彼は畿湖派の強硬派である。しばらく前に『東亜日報』の編集長を辞めて『朝鮮日報』の副社長に就任した李光洙氏は金性洙、宋鎮禹両氏に対する恩義を忘れたと言って非難されている。数年前〔正確には12年前〕に李氏が朝鮮に戻ってきたとき、李氏はどん底の状態にあったが、その時、金氏と宋氏は物心両面にわたり李氏を支え、再び李氏が朝鮮社会に受け入れられるまでにしてやったと言われている。彼は『東亜日報』の編集長にまで昇進させてもらったのである。『朝鮮日報』が西北派の機関新聞となったとき、李氏は密かに運動して『朝鮮日報』に鞍替えしたのである。もちろん、李氏がしたことに責められるべき点は何もない。

　安昌浩がソウルに押送されてくる以前、『東亜日報』は畿湖派の金性洙と宋鎮禹の下に西北派の李光洙が編集長を務める、いわば畿湖、西北両派が共存する民族紙であった。それが安昌浩のソウル入りを契機として『朝鮮日報』に西北派人士が結集したため、結果的に『東亜日報』は畿湖派系の新聞紙となった。だが尹致昊は李光洙が『東亜』から『朝鮮』に移籍したこと自体はなんら非難すべきことではないという。非難されるべきはそのやり方にあった。

　1933年10月4日　（李光洙の続き）　だが責められるべきは、李氏が『東亜日報』を辞める当日の晩まで彼の恩人である宋鎮禹氏に一切そのことを言わなかった点である。少なくとも私がヒュー申と呂〔運亨〕から聞いた話ではそうである。もしそれが本当だとすれば、李氏が金性洙と宋鎮禹に対してとった態度はきわめて恩知らずだったと言わざるを得ない。方応謨、夏一清〔河一清のこと〕ら西北派の人間によって100％出資されている『朝鮮日報』が安昌浩氏のために準備されているということは周知の事実である。その安昌浩氏は筋金入りの反南部派の人間であるが、畿湖派、すなわち京畿・忠清派こそまっ先に打倒すべきである、日本人はごく最近の敵であるが、畿湖派は過去500年（！）にわたって西北人の敵であると言ったといわれている。私に

は安がそのような犯罪的なことを言うとは到底信じられないが、ほとんどの幾湖派の人間は彼が本当にそう言ったばかりでなく、それ以上のことを言ったと信じている。申と呂は西北派のあくどい陰謀・計画に対抗するために忠誠心ある南部人を結集して一党派を結成すべきであると私に提案した。2人の提案を慎重に検討した結果、私は呂氏に次のように伝えた：〔続きは〕次頁を見よ。

　西北派に対抗するために南部人を結集して結成すべきと申興雨と呂運亨が尹致昊に提案した党派とは積極信仰団のことであるが、これについては後に詳しく述べる（本章の7）。いずれにしてもこのような計画がソウルにおける幾湖派の指導的人物である申興雨と呂運亨の間で尹致昊に内緒で密かに進行していたことが分かる。計画を明かされた尹致昊は申、呂両者に対して次のように警告する。

　〔10月4日の続き〕1933年10月6日　私は呂氏に言った。まず事実から復習してみよう。事実1. 西北派の人々、とりわけ平壌の人々は何世紀にもわたる抑圧および階級〔両班〕制度による分裂が存在しなかったおかげで、団結心が強い。南部人よりも早く、そして積極的にキリスト教に改宗したために西北人は他の地域の人々よりも早く近代教育を受けることができた。　事実2. 他の地域の朝鮮人と比較して西北人は団結心が強く教育程度も高いので彼らは教会、企業、公官庁の役人等、あらゆる分野におけるリーダーとなった。彼らはその周りに結集できる組織と中心人物——興士団と指導者安昌浩——を持っている。　事実3. 彼らは日本人以上に南部人、すなわち幾湖派の人々を憎んでいるので、日本人に取り入ることにより幾湖派に対する卑劣な手段を弄することさえ辞さない。　事実4. 日本人は朝鮮人を分裂させるために喜んで両派の対立を利用するだろう。

　しかしこのような警告は、申興雨、呂運亨をはじめとする幾湖派の指導者たちに対して尹致昊が西北派の肩を持っているとの印象しか与えなかった。以後、両派の対立は1936年の南次郎の総督就任を経て、1938年の国民精神総動員朝鮮連盟の設立にいたる過程で両派がともに総督府に完敗を喫するまで止むことがなかった。1938年春から夏にかけて起こった一大検挙事件がそれである（第

10章3を参照）。その伏線となったのが申興雨が中心となって設立した興業倶楽部と積極信仰団だった。

7. 興業倶楽部と積極信仰団

興業倶楽部の結成

　すでに述べたように申興雨は朝鮮農村改良運動を推進するにあたりYMCA国際員会に援助を要請するため、1924年5月、渡米してレイクプラシッドでモットらとの5人会談に臨んだ（第8章6）。会談終了後の彼の行動について総督府側の史料は次のように述べる[84]。

> （前略）　申興雨は大正13年5月、米国に於ける北監理派4年総会及び基督教青年会幹部協議会に朝鮮を代表して出席のため渡米して……紐育における会議終了後ゼネバに赴き……帰途再び米国を経由、ホノルルにおいて李承晩と会見したる際、李承晩より、「安昌浩はロスアンゼルスを中心に興士団を組織し既に鮮内に西北派を以て修養同友会なる団体を結成せしめ各種文化団体に其の勢力を扶植中なるに付き君も帰鮮の上、鮮内同志と謀りて秘密裡に吾等の同志会と同一主義目的を有する延長団体を組織し基督教系および各種文化団体内に在る興士団を抑圧してその主導権を獲得し時期を見て内外呼応して祖国光復の目的を達成することに努められたし」とて別顕同志会の政綱を示し内容を説明し之が組織方を指令せられたるに対し申興雨は之を快諾せり。（後略）

　ハワイにおける李承晩との会談で同志会の延長団体を朝鮮内に組織することを請け負った申興雨は同年11月に帰鮮した。帰鮮後、李商在、具滋玉（ク ジャオク）、兪億兼、李甲成（イ カプソン）、朴東完（パクドンワン）、安在鴻（アンジェホン）等に李承晩の意図を伝えたところ、いずれもこれに共鳴したため、同年12月15日に中央Yにおいて「革命団体組織準備会」を開催

＊84「興業倶楽部事件の検挙状況」：朝鮮総督府警務局編『最近における朝鮮治安状況』（1938）：『日韓キリスト教関係史資料Ⅱ』、809〜10頁。

したという（「興業倶楽部事件の検挙状況」）。

　こうして翌1925年3月22日、ソウル社稷洞の申興雨宅において興業倶楽部が結成された。当日の模様を尹致昊は次のように記す。

　　1925年3月22日　日曜　曇り、午後、雨　寒し　ソウルの家。午後2時頃、
　　申〔興雨〕氏の家に行く。李商在、兪星濬、張斗鉉、具滋玉、呉□栄〔呉義
　　栄〕、兪億兼、李甲成、朴東完の諸氏が後からやって来る。興業倶楽部を組
　　織することに意見がまとまる。（後略）

　興業倶楽部についてはこれが全てで、倶楽部と李承晩との関係については一切言及がない。この後の日記には興業倶楽部の月例会が開かれたことが4度（1925年8月1日／同年11月7日／1926年7月2日／1932年3月18日）記録されているが、李承晩との関係を示すような内容はただの一度もない。その理由は、申興雨はじめ倶楽部設立のお膳立てをした者（畿湖派の中心メンバー）たちが尹致昊に会の真の目的を告げなかったからである。

　尹致昊が3・1独立運動に反対し、上海臨時政府に拠った李承晩、安昌浩等からの資金援助の要請を拒絶したことはすでに述べた。その尹致昊が興業倶楽部設立の真の目的が李承晩の運動を支援することにあると知れば、入会を拒絶することは必定である。しかし畿湖派の元老的存在である尹致昊が入会しなければ多くの会員を集めることが困難になる。しかも李承晩への援助資金の出所として資産豊かな尹致昊は是非とも会員にする必要がある。こうして尹致昊は会の真の目的を知らされずに会員となった（詳しくは第10章の3を参照）。設立当日に示された会の目的は、次に示すように尹致昊も抵抗なく受け入れることのできるごく穏健なものだった。

　　イ）民族観念の普及と朝鮮独立をめざすこと、ロ）団体行動の規律訓練、
　　ハ）産業発展と自給自足の促進、ニ）階級的および宗教地方的派閥の打破、
　　民族の大同団結、ホ）目的を説明し相手方を善導して味方につけること、
　　ヘ）教化事業および民族啓蒙運動を展開すること。（『最近における朝鮮治安
　　状況』：『日韓キリスト教関係史資料Ⅱ』、810頁）

　強いて言えば、イ）の「朝鮮独立をめざすこと」という点が当局の取締りに触れる程度で、他は「興業倶楽部」という会名にふさわしい内容であるから尹致昊にも受け入れられたであろう。

　こうして尹致昊ほか一部の者には会の真の目的が知らされずに興業倶楽部が発足した。初代会長には李商在が就任したが、1927年に彼が死んだ後は尹致昊が会長となった。やがて満州事変が勃発すると、日本は西洋列強から強い非難を浴びるようになる。日本が国際的に困難な位置に立ったと見た李承晩は、この機会を利用して独立運動を飛躍的に発展させることを企図し、1931年11月、申興雨に多額の資金援助を要請した（『日韓キリスト教関係史資料Ⅱ』、812頁）。これをうけて申興雨は興業倶楽部において、尹致昊、金一善、張　斗鉉の3名に募金を要請した。7年後の1938年、南次郎総督時代に起こったいわゆる興業倶楽部事件で検挙された時、申興雨は訊問に対する宣誓供述書の中でこの時のことを供述しているが、担当係官から呼び出しを受けた尹致昊はその供述書を見せられて、その日の日記に次のように記している（第11巻、1938年8月16日）。

　　さらに申〔申興雨〕は、李〔李承晩〕を援助するために5万円の募金を集めようとしたこと、そのために私〔尹致昊〕に2万円を、金一善に1万円を、そして張斗鉉に1万円を拠出するよう頼んだが、私がそのカネを出すことを拒否したことも証言した。申は〔私が拒否したことに対して〕あまりに腹が立ったので、その時以来興業倶楽部には一切関係しないことにしたと書いてある。

　文面からは果たしてこの時、5万円が李承晩のためのものであることを申興雨が尹致昊に告げたか否か定かでないが、恐らく尹致昊はこの時になってようやく興業倶楽部が李承晩の支援団体であることに気づいたのではないか。引用文には、このことがあってから申は興業倶楽部に一切関係しないことにしたとあるが、『尹致昊日記』に興業倶楽部の月例会のことが最後に記録されたのが1932年3月18日であることを考えると、この事件を契機に興業倶楽部は事実上、解散状態になったと思われる。すでに引用した総督府資料『最近における朝鮮治安状況』によれば、この事件に憤慨した申興雨は、以後、興業倶楽部に見切

りをつけ、ドイツのヒットラーが積極キリスト教を主張してキリスト教運動を通じてゲルマン民族の大同団結を企図し、キリスト教の青少年団を改編して民族国家主義的教養訓練を施したのにヒントを得て、1933年8月にいたり積極信仰団を設立したという（『日韓キリスト教関係史資料Ⅱ』、812頁）。事実、『尹致昊日記』に記されたその後の申興雨の動きは、総督府側資料の言うことがほぼ正しいことを裏書きしている。（これ以後の興業倶楽部については第10章の3を参照）。

積極信仰団の設立

　1932年4月6日、申興雨は米国アトランティックシティで開催されるメソジスト全体委員会に出席するためソウルを発った（第10巻、1932年3月29日）。5月29日に帰鮮した彼は約半月後の6月17日、「朝鮮の若者たちの間に新しい組織を作る計画を出した」（同前、1932年6月17日）。当初、彼が組織の対象としたのはあまり保守的でない宣教師、進歩的な牧師と指導者、教会との関係が少ない非キリスト教朝鮮人指導者、以上の3種類であったという。またその実践綱領は次のようなもので、当時の進歩的な青年男女なら誰しも同意するようなものばかりであった。

　　　高利貸業の撤廃、節制生活、同一労働同一賃金、男女混成の団体活動、弱者
　　　と無産者に対する団体的な保護、旧習打破、冠婚葬祭の簡素化、早婚廃止、
　　　配偶者選択の自由、真理と正義への服従etc. etc.。（全澤鳧『韓国基督教青年
　　　会運動史』、378～81頁）

　ところが翌33年になると、上記の組織の性格は非キリスト教徒を対象から除外してキリスト教徒にかぎったものへと変わっていった。その理由は、組織作りにあたって申興雨が外国人宣教師の協力支援を取り付けようとしたことによる。米国から帰国後、組織作りに乗り出すにあたり、申興雨は、YMCAニューヨーク国際委員会から農村改良運動推進のために朝鮮YMCA連合に派遣されていたウィルバー（H. A. Wilbur）に、新組織設立につき相談をもちかけた。相談を受けたウィルバーは、申興雨のために20名ほどの宣教師を自宅に招いて申の説明を聞く機会を設けたという（『韓国基督教青年会運動史』、379頁）。そ

の結果、ソウル在住の宣教師のうち自由主義神学の立場にある宣教師の多くが申の運動を支持する側にまわり、彼らの家で申興雨による運動説明会が開かれるようになった。恐らく申興雨に賛同した内の1人だったと思われるクーンズ（E. W. Koons：米国北長老派宣教師）の家で1933年4月6日に申による説明会が開かれたが、当日出席した尹致昊は次のように日記に記している。

> 午後6時、クーンズ師の家で親睦会が開かれる。出席者、多数。会の話題は「伝道再評価の評価（Appraisal of the Re-appraisal of missions)」、すなわち伝道運動の見直し（rethinking of missions）について申博士が自分の意見を述べる。彼の意見の述べ方はきわめて散漫、かつ学者もどきの説明の仕方なので、彼の言わんとしていることを理解できた者はほとんどいなかった。（第10巻、1933年4月6日）

「伝道運動の見直し」が具体的にどのようなことを意味するのか定かでないが、数ヵ月後に結成されることになる積極信仰団がキリスト教の新たな信仰運動であることを考えると、上記の説明会が積極信仰団の内容にかかわるものであることはほぼまちがいない。尹致昊のコメントにもあるように、申興雨は運動の表向きの目的と、その背後に隠された真意──すなわち、西北派の排除と李承晩支援──との間に介在する矛盾を取り繕うために曖昧な説明に終始していたように思われる。

こうして前年5月末の帰朝以来1年あまりにおよぶ準備期間ののち申興雨は1933年8月頃には正式に積極信仰団を立ちあげたらしい[85]。李光洙が『東亜日報』の編集局長から『朝鮮日報』の副社長に鞍替えして、『朝鮮日報』が西北派の拠点となったのがやはり同年8月であるから、積極信仰団はあたかも西北派に対抗して設立されたかのような感がある。

しかし尹致昊の耳に積極信仰団設立の情報が伝わってきたのはそれから約3ヵ月後の1933年11月12日のことだった。当日の日記は次のように記す。

---

[85]「興業倶楽部事件の検挙状況」：『日韓キリスト教関係史資料Ⅱ』、812頁。『韓国キリスト教の歴史Ⅱ』（219頁）は積極信仰団の設立を1932年とするが、これは申興雨が設立に着手した時で、具体的に組織されたのは33年8月以後とみるのが妥当と思われる。

申博士が新たに積極団（Juk-Kuk-Dan or Positive Association）を組織したと聞く。その目的は、(1) 精神の涵養、(2) 衛生の向上、(3) マナーと習慣の改善、(4) 思想浄化（Purification of ideas）。申が会長となった。新しい組織の信条を表す5大原則は次のとおりである。(1) 自然、歴史、イエス、および経験のうちに明らかにされた神を信じること。(2) 神と一体となって悪と戦いこれを善に服させることが人間の第1原理であることを信じること。(3) 権利、義務、および行動に関するあらゆる事柄において男性と女性は完全に対等であり、いかなる人（の利益と権益）も侵されないかぎり、吾々は自由に行動する権利があることを信じること。(4) 社会は個人の欲望の上に成り立つものではなく、人類に奉仕しようとする意欲の上に建設されるものであることを信じること。(5) 社会は我々に経済的、文化的、および精神的な向上と安定を保障すべきことを信じること。申はこれまでずっと全て思いのままにすることができる自分自身の党派を作ることを狙ってきた。この新たな試みがどこまで成功するかは今後にかかっている。

　積極信仰団の目的として掲げられた内容はいずれも現在のキリスト教徒からすればごく妥当な信仰箇条のように思われるかも知れない。しかし当時の朝鮮キリスト教界の情況を考えるといくつか注目すべき内容がある。

　当時の朝鮮キリスト教界（プロテスタント）は会員数の順に長老教（21万1千人）、監理教（4万9千人）、東洋宣教会（8千人）、聖公会（6千人）、救世軍（5千人）から成っていたが、最大教派の長老教は全会員の55%（11万6千人）が平壌を中心とする朝鮮西北部に集中し、ソウルを中心とする中部地域にはわずか4.5%（9500人）しかいなかった。これに対し第2勢力の監理教は、全会員の65%（3万1千人）がソウルを中心とする朝鮮中部に、33%（1万6千人）が平壌を中心とする西北地域に存在していた（『韓国キリスト教の歴史II』、161〜63頁）。量的にみて平壌を中心とする朝鮮西北部は長老教勢力が圧倒的であり、ソウルを中心とする朝鮮中部地域は監理教2に対して長老教1の割合であった。このような地域的な偏りに加えて、一般教徒の信仰を左右する神学的立場は、平壌にある朝鮮耶蘇教長老会神学校（通称、平壌神学校）が主張する保守的な根本主義神学と、ソウルの協成神学校（監理教系）が主張する進歩的な自由主義神

学とが対立していた。

　保守神学の立場に立つ長老教は聖書の一字一句を文字どおり受け取る「聖書無謬説」を固守し、また女性が教役者に就くために必要な按手礼を受けることを禁じる教団憲法を固守していた。これに対して自由主義神学の立場に立つ監理教は当時、欧米で主流をなしつつあった聖書の歴史批評、高等批評、文書批評学を受け入れており、南北監理教が統合した直後の1930年第1回総会においては14名の女性牧師を誕生させていた。

　このように見るとき、積極信仰団の信条を表す5大原則の（1）は長老教の聖書無謬説に対するあからさまな挑戦であり、（3）は女性が教役者に就くことを禁じた長老会の憲法を拒否したものであることが分かる。積極団が結成された1933年という時代的状況を考えるとき、それは単なる信仰改革運動というより、大きくは平壌神学校を中心とする朝鮮西北部の長老派、より具体的には安昌浩のソウル入り以来、日増しに勢力を増すソウル在住の西北派系長老教徒と対決するための組織であるという側面を持っていた。

積極信仰団の団員と見なされる人物

　前掲『最近における朝鮮治安状況』によれば積極信仰団の設立は1933年8月となっているが、その後いつまでこのグループが存続したか明らかでない。しかし1938年5月に西大門警察署により延禧専門関係者大量検挙事件がはじまり、次いで同年8月から9月にかけて起きた興業倶楽部関係者の大量検挙により在ソウルの反日グループが壊滅的な打撃をこうむるまで（第10章の2および3参照）、積極信仰団は存続していたものと思われる。その間ほぼ5年にわたり積極信仰団員として活動した人物が具体的に誰であったのか正確なところは分からない。そこで本日記において尹致昊が積極信仰団員と見なしている人物を教派別に整理してみると次のようになる。（　　）内は分かった者のみ生年を示す。

　　監理教：鄭春洙（1874）、申興雨（1883）、金鐘宇（1885）、具滋玉（1887）、
　　　　　　洪秉璇（1888）、朴淵西（1893）、金仁泳（1893）、兪億兼（1895）、
　　　　　　金洙喆（1895）、金基淵（1897）、沈相爕（1898）、李基台、金泰源、
　　　　　　洪秉徳　　女性：朴仁徳（1896）、金基淵夫人

長老教：咸台永（1873）〔＊1872年説もあり〕、呂運亨（1886）、朴容義（1893）、
　　　　全弼淳（1897）、崔錫柱（1901）、権瑛湜、鄭聖采（1888）
　　教派不明：全鼎淳、李建春、李正鎮、黄泳洙、玄東完〔1899〕
　　米国人：Byron P. Barnhart、Hollis A. Wilbur（ともにYMCAニューヨーク
　　　　国際委員会が派遣した中央Y外国人職員）

　生年の分かっている者から判断するかぎり、結成当時の1933年を基準にし
た団員の年齢は咸台永の60歳が最高齢、次いで鄭<ruby>春洙<rt>チョンチュンス</rt></ruby>の59歳、次が申興雨
の50歳となっており、その他はみな30〜40歳代の青壮年層である。最年長者
である咸台永と鄭春洙はともに3・1独立運動の中心となって活動した人物で
あり、かつ咸台永は解放後、第3代大統領李承晩の下で副統領を務めることに
なる人物である。会の重鎮として咸台永と鄭春洙を迎える一方、兪星濬（73
歳：長老教）と尹致昊（68歳：監理教）を排除した点からしても積極信仰団が
李承晩の同志会の系統に属することはほぼまちがいない。

8. 積極信仰団の具体的活動

　すでに述べたように、積極信仰団の行動が最初に『尹致昊日記』に記録され
るのは1933年11月12日である。京畿道警察特高課もいちはやくこのことを嗅
ぎつけたらしく、11月19日には特高課長の三輪和三郎が尹致昊宅を訪ねて探
りを入れている。
　翌34年になると、申興雨は朝鮮中央Y総務としての自己の地位を利用して、
中央Yを積極信仰団の勢力下に置くことを画策した。全弼淳（書記）、朴容義
（理事）、<ruby>李正鎮<rt>イジョンジン</rt></ruby>（体育部）、<ruby>朴淵瑞<rt>パクヨンソ</rt></ruby>（少年部）、<ruby>洪秉徳<rt>ホンビョンドク</rt></ruby>（青年会学校々長）、<ruby>鄭聖<rt>チョンソン</rt></ruby>
<ruby>采<rt>チェ</rt></ruby>（少年部）ら積極信仰団の中核メンバーが中央Yの主要ポストを占めたばか
りでなく、それまで中央Yに直接関係がなかった<ruby>朴仁徳<rt>パクインドク</rt></ruby>や<ruby>金基淵<rt>キムギヨン</rt></ruby>夫人のような
女性団員が中央Yに出入りするようになった。
　当時、中央Yには総務申興雨の他に、主な理事・幹事として玄東完（副総務）、
尹致昊（Y連合会長）、具滋玉（1925〜29年中央Y総務）、<ruby>梁柱三<rt>ヤンジュサム</rt></ruby>（農村部幹事：
朝鮮監理教総理師）、兪億兼（会計部：延禧専門副学長）、洪秉璇（地方幹事）、<ruby>呉<rt>オ</rt></ruby>

兢善（教育部：セブランス医専学長、西大門教会領袖）、李大偉（学生部幹事）らがいた。このうち梁柱三と李大偉は朝鮮北部の出身でいわゆる西北派に属していたが、尹致昊は梁柱三の能力を高く評価し1930年の南北監理教統合に際しても初代朝鮮監理教会の総理師（General Superintendent）として彼を積極的に推す一方で、李大偉に対しても寛容な態度をとってきた。しかし申興雨と積極信仰団にとって中央Yを畿湖派の拠点とするためには李大偉と梁柱三の存在が邪魔になる。

李大偉と梁柱三の締め出しを画策する

李大偉は平安北道龍川生まれ。北京に留学後、帰国した彼は1921年から朝鮮Y連合学生部の幹事となり、1924年11月、学生部幹事としての訓練を受けるため米国に派遣された（『韓国基督教青年会運動史』、227～330頁）。渡米後、エール大学神学科、コロンビア大学社会教育学科等を経て、1927年8月帰国すると再び朝鮮Y連合学生部の事業に専念した（『青年』第7巻第7号、5頁）。

米国留学中、安昌浩の興士団を知りその方向性に感銘した彼は同団に加入、帰国後はYMCAで活動する一方で興士団の朝鮮内組織である修養同友会に加入して活動した。同時にまたソウルにおける西北派の指導者である鄭仁果、李容卨らと活動を共にしたという。

申興雨を中心とする積極信仰団が、中央Yから李大偉を排除したのがいつのことであったかはっきりしない。しかし『尹致昊日記』によれば遅くとも1934年9月までにはYを去っていたことは確実である（第10巻、34年9月10日）。『最近における朝鮮治安状況』は次のように述べる（『日韓キリスト教関係史資料Ⅱ』、811頁）。

> 朝鮮基督教連合会は朝鮮に於ける長老監理両派に属する基督教青年会及学生基督教青年会を指導する最高機関なるが之が枢要幹部は〔安昌浩の〕同友会系李大偉が学生部幹事なる外、全部〔李承晩の〕興業倶楽部系に於て占めたるが更に之が完全なる指導権の獲得上、李大偉の存在を嫌忌し遂に之を罷免して連合会本部を独占するに至れり。

李大偉は1933年から基督青年勉励会朝鮮連合会〔長老派系〕の有給総務となったというから、このような状況のなかで活動の拠点をYMCAから勉励会に移したものと思われる。

　一方、梁柱三は平安南道龍岡の出身。1901年、尹致昊と同じ上海中西書院に入学、同校在学中に米国南メソジストの洗礼を受ける。1905年同校を卒業すると翌年渡米、しばらくサンフランシスコで在米同胞のために活動したあと、ヴァンダービルト大神学科、エール大学神学部等を経て1915年帰国した。帰国後は、協成神学校教授、松都高普教監、宗橋教会担当牧師、セブランス医専理事等を歴任する一方で1928年にはエルサレム国際宣教大会に朝鮮代表として参加した。以上のような経歴を持つ彼が南北統合成った朝鮮監理教会の初代総理師に選出された（1930年12月8日）ことは、同教会内における南北対立を緩和する上においても妥当だったと思われる。

　ところが1933年8月、李光洙が『朝鮮日報』の副社長に就任し、同社を中心に安昌浩系同友会の活動が活発になり、これに対抗する形で申興雨が積極信仰団を設立した頃から、申興雨が梁柱三を監理教会総理師のポストから追い出し、みずから総理師になることを企んでいるとの噂が囁かれるようになる。その間の事情を尹致昊は次のように述べる（第10巻、1933年10月12日）。

　　ソウルの家。玄東完と長話をする。彼は次のような話をして私をビックリさせた。ヒュー申が梁博士を総理師のポストから追い落とし、自分が朝鮮監理教会の総理師になることを企んでいる。そのために申は、全 鼎 淳、沈相燮、金鐘宇、金泰完〔＝金泰源〕ら彼の"兵隊"を使っている。ところが洪秉璇はこの計画に賛成しないので申は洪が気にくわないと。申があまりにも権力欲をむき出しにするのは残念である。もし彼が監理教会の総理師になることに成功すれば、多数派である西北派は分離脱退するだろう。

　翌1934年になると噂は兪億兼のようなYMCAの重鎮も知るところとなる（34年4月11日）。この年10月には南北統合成った朝鮮監理教会の第2回総会が開催される予定である。総会の時期が近づくにつれて総会での次期総理師選挙において申興雨一派が何事か企んでいるのではないかという不安が広がる。尹

致昊は断固としてこれを阻止する決意を固める（第10巻、1934年8月25日）。

> 申の魂胆は、梁を総理師のポストから追い出すことである。その第一歩は、自分がそのポストに選出されるようにすること。ところが規約は総理師の被選挙権は聖職にある者に限っているので、申は自分がなれないということが分かった。そこで申は金鐘宇氏〔東大門教会牧師〕を総理師のポストに据えて、自分はその背後で権力を振るおうと画策しているのだ。私自身の意見を言えば、朝鮮監理教会の中で総理師のポストを梁以上に見事に果たせる人物は他にいない。しかし、もちろん教会がそう望むならば、私は金が総理師になることに反対するものではない。だが現在、中央Yを思いのままにしているように彼一個の個人的な考えだけで朝鮮監理教会を自由にすることを目的に申（あるいは他の誰であれ）を教会全体のボスにするような策略……には断固として反対する。

　申興雨の独裁的なやり方には、尹致昊のみならず他の監理教会員の中にも拒否反応を示す者が多くいたとみえ、10月3日に開催された第2回朝鮮監理教会総会の6日目（10月8日）に行われた総理師選挙では83の投票数中、梁柱三58票、金鐘宇23票で梁が再選された。

　こうして監理教総理師選挙において積極信仰団は敗北を喫した形になったが、彼らの強引なやり方に対する反発は監理教会のみならずYMCA内においても次第に強まっていた。

申興雨のYMCA総務辞任

　1920年以来、朝鮮中央Yと朝鮮Y連合の両総務を兼ねていた申興雨は25年、Y連合の農村改良運動の仕事に専念するため中央Y総務のポストを具滋玉に譲り渡した。しかし中央Yの経営方針をめぐり申と具滋玉との間には葛藤が絶えず、1929年5月、具はついに申興雨の圧力に屈して突如、中央Y総務の職を投げ出し米国に渡った。以後、再び申興雨が朝鮮Y連合と中央Yの両総務を兼摂することになったが、兼摂による激務を緩和するため玄東完が副総務となって申の仕事を補佐してきた。しかし積極信仰団の設立以来、中央Y内における申

361

興雨および積極団グループの発言権が増し、副総務としての玄東完の役割は無視されるようになった。ここに（当初は積極団に属していた）玄東完と申興雨との間に深刻な葛藤が生じ、ついに申興雨は本人の承諾なしに理事会に玄東完の解雇案を提出した。だが理事のひとり兪億兼（当初、積極団員と目されていた）は申が主張する解雇理由を認めず申と対立するにいたった。これに対して申は自説が認められないならば、みずから辞任すると辞表を提出した（第10巻、1935年1月11日）。紛糾する理事会をみて尹致昊は申、玄両者の仲裁に乗り出し、申興雨に対して次のような条件を提示した（同、1935年1月16日）。

> 今朝、申博士がやってきた。彼におよそ以下のようなことを言う。明日の夜、もし玄〔東完〕が理事会に出席して申し立てをしたら、君は次の3つのうちからどれか1つ態度決定しなければならない。(1) 彼の申し立てに抗弁するか、(2) 理事たちが君に不利な決定を下した場合、彼らに抵抗するか、(3) 一切の説明ぬきに辞職すること。君のような立場にある者にとって、自分よりはるか年下の玄と舌戦を繰りひろげることは君の名誉に傷がつくこと。故に私としては君がそのような態度を取らないことを望む。…（中略）…私としては君がおとなしく辞職して、できるだけ速やかに玄との間の諍いに決着をつけることを望む。これに対して申は言った、「私は無条件降伏をします。私の辞職はすべてあなたに（口頭で）一任します、あとはあなたの善処にお任せします」と。兪〔億兼〕、呉〔競善〕、梁〔柱三〕諸氏と協議した結果、3人は、申の辞職は書面に認め、玄は申し立てをしない、という結論になる。

　こうして申、玄、両者から2人がともに辞職するという本人の内諾を得て事態は収拾に向かった。紆余曲折はあったものの、1935年2月15日の中央Y理事会において具滋玉が中央Y新総務に選出された。ついで2月21日には中央Yの年会が開かれ任期切れになる4名の理事の選挙を行ったところ、4名がそのまま再選された。4名とは兪億兼、呉競善、金昶済、および尹致昊で、みなアンチ申興雨派である。申興雨派は1人も選出されなかった。
　申興雨は中央Yの総務は辞任したものの、この段階ではまだ朝鮮YMCA連合の総務だった。しかし申と積極信仰団員に対する反感は強まり、中央Yの最

古参である金　貞　植（1862年生）を中心に監理教および長老派の牧師とYMCA
会員から成る50名ほどの者たちで「有志会」なるアンチ申興雨団体を結成し、
積極団の卑劣な手口の真意を暴露し、Y連合の理事に申を解雇するよう要求す
る運動を始めた（第10巻、35年2月12日）。その結果、3月になると洪秉徳と鄭
聖采が中央Yの理事を辞職し、さらに4月なって申興雨は朝鮮Y連合総務をも
辞職するにいたった。こうしてほぼ1年半におよんだ申興雨と積極信仰団によ
るYMCA乗っ取り計画は失敗に終わり、中央Yおよび朝鮮Y連合は新たな布
陣で出発することになった。だが積極信仰団による“革新運動”は朝鮮監理教
会、YMCAにとどまらなかった。

『基督申報』乗っ取り事件

　積極信仰団は政治的にみれば西北派（安昌浩系の興士団）に対抗して畿湖派
（李承晩系の同志会）が結集した一種の巻き返し運動である。しかしすでに「積
極信仰団の設立」の項においてみたように、積極団が掲げる5大原則は信仰的
には平壌神学校を中心とする長老派の保守神学に対する自由主義神学の側から
の挑戦であった[86]。言いかえると積極信仰団運動は、長老教に比してより自
由で進歩的な神学を有する監理教と、これに同調する、長老派内にありながら
比較的に進歩的な神学を奉ずる、少数の反主流派長老教徒が団結した、神学上
の革新運動でもあった。

　そして積極信仰団が設立された1933年から35年にいたる3年間は、朝鮮キ
リスト教の歴史からみるとき、保守神学と自由神学の是非をめぐって多くのキ
リスト教徒が党派的、地域的な対立、分裂、抗争を繰り広げた激動の時期であ
った。まず当時の代表的な事件を3つ挙げる。

　　①日本の関西学院神学部に留学した金　春　培は帰国後の1934年、咸鏡南道
　　　（長老派の中では比較的進歩的なカナダ長老派の布教区域）の城津中央教会

---

[86] 当時の平壌神学校は、米国における根本主義神学の主唱者として知られるメイチェン（J. G.
　　Machen）の影響を強く受けた米国人宣教師と、保守神学者として有名な朴亨龍が講義を担当し
　　ていた。これに対してソウルの協成神学校ではメイチェンのライバルと目された自由主義神学者
　　フォスディック（H. E. Fosdick）の学説が主流をなしていた。（第8巻、1923年12月4～7日）。

の牧師として女性に対しても長老按手を認めるよう提言した。長老会総会はこれを問題として調査委員会を設置、調査の結果、「女性の教会教権を不可とするパウロの言葉は……万古不変の真理である」として金春培牧師の主張を不可とした。

②同じく関西学院神学部に留学した金英珠（キムヨンジュ）は帰国後、ソウル南大門教会（これも長老派としては比較的に進歩的なソウルの北長老派の傘下にある）の牧師となり、1934年、創世記の著者はモーゼではないという趣旨の論文を雑誌に発表した。彼もまた教理審査の対象となり、審査を託された研究委員会は北長老派神学の信仰基盤である聖書無謬説を堅持するため金英珠牧師に対して教役者の資格剥奪を勧告した。

③米国アビンドン社が1930年に出版した"*Abingdon Bible Commentary*"は当時の高等批評学などを駆使し聖書に新たな注釈を施したものだったが、これを朝鮮の長老・監理両派の学者が共同して朝鮮語に翻訳し、1934年に『単巻聖教注釈』として出版した。監理会側では何ら問題にならなかったが、長老会総会はこの書を「長老会の道理に不適切なもの」と判定し、平壌長老会の元老級牧師吉善宙が"異端書"と断罪した。この翻訳には、平壌長老会から宋昌根（ソンチャングン）、韓景職（ハンギョンジク）、蔡弼近（チェピルグン）、金在俊（キムジェジュン）が加わっていたが、このうち韓景職を除く3名は日本のミッションスクールで学んだ留学生であった。

　保守、進歩両神学をめぐるこのような対立状況の中で、保守派にとっても進歩派にとっても自説を普及させるための言論機関を確保することが重要課題となる。申興雨の下に全弼淳（チョンピルスン）を中心とする積極団員が『基督申報』の経営権を奪取せんとしたのはこのような文脈においてであった。

　『基督申報』は1915年以来、長老・監理両教派の連合で朝鮮耶蘇教書会から発行していたキリスト教系週刊新聞である。発行権を持つ耶蘇教書会の理事会は監理教会、長老教会、および耶蘇教書会の3つの組織を代表する15名の理事から成っていたが、耶蘇教書会の代表はすべて外国人宣教師であり全体の過半数を占める。すなわち、実質的な経営権は宣教師が握っていた（第10巻、1935年1月28日および5月30日）。歴代社長は1名を除きすべて英米人宣教師であり、主筆（編集長）は歴代、朝鮮人に任されてきた。これは教会、ミッションスク

ールその他あらゆるキリスト教関係の機関において朝鮮人は宣教師による監督
指導の下でのみ"自由な"活動がゆるされるという朝鮮キリスト教に典型的な
スタイルである。

　このような新聞を自己主張の手段として独占しようとすればまず主筆のポス
トを確保し、ついで宣教師の影響を排除しなければならない。申興雨と積極信
仰団が企図したのはまさにそれであった。

　1932年6月、米国から帰国した申興雨が『朝鮮日報』買収のための資金援助
を尹致昊に要請して峻拒されたことはすでに述べた。『朝鮮日報』買収をあき
らめた申興雨は半年後、再び尹致昊に対して今度は『基督申報』社長に就任し
てくれないかと持ちかけた。尹致昊はまたしても申の要請を峻拒した。その理
由は老化に伴う視力低下のため新聞業務はとうてい無理ということであったが、
さらに彼は次のような理由を付け加えた。

> おまけに『基督申報』は西北派と南部派の二大派閥の党派争いの場である。
> 私にはこの2つの派閥をコントロールする能力がない以上、どちらかの派閥
> によって操られる操り人形でしかない。そうなれば私はただ笑い者になるだ
> けである。（第10巻、1932年12月6日）

　尹致昊は申興雨の意図を見抜き、西北派、畿湖派による党派争いに巻き込ま
れることを拒否したのである。だが申興雨はあきらめなかった。積極信仰団の
成立（1933年8月）とほぼ時を同じくして同団の幹部の1人全弼淳が『基督申
報』の主筆になったのである。

　全弼淳は、先に述べた女権問題事件の金春培牧師、創世記モーゼ著作説否定
事件の金英珠牧師と同じく、日本留学帰りの牧師である。1926年、神戸神学
校を卒業した彼は、ソウルの蓮洞教会の伝道師を経て、妙洞教会（両教会はと
もに比較的穏健なソウルの北長老派に属す）の委任牧師をしていたが、1931年、
同教会を辞して『基督申報』の記者となった。1933年7月、彼は同社の主筆に
就任した（耶蘇教書会理事会は承認せず）が、その直後の8月に西北派のリーダ
ー李光洙が突如、『東亜日報』から『朝鮮日報』に鞍替えして副社長に就任し
たため、『朝鮮日報』は西北派に乗っ取られた形になった。

この李光洙の行動に対抗するかのように、全弼淳は英米人宣教師が牛耳っていた耶蘇教書会から『基督申報』を独立させるために、別途「基督申報賛助会」（会長朴淵瑞は積極信仰団員）なる組織を作り、崔錫柱、沈明燮ら積極団員を大挙採用して進歩的神学を主張する人物（申興雨はそのひとり）の文章を盛んに採用した（『韓国キリスト教の歴史II』、167頁）。1934年になると『基督申報』は実質的に積極信仰団に乗っ取られた形になり、信仰団は全弼淳を正式に『基督申報』の主筆（編集長）として承認するよう耶蘇教書会理事会に要求した。これを受けて1935年1月28日に同会の理事会が開かれたが、理事会として全弼淳の主筆承認を否決すれば耶蘇教書会と積極団の争いになることを恐れて、とりあえず全の任期を同年9月まで延長して、同月に開かれる予定の総会で最終判断を下すことに決まった（第10巻、1935年1月28日、3月15日）。
　ところが9月の総会開催直前になり、『基督申報』理事会議長の権瑛湜牧師（積極信仰団員）は突如、『基督申報』乗っ取り宣言を発表するにいたった。

　水曜　とても暑かった　ソウルの家。『基督申報』理事会議長の権瑛植〔＝権瑛湜〕牧師から謄写版刷りの手紙がきた。中に次のようなことが書かれていた。（1）『申報』の財政難はついにこの新聞を発行停止にするか、あるいは誰か他人の手に委ねるか、そのいずれかに決めるよう耶蘇教書会が真剣に検討するまでにいたった。（2）しかし全弼淳牧師は編集者兼発行人の資格において1932年〔1933年の誤りと思われる〕以来、『申報』発行をとても上手に運営してきたので購読者数は50％増加、予算も安定している。（3）『申報』の経営は2年前から耶蘇教書会の支配から切り離され独立するようになったので、書会は『申報』に干渉する権利はない。耶蘇教書会は1年に1,000円、『申報』に補助金を出している。その1,000円の使途に関して『申報』は書会に財政報告を提出し、逆に書会は『申報』編集者の選出に関して承認・非承認の権利を持っている。（4）『申報』はその理事会の協力によっていかなる組織からも独立している。編集者兼発行人が唯一の『申報』発行責任者である、と。これは明確な反乱宣言である。全〔弼淳〕と積極団員がこの種の乗っ取り計画を考えていることは数ヵ月前から噂されていたが、まさかここまでやるとは誰にも予想できなかった。（第10巻、1935年9月11日）

このような声明書を一方的に出したのち、全弼淳は9月17日になると、『申報』の編集室を鍾路2丁目にあった耶蘇教書会の建物から、仁寺洞の勝洞教会敷地内にある、積極信仰団員が教会として利用している建物に移動させてしまった。翌日、新たな編集室から発行された『申報』は、耶蘇教書会からの完全分離を宣言した（第10巻、1935年9月17、同18日）。

この事態を受けて9月26日、耶蘇教書会の理事会が同会理事室で開かれた。以下は同日の『尹致昊日記』からである。

　　（前略）　午前9時30分から耶蘇教書会の理事室で『基督申報』の15人理事会が開かれる。長老派が理事会への代表委員を選出していないことで理事会が無効になるかどうかの問題は次の理由により最終的な解決を見る。理事会の規約には理事会のメンバーは耶蘇教書会の執行委員により選出されると明確に謳っていること。その結果、今月末に任期が切れる編集人兼社長の全弼淳は正式に解雇され、彼の後任には兪億兼氏が投票により選出される。

新たに兪億兼が編集人兼社長に任命されたものの、耶蘇教書会はついに全弼淳と積極団の手から『基督申報』を奪還することができなかった。結局、『基督申報』は全弼淳の個人経営紙となり、長老・監理連合紙の役割を失った。以後、長老・監理両教会はこれまで『基督申報』に託してきた役割を、それぞれ別個に『宗教時報』（長老教会）、『監理会報』（監理教会）という独自の機関紙に頼ることとなり、20年間維持されてきた長監連合による統一機関紙は実質上終わりを告げた。

安昌浩の仮釈放

ソウルのキリスト教界が積極信仰団をめぐって対立と抗争を繰り広げていた頃、西北派の象徴的存在だった安昌浩が仮釈放になった。1932年6月、上海からソウルに移送された安昌浩は取り調べの結果、同年12月、4年刑の宣告を受けた。その後、大田刑務所に収監されていたが、1935年2月10日、刑期22ヵ月を残して仮釈放となったのである。

出所後、彼は李光洙、金志侃らとともに平壌郊外にある畢大殷の墓所に参拝

したのち（『李光洙全集・別巻（年譜）』三中堂）、3月11日、平壌から汽車でソウルに到着した。午後2時50分だった。駅頭は彼を出迎えるための人々で黒山のようだった。駅前広場には和信商会社長の朴興植（平安南道龍岡出身の西北派）の車が安を待っていた。当日、出迎えの人々の群れに混じっていた尹致昊は、朴興植に勧められるままに朴の車に乗って安昌浩とともに中央ホテルに向かった。その日の日記によれば長期の服役生活にもかかわらず安の健康状態は決して悪くなかったという。

　当時、劣勢につぐ劣勢に陥りつつあった積極信仰団の団員たちにとって、安昌浩の釈放とソウル入りはなんとも苦々しい事件だったにちがいない。とりわけ申興雨にとって、安昌浩を迎える尹致昊の態度は同じ畿湖派として許しがたい裏切り行為と映ったはずである。

　歯ぎしりして悔しがる畿湖派を尻目に安昌浩を迎えて喜びに沸く西北派は、7月に入るとソウルにおける西北派の拠点である『朝鮮日報』の新社屋落成式を挙行した。『尹致昊日記』は当日の模様を次のように記す。

> 1935年7月6日　土曜　晴、暑　ソウルの家。午前11時、『朝鮮日報』新社屋の落成式に行く。4階建。用地を含めて総工費320,000円。堂々たる講堂はほぼ満員状態。政務総監が出席して式辞を読んだ。権東鎮氏と私が祝辞を述べるように言われた。『東亜日報』の職員が1人もいないのを知ってビックリした。玄東完によると、『東亜日報』にはいっさい招待状を出さなかったのだという。もしそれが本当なら、『朝鮮日報』はもっと寛大にして欲しかった。ところが実際には東亜、朝鮮両紙の対立はいよいよ大っぴらで過激なものになってきた。

　"東亜、朝鮮両紙の対立"はそのまま"畿湖派、西北派の対立"と置き換えられるだろう。1932年の安昌浩の国内送還は朝鮮、とりわけソウルにおける南北地域対立に甚大な影響を及ぼすことになったが、今また彼が仮釈放されたことにより両者の対立はますます激化し、やがて来る激動の時代まで続くことになる。

第10章
親日協力の時代
1936〜1943年

1. 空白の2年間

　前章においては満州事変以後の1931年から35年までを主として『尹致昊日記』第10巻（1932〜35年）によりながら彼の生涯を辿ってきた。従ってこの第10章においては1936年以後の彼の生涯を辿るべきところであるが、第10巻に続く第11巻は1938年1月1日から始まっていて、両巻の間にはまるまる2年間の空白がある。この間、はたして日記が書かれたかどうかについて判断する材料はさしあたり存在しない。

　この空白の2年間の最初の頃、1936年2月12日（旧暦1月20日）に尹致昊の実母全州李氏が92歳で他界している。彼女は90歳になった頃から目に見えて体力が衰え（第10巻、1934年7月17日）、尹致昊は心配のあまり長期旅行はもちろん、ちょっとした遠出さえ控えるほどになっていた（同、35年8月1日）。夫尹雄烈の存命中、彼女は自分の他に2人の妻が同居する複雑な家庭を一身で支えてきた。また1911年に夫雄烈がこの世を去ったのち、服喪の期間もあけないうちに息子の尹致昊が逮捕投獄され、3年もの間、家を留守にした。当時すでに78歳になっていた彼女はその間、息子を信じて一家を守り通した。以来、母親に対する尹致昊の想いは格別だった。そんな彼女の死があるいは2年間の日記の空白に関係したことも考えられる。

　その空白の2年間には、第6代総督宇垣一成から第7代総督南次郎への交替（36年8月5日）、政務総監大野緑一郎の任命（8月5日）、総督秘書官塩原時三郎の任命（同年8月18日）という、総督府の施政上重要な意味を持つ人事異動が

あった。3者は1937年7月に発生した盧溝橋事件以後、日中戦争が本格化するなかで、長期戦遂行のための総動員体制を敷くうえで最も重要な役割を果たした人物である。

　植民地朝鮮の施政上きわめて重要な転換期であるこの2年間の日記が空白となっているため、就任当初の南、大野、塩原による新体制を尹致昊がどのように受け止め、また日中戦争の勃発および勃発直後の戦時体制をどのように捉え、それにどのように対応したかを正確に知ることができない。

　そこで第11巻に即して親日協力時代の尹致昊について語る前に、『日記』以外の史料によって1938年1月1日にいたるまでの南、大野、塩原の足跡、および1936、37年における尹致昊の行動をトレースしておくことにする。

南次郎と塩原時三郎

　1936年8月5日、宇垣一成に代わり南次郎が第7代朝鮮総督に就任した。就任に先立ち南は政務総監をはじめとする主要ポストの人選作業に着手したが、新旧交代を含め全ポストが確定したのは就任後1年あまりたった37年11月であった。その主要ポストの中でも、5年10ヵ月にわたる南体制がすすめた内鮮一体、皇国臣民化運動、および国家総動員体制の構築において中核的役割を果たすことになるのが、政務総監大野緑一郎と学務局長の塩原時三郎である。大野と塩原は着任以前すでに満州において南と一時期を共にした人物である。ここで総督府時代に先立つ満州での3者の関係を簡単に振り返っておきたい。

　南次郎は1874年大分生まれ。東京府尋常中学（日比谷高校前身）、成城学校を経て、陸軍士官学校（6期）、陸軍大学校（17期）を卒業する。卒業後は関東都督府陸軍参謀（1906）、陸軍士官学校校長（1923）、参謀次長（1927）、朝鮮軍司令官（1929）等を歴任にしたのち、1931年に第2次若槻内閣の陸軍大臣（1931年4月14日〜同年12月12日）となる。この陸軍大臣在任中に満州事変が勃発し、南は政府の不拡大方針にもかかわらず事変の拡大を容認した。陸相辞任後の32年3月、満州国建国宣言が出され、9月になると日満議定書が交換され日本政府は満州国を承認する。承認に向けての準備作業の過程でそれまで各々独立して満州内にあった関東軍、関東庁、外務省領事館、満鉄という4つの機関を統一することが軍部を中心に検討された結果、これら諸機関が実質的に関東軍

指揮下に統一されることになり、満州国承認に先立つ同年8月8日、武藤信義大将が関東軍司令官、関東長官、特命全権大使に任命された。

　しかし、1934年7月の岡田啓介内閣の成立により陸相となった林銑十郎は、在満諸機構の統一をいっそう徹底させるため、当時軍務局長であった永田鉄山を中心として在満機構改革案＊87をまとめさせた。この改革案によると外務省、拓務省、関東庁は、従来満州に有した権限を陸軍（省）に奪われることになるので改革案に猛反発した（在満機構改革問題）。とりわけ従来満州における警察権を担当していた関東庁は、新たに関東憲兵隊司令官が関東局警務部長を兼任し警察を指揮することとされたため、猛反発して9月から10月にかけて代表が上京して或いは陳情し、或いは関東庁の全職員、全満州の警察官が総辞職を表明するにいたった。

　しかし陸軍はわずかの譲歩を外務省に認めただけで原案を強行した。そして1934年12月10日、新機構の下における最初の関東軍司令官兼駐満州国大使として南次郎が任命されることになる。また12月26日には、拓務省にかわって新たに満州、関東州に関する行政事務を取り扱うことになった内閣直属の「対満事務局」が発足し、林陸相がその総裁を兼任した。

　以上のような経緯で満州の最高指導者となった南次郎に対して、塩原時三郎は1934年の機構改革で廃止されることになる関東庁に1932年にすでに赴任していた。

　塩原時三郎は1896年長野県生まれ。第八高等学校を経て1917年7月、東京帝大法科大学独法科に入学。岸信介と同期入学、同学科であり、後の政務総監大野緑一郎は同学科の8年先輩にあたる。1918年、塩原は東大教授上杉慎吉が吉野作造の新人会に対抗して同学内に組織した興国同志会に入会したが、同会の初期会員には他に岸信介、南条徳男らがいた。

　1920年、同大を卒業して逓信省に入る（同時に卒業した岸は商務省に入省）。21年に高文官試験に合格したのち、貯金局内国為替課長、静岡郵便局長など

＊87　その骨子は、1.従来外務大臣の監督下にあった駐満大使（関東軍司令官）を首相の監督下に置く、2.駐満大使の下に行政事務局として関東局および関東州知事を新設し従来の関東庁・関東長官は廃止する、3.満州・関東州に関する行政事務の所管を拓務省から外して新設の内閣直属の対満事務局に移す、というものだった。―江口圭一『昭和の歴史4』（小学館、1988）、331〜32頁。

を歴任したが、28年、一転して台湾総督府に転出して逓信部庶務課長、電気課長を歴任した。しかし台湾はわずか1年で切り上げ、29年、再び内地に戻ると静岡県清水市長に当選した。しかしまたもや市長職は1期3年で辞任して、32年2月、満州に渡り関東庁内務局地方課長となったのである。

　塩原が満州に転出した直後の1932年3月に満州国建国宣言があり、同年9月、日本政府が満州国を承認する。承認に先立ち軍部が中心となり在満諸機関を統一する話が持ち上がり、同年8月8日、武藤大将が関東軍司令官、関東長官、特命全権大使に任命されたことはすでに述べた。

　この時、関東庁内務局地方課長として旅順で勤務していた塩原は関東長官官房秘書課長に抜擢され、奉天（新京）に移って武藤大将の下で働くことになる。1933年7月、武藤大将が病死すると後任に菱刈隆大将が就任した。この菱刈大将在任中の34年に前述した在満機構改革問題が持ち上がる。

　岡崎茂樹『時代を作る男塩原時三郎』（大澤築地書店、1942）によれば、この時、事態収拾のために大活躍したのが他ならぬ塩原であったという。すなわち塩原は32年まで旅順の関東庁において内務局地方課長として活躍していたが、今や関東庁を代表する形でひとり奉天に出向いて関東長官官房秘書課長として勤務している。言いかえれば、彼は一方において廃止される側の関東庁の代表であり、他方においては関東庁の廃止を意図する関東軍の最高司令官菱刈大将の秘書課長であるという、賛反両陣営の調停役として絶好の立場にあったのである。かくして彼は総辞職を賭して機構改革に反対する旅順の関東庁に単身乗り込んで同庁職員の慰撫に努力することを申し出た。反対はあったがなんとか軍の了承を取り付けた。そして「大連（旅順）に着くと空気は予想以上であったが、塩原は大所高所より説いて之を慰撫し、遂に塩原に一任というまでにこぎつけた」という（『時代を作る男塩原時三郎』、105〜110頁）。

　塩原のこの大活躍により在満機構改革案はほぼ原案どおりに実行され、その結果、南が新機構の下で初の関東軍司令官、関東長官、特命全権大使として就任した。故に南次郎の産みの親は他ならぬ塩原であったというのが『時代を作る男塩原時三郎』の主張である。

　書名からも察しがつくように、この本には多くの誇張と美化があり俄かに信じがたい点が少なくない。しかし新機構の下での南の就任後、塩原は彼の秘書

課長として1935年3月まで勤務したのち、同月19日、関東局を離れ満州国官吏となり、満州国国務院総務庁人事処長として勤務することになる。すなわち塩原が南の秘書課長として勤務したのはわずか3ヵ月あまりにすぎない。にもかかわらず1年半後、朝鮮総督となった南により彼の秘書官として朝鮮に呼び寄せられたのは、やはり在満機構改革問題の調停に塩原が一定の役割を果たしたことが南に認められたためと思われる。

　さて塩原が南の下を去ると入れ替わるように、今度は大野緑一郎が関東局総長として赴任してきた。関東局は1934年の機構改革により廃止された関東庁に代わって新設された機関であり、駐満大使南次郎の管轄下にある。南の下で関東局総長となったわずか1年3ヵ月後の36年8月、大野は朝鮮総督府政務総監に任命される。南が朝鮮総督に任命されたのと同じ8月5日付である。そして2週間後の8月18日、大野につづいて塩原時三郎が朝鮮総督府秘書官に任命される。総督南より一足先にソウルに着任していた大野が秘書官塩原を従えて京城駅頭に降り立った南を出迎えたのは8月26日のことだった（『東亜日報』1936年8月27日）。

　こうして1936年8月に満州から朝鮮総督府に転出した3名のうち塩原は41年3月に厚生省職業局長として内地に戻るまでの4年半、南と大野は42年5月に同時にそれぞれ枢密顧問官、貴族院議員として内地に錦を飾るまでの5年9ヵ月を朝鮮総督府の中核として活躍することになる。

　朝鮮赴任当時、南は62歳、大野49歳、塩原40歳であった（尹致昊は73歳）。年齢および地位を考えると南と大野が司令官、副官としてトップを固め、若い塩原が現場を取り仕切る親衛隊長の役割を担うといった具合である。しかし現場を取り仕切る上で若さは必要であるが、秘書官の肩書では役不足である。塩原赴任から約1年後の37年7月3日、前年5月以来、学務局長を務めていた富永文一がわずか1年あまりで退職願を提出したため、富永に代わって塩原が学務局長心得に任命された。肩書に「心得」が付いたのは、当時の官制上、局長以上のポストに就くには勅任官でなければならず、またその勅任官になるためには官吏として一定の勤務年数が必要であったが、当時の塩原は勤務年数上、奏任官の地位にあったためという。「心得」が付いたのはあくまでもこのような官制上の制約のためで、かえってそれは塩原の抜擢がいかに異例であったか

を示すものだった＊88。事実、『尹致昊日記』でも塩原には“大物”という修飾語が付いていることがしばしばである（1938年1月19日、同1月25日）。

　1937年12月1日、肩書から「心得」が取れて塩原は正式に学務局長となった。ここに総督南、政務総監大野、学務局長塩原という3頭体制が確立した。『尹致昊日記』第11巻が始まるのはそれから1ヵ月後のことである。

尹致昊の動静

　1936年1月23日、尹致昊は71歳の誕生日を迎えた。当時の朝鮮人は男子上層階級でも80歳まで生きた者は稀であり、一般庶民、下層階級まで加えた平均寿命は70歳にはるか及ばなかったと思われる。従ってこの時期の尹致昊は世間的に考えれば、隠居老人として悠々自適の生活を送っていてしかるべき年齢だった。日記にも「昨夜は1時から一睡もできず。また右目が痛む。ここ数ヵ月ほど右目がとても変で、細かな字を読むことができない……」（第11巻、1938年1月4日）、あるいは「最近体力が衰え、ほとんど病気のような感じ」（同、12月30日）がするといった記述が目立つ。すでに尹致昊は老衰期に入っていて、日記を書くのも困難な状態になっていた。2年間におよぶ日記の空白は彼の老化現象と関係があるかも知れない。

　以下、空白の2年間における彼の行動を主として『東亜日報』の記事によりながら追ってみる。

　1936年4月2日から3日間にわたり、朝鮮YMCA連合会が主催した学生YMCA青年委員修養会が開催され、尹致昊は申公淑、辺永瑞、白楽濬、柳永模、金昶齋、金永義らとともに指導者として参加した（『東亜』、36年4月1日）。

　5月28日、梨花女子高等学校創立50周年記念式典が同校の校庭でアッペンツェラー司会の下に盛大に行われた。来賓として出席した尹致昊はユーモアあふれる祝辞を述べた（『東亜』、1936年5月29日）。

＊88　稲葉継男「塩原時三郎研究——植民地朝鮮における皇民化教育の推進者」：『九州大学大学院教育学研究紀要』、1998年創刊号（通巻第44集）、185〜208頁。

日章旗抹消事件と南次郎の就任

　同年8月9日、ドイツのベルリンで行われた夏季オリンピック大会のマラソン競技において朝鮮人の孫基禎（ソンギジョン）が優勝、南昇龍（ナムスンニョン）が3位に入賞した。朝鮮体育会会長であった尹致昊は病中の身にもかかわらず徹夜で競技のなりゆきに耳を傾け孫基禎の優勝を見届けた。翌朝、彼を訪問した『東亜』の記者に対して次のようにその感激を語ったという（『東亜』、36年8月10日）。

　　　孫基禎君が優勝したことは、すなわち朝鮮青年の未来が優勝したという予言であり、また生きた教訓であると固く信ずる。我が朝鮮の青年がスポーツを通して、とりわけ世界20億を相手にして堂々と優勝の栄冠を獲得したという事実は、すなわち我が朝鮮の青年が全世界20億の人類に勝利したということであり、我々の喜びと感激はこの上ないものである。

　朝鮮における近代スポーツの多く（バスケットボール、野球、テニス、スケート、サッカー、ボクシング等々）は朝鮮中央Yを起点として普及した。その中央Yの総務あるいは朝鮮Y連合の会長として中央Yの象徴的存在だった尹致昊は、1928年から37年にいたる10年間にわたり朝鮮体育会の会長（第9代）を務めた。その間、ソウルで開催される大きなスポーツ大会のほとんどに彼は大会会長として臨席した。孫基禎の優勝にあたり『東亜』の記者がその感想をまず尹致昊に求めたのはそのためである。「我が朝鮮の青年が全世界20億の人類に勝利した」という感激は、朝鮮体育会会長尹致昊の感激であると同時に全朝鮮人の感激でもあったろう。

　孫基禎優勝のニュースで一気に高潮した朝鮮人の民族意識は、大会4日後の8月13日、『朝鮮中央日報』および『東亜日報』（地方版）が優勝した孫基禎の写真からその胸にある日章旗を抹消するという事件となって表れた。さらに『東亜』は25日なって再びその中央版に日章旗を抹消した孫基禎の写真を掲げた。その結果、『東亜』は8月29日より無期停刊処分となり、『朝鮮中央日報』は9月4日になってみずから謹慎の意を表して当局の処分があるまで休刊することを宣言した。

　新総督南次郎が秘書官塩原を伴ってソウルに着任したのは、この日章旗抹消

事件のさ中の8月26日であった。孫基禎優勝のニュースで息を吹き返した朝鮮人の民族意識は再び強権力により圧殺され息をひそめていった。

　翌1937年4月に開かれた道知事会議の訓示中において南次郎は総督府施政の根本5政綱の劈頭に国体明徴を掲げ、さらに教学刷新の一項目を掲げた（『朝鮮に於ける国民精神総動員』朝鮮総督府、1940、23頁）。

　同月12日、尹致昊は貞洞礼拝堂で行われた基督教宣教50周年記念碑石の除幕式に梁柱三その他とともに参加した。

　6月10日には修養同友会事件により、李光洙、金允経、朴賢煥、申允局ら百数十名が検挙され、鍾路署に留置された。同月28日には35年2月に仮釈放となっていた安昌浩が平壌の松苦で検挙され再びソウルに護送された[*89]。

　6月17日、朝鮮監理教会（メソジスト）が神社参拝を受け入れることを声明した。すでに前年の5月25日、カトリック側では朝鮮にも神社参拝を容認する教皇通牒を発していた（『日韓キリスト教関係史資料Ⅱ』付録年表）。

　7月14日、当時朝鮮を訪れていたヘレン・ケラー女史が同日午後7時半、京城府民館で「第3の声」と題する講演を行った。彼女の声を聞こうと会場に集まった聴衆は1500名に達した。講演会ではケラー女史がその半生を語ったあと、尹致昊による答辞と記念品贈呈があった（『東亜』37年7月15日）。

　南新総督着任後、民族感情の高まりは後退したものの、ここまではまだ平時とあまり変わらない催しがあり、尹致昊の生活にもやや潤いが感じられる。しかしケラー女史の講演があった1週間前にはすでに盧溝橋事件が勃発していた。

盧溝橋事件以後の尹致昊

　7月8日、『東亜日報』に「練習中の豊台駐屯軍に中国兵が突然発砲　即時厳重謝罪要求」、「盧溝橋事件拡大　日中軍戦闘開始」なる見出しで盧溝橋事件の第1報が伝えられた。7月15日、南総督は臨時道知事会議を開催して時局の重大性を周知徹底せしめた（次節「2.相次ぐ逮捕劇」参照）。この臨時道知事会議を境に事態は一変する（第11巻、1939年2月15日参照）。以後、尹致昊は時局講演会その他、戦争協力の催しに頻繁に駆り出されることになる。その一端を以

＊89『李光洙全集・年譜』（三中堂）。1935年の仮釈放については第9章8「安昌浩の仮釈放」参照。

下、『東亜日報』から引用する。

> 1937年7月21日　昨日午後7時半には市内京城女子高普の講堂と京城師範学校講堂において朝鮮教化団体連合会主催で時局対応講演会が開かれた。女子高普講堂では尹致昊、高元勲、車載貞の3氏が一般聴衆に時局認識を強調し、師範学校大講堂では深堀中佐、野崎真三、李覚鍾3氏がやはり府民の奮発を促した。
>
> 同7月24日　堅志町の尹致昊氏は同日〔7月23日〕皇軍慰問金として1000円、国防献金として4000円を〔当社に？〕寄託した。
>
> 同9月3日　国威宣揚の祈願祭　今日朝鮮神宮で挙行　尹致昊、崔麟、韓相龍氏等139氏の発起で3日午前9時から朝鮮神宮で挙行する国威宣揚祈願祭は委員長尹致昊氏が祭文を奉読する予定であるが、その祭文は北支将兵武運の長久と東亜永遠の平和を祈願し市民の忠誠を誓うものである。当日は北支将兵に慰問電報を送る等軍国市民の精神をいっそう高潮させるはずである。
>
> 同9月7日　平壌時局講演会　白氏記念館で　支那事変の正当な認識と民衆の覚悟を喚起させるため地方巡講に出かけた総督府派遣平南隊〔である〕尹致昊曹秉相両氏の平壌講演は6日午後8時から府内白氏善行記念館で開催、引き続き7日に一般学生のために府内平壌中学校講堂でやはり一場の講演をする予定。鎮南浦を経て9日には再び平壌に戻り、同日午後3時頃、平壌府庁にて有志と時局座談会を開くことになっている。
>
> 同12月15日　南京陥落戦捷奉告祭　朝鮮神宮で挙行　去る13日の南京陥落を機会として南京陥落奉告祭が尹致昊氏等104名の有志の発起で予定どおり25日午前11時から朝鮮神宮で南総督、小磯朝鮮軍司令官をはじめとして多数参集のもと盛大に執り行われた。

　これら一連の尹致昊の行動からすると、仮に総督府の圧力によるものとしても、盧溝橋事件に始まる日本軍の一連の動きに彼が大きな刺激を受け、戦時体制に前のめりになっていたことは明らかである。恐らくこの段階における尹致昊は戦争（事変）が短期間で終息するものと考え、孫基禎の優勝に感じたのと同じような高揚感を日本の勝利にも感じていたのではないかと思われる。

しかし盧溝橋事件に始まった日中戦争は8月13日、第2次上海事変へと発展し、8月24日には日本で国民精神総動員実施要綱が閣議決定され、長期戦への準備がすでに始まっていた。実施要綱の趣旨には次のようある。

　　　挙国一致堅忍不抜ノ精神ヲ以テ現下ノ時局ニ対処スルト共ニ今後持続スベキ
　　　時艱ヲ克服シテ愈々皇運ヲ扶翼シ奉ル為此ノ際時局ニ関スル宣伝方策及国民
　　　教化運動方策ノ実施トシテ官民一体トナリテ一大国民運動ヲ起サントス

　そして、その第6条「実施上の注意」の第3項は「社会ノ指導的地位ニ在ル者ニ対シ其ノ率先躬行ヲ求ムルコト」としていた。9月以降、尹致昊が時局に関する「国民教化運動」に頻繁に駆り出されるようになったのはこの実施要綱に沿うものであろう。

　以上が1936〜37年における尹致昊をとりまく状況であった。以下、第11巻を中心に38年以降の彼の言動を見ることにする。

2.　相次ぐ逮捕劇：国民精神総動員運動への序曲

延禧専門経済研究会事件

　盧溝橋事件勃発から1週間後の7月15日、総督南は急遽、臨時道知事会議を招集して次の3点を強調した。

　　　(1) 半島住民に対し普く時局の重大性を周知徹底せしむること　(2) 今日真
　　　に東亜の安定勢力として全局の安危を荷へる日本帝国の指導的地位を内鮮一
　　　体たる半島の民衆をして確認せしむること　(3) 支那の全貌を正しく一般に
　　　理解せしむること。(『朝鮮に於ける国民精神総動員』、24頁)

　「時局の重大性」、「日本帝国の指導的地位」、「支那の全貌」などと言われてもそれを各道に持ち帰って具体的に道民に周知徹底することは無理である。今後予想される長期戦に備えてすべての朝鮮人を戦争遂行のために精神総動員するには具体的方策が必要である。

　8月24日、日本政府は「国民精神総動員実施要綱」を閣議決定して戦時下における国民精神総動員運動の具体的な実施策を明らかにした＊90。これをうけて朝鮮では「挙国一致」、「尽忠報国」の精神を強固にする具体策として11月16日に毎月の1日を「愛国日」とすることが決まり各道知事に通牒された。

　12月1日、塩原は肩書から「心得」が取れて正式に学務局長を拝命した。直後の12月3日、朝鮮の各学校に天皇の写真を配布して礼拝を強要するようになった。12月22日、朝鮮における国民精神総動員の徹底強化に関する臨時道知事会議が招集された＊91。

　ちょうどその頃からソウルのキリスト教界では妙な噂が出まわり始めた。1930年代前半に積極信仰団を組織してキリスト教界を混乱と対立に陥れた申興雨（前朝鮮Y総務）が朝鮮から外国人勢力を一掃し、彼の敵である兪億兼（延禧専門副学長）、金活蘭（梨花専門副学長）、具滋玉（現Y総務）、洪秉璇（Y理事）等に復讐しようと企んでいるというのである。『日記』第11巻、巻頭の38年1月から5月にかけてはもっぱらこの噂に関する情報でもちきりである（1938年5月22日参照）。

　それによれば大物学務局長塩原が申興雨にファシスト党を作るよう要請し、これに同意した申が、朴仁徳（積極信仰団メンバー：女性）を連絡係として朝鮮軍司令部、京城府尹の佐伯顕、総督府学務局社会教育課長金大羽らと連絡をとりながら、朝鮮における宣教師の影響力を一掃するため「反西洋－親東洋を目的にかかげる興亜協会（Pan-Asian Association）」なる団体の設立を計画中である。警察も彼らの動きを察知しているが、背後に大物塩原がいることが分かっているのでうかつに事情聴取することもできないという（第11巻、1938年5月8日）。

　3月になると延禧専門学校の教師3人が共産主義に関する本を図書館に寄贈した廉で逮捕投獄された（いわゆる延禧専門学校経済研究会事件）。さらに5月には危険思想の本があるのではないかとの疑いで延禧専門全体が捜索をうけた上

＊90　全体は次の6条から成る。1.趣旨、2.名称：「国民精神総動員」、3.指導方針（4項目）、4.実施機関（4項目）、5.実施方法（8項目）、6.実施上ノ注意（3項目）。その全文は国会図書館のホームページ「国民精神総動員実施要綱」を参照。

＊91　「半島興亜年表」：御手洗辰雄『南総督の朝鮮統治』（京城日報社、1942）。

に、俞億兼、鄭光鉉（尹致昊の娘婿）の家が家宅捜索され（5月15日）、翌日には鄭光鉉と李春昊（ともに延禧専門教師）が警察に連行された。さらに逮捕劇は朝鮮中央Yに飛び火して5月17日には尹致瑛（尹致昊従弟：Y会員であると同時に青邱倶楽部会員）が、同19日には具滋玉、洪秉璇、李萬珪、鄭春洙（3者ともにY理事）が逮捕された。

　このように延禧専門、中央Yと相次ぐキリスト教機関関係者の大量逮捕劇が続くなかで、5月26日、問題の申興雨が尹致昊に会見を求めてきた。当日の両者の会見の模様は以下のとおりである（第11巻、1938年5月26日）。

　　木曜　快晴　ソウルの家。申興雨の申し出により江戸川亭で一緒に夕食をとりながら会見。彼の話の内容は次の4点に絞られるであろう。（1）我々30～40万人のキリスト教徒は寺内や斎藤の時代のキリスト教徒とはきわめて異なる状況下におかれている。現在の日本の支配者たちはヒットラーやスターリンの方法を取り入れて、日本に対して中途半端な考えを抱いている者たちを根絶しようとするだろう。（2）彼〔申興雨〕には朝鮮軍司令官〔小磯国昭〕、総督、及び警務局長〔三橋孝一郎〕のお墨付きをもらった計画がある。ところがいわゆる基督教連合会の出現により彼の計画が頓挫した。（3）数十万人のキリスト教徒のために――と彼は言う――私〔尹致昊〕は当局に協力すべきである。（4）彼の計画が成功するためには金大羽と例の公安課の男を仲介者としなければならない。
　　私が彼の計画とはいったいいかなるものであるかと聞くと、彼は返答を拒んだ。私は支配者たちが私の所にやってきてそうしてくれと言うならば彼と協力してもいいと返事をした。申はさらに次のように提案した。全朝鮮キリスト教徒の代表として――例えば兵隊の散髪をする床屋の一団を含んだ――北支における皇軍を訪問する慰問団を組織してはどうかと。

　この会見によりこれまで噂として日記に記されてきたことがほぼ事実であったことが分かる。総督、学務局長、警務局長のみならず朝鮮軍司令官さえ加わり、共産主義者と外国人勢力を一掃し、ファッショ的な内鮮一体、国民精神総動員体制を作ろうとしてきたことは明らかである。

　引用文中、「基督教連合会の出現により……計画が頓挫してしまった」云々
というのは延禧専門や朝鮮Ｙ関係者の逮捕劇が続く５月８日、それまで別個の
組織として活動してきた朝鮮内の日本人、朝鮮人両キリスト教徒が「相協力し
て、基督教伝道の実効を挙げ皇国臣民として報国の誠を〔尽くすことを〕目的」
として朝鮮基督教連合会を設立したことを指す（『日韓キリスト教関係史資料Ⅱ』、
637頁）。この件に関しては、連合会の創立直前に憲兵隊の刑事が尹致昊の家に
やってきて、連合会の設立は申興雨の計画と相容れないのではないかと問いた
だしたという経緯があった（11巻、1938年５月22日）。

　上記引用文の尹致昊との会見において、申興雨は総督府と朝鮮軍のお墨付き
をチラつかせながら官憲に妥協するよう尹致昊に迫ったが、それから12日後
の６月７日、突如、その申興雨が西大門警察署に連行された。事態は複雑であ
る。

修養同友会事件と安昌浩の死

　一方において西大門警察署による延禧専門、朝鮮中央Ｙ等の同志会（李承晩
系）関係者の大量検挙が続く中で、他方においては鍾路警察署により、同友会
（安昌浩系）関係者の大量検挙が前年以来すでに進行していた。1937年６月10日、
西北派の主要メンバーである李光洙、金允経、朴賢煥、申允局ら、百数十名が
検挙され、鍾路署に留置された（いわゆる修養同友会事件）。次いで、同月28日
には、35年２月に仮釈放になった後、平壌の松公山荘で静養していた安昌浩が
検挙されソウルに護送されてきた。取調べの結果、安は11月１日、検事局に送
致されたが、1932年に上海から朝鮮に送致されて以来、取調べ・収監・仮釈
放・再逮捕を繰り返すうちに病状が極度に悪化していたために、11月24日、
病保釈となって京城帝大付属病院に入院させられた。

　翌1938年２月７日、尹致昊は30年来の友人を見舞うために帝大病院を訪れた。
その時の尹致昊の目には、病床に横たわる「〔安昌浩〕氏の体は骸骨さながら」
のように見えたが、２人は久しぶりに会えたことを互いに喜びあったという
（第11巻、同日）。１ヵ月後の３月９日、安昌浩は同病院で60年の生涯を閉じた。
1908年の大成学校設立以来、30年におよんだ尹致昊、安昌浩、両者の関係は２
月７日の病院での会見が最後となった。上海臨時政府の設立以後、独立運動に

対する彼らの立場は正反対だった。にもかかわらず、生涯、両者の友情は変わることがなかった。しかるに、解放後の韓国において、韓国独立の最大功労者として安昌浩を信奉する人々は、尹致昊を親日売国奴として全否定する。もはや両者の友情を理解するだけの心の余裕を現在の韓国人は失ってしまったように思われる。安昌浩の訃報が届いた当日の日記（第11巻、1938年3月10日）に、尹致昊は次のように書いている。

> （前略）　安昌浩氏が昨夜死んだという話を聞いた。氏はいっぺんに半ダース以上もの病気にかかっていたので持ちこたえられる可能性はまずなかった。彼にとっては死んだ方が却ってよかっただろう。だが、私としては1人の友人を失ったことを悲しまずにはいられない。

　朝鮮を南北に分断する畿湖派と西北派の争いは1935年の時点では西北派の勝利であるかに見えた（第9章の8を参照）。だが、37年に起きた修養同友会事件による大量検挙につづき、今また西北派の象徴的存在であった安昌浩が死んだことにより、ソウルにおける西北派はほぼ壊滅状態となった。総督府にとって残るは畿湖派の壊滅あるのみである。

3. 興業倶楽部事件

　総督府警務総監部資料「興業倶楽部事件の検挙状況」によれば、申興雨逮捕にいたる経緯は、要約以下のとおりであった（「最近における朝鮮治安状況」：『日韓キリスト教関係史資料Ⅱ』、807〜13頁）。

> 　1938年2月以来、延禧専門学校における左翼教授を中心とする経済研究会事件を西大門警察署が取調べ中のところ、たまたま同校副校長兪億兼宅から在米朝鮮独立運動団体「同志会」の首領李承晩一派と深い関係があることを証明する文書を押収した。そこで5月19日にいたり最近米国から帰国した人物で在米中に李承晩の股肱として活動した疑いのある尹致暎を取り調べたところ、同志会員の記念写真などを所持していること、さらに朝鮮内に同志会の

下部組織である秘密結社興業倶楽部なる団体が存在することが明らかになった。また朝鮮基督教連合会の総務具滋玉宅を家宅捜索したところ、興業倶楽部会員の名簿とその運動状況を記した興業倶楽部日記なるものを発見した。そこで延禧専門学校事件と合わせて興業倶楽部事件関係者の逮捕に着手した。

　『日記』第11巻によれば兪億兼が家宅捜索されたのが5月15日、尹致暎が逮捕連行されたのは2日後の5月17日である。この事実を上記の要約と合わせ考えるとき、警察はまず兪億兼の取調べから尹致暎を割り出し、17日になって尹致暎の家宅捜索をしたところ記念写真が発見された。そこで即日、彼を連行して西大門署で取調べを続けたところ、19日までの間に尹致暎が興業倶楽部のことを自白するにいたったものと思われる。

　同じく『日記』によれば具滋玉が連行されたのは5月19日である。この時すでに興業倶楽部の存在は尹致暎から聞き出して明らかになっていたはずであるから、具滋玉宅から興業倶楽部の会員名簿と日記が押収されたのは同じ19日であったと思われる。会員名簿には尹致昊、尹致暎、具滋玉、兪億兼らの名前とともに当然、申興雨の名前があったはずであるから、警察としては直ちに申興雨と尹致昊を連行すべきである。しかるに両者は逮捕されずに、前述の如く1週間後の5月26日に申興雨は尹致昊に会見を求め江戸川亭で会見をしている（本章の2を参照）。このとき尹致昊はなんのために周囲の者が次々に逮捕されるのか未だその理由を知らずにいた。

　一方、この時、申興雨が尹致昊に語った内容をみると、警察が具滋玉宅から興業倶楽部会員の名簿と日誌を押収して会員の検挙摘発に乗り出していることを知っていなければ言えない内容になっている。申興雨が尹致昊に会見を求めたのは、彼と警察との取引の結果であることはほぼまちがいない。

　しかし、みずからのファッショ運動に協力するよう尹致昊を説得することに失敗した申興雨は尹致昊との会見から12日後の6月7日に連行された。尹致昊が西大門署から呼び出しを受けるのはそれからさらに2ヵ月以上経過した8月16日のことである。その間、警察は逮捕した30名あまりの興業倶楽部会員を取り調べて調書を作成することにより、尹致昊が総督府に協力せざるを得ないよう証拠固めを進めていたものと思われる。

南次郎による尹致昊担ぎ出し工作

　これより先、年が明けて間もない1938年1月12日の朝、忠清北道知事の金_{キム}東勲が尹致昊宅に彼を訪ねて、近いうちに南総督から中枢院勅任参議になってくれという依頼があるかもしれないと伝えた。これに対して尹致昊は、中枢院に入るよりも公職に就かずにいる方が役に立てるだろうと返事をして断った。

　2月23日、今度は京畿道高等警察課長の中村なる人物がやってきて同じく中枢院に入ることを勧めたが、金東勲に答えたのと同じ理由でこれを断った。3月4日、中枢院参議の崔麟がやってきて政務総監をはじめとする総督府の幹部が尹致昊を中枢院参議にすることに決定したと伝えた。

　事ここにいたって、尹致昊はみずから総督府に出向いて辞退の理由を説明せざるを得なくなった。3月6日、手始めに総督府の朝鮮語通訳官として在鮮歴が長く、在鮮日本人の中では朝鮮の実状に通じていると思われる田中徳太郎を訪ね辞退の理由を説明した。すなわち尹致昊が朝鮮人の間に多少の声望があるとの理由を以て彼を中枢院参議にしたいというのであれば、その声望は彼が申し出を引き受けた瞬間に消し飛んでしまう、故に現在のまま総督府に協力する方が有効と考えるというものだった。

　総督府に協力することを避けるための言い逃れと取られかねない理由であったが、田中はこれに理解を示し、意向に沿うよう努力すると約束した。3月16日、再び田中を訪ねた尹致昊に田中は、総督秘書官の近藤儀一、内務局長大竹十郎に事情を説明したところ両者もほぼこれに同意した、しかし最終的な判断は、現在東京に出張中の大野政務総監の帰任を待たなければならないと伝えた。

　そうこうするうちに延禧専門、朝鮮Y関係者の連続逮捕が続き、不安になった尹致昊は5月20日、あらためて総督府外事部外務課の通訳官小田安馬を訪ねた。小田は中枢院参議就任要請を辞退したいという尹致昊の考えを支持してくれた上に、尹致昊が直接総督に会ってこの問題を話し合うことができるように手筈することを近藤に頼んでおいた旨を伝えた。この会見の直後、尹致昊は龍山の朝鮮軍司令部を訪ね、合計1万円の寄付金を参謀長北野憲造少将に直接手渡している。その場に居あわせたすべての人々が心から礼を述べたという。自分の願いが叶えられるためには、民間人としてでも戦争遂行のために協力できることを印象づけておく必要を感じたものと思われる。直接その効果があった

ためとは思われないが、3日後の5月23日、総督南との会見が実現する。当日
および翌日の日記は次のように記す。

　　5月23日　月曜　晴、涼し　ソウルの家。午後2時、総督を訪ね中枢院に入
　　らない理由を説明する。彼は私の事情を理解してくれたようだ。そして、日
　　本の頭山氏（Mr. Toyama）も私人として働くことにより公人として働きえた
　　であろう以上のことをしているから、私にもそうして欲しいという内容のこ
　　とを言った。
　　5月24日　火曜　曇り　ソウルの家。昨日午後の南総督との会見において私
　　は総督に、朝鮮におけるキリスト教徒が国民精神総動員運動（"All-Nation"
　　Co-operation Movement）の精神にのっとって行動することは──とりわけ朝
　　鮮における日本人キリスト教徒と朝鮮人キリスト教徒の連合が実現した以上
　　──まちがいないと請け合った。南総督は過去のことは白紙に流そうと強調
　　した。

　1月初め以来あれほど執拗に尹致昊に中枢院入りを勧誘し、本人の了解もな
しに政務総監以下総督府幹部で彼を中枢院参議に決定しておきながら、ここに
いたって南があっさりと尹致昊の希望を受け入れた背後にどのような目論見が
あったのか定かでない。しかし会見において尹致昊が朝鮮キリスト教徒の国民
精神総動員運動[92]への協力を請け合い、これをうけて南が尹致昊に日本にお
ける頭山満と同じ役割を期待したことは、今後、朝鮮において大々的に展開す
ることになる国民精神総動員運動において、尹致昊を最大限に利用しようとし
ていたことはまちがいない。
　すでに述べたようにこの日の3日後（5月26日）に、申興雨が尹致昊に会見
を申し込んできたのである。それから12日後の6月7日、その申興雨も興業倶
楽部事件関係者の最後の大物として連行された。逮捕者は総勢30名以上にの
ぼり、取調べには2ヵ月以上の日数を要した。その間に、尹致昊は国民精神総

─────────────

＊92 すでに1938年4月26日より1週間、国民精神総動員銃後報国強調週間が実施されている。御手洗
　　辰雄『南総督の朝鮮統治』（京城日報社、1942）巻末に付された「半島興亜年表（南総督統治日
　　誌）」を参照

動員朝鮮連盟の設立に駆り出されることになる。

国民精神総動員朝鮮連盟の設立

　6月12日、尹致昊は学務局長塩原により南山倭城台公園の麓にある料亭岸ノ寮に呼び出された。目的は朝鮮に国民精神総動員連盟を組織する必要性を討議するためと告げられた。呼び出しを受けたのは尹致昊の他に、朝鮮人は韓相龍、朴栄喆、曺秉相、崔麟（以上4名は中枢院参議）、李覚鍾（ハンサンニョン／チョビョンサン／イカクチョン）（総督府学務局社会教育課嘱託）の5名、日本人は丹羽清次郎（朝鮮基督教連合会議長）、矢鍋永三郎（日本人金融組合連合会長）、賀田直治（朝鮮商工会議所会頭）、前田昇（陸軍少将、3・1運動直後の朝鮮軍司令官）の4名であった。話し合いの結果、全員が連盟設立に賛成し、5人から成る委員会が任命された*93。

　10日後の6月22日に発起人会があり、翌23日に総督および政務総監を訪ねて発起人会の話し合いの結果を報告した。30日にはいよいよ精動朝鮮連盟（国民精神総動員朝鮮連盟の略、以下同じ）の発足に向けて学務局で銓衡委員会の報告があった。その日の模様を日記は次のように記す（第11巻、1938年6月30日）。

　　木曜　午前快晴　ソウルの家。午前10時、学務局庁舎に行き銓衡委員会の報告を聞く。この委員会は国民精神総動員朝鮮連盟の理事長を任命することになっていた。賀田氏は東京に発つ前に私が理事長になるべきだと提案した。委員会の中の朝鮮人委員もそのように傾いていた。しかしある日本人委員から、私は西大門警察署に逮捕される可能性があるからという理由で反対が出て私を任命することはできないということになった。1週間以上にわたり、連盟の理事長にふさわしい人物を獲得するという問題が総督府上層部の優秀なる頭脳を悩ませた。結局、矢鍋氏が任命された。しかし今日になって、学務局長の塩原氏が当分の間理事長職に就くことが発表された。私が任命されずにホッとした。

　かくて翌7月1日、京城府民館大講堂において国民精神総動員朝鮮連盟およ

＊93 5名のうち1名は不明（賀田直治か?）、残りは前田昇、曺秉相、李覚鍾、尹致昊。

び京城連盟の創立総会が開かれた。参会者は発起人以下約500名。矢鍋永三郎を座長として設立の趣旨および連盟規約を決定し、理事長には学務局長塩原を推薦、承認された。引き続き各役員を決定して総会は終了した。終了後、午後2時から役員一同朝鮮神宮に参拝して連盟結成奉告祭を行ったという（第11巻、38年7月1日、および『朝鮮に於ける国民精神総動員』、27頁）。

　幸いにも尹致昊は6月30日の銓衡委員会席上で精動理事長になることを免れた。しかし、それで日本人の手先として朝鮮人同胞の前面に立つことを免れたわけではなかった。

　7月7日、盧溝橋事件1周年を記念して一大記念行事が行われた。まず午前8時に土砂降りの雨をついて大群衆が朝鮮神宮にでかけて神聖なる皇祖を参拝した。つづいて午前10時から京城運動場〔後の東大門運動場〕において国民精神総動員朝鮮連盟および京城連盟の結成大会が挙行された。雨でどろんこになった会場には各道以下に結成された地方連盟、学校・職場等団体ごとの支部、合わせて700あまりが団旗と標語旗を先頭に整列した。その数は主催者側発表によれば「無慮五万」、当時の新聞によれば3万人あまりだった。総督南の告辞、役員の式辞等が済んだのち、最後に大群衆を前に"光栄にも"尹致昊が「天皇陛下のために万歳三唱の音頭をとる栄誉を与えられ」た（第11巻、1938年7月7日）。

　降りしきる雨の中、73歳、白髪白髯の尹致昊の音頭のもとに「天皇陛下万歳！」を三唱する数万朝鮮群衆の叫び声はまさに全体主義そのものだったのではないか。

　もはや尹致昊にとって後戻りする道は断たれた。中枢院に入れることをあきらめた代わりに総督府が彼のために用意した役割は、民間人として国民精神総動員運動の先頭に立つことだったのである。

　この日午前中に精動発会式が終わったあと、午後3時から京城公会堂では5月8日に結成された朝鮮基督教連合会の結成記念式典が挙行され、総督南が祝辞を述べた。植民統治下、反日民族運動の一大拠点だったキリスト教もついに全面的に総督府に協力することになった。同じ頃、西大門警察署内では留置中の興業倶楽部会員たちに対する取調べが最後の段階に入っていた。

内鮮一体化のために利用された興業倶楽部事件

　精動朝鮮連盟結成大会が行われた（7月7日）のち、豆満江の対岸、朝鮮の東北端に位置する張鼓峰・莎草峰一帯の国境をめぐり日ソ間に紛争が発生して世間の話題となった（張鼓峰事件）。しかし8月11日に両国間に停戦合意が成立し、この事件もほぼ沈静化した16日、尹致昊は西大門署に出頭するよう警察からの連絡を受けた。

　出頭して署長に会ったあと高等係の男との会見となった。男はこれまで延禧専門の左翼教授を中心とする経済研究会事件、および興業倶楽部その他が李承晩を支持して行ってきた独立運動の調査を担当してきた人物である。彼は興業倶楽部が組織された経緯、その目的等に関して申興雨を取り調べた結果、申興雨が陳述宣誓した膨大な書類の中から数頁を尹致昊に読んで聞かせた。

　興業倶楽部に関してはすでに第9章で述べたので、ここでは繰り返さない。係官の関心は、興業倶楽部の設立に尹致昊がいかにかかわっていたか、そして設立の目的がいかなるもので、かつ尹致昊がその目的をどこまで知っていたかにあり、そのことを申興雨の陳述宣誓書に沿って確認しようという点にある。申興雨が係官に対してどのようなことを言ったかを知ることは、これまで塩原、南および朝鮮軍との関係を噂されてきた彼の意図を知る上で重要なので、以下やや長くなるが、読み上げられた内容を尹致昊が日記（第11巻、1938年8月16日）に記録したままを引用する。

　⑴およそ15年前、安昌浩の同調者が興士団を組織したように……。〔1924年5月、米国訪問中の〕申はさらに全てのキリスト教の施設およびその他朝鮮人による機関を朝鮮の独立をその目的に掲げる同志社〔同志会の誤り〕に属する細胞組織にするよう〔李承晩から〕依頼された。申はこれに同意した。彼はソウルに戻ってくると李商在および兪星濬と李承晩の計画について相談したところ、2人の先輩は承認した。次いで申は具滋玉の家でその計画を完成させるためさらに会合を持った。いわゆる興業倶楽部はこの2度の会合の産物である。私〔尹致昊：以下同じ〕はこの2度の会合には参加しなかった。1925（大正14）年10月のある日〔3月22日の誤り〕、申が十数名の者を彼の家に集めた時には私も出席した。その時、申は集まった12人〔正確には申自身

も含めて10名〕に李承晩のメッセージを配付した。彼らは朝鮮内の朝鮮人の間に独立運動を育成し、またアメリカにおける李と李の活動を支持することを決意し、これに全員が賛成した。李商在が総裁、私が財務担当となった。

(2)それから1、2年後〔1927年7月〕、申と兪〔億兼〕がハワイで開催される太平洋問題調査会（Pacific Institute）に出席するためソウルを離れるに先立ち、私は彼らに別れの夕飯をふるまった。その場で私は、我々が李の仕事を支援するために朝鮮に下部組織を作ったことを李〔承晩〕に報告すること等を彼らに命じた。（申がこのことを供述したのは今度の陰謀に私を巻き込もうという意図にちがいない、なぜなら別れの夕食のことに触れなければならないような必要性は彼にはまったくないからである）

(3) 申はさらに、李を援助するために5万円の募金を集めようとしたこと、そのために私に2万円を、金一善に1万円を、そして張斗鉉に1万円を拠出するよう頼んだが、私がそのカネを出すことを拒否したことも証言した。彼〔申興雨〕はあまり腹が立ったのでその時以来興業倶楽部には一切関係しないことにしたと〔申興雨の陳述宣誓書には〕書かれてあった。

　まず（1）によれば米国で李承晩から同志会の朝鮮内支部を結成するよう指示された申興雨は、1924年11月に帰国後、年長者である李商在および兪星濬に支部結成の件を相談して同意を得た。次いで具滋玉の家で最後の詰めを行い興業倶楽部の成立となった。この段階で尹致昊は参加していない。尹致昊が加わったのは「1925（大正14）年10月のある日」とあるが、これは申興雨あるいは尹致昊の記憶違いで25年3月22日のことである（第9章の7を参照）。

　申興雨の陳述宣誓書によればその日、彼は「集まった12人に李承晩のメッセージを配付した。彼らは……アメリカにおける李と李の活動を支持することを決意し、これに全員が賛成した」とあるが、この時、申興雨および上記の李商在以下の者たちが興業倶楽部が李承晩の同志会の朝鮮内支部であることを尹致昊に隠していたことは当時の捜査状況を記録した「興業倶楽部事件の検挙状況」中の次の一節により明らかである（『日韓キリスト教関係史資料・Ⅱ』、810頁）。

〔米国で李承晩と朝鮮内に同志会の支部を結成することに合意して1924年11月

に帰国した申興雨が李商在、兪星濬および具滋玉と2度にわたって話し合いを持った後〕翌十四〔1925年〕三月二十三日〔3月22日の誤り〕京城府社稷町申興雨方に於て李商在以下九名集合の上会名は単なる実業団体を偽装し興業倶楽部とし規則も之に準じたるものを作成し茲に結社の組織を遂げたり。

「規則も之に準じたるものを作成し」というのは興業倶楽部設立規則もその会名と同じく単なる実業団体を偽装したものにしたとの意味である。要するに尹致昊が初めて出席した興業倶楽部設立の会合においては、倶楽部はあくまでも実業団体であり、その規則も秘密結社などではなく実業団体としての規則であったというのである。当日の『尹致昊日記』が興業倶楽部の件に関してはただ「興業倶楽部を組織することに意見がまとまる」としか記していないのはそのためであろう。

　この問題に関して取調官は尹致昊に対して、李承晩の同志会の下部組織である興業倶楽部に加入したか否かを尋ねた。興業倶楽部が同志会の下部組織であるとの認識がまったくない尹致昊は次の理由を挙げてこれを否定した。すなわち、(1) 1919年の3・1独立運動時、『京城日報』を通じて運動に反対を表明し、また上海臨時政府に拠った安昌浩、李承晩等からの運動資金の援助要請も拒否してきた彼が、李承晩の同志会の下部組織であることを知りながらそれに加入するはずがないこと。さらに (2) 申興雨の陳述声明書の中に李承晩を援助するために2万円を拠出するようにと申が要求した時、彼がこれを拒否したとあるのは興業倶楽部が李承晩の支持団体であることを知らなかった決定的な証拠であると言うのである。

　尹致昊の弁明を聞くまでもなく係官は、彼が入会させられたのは李承晩に資金を提供できる他の富裕層を興業倶楽部に取り込むために単なる"看板"として利用されたにすぎないこと、倶楽部の実際面は申興雨、兪億兼、具滋玉が取り仕切っていたことを知っていた。しかし、と係官は続けた、倶楽部の総裁（李商在の死後、尹致昊が名目上、興業倶楽部の総裁になった）である尹致昊が組織の実態を知らなかったなどと言っても誰も信じない、彼が否認しつづけることは事件の解決を長引かせるだけである、かりに彼が実態を知っていたと供述してもそれを当局が不利な形で利用することは絶対ない、当局はみな彼をなん

とか救いたいと望んでいると。

　これを聞いて尹致昊は"留置場にいる30名以上の者を解放するために"は妥協も已むなしと考え、ついに意に反して申興雨の陳述声明書を認めるにいたった。しかし翌8月17日の日記に「自分が否認しつづけなかったことが悔やまれて昨夜は眠れなかった」と書かれていることからも分かるように、"……30名以上の者を解放するために"という彼の言い訳は、徹底して権力に抵抗する意思を持てない自分自身に対する単なる責任逃れに等しいのではないか。1912年の105人事件の時も事情はほとんど同じだった。あの時彼は、事実に反して自分が新民会の会長であると認めれば、他の容疑者に寛大な処置を施すという警察の偽りの取引に応じてしまった。さらに遡って1898年の独立協会事件の時も同じだった。あの時も、独立協会の解体と引き換えに徳源監理に赴任することを承諾した。圧倒的な権力を以て迫る敵に対して、最後には対決を避けて権力と妥協する。これが尹致昊の限界である。

　この西大門署の取調官との会見から約半月後の9月2日午後遅く、西大門署に留置中の具滋玉から尹致昊のもとに、「至急、署まで来てくれ」との電話があった。慌てて駈けつけてみるとひとつの部屋に具滋玉、兪億兼、申興雨、李萬桂（李萬珪）、李寛九、李某、鄭春洙、具永淅、朴勝喆が集められていた。兪億兼と李寛九はちょうど逮捕者全員を代表して"転向声明書"を書いているところだった。声明書には「朝鮮独立を推進し李承晩を支援するために興業倶楽部を結成したこと悔い、これからは天皇陛下のために生きそして働きます」という固い決意が逮捕者全員により表明されていた。尹致昊が呼び出された理由は、その転向声明書の内容について立会証人となるためだった。はたして翌9月3日の午後2時過ぎ、3ヵ月以上留置されていた31人全員が釈放された。事件は当局（と申興雨）の思惑どおりに進んでいるように思われる。

4.　南次郎と尹致昊

2度目の会見（1938年9月5日）

　これより先、尹致昊が西大門署で取調べをうけた日（8月16日）から1週間ほどした8月23日、朝鮮基督教連合会委員長の丹羽清次郎が尹致昊を訪ねてき

た。丹羽は興業倶楽部事件が落着し次第、南総督が尹致昊と会って話をするつもりであると言っていたと伝えた。1916年、当時の総督寺内が尹致昊にYMCA総務を引き受けるよう要請するに際して、両者の会見を設定する橋渡しをしたのも丹羽清次郎だった。あの時、105人事件で服役させられた尹致昊は特赦により仮釈放されたのち、寺内からYMCA総務を引き受けるよう要請された。今また丹羽からの連絡である。今度も興業倶楽部事件による逮捕を免れたのと引き換えに、南から相応の協力を要請されるのは明らかである。丹羽と総督府との関係にはなにか尋常ならぬものがある。

　丹羽の訪問ののち、南から正式に招請があったのが何時のことか日記には記されていない。しかし9月5日に尹致昊が南を訪ねていることから考えると、恐らく西大門署に留置されていた31人が釈放された翌日、すなわち9月4日頃と思われる。当日の会見の様子は5日、6日の両日にまたがって記録されている。『日記』によるかぎり南との1対1での会見はこれが2度目である（1度目は5月23日）。

　9月5日　月曜　快晴　ソウルの家。午前11時、招請により執務室に総督を訪ねる。いつものように愛想がいい。要約して次のようなことを言う。過ぎたことは水に流そう。朝鮮の青年を指導するにあたってあなたに配慮して欲しいことが3つある。(1) 半島の青年たちが言行一致するよう教育してもらいたい。(2) 東洋を"東洋人の東洋"にするための理念の核心は内鮮一体にあるということをくれぐれも忘れぬように。(3) 内鮮一体の根源は大日本帝国の忠誠なる臣民たることにある。

　9月6日　火曜　晴　ソウルの家。（南総督との会見続き）総督は私に話をしながら前述の3点を紙にメモする。話が終わった時、私は総督にその紙をくださいと言う。それを聞くと、総督は喜んで和紙の巻紙の上に彼のいわゆる"希望三要綱"を筆で認めるとそれを私にくれた。部屋を出る前に私は総督に簡単に次のように言った。1919年の独立運動に反対した私が朝鮮独立を推進する倶楽部に加入するほど愚かではないこと、私ばかりではなく思慮ある朝鮮人ならば誰もそのようなことは現在もしないであろうし、またこれまでもしなかったであろうこと。そして私は、学校の職を奪われた者たちに寛大な

処置をとってくれるように懇願した。

　最後の、「学校の職を追われた者たちに寛大な処置」云々というのは今回の事件により逮捕された兪億兼（延禧専門副校長）、李春昊（同教師）、金俊玉（キムジュノク）（松都高普校長）らの剥奪された教職を回復してほしいという意味である。
　拷問により意に反する自白を強要され、挙句の果てに転向声明書と引き換えに釈放されることを得た31名と尹致昊を待っていたのは、総督南の進める内鮮一体政策に全面的に協力することであった。そして彼らが協力するにあたって基本原則となったのが、この日、南が尹致昊に示した「希望三要綱」にほかならない。国民精神総動員朝鮮連盟結成大会ならびに朝鮮基督教連合会結成記念式典が行われた（7月7日）数週間後に、すでに尹致昊は日記に次のように記しているが（1938年7月26日）、南の「希望三要綱」は改めてそのことを確認させるものとなった。

　　（前略）　総督は朝鮮人を北海道または長崎県〔"九州"とあるべきところ〕の人々と全く同じ皇国臣民にすることに決めた。学校においても教会においても1人残らず皇国臣民の誓詞を暗誦するよう命令された。こうして我々は皇国臣民になるか、ヨーロッパかアメリカあるいは天国に亡命するかのいずれかを選択するように迫られている。二股をかけることは非常に危険だ。朝鮮独自の組織を——特に外国の委員会との関係において——独自のまま残しておこうと思っている者は言葉の綾によって日本人を欺けるものと考えているらしいが、そういう連中は日本人の心理、国粋主義が分かっていないのだ。

　すでにこの時点において、南のめざす内鮮一体が西洋人——とりわけ朝鮮人キリスト教徒に対して強い影響力を持つ宣教師——を排除することにあることを尹致昊は見抜いている。「外国の委員会との関係において朝鮮独自の組織」を維持することというのは朝鮮YとYMCAニューヨーク国際委員会との関係のことであり、朝鮮長老会ならびに監理会等と米国本部との関係のことである。もはやYMCA国際委員会やキリスト教各教派の米国本部を盾にして日本の攻勢を防ぐことは不可能となった。米国長老会海外宣教部はすでに朝鮮の教育事

業から撤退することを決定していたのである＊94。

　1938年9月5日の南との会見は南・塩原体制下において尹致昊がとるべき態度を最終的に決定したものと言える。以後、尹致昊は日記において南・塩原体制を批判することはあっても、実際の彼らとの交際においては進んで協力し、たとえ反対意見があっても最終的には妥協することになる。

　9月14日、社稷洞の申興雨宅に尹致昊、兪億兼、李春昊が集まり、旧興業倶楽部会員として今後いかなる報国運動をなすべきかを協議した。協議の結果、次の3項目が決定された。

　　(1) もろもろの報国団体を結集し時局にふさわしい奉仕を行う。(2) 総督の「希望三要綱」を京城内にある教会の指導者、京城内のキリスト教徒、そして全鮮のキリスト教徒に広めること。(3) 会員銘々が月20〜50銭ずつ国防基金に寄付すること。

　1938年当初、朝鮮キリスト教界は大物学務局長塩原の命を受けた申興雨がファシスト党の結成をめざしているとの噂に戦々恐々としていた。申興雨によるファシスト党は実現しなかったが、その後、9ヵ月間におよぶ延禧専門、朝鮮YMCA、興業倶楽部等々への強制捜査と取調べの結果、ついにキリスト教界は総督府に全面降伏するにいたった。ここに南・塩原による国民精神総動員態勢のための条件整備が終わったと言える。尹致昊が南の「希望三要綱」の内容を具体的にどのように理解していたかは次に紹介する南との3度目の会見によりおおよそ知ることができる。

3度目の会見（39年3月3日）

　1939年3月3日午後2時、尹致昊は『毎日新報』社社長崔麟（チェリン）の依頼により総督官邸に赴き、崔麟の司会の下に南との対談に臨んだ。崔麟は国語（日本語）を普及させることを目的に新たに『国民新報』なる朝鮮人向け日本語新聞の創刊を計画していたが、4月3日に発刊されるその創刊号の特別記事として南と

＊94　第11巻、1938年7月23日、および『日韓キリスト教関係史料Ⅱ』、151頁。

尹致昊の会見を企画したものである[95]。以下、『国民新報』によりながら会見で取り上げられた話題について検討する。

　まず「**内鮮一体の完成**」という見出しにおいて、南が内鮮一体の完成は壮年層ではなく青年層に望みをかけると発言したのに対して尹致昊も同意している。次いで尹致昊は総督府本府には朝鮮人の課長が1人、事務官数人がいるだけという現状を指摘し、局長課長級にもっと多くの朝鮮人を起用するよう要望した。この要求には具体的な根拠があって、尹致昊は日頃、官報その他に報ぜられた様々な統計結果を詳細に日記に記録していた。38年6月25日の日記には朝鮮における12万1,073名の公務員を総督府中央庁勤務者以下、学校組合被雇用者にいたる7種類に分類して、その各々に日本人および朝鮮人が占める割合、また両者の給料合計額を一覧表にしている。その表に基づいて全体状況を計算すると、

被雇用者　日本人：7万1044人　　　給料合計　日本人：7251万2867円

　　　　　朝鮮人：5万0029人　　　　　　　　朝鮮人：2660万0107円

となっていて1人当たりの平均給料は日本人の1020円に対して朝鮮人は531円、日本人の約半分である。尹致昊の要求には単に雇用者数のみならず給料面における不平等をも是正することが含まれていたのである。ところがこの問題に対する南の答は「官吏の方も漸次その数をふやして行きたい考へで実行しつつあります」というにとどまった。

　次いで「**朝鮮語はどうなる？**」の見出しの下に、小中学校における朝鮮語教育問題に関連して尹致昊が、「国語の普及および徹底策と朝鮮語の使用問題を如何に調整すべきでありませうか」と問いただしたのに対して南は内鮮共学の関係上、朝鮮語を随意科目としているがこれは特殊な場合であって「朝鮮語の使用又は研究を禁止するような事は絶対ありません」と断言している。この問題に関する尹致昊の持論は、朝鮮人家庭の過半数において両親が日本語で子育てをするような時が来るまでは「小学校においてほとんど全ての科目を日本語

＊95　『国民新報』4月3日創刊号、『半島統治の改新を語る「南総督と尹致昊会見記」』。なお当日、尹
　　　致昊は南とともに"トーキー映画"に撮影される光栄に浴したという（第11巻、1939年3月3日）。

で教えることは重大な過ちである」というものだったので、さらに食い下がってより寛大な処置を引き出すべきところであるが、それ以上追及することなく終わっている。

次の「徴兵制度実施はいつか」の見出しにおいては、陸軍特別志願兵制度がすでに実施され良好な成績を収めているので、今後はこれを拡充し徴兵制度の実施までもってゆくのが皇国臣民たる当然の義務ではないかと尹致昊は提案した。李朝弱体化の原因は儒教の影響により極度に文を重視し、逆に武を軽視したことにあるというのが尹致昊の持論であり、これまでも志願兵制度を支持し、志願兵後援会の名誉会長を引き受けてきた（39年2月7日）からこれは彼の本音であろう。これに対して南は基本的には尹致昊の考えを支持しながらも、具体的に徴兵制をいつ実施するかということは日本軍の方針もあり、今後の志願兵制度の成績いかんにかかわることであるから今は何とも答えられないと逃げた。

次に「何時から義務教育は実施されるか」という見出しの下で尹致昊は、現在学齢児童の約半数に就学の道が開かれ、また前年の学制改革（38年3月の朝鮮教育令改正のこと）により学校名称の統一、内鮮共学が実施されたことは喜ばしいことであると前置きしたのちに、今後これを思い切って大拡充し近い将来に義務教育をぜひ実施してもらいたいと迫った。これについても南は基本的に尹致昊に同意しながらも具体的な答を避け、「教育拡充の進行と民家の経済力の充実如何によってそう遠くない将来に実施を見るのではないかと思ひます」と言うにとどまった。

最後に「参政権問題について」という見出しの下に、尹致昊は満州事変以後、とりわけ37年の盧溝橋事件以後、朝鮮人の愛国心が大いに発露され皇国臣民として覚醒しつつある現状を嘉して、総督府としても統治上の一大改革を以て朝鮮人に答えるべきではないかと、暗に朝鮮人に参政権を与えることを迫った。これに対して南は、「政治上のことは民衆の方からこうゆう風に忠義を尽くしたからこんなことをしてくれと要求されるべきものではありません、民衆の熱誠、膨湃たる愛国熱に対しては為政者としてこれに報ゆることを考へることは当然でありませう」とはぐらかした。

そこで尹致昊は、朝鮮人は満州国における政治形態と朝鮮におけるそれとの間に違いがあることに大きな不満を持っているが、当局はこれをどう考えるか

と食い下がった。これに対して南は、半島は内鮮一体、満州国は五族協和で事情が異なる、しかし両者の精神は決して矛盾するものではないと苦しい言い逃れをした。そこで尹致昊は単刀直入に、朝鮮人の教育が普及し、さらに兵役の義務も負担するようになれば当然、権利としての参政権を持たねばならないのではないかと迫った。これに対して南は、「半島民の皇国臣民化運動の徹底強化につれて漸次国民として当然の義務たる兵役の義務と又当然の権利たる参政権なども考慮されることと思ひます」と述べた上で、最後に「官吏の登用、義務教育と徴兵制度の実施、参政権の付与等すべての点を理想的にする事は御尤もの事と存じますが、それまでにはお互いに大いに協力せねばなりません、左様な意味に於いて官民協力し互いに研究努力致したいものと思ひます……」と結んで、会見を終えた。

　以上、この会見で取り上げられた問題に対する両者の発言をみると、2人の間には微妙な食い違いが見られる。すなわち、尹致昊は「内鮮一体化」の意味を朝鮮人が完全に日本人と対等になることと考え、その実現のための言質を引き出そうとしている。一方の南は明確な言質を与えることを慎重に避けながらも、建前としては尹致昊の考えを概ね受け入れているような印象を与えることに努めている。どこまで内鮮一体化を本気で実現しようと南が考えていたか分からない。しかし少なくとも彼は、自分が本気で朝鮮人を日本人と対等にしようとしているのだと尹致昊に信じ込ませるだけの"何か"を持っていたのではないか。

　会見当日の日記には、南との対談に先だって尹致昊は「総督が朝鮮人に対する差別を廃止し、内鮮一体を実現しようと努力したことに対して初めて彼に感謝する内容が書かれたメモを総督に向かって読み上げた」と書かれている。両者の会見は最初から南の内鮮一体化政策を支持することを前提に行われたことが分かる。

　南との1対1での会見は前年5月23日以来、今回で3度目である。その他にも集団で南に会ったことが数回ある。それらの機会を通し、尹致昊は南に対して好印象を持ったらしい。恐らくそのことが南の言う内鮮一体は信じてもよさそうであるという感触を彼に与えたものと思われる。この会見からしばらくして南は一時内地に帰るが、その間の彼の行動を報じた新聞を読んだ尹致昊は次

のように南を好意的に評価している（第11巻、1939年5月18日）。

> 何万人もの朝鮮人が暮らしている日本内地の大都市各地を巡回していた南総督が、偉大で知的な日本国民および朝鮮人双方から善意と理解を以て迎えられるというすばらしい収穫を納めた。氏は日本人と朝鮮人とが一家族として生きてゆくといういわゆる内鮮一体の決定的重要性を強調する。氏は東京、名古屋、大阪その他で働く朝鮮人のスラム街をみずから訪れ彼らに親切な言葉をかけることにより、これまでの全ての朝鮮総督の前例を打ち破ってしまった。大阪において或る日本人資本家が、朝鮮人は日本式生活様式に同化されるべきであると述べたのに対して総督は笑いながらこう言った、「日本人、朝鮮人双方が互いに相手の長所——例えば朝鮮人女性の衣服等——から学ぶべきである」と。

　以後、日記には南を称賛する言葉が記録されるようになる（cf. 39年7月8日、同9月16日）。この頃から両者の間には自分たち2人の個人的な関係においても内鮮一体が実現しつつあるという奇妙な感情が共有されはじめていたのかも知れない。

5. 創氏改名

　南との3度目の会見後、のちに創氏改名と呼ばれることになる朝鮮民事令改正に関する記事が5月と6月に新聞に報道されたが（『朝鮮日報』1939年5月26日、『京城日報』同6月24日）、仮に尹致昊がこの記事を読んでいたとしてもこの段階ではさして問題にしなかったであろう。当時の世論の関心はもっぱら国際問題にあった。

　1939年6月14日、日本軍が天津の英国租界を封鎖したことに端を発した排英運動が、朝鮮でも軍部（在郷軍人会）の後押しに新聞社が協力する形で進められた。7月12日、京城府民館大講堂で排英同志会を組織するための大衆集会が開かれ、尹致昊が会長に選出された。8月23日には独ソ不可侵条約が締結され、9月3日には英仏両国がドイツに宣戦布告して第2次世界大戦が始まって

いる。このように緊迫する国際情勢の中で、尹致昊は10月11日、20日間の予定で日本旅行の途に就いた。

20日間の日本旅行

　併合以来、日本のキリスト教（プロテスタント）各教派は朝鮮におけるキリスト教各派を宣教師の影響下から切り離し、日本の傘下に置くべく試みてきたが未だ実現できずにいた。しかしすでに精動朝鮮連盟が成立し、内鮮一体・皇国臣民化運動が急速に進展しつつある今、これ以上現状のまま放置することはできない。ここに日本メソジスト教会は基督教朝鮮監理会の代表を日本に招き両教派の合同に向かって協議することになった。朝鮮側代表に選出された監理会監督鄭春洙、梁柱三、李允栄、柳瀅基、尹致昊の5名は10月11日ソウルを発し、釜山、下関、京都を経て13日午前7時半に東京に到着した。

　公式日程である日朝両会派の協議は18日、青山学院ハリス館において阿部義宗議長の下に行われた。朝鮮側の主張は梁柱三が代弁したが、「日本委員会の態度は非常に配慮に満ち理性的で、両教会を無理矢理に統合しようとするような如何なる態度をも示すことはなく」、「結果的に梁博士の提案は全て認められた」という（1939年10月18日）。翌19日、一行は鎌倉教会で行われた日本メソジスト教会総会に出席したのち、再び青山学院ハリス館に戻って協議した結果、前日の内容が正式な合意に達した。

　以上の公式日程の他に準公式日程として一行5人で明治神宮および皇居を参拝し（10月13日）、YMCA日本同盟の理事長山本忠興および書記長齊藤惣一の招待による帝国ホテルでの朝食会（19日）に参加した。また尹致昊個人として朝鮮Yホールで在日留学生を前にルカ伝16章12節に関して演説した（15日）ほか、15日には宇佐見勝夫（元総督府内務部長官）、関屋貞三郎（元総督府学務局長、不在）を訪問し、17日には警視庁長官池田清（元総督府警務局長）、斎藤実（元総督）伯爵夫人、丸山鶴吉（元総督府警務局長）、前総督宇垣一成（不在）を訪問した。

　しかし尹致昊にとって今回旅行の楽しみはこれら公式、準公式日程にはなく、日本に留学中の息子たちに会うことにあった。

東京の息子たち

　当時、東京には尹致昊の3男璋善（チャンソン）（19歳、法政大学予科）、4男琦善（キソン）（18歳、上野音楽学校ピアノ専科）が留学中であった。他に京都帝大医学部には4女恩姫の夫である鄭奉燮（チョンボンソプ）が在学中であり、尹致昊の従弟致昭の6男瀅善（ヒョンソン）（愛称、"龍求将軍"）も東京に留学していた。娘婿の鄭奉燮は京都に到着した尹致昊を出迎えて東京まで一行に同行した。東京到着後、鄭春洙以下の4名はYMCAホステルに投宿したが、息子の璋善、琦善に出迎えられた尹致昊および鄭奉燮は一行と別れて東京渋谷にある息子たちの下宿に宿をとった。

　東京到着の13日および翌14日は子供たちとともに楽しく過ごし、忙しい公式日程の合間、16日、20日もまるまる1日子供たちとともに過ごす。22日には朝鮮Yの集会に出席したのち、琦善の18才の誕生日を奉燮、璋善とともに下宿で祝い、東京を発つ前日の26日もまる1日下宿で子供たちと過ごした。

　息子たちの下宿で共に生活する間、尹致昊にとって最も印象的だったのは下宿の隣に住む"今さん"というお婆さんの話だった。10月16日の日記は次のように記す。

　　　息子たちの下宿の隣に住む今さんというお婆さんが彼らにとても親切にして
　　　くれるそうだ。朝鮮が日本に併合された日、全ての家がこの慶事を祝して国
　　　旗を掲揚するよう命令されたが、お婆さんはそれをしなかった。日本の喜び
　　　は朝鮮の悲しみにちがいないと思ったからだという。彼女こそ真の侍の血と
　　　精神を受け継いだ人だ。

　このお婆さんは尹致昊が東京を発つ前日、わざわざ和食の夕飯を作って持ってきてくれたという。南総督のすすめる内鮮一体運動に期待を寄せた彼の心の支えとなったのはこういう隠れた日本人の存在だったのかも知れない。

　27日東京を発って帰還の途に就いた尹致昊は、途中京都に2泊して娘婿奉燮の指導教授に挨拶をすませたのち、奈良見物に1日を過ごし、29日には京都を発って翌30日にソウルに帰着した。

　その10日後の11月9日、『京城日報』に日本人式の「氏」を名乗れるよう法的措置をとることが1面トップに報じられ*96、翌10日には改正朝鮮民事令が

公布された。尹致昊の帰還を待つかのように創氏改名問題が本格化した。しかし『尹致昊日記』にこの問題が登場するのはそれから1ヵ月以上たった12月20日のことである。

創氏改名問題のはじまり

1939年12月20日、半島ホテルにおいて『毎日新報』主催の座談会が開かれた。出席者は日本側からは由上治三郎陸軍中佐（39年2月より精動朝鮮連盟専務理事）に、『毎日新報』の井上なる人物ともう1人。朝鮮側は韓相龍（中枢院参議）、張徳秀（全鮮思想報国連盟会員）、李光洙、および尹致昊の4人。座談会のテーマは「今日の若者たちの思想及び行動をいかに指導すべきか」というもので、司会は『毎日新報』社長の崔麟が務めた。テーマに関してはこれといった話もなく、創氏改名の件に関して李光洙が次のような意見を述べた。

　（1）当局は朝鮮人の名前を日本式に変えることを強制はしないと言っているが、様々な方法により強制するであろう。（2）我々大人は名前を変える必要がないかも知れないが、我々の子孫は日本式に名前を変えないと入学、公職への就職に関して将来差別されるだろう。（3）紀元900年にいたるまで朝鮮人に現在のような姓はなく、金、李、朴等の姓は中国からの輸入である。（第11巻、1939年12月20日）

年が明けて1940年1月7日、尹致昊はこの問題に関してとりあえず親しい従弟間で意見交換するために致昕（叔父尹英烈の長男）の家に集まった。話し合いの結果、弟の致昌と致旺および従弟の致昕は賛成、致瑛（英烈6男：李承晩支持の反日派）は大反対、致昭（英烈次男：穏健派）は態度保留であった。この日の日記には尹致昊が賛否いずれであったかは書かれていない。しかし3日前の1月4日の日記に次のように書かれていることから基本的に反対であったことが分かる。

＊96　その見出しは次のとおり。「内地式の氏を名乗る　日本古来の家族制度の美風　半島にも確立されん」、中見出しは「〔新しい氏は〕不真面目でない限り大抵は許可される」。

朝鮮的なあらゆるものをその日本における対応物に順応させようとするこの
狂信的な考え方〔創氏改名のこと〕は全く無用であり、かつ愚かしい施策で
ある。色々な考え方、やり方があることは人生という料理を味わい深くして
くれるスパイスである。日本のめざす大帝国は必然的に多民族国家とならざ
るを得ないだろう。その多くの民族を何から何まですっかり同じにしようと
することはどだい不可能であるし、また愚かなことだ。

さらに同年2月1日の日記には『京城日報』の社説に対する次のようなコメ
ントがみえる。

総督府の御用新聞である『京城日報』は昨日〔1月31日〕の社説に次のよう
なことを書いている。「日本名を採用する朝鮮人の数は日に日に増加の一途。
それも当然、新体制の実現は創氏改名によってのみ可能であるのだ。偏見に
よりこの運動を妨害しようと試みる者には当局の鉄槌が下されるであろう。
そのような者たちは民族主義と政治的動機から創氏改名に反対しているので
ある」（従って、朝鮮の独立即反日を意味する）。これによれば、当局は朝鮮名
を守り続けようとする者は反日主義者であり、故に危険分子であると見なし
ていることは明らかである。（『京城日報』原文は確認せず、日記原文を直訳）

この段階においても総督府がすすめる創氏改名に対して彼が批判的であった
ことが分かる。

「氏」と「姓」の違い

創氏改名手続きの受け付けは紀元節の2月11日を期して開始することがすで
に発表されていたが、その日を前に総督府による種々の説明会が開かれるよう
になる。2月6日、同民会（内鮮人有志による親日団体）主催の座談会が行われた。
次は尹致昊のその日の感想である。

晩餐後、宮本氏〔総督府法務局長宮本元〕が「氏」すなわち朝鮮における
「家名（family name）」の確立に関する講演を行う。私には「氏」と「姓」の

違いが分からない。朝鮮人は過去1,000年の間、親から子へと代々その苗字
（their surnames）、すなわち「姓」を承け継いできた。それをなぜ変えなけ
ればならないのか？　内鮮一体をさらに具体的に押し進めるためである。

引用文中の「氏」と「姓」の部分のみ原文（英文）においても漢字である。
"私には「氏」と「姓」の違いが分からない"と率直に告白しているが、その
疑問は次の疑問、すなわち朝鮮人は過去1,000年の間、親から子へと代々「姓」
を承け継いできたのに*97、なぜそれを今になって変えなければならないの
か？　という疑問へと直結している。宮本は当然のことながら、朝鮮の「姓」
は男系血族を表す称号であって、家に付いたものではなく個人に付いたもので
あり一生変わらないものであるのに対して、「氏」は家毎に付くものであり、
新たに家をおこせば個人の「氏」も新しくなると説明したであろう。

にもかかわらず尹致昊には「氏」と「姓」の違いが分からなかった、という
より仮に「氏」と「姓」に宮本の言うような違いがあったとしても、なぜ過去
1,000年にわたり代々承け継いできた「姓」の代わりに「氏」を創設しなけれ
ばならないのかが理解できなかった。この尹致昊の疑問に対する宮本の答は、
「内鮮一体をさらに具体的に押し進めるためである」というものであった。で
はなぜ内鮮一体を実現するためには朝鮮式の姓の他に日本式の氏を作らなけれ
ばならないのか？　なぜ朝鮮人は「金や李の名前のままで忠誠なる皇国臣民と
なることができない」（第11巻、1940年5月1日）のか？

日鮮同祖論と崔南善

尹致昊は総督府が創氏改名運動をすすめる根拠が日鮮同祖論にあることを知
っていた。創氏改名制度を理解させるために総督府法務局が1940年2月に発行
した『氏制度の解説——氏とは何か氏は如何にして定めるか』と題する小冊子に
おいて南次郎はこう強調する。大和民族と朝鮮民族とは同祖同根であり、「一
串不離の血縁的関係を有し」、「併合以来一視同仁の御仁政に因り内鮮融和統合

---

*97 しかしそれは両班と呼ばれる階層についてのことで、国民の大部分を占める平民および奴婢層が
　　姓を持つようになるのは17世紀以降、とりわけ飛躍的に増大したのは19世紀に入ってからであ
　　るという。宮嶋博史『両班』（中央公論社、1995）を参照。

して本来一体の姿に還元せんとしている」と。

　また法務局長の宮本元も、「内鮮人は歴史的にも論証されているが如く同祖同根の血縁を有するのですから精神も形も全く一つに溶け合わねばならぬ運命を負うて居るのです」と述べている（宮田節子、金英達、梁泰昊『創氏改名』明石書店、231頁、243頁）。朝鮮人と日本人は太古において祖先を同じくし、同一人種であったのだから単に精神上においてのみならず形式上においても内鮮両民族が渾然一体となることによって真の皇国臣民になれるというのである。

　だが尹致昊によればこのような日鮮同祖論は3・1独立運動後に盛んに宣伝されるようになったもので、日韓併合以来、総督府は一視同仁を標語に掲げ、朝鮮人を差別しないと言っておきながら朝鮮人に対する日本人の人種差別は公然たる秘密だった。たとえば総督府直轄の総督府病院付属医学専門学校の教授であった久保武は解剖室での授業において朝鮮人は生物学的な骨格からしても日本人よりも劣っているという点を絶えず朝鮮人学生に向かって強調しつづけた。3・1独立運動後の文化政治の時代になっても久保教授の人種差別は止まなかった（第7巻、1919年5月8日、第8巻、1921年6月2日）。

　やがて3・1独立運動後しばらくすると日本では喜田貞吉や金沢庄三郎による「日鮮両民族同源論」（1921年7月）や『日鮮同祖論』（1929年）がもてはやされるようになった。日本におけるこうした動きに呼応して朝鮮において日鮮同祖論を展開したのは崔南善である。

　崔南善は1909年に尹致昊を設立委員長として設立された青年学友会の若手の中心であり、青年学友会の機関誌『少年』の主筆だった人物である。3・1独立運動に際してはいわゆる「2・8独立宣言」を起草して青年たちに偶像視されたが、それが原因で2年半の実刑に服した。出所後は『時代日報』を創刊する等（第8章の3.を参照）、文筆事業に従事していたが、1928年、延禧専門からの誘いを断り、総督府の朝鮮史編修会の委員となった。以後、愛国者を自称する朝鮮人は崔南善を蛇蝎のごとく嫌うようになったという（第10巻、1934年8月15日）。

　1934年、彼は「神ナガラノ昔ヲ憶フ」と題する小冊子を発行して「広大なる北東アジアにおける——日本人、朝鮮人を含む——あらゆる人種はその支配者の神聖なる起源を共通にする。神道を奉ずる日本はこの万世一系の共通祖先

を維持している。この共通の観念をこそ北東アジアの全人種を統一する基礎とすべきである」と主張した（第10巻、1934年5月10日、同8月15日）。さらに35年、彼は次のように主張するにいたったという（第10巻、1935年12月8日、9日）。

　（前略）　崔南善は、最近、日本民族と朝鮮民族の祖先は同一であることが両民族の神話によって立証されたと述べることにより日本の支配者たちの寵愛を勝ち取った。崔は太陽崇拝——従って太陽神崇拝——は歴史の黎明期においては朝鮮、日本に共通していたと考える。こうして彼は主張する、朝鮮民族の精神生活を復活させるためには、仏教や儒教に頼るのでははなく、朝鮮固有の神話に頼るべきであると。かくして彼の主張は、日本当局者たちの計画にお誂え向きのものとなった。日本の皇室の女性の先祖である日本の太陽女神、天照大神（アマテラスオオミカミ）は、朝鮮神話における建国の祖檀君と実質的に同一である。ゆえに朝鮮人は他のいかなる神にもまして神道の女神を崇拝すべきである。

　以上のような崔南善の主張に対して尹致昊は、「朝鮮古代史の中に不完全に記録された原始的な神話から甦させられた神（あるいは女神）を無理やり崇拝させることにより、現今朝鮮の若者たちの精神性が蘇生される、あるいは活性化されるなどと本気で考えているのだろうか？　それとも彼は、我々の支配者たちによる日本化、内鮮一体化政策に追従することで難局を切り抜けようとしているだけなのか？」とその真意を測りかねている。

　要するに尹致昊にとって日鮮同祖論は常識をこえた考えであり本気で考えるに値しないものであった。彼が総督府の内鮮一体論を支持し協力するのは、あくまでも“朝鮮人が朝鮮人として”日本人と対等の関係において彼らと一体になることであり、その限りにおいて朝鮮人が皇国臣民となることをめざしていた。1936年ベルリンオリンピックにおける孫基禎、南昇龍の入賞は朝鮮民族が劣等民族ではないことを証明した。機会さえ与えられるならば朝鮮人は日本人と対等の立場で皇国臣民となりうるという自信こそ尹致昊が南の内鮮一体を支持した理由だった。3・1独立運動のさ中、信仰と地上の権力との関係に対する問題について考えつづけた彼は、強大民族の支配下にある弱小民族が地上

の権力に対抗する唯一の道は、強者の不正な処置に対して弱者が抱く怒りと恥の本能に基づいた「抵抗の精神」にあるという結論に達した。その彼の精神は創氏改名の問題においても尚、生きていたのである。

宗親会総会で日本名の採用を決定、南総督と会見する

その後1940年3月6日に、尹致昊は京畿道道会の本会議に出席して法務局法務課長岩島肇による氏制度確立に関する改正朝鮮民事令の説明を聞いたが納得した様子はない。

4月29日、従弟致昭の家で海平尹氏一門の宗親会総会（General Clan Meeting）が開かれ、宗親会の代表である門長（Clan-Elder）に致昭が選ばれた。本来なら尹致昊がなるべきところであるが、長年、父（尹英烈：尹致昊の叔父、当時の最年長者）に代わって門長としての実務を代行してきた致昭に譲った形である。門長が決まったあと、地方から上京してきた100人以上の会員を含む全会員により海平尹氏一門として日本式創氏改名に対していかなる態度をとるべきかという問題を討議した。一門のひとり尹徳栄子爵は創氏改名に断固反対だったために総会に出席せず、代わりに会員中の彼の息のかかった者をしてこの問題を議題にのぼせないように画策した。だが最終的に全員一致で日本名を採用するにいたった。

恐らく、この総会で日本名を採用することに決した後も依然として、なぜ朝鮮人は「金や李の名前のままで忠誠なる皇国臣民となることができない」のか？という疑問を払拭できなかったのであろう、2日後の5月1日、尹致昊は南総督を訪ねて創氏改名届出期間の延長を提案した。

会見の冒頭、彼はみずからの立場が内鮮一体を完成させるために朝鮮人が日本名を採用することに賛成であることを明らかにしたのち、朝鮮人が日本式創氏改名に反対する理由は3つあるとした。最初の2つはともに日本人の中に創氏改名に反対する者がいるからという理由である。その1つは宇佐見勝夫、関屋貞三郎、丸山鶴吉、田中武雄、阪谷芳郎、湯浅倉平、児玉秀雄、水野錬太郎といった著名人が南のこの政策に憂慮を抱いて反対しているというもの。もう1つは朝鮮居住の日本人はもし朝鮮人が全員日本名を採用することになれば自分たちは朝鮮人に対する優越感を失ってしまうのではないかと恐れているという

もの。

　これらの反対論に対して尹致昊は南の政策はこのような日本人の差別観をなくすための努力であると積極的に評価して、これら2つの反対理由を斥けた。こうして南の基本的立場を支持しておいた上で、次に3つ目の反対理由を挙げた。すなわち朝鮮人は過去何世紀にもわたり朝鮮名を守ってきたのに、なぜ金や李の名前のままで忠誠なる皇国臣民となることができないのかという尹致昊自身の疑問である。みずからの疑問を朝鮮人一般の疑問として提示した後に尹致昊は、「これはいかにも尤もな反対理由であるので朝鮮人がこの件に関して十分に考慮する時間を持てるよう届け出期限の8月11日を少なくとも6～10ヵ月延期していただきたい」と南に提案した。

　尹致昊の提案に対して南はメモをとった上で礼を言ったという。総督室を辞して帰宅した彼はただちに鍾路署の松岡署長を訪ね、南に語ったことを彼に伝えたのち、8月11日の届け出期限を（1941年）4月または8月に延長するよう提案してくれないかと頼んだ。尹致昊の意見に同意した松岡は、2月11日～8月10日という期限はたしかに短すぎるので、5月のいつの日かに開かれる予定の次の警察署長全体会において期限延長を提案することを約束してくれた（第11巻、1940年5月3日）。

　5月17日、南からの連絡をうけて尹致昊は午後2時半に彼を訪問した。南は尹致昊が提案した届出期限延長の件に関して検討した結果を次のように説明した。延長するためには東京政府に申請しなければならないが、その申請に先立ち、まず天皇の裁可を仰ぐ必要があり、仮に裁可が下りれば次に枢密院の審査をパスしなければならない。総督府関係者としては天皇の裁可を得ることの困難さを考え、この件を東京に持ってゆくことには反対である、ただし、締め切り期限が切れる8月11日を過ぎても日本名を採用したい者には期限内に手続きをした者と同等の便宜が与えられるよう配慮すると。

　こうして届出期限延長は不可となった。翌5月18日、従弟致昭の家で海平尹氏一門の宗親委員会が開かれ、日本姓「伊東」を採用することが正式に決定された。3日後、5月21日の『京城日報』は尹致昊が日本名を採用することに決定したという記事を載せた。翌22日、南総督から尹致昊のもとに果実ジュース6本が入った贈り物の箱が届けられた。この日の日記には「今日の午後、ト

ゥルチュクジュースが6本入った箱が贈り物として届けられたのでビックリする。総督が私に贈り物を送ってきたりするのはこれが初めてである。私が創氏改名したという記事を読んで彼が満足したためだろうか？」と書かれている。

　尹致昊に贈り物を届けた翌日（23日）、南は一時帰国の途に就いた。南の去ったソウルでは東京に発った彼が総督の職を解かれて林銑十郎大将が後任になる可能性が強いという噂でもちきりになる。これに対して尹致昊は、噂の産みの親はそうなって欲しいという朝鮮人の願望にあるのではないか、ただし、「南が朝鮮人に創氏改名を迫るために地方警察、学校、その他の公務員を通じて間接的に圧力をかけたことにより多くの朝鮮人の感情を害したことは確かである」とコメントしている（第11巻、1940年5月24日）。

　この時点で創氏改名に関する大勢はほぼ決したものと考えたのであろう、尹致昊は5月25日の日記に創氏改名に関する総括めいた長めの文章を残している。

　　土曜　晴れ　ソウルの家。まだ体調が思わしくなく床に伏す。内鮮一体、すなわち日本と朝鮮を唯一不可分の単位として結合させることは、南総督の目標というかほとんど道楽に近かった。総督の思い入れは大変なもので、文章にあるいは演説において、東洋を東洋人のための東洋とすることができるか否かはひとえに内鮮一体の完成にかかっていると今まで言い続けてきた。ある日本人は内鮮一体は日本民族にとって死活の問題であるとまで書いている。もし日本に敵対的な国家が朝鮮を占領した場合、日本がどうなるかを理解するならば、これら先見の明ある人々が言わんとしていることがよく理解できるだろう。だからこそ彼らは内鮮一体を実現するためには可能なあらゆる手段に訴えるのだ。朝鮮人が創氏改名するように奨励、いや圧力さえかけるのは朝鮮民族を日本民族という基幹人種に取り込もうとする一手段なのである。そうと決めたからには、当局は是が非でも朝鮮人が創氏改名するよう手を打つであろう。彼らはこの運動に反対する主な朝鮮人を反日活動家としてブラックリストに載せるだろう。私にはとうてい息子たちがブラックリストに載せられるのを黙って見ているわけにはいかない。私が創氏改名することに決めた理由はそこにある。さらに現状においては朝鮮人にとっては日本民族と一体となるのが最善の道なのだ、ちょうどスコットランドがイギリスと一体

となったことが両国民族にとって最善の道であったが如く。

南の内鮮一体化運動を「ほとんど道楽に近かった」と言う尹致昊が日鮮同祖論を信じていないことは明らかである。にもかかわらず彼が南を支持する理由は盧溝橋事件に始まった日中戦争がもはや極東アジアにおける局地的な戦争にとどまらず世界戦争へと拡大する様相を見せ始めていたからであろう。「もし日本に敵対的な国家が朝鮮を占領した場合、日本がどうなるかを理解するならば…」云々というのは恐らくそのことを指している。彼の息子たちがブラックリストに載せられようが載せられまいが、日本はこの戦いを戦うために兵站基地としての朝鮮および朝鮮人を必要としており、もはやそれは避けがたい。「弱い人種が強い人種とともに暮らさなければならない時には、自衛の手段として弱い人種は強い人種の善意を勝ち取ること」が最善の道であるというのが、3・1独立運動以来一貫した彼の考え方であった。

6月16日、当局から一門の苗字を創氏改名してもよいという正式許可がおりた。翌17日午後、府庁の戸籍課に行き、尹家の姓を「伊東」に変更する手続きと合わせて名前も変更することを届け出た。かくてこの日から尹致昊の正式の日本名は「伊東致昊」となった。

6月24日、前月23日以来一時帰国していた南が1ヵ月ぶりに帰任した。午後になって南から尹致昊の許に小さな折り箱に入った佃煮と、日本製のブランド万年筆「万古（Vanco）」が送り届けられた。1ヵ月の帰国の間に、内地における批判を抑え込むことができたと見た南が、創氏改名問題の一件落着を確信して贈ったものであろう。

以後、創氏改名問題に関して日記には南が解任されるとの噂が1度だけ取り上げられた（1940年7月5日）ほか、この問題に関する記述は姿を消す。改名手続きの締切日である8月10日の『京城日報』には「因習や伝統に囚われるな！皇恩に感泣する伊東翁」なる見出しの記事が載った。しかし当日の日記には創氏改名に関する記事は一切ない。当時、松都の病院に入院中であった長男永善を見舞いに行ったことを記すのみである。この頃すでに彼は総督府から新たな仕事を押し付けられており、彼の関心はすでに次の問題へと移っていたせいかもかも知れない。

6. 宗教ならびに教育界からの外国人排斥

再び20日間の日本旅行

　創氏改名を京城府庁に届け出て、正式に「尹致昊」から「伊東致昊」となった尹致昊は3日後の6月20日、総督府外事部外務課通訳官小田安馬（キリスト教徒と思われる）から呼び出しを受けた。小田によれば、梁柱三が日本に行き東洋文化協会の夏季集会に出席し朝鮮における宗教界の現状について講演することに同意したので、尹致昊にも同行してほしいとのことであった。また日本の支配者たちに利用されるのは分かりきったことなので尹致昊としてはどうしても気が進まない。しかし彼は、「日本の支配者たちが私にさせようとすることを回避するつもりも逃げるつもりも毛頭ないということを彼らに示してやりたい」との思いひとつでこれを了承した（第11巻、1940年7月8日）。

　日本の支配者たちに対するこの奇妙な気魄、利用されることを承知の上で協力しながら尚、相手に弱味を見せまいとする老人（75歳）の気概は一体どこから来るのか？　これもまた、強者の不正な処置に対して弱者が抱く怒りと恥の本能、そこから発した、「抵抗の精神」だったのだろうか。

　7月15日、梁柱三とともにソウルを発った彼は7月17日に東京着、YMCAに宿をとる梁柱三と別れて渋谷にある息子たちの下宿に宿をとった。19日、神田の山海堂ビルにある東洋文化協会に行き東洋文化夏季学校東京大会に出席した。この日は梁柱三が朝鮮宗教界の現状について講演した。聴衆はアメリカへ移民した日本人2世で、日本語がしゃべれず、日本のことは何も知らない少年少女ばかりだったという。

　翌20日も同夏季学校の最終日に出席し、1日おいた22日、梁柱三とともに汽車で軽井沢に行き万平ホテルに投宿した。同日夜、同ホテルのホールで開かれた集会において尹致昊は、日韓併合、内鮮一体、および朝鮮人の態度に関する論文を読み上げる。聞き手は6人が外国人（うち5人は女性）、残り5人は日本人女学生であった。翌23日、今度は梁柱三が講演論文を読み上げるのを聞いたのち、尹致昊は一足先に東京の息子たちの下宿に帰った。以後、31日までの1週間、息子たちと楽しい時間を過ごした。この間、30日には息子たちを

連れて陸軍次官阿南中将宅を訪れた。当日の日記は次のように記す。

> 火曜　午前、涼し　東京。宿で『荘子』を読む。午後7時、予約により璋善、
> 琦善、金宗燦とともに陸軍次官阿南中将を訪れる。とても恰幅のよい人だ。
> 氏と夫人は子供たちに親切にしてくれた。また氏は画家である金宗燦のパト
> ロンでもある。今回、私が訪問したのはこの阿南中将だけである。私の行動
> が厳しい監視下にあることは明らかなので、今回は宇佐見や関屋さえ訪問し
> ないことにした。

金宗燦[キムジョンチャン]は上野美術学校卒の東洋画家で従軍画家として知られていた。4男
琦善の友人である。阿南と尹致昊に直接の関係はなく、阿南→金宗燦→尹琦善
→尹致昊という関係からの訪問であろう。注目すべきは末尾において、今度の
旅行において彼が厳しい監視下に置かれていたこと、そのため日本旅行の際に
は必ず訪問していた宇佐美勝夫や関屋貞三郎さえ、今回は訪問しなかったと言
っていることである。

前節5で述べたように宇佐美と関屋は阪谷芳郎、丸山鶴吉、水野錬太郎らと
ともに中央朝鮮協会の主要メンバーで、南の押し進める内鮮一体運動に批判的
な立場をとり、とりわけ創氏改名の強引な進め方には強い懸念を示していた。
南総督解任の噂が出まわったのも彼らの批判が原因である。尹致昊が宇佐美、
関屋、阪谷らと親しい関係にあることは南も当然知っていたはずである。今回
の旅行において尹致昊は宇佐美・関屋・阪谷グループと南ら現総督府グループ
の双方から試されていたことになる。宇佐美、関屋と会わずに阿南中将とだけ
会って帰った彼は結果的に南を支持したことになる。

さて阿南中将を訪ねた翌31日はのんびり息子の下宿で過ごし、8月1日、東
京を発った尹致昊は3日の午後、20日ぶりにソウルに帰着した。1週間後に創
氏改名の手続きが締め切りとなったが、時を同じくして『東亜日報』、『朝鮮日
報』の両民族紙が停刊処分となった*98。3・1独立運動後の民族意識の高まり

---

*98 『東亜』の停刊に際し、なんとかこれを止めさせるよう兪億兼らに依頼された尹致昊は、南の秘
　　書近藤儀一を通じて南に思いとどまらせるよう働きかけたという経緯がある。(第11巻、1940年
　　1月25日)

を象徴する両紙が創氏改名の手続き終了とともに停刊になったことは、朝鮮人の心に深い悲しみをもたらしたにちがいない。追い打ちをかけるように9月1日からは新生活運動が始まり、午前6時に全員起床すること、7時から7時30分の間に皇居に向かって遥拝すること、正午に英霊に黙祷することが義務づけられた。

　すでに日本国内では第2次近衛内閣が発足し（7月22日）、大東亜新秩序、高度国防国家建設に向けて動き出している。朝鮮人を含む大日本帝国の全国民が一丸となって戦争遂行のために協力するよう義務づけられた。翼賛体制の始まりである。

日本メソジスト教会監督阿部義宗の来韓

　日本から帰ってしばらくたった9月24日、日本メソジスト教会監督阿部義宗がソウルに到着した。同日午後5時、朝鮮監理教会合同委員会の鄭春洙監督、梁柱三、尹致昊らが阿部を朝鮮ホテルに招いて夕食会を持った。京城日本メソジスト教会の鮫島盛隆牧師が同席した。尹致昊によれば阿部は「体つきが筋張った人で、思考明晰、強圧的なものの言い方をする人」だったが、夕食後の雑談において彼は大略次のように語ったという。

　　Ⅰ．日本内地における42のキリスト教諸教派はただ1人の最高監督者によって統率され、唯一の中央組織を持つただ1つのキリスト者の教会として統合する時がやってきた。　Ⅱ．理由のいかんを問わず海外からの一切の援助は拒否しなければならない。　Ⅲ．いかなる外国人も諸学校の校長や教会におけるあらゆる種類の理事会の議長等、指導的地位についてはならない。（第11巻、1940年9月24日）

　2日後の26日午前9時30分から1時間半にわたり京城日本メソジスト教会において阿部監督および朝鮮合同委員会委員（梁柱三、鄭春洙、申興雨、柳瀅基、金永爕および尹致昊）の間で非公式の話し合いがもたれた。この話し合いにおいて阿部は、「日本内地において宣教師たちはすでに教会の財産を教会財団に寄付することに同意した」こと、従って「朝鮮においてもできるだけ速やかに

同様にするよう」勧めたという。話し合いを解散する前に朝鮮合同委員会は大日本基督教教会（後の日本基督教団にあたる）に加わる第一歩として朝鮮監理教会を日本メソジスト教会と統一することを正式に決議した。

朝鮮基督教監理会、宣教師排斥に乗り出す

以上のような経緯を踏まえて10月2日午前9時から朝鮮監理教会の理事会総会は朝鮮耶蘇教書会で臨時会議を開催し、鄭春洙監督が5項目からなる以下のような基督教会革新案を提出した（第11巻、1940年10月2日）。

Ⅰ. 思想善導。　Ⅱ. 宗教教育の革新——神学校、中学校、専門学校に国学を導入すること。中学校および専門学校におけると同様、神学校においても軍事教練を重視すること。基督教の福音からユダヤ的な伝統を切り離し、東洋的倫理および精神を福音の教えと調和させ例証をもって示すこと。　Ⅲ. 皇道を公布するための社会教育。　Ⅳ. 信者が志願兵に応募するよう軍事に協力すること。　Ⅴ. 教会組織の強化——朝鮮基督教会を日本基督教会と統合させること。あらゆる教会の活動と組織を経済的に独立した基盤におくこと。いかなる指導的地位、また代表者の地位にも外国人を就けないこと。監理教神学校〔協成神学校〕を再組織または革新すること。教会を海外の伝導活動と結びつけている監理教会中央協議会を解体させること。

革新案は審議の結果、満場一致で採択された。こうして日本において始まった新体制運動に準じて朝鮮基督教監理会も新体制を発足させた。

10月7日、鄭春洙監督の指揮の下、申興雨、金永燮、柳瀅基、朴淵瑞、李東旭、および尹致昊が召集され、監理会の財政および人事から米国本部ならびに宣教師の影響を排除するための交渉委員会が設立された。この決定に従い、尹致昊はさっそくバーンハート（B. P. Barnhart：第8章7を参照）と会って中央Yの理事会および財団から手を引くように助言した結果、彼の同意を得ている。

10月21日、中央Y理事会の定期会があり、席上、尹致昊（会長）は次の2点を提案した。

(1) 中央Y内の数人の外国人に辞職を勧告すること。　(2) 今後いかなる外国人も理事会または財団法人において責任ある地位に就かせないこと。

　このように提案した理由を彼は次のように説明している。「私がこのような不愉快な措置をとらざるをえなかった理由は、私が外国人をスパイ組織として利用するために彼らを中央Y内部に抱えているのだと洪秉璇および申興雨が警察または軍のその筋に密告することによって中央Yを乗っ取ることを防ぐためである」と。真偽のほどは分からないが、10月7日の集会において梁柱三が除外されていたことからすると尹致昊の言うことにも一理あるように思われる。

　10月23日、多くのキリスト教徒がYMCAに集まり、朝鮮耶蘇教書会の経営権を朝鮮側に譲り渡すよう耶蘇教書会の外国人に要求する決議を採択した。尹致昊によれば、この動きの中心には申興雨の取巻きである金仁泳牧師があったという。

　11月4日、宣教師の第1陣としてバーンハート一家がアメリカに向けソウルを発った。3日後の11月7日の日記で尹致昊はこの間の事情を次のように説明している。

　日本軍および警察当局は朝鮮におけるすべての宣教師をスパイとみなし、また彼らと交際する朝鮮人を米国のスパイ組織の手先と見なしている。西大門警察署はキム・ヘレン〔金活蘭〕博士にはっきりとそう言ったという。朝鮮の軍事機密を探り出そうという目的があるのでなければ何十万円ものカネを出さなければならない理由は考えられないと彼らは考えている、いやそう考えているふりをしているだけなのかも知れない。英国聖書協会の〔朝鮮人〕職員4人が、ただ外国人に雇われているというだけの理由で1ヵ月以上も警察の留置場にぶちこまれた。こうして米国の宣教師たちは朝鮮人に被害を及ぼさないためにも朝鮮を去らざるを得なくなった。さらに米政府はいかなる理由によってか、米国国民に中国、日本、朝鮮から――交通手段の都合がつき次第できるだけ速やかに――撤退するようにという命令を出した。

末段の「米政府…」云々の事実は確認できない。しかし米国政府は1940年3月

30日に汪兆銘（精衛）が日本の支援を受けて南京に樹立した国民政府を認めず、逆に反日抗戦をかかげる蒋介石の重慶国民政府を承認する声明を出している。すでに日本と米国は中国をめぐって敵対する関係に入り、急速に戦争に向かって進みつつあった。朝鮮に在住する米国人、とりわけ宣教師の立場が危ういものになりつつあったのは事実である。おまけに10月16日には国民精神総動員朝鮮連盟が国民総力朝鮮連盟と改称され、南総督自身がその総裁となっている。朝鮮人は「精神」面のみならず心身ともに「総力」を以て日本の戦争遂行に協力せざるを得ない状況に追い込まれていたのである。

　11月16日、ついに250名の米国人（内、ほとんどがメソジスト宣教師）が朝鮮における彼らの家、学校、病院等を明け渡して午前8時45分の汽車で仁川に向けてソウルを発った。一行の中にはミス・アリス・アッペンツェラー（55歳）がいた。彼女は1885年4月に来韓したメソジスト初の宣教師H・G・アッペンツェラーとその夫人の間に同年11月にソウルで生まれ、17歳までソウルで育った。その後（1902年）母親とともに米国に戻って教育を受け、1915年に再び朝鮮に戻った彼女は以後一貫して梨花学堂の教育に携わってきた。1938年の年明けとともに延禧専門、興業倶楽部、ならびに中央Yの関係者が大量逮捕された当時、彼女は梨花専門の校長職にあったが、警察当局は攻撃の手を梨花に伸ばし彼女を辞任させ代わりに金活蘭を校長にするよう執拗に圧力をかけた。その結果、1939年3月にいたって彼女は金活蘭に校長職を譲り渡していた。ミス・アッペンツェラーと金活蘭の間に立って悩んだ末に尹致昊は後者を支持したのである。

　この日朝、京城駅を発つ彼らを白夫人、長女鳳姫、4女恩姫とともに見送った尹致昊は、「ミス・アッペンツェラーが50年前には夢想だにしなかった状況下にソウルを後にするのを見送らなければならないのが本当に心から残念だった」と書いている。75歳の彼にとって年齢的にもう2度と彼女と再会することはないだろうことを思えば、万感の思いがこみ上げてきたにちがいない。

7.　尹致昊、延禧専門学校校長となる

　250名の米国人が去った後もソウルには引き続き、アンダーウッド（H. H.

Underwood：H. G. Underwoodの息子）、クーンズ（E. W. Koons）等、数名の宣教師が残っていた（『韓国キリスト教の歴史・Ⅲ』、24頁）。アンダーウッドは総督府がアメリカのスパイ組織の温床とみていた延禧専門学校の校長として在職していた。

　延禧専門学校は1938年春から始まったいわゆる"経済研究会事件"により兪億兼、李春昊、崔鉉培、李順鐸、白南雲、鄭光鉉ら多くの逮捕者を出した（第10章の2、3）。逮捕とともに彼らは教職免許を剥奪されたが徐々に回復されて1940年年初現在、元副校長であった兪億兼だけが停職を解かれずにいた。その間、延禧専門学校理事会の理事だった尹致昊は兪の復帰に努力してきたが、いまだに実現できずにいた（第11巻、1939年2月23日、1940年2月5日）。

兪億兼

　兪億兼は尹致昊とともに初の日本留学生となった兪吉濬の次男である（長男は兪萬兼）。また叔父の兪星濬（兪吉濬の実弟）は尹致昊とともに興業倶楽部の結成に参与したひとりであり、尹致昊がかかわった基督教彰文社（第8章参照）の初代社長を務めた人物である。そんな家柄のせいか兪億兼はエリートコースを進んできた。中央Ｙの学館中等科で学んだのち京都同志社中学校普通部を卒業、さらに旧制三高を経て東京帝大法科を卒業した。その後、同大大学院で学び1923年3月に帰国、弁護士業に従事する傍ら、同年8月、延禧専門の教授に採用された。以後、同校の副学監、学監を経て34年2月から副校長となり、38年に逮捕されるまで同職にあった。その間、中央Ｙの理事、興業倶楽部会員、太平洋問題研究会朝鮮支会委員等を歴任した。

　そんな兪億兼に対して総督府当局がなかなか現場復帰を認めなかった理由は、彼が申興雨、具滋玉とともに米国の李承晩と連絡をとりながら興業倶楽部を運営した中心人物であったからであり、また転向声明書を書いて仮釈放された後も創氏改名に断固反対の立場をとっていたことを当局が知っていたからだと思われる。しかし尹致昊からみると、アンダーウッドの校長辞任が時間の問題となった今、延禧専門の将来を託すことができる人物は長年、アンダーウッドの下で副校長を務めてきた彼以外に考えられなかった。

塩原時三郎との会見

　アンダーウッド辞任の日が近いことを予測した尹致昊は1940年12月5日、総督府学務局に局長塩原時三郎を訪ねて、最近、兪億兼も"危険思想の持ち主"のリストから外されたので、元どおり延禧専門の副校長に復帰させてもらうことはできないかと打診してみた。これに対して塩原は、当局の一般的見解としてはまだ重要な地位を与えてもよいという所まではいたってないと率直に答えた。しかし、「延禧専門の校長問題に関しては貝のように口を閉ざして固い態度をくずさな」かったという。

　ところが翌6日になって塩原から彼の事務室に来るようにとの連絡があったので午前10時に訪ねてみると、「何の前触れもなくいきなり氏は私に延禧専門の校長になってくれないかと言」った。そこで尹致昊は「2、3日、よく考えてから返事をさせてくださいとだけ答え」てその場を辞した。

　恐らく塩原の提案を断ることは難しいと考えたからであろう、帰宅した彼は次の3点を確認した上で引き受けることを決意した。

> 1. アンダーウッドの確実な賛意を取り付けること。 2. 兪億兼を補佐としてもらうこと。 3. 延禧専門の経営に関して彼は一切の財政的責任を負わないこと。

　12月8日、この問題についてアンダーウッドと相談したところ、彼は尹致昊が延禧専門の校長職を引き受けるには兪億兼を補佐としてもらうことを条件にするよう強く主張した。一方、それまで中央Y再建のために尽力してくれた学務局教学官の中島信一は、兪億兼の件は持ちださずに塩原の提案をそのまま受け入れるのが得策であると助言した。

　以上の助言を勘案して、12月9日、塩原を訪ねた尹致昊は彼の提案を受け入れたい旨を告げるとともに、条件として、校長就任後しばらくしたら実際上の仕事をする上で彼（尹致昊）が必要と考える何人かの補助者（兪億兼の名前は出さず）を使うことができるよう配慮してほしいと訴えた。これに対して塩原は補佐する者の候補者として「兪億兼と松本はどうか」と言ったという。「松本」とは当時、青山学院神学部の教授であった松本卓夫のことである。

それにしてもこれまで兪億兼に対して否定的であった塩原がなぜ、一転して彼の名前を挙げたのか？　この時点で、塩原は延禧専門の刷新問題について様々な可能性を考えて迷っていたのではないだろうか？

　12月15日、アンダーウッドが尹致昊を訪れ、彼（アンダーウッド）の後継者として尹致昊を推薦する旨の塩原からのメモをうけとったと伝えた。これでアンダーウッドの辞任、後任尹致昊がほぼ確定したことになる。

　年が明けた1941年1月11日、尹致昊は塩原を訪ねて延禧専門を再組織する計画書を提出した。この時、塩原は全職員を管理する総責任者として「ウエダ（Uyeda）」なる人物の名前を挙げたのち、具体的な人事に関しては後に改めて自分の考えを述べたいと言ったという。付け加えて塩原は、兪億兼を延禧の教員として任命してもらいたいという趣旨の申請書を出すようにと言った。

　2月1日、尹致昊が学務局に高橋浜吉教学官を訪ねると、塩原が副校長として日本人を任命する腹づもりであること、その人物はキリスト教徒ではないが立派な人物であると（高橋は）言った。そこで尹致昊は、「延禧専門のキリスト教的な性格を維持するためにはただ立派であるだけではなくキリスト教徒でなければならない」のだと伝えたという。

　ここで塩原が副校長として任命するつもりであるという日本人とは恐らく前述の松本卓夫のことである。2月22日になると尹致昊は「延禧専門の副校長候補である松本氏を朝鮮ホテルに招待して昼食をふるま」っている。同時に兪億兼も副校長として正式に任命されたものとみえて、尹致昊は3月11日に松本、兪両名を料亭「江戸川」に招いて「スキヤキの夕食をご馳走しながら延禧専門の職務に就いたらただちに取りかからなければならない最初の計画について話し合」っている。

延禧専門学校初の朝鮮人校長となる

　これより先の2月25日、延禧専門理事会の年次会が開催され、アンダーウッドの辞任が受理されるとともに尹致昊が後継者に指名された。3月20日、尹致昊を延禧専門校長に就任させることに対して役所の正式認可が出た。これをうけ、彼は早速学校に行き文学、商学、理学の各学部の新しい学部長の任命発表を行った。

　4月7日、尹致昊は延禧専門校長としての仕事に便宜をはかってもらえそうな有力者、あるいは圧力をかけうるような有力者（総督から、ソウル内4つの警察署の次長にいたるまで）の間を挨拶まわりして歩いた。総督および政務総監の所にはアンダーウッドが同行して“表敬訪問”したが、他の部署に関しては松本卓夫、兪億兼とともに3人で訪問した。この日の日記の最後には「なんと退屈な仕事か！」と記してある。

　4月9日、2年生以上の生徒に対して延禧専門春学期始業式が行われたあと、ひきつづき礼拝堂で新入生の入学式が行われた。延禧専門学校初の朝鮮人校長による始業式、入学式だった。

　ちなみに延禧専門の校長を辞したアンダーウッドは翌1942年に一時逮捕拘束されたのち、当時まだ在韓していたクーンズ（E. W. Koons：延禧専門の財務委員）、ミラー（E. H. Miller：同前）、フレッチャー（A. G. Fletcher）、ビガー（J. D. Bigger）らとともに同年7月初め、英国および米国居住の日本人と交換する形で本国に強制送還された。

8.　日米開戦

日米開戦にいたるまで：老衰すすむ尹致昊

　塩原の要請により延禧専門の校長職を引き受けてしまったことは、ただでさえ大家族の家長として様々の問題を抱え込んでいた尹致昊の心に相当重くのしかかったらしい。年が明けて1941年1月26日には76歳の誕生日を迎えた。この頃からしきりに弱音を吐くようになった。

　　1941年2月20日　（前略）　今年は私にとり辛く暗い年になりそうだ。恥知らずで心ないW・W〔白梅麗夫人を意味する暗号〕の様々な行為、キャンドラー〔次男光善〕の度し難い浪費癖と破滅的な借金、去年つくってしまった借金のずっしり肩に食い入るような重さ、延禧専門の校長の件に関する悩みと戸惑い、膨大な出費をまかなうためのカネをいかに工面すればいいかお先真っ暗なこと、あらゆる面で深刻化し長期化する戦時耐乏生活、予想される日米開戦――これら様々なことを考えると果たしてこの恐ろしい1年を乗り切

って生き残れるかどうか自信がない。本当に見通しは暗い。心の底からこの1年のあいだ私を導いてくれる光のあらんことを切に願う！

2月20日だというのに年初に当たるかのような書き方をしているのはこの日が旧暦では正月25日にあたり、まだ年初の気分が消え去らないせいか？

「果たしてこの恐ろしい1年を乗り切って生き残れるかどうか」と漏らしているが、この年4月9日に延禧専門初の朝鮮人校長として入学式を執り行った直後から、それまでほぼ欠かすことなく書き継がれてきた日記に長い空白期間が見られるようになる。41年4月以降の空白期間を整理すれば以下のとおりである。

4月12日〜4月19日（8日）／4月21日〜5月30日（1ヵ月と10日）／6月3日〜7月21日（1ヵ月と19日）／8月30日〜12月7日（3ヵ月と7日）／12月12日〜12月25日（14日）

空白期間は41年だけでほぼ7ヵ月に及ぶ。毎日毎日、日記を書きつづけるだけの気力が次第に限界を迎えつつあるように思われる。改めてこれまで彼の気力を支えてきたものが何だったのか考えさせられる。

さて、4月11日以後の日記を読んでみると、7月22日から8月29日までの1ヵ月あまりを除いてそのほとんどが取るに足りない記事ばかりである。以下、その1ヵ月あまりの中から目ぼしい記事を拾いあげ、要約してみる。

7月22日　独ソ不可侵条約を破ってヒットラーがロシアに進撃を開始したというニュースが入る。「私としては人類が産みだした最悪の災い、すなわちボルシェビズムにヒットラーが壊滅的な一撃を与えてくれればと祈る」ばかりである。

7月24日　朝鮮における平常鉄道ダイヤが取り止めになり臨時ダイヤが実施された。朝鮮の全線で民間輸送の列車本数は大幅削減、駅での乗車券の販売が停止される。

7月30日　日本陸海軍兵士が仏領インドシナのサイゴンに上陸。

7月31日　新しい朝鮮軍総司令官（板垣征四郎）のために総督が催した晩餐
会に出席。

8月 2日　学務課長〔倉島至〕を訪ね梨花女専の財産権をアメリカ人の名義
（ミス・アッペンツェラー）から日本臣民の名義に換えるためにできるだけ速
やかに梨花財団法人の設立を認可してくれるよう要請。

8月 4日　曺秉相、朴興植、高元勲、閔奎植、金㹀洙および尹致昊が集まり
現下時局において朝鮮人に何ができるかを話し合う。6日、同件に関して南
総督を訪ねて助言を請う。

8月 6日　米国宣教師総撤退の結果、米国における外国資産が凍結され、朝
鮮のミッションスクールへの補助金がストップする。

8月 9日　半島ホテルで行われた『福岡日日新聞』主催による座談会に出席。

　8月12日には後の真珠湾奇襲攻撃をするために日本軍がダミー作戦を準備し
ていたことを窺わせる次のような注目すべき記事がある。

　8月12日　現在日本の陸軍、海軍、航空隊がシャムの国境線がマレーの国境
線と会するいずれかの地点にある。オーストラリアおよび英国軍および蒋介
石軍を合わせた30万人の軍隊が日本軍の周りに集結されるという報道がある。
日英の衝突は近い。アメリカはこの戦いにおいて英国側に加わるだろう。日
本は〔中国における〕蒋介石との果てしない戦いに加えて南方においてはイ
ギリス、アメリカ、オランダの連合軍と、さらに北方においてはロシアおよ
びアメリカと戦わなければならないだろう。日本がそのような愚かな行動を
とらないことを私は望む。

　この件に関しては李方子著『歳月よ王朝よ』が伝える41年8月12日から11
月20日まで彼女の夫である李王殿下（当時、陸軍中将、第51師団長）がとった
奇妙な行動と合わせ考えると興味深い（ハングル版・李方子回顧録『歳月よ王朝
よ』（ソウル正音社、194～195頁）。

　この後、8月30日から同年12月7日まで3ヵ月以上の長い空白をおいて突如、
真珠湾攻撃のニュースを伝える12月8日の日記へと続く。

真珠湾攻撃

　1941年12月8日に勃発した真珠湾攻撃のニュースは、それまで日記を書きつづける気力を失っていた尹致昊に再び日記帳に向かう切っかけを与えた。8月30日から3ヵ月以上途絶えていた日記がこの日を以て突如再開され4日間つづく。内容も充実していて、全盛期の日記と比べても遜色がない。しかし、その後再び13日分が空白になったかと思うと、12月26日から31日まで欠かさず記したのち、1942年1月1日からまるまる1年分が空白となる。43年1月から再開されるが、以後、再開されたかと思うと再び中断し、しばらくするとまた思い出したかのように再開されるという書きぶりが常態化し、二度と日記がコンスタントに書き続けられることはない。飛び飛びになりながらも書き続けられる日記からは彼が必死に老化と闘っている姿が浮かんでくる。

　ところで、真珠湾攻撃のニュースが再び彼を日記帳に向かわせたと書いたが、真珠湾攻撃の何が彼の意欲を目覚めさせたのだろうか？　12月8日の日記は次のように記す。

　　月曜　曇り、穏やか　ソウルの家。朝はやく、『京城日報』の号外が、今朝
　　未明に日本が“西太平洋上デ遂ニ英米ト交戦”したという電撃ニュースを伝え
　　る。ついに旧世界の上に新たな1日がその夜明けを告げたのだ！　これこそ
　　まさに――黄色人種の白色人種に対する――人種の闘いである。イギリスと
　　フランスが第2次欧州大戦に対して50％の責任があるとすれば、アメリカは
　　太平洋戦争に対して100％の責任がある。アメリカは日本を力ずくでこの戦
　　争に引きずり込むことにより戦端を開く必要性もないし義理もない。国王ご
　　夫妻〔T.H. King and Princess Yi ＝ Their Highnesses King Yi and Princess Yi
　　＝英親王夫妻〕が謁見の間である仁政殿で南総督をはじめとする100名以上の
　　賓客に対して晩餐をふるまわれる。

　引用文中、英親王のことを「国王（King Yi）」とする表現はこの頃まで時々用いられている。43年に入るとすべて「親王（Prince Yi）」となる。日米開戦までは尹致昊の心の中でまだ大韓帝国は生き続けていたのかも知れない。

　この引用文によれば、日米開戦の号外に接した尹致昊の第一印象は、白色人

種に対する黄色人種の戦いがいよいよ始まったというものである。翌12月9日、前日の号外に対するさらに詳しい情報を得た彼の感想はこのことを明らかにしている。

　　蒋介石を執拗に援助しつづけ、日本に屑鉄と石油を売ることを拒否し、日本に対する経済封鎖、ABCDラインを形成し、その他ありとあらゆる手段を講じて本気で日本の息の根を止めることに乗り出したルーズベルトは太平洋に国境を接するあらゆる国々にとって破滅を意味するであろう戦争を始めたのである。日本がこの人類史上最も偉大なる戦争を開始した以上、私は日本が全ての白人、わけてもアングロサクソン民族による耐えがたい人種差別と民族侵略、そしてその傲慢さから有色人種を解放することに成功することを祈るばかりである。

　アングロサクソン民族による人種差別と民族侵略から有色人種を解放するために日本が立ちあがったと彼が考えていることは明らかである。さらに2日後の12月11日になるとこの考えがどこから来たものであるかが明らかになる。

　11日　木曜　ソウルの家。56年前に私がはじめて上海に行った時、あの誇り高き英租界に入って行くと蘇州運河に架かった橋のちょうど向かい側にある公園の入り口にぶらさがっている長い板の看板を見て深い悲しみにとらわれたことを今も思い出す。そこには中国語と英語でこう書かれていた。「犬と中国人は入るべからず」。それは衝撃的な事件だった。しかし、英国人、米国人、そして白人たちは彼らが征服したあらゆる大陸においてそれと同じ看板を掛けたのである。ところが今、日本人はほとんど本能的にその看板を叩き壊し白色人種に向かって、「我々にも生きる権利がある」と叫ぶために立ち上がったのだ。ああ、私は祈る、日本がこのアングロサクソン人の人種差別と身勝手さ、傲慢さという張り子の虎に一撃を加えるだけにとどまらず、それをずたずたに踏みにじった後、彼らにこう言ってくれることを。「何世紀もの長きにわたりお前たちがそれによって有色人種を隷属させ有色人種に恥辱を味わわせてきたご自慢の科学上の発見や発明もお前たちともどもくた

ばってしまえ！」と。

　1885年、上海中西書院に亡命留学した尹致昊は共同租界にある黄浦公園で
白人による中国人差別を目撃した（第1巻、1885年2月11日＆5月24日、第3巻、
1894年5月3日）。60年におよぶ『尹致昊日記』の最重要テーマである人種差別
問題の原点はこの事件にあった。「犬と中国人は入るべからず」という言葉は
以来、彼にとって白人による人種差別を象徴する言葉となる。今から56年前に
は有色人種（アジア人）が白色人種に対して宣戦布告するなど夢のまた夢だっ
た。号外を呼んだ彼が、「ついに旧世界の上に新たな1日がその夜明けを告げ
たのだ！」と叫んだのは、その「夢のまた夢」がついに実現したからにちがい
ない。

　しかし56年の間にその夢が徐々に変質していたこともまた明らかである。
かつての彼は中国人を犬同然にあつかう西洋人に対して怒りを感じながらも、
むしろ日頃、大言壮語を発しながら西洋人の前にはなすすべもない中国人の不
甲斐なさを軽蔑し、逆に偉大なる文明の故に世界を闊歩する西洋人を羨み、同
時に時代の変化にすばやく対応して西洋文化を取り入れつつある隣国日本を好
ましく思った。西洋とそれに続く日本はともに彼の憧れの的だった。ところが
その後、56年の間に、かつての彼の憧れの的、日本は朝鮮から中国人を追い
出し、中国に代わって朝鮮の支配者となった。その後さらに30年の間に、日
本は満州をはじめ中国各地に侵出し、西洋列強に伍するにいたった。そして日
本は今や遂に、米国に宣戦布告するまでになったのである。

　たしかにそれは、56年前に、「犬と中国人は入るべからず」の看板を見て衝
撃を受け、人種差別の現実に目覚めた尹致昊にとって、「遂に旧世界の上に新
たな1日がその夜明けを告げたのだ！」と思わず歓喜と驚きの声をあげるほど
の一大事件だったにちがいない。

　だが、中国に代わって日本が朝鮮の支配者になったことにより朝鮮人は差別
から解放されただろうか？　否！　それでは、仮に今度の戦争により日本が米
国に勝ったとして、その結果、米国人による日本人差別がなくなれば、日本人
による朝鮮人差別もなくなるだろうか？　恐らく答えは否である。

　要するに、勝ち負け如何にかかわらず、日本が米国と戦うことによって朝鮮

が得られるものは何もない。かつて尹致昊が3・1独立運動に反対した時、彼は冷静に世界情勢を分析した上で、運動が成功する見込みがないのみならず、多くの犠牲者が出るだろうことを予測して反対した。独立運動のさ中、彼が孤立し、四面楚歌となったのもむしろ彼のこの冷静さのためだった。しかるに今回の日米開戦における彼の態度は3・1独立運動の時とは全く逆である。

　すでに引用した1941年8月12日の日記において、彼は東南アジアにおける日英の戦いに加えて、日米の開戦となれば日本が圧倒的に不利な状況になることを正確に予想している。従って日米開戦の号外を読んでから後の尹致昊が、日米戦擁護に前のめりになっていったのは、客観的な情勢判断によるものではなく、感情的なものである。長い間、彼の中にくすぶりつづけてきた白色人種に対する憤懣が真珠湾攻撃というセンセーショナルな事件により一気に解き放たれたというのが事実に近いのではないか。

　明治の近代日本とキリスト教白人文明。尹致昊にあって、この2つの近代が時に相克しながら、時に共鳴しながら彼の近代化モデルとして併存している。知性と信仰における尹致昊はキリスト教白人文明に傾くが、人種的な本能において、彼は圧倒的に日本人の側にある。懸命に努力すれば朝鮮人は日本人と対等になれる。これまで彼が日本人支配者に協力してきた理由はここにある。しかるに、西洋人とアジア人との間には、西洋人の傲慢さに基づく乗り越えがたい"隔絶感"がある。それは米国留学5年間とその後の西洋人との付き合いから彼が学んだ経験知である（第2章の10を参照）。

　西洋人とアジア人との間に横たわるこの乗り越えがたい"隔絶感"。恐らくそれは、19世紀後半から20世紀の前半を生きたアジア人の限界であろう。やがて20世紀の後半になれば、朝鮮人と日本人、あるいは朝鮮人と中国人との間にある"隔絶感"も、西洋人とアジア人とを隔てる"隔絶感"に劣らず深刻な問題であることに気付くはずである。

空白の1年（1942年）

　真珠湾攻撃のニュースにより俄然、活気を帯びはじめた『尹致昊日記』は、しかし、翌1942年になると、まるまる1年間が空白となる。空白の理由を推測する手掛かりはない。しかし前年の41年は1年のうちほぼ7ヵ月が空白であり、

翌年の43年は1月1日から10月7日（日記が終わる日）までの9ヵ月7日のうち99日、すなわち3ヵ月あまりが空白となっていることを考えると、42年がまるまる1年間空白になっているからといって、これまでのように遺族による紛失とか当局による押収といった特別な理由により空白になったものではなく、もともと1年間まるまる日記を書かなかった可能性も十分考えられる。17歳から書き始めた日記も77歳の高齢となった今、いよいよ最後の段階を迎えつつあるように思われる。

　以下、日記以外の史料によりこの1年間の彼について知りうることを簡単に記す。

　雑誌『緑旗』1942年新年号が行った「日米開戦をきいた時どう感じたか」と題するハガキアンケートに対して、「十億の興亡この一戦にあり　伊東致昊（延禧専門学校長）」として彼の回答が掲載されている（同誌、41頁）。内容は見出しから想像できるありきたりのものであるが、中でも、「米国がこの不必要且無義理の戦争を惹起したことは容赦すべからざる罪悪なりと思ふ」という部分は当時の彼が日米開戦は米国が日本に仕掛けたものと見ていたことを示していて興味深い。

　4月24日、延禧専門の校庭にある創立者H・G・アンダーウッドの銅像を撤去して替わりに「興亜維新記念塔」を建てる除幕式が行われた。題字の脇には日米開戦の日を記念して「朝鮮総督南次郎書、昭和十六年十二月八日」と記されている[*99]。

　5月8日、昭和19年から朝鮮半島に徴兵制を実施することが公布された。これをうけて『緑旗』42年6月号は「徴兵制実施への感激」なる特集欄を掲載したが、そこに延禧専門学校長伊東致昊の名で「武士的同志愛」と題する文が寄稿されている（27頁）。以下はその全文である。

　　一　朝鮮同胞が皇国臣民たる以上、兵役は我等の当然たる義務なり。今度、予想したより少し早く決定されたことに対しては、一視同仁の聖恩を感謝奉

[*99] 解放後、この記念塔は撤去されアンダーウッドの銅像が改めて建設された。撤去された記念塔は現在、「（延世大）歴史の庭」にある広恵院の裏手に人目を避けるかのようにひっそりたたずんでいる。

るのみである。　二　徴兵制が実施されるにより内地人と半島人、特別に内
地青年と朝鮮青年との間に同苦同楽の武士的同志愛が深厚になり、内鮮一体
の理想が実現的に強化促進せられることは真に慶賀すべきである。

　近代朝鮮民族の独立精神は過度に文を尚び武を蔑む儒教により破壊されたと
いうのが尹致昊の持論である。徴兵制実施による尚武精神の陶冶が朝鮮民族の
再生につながり、ひいては日本人と対等の武士的同志愛が生まれ、内鮮一体が
実現できると彼が考えるのは自然かも知れない＊100。同じく雑誌『大東亜』42
年7月号に彼が寄稿した「半島青年に望む」と題する文（『日韓キリスト教関係
史資料Ⅱ』、779〜81頁）においても同じ趣旨の主張を繰り返している。

　南次郎が朝鮮総督に内定したとき朝鮮統治の目標としてまっさきに考えたの
は朝鮮に天皇の行幸を仰ぐことと、朝鮮に徴兵制を実施することであったとい
う。就任6年目にして彼は2つ目の目標を実現した。創氏改名と異なり、徴兵
制の実施は尹致昊にとってむしろ好ましいものであったから南との良好な関係
は続いたであろう。しかしその南は1つ目の目標を実現できぬまま5月29日、
総督の地位を元朝鮮軍司令官小磯国昭に明け渡して帰国した。小磯は南のよう
に朝鮮人に親しく接することがなく、また尹致昊を朝鮮の元老的指導者として
特別扱いすることもなかった。尹致昊の側でも小磯に対して南ほどの好印象を
持てなかったようである。南の退陣は尹致昊の親日協力を後退させる要因とな
ったように思われる。

　8月7日、延禧専門が敵産管理下に置かれ総督府学務局の指導の下に一新さ
れることになった。これに伴い、10月2日、尹致昊は校長職を解任され、学務
局教学官高橋浜吉が新たな校長となった（『日韓キリスト教関係史資料Ⅱ』、720
頁）。延禧専門初の朝鮮人校長の在任期間はわずか1年半あまりで終わった。
結局、塩原による校長就任依頼は延禧専門の経営権を米国人宣教師の手から日
本人の手に移すための方便にすぎなかったということであろう。なかば予想し
ていたこととはいえ、この結果も南の退陣とあわせて尹致昊の心を次第に親日

＊100　「我々朝鮮人が経済的・知的な地位において日本人に追いつくまでは日本人は決して我々を侮
　　辱することを止めないだろう。日本人の優越感を取り除く最も手っ取り早く確実な方法は朝鮮
　　人が戦うことを学ぶことである」――第10巻、1933年5月2日。

協力から遠ざける契機となったようである。

日記の再開：親日協力者から批判者へ

　1943年1月1日に1年ぶりに再開された日記では新暦表示に加えて旧暦表示を添える以前の習慣が復活している。旧暦の使用は総督府の禁止するところで、敢えてそれを復活させたところに尹致昊の心に微妙な変化が起こっていることを感じさせる。正月元旦の記事は3頁にわたる長文であるが、内容もそれまでの日本礼賛とはうって変わって以下の如く日本の戦争政策に対する疑問と批判が表明される。

　1941年12月の真珠湾攻撃以来、日本は輝かしい戦果を挙げた。これまでアジアを支配してきた白色人種にひと泡吹かせその存在を世界に誇示するとともに、すでに十分すぎるほどの領土を手に入れた。にもかかわらず彼らは戦争を止めようとしない。日本人は自分たちの戦争を遂行するためにすべての朝鮮人に苦痛を強いる。

> 我々の食べるあらゆる食糧、我々の用いるあらゆるものの統制、管理、国有化、独占化が国民に不必要な困難を強いている。我々は京城府尹〔府知事〕の許可なしには1片の生姜も1握りの栗も買うことができない。鉄道の駅やバスの停留所ではいたる所で権力を笠に着た下っ端役人たちが男女を問わず持ち物と身柄を検査して肉も卵も、あらゆる農産物を没収している。そしてこれら全てが忠君愛国という美名のもとに行われているのである。天皇陛下はこんなひどいことが行われていることをご存知かどうか、もしご存知であれば決して許しはしないだろう。

　尹致昊自身が内地の日本人と同じ皇国臣民の資格において「天皇陛下が…もしご存知であれば…」云々と批判しているが、もはや天皇は天皇自身の天皇ではなく、軍部と下っ端役人が勝手に作り上げた天皇である。朝鮮の支配者たちに対する彼の批判はさらに続く。

> 農産物の増産に努めること、これこそ支配者たちが彼らの全力を傾けている

最大の目標である。しかし農民たちは心の中では不快に思いながらも口では何も言わず、役人の呼びかけに応じようとはしない。彼らは言う、「自分が最低限必要とする以上のものを作って何になる？　作れば作るほどみんな持って行かれて食うものも食えず、着るものだってなにもねえ。……米ひとつとっても1カマニ〔2分の1俵〕当たり21円、1斗当たり2円の公定価格で売らなきゃならねえ。それじゃ元もとれねえ」。こういう農民の不平に対して支配者たちは杓子定規にこう答えるだけだ。「不平を言う者は非国民だ。米を作るのにいくらかかったかなどと勘定するのは天皇陛下に対してはむかうも同然だ。儲かろうが儲かるまいが黙って米をつくれ。戦争で戦っている兵隊の苦労を考えろ」。

　尹致昊は多くの農園を持つブルジョア不在地主である。小作人の生活が保障されなければ不在地主の生活は成り立たない。米作の出来不出来を左右する年々の天候（干ばつと水害）と、米価、小作人の生活ぶりが日記に詳細に記録されるのはそのためである。不在地主という消極的な理由からではあったが彼が単なる親日協力者に堕することなくその批判者としての位置を維持しつづけることができたのは長期化する戦時耐乏生活に苦しめられる小作農の視点を持ちえたことが大きい。彼が親日協力者から批判者へと回帰しつつあったことは、日本人を「日本人」と言わずに「（我々の）支配者」と表現することがこの時期から多くなっていることに端的に表れている（43年1月1日、1月18日、5月12日、5月15日）。
　3・1独立運動勃発に際して彼は総督府治世下における自己の基本的立場を、「弱小民族が強大な民族と共に生きてゆかなければならない時に弱小民族にとって最善の道は強大な民族の善意を勝ち取ることである」と表明した。この大前提に立ちながらも、彼は支配者に対する批判者としての立場を失うことはなかったように思われる。

白梅麗夫人の死
　1943年の年明け以来、連日摂氏零下10度前後の厳しい寒さがつづいたが、1月7日、白夫人が命門（漢方で右の腎臓をさす言葉）の痛みを訴え、息切れがし

て眠るに眠れず食事も喉をとおらないほどの重態になった。病状は次第に悪化し手足と顔のむくみは見た目にもすぐ分かるほどになった。1月半ばになって一時快方に向かったかに見えたが、2月に入ると再び呼吸困難と横隔膜の痛みを訴えるようになり、2月7日には一時意識を失うほどだった。しかし2月も下旬になると顔、手足のむくみがひき、呼吸も楽になって流動食が摂れるようになった。これに油断したのかその後しばらく彼女の病状についての記録は日記から消える。しかも3月の日記はただ1度だけ4頁にのぼる長文の日記を3月1日に記しただけなのでその間の彼女の様子は分からない。

　4月になって日記は1日から毎日書かれるようになるが、2日の日記に、「妻の容態、ちょっぴり悪化」とあったのが、翌3日になると彼女の症状は急変して、痰が喉を詰まらせるようになり、内臓がよじれるような激痛に苦しみはじめた。7日なるとほとんど危篤状態で、真夜中の12時過ぎ、泣きながら彼女の周りに集まった子供たちに向かって彼女は遺言のように言った。「ちゃんとお父さんの世話をするのよ」。「寶姫と瑛姫、ちゃんとお嫁にやってね」。「なんでもみな、おなじように分けあうのよ」と。彼女が会話らしい話をしたのはこれが最後で、翌4月8日は家族が最後の別れをする機会になった。

　　4月8日　木曜　陰冷、風雪　（癸未　三月四日）ソウルの家。　妻、危篤。今朝早く、私は妻の手を握って言った、「かあさん、私が分かるかい？」、彼女はこっくり頷いた。息子の斑善が彼女の手を握りしめて聞いた、「お母さん、斑善ですよ」。彼女は全く感情のない手つきで（それが逆に胸を締めつけられるほど感動的だった）スーッと斑善の頬に手を伸ばすと「斑善かい？」と言って泣こうとしたが泣くことができない。それはほんとうに感動的な場面だった。午後3時30分頃、妻は両手を私の首に回し、ほんの1、2分、彼女の頬に私の顔を押しつけた。今まで彼女が私に対してとった行為の中で最も愛情のこもったやさしいものだった。周囲の者はみな涙ぐんだ。

　そして2日後の4月10日午後3時15から20分の間に彼女は静かに息を引き取った。14日にソウルの自宅で葬儀が行われたあと、棺は尹家の郷里、忠清南道牙山郡屯浦面にある墓地に埋葬された。

　39年におよんだ彼女と尹致昊の関係はお世辞にも良好とは言えなかった。1916年に再開された日記には彼女に対する激しい呪詛の言葉が繰り返し記されている。「悪魔のような気質の、悪魔のような舌を持った女性」（19年7月19日）、「蜂の巣のような口を持ち、気性は火山さながら、胸の内は憎悪と嫉妬と貪欲さと欲情の塊のような者」（39年12月10日）、等々、列挙するのもためらわれるほどの内容である。にもかかわらず彼女は10人の子供を生み、うち8人が立派に成長した（第7章参照）。生存中は諍いが絶えなかった彼女だったが、その死に直面して尹致昊の心は和解へと向かって動き出す。

　　4月26日　妻が永遠の眠りについた今、過去39年の間に私たちの間にあった軋轢は彼女の亡骸とともに永遠に葬りさられ、彼女のあらゆる好もしい思い出だけが私の心のなかに刻み込まれて残る。
　　5月1日　彼女が生きていた時、私は彼女の欠点にもかかわらず彼女を愛していた。しかし彼女がひとり淋しく眠りについた今、私は彼女をその欠点なしに愛することができ、そしてただ彼女そのものを愛することができる。彼女の美しさを、彼女の花への情熱を、そして彼女なりに私を愛してくれたその私に対する愛を。

　果てしなく続いた彼女との諍い、葛藤にもかかわらず、やはり尹致昊は彼女を愛していたのである。とは言うものの気になることがひとつある。
　2月7日に白夫人が一時意識を失って重態になってから1週間ほどした2月13日、尹致昊は長男永善（47歳）、次男光善（45歳）とともに楊花津の外人墓地に「我が天使秀珍の墓参り」をしている*101。先妻馬秀珍夫人の命日が2月10日であることを思い出したまでのこととも考えられる。だが、尹致昊が馬夫人の墓参りをしたことが日記に記録されたのは1925年8月10日に次女の龍姫（同年7月29日に14年ぶりに米国から帰国）と訪れたのが最後で、今回の墓参はそれ以来18年ぶりのことである。よりにもよって白夫人が重態のときに先妻の息

＊101　尹致昊の孫にあたる尹勝求氏の話によれば、馬夫人の墓は戦後1970年代になって楊花津の外人墓地から屯浦面の墓地に移葬したという。しかし2007年現在、屯浦の尹家墓地に彼女の墓は見当たらない。尹致昊の墓石に「夫人蘇州馬氏」と刻まれているだけである。

子2人を連れて彼女の墓参りを思い立つとはいかにも奇異な印象をぬぐいえない。

馬夫人の死後永善、光善は父親（尹致昊）とともに松都の家で、長女鳳姫はソウルの祖父（尹雄烈）の家で、次女龍姫は宣教師ハーディー夫人に預けられて養育された。幼い兄弟姉妹がバラバラになった上に、1911年に祖父が死に、翌年には父親が総督暗殺陰謀事件の最高責任者として逮捕投獄された。4人の子供たちの境遇が厳しいものとなっただろうことは想像に難くない。とりわけ次男の光善（当時14歳）は尹致昊が収監された後、ひとり後妻の白夫人の許に預けられ、いわゆる継子として辛い思いをしたらしいことが尹致昊の獄中書翰から窺われる[102]。こういう辛い過去を馬夫人の4人の子供たちと尹致昊は共有している。白夫人が重篤となり、彼女の子供たちがその病床を取り囲んでいるとき、馬夫人の命日を思い出した尹致昊が永善、光善ふたりの息子を連れて彼女の墓参りをしたという事実の背景には馬、白両夫人を巡る尹家の複雑な過去が絡んでいるのではないか。

9.　尹致昊最後の著作

『尹致昊日記』全11巻の幕が閉じられた（1943年10月7日）後の尹致昊についてはその動静を知る史料が極端に少ない。『日記』以外の貴重な情報源であった民族紙、『東亜日報』、『朝鮮日報』も創氏改名の手続き終了（1940年8月10日）とともに停刊に追い込まれたために残された新聞は『京城日報』と『毎日新報』のみとなった。後者の1943年11月17日号には「総出陣せよ！」と題して朝鮮の青年が積極的に特別志願兵に出願するよう扇動する彼の寄稿文が掲載されているが[103]、それ以後、これら御用新聞にも彼の記事はほとんど見られない。とりわけ44年の彼の言動については全く手掛かりがない。

すでに42年の後半に入ってから太平洋戦争の戦況は次第に日本軍に不利な

＊102　「松都にはキャンドラー〔光善〕の継母の他には彼の面倒を見てくれる者は誰もいません」：1913年11月10日付、大邱監獄尹致昊→Mrs. Hardie 宛書翰：『佐翁尹致昊書翰集』（ホサン文化社、1998）、171頁。

＊103　『毎日新報』1943年11月17日号：林鍾国編『親日論説選集』（実践文学社、1987）、282頁。

ものとなっており、44年6月には米軍がサイパン島に上陸してB29による北九州への空爆が始まった。翌45年2月、硫黄島に上陸した米軍は、同年3月、B29による東京の無差別夜間爆撃を行い甚大な被害をもたらした。

　この頃になるとB29がソウル上空にも姿を現し空中からビラを散布するようになったので、総督府はソウル住民に対して租界命令を出した。命令に従って尹致昊は45年3月、ソウルの自宅から開城の家に疎開したという（金乙漢『佐翁尹致昊伝』、158頁）。

　同年4月、尹致昊は朴重陽（パクチュンヤン）（日本名：朴忠重陽）、韓相龍、金明濬（キムミョンジュン）（金田明）、宋鐘憲（ソンジョンホン）（野田鐘憲）、李埼鎔（イギヨン）、朴相駿（パクサンジュン）（朴澤相駿）らとともに勅選貴族院議員に任命されている＊104。しかし実際には名目のみで議員としての活動は何も行わなかったようである。それからおよそ半年後に朝鮮は36年ぶりに解放を迎えることになる。

「ある老人の瞑想録」

　1945年8月15日に朝鮮は"解放"を迎えたが、わずかその4ヵ月たらず後（12月6日）に尹致昊は80年の生涯を閉じることになる。8月15日以後のいわゆる"解放空間"が朝鮮にとって独立を意味したとは決して言えない。しかし少なくとも1905年以来、40年におよぶ日本帝国主義の支配から解放されたことはまちがいない。一方、80年におよぶ尹致昊の生涯が朝鮮民族の独立という大きな課題をめぐって悪戦苦闘する一生であったこともこれまで述べてきたとおりである。その彼が生涯最後の4ヵ月間に目にした朝鮮の"解放空間"をいかに見ていたかを知ることは尹致昊の生涯を評価する上できわめて重要な意味を持つことになるはずである。

　幸いそのことを知る貴重な史料がひとつだけ残されている。1981年に大韓民国国史編纂委員会が編纂発行した『尹致昊書翰集』の巻末付録として収録された"An Old-man's Ruminations"と題するものがそれで＊105、1945年10月15日の日付を持つ（Ⅰ）と、同10月20日の日付を持つ（Ⅱ）から成っている。こ

＊104　任期はいずれも昭和20年4月3日〜21年7月4日。――「勅選貴族院議員一覧」：niftyhomepage1. nifty.com/kitabatake/rekishi48.html。この7名の他に李軫鎬（李家軫鎬）が昭和18年10月8日から任命されていたので朝鮮人議員は計8名となる。

の史料について同書「後記」の最後の段落には次のようにある。

　　第2章に収録した文書と、付録として収録した解放後に書かれた尹致昊の瞑
　　想録は尹致昊の長男である尹永善氏が提供されたものである。1980年8月
　　日　〔国史編纂委員会〕　調査室長　申芝鉉

　引用文中の「尹致昊の瞑想録」とは "An Old-man's Rumination" のことであ
る。これによりこの史料が尹致昊の長男尹永善が保存していたものであることが
分かる。一方、金乙漢はこの英文史料を　趙　容萬（英文学者、当時高麗大学名誉教
授）に依頼して「ある老人の瞑想録」と題して韓国語訳したものを『佐翁尹致昊
伝』（乙酉文化社、1978）において紹介している。それによれば、この史料は
「An Old-man's Rumination（ある老人の瞑想録）」と題して執筆されたのち、米
軍政庁顧問のフィッシャー（Earnest E. Fisher：James Earnest Fisher の誤り）博
士を通じて米軍政庁司令官ホッジ中将（John R. Hodge）に送られ、またその写
し1通が米国から帰国した李承晩に送られたものであるという。長男尹永善が
保存していたものが原文であるなら、一旦フィッシャーがホッジに提出したあ
と再び尹致昊に返還したものであろうし、さもなくば、もともと李承晩に送っ
たものとは別にさらにもう1通、写しをとっておいたものということになろう。
　「ある老人の瞑想録」という一見、個人的、私的な形をとりながらも米軍政
庁の顧問官を介して司令官ホッジに送られ、合わせて後に初代大韓民国大統領
となる李承晩にも送られていることを考えると、かなり政治的な意図の下に書
かれたものであることが推測できる。しかも李承晩が米国から帰国したのは史
料（I）が書かれた日付（と思われる）10月15日の翌日、すなわち10月16日

<hr>

＊105　同書の奥付には「韓国史料叢書第十九　尹致昊書簡集　一九七一年三月二十日　初版発行　一
　　　　九八四年　十二月三十日　再版発行…」となっている。しかし同書の「序文」および「後記」
　　　　のいずれにおいても「尹致昊書翰集」となっており、「序文」の末尾には「1980年8月　日
　　　　国史編纂委員会　委員長　崔永禧」、また「後記」の末尾にも「1980年8月　日　調査室長
　　　　申芝鉉」と書かれていることからして、奥付にある「一九七一年三月二十日　初版発行」は
　　　　「一九八一年三月三十日　初版発行」の誤りであり、また「尹致昊書簡集」は「尹致昊書翰集」
　　　　の誤りと思われる。このような杜撰な誤りは韓国の出版物においてしばしば見られる所であ
　　　　る。

である。李承晩の帰国に狙いを定めていたことが窺えることからして単に政治的な意図のみならず情況的な意図も濃厚である。

　とりあえず以上のことを念頭に置きながら、史料（Ⅰ）および（Ⅱ）の具体的な内容を見る。原文は英文5頁におよぶ長文なので要旨のみ翻訳して記せば以下のとおりである（通し番号は原文のまま）。

Ⅰ　（10月15日）
(1)　現在の朝鮮は民主主義を実施する準備がまだ整っていない。現在世界において民主主義が実現できているのは英米2国のみである。独仏でさえも英国人の基準からすれば民主主義と言うにはほど遠い状態にある。

(2)　一部の朝鮮人は共産主義の実現を望み共産主義的共和国（communistic republic）の設立をめざしている。だが共産主義は、民主主義→社会主義→共産主義と順序を踏んで達成されるもので、英国でさえ社会主義の導入を遅らせているほどであり、現在の朝鮮人が共産主義を実現するのは無理である。現在、北朝鮮で行われている共産主義が略奪、強姦、虐殺を意味することは過去2ヵ月間に北朝鮮で起こった事件をみれば明らかである。

(3)　ラディカルな民主主義、共産主義を受け入れるだけの政治的態勢が整っていない朝鮮人にとって、現在そして当分の間、必要なものは政治的温情主義（benevolent Paternalism）である。単なる掛け声と形式のみの民主主義や残虐と不条理を押し付ける共産主義を阻止することができる強力な人物が現れることを望む。

(4)　今後樹立される新たな朝鮮の政府がいかなるものになるにせよ、伝統的な習慣と慣用を維持しながら漸進的に新しいものを取り入れることが重要である。

Ⅱ　（10月20日）
(1)　解放後、多くの有能有為の人々が親日派と宣告され放逐されたが、8月15日以前に朝鮮で生活していた者の中で潔癖だと断言できる者など誰もいない。あらゆる人々が皇国臣民としての行事・行為を強制されてきた。そうしなければ生きられなかったからである。にもかかわらず現在、親

日協力者に対する糾弾が横行している理由は、（1）自分の過去を暴露される前に他人を糾弾して陥れ、（2）他人の不安や恐怖を利用して私的、党派的な利益を獲得するためである。日本国臣民としてそうせざるを得なかったことを以て親日派として非難することは愚かなことである。

　今は政治的大英断を下して親日派と呼ばれる全ての人々に大赦（general amnesty）を施して彼らを共産主義者、あるいは自称"愛国主義者"の〔糾弾の〕手から解放して安心して暮らせるようにすべきである。彼らは植民地時代の経験から得た様々な技術・知識を持っているので、新たに樹立さるべき政府の指導者として大いに役立つはずである。

（2）朝鮮の救世主たることを自称する共産主義者、愛国主義者たちはまるで自分たちの力で朝鮮を軍国主義者の手から解放したかのように大言壮語している。だが朝鮮の解放は彼らといっさい関係ない。連合国が勝利した副産物として朝鮮人にもたらされた"天の贈り物（Gift）"にすぎない。一度失ってしまった宝物〔朝鮮の独立〕が天の贈り物として再び帰ってきたものとして謙虚さと感謝の気持ちでこれを受け入れ、二度とこの贈り物をなくさないようにするためにあらゆる個人的野心、派閥間の策略、党派的な憎悪を捨てて、受難の民族の共通の目的のために団結しようではないか。

　Ⅱの（2）の最後の部分、すなわち「一度失って……団結しようではないか」という部分だけ読むと、あらゆる派閥、党派を超えて民族全体に向かって呼びかけているかのように見える。しかし全体をよく読むと、この文は、共産主義者と自称愛国主義者に対抗して（いわゆる親日派を含む）残余の朝鮮人が団結して立ちあがることを訴えたものであることがはっきりする。Ⅰの（3）において、「掛け声と形式のみの民主主義や……共産主義を阻止することができる強力な人物が現れることを望む」とし、あるいはⅡの（1）において、「政治的大英断を下して親日派と呼ばれる全ての人々に大赦を施」すべきであるとしたのは、残余の朝鮮人を団結させるための必要条件と考えたのであろう。前者の「強力な人物」とは李承晩に向けてのメッセージだったのかも知れない。

　それでは尹致昊の言う「共産主義者」とは具体的に誰か、また「自称愛国主

義者」とは誰か、さらにはいかなる人々が当時、親日派として弾劾されていたのか？　これらの疑問に答えるためには解放後2ヵ月間における朝鮮の政治状況をやや詳しく知る必要がある。

「瞑想録」執筆の時代背景

　太平洋戦争終結の日の1945年8月15日早朝、呂運亨は総督府政務総監遠藤柳作と会い、解放後における平和と秩序を維持する政府を組織して欲しいとの遠藤の要請を受け入れた。この時、呂は受け入れの条件としてすべての政治犯の即時釈放をはじめとする5項目を提示したという[106]。会談後、即日、呂自身を委員長、安在鴻を副委員長とする朝鮮建国準備委員会が設立された。翌16日、前日、呂が遠藤に示した条件に従い西大門刑務所の政治犯が釈放された。彼らの多くは非転向の共産主義者だったため、釈放後に彼らが建国準備委員会に加わると建準（建国準備委員会の略称。以下同じ）は急速に過激化した。また彼らの一部は地方に散って建準地方支部を結成し、8月末までには全朝鮮に145の支部ができていた（Cumings 1981、73頁）。

　一方、これとは別に、収監されず市井にあった共産主義者たちが16日に朝鮮共産党を再建したが、その正当性に関して他の分派から激しい批判が起こり、20日なって朴憲永を委員長として朝鮮共産党再建準備委員会が結成された。

　ソウルに続き地方都市においても収監されていた政治犯が次々に釈放され、一部の者は上京して建準または朝鮮共産党再建準備委員会に加わるようになり、ソウルにおける左派勢力の勢いは日増しに強まっていった。

　8月23日には尹致昊が疎開する開城にまでソ連軍が侵攻してきた（『佐翁尹致昊伝』、160頁）。もともと尹致昊はキリスト教の立場から共産主義に対して敵意を抱いていたが、ソ連軍の開城侵攻を目の当たりにしたことにより共産主義に対する憎悪をますます深めたように思われる（『瞑想録』要約のⅠの（2）を参

---

*106　この時、呂が提示した条件とは次の5項目である。（1）全朝鮮における政治的、経済的囚人の即時解放、（2）向こう3ヵ月間における食糧補給の保障、（3）平和維持および朝鮮人の独立活動に対する絶対的不干渉、（4）学生、青年の動員に対する不干渉、（5）労働者、貧農の動員（training）に対する不干渉。—B. Cumings, *The Origins of the Korean War 1945-1947*, Princeton University Press, 1981, 71頁。以下、解放後の政治状況については主に同書（略称、Cumings 1981）を参照した。

照）。

　ところが1週間後に状況は一変する。侵攻してきたソ連軍が38度線以北に撤退しはじめ、8月28日頃には米軍が南朝鮮を占領するという噂が流れはじめた。これより先の8月18日、すでに総督府は米軍との通信を通してソウル以南を米軍が確保するとの情報を得、遠藤柳作が呂運亨に要請した建準への行政権委譲を取り消すことを決断していたが、そのことがようやく広く朝鮮人一般にまで知れ渡るようになったのである。

　それまで左派勢力の跳梁跋扈にもかかわらずソ連軍の侵攻を恐れて事態を静観していた右派勢力は、米軍が南朝鮮を確保するとの情報を得て一斉に組織作りのために動き出した。8月28日、金炳魯、白寛洙、趙炳玉、李仁、金用茂、元世勲等が集まって朝鮮民族党を結成した。時を同じくして白南薫、張徳秀、具滋玉、許政らが韓国国民党を結成した。9月1日になると安在鴻が国民党を、宋鎮禹が臨時政府還国歓迎準備委員会を設立した。

　このように右派勢力がにわかに組織作りに動き出すなか、米軍の上陸が9月8日になるとの情報を得た建準の左派勢力（朴憲永、許憲、呂運亨等）は米軍の上陸前に自前の政権を樹立したとの既成事実を作る必要を認め、9月6日、急遽、京畿女子高において人民代表者会議を開催して朝鮮人民共和国（Korean People's Republic）を結成した。彼らは米軍による軍政が始まる直前までに南北朝鮮の全道、郡、面に人民委員会を設置することを決定した。

　これに対して右派は翌9月7日、宋鎮禹の臨時政府還国歓迎準備委員会を国民大会準備委員会として再編成し、金性洙、張澤相らがこれに名を連ねた。翌8日、朝鮮民族党、韓国国民党、および国民大会準備委員会の3つの右派保守派グループが「打倒朝鮮人民共和国」なるパンフを発行して9月8日の米軍上陸に備えた。一方、朝鮮人民共和国は9月8日付で左派の呂運亨や許憲の他に李承晩および重慶臨時政府の金九、金奎植、さらには保守派の金性洙らを含む折衷的な人民共和国組閣リストを公表した[107]。恐らく朝鮮人民共和国が米軍

---

[107] その内訳は議長李承晩、国務総理許憲、文教部長金性洙、内務部長金九、司法部長金炳魯、副議長呂運亨、外務部長金奎植その他という折衷的な顔ぶれとなっている。後に帰国した李承晩、金九、金奎植いずれもこの名簿を承認した事実は一切ないと否定している。ハングルWiki「朝鮮人民共和国」の項参照。

に受け入れられることを狙った措置だったと思われる。

　そして同じ9月8日、ホッジ中将率いる米国第24軍が仁川に上陸した。翌9日、ホッジ以下5600人の米軍部隊がソウル入城、午後、総督府において日本軍降伏の正式通告式が行われた。式後、ホッジは、阿部信行を含む総督府が引き続き政務を続行することを公式発表した。これには9月6日に設立された朝鮮人民共和国を牽制する意味があった（Cumings 1981、138頁）。9月12日、アーノルド少将が阿部信行に代わって総督となる。9月14日、阿部信行、遠藤柳作以下すべての日本人高官が罷免され、総督府は軍政庁（Military Government）と改称され、朝鮮の統治権は米軍政部に移行した。

　以上のような動きに対して人民共和国側はただちに反応した。9月14日、「我々は朝鮮における日本帝国主義とその残滓、民主主義に反するあらゆる党派、反動分子……を排し、完全なる自治と独立を確立して真に民主主義的な国家の実現を企図するものである」との声明を発表するとともに27ヵ条の綱領を発表した*108。

　この朝鮮人民共和国の動きに対抗して右派は9月16日天道教会館で集会を開き、既成の3団体、すなわち朝鮮民族党、韓国国民党、国民大会準備委員会を統合して韓国民主党（Korean Democratic Party；略称KDP）を結成した。結集した人物の多くは植民地時代における地主、実業家、出版業者等で、まさに右派勢力の大同団結であった（Cumings 1981、93～95頁）。

　韓民党（韓国民主党の略称。以下同じ）の成立は米軍政庁にとって好都合だった。総督府から韓国の統治を全面的に引き継いだ軍政庁は新たな占領統治機構を早急に構築し、各部署に配置すべき有能な人材を大量に確保する必要に迫られていたが、彼らは構築すべき機構に関する情報をいっさい持たず、採用すべき人材に関する情報もなかった。ところが幸いなことに韓民党の指導者の中には欧米留学経験があり流暢に英語を話す者が多く含まれていた。一例として張

---

*108　その主なものは、日本人および民族反逆者が所有していた土地の没収、没収されなかった土地においては3対7の小作料とすること、小作人として働いていた貧農にはその土地を無償で与えること、鉄道・船舶業・鉱山業・銀行等の主要産業の国有化を約束するとともに民族反逆者を除く18歳以上のすべての男女に選挙権を保障すること、言論、集会、信仰の自由の保障、全ての特権を廃した完全なる平等、女性の完全な解放等であった。（Cumings 1981、88頁）

徳秀、具滋玉、趙炳玉らは米国コロンビア大学出身、張勉、張澤相、尹譜善ら
は英国エディンバラ大学出身である。これらの英語に堪能な韓民党員は軍政庁
との間に親密な関係を築くにあたり大きな力を発揮した。

　10月5日、米軍政庁長官アーノルドは韓国を統治するに当たり彼に助言を与
える人物として11名の著名な韓国人を国家顧問会議（Advisory Council）の委
員として任命した。11名のうち9名が韓民党、残りの2人、すなわち呂運亨と
曺晩植は建準系であったが、両者は顧問会議に参加することを拒否したため顧
問会議のメンバーは全員が韓民党員となった（Cumings 1981, 147頁）。

　こうして韓民党の成立により米軍政庁と保守派との結びつきは急速に親密度
を増していったが、さらに両者の関係を強固なものにした要素があった。太平
洋戦争勃発と前後して朝鮮から撤退した宣教師の中から再び軍政庁の顧問とし
て解放後の朝鮮に復帰した者があったのである。

帰ってきた宣教師

　新たな占領統治機構構築のために有能な人材を大量に確保する必要に迫られ
ていた軍政庁が欧米留学帰りの朝鮮人とともに目を着けたのは植民地時代の宣
教師、あるいはその息子たちだった。彼らは朝鮮語を自由に操るのみならず朝
鮮人キリスト教指導者と太い人脈を持っていた。そして韓民党を支持する地主、
実業家、出版業者らの中には多くのキリスト教徒が含まれていたのである。

　その代表的な例は植民地時代に宣教師だったF・E・C・ウィリアムズとそ
の息子G・Z・ウィリアムズである。父親のウィリアムズは1906年から40年ま
で公州で活動した北メソジストの宣教師で、解放後、息子とともに再び来韓し
て米軍政庁の農務部に勤務した。息子のウィリアムズはホッジ司令官の副官兼
通訳官となったが、1945年10月17日、韓民党党首宋鎮禹を訪ねて米軍政庁の
警察総帥としてふさわしい人物を推薦してくれるよう彼に依頼し、結局、宋が
指名した趙炳玉と宋のふたりを翌日ホッジに会わせることにより趙が警務総帥
に任命されたという（Cumings 1981、156～58頁）。

　また1909～40年、開城で活動した米国北メソジスト宣教師ウィームズ
（Clarence N. Weems）は松都高普の校長を務めた人物であるが、息子のウィー
ムズ（Clarence N. Weems, Jr.）はホッジの副官としてキリスト教人を米軍政庁

に登用したという（Cumings 1981、187～88頁）。その他、培材学堂の英語教師を務めたノーブル（William A. Noble）の息子、韓国における初代プロテスタント宣教師アンダーウッド（H.G. Underwood）およびアッペンツェラー（H. G. Appen-zeller）の息子・娘たち、1919年から34年まで延禧専門の教授をつとめたフィッシャー（James E. Fisher）らも軍政庁顧問とした活躍した。

　これらの中でも特に重要なのはH・G・アンダーウッドの息子H・H・アンダーウッド（H.H. Underwood）と フィッシャーである。すでに述べたように、アンダーウッドは1941年2月、延禧専門（延世大学の前身）の校長職を尹致昊に明け渡したのちも1年以上、朝鮮にとどまっていたが、42年6月、本国に強制帰還させられた。帰国後は42年、ニューヨーク長老教宣教部特別基金局長を経て、45年に米国陸軍省戦略局に勤務したが、45年に牧師按手礼を受けて解放後の45年10月に軍政庁の顧問として再び朝鮮に戻ってきた。民間人ながら軍政庁内では少佐なみの待遇を受けアーノルド軍政庁長官の参謀としてホッジおよび軍政庁に多大な影響を及ぼしたという。一方、フィッシャーは軍政庁広報部の一員として働きながらこれまたホッジと親密な関係にあった。彼らは植民地時代に延禧専門の教授だった関係上、ミッション系学校、とりわけ延禧専門出身者を軍政庁職員として多く推薦した。そのため人々は軍政庁を「延禧専門政府」と呼ぶほどであったという（『韓国キリスト教の歴史Ⅲ』、34頁）。

　総督府時代に宣教師だった者の多くが解放後、占領軍の顧問として戻ってきたのにはそれなりの理由があった。長期間、朝鮮に滞在する間に彼らは自らが住む住宅をはじめ土地・建物など多くの資産を蓄えた。しかし太平洋戦争の勃発に伴い強制的に撤退を迫られたとき、彼らが残した資産は日本人により敵産として没収された。日本が負け、米軍が朝鮮を占領することとなった今、没収されて敵産となった彼らの資産は占領軍の管轄下に入る。1度失った彼らの資産を再び取り戻すことができるようになったのである。

　先に「ある老人の瞑想録」の要約を引用するにあたり、この文書は解放前、延禧専門の教授を務め、解放後、米国軍政庁顧問として韓国に戻ってきたフィッシャーにより駐韓米国司令官ホッジ中将に送られたものであるとする金乙漢の指摘を紹介した。実はそのフィッシャーと尹致昊との間には解放以前から深い関係があった。

尹致昊とフィッシャーの関係

　フィッシャーと尹致昊との関係は尹致昊の次女龍姫の不幸な運命から始まる。馬秀珍夫人が幼い4人の子供を残してこの世を去った（1905年2月10日）後、尹致昊は白梅麗と再婚したが、当時、白梅麗は15歳、馬夫人が残した子供たちの世話を引き受けられるような状態ではなかった。そこで、まだ幼かった次女龍姫（2歳）の養育はハーディー宣教師夫妻に委ねられた[*109]。ハーディー夫妻は彼女を英語で教育したらしく、1910年の米国旅行の際、尹致昊が現地から祖国の家族に宛てた手紙のうち龍姫に対してだけは英語で書かれている（『佐翁尹致昊先生略伝』、第25章「米国廻遊」）。

　1911年、ハーディー夫人はエヴァ（Eva）、ベシー（Bessie）、2人の娘に宣教師となるための教育を受けさせるために2人を連れて一時帰国したが、この時、6歳だった龍姫も一行とともに渡米した。

　渡米後の龍姫はハーディー博士の知人であり、ケンタッキー州ミラーズバーグにあった米国南メソジスト経営のミラーズバーグ女学校（Millersburg Female College）の校長であるC・C・フィッシャーに預けられた（第7巻、1916年8月27日）。1916年から1921年までの『尹致昊日記』には龍姫の生活費としてC・C・フィッシャーに送金したことが何度も記録されている。

　エヴァとベシーは宣教師になるための教育を受けたのち、1913年夏に朝鮮に戻って宣教師となった（英文版『朝鮮南監理教会三十年紀念会報』、11頁）。恐らくこの時、ハーディー夫人も2人の娘とともに朝鮮に戻ったものとみえる。この年10月9日に105人事件の審理が結審して尹致昊は有罪が確定して大邱監獄に収監されたが、これを知ったハーディー夫人は10月24日付で獄中の尹致昊宛に手紙を送り、米国における龍姫の近況を伝えた。これに対して尹致昊は同年11月10日付で獄中から夫人宛に返事を書いた。その中で、彼は米国において龍姫が詩や文学ではなく実用的な教育を受けて医者、看護婦、または教師となって帰国することを望む旨、フィッシャー博士に伝えてほしいと述べてい

[*109]　生まれた当時から龍姫はハーディー夫妻一家に可愛がられていたらしく、1905年前後の日記には彼女のことを Helen Hardie と記している。Helen は洗礼名であるが Hardie はハーディー博士の姓であろう。『佐翁尹致昊先生略伝』、第24章参照。R・A・ハーディーに関しては第4章4を参照。

る（ハングル版『佐翁尹致昊書翰集』、170～71頁）。

　一方、ハーディー夫人の娘ベシーは再び一時帰国して1919年に米国でJ・E・フィッシャーと結婚した*110。結婚後、ふたりは1919年10月に来韓してともに宣教師として活躍することになるが、彼らがソウルに到着したときの様子を尹致昊は次のように記す（第7巻、1919年10月16日）。

　　　午後5時、数日前にソウルに着いたミス・ベシー・ハーディー（現在はY・フィッシャー夫人）を訪ねる。彼らの話によるとヘレンは彼女と同年齢のアメリカ人より上手に英語を話し、自由自在に英語を使いこなせるようなったという。

　前後の状況および日記の内容から考えて引用文中の「（Y・フィッシャー）」が「（J・フィッシャー）」を解読ミスしたものであることは明らかである。

　以上のことを総合すると「ある老人の瞑想録」をホッジ司令官に届けたJ・E・フィッシャーは渡米した龍姫が1921年まで学んだミラーズバーグ女学校の校長C・C・フィッシャーの息子（でなければその血縁者）であると思われる。

　1919年に来韓したのちのJ・E・フィッシャーは延禧専門の教師として勤務する傍ら、朝鮮監理会の会合などに出席して発言しているが、多くの場合、尹致昊と意見が対立している（第9巻、1931年2月14日、6月6日／第10巻、1932年2月1日）。尹致昊とフィッシャーとの仲はハーディー博士一家を間に介しての付き合いにとどまりあまり良好なものではなかったようである。1934年に彼が朝鮮を去った時のことを記した次の日記はそれを傍証しているように思われる。

　　　（前略）　数ヵ月前に朝鮮を去ったアーネスト・フィッシャー氏が彼の妻のベシー・ハーディーと離婚したと聞きとても残念な気がした。ハーディー博士夫妻にとっては大ショックだったにちがいない。（第10巻、1934年10月14日）

　これによればフィッシャーはベシー・ハーディーと離婚して1934年7、8月

＊110　第7巻、1918年7月20日、1919年6月24日。英文版『朝鮮南監理教会三十年紀念会報』、11頁。

頃に米国に帰国したようである。以後、彼が尹致昊と接触した形跡は見られない。その彼が11年後に今度は占領軍の顧問として来韓して尹致昊が書いた「ある老人の瞑想録」をホッジ司令官に伝えたとすればそれは何を意味するか？

結論

そもそも「ある老人の瞑想録」は尹致昊自身が自発的に書いたのちにホッジ中将に伝達してくれるようフィッシャーに依頼したものか、はたまた軍政庁広報部顧問であったフィッシャーがホッジに対する情報提供運動の一環として尹致昊に執筆を依頼してきたものか、そのことからまず問題にする必要がある。そのいずれであるかを判断する資料は残されていない。しかし、当時尹致昊は80歳である。仮に軍政庁の名において総督府時代の親日派全員に"無条件の大赦"を下し、共産主義者ならびに愛国主義者の糾弾から彼らを解放したとしても、尹致昊自身が政治の場に復帰する可能性はほぼゼロに近かった[111]。"無条件の大赦"を最も必要としていたのはむしろ韓民党の面々であり、また尹致昊の死後、広大な農地を継承することになる長男の尹永善（当時49歳）であろう。

　尹永善は尹致昊が大邱監獄に収監中の1914年、18歳で渡米したのち3年間の準備期間を経て1917年9月、オハイオ州立大学農学部の畜産科に入学した。当時、隣のケンタッキー州には妹の龍姫がミラーズバーグ女学校に在学中であったが、ふたりは時々会っていた[112]。また1919年にベシー・ハーディーが米国でJ・E・フィッシャーと結婚したとき、永善は妹の龍姫とともに結婚式に出席したものと思われる[113]。龍姫はハーディー夫妻の娘たち、とりわけベシーとは姉妹のようにして育てられたから、兄の永善にとってフィッシャーは友

---

* 111　B・カミングズによれば（Cumings 1981, 510頁）、米軍政庁が残した文書で尹致昊に言及したものはきわめて少ないという。それほど彼の存在が過去のものとなりつつあったということである。
* 112　1919年に米国旅行した申興雨はオハイオ州都コロンバスで永善、龍姫に会っている（第7巻、1919年11月19日参照）。
* 113　1918年7月、エヴァ、ベシー、グレイス、3人の娘を連れて一時帰国したハーディー夫人は一度朝鮮に戻ったのち、1919年6月、再びハーディー博士ともに帰国している。ベシーとフィッシャーの結婚式に出席するためと思われるが、この時、尹致昊は夫妻に託して龍姫に銀のスプーン2組を贈っている（第7巻、1918年7月20日、1919年6月24日）。

人の少ない異国の地にあって兄弟のような存在であったと思われる。

　1922年、オハイオ州立大農学部を卒業した永善は帰国して松都高普（韓英書院の後身）で牧畜を教えていたが、解放後は1950年1月から同年12月まで初代大統領李承晩の下で農林部長官を務めて農地改革を実施することになる。彼が農林部長官となるためには1945年8月15日から1950年までの間にそれなりの経緯、準備期間が必要である。「ある老人の瞑想録」がその最初の切っかけとなった可能性は十分にある。

　このような事情を考えるとき、「瞑想録」は尹致昊の長男尹永善とフィッシャーが事前に打ち合わせて尹致昊に執筆をすすめたと考えるのが自然であろう。父雄烈の時代から親子2代にわたって築き上げた膨大な資産（そのうち最大のものは農園である）を子孫に継承するにあたり、彼らが相続した遺産が新たに成立する政権により不当に没収されることのないようにできるだけの努力をしておくことが尹致昊に残された最後の仕事となった。そして彼は長男の勧めに従って「ある老人の瞑想録」を書いた、というのが筆者の推測である。

10.　尹致昊の最期

　1945年10月12日、米国より東京に到着した李承晩は12日から15日にかけて占領軍司令官マッカーサーならびに当時東京に来ていたホッジ司令官と会見したのち、16日、マッカーサーが用意した軍用機に搭乗してソウルに到着した。軍政庁は彼のために朝鮮ホテルのスィートルームを確保し、以後この部屋が彼の宿所となった（Cumings 1981, 189頁）。翌17日午前10時、ホッジは軍政庁第1会議室において李承晩のために公開歓迎会を催し、李承晩の略歴を紹介したのち、軍政庁は愛国者であり、かつ有力な指導者である李承晩を全面的に支持するとの意思を明らかにした。これに対して李承晩は韓国民衆に送る言葉として「何はともあれ団結せよ。そして私についてこい（덮어놓고 뭉치라. 그리하여 나를 따르라）」という有名な演説をして一部の人々から批判を受けることになった（金乙漢『佐翁尹致昊伝』、175頁）。

　「ある老人の瞑想録（Ⅱ）」が書かれた10月20日、韓民党の人士を中心に米軍歓迎記念式典が開かれた。ホッジとともに式典に参加した李承晩は北朝鮮に

おけるロシアならびにその政策を非難するとともに朝鮮人民共和国を痛烈に非難し、彼らとともに活動することを拒否した。「何はともあれ団結せよ」というスローガンは早くも発言者自身により反故にされた（Cumings 1981, 191頁）。

　同じ10月20日、米国務省極東局長J・C・ヴィンセント（John Carter Vincent）がアメリカは政策上、朝鮮に対して米ソ英中4ヵ国による信託統治を実施することを考慮していると公表した。解放後、日本人の退去と朝鮮の独立を最優先課題と考えていた朝鮮人は、独立に代えて信託統治をというこの発言に左右の対立を超えてあらゆる政治グループが一斉に反発した。尹致昊が「ある老人の瞑想録」を書くまで南朝鮮の政治地図は、親日派の一掃を強く要求する左派および反日愛国主義者と、これに対抗して米軍政庁と組んで旧勢力の温存復活を企図する韓民党との対立という構図であったが、この日以後、信託統治案に対していかなる態度を取るかが新たな対立の争点として加わった。英ソ中との国際協調を重視して信託統治案に傾く米本国の指導者に対して、現地朝鮮において新たな統治機構の構築という困難な事業に直面していた軍政庁は米本国の指示にもかかわらず信託統治案に反対する現地の情勢を利用して朝鮮の分離独立、すなわち信託統治反対の方向に急速に傾く。

　このような混沌とした政治情況のなか、11月23日、金九首席以下14名の重慶臨時政府の要員が個人の資格で帰国を果たし、即日、西大門にある竹添荘（後の京橋荘）に宿所を構えた。翌24日、金九はソウル中央放送局からラジオを通じて帰国の挨拶をした（『佐翁尹致昊伝』、176頁）。

　「ある老人の瞑想録」執筆直後から立てつづけに起こった以上のような国内情勢の激変を尹致昊はどのように受けとめたか？　金乙漢によれば、「瞑想録」執筆後、尹致昊は一刻も早く李承晩に会うことを望んでいたというが（同前、179頁）、俄かには信じがたい。

　李承晩と尹致昊との関係は1898年の独立協会時代に始まり、以後、10年以上途絶えたのち、1910年に滞米中の李承晩が皇城基督教青年会（朝鮮中央Y）の学生幹事として帰国したとき再開した。1912年2月4日、尹致昊が105人事件に連座して逮捕されると、危険を察知した李承晩は3月26日、朝鮮を脱出して日本経由で再度米国に亡命した。105人事件により尹致昊が3年間の獄中生活を強いられたのに対して李承晩は無傷で済んだ。1919年の3・1運動後、上

海に臨時政府ができると李承晩は再三、尹致昊に財政援助を求めてきたが尹致昊はすべて拒否している。1925年、米国における李承晩の同志会の朝鮮支部として申興雨を中心に興業倶楽部が組織されたときも尹致昊は李承晩による資金援助要請を拒否している。

　以上のような過去の経緯を李承晩も尹致昊も忘れるはずがない。解放後、帰国した李承晩が自ら尹致昊を訪ねるとは考えられず、また尹致昊自身も李承晩の方から自分を訪ねてくるなどと期待するほど甘くはなかったであろう。「ある老人の瞑想録」の写し1通を李承晩に届け、その返事を期待したのは尹致昊自身ではなく、戦前から李承晩と親しく、また李が帰国した後にはその秘書役を果たした尹致昊の従弟尹致暎であったと思われる。

　こうして「瞑想録」執筆後、ホッジからも李承晩からも何の連絡もないまま1ヵ月以上が経過した11月30日のことだった。

　　　1945年11月30日午前、佐翁は歯が痛くて歯科医に診てもらって帰る途中、路上で卒倒した。直ちに自宅に運ばれたのち、高麗病院〔開城南星病院〕の許鏞（ホヨン）博士の治療を受けたがついに意識を取り戻すことなく、病因は脳溢血と判明した。その後1週間あまり昏睡状態が続いたのでソウルから主治医の金根培（キムグンベ）博士が開城まで往診したが特に効果はなかった。1945年12月6日午前9時、佐翁は80歳を一期に多くの子女が見守る中、静かに息を引き取った。
　　　（金乙漢『佐翁尹致昊伝』、185頁）

　12月8日の『東亜日報』は「開城電話」として、尹致昊が6日午前9時、開城府内にある彼の長男の家で脳溢血により死去したと伝えた。同日付の『朝鮮日報』は「尹致昊氏病死」と題して、「松都中学設立者尹致昊氏は6日午前9時開城高麗町の自宅で脳溢血により死亡した。永訣式は来る十□日〔十二日か？〕午後3時、松都中学大講堂で挙行する」と伝えた。

　死んだ場所が『東亜』では「長男の家」、『朝鮮』では「自宅」となっているが、長男永善の家はかつての尹致昊の自宅であったから同じ場所を指す。永訣式は一度、開城で行われた後、改めてソウルで盛大に執り行われた。当日の様子を金乙漢は次のように述べる（『佐翁尹致昊伝』、187頁）。

佐翁の遺骸が入った棺はソウルに運ばれ12月13日午後2時、宗橋礼拝堂で永訣式が執り行われたが、式進行は先生と因縁の深い監理教総理師梁柱三牧師が担当し、式場には数多くの弔問客の中に李承晩博士が敬虔な黙祷を捧げて〔いる姿が〕注目を集めた。生存中に訪れることができなかった無念さを死の対面により謝罪するかのようであった。棺は即日あらためて父親の尹判書〔父尹雄烈〕の墓がある牙山郡屯浦面石谷里の先祖代々の墓所まで移送されて埋葬された。

　この話は金乙漢が尹致昊の伝記を執筆するにあたり遺族の誰か（恐らく長男尹永善）から聞いた話を元にして書かれたものと思われるから李承晩がソウルでの永訣式に出席したというのは事実であろう。しかし彼が、「生存中に〔尹致昊を〕訪れることができなかったことを死の対面により謝罪するかのようであった」というのは金乙漢の創作であろう。

　尹致昊の死に関しては上述、『東亜日報』、『朝鮮日報』両紙が伝える脳溢血によるものとする説とは別に、解放後、親日派として追及されることに耐えられずに自殺したものであるとする説が一部に行われている。キリスト者として自殺は大罪であるから、もし彼が自殺したというのが事実であるなら、キリスト者としての尹致昊にとって大きな汚点となる。しかし1887年に入信して以後の『尹致昊日記』の中に自殺をほのめかすような記事は一切見当たらない。どんなに辛い時も精一杯生きること、それが彼の人生だった。キリスト者としての彼が自殺を否定していたことは次の日記により明らかである。5年間の米国留学の最後の年、エモリー大学卒業後に書かれたものである。

　　人生は楽しい。だが、これまで私が味わってきた、そして今後も味わわなければならない祖国に対する恥辱と屈辱を思うとき——朝鮮人という肩書きのために人生のあらゆる機会に、私の胸を切り裂くような視線と言葉と行動に遭遇しなければならないとき、人生に愛想が尽きてしまう。自ら死を求めることなど今も将来においても決してないが、自然の成り行きで今死ぬことになっても、強者以外の者にはこの上なくつれない世界と別れることにいささかの未練もない。（第3巻、1893年6月14日）

終章
なぜ尹致昊は
日記にこだわったのか？

　「序章」で述べたように尹致昊は17歳の1883年1月1日から78歳になる1943年10月7日にいたる60年あまりにわたり日記を書きつづけた。現在私たちが読むことのできる『尹致昊日記』全11巻はそれ自体膨大なものであるが、その元となった肉筆の日記帳はさらに膨大な量になるだろう。多くは日本製の当用日記に記されたようであるが、長期旅行の際には手帳に記すことも多かったはずである。彼の遺族が保存したその膨大な量の日記帳を目の前に想像する時、17歳の青年期から78歳の老境にいたるまで彼に日記を書きつづけさせたものはいったいなんだったのかと改めて考えずにはいられない。本書を締めくくるにあたりこの問題に対する筆者なりの考えを述べてみたい。

1. 兪吉濬の『西遊見聞』批判：日記の重要性

　1934年5月22日、尹致昊はかつて朝鮮初の留学生としてともに日本で学んだ兪吉濬が著した『西遊見聞』（1895）を読んだ。その日の日記に次のようにその感想を記している。

　　1883年、兪吉濬氏は朝鮮国王陛下の特別使節として米国に派遣された閔泳翊氏の学生秘書として渡米した。1885年の暮れに帰国したのち、当時生殺与奪の権を握っていた捕盗庁長官韓圭卨<ruby>大将<rt>ハンギュソル</rt></ruby>の下に拘禁状態になった。韓氏はやさしい人だったので、寛大にもその囚人に読書と著作に専念できる静かな場所と完全なる自由を与えた。兪氏はこの軟禁生活中に氏が滞米中に見聞した所を1冊の書物として記録し、『西遊見聞（西欧旅行で見聞したこと）』と名付

けた。初めて西洋に旅行した使節の興味ある日記——少なくとも全体の内の2、3章は——を読めるのではないかと期待して、先日、私はこの本を購入した。ところが期待に反して、そのような記事は1行もなく、私は失望した。その本のすべてがアメリカの施設制度等の説明に割かれていた。それはそれでごく一部の読者にとっては有益かも知れないが、もし閔氏とその一行の旅行中における言動を学者としての立場から日記体で記録しておいてくれたならば、きわめて有益かつ興味深い作品になっていたのではないか。兪氏が学者としてあまりにも立派すぎたためにただの日記作者の名に甘んじることができなかったのはいかにも残念なことである。

兪吉濬が米国への報聘使閔泳翊の随員として1883年7月に米国に派遣された前後のことに関してはすでに述べた（第1章の4）。ここではただ、記録を残すことに関して兪吉濬と尹致昊の間にある基本的な価値観の違いについてのみ問題にしたい。

尹致昊自身も認めているように『西遊見聞』は発刊当時、一部の人々にとって有益であった*114。さらに解放後には『韓国の名著』シリーズの1冊に選ばれ韓国近代化理論の古典として高く評価され多くの人々に読まれてきたという（任展慧『日本における朝鮮人の文学の歴史』、50頁）。

そのこと自体に問題はない。しかし尹致昊が「見聞」という言葉から期待したのは旅行者が現地において自らの目と耳で見聞きした直接体験のことだった。兪吉濬は訪米使節の随員として渡米し、使節の役割を終えたのちも朝鮮人初の国費留学生として米国で約1年半を過ごした。甲申政変のあおりで本国政府から帰国命令を受けたのちも直ちに帰国することなく約1年かけて欧米諸国を巡遊したのち帰国した（第1巻、1885年12月16日）。朝鮮人初の米国派遣使節、その後の米国留学生、さらには長期にわたる西欧旅行者として彼が見聞したことは彼以外には誰も記録することができない唯一独自の経験である。しかるに

＊114 『西遊見聞』の原型は兪吉濬が日本留学中の1882年にすでに構想されていたが、実際に執筆されたのは米国から帰国後の1887年秋から89年晩春の間であった。95年、日本の交詢社で1000部が印刷され、その全部が朝鮮政府の高官をはじめとする当時の著名人に署名入りで寄贈されたという（李光麟「兪吉濬の開化思想」：『韓国開化思想研究』一潮閣、1979所収）。

『西遊見聞』はそのような彼の具体的な経験についてほとんど言及するところがない＊115。その結果、彼が死んだ（1914年死去）今となっては数々の彼の貴重な体験が闇に埋もれたままになった。

　『西遊見聞』が扱っている内容が兪吉濬自身の具体的な体験の代わりに欧米各国の自然地理および西洋文明一般に関する基礎知識であり、またその多くが福沢諭吉の『西洋事情』（1866〜70）を下敷きにしたものであることはすでに何人かの研究者の指摘するところである＊116。日本留学時代に福沢に親しく接していた尹致昊は恐らく『西遊見聞』を読みながら『西洋事情』との類似性に気づいたはずである。

　しかし『西遊見聞』に対する尹致昊の不満は『西遊見聞』が福沢の『西洋事情』の二番煎じであるという点にあるのではない。彼の不満は兪吉濬が日記という記録形式を過小評価している点にあった。

　「兪氏が学者としてあまりにも立派すぎたためにただの日記作者の名に甘んじることができなかったのはいかにも残念なことである」というコメントはこの点に関する痛烈な批判であるとともに、この時すでに50年あまりにわたって日記を書き継いできた尹致昊の日記にかける執念と自信の表白でもあろう。とりわけこの年1月1日、彼は真新しい日記帳を前に、最初の1頁にその日の出来事を記したあとで新年の抱負を次のように記していた。

　　どんなに些細と思われることでも記録することによりこの日記のすべての頁を埋めることができるかどうか試してみたい。（第10巻、1934年1月1日）

　日記を書くことに対する尹致昊の執念にはただならぬものがある。このような執念に接すると、1883年1月1日を以て尹致昊が日記を書き始めたことが単なる偶然や思いつきとは考えにくくなる。

　1881年5月下旬、いわゆる十二紳士遊覧団の随員のひとりとして来日した彼

＊115　例外的に兪吉濬が自らの具体的な体験を『西遊見聞』中に盛り込んだ例として、李光麟は第17編「唖人院」に対する説明を挙げている──『韓国開化思想研究』、74頁。

＊116　前掲「兪吉濬の開化思想」において李光麟は『西洋事情』と『西遊見聞』の目次を対照させながら、その内容の異同を詳細に検討している。

は同年8月に遊覧団が帰国の途に就いたのちも兪吉濬ら数名の若者とともに日本に居残って朝鮮初の日本留学生となった。そして滞日1年半あまりが経過した83年1月1日に『尹致昊日記』の最初の1頁が記録されるのである。兪吉濬の『西遊見聞』に対する上述の批判が彼のこの経験に裏打ちされていることはほぼまちがいない。彼が1883年1月に日記を付けはじめた時にはすでに日記を付けることの重要性について明確な自覚があったのではないか。

金玉均の『甲申日録』との関係

1883年1月前後の日本には金玉均、徐光範、卓挺植ら朝鮮開化派の重要メンバーが滞在中だった。彼らが日本に集まった理由は、前年5月に朝米修好通商条約が締結されて以来、7月の壬午軍乱、9月の朴泳孝修信使の来日、10月の中朝商民水陸貿易章程の締結等々、朝鮮をめぐる日清両国の対立が激化しており、開化派である彼らの将来を占う鍵が東京にあったからである。そしてこの頃の尹致昊はこれら開化派リーダーの指導下にあった。

尹致昊が本格的に英語学習を開始するに当たって、英語教師依頼のために横浜のオランダ領事館書記官およびベルギー公使を訪ねた時（1月4日）には金玉均、卓挺植が同行している。この時、オランダ書記官、ベルギー公使ともに不在であったため2日後、ひとりオランダ書記官を訪ねて許諾を得た尹致昊は東京に戻ったのち、金玉均にこのことを報告している（1月6日）。また金玉均が当時の“お雇い外国人”、バジル・ホール・チェンバレンの家（日記には「王堂家」と記されている）を訪問して英語を学ぶ際にも尹致昊は同行している（1月15日）。当時の尹致昊は何事をするにも金玉均ら先輩たちの言に従い、寝泊まりも同人社の寮には帰らず、金玉均の宿所に泊まることが多かった。

このような環境のなかで彼は日頃、金玉均のお伴をして福沢、井上ら日本の指導者、あるいは米公使ビンガム等の外交官を訪問したのち、宿に戻った金玉均がその日の出来事をこまめに記録している姿をみたはずである。甲申政変失敗後、日本に亡命した金玉均は1885年、日本で『甲申日録』を書きあげるが、その原資料となる日記あるいはメモは、1882年初頭に金玉均が初めて渡日した時からすでに書き始められていたと思われる＊117。

尹致昊の英語学習開始時期と『尹致昊日記』の開始時期が重なっているとこ

ろからすれば、英語学習のみならず、日記を付けることも金玉均ら滞日中の開
化派指導者の勧めに従ったことは十分に考えられる。

　『日記』が始まる3日前の（1882年）12月28日には金玉均とならぶ朝鮮開化
派のもう1人の領袖朴泳孝が使節としての役目を終えて祖国に向けて横浜を発
った。一行が乗った船には朝鮮国政改革の顧問として福沢の推薦を受けた牛場
卓三、高橋正信が同乗していた。一行が帰国すれば、日本官民（井上、福沢）の
強力な支援を背景に開化派による国政改革が始まるはずである。彼らの出航はま
さに朝鮮開化派の新たな門出である。その門出を尹致昊は師匠の金玉均とともに
横浜に見送った。『尹致昊日記』は『甲申日録』とともに、やがて政権をになう
ことになるはずの朝鮮開化派の歴史を記録するという重要な任務を負わされて
書き始められたのではないか。少なくとも出発当初はそうであったと思われる。

2.　生活を律するものとしての日記

「愼」の字をめぐって

　『日記』第1巻は巻頭の1883年1月1日から87年11月24日まで漢文で記録さ
れている。最初に旧暦の日付が記され、その後にカッコに入れて、その日の天
気、和暦（新暦）の日付、そして曜日が記される。初日の1883年1月1日はや
や長く、

　「一八八二年、壬午十一月二十二日（晴、寒、即明治十六年正月初一日也、月）」、

となっているが、2日目以後は簡潔に、「二十三日（晴、二日、火）」、というよ
うに表現される。1月9日まではこの形式が続くが、1月10日以降になると次
のように、カッコ内に新たに「愼」の字が加わる。「十二月二日（朝晴夕雨、愼、

＊117　『甲申日録』は1882年1月の金玉均の第1次渡日から甲申政変失敗後の1884年12月6日に至る
　　　記録であるが、前半の82年1月から84年10月29日までは重要事項のまとめ書き形式で、後半
　　　の10月30日から12月6日までは日記形式になっている。李光麟によればその内容に錯誤が多
　　　いのは政変失敗後、全ての記録をソウルに残したまま日本に亡命したため、主に記憶に頼って
　　　著述したせいであり、『尹致昊日記』、『統署日記』等と比較対照して検討したところ、大筋
　　　において信憑性のある記録と認められるという。記憶によりながらも10月30日以降の事件を日
　　　記体で記録できたのは彼が原資料として日記を付けていたことが大きいと思う。──李光麟
　　　「金玉均の『甲申日録』について」：『開化党研究』（一潮閣、1997）所収を参照。

十日、水）」。

　以後1887年1月4日にいたるまで日記のこの欄には1、2の例外（1884年4月26日、同9月8日）を除いて必ず「愼」の字が加えられることになる。新たに「愼」の字が加えられた意味はなにか？

　これより先、1月5日の日記では、来日中の朝鮮人、李春植（イ チュンシク）および朴義秉（パク ウィビョン）が黴病（バイビョウ＝梅毒）に罹ったという話を伝え聞き、「豈に愼まざらんや」を2度繰り返して自戒しており、また1月9日の日記には鬱積に堪えず煙草を吸ったことが書かれていた。そして翌10日の日記から毎日この「愼」の字が用いられはじめたことを考えると、「愼」の字は自己の生活を律するための自戒の言葉として加えられたものと思われる。このことは次に説明する「心約」という言葉との関係で明らかである。

「心約」という言葉の登場

　甲申政変後、守旧派から金玉均一味と疑われた尹致昊は彼らの追及を免れるため1885年1月下旬、祖国を離れて単身、中国上海に渡り、同所にある中西書院に入学した。同書院の寮で下宿生活を始めて1ヵ月あまり経った同年3月9日の日記には新たに「心約」という言葉が登場する。

　　二十三日（晴、愼、九日、Monday）　是の日より次の土曜に至る、早六点〔午前6時〕或いは六半鍾〔6時半〕に起くるを心約す。院に在りて課を受す。

　夜更かし、朝寝坊のつづくふしだらな生活を矯正するために自らに課した誓約が、すなわち「心約」である。以後、彼は書院での生活を律するために以下のような様々な「心約」を自らに課すようになる。

　　節酒の条、戒酒の条、夜をひさぐ女性と性的関係を持つことを禁ずる条（これのみ英文）、起寝の条、起枕の条、洗盥の条、洗手の条、直言の条、節用の条、鎮怒の条、勤整の条、謹戯の条、禁午睡の条、……

　そしてこれら各条を甲乙丙丁の4部門に分け、各部門を細かく再分類して

「甲約第1条、…」、「乙約第1条、…」、「丙約第1条、…」等として、これに違反した日があればそれを毎日、日記に記録した。

　当初、この「心約」は「愼」の字と併存していたが、「心約」の登場により、「愼」の字を用いることは儒教的な単なる形式であり、さして効力のないものであることを自覚するにいたったものとみえ、87年1月4日にいたるとついに「心約」を「愼」の字に優先させるにいたる。同日の日記は次のように記す。

　　是の日より始めとなし心約條内の事に違ふ有らば之を此の冊に記し、如（も）し違ふ所有らば愼字を許さず

　こうして、以後の日記には「愼」の字が書かれない日が次第に多くなり、ついに同年4月18日を最後に「愼」の字は日記から姿を消す。

　実はこの頃、すでに尹致昊は入学以来、再三、書院の教師（米国南メソジスト宣教師）に勧められた結果、ついにキリスト教入信を決意していた。87年3月22日にはボネル教師に「願奉真教書」と題するキリスト教入信願いを提出し、同4月3日に正式に受洗の儀式を済ませてキリスト教徒となった。

　日記にあらわれた「愼」の字および「心約」という言葉は儒教的素養の中に成長した尹致昊がキリスト教に改宗するにいたる前段階を示すものとみることができる。とりわけ毎日、具体的な生活目標を課して自己を律することによりより高い自己に近づこうとする「心約」の励行は草創期におけるメソジズムそのものを思わせる。後に日記が英文で書かれるようになるとこの「心約」という言葉は"Final Resolution"（1890年1月13日初出）、省略して"F.R."と日記に記されるようになり、第8巻の1921年12月31日まで用いられている。

3.　英語で日記を書く：自由を獲得する手段としての英語

　1883年1月1日以来、漢文で書かれてきた日記は87年11月25日、突如、ハングルで綴られるようになる。古体ハングルで「是の日より、日記を国文を以てす」と書かれているだけで、具体的な理由はいっさい書かれていない。しかし当時の上海においては英米人宣教師、外交官による中国語ならびに朝鮮語か

ら英語への翻訳作業、あるいは中国語、朝鮮語の簡単な会話集の編纂事業が盛んに行われていたことを考えると、その影響が大きかったのではないかと思われる。

実際、当時、上海に仮寓していた仁川駐在英国領事スコット（James Scott：尹致昊が米公使の通訳だった当時のソウル英国領事館の書記）が尹致昊を訪ねてきて彼を自分の寓居に連れてゆき、自らが著作中であった「韓英対話」の編集作業に協力を依頼したことがあった（第1巻、1887年4月18日）。朝鮮人に先んじて英米人が盛んにハングルを研究している姿を見て大いに刺激を受けたのだろう、翌年4月5日の日記には、「今日より聖教〔聖書〕翻訳を少しずつ試みる」とあって、尹致昊自身が聖書のハングル訳に乗りだしている。日記を漢文からハングルに変えた背景には以上のような事情があったと考えられる。

しかしハングルによる日記は長続きしなかった。ハングル使用に変更した1年後に尹致昊はすでに米国にあったが、ひとり異国の地で暮らす彼にとってハングルで日記を綴ることは祖国とのつながりを維持するほとんど唯一の手段であったかも知れない。だが同時にそれは米国社会に速やかに溶け込む上では障害となる。渡米1年後にはハングルを放棄して英語で日記を書くことになるが、今度はその理由を明確にしている。1889年12月7日の日記はハングル、英語、2通りの形式で、英語で書くことにした理由を説明している。

〔ハングルで〕：15（晴、初七、Sa.）　午前5時に起床。今日から英語で日記を書くことにする。その理由は、第1、我国の言葉では時々における各種の事柄をすべて詳細に書くことが難しいこと。第2、万事詳細に書くことが困難なために毎日欠かしてしまう事柄が多くなり、日記が単に日付と陰晴〔天気〕を記録するだけになってしまうこと。第3、英語で日記をつければ特に筆墨〔筆記用具〕をかえる必要がないこと。第4、英語を習得するのが速いため、以上の理由によりこうすることにしたのである。

〔英語で〕：7日（旧暦11月15日）　5時起床。曇＊。この日記はこれまで朝鮮語で書いてきた。しかし、その語彙はまだ私の言いたいことすべてを表すことができるだけ十分に豊富ではない。よって英語でこの日記を書くことにした。（後略）

　　＊ハングル日記と英文日記で、天気が「晴」と「曇（cloudy）」と異なっている。

　前者では理由を４つ挙げているが、後者では１つの理由しか挙げていないところからすると、使用言語を英語に変えた最大の理由は、朝鮮語の語彙が米国での生活を記述するには十分でなかったことにあったようである。

　この頃、日本では福沢諭吉、西周、加藤弘之ら『明六雑誌』によった学者たちを中心に、社会・政治・経済・思想・倫理その他もろもろの分野に関する西洋文明の翻訳紹介がある程度すすみ、近代を語るに必要な日本語の語彙がようやく整いつつあった。そして日本で発明された「社会」、「個人」、「自由」、「権利」、「義務」といった翻訳語が少しずつ中国、朝鮮に向かって広まりつつある時だった。朝鮮にこれらの新しい翻訳語が日本から大量に導入されるのは1894年の甲午改革ののち、とくに97年から98年にかけての独立協会時代である。米国時代の尹致昊が、言いたいことを表現するのに朝鮮語の語彙では不十分であったというのは決して誇張ではなかったであろう。

　しかし彼は1895年に帰国したのちも英語で日記を書きつづけた。のみならず、日韓併合後、朝鮮語と日本語の語彙の差が次第に縮まりつつあった第7巻以降（1916〜43年）になっても英語で書きつづけた。興味深いのは、1912年から15年まで3年間の服役生活中にはほとんど日本語で日常会話を行っていたとみえ、1916年に始まる第7巻の巻頭部分は漢字（日本語）とハングルと英語の3つがまじった異様な文章が3ヵ月あまり続いていることである。その後、尹致昊らしい本来の英語を回復するまで1年以上かかっている。この期間は彼が英語で日記を書きつづけるための一種のリハビリ期間だったような印象がある。彼はそのリハビリに耐え、本来の英語を取り戻したのである。

　それほどまでに彼が英語に固執したのは、朝鮮語の語彙が日韓併合後も依然として不十分だったためとは考えにくい。日米開戦後、英語が敵性言語となり、彼自身が内鮮一体運動の先頭に立っていた時ですらなお彼が英語で日記を書きつづけたのにはそれなりの理由がなければならない。

米国留学時代の猛烈な読書

　最初は朝鮮語の語彙不足のために朝鮮語から英語に切り替えたものの、米国

で英語を学ぶうちに事情が変わってきた。その原因は彼の猛烈な読書である。すでに上海時代から『ウェブスター英語辞典（威武士字典)』を購入して『聖書』、『イソップ寓話』、『ガリバー旅行記』等を英語で読んでいたが、米国留学後、ほとんど乱読に近い猛烈な読書が始まった。とりわけ彼の教養、基本的な思想の枠組みを形成する上で決定的に重要な影響を及ぼしたのはマコーリー（T. B. Macaulay) の『英国史』、ギボン（Edward Gibbon) の『ローマ帝国衰亡史』、ルー・ウォーレス（Lew Wallace) の『ベン・ハー』、そしてカーライル（Thomas Carlyle) の諸著作であった。

　『英国史』は1889年4月に全巻セットを購入し、第1巻を同年12月に、第2巻を90年6月に読了している。これと並行して90年2月1日に『ベン・ハー』を読み始め、同年6月24日に読了。そのあと直ちに7月から『ローマ帝国衰亡史』にとりかかり9月末まで読みすすんだところで第1章の神学論争についての感想を書いている（第2巻、1890年9月10日)。カーライルの著作は90年5月6日に『過去と現在（Past and Present)』の第2章に言及があったのが最初であるが、その後も『英雄と英雄崇拝』、『過去と現在』、その他、多くの著作に関する言及がある。

　上記4者のうちでも特にマコーリーには心酔したらしく『英国史』第1巻について英文3頁におよぶ長文の感想文を書いている（第1巻、1889年12月23日)。これを読むと、尹致昊にとって生涯の課題となった、西欧キリスト教白人文明を巡る「力は正義なり」か、それとも「正義は力なり」か？　という問題は『英国史』第1巻にその基礎を持つものであることが分かる（第2章、参照)。

　以上の他に、N. ホーソーン、E. A. ポー、ストー夫人、エドワード・ベラミー、ヴィクトル・ユゴー等々、多くの文学作品を英語で読んでいる。

　人生において最も多感な24歳から28歳にいたる5年間にこのように広範な読書をすることにより尹致昊の教養と基本的思想の枠組みは決定されたといってよい。英語は彼にとっていわば彼の思想そのものとなっていた。

　米国留学最後の年に尹致昊は次のように記す（第3巻、1893年2月17日)。

　　　私にとって測り知れないほど興味ある事実は、1,000万人ものアフリカ人が自
　　　分たちではどうにもならない巡りあわせにより、英語という世界で最も豊か

で気高い言語を手に入れることになったことだ。この掛け替えのない贈り物をもらったという点で、恐らく彼らは、一人種として、その強制労働に対する十分な報酬を得たのではないか。

　奴隷としてアフリカから米国に連れてこられた黒人にとって英語を日常語とすることになったのは奴隷としての強制労働に対する十分な報酬であったとするこの見解は、彼らが受けた苦難を不当に軽視するものであろう。しかし一方で、この言葉は人間が自由を獲得するために言語がいかに重要な手段であるかを語るものであり、間接的に尹致昊自身にとって英語がいかに重要な手段であったかを語っている。

4. 何のために日記を書くか？

　1891年6月、3年間学んだヴァンダービルト大学を卒業し、同年9月、エモリー大学の文学部（A.B. course）に進学した。入学後しばらくたった11月27日、彼の日記に注目すべき変化が現れる。この日から未来に対する書簡形式で日記を書くことを宣言したのである。

　　27日　今日から日記を――もちろん書かない時は別であるが――書簡形式で書くことにする。文通の相手の名前は「未来氏（Mr. Future）」とする。
　　ジョージア州オクスフォード、エモリー大学マーヴィンホール*、1891年11月27日
　　我が親愛なる未来へ。過去、現在、未来とは何か？　それらは同じひとつの連続した流れを成す3つの部分に付けられた名前ではないだろうか？　過去もかつては未来だった。そして未来もやがては現在となり、そして過去となる。毎日の私の生活に朝と昼と夜があるように、私の一生の間には多くの過去、現在、未来――長短の違いはあるだろう――があるだろう。それは一生の間に多くの瞬間があるのと同じことだ。ならばなぜ、私は過去、現在にではなく、君に向けてこの手紙を書くのか？　理由はこうだ。過去は来たり、そして去った。それが持つ状況は改善されたこともあり、改善されなかった

場合もある。それは成功することもあったし、失敗することもあった。喜び
をもたらしたこともあり、悲しみをもたらしたこともある。現在は今である。
状況は良くもなり悪くもなる。成功する場合もあり、失敗する場合もある。
嬉しいこともあり、悲しいこともある。これらの過去、現在における経験か
ら学ぶことができるのは、未来よ、君だけだ。君にこう語りかけながら私は
現在にベストを尽くす責任を感じる。私を監視している君に笑われるような
ことを言ったりしたりしないようにしたい。しかし、もし万が一、そのよう
なことがあったら、未来のためにそのことをありのまま記録するだけのプライ
ドを私が持つことができますように、神よ、どうぞ我を助けたまえ。その
ことを肝に銘じて、私はこの日記を続ける。（後略）

＊「マーヴィンホール」はエモリー大学学生寮の名称。

　これまで、「何のために、誰のために日記を書くか？」という問題がこのよ
うにまとまった形で整理されたことはない。1883年1月1日に日記を書き始め
て以来ほぼ9年にしてようやく日記を付けることの意味が自覚的になった。恐
らくそれは尹致昊の英語がこのような問題を処理するだけの語彙と文法を獲得
したこと、すなわち彼が表現の自由を獲得したことを意味するだろう。

　ここで尹致昊が考えていることは次のようなことであろう。日常生活におい
て「私」が考え、行動したことに対する「私」だけの記憶を他者も共有できる
ようにするためには文字として記録する必要がある。「私」が考え、行動したこ
とは記録しなくても「私」の記憶として残る。しかしそれは「私」の死ととも
に消えてなくなる。また、「私」が生きている間にさえ、「私」の記憶は「私」
がそれを回想するたびに少しずつ元の意味と形を変える。「私」が書いた日記を
10年後に読む「私」は、10年前の「私」がまったくの別人であるかのような思
いにとらわれる。それこそまさに「歴史」への第1歩である。ある事件に関して
「私」が記した記録は、後になってその事件に対して「私」が持つ（あるいは喚
起する）記憶とは異なる。言いかえれば、「私」自身の記憶は「私」自身が書い
た記録をたえず裏切ることになる。未来の他者のみならず未来の「私」が、
「私」自身の書いた日記から学ぶことができるのはそのためである。「私」が残
した記録は未来を歴史へと媒介する貴重な資料なのである。

　しかし、当時、歴史をそのようなものとしてとらえる者は恐らく稀だった。多くの人々にとって「歴史」は新聞、雑誌、あるいは書物の中に出てくる著名人の記録を意味した。毎日毎日同じように繰り返される、取るに足りない日常生活など「歴史」の名に値しないと考えた。世間のこのような常識に対して尹致昊は具体的な日付と場所を記した日常生活の記録を忍耐強く積み重ねることにより挑戦したのではないか。

　上に引用した1891年11月27日の日記を書いたのち、彼は日記の記述形式を書簡形式にしたかと思うと、しばらくするとこれを放棄し、さらにまた思い出したように書簡形式にするということを何度か繰り返している＊118。日記を書くことが単なるルーティーンに堕さないようにするためであろう。このような書簡形式で書かれた日記の最後の例は馬秀珍夫人が死んだのちの1905年3月10日からほぼ年末にいたるまで、天国にいる馬夫人に宛てて書かれた日記である。以後、未来に向かって書簡形式で書くというスタイルは彼の日記から姿を消し、代わりに年頭（時に年末）に日記を付けることをさぼらぬように神に誓いを立てるという方法に変わっている＊119。

　70歳を過ぎた尹致昊が日に日に衰えゆく視力、記憶力と闘いながら78歳になるまで生涯60年間にわたり日記を書きつづけ得たのは、「未来が自分の日記から学ぶことができるよう、ありのままを記録する」というプライドを維持しつづけたからであろう。そのプライド故に彼は自らの親日行為をも包み隠すことなく日記に記録したのではないか。現在の私たちの目から見れば、彼の日記に記された彼の言動は、「正しかったこともあったし、間違っていたこともあった」。だが、私たちがそれを判断できるのは、彼が日記を残してくれたお蔭である。彼はすでにその役割を果たした。彼が残した日記から何を学びとるかは彼にとっての「未来」である私たちの役割であろう。

＊118　1892年1月10日（Mrs. Hoss宛）、同12月24日（Mrs. Candler宛）、同28日（Miss Nannie宛）。
＊119　1916年12月31日「神の御前において新たなる心約。うっかり付け忘れたり、純粋に良心的な理由で書けなくなった場合を除き、日記は毎日欠かさずつけること。最低限、2日続けてとばすことのないようにすること――1月1日から1月30日まで心約――新たな心約」/1917年12月31日「はっきりした大義名分がないかぎり意図的あるいはそれを知りながら2日間以上続けて日記をサボらないこと――　心約　1918年2月5日より12月31日まで。心約」。

あとがき

『尹致昊日記』を初めて知ったのは1990年、2度目の韓国旅行の時だったと記憶する。ソウルの中心部、ある大型書店の新書コーナーの一角に、ま新しい周囲の新刊本からそこだけ取り残されたように、薄茶色に色あせた2冊の本があった。背にはそれぞれ、『尹致昊國漢文日記上1883-1885』、『國譯尹致昊日記下』と書かれている。最初の1冊を手に取り、中を開いてみると、黄色く変色したワラ半紙にハングル活字がびっしり並ぶ。所々に漢字で、「金玉均」、「朴泳孝」などというよく知られた朝鮮人の名前のほかに、「福澤」、「中村敬宇」、「外務卿（井上馨）」といった著名な日本人の名前があった。

当時、私は、故長璋吉先生（1988年11月、逝去）の手ほどきで韓国文学の勉強を始めて5年ほどになっていて、日韓関係史にもいくらか関心があった。なにかの参考になれば程度の軽い気持ちで2冊の本を買った。帰国後、折にふれて読み始めた。面白かったのは、韓廷内の党派争いもさることながら、著者尹致昊と国王夫妻の親密な関係である。ある日、米国公使フートの連絡係として御前に伺候したところ、王妃（閔妃）が出し抜けに言った。「近頃、おまえは妾を作り、丹鳳門の龍基の家に囲っているとのことであるが、それはまことか？」。思いもかけぬ質問に慌てて否定すると、王妃は笑いながら、「隠すでない、予は何もかも知っている」と、いかにも愉快そうな様子である（1884年7月13日）。時には職務が済んだ後もお傍に彼を引きとめ、『三国志（演義）』を朗読させることもあった。彼の語り口がよほどお気に召されたのか、夫妻は一話終わればまた一話と催促する。とうとう明け方の3時に及んだこともあった（同、11月24日、26日）。

その頃、角田房子氏の『閔妃暗殺』が評判を呼んでいたが、氏の本から想像していた閔妃とは全く別の閔妃がそこにはいた。すっかり面白くなった私は、すでに『尹致昊日記』全11巻が刊行済みであることを知り、全巻を集めることにした。当時、韓国書籍を買うには京橋の三中堂くらいしかなかったが、な

にしろ高い。最も薄手の第6巻（236頁）が、定価9000ウォンに対して5400円である。そこで、当時西川口にあった文化センターアリランに通ってコピーさせてもらった。ただし第7巻がない。韓国文化センターにもやはりない。何度目かの韓国旅行で国立中央図書館に行き、ようやく第7巻をコピーすることができた。

　こうして全巻を揃えた私は本腰を入れて『尹致昊日記』に取り組むことになったが、読めば読むほど分からないことだらけである。たまたま、その頃、Windows 95が発売され、情報処理が格段と進歩した。分からない言葉はすべてExcel に打ちこんでデータベース化し、データの集積を待って意味を確定することにした。と同時に、第1巻の最初5年間は漢文で書かれているので、正確な意味を把握するには漢文の勉強が不可欠であると悟った。1996年8月から約2年半かけて立平幾三郎先生（私の広尾高校在職時の大先輩で、当時、退職されて悠々自適の生活を送られていた）の教えを仰いだ。私が原文読み下しの下訳を作り、隔週土曜に先生のお宅に伺って、朱を入れていただくというやり方だった。こうして1999年の3月頃までには第1巻の日本語訳がほぼ完成した。

　この第1巻解読作業の過程で、上海中西書院留学中の尹致昊に「永見」という長崎出身の日本人留学生の親友がいたこと、1888年の夏、長崎に帰省中の永見を頼って彼が50日ほどの長崎旅行を試みたことを知った。この「永見」という日本人の身元を知ることが次の私の目標になった。

　2000年4月、12年間勤務した都立西高から武蔵高校に転勤することになった私は、異動の間の春休みを利用して1週間の長崎調査旅行を決行した。長崎滞在中に尹致昊が訪れた「監督会女学校」が現活水女学院の前身であると目星を付けた私は、事前に同学院院長の廣畑譲先生に手紙を出して、当時の学院のお話を聞かせてもらうことにした。長崎到着後、先生にお会いする前に市内の墓地を訪ねて墓碑を確かめ、また電話帳をめくって永見姓を見つけ出し電話してみたが、有力な手掛かりは得られなかった。最後にお会いすることになった先生は、しばし院長室で歓談した後、尹致昊が永見と日帰り旅行した長崎郊外を車で案内してくださった。その移動の間に私は、ヴァンダービルト留学中の尹致昊が"ヨシオカ"という日本人留学生と寮生活を共にしたことを口にした。たまたま関西学院の御出身だった先生は、その"ヨシオカ"は関西学院第2代院

長の「吉岡美国」であろうと教えてくださった。

　廣畑先生のこの一言から、私の『尹致昊日記』研究は新たな段階に入った。同年7月、私は関西学院学長宛に、私が調べた資料を同封して、"ヨシオカ"が吉岡美国であることを確認したい旨の手紙を郵送した。やがて同学院学院史編纂室の池田裕子さんから返事があり、"ヨシオカ"は吉岡美国にほぼまちがいないという。こうして同学院学院史編纂室と私の間にやり取りが始まり、同年10月初めに私は神戸にある同学院の学院史編纂室を訪れた。編纂室の御好意により私は書庫にある資料を自由に閲覧することを許され、必要な資料は全てコピーすることができた。おまけに帰京後も私の質問に答えて次々に新たな資料を送っていただいた。

　関西学院は米国南メソジストの日本宣教の拠点である。"ヨシオカ"から出発した私の調査は、同編纂室の豊富な資料により初代院長W・R・ランバスへと発展し、やがて尹致昊と米国南メソジストの関係、さらには米国キリスト教と中国・日本・朝鮮との関係へと広がっていった。その結果、それまでにExcel に集積されていた多くの疑問点が、1つ、また1つと解消されるようになった。

　2007年3月、私は都立武蔵高校を最後に定年退職することになった。その頃までに『尹致昊日記』全11巻の大まかな翻訳注釈作業は終了していた。しかし、第6巻と7巻との間に約9年半の空白があることが気になっていた。この空白の後、尹致昊は親日派になったというのが韓国での定説である。彼の生涯を理解するにはこの9年半の空白を埋めることが不可欠である。そのためには直接韓国に行って調査する必要があると前々から私は感じていた。

　退職する1年前、私は韓国に行き、退職後、韓国で尹致昊について調査する可能性を模索した。紆余曲折はあったが、ソウル上道洞にある崇實大学（解放前、平壌にあったミッションスクールで、105人事件で多くの逮捕者を出した）の朴正信教授（尹致昊に関する専門的な論文を韓国で初めて発表された方）が担当する同大大学院のキリスト教学科に入学することに決した。かくして私は、2007年9月から同学科初の日本人留学生となった。当初は2年間の予定だったが、朴教授の強い勧めで博士課程に進むことになり、我が子のような若者たちと共に韓国キリスト教について学びはじめた。

　授業の合間に大学の図書館で史料を漁るうちに、9年半の『日記』の空白が105人事件によるものであることが次第に明らかになった。2009年の秋（と記憶する）、約2年間にわたる研究の成果を「新民会像の形成に関する批判的考察——1次史料の取扱を中心に」と題して韓国民族運動史学会において発表した。1次史料による限り、105人事件の主体が新民会であるというのは総督府の捏造であり、新民会の実体は青年学友会、朝鮮YMCA、大成学校等を中心とする反日キリスト教・民族勢力であるとの趣旨だった。韓国民族運動史において新民会は、日帝支配下における朝鮮民族が、あらゆる党派・地域・宗教の対立を越え、"挙族的"に日帝に抵抗した唯一の民族団体である、というのが定説となっていた。表面上、平静に受けとめられたかに見えたが、私の主張に対して学会が強い拒否反応を持ったことは明らかだった。私は博士論文のテーマを変えるべきか否かで悩んだ。しかし私が韓国に敢えて老人留学した最大の目的はここにある。私は意を決してそのまま進むことにした。

　2011年春、4年間の成果を「105人事件と新民会像の形成について」と題した博士論文として提出した。朴正信教授は、審査員のひとりとして韓国における105人事件、新民会研究の第一人者として自他ともに認める尹慶老教授（代表作、『105人事件と新民会研究』）を外部から依頼した。私の論文を読まれた尹教授は激怒して、私の論文は絶対認めないと断言された。論文審査を依頼する前に、教授に挨拶に伺わなかったこと（先行研究者に対する礼を欠いたこと）、博士論文はわずか4年で書きあげられるようなものではないこと、これが最大の理由であった（と記憶する）。よんどころない理由で私が事前に教授に挨拶できなかったのは事実である。博士学位を取ることが目的でなかった私は内々あきらめかけていた。ところが審査期限間際になって、尹教授は次の2つの条件を私が呑むなら、私の高齢に免じてパスさせてもよいと言われた。第1、私が教授の新民会説を批判した部分を全面削除すること、第2、私が主張した説は、教授が新民会に関する新たな論文を発表するまで、決して韓国において発表しないこと。

　悩みに悩んだ末に、結局、私は教授の提案を受け入れた。尹慶老教授の論文を含めて新民会に関する先行研究論文を批判した部分を全面削除し、論文のタイトルも「105人事件と青年学友会研究」と改めた。その結果（と思う）、同年

8月に博士学位を取得することができた。付け加えると、帰国後しばらくして尹教授からメールが届き、教授の『105人事件と新民会研究』をこれほど丁寧に読んでくれたのは私が初めてであるとの感謝の（？）お言葉をいただいた。

　ちょうどその頃、日本では東日本大震災が起きていた。事故発生3日後にようやく家族と連絡がとれたが、その後も論文審査のことで突然、教授に呼びだされ、大幅の書き換えを迫られる等、この先、果たしてどうなるものやら分からない緊張した数ヵ月だった。苦境に陥った私を温かく激励してくれたのが、当時、ハーバード大学のC・エッカート教授の下で博士論文の準備をされていた松谷基和さん（現在東北学院大学勤務）だった。松谷さんは私よりも30歳ほど若い研究者であるが、私が『尹致昊日記』の研究をしていることをどこかで聞きこんで、2008年に訪韓した際、わざわざ私を訪ねてきてくださった。それ以来、松谷さんが韓国を訪れるたびにお会いして、『尹致昊日記』について大いに議論を交わしたが、これほど尹致昊に興味を持った日本人に会ったのは初めてだったので、私は強力な同志を得たことを喜んだ。

　帰国後、その松谷さんが、すでに全11巻の翻訳注釈作業が完了していた私訳『尹致昊日記』の史料的価値を高く評価して下さり、出版実現に向けて、当時、平凡社の東洋文庫編集長をされていた関正則さん（現・明石書店編集部）を紹介してくれた。その後、お二人は日本語訳『尹致昊日記』出版のために、あの手この手と実に熱心にご尽力くださった。しかし尹致昊が韓国では親日派の代表格であること、日本でその名がほとんど知られていないこと、全巻11巻はあまりにも大部すぎること、加えて訳者である私が無名であること、その他の悪条件が重なり、いつまでたっても実現の目途が立たない。なんとか事態を打開しようとされた関さんから、本体の『尹致昊日記』を出版するためにも、まず尹致昊を日本に紹介する手段として、尹致昊に関する評伝を1巻本として出版したらとのご提案があり、ようやく実現したのが、この『評伝　尹致昊』である。

　振り返ってみると私が最初に『尹致昊日記』に出会ってからすでに27年が経過している。44歳だった私も今では71歳の"じーじ"である。生きている間に『尹致昊日記』全11巻が果たして日の目を見ることができるかどうか、分からなくなってきた。しかし、この『評伝　尹致昊』を世に出すことにより、

ともかく27年間の努力をひとつの形にすることができ、加えて日本ではほとんど知られることのなかった尹致昊について紹介することができたことを喜びたい。

　最後に、これまで27年の間には上で紹介した方々の他にも多くの方々から助けていただき、励ましの言葉をいただいた。この場を借りて厚く御礼申し上げます。ありがとうございました。

2017年8月末日

尹致昊著作目録

単行本

以下の『尹致昊日記』および『尹致昊書簡集』は、大韓民国文教部国史編纂委員会編纂発行になる「韓国史料叢書十九」に属する。

『尹致昊日記一』（探求堂、1973）
『尹致昊日記二』（探求堂、1974）
『尹致昊日記三』（探求堂、1974）
『尹致昊日記四』（探求堂、1975）
『尹致昊日記五』（探求堂、1975）
『尹致昊日記六』（探求堂、1976）
『尹致昊日記七』（時事文化社、1986）
『尹致昊日記八』（時事文化社、1987）
『尹致昊日記九』（時事文化社、1988）
『尹致昊日記十』（時事文化社、1988）
『尹致昊日記十一』（時事文化社、1989）
『尹致昊書翰集』（探求堂、1981）
『笑話（우스운 소리）』（大韓書林、1908）
『議会通用規則』（三文社、1898）
『実用英語文法』（彰文堂書店、1928）

共編著・新聞雑誌掲載論文

「朝鮮最初英語学習回顧談」：『英語文学』創刊号（漢城図書株式会社、1932）
「回顧三十年」：『朝鮮南監理教会三十年紀念報』（中央基督教青年会印刷部、1930）
「独立協会の始終」：『新民』1926年6月号
「ロシアに大使として行った話」：『通俗朝鮮四千年秘史』（北星堂、1934）
「韓末外交秘録（壬午日記）」：『開闢』続刊1号（開闢社、1934）
「金玉均氏の最後」：『三千里』8巻10号（1936年11月）
「風雨廿年──韓末生客の回顧談」：『東亜日報』1930年1月11日〜同1月15日
Popular Movements in Korea："The Korean Repository"、1898年12月号
The Whang-Chei of Dai Han, or the Emperor of Korea："The Korean Repository"、1897年10月号
The Korean Abroad、*Letter I*："The Korean Repository"、1897年3月号
A Korean Abroad、*Letter II*："The Korean Repository"、1897年5月号
A Korean Abroad、*Letter III*："The Korean Repository"、1897年7月号
「仏国教育制度と人格養成問題」：『青年』創刊号（朝鮮中央YMCA、1921）
「英国教育制度と人格養成」：『青年』4月号（同前、1921）
「仏国人の子女養成方針」：『青年』5月号（同前、1921）
「宗教と民族性」：『青年──夏令会記念号』1927年9月号（基督教彰文社、1927）
「善變」：『青春』第14号（ソウル新文館、1918）
「内鮮一体に対する所信」：『東洋之光』1939年4月号
「東亜の新建設と内鮮一体」：『総動員』（1939年6月）
「内鮮一体に対する私見」：『青年』1940年1月号

「半島青年に望む」：『大東亜』（日本語）1942年7月
「尹致昊氏の演説」：『少年』第3年第4巻（ソウル新文館、1910年4月）

『高宗実録』掲載、尹致昊上疏文

「主事尹致昊疏略」：甲申閏五月初五日（1884年6月21日）
「中枢院一等議官尹致昊等疏略」：光武2年7月9日（1898年7月9日）
「前中枢院議官尹致昊等疏略」：光武2年7月22日（1898年7月22日）
「議官尹致昊等疏略」：光武2年10月7日（1898年10月7日）
「議官尹致昊等疏略」：光武2年10月11日（1898年10月11日）
「中枢院議官尹致昊等疏」：光武2年10月23日（1898年10月23日）
「中枢院副議長尹致昊等疏略」：光武2年10月25日（1898年10月25日）
「外部大臣署理協弁尹致昊疏略」：光武9年12月1日（1905年12月1日）

参考文献

日本語文献

『日本外交文書・第28巻第1冊』（外務省デジタルアーカイブ）
『日本外交文書・第45巻第1冊』（外務省デジタルアーカイブ）
現代史資料（25）『朝鮮（一）三・一運動（一）』（みすず書房、1966）
現代史資料（26）『朝鮮（二）三・一運動（二）』（みすず書房、1967）
『寺内朝鮮総督謀殺未遂被告事件：百五人事件資料集・第1巻』（不二出版、1986）
『不逞事件ニ依ツテ観タル朝鮮人：百五人事件資料集・第2巻』（不二出版、1986）
朝鮮総督府編、近藤釖一改編改述、朝鮮資料第2号『朝鮮の保護及び併合』（朝鮮総督府、1917）
「寺内正毅関係文書1」：国会図書館憲政資料室所蔵
『日韓キリスト教関係史資料・Ⅰ 1876-1922』（新教出版社、1984）
『日韓キリスト教関係史資料・Ⅱ 1923-1945』（新教出版社、1995）
『朝鮮に於ける国民精神総動員』（朝鮮総督府、1940）
宮嶋博史・金容徳編、日韓共同研究叢書2『近代交流史と相互認識・Ⅰ』（慶応義塾大学出版会、
　　2001）
田保橋潔『近代日鮮関係の研究・上』（朝鮮総督府中枢院、1940）
田保橋潔『近代日鮮関係の研究・下』（朝鮮総督府中枢院、1940）
田保橋潔『朝鮮統治史論稿』（朝鮮総督府朝鮮史編修会、1944）
田保橋潔「近代朝鮮に於ける政治的改革（第一回）」：朝鮮史編修会研究彙纂第一輯『近代朝鮮史研究』
　　（朝鮮総督府、1944）
小森徳治『明石元二郎』（原書房、1968）
岡崎茂樹『時代を作る男塩原時三郎』（大澤築地書店、1942）
福沢諭吉『福沢諭吉全集・第八巻』（岩波書店、1970）
福沢諭吉『福沢諭吉全集・第十八巻』（岩波書店、1971）
福沢諭吉『福沢諭吉書簡集・第八巻』（岩波書店、2002）
萩原延壽『遠い崖――アーネスト・サトウ日記抄・14　離日』（朝日新聞社、2001）
Ｅ・Ｓ・モース、石川欣一訳『日本その日その日・3』（平凡社、1971）
佐々木揚『清末中国における日本観と西洋観』（東京大学出版会、2000）

宮崎正明『知られざるジャパノロジスト──ローエルの生涯』（丸善ライブラリー、1995）

柴四朗『佳人之奇遇』：新日本古典文学大系明治編17『政治小説集・二』（岩波書店、2006）

スターリング・シーグレーブ、田畑光永訳『宗家王朝・上』（岩波現代文庫、2010）

御手洗辰雄『南総督の朝鮮統治』（京城日報社、1942）

稲葉継雄「源興学校について──旧韓末「日語学校」の一事例」：『文藝言語研究　言語篇』15（筑波
　　　大学文藝・言語学系、1989）

和田春樹『日露戦争　起源と開戦・上』（岩波書店、2009）

長田彰文『日本の朝鮮統治と国際関係』（平凡社、2005）

内村鑑三『内村鑑三全集・33』（岩波書店、1983）

内村鑑三『ロマ書の研究』（教文館、2002）

内村鑑三『後世への最大遺物・デンマルク国の話』（岩波文庫、2008）

宮田光雄『国家と宗教──ローマ書十三章解釈史＝影響史の研究』（岩波書店、2010）

金英達『金英達著作集・Ⅰ　創氏改名の法制度と歴史』（明石書店、2002）

宮田節子・金英達・梁泰昊『創氏改名』（明石書店、1992）

韓国語文献（ただし、国史編纂委員会編の資料はほとんど日本語である）

影印縮刷版『高宗純宗実録・上中下（別巻、総索引)』（探求堂、1986）

『旧韓国外交関係付属文書・第三巻　統署日記1』（高麗大学校出版部、1972）

『旧韓国外交関係付属文書・第四巻　統署日記2』（高麗大学校出版部、1973）

『旧韓国外交関係付属文書・第五巻　統署日記3』（高麗大学校出版部、1973）

韓国史料叢書第九『修信使記録　日東記游・修信使日記・使和記略』（国史編纂委員会、1958）

漢陽大学校附設国学研究院韓国学資料叢書第八輯『使倭日記；東京日記全』（亜細亜文化社、1975）

高麗大学校亜細亜問題研究所『旧韓国外交文書・第十巻　美案1』（高麗大学校出版部、1967）

高麗大学校亜細亜問題研究所『旧韓国外交文書・第十一巻　美案2』（同前）

『韓日外交未刊極秘史料叢書・45』（ソウル・亜細亜文化社、1996）

『韓日外交未刊極秘史料叢書・48』（ソウル・亜細亜文化社、1996）

国史編纂委員会編『駐韓日本公使館記録・12』（国史編纂委員会、1995）

国史編纂委員会編『駐韓日本公使館記録・13』（国史編纂委員会、1995）

国史編纂委員会編『駐韓日本公使館記録・14』（国史編纂委員会、1995）

国史編纂委員会編『駐韓日本公使館記録・23』（国史編纂委員会、1998）

国史編纂委員会編『駐韓日本公使館記録・25』（国史編纂委員会、1998）

国史編纂委員会編『統監府文書・5』（国史編纂委員会、1999）

国史編纂委員会編『統監府文書・6』（国史編纂委員会、1999）

国史編纂委員会編『統監府文書・7』（国史編纂委員会、1999）

国史編纂委員会編『統監府文書・8』（国史編纂委員会、1999）

国史編纂委員会編『統監府文書・9』（国史編纂委員会、1999）

国史編纂委員会編『統監府文書・10』（国史編纂委員会、2000）

国史編纂委員会編『韓民族独立運動史資料集・1：105人事件公判始末書1』（国史編纂委員会、1986）

国史編纂委員会編『韓民族独立運動史資料集・2：105人事件公判始末書2』（国史編纂委員会、1986）

国史編纂委員会編『韓民族独立運動史資料集・3：105人事件訊問調書1』（国史編纂委員会、1987）

国史編纂委員会編『韓民族独立運動史資料集・4：105人事件訊問調書2』（国史編纂委員会、1987）

国史編纂委員会編『韓国近代史資料集成・1：要視察韓国人挙動1』（国史編纂委員会、2001）

国史編纂委員会編『韓国近代史資料集成・2：要視察韓国人挙動2』（国史編纂委員会、2001）

国史編纂委員会編『韓国近代史資料集成・3：要視察韓国人挙動3』（国史編纂委員会、2002）

宋炳基訳『尹致昊國漢文日記：1883─1885・上』（探求堂、1975）

朴正信訳『国訳尹致昊日記・2』（探求堂、1975）

『韓国基督教の歴史・Ⅰ』（韓国基督教歴史研究所、1989）

『韓国基督教の歴史・Ⅱ』（韓国基督教歴史研究所、1990）

『韓国基督教の歴史・Ⅲ』（韓国基督教歴史研究所、2009）

『梨花百年史1886－1986』（梨花女子高等学校、1994）

尹慶南訳（ハングル版）『尹致昊書簡集』（ホサン文化、1995）

佐翁尹致昊文化事業会編『尹致昊の生涯と思想』（乙酉文化社、1998）

金永義『佐翁尹致昊先生略伝』（基督教朝鮮監理会総理院、1934）

金永義（ハングル版）『佐翁尹致昊先生略伝』（佐翁尹致昊文化事業委員会、1999）

安昌浩『島山安昌浩全集・第5巻』（島山安昌浩先生紀年事業会、2000）

安昌浩『島山安昌浩論説集』（乙酉文化社、1973）

朱耀翰『安島山伝』（三中堂、1984）

李光洙『島山安昌浩』：『李光洙全集・7』（三中堂、1971）

李光洙『李光洙全集・別巻（画報・評伝・年譜）』（三中堂、1971）

金九『白凡逸志』（三中堂、1993）

文一平『湖岩文一平全集・第1巻：政治外交編』（民俗苑、1995）

文一平『湖岩文一平全集・第3巻：随筆紀行編』（民俗苑、1995）

文一平『湖岩文一平全集・第5巻：新聞補遺編』（民俗苑、1995）

李承晩『韓国教会逼迫』（チョンミディア、2008）

金相泰編訳『尹致昊日記1916～1943』（歴史批評社、2001）

金乙漢『佐翁尹致昊伝』（乙酉文化社、1978）

李光麟『開化党研究』（一潮閣、1973）

李光麟『韓国開化思想研究』（一潮閣、1979）

全澤鳧『人間申興雨』（大韓基督教書会、1971）

全澤鳧『韓国基督教青年会運動史』（汎友社、1994）

全澤鳧『月南李商在の生涯と思想』（延世大学出版部、2002）

リュ・デヨン『開化期朝鮮と米国宣教師』（韓国基督教歴史研究所、2004）

尹慶老『105人事件と新民会研究』（一志社、1990）

尹慶老『105人事件公判参観記』（韓国基督教歴史研究所、2001）

慎鏞廈『韓国民族運動史研究』（乙酉文化社、1985）

金玉均著・趙一文訳注『甲申日録』（建国大学校出版部、1977）

魚允中・金允植『従政年表　陰晴史』（国史編纂委員会、1958）

金允植『続陰晴史・上』（国史編纂委員会、1960）

金允植『続陰晴史・下』（国史編纂委員会、1960）

李方子『李方子回顧録　歳月よ王朝よ』（正音社、1985）

林鍾国『親日論説選集』（実践文学社、1987）

雑誌『少年』第2年第8巻（新文館、1909年9月）

雑誌『少年』第3年第7巻（新文館、1910年7月）

雑誌『少年』第3年第8巻（新文館、1910年8月）

雑誌『少年』第3年第9巻（新文館、1910年12月）

雑誌『青年』影印本第6巻／1926年（大韓YMCA聯盟、1984）

雑誌『青年』影印本第7巻上／1927年（大韓YMCA聯盟、1984）

雑誌『青年』影印本第7巻下／1927年（大韓YMCA聯盟、1984）

雑誌『青年』影印本第8巻上／1927年（大韓YMCA聯盟、1984）

雑誌『青年』影印本第8巻下／1927年（大韓YMCA聯盟、1984）

中国語文献

『李鴻章全集・第6冊』所収「訳署函稿・第四巻」(海南出版社、1997))
『李鴻章全集・第9冊』所収「遺集」(海南出版社、1997)
『清季中日韓関係史料第11巻　清季中日韓関係史料大事表』(台北・中央研究院近代史研究所、中華民国61年)

英語文献

Chandra, Vipan "*Imperialism, Resistance, and Reform in Late Nineteenth-Century Korea Enlightenment and the Independence Club*" (University of California, 1988)

Cumings, Bruce "*The Origins of the Korean War, Volume 1: Liberation and the Emergence of Separate Regimes, 1945-1947*" (Princeton University Press, 1981)

Hutchison, W. R. "*Errand to the World*" (The University of Chicago Press, 1987)

Pinson, W. W. "*Walter Russell Lambuth: Prophet and Pioneer*" (Cokesbury Press, Nashville, Tenn., 1924)

Ryang, J. S.(ed.) "*Southern Methodism in Korea: Thirtieth Anniversary*" (Methodist Episcopal Church, South, Korea, 1930)

Wells, Kenneth M. "*New God, New Nation: Protestants and Self-Reconstruction Nationalism in Korea 1896-1937*" (University of Hawaii Press, 1990)

"*The Korean Conspiracy Trial: Full Report of the Proceedings*", ("Japan Chronicle", Kobe, Japan, 1912)

"*The Korean Repository Volume II*" (Seoul, The Trilingual Press, 1895)

"*The Korean Repository Volume III*" (Seoul, The Trilingual Press, 1896)

"*The Korean Repository Volume IV*" (Seoul, The Trilingual Press, 1897)

"*The Korean Repository Volume V*" (Seoul, The Trilingual Press, 1898)

年　譜

西暦 (満年齢)	尹致昊関係	関連事項
1865 (0)	1月23日（旧暦、甲子12月26日）、忠清南道牙山郡毛山面新村に父尹雄烈、母全州李氏の長男として生まれる。	
1874 (9)	12月、実姉慶姫とともに上京して父の家に同居する。住居はソウルの勝洞礼拝堂近所、安息教療養院趾。	
1876 (11)	12月、金正言正浩の家に寝泊まりして科挙受験をめざして漢文を習う。	2月26日、日朝修好条規調印。
1879 (14)	貞洞の門閥家の娘姜氏と結婚。	
1881 (16)	5月25日、紳士遊覧団の一員魚允中の随員として東京到着。8月8日、遊覧団一行が帰国の途に就いた後も兪吉濬、孫鳳九らと共に残留して日本留学生となり、同人社に入塾。	
1882 (17)	4月、一時帰国して母に会う。8月31日、父雄烈が壬午軍乱を避けて横浜到着。9月9日、父子でE・サトウを訪ねる。10月18日、父子でE・モースを訪ねる。11月3日、再び父子で暇乞いにモースを訪ねる。12月28日、帰国する朴泳孝一行および父雄烈を横浜港に見送る。	5月22日、朝米修好通商条約調印。7月23日、壬午軍乱発生（〜7月30日）。10月13日、朴泳孝が第3次修信使兼（壬午軍乱の）謝罪使として東京着。閔泳翊、金玉均も同行（〜12月28日）。
1883 (18)	1月1日、漢文で日記を書き始める（〜1887年11月25日）。4日、英語教授を請うため金玉均、卓挺植に伴われて横浜のオランダ書記官、ベルギー公使を訪ねる。16日、オランダ書記官から英語を学ぶため横浜に転居する。4月23日、齊藤修一郎が井上馨の使者として下宿を訪れ、翌24日、横浜グランドホテルで初代駐韓米国公使フート（4月19日横浜着）および井上に面会するよう依頼する。翌日、フート、井上に面会してフートの朝鮮語通訳として朝鮮に同行することに同意する。5月2日、齊藤修一郎とともにフート一行に従って横浜出港、同13日、仁川着港。19日、フート公使に随行して統理衙門で批准書交換。翌20日、高宗に謁見、国書を捧呈する。	1月7日、駐韓公使竹添進一郎が朴泳孝一行に同行してソウルに着任。7月27日、閔泳翊を正使とする米国報聘使が仁川発（9月2日、サンフランシスコ着）。12月、駐韓日本公使竹添進一郎が賜暇帰朝（〜1884年10月30日）。
1884 (19)	10月20日、妻姜氏を不貞の廉で離縁する。12月13日、金玉均、朴泳孝以下の開化党員が日本に亡命する。同日、白氏娘（毛橋娘）を後室として迎える。12月15日、フート夫人に従って参内して閔妃に謁見して夫人離韓の挨拶の通訳をする。	4月24日、パークス来韓。28日、朝英修好条約を締結する。6月1日、閔泳翊、米国より帰国。7月7日、フート公使が弁理公使兼総領事に格下げとなる。10月30日、竹添公使が帰任する。12月4日、甲申政変起こる。30日、井上馨が齊藤修一郎らを従えて仁川着（→85年1月9日、漢城条約調印）。
1885	1月19日、高宗から外遊許可を得て、フート公使とともに	1月9日、井上馨と金弘集の間に漢

(20)	に仁川発。23日、長崎でフートと別れ、上海をめざす。26日、上海着。27日、米国南メソジスト教会経営のミッションスクール中西書院に入塾。5月24日、黄浦公園において中国人が犬と同様に扱われ入園を禁じられているのを見てショックを受けるとともに白人による有色人種の人種差別に目覚める。	城条約が締結される。11月17日、袁世凱がソウルに着任する。
1886 (21)	10月17日、上海に滞在中の機器局委員趙義淵と会う。	5月27日、父雄烈が甲申政変に加担した罪で全羅南道綾州牧に定配（流罪）となる（〜1894）。
1887 (22)	1月16日、アレンとともに蘇州旅行。3月22日、ボネル教授に「願奉真教書」を提出。4月3日、米国南メソジスト教会に入信する。7月14日、中国人学生とともに鎮江旅行（〜31日）。11月25日、日記をハングルで書き始める（〜1889年12月7日）。	
1888 (23)	7月21日、日本人留学生永見（長崎出身）を頼って7月21日から9月10日まで約50日間の長崎旅行。滞在中、京都同志社に入学を打診するも断られる。9月28日、院長アレンの周旋により米国ヴァンダービルト大学留学が決まり、米国に向けて上海を出港。10月5日、横浜に入港。6日、新島襄を訪ね米国留学への助言を得る。7日、横浜出港。26日、サンフランシスコ着。11月4日、テネシー州ナッシュヴィル着、6日、ヴァンダービルト大学神学部に入学。	4月10日、米国軍事教官3名がソウルに到着。
1889 (24)	4月16日、書信でキリスト教入信を故国の両親に伝える。12月7日、英語で日記を書き始める（〜1943年10月7日）。	
1890 (25)	マコーリーの『英国史』、ギボンの『ローマ帝国衰亡史』、ルー・ウォーレスの『ベン・ハー』、カーライルの著作等を乱読する。	
1891 (26)	1月23日、学生寮で日本人留学生吉岡美国と議論する。6月17日、ヴァンダービルト大学卒。夏休みを利用して6月28日より、7月9日まで南部巡回説教旅行をする。9月10日、ジョージア州オクスフォードのエモリー大学文学部に入学（〜1893年6月7日）。10月22日から3日間、ナッシュヴィルで開かれた神学校宣教師連合会に出席。	
1892 (27)	4月、学内サークルであるフューソサエティー（Few Society）に入会する。6月13日より9月19日までジョージア州一帯の教会を巡回説教して回る。11月26日、フューソサエティーの会長に選出される。	
1893 (28)	6月7日、エモリー大学卒業。6月15日より2カ月20日に及ぶ夏期巡回説教（3回目）を行う。9月15日、上海帰還のためナッシュビルよりバンクーバーをめざす。途中、シカゴに10月10日まで滞在して同地で開催中のシカゴ万国宗教会議を傍聴する。14日、バンクーバー着。16日、横浜に向けてバンクーバー出港。29日、横浜着。31日夜、金玉均、朴泳孝と共に福沢邸に招かれて酒宴。11	1月、朝鮮において東学党の動きが活発になる。4月18日、川上操六・伊地知幸介・柴五郎・田村怡与造が訪韓。5月3日、川上操六が高宗に謁見。5日、佐々友房・弟正之・安達謙蔵が訪韓、約1カ月滞在。10月4日、駐韓公使大鳥圭介が高宗に

	月4日、汽車で東京発。5日、京都に1泊して同志社を訪れる。6日から9日まで神戸に3泊して吉岡美国、関西学院職員と共に過ごす。9日、神戸出港、12日、長崎で下船して永見に会った後、再び出港、14日に上海着。以後、中西書院の助教として英語を教える。	謁見して国書を奉呈する。
1894 (29)	1月、中西書院寄宿舎監督になる。3月21日、中国人女性馬秀珍と結婚する。27日、日本からやってきた金玉均と会う。28日、金が洪鍾宇に暗殺される。4月20日、金玉均の遺体を引き取るために上海にやってきた岡本柳之助、齊藤修一郎と会食する。両名は翌日、帰国の途に就く。12月31日、出産準備のため9月に蘇州の実家に行っていた馬秀珍夫人が同地で長女鳳姫を出産。	5月30日、全州城陥落。6月7日、広島に大本営を設置。駐箚清国公使が朝鮮出兵の行文知照。7月23日、日本軍に守られて大院君入闕、日本軍が王宮を占拠する。24日、第1次金弘集政権成立。8月1日、日本が清国に宣戦布告。10月25日、新任公使井上馨が仁川着。11月21日、大院君親政を廃止する。12月17日、第2次金弘集内閣成る。
1895 (30)	2月12日、妻子を蘇州に残したまま、10年ぶりに帰国。27日、内閣総理大臣（金弘集）秘書官として政府参議となる。3月1日、帰国後初めて高宗に謁見。6月2日、学部協弁に昇進。8月10日、外部協弁となる。8月28日、李朝開国紀元503回節事務委員長になる。10月8日、義和宮が国王の使いとして午前5時、午後1時の2度、やってきて王妃暗殺の模様を詳しく伝える。11月29日、これより2カ月あまり、春生門事件のあおりで宣教師宅、アメリカ公使館等での潜伏生活を余儀なくされる。12月24日、外部協弁を罷免される。	1月7日、高宗が宗廟で14条の洪範を宣誓する。4月17日、日清講和条約調印。5月14日、遼東半島還付の報が朝鮮に届く。6月11日、井上公使が一時帰国。7月7日、朴泳孝不軌事件。14日、三浦梧楼が井上の後任に内定。20日、井上公使が夫人同伴で帰任。9月1日、新任三浦公使がソウル到着。21日、井上馨が仁川より帰国の途に就く。10月8日、閔妃暗殺事件勃発。11月28日、春生門事件発生。12月26日、徐載弼がソウル着。12月30日、断髪令が下る。
1896 (31)	2月12日、学部協弁署理大臣事務に任命される。3月19日、ロシア派遣特命全権公使閔泳煥の随員に任命される。4月2日、閔泳煥とともに仁川港発。5日より上海に1週間寄港。11日、（海外派遣中）中枢院一等議官に任命される。5月20日、モスクワ着（～8月18日）。5月6日、閔泳煥の通訳としてニコライⅡ世に謁見。8月6日、ロシア教育相からペテルスブルグ帝国大学朝鮮語教授のポストを提示されるも断る。8月21日、フランス語習得のためにパリ着（～11月18日）。12月27日、フランスよりインド洋経由で上海着。25日に同地で長男永善が誕生していたことを知る。	1月1日、太陽暦を採用。2月11日、高宗がロシア公使館に遷御。4月7日、『独立新聞』創刊。7月2日、独立協会正式発足。8月16日、原敬が駐韓公使となる（→10月11日、帰朝）。9月24日、内閣を廃して議政府とする。10月20日、閔泳煥一行がソウルに帰還する。
1897 (32)	1月27日、妻子を上海に残して単身、帰国。3月28日、妻子を迎えるために上海に出発（6月12日まで上海に滞在）。4月15日、校典所知事官に任命される。6月17日、家族を上海からソウルに移す。24日、薬峴に新居を構える。12月18日、徐載弼から独立協会を引き受ける約束をする。	2月20日、高宗が徳寿宮に遷御。23日、原敬に代わり加藤増雄が弁理公使となる。8月15日、年号を建陽から光武に改める。10月16日、国号を大韓帝国とする。11月21日、独立門完成。
1898	2月27日、独立協会副会長に選出される。28日、培材	2月22日、大院君死去。3月24日、

(33)	学校で自然地理学の連続講義を始める。5月11日、『独立新聞』を徐載弼から引き継ぐ。6月25日、父雄烈が全羅南道観察使を解任され、妻とともにソウルに戻る。7月8日、中枢院一等議官となる。10日、父雄烈が警務使に任命される。8月28日、正式に独立協会会長になる。10月23日、中枢院副議長に任命される。29日、鍾路で官民共同会を開き、献議六条を決議する。11月5日、逮捕令状が出たため逃亡生活を送る。7日、議政府総務局長に任命される。10日、官民共同会が万民共同会となる。17日、次男光善誕生。22日、中枢院副議長に再任される。23日、漢城府尹に任命される。28日、漢城府判尹に兼任して漢城府裁判所首班判事兼任に任命される。12月22日、再び中枢院副議長に任命される。	ロシア軍事教官撤退。4月25日、西・ローゼン議定書成る。5月27日、徐載弼夫妻、帰国の途に就く。6月30日、皇国協会設立。7月12日、青年愛国会事件起こる。8月22日、伊藤博文が仁川に到着する（～8月30日）。11月24日、独立協会派と褓負商派の両派千数百名の間に市街戦が始まる。26日、皇帝が仁化門外に臨見して独立協会・褓負商両団体に詔勅を賜う。12月25日、ソウル市内に戒厳令を敷き、独立協会解散の詔勅が出る。
1899 (34)	1月7日、徳源監理兼徳源府尹に任命される。3月5日、徳源（元山）に単身着任。5月、妻子が元山にやってくる。	6月24日、林権助新任公使着任。12月5日、『独立新聞』閉刊。
1900 (35)	4月16日、尹致昊の不正調査のため按廉使が派遣される。5月15日、父の誕生日を祝うために一時ソウルに帰る（～6月5日）。7月25日、三和（鎮南浦）監理兼三和府尹に任命される。これに先立って7月20日、尹致昊は妻子をソウルに残して鎮南浦へ出発。	5月27日、権澄鎮、安駒壽に絞首刑が執行される。
1901 (36)	4月5日、妻子がソウルから鎮南浦に到着。6月14日、子供を残し妻とともに一時ソウルに戻る。7月16日、鎮南浦に帰任する。24日、再び徳源監理兼徳源府尹に任命される。8月31日、徳源に着任する。	
1902 (37)	5月8日から8月31日まで日記が空白となる。10月21日、馬夫人が鳳姫のみ連れて上海に向け元山を発つ。永善、光善は尹致昊とともに元山に残る。	1月30日、第1次日英同盟成る。9月8日、高宗生誕50周年記念が行われる。11月、1884年以来の大凶作となる。
1903 (38)	2月3日、咸興府按覈使を命ぜられる。5月3日、馬夫人が上海で次女龍姫出産。5月19日、単身、ソウルに戻る。6月1日、元山の妻を連れ戻すためにソウル—元山間を往復する（～12日）。19日、一家でソウル典洞父の家に戻る。7月6日、天安郡守兼稷山郡守に任命される。	10月28日、皇城基督教青年会が設立される。
1904 (39)	2月15日、務安（木浦）監理に任命される。3月12日、外部協弁に任命される。7月4日、H・N・アレンにホノルル領事推挙を依頼する。8月13日、日本公使林権助に外部入閣を勧められるも断る。21日、李夏栄に代わり突如、外部大臣署理を命ぜられる。22日、外部大臣李夏栄に代わり署理として第1次日韓協約の韓国側署名者となる。	2月4日、日露開戦（2月10日宣戦布告）。23日、日韓議定書調印。3月、伊藤博文が訪韓する。5月31日、「帝国の対韓方針」および「対韓施設綱領」が閣議決定される。
1905 (40)	2月10日、馬秀珍夫人死去。4月23日、白梅麗と再婚。5月31日、皇城基督教青年会理事となる。7月15日、閔丙奭を団長とする日本視察団の一員として日本に向け出発。22日、東京着。8月30日、ハワイ移民朝鮮人およびメキシコ移民朝鮮人視察の辞令を受けハワイに向け	7月25日、ルーズベルト大統領の娘アリス、およびタフト陸軍長官が訪問する。27日、桂・タフト覚書が交わされる。9月5日、日露講和条約成る。11月18日、第2次日韓

	横浜発。9月8日、ハワイ着。10月3日、ハワイ視察を終了して横浜に向け出港。14日、横浜着。11月2日、メキシコ移民朝鮮人視察は取りやめとなり、東京より帰国の途に就く。6日、ソウル着。18日、外部協弁の辞表を提出。28、外部署理大臣事務に任命される。12月13日、正式に外部協弁を辞任する。	協約（日韓保護条約）成る。30日、閔泳煥が保護条約に抗議して自決する。12月21日、統監府設置。
1906 （41）	4月14日、大韓自強会会長に選出される。5月4日、日本留学生監督を命ぜられる（→6月15日、家庭の事情により辞退する）。7月3日、この日を以て日記が中断する（〜1915年12月31日）。10月3日、韓英書院創立、初代院長となる。12月28日、皇城基督教青年会副会長となる。	3月2日、初代統監伊藤博文がソウルに入城する。
1907 （42）	2月1日、1月30日に来韓したJ・R・モットがY会館で開催した演説会の通訳をする。3月16日、上海で開催のYMCA東洋連合会および東京で開催の万国基督教青年連合会に出席のため金弼淳、金奎植らとともにソウルを発つ。4月11日、東京より帰国。	2月22日、安昌浩が米国より帰国。4月20日頃、李相卨が高宗に謁見の後、李儁と共に浦塩にめざす。5月16日、安昌浩・鄭雲復が東京滞在（〜27日）。22日、李完用内閣成立。7月2日、日本政府がハーグ密使に関する情報を入手。19日、高宗が強制退位となる。24日、第3次日韓協約が調印される。8月1日、韓国軍隊が解散される。10月12日、明石元二郎が韓国駐剳憲兵隊長として赴任する。16日、皇太子（大正天皇）が渡韓する。11月13日、皇城基督教青年会館上棟式。
1908 （43）	5月12日、世界日曜学校連合会韓国支会会長となる。7月30日、大韓書林から『笑話』を発刊する。9月1日、大成学校校長に就任する。18日、3女文姫誕生。	3月23日、韓国外交顧問スティーブンスがサンフランシスコで在米朝鮮人により暗殺される。8月26日、私立学校令発布。9月26日、大成学校開校式。12月3日、基督青年会会館開館式。
1909 （44）	2月3日、西巡中の純宗に開城で謁見する。5月4日、『笑話』が発禁処分となる。6月22日、西北学会が平壌で開催した演説会に李東輝等と出席し、「大韓の無窮なる資本」なる演題で演説する。23日、平壌箕子廟下で行われた大成学校夏季閉校式に校長として出席し訓話をなす。李軫鎬・李東輝・全徳基・崔炳憲らが出席。8月、青年学友会設立の発起人、および設立委員長となる。12月22日、龍山憲兵分遣所に拘留中の安昌浩が精神錯乱状態となり自殺を企てたため安を仮釈放させるために車利錫と2人で保証人となる。	1月7日、純宗が南巡を開始する。27日、西北地方巡視が始まる。3月5日、韓国憲兵隊が「大韓新民会趣旨書及び通用章程」を入手する。6月14日、伊藤統監が辞任する。7月6日、韓国併合の方針を閣議決定する。10月26日、伊藤博文が暗殺される。31日、安昌浩が伊藤暗殺事件の参考人として逮捕拘留される。12月22日、李在明による李完用暗殺未遂事件が起こる。
1910 （45）	1月8日、米国ジョージア州アトランタで開催予定の米国南メソジスト信徒大会、および英国エディンバラで	1月9日、安昌浩が再拘束される。2月22日、安昌浩が李甲・金明濬・

	開催予定の万国宣教師大会に出席するため米国に向け出発。5月21日、米国南部よりワシントンD.C.へ移動する。5月末、英国に向けニューヨーク出港。6月14日、エディンバラ世界宣教者会議に出席（〜30日）。7月13日、英国よりロシアを経てシベリア鉄道で帰国。8月27日、従二品から正二品資憲大夫に昇序する。	李鍾浩等とともに釈放される。4月7日、安昌浩が幸州より国外脱出。6月2日、明石元二郎が駐韓国憲兵警察司令官として着任。22日、韓英書院で第1回YMCA夏令会が始まる（〜27日）。7月19日、崔光玉死去。同月、青年学友会が解散させられる。8月29日、日韓併合。10月末、李承晩帰国。12月29日、安明根が逮捕される（安岳事件の始まり）。
1911 (46)	5月4日、4女武姫誕生。21日、父より男爵位を踏襲する。6月26日、松都の韓英書院で開催された第2回YMCA夏令会（〜7月2日）にYMCA副会長として参加する。9月21日、父雄烈死去。	2月3日、金九が安岳事件容疑者として逮捕される。4月17日、土地収用例公布。7月22日、安岳事件の被告である安明根、金九、梁起鐸等に対する有罪判決が出る。10月、宣川信聖中学関係者の大量検挙始まる（105人事件の始まり）。11月11日、寺内総督が鴨緑江架橋式に臨席。
1912 (47)	2月4日、某重大事件の容疑者として逮捕される。3月1日、警務総監部留置場から京城地方法院へ押送される。4月5日、起訴され、翌日、予審審問にかけられる。5月12日、男爵位を剥奪される。6月28日、京城地方法院において初公判が開かれる。29日、第2回公判において訊問を受ける。9月28日、1審判決の結果、尹致昊以下5名は懲役10年、17名が無罪を宣告される。11月26日、京城覆審法院第1回公判が開かれ、金一濬、尹致昊が訊問される。	1月23日、アヴィソン、モヘット、ウィットモアの3名が総督官邸において寺内に会見、逮捕された信聖学校校長マッキュンの無実を訴える。3月3日、大成学校第1回卒業式。26日、李承晩が危機を察知して韓国を脱出する。7月17日、弁護人団が裁判官忌避の申し立てを行う→29日、却下される（以後、8月22日まで休廷となる）。30日、明治天皇崩御。8月23日、松寺検事正の論告がある。
1913 (48)	3月20日、京城覆審法院判決があり、尹致昊、梁起鐸、李寅煥、安泰国、林蚩正は懲役6年、玉観彬は懲役5年を宣告される（→上告する）。7月15日、大邱覆審法院が京城覆審法院判決を支持する（→上告）。10月9日、京城高等法院が上告を棄却し、京城覆審法院判決が最終的に確定する。	1月28日、維新会事件起こる。
1914 (49)	2月18日、大邱監獄から京城監獄に移監収容される。3月10日、4女武姫死去。	4月14日、昭憲皇太后崩御。7月23日、日本の静岡県御殿場にある東山荘で開催の第5回日本YMCA同盟総会に朝鮮代表が参加、朝鮮YMCAが日本YMCA同盟に加盟することが正式に決定する
1915 (50)	1月7日、寺内総督が尹致昊らの赦免の上奏に関して大隈総理に進達する。2月13日、尹致昊その他5名が京城監獄から釈放される。11月11日、4女恩姫誕生。＊この年、東京に行く。	
1916	1月1日、日記が再開する（第7巻）。3月4日、寺内総	6月26日、朝鮮中央YMCA総会開

(51)	督の招きで総督官邸を訪れ、朝鮮YMCA総務就任を依頼される。4月8日、総務就任を引き受ける。7月26日、静岡県御殿場にある日本YMCAの「東山荘」で開催された第5回日本YMCA同盟総会に出席するため渡日（～8月15日）。＊この年から延禧専門学校理事会理事となる。	催。10月12日、H・G・アンダーウッド死去。14日、長谷川新総督が就任する。
1917 (52)	4月15日、満州視察旅行に出る（～29日）。	3月12日、ロシアで2月革命勃発。
1918 (53)	2月8日、5女明姫誕生。＊この年、中国、米国における朝鮮人の独立請願運動に対する批判的な文章を日記に記す。	1月8日、ウィルソンの民族自決演説。11月11日、第1次世界大戦終結。
1919 (54)	2月28日、YMCA会館で御大葬の習義を見物する。3月1日、YMCA会館に刑事が来て、全ての部屋の机をかき回して書類を探す。一切事件にはかかわらぬため会館は全て閉鎖する。6日、『京城日報』記者のインタビューに対して独立運動に反対する3つの理由を述べる。7月20日、京城矯風会会長に選出される。9月3日、W・R・ランバスの司会による南メソジスト年会に出席。11日、斎藤総督および水野政務総監から道知事就任を打診されるも断る。	1月18日、パリ講和会議開会（～6月28日）。21日、高宗崩御。2月8日、在日本朝鮮人留学生が「2・8独立宣言」を発表。4月11日、上海に大韓民国臨時政府樹立。24日、申載雨が米国に行き、徐載弼、李承晩に会う（11月初に帰国）。5月25日、安昌浩が上海に到着。9月2日、新任総督斎藤実が南大門駅頭で爆弾の洗礼を受ける。11月14日、呂運亨が東京を訪れる。
1920 (55)	1月8日、安昌浩の使いが訪ねてきて運動に対する尹致昊の態度を確認する。10日、臨時政府の使者が来て、資金援助を養成する。24日、中央YMCA総務を辞任する。後任は申興雨。27日、3男璋善誕生。8月25日、米国国会議員団が中央YMCAを訪問、尹致昊が通訳する。＊この年、孤児救済協会会長となる。	4月12日、安泰国が死去。28日、英親王と梨本宮方子の結婚式。12月8日、李承晩が上海に到着。
1921 (56)	2月20日、極度の孤独感・疲労感に襲われ、寝込んだ状態が続く。9月16日、汎太平洋朝鮮会議副会長となる（会長は朴泳孝）。10月22日、4男琦善誕生。	5月20日、李承晩が上海を去りハワイに到着。8月7日、申興雨がハワイに赴き汎太平洋協会教育大会に出席し（～8月24日）、ハワイにいた李承晩と会う。
1922 (57)	5月13日、李商在、申興雨、F・M・ブロックマンとともに横浜に向け出発、同地で日韓双方のYMCA統合協定問題につき協議する（～17日）。10月6日、松都高普校長に就任する。	2月6日、第2次朝鮮教育令施行。3月18日、J・R・モットが来韓する。
1923 (58)	9月17日、長男永善に長男（英求）が誕生。10月19日、6女寶姫誕生。12月27日、虎の門事件に衝撃を受ける。	9月1日、関東大震災。
1924 (59)	4月19日に発生した松都高普の学生ストを収拾するために同年9月7日まで校長として奮闘する。	5月、申興雨が米国で李承晩と会い、興業倶楽部結成を指示される。
1925 (60)	3月22日、申興雨、李商在、俞星濬らと興業倶楽部を結成。7月29日、次女龍姫が14年ぶりに米国から帰国。8月29日、松都高等普通学校校長を辞任する（後任はWeems）。11月23日、朝鮮YMCA連合会会長となる。	1月、中央YMCA総務の申興雨氏はYMCA連合総務となり、具滋玉が中央YMCA総務となる。10月15日、朝鮮神宮鎮座式。12月28日、J・R・モットが来韓する。

1926 (61)	3月5日、7女瑛姫誕生。3月29日から5月31日まで日記が空白となる。	1月4日、総督府庁舎が慶福宮内に移転。4月25日、純宗崩御。28日、金虎門事件（斉藤総督暗殺未遂事件）起こる。5月、京城帝大法学部・医学部が設置される。
1927 (62)	この年、全鮮蹴球大会会長となる。	2月15日、新幹会創立総会。3月29日、李商在死去（78歳）。4月15日、宇垣一成が新総督に任命される。7月15〜29日、ホノルルで開催された太平洋問題調査会第2回会議に申興雨が出席。12月10日、山梨半造が新総督に任命される。
1928 (63)	5月24日、5男珽善誕生。8月18日、第9代朝鮮体育会会長に就任する（〜37年7月2日）。	3月24日、エルサレム国際宣教連名委員開催（〜4月8日）。
1929 (64)	4月9日、中国YMCAから来韓したD・W・ライオン博士を接待する。17日、来韓したJ・R・モットを迎え28日に朝鮮YMCA連合議会を開催する。10月30日、京都で開催の第3回太平洋問題調査会（11月1〜7日）に朝鮮代表として出席するため出発する。	4月15日、南北監理教会統合に関する委員会を開催。5月5日、具滋玉が中央Y総務を投げ出して渡米、申興雨が臨時総務となる。6月16日、F・M・ブロックマン死去。8月17日、第2期斎藤総督（〜31.6.17）。10月29日、世界経済恐慌始まる。
1930 (65)	12月12日、朝鮮監理会総理院理事兼財務局長に選出される。	2月21日、具滋玉に代わり申興雨が中央YMCA総務に就任する（副総務玄東完）。5月9日、李昇薫死去。12日、申興雨が米国向け出発する（ナッシュ召還問題の始まり）。11月18日、南北朝鮮監理教会統一準備委員会開会開催（〜29日）。12月2日、南北統一朝鮮監理教会第1回総会。
1931 (66)	10月7日、満州同胞問題協議会会長に選出される。	2月20日、孫貞道死去。5月15日、新幹会が解散する。6月17日、第2期宇垣一成総督（〜36年8月5日）。7月2日、万宝山事件発生。6日、兪億兼、申興雨、卜栄魯が米国に出発する（9月22日帰国）。9月18日、満州事変勃発。
1932 (67)	3月10日、満州国建国宣言に対する感想を日記に記す。18日、興業倶楽部会員と百合園でスキヤキ夕食会を持つ。6月22日、三輪刑事が安昌浩を連れて尹致昊の家を訪れる（安は7月15日、収監される）。11月25日、実姉慶姫死去。12月6日、申興雨から『基督申報』社長職就任を要請される。＊この年より1942年まで延禧専門学校の理事を務める。	1月8日、李奉昌が桜田門事件を起こす。3月29日、申興雨が渡米の途に就く（5月29日、帰国）。4月29日、上海天長節爆弾（尹奉吉）事件発生（安昌浩も逮捕される）。6月17日、申興雨が積極信仰団の組織に着手する。9月15日、日本政府が満州国を承認する。12月20日、財政難により北メソジスト米国本部

		が在韓宣教師引き上げを開始する。26日、安昌浩に4年刑の実刑判決が出る（→35年2月10日、大田刑務所から仮釈放となる）。
1933 (68)	6月26日、満州旅行途上、ソウルに立ち寄った新渡戸稲造戸士のために朝鮮ホテルで開かれた昼食会に出席する。12月14日、次男光善の義父南宮檍が逮捕される。＊この年、梨花専門学校・培材学校・槿花学園等の理事を兼任する。	3月27日、日本政府が国際連盟脱退を通告する。4月26日、ラジオ朝鮮語第2放送が始まる。5月18日、国防義会の創設成る。6月27日、防空訓練が実施される。8月、申興雨が積極信仰団を組織する。28日、李光洙が『東亜日報』を辞して『朝鮮日報』副社長へ転身する。
1934 (69)	4月15日、一時帰鮮した英親王の出席の下に開かれた国防義会連合会発会式に参加する。6月2日、YWCA会館の献堂式に出席する。6月19日、朝鮮監理教伝道開始50周年記念式典に出席する。7月1日、長老教伝道開始50周年記念式典でスピーチをする。10月3日、朝鮮監理教第2回総会に出席する（～11日までの9日間）。同月、梨花女子専門学校の新校舎竣工に伴い、金活蘭から梨花学長就任を依頼されるも辞退する。11月15日、古希祝い。同日、金永羲著『佐翁尹致昊先生略伝』が基督教朝鮮監理會總理院より刊行される。	2月27日、兪星濬死去。12月1日、第1高普、第2高普に軍事教練が導入される。
1935 (70)	2月9日、総督府学務局長渡辺豊日子が朝鮮ホテルに在京城日鮮キリスト教徒（丹羽・笠谷・尹致昊・梁柱三・咸台永ら）を招いた会談に出席する。3月11日、平壌からソウル駅に到着した安昌浩を駅頭に出迎える。5月31日、梨花女専新村新校舎移転落成式に出席する。	2月10日、安昌浩が大田刑務所から仮出獄する（3月11日、ソウルに来る）。15日、申興雨に代わり具滋玉が中央Yの新総務となる。3月30日、J・R・モットが来韓する。10月1日、朝鮮施政25周年記念式典。
1936 (71)	1月1日より37年12月31日までの日記が空白となる。2月12日、実母全州李氏が92歳で他界する。8月10日、『東亜日報』に朝鮮体育会会長尹致昊として、「孫君の優勝は20億の勝利」と題するインタビュー記事を発表する。	8月9日、孫基禎がベルリンオリンピックのマラソン大会で優勝する。13日、日章旗抹消事件が起こる（～26日）。26日、新総督南次郎がソウルに入城する。12月12日、朝鮮思想犯保護観察令が実施される。
1937 (72)	7月14日、来韓したヘレン・ケラーが府民館で行った講演、「第3の声」に対して、尹致昊が答辞と記念品贈呈を行う。20日、京城女子高普講堂で行われた時局対応講演会に高元勲、車載貞とともに臨む。9月7日、平壌における時局講演会に曺秉相とともに臨む。12月25日、尹致昊等104名有志の発起で南京陥落戦捷奉告祭を朝鮮神宮で挙行する。	6月10日、修養同友会事件により、李光洙その他百数十名検挙される。28日、安昌浩が同友会事件に連座して逮捕され、平壌よりソウルに護送される。7月7日、盧溝橋事件が起こる。8月13日、第2次上海事変が起こる。11月16日、愛国日が設けられる。12月11日、南京事件が起こる。
1938 (73)	2月7日、京城帝大付属病院に安昌浩を見舞う（3月10日、死去）。3月、延禧専門学校経済研究会事件関連の逮捕が始まる。4月7日、東京留学中の璋善、琦善に合	5月8日、朝鮮基督教連合会（総務具滋玉）が設立される。6月7日、申興雨が逮捕される。7月16日、

	うために日本に旅行する（〜17日）。滞日中、阪谷芳郎、宇佐美勝夫等を訪問する。5月23日、南総督を訪ねて中枢院に入りたくない理由を説明する。5月26日、申興雨と会見する。7月7日、国民精神総動員朝鮮連盟結成大会において万歳三唱の音頭をとる。8月16日、西大門警察の取り調べを受ける。9月5日、総督南の招きで南と会談する。	朝鮮基督教青年会連合が日本基督教青年会同盟に加盟する。10月14日、朝鮮基督教青年会連合が日本基督教青年会朝鮮連合会となる。
1939 （74）	2月7日、志願兵後援会名誉会長に選出される。3月3日、南次郎と対談する。7月12日、排英同志会会長に選出される。10月11日、日朝両メソジスト教会統一に向けて協議するため鄭春洙、梁柱三、李允栄、柳瀅基とともに日本に向け出発する（〜30日）。12月20日、創氏改名問題が初めて日記の話題となる。	9月3日、第2次世界大戦がはじまる。
1940 （75）	1月7日、従弟間で創氏改名問題について話し合う。4月29日、宗親会議で創氏改名することに決定する。5月1日、南総督に会い、創氏改名届出期限の延長を要請する。5月17日、南より期限延長不可の回答がある。6月17日、創氏改名手続きを済ませる。7月15日、東洋文化協会の夏季集会に出席するため、梁柱三と東京に向け出発する（〜8月3日）。11月16日、宣教師を中心とする米国人250名が朝鮮から撤退するのをソウル駅に見送る。12月6日、学務局長塩原より延禧専門学校の校長就任を依頼される。	2月11日、創氏改名手続きの受付がはじまる（〜8月10日）。5月23日、南総督が一時帰国する（〜6月24日）。
1941 （76）	1月1日、学務局長塩原に延禧専門学校の再組織計画書を提出する。2月25日、延禧専門学校校長に任命される。8月19日、海州で時局演説をする。12月8日、日米開戦の号外に心が高揚する。12月29日、『毎日新報』の依頼により韓相龍と共に総督執務室で南総督にインタビューする。	8月1日、米国が対日石油輸出を全面禁止する。
1942 （77）	1月1日、この年1年、日記が空白となる。10月14日、延禧専門学校校長を辞任する（→高橋浜吉教学官が代行となる）。	5月29日、小磯国昭が新総督となる（〜1944年7月22日）。
1943 （78）	1月1日、日記が再開する。2月27日、李覚鍾、鄭仁果等の主催により京城ホテルで開催された座談会「いかにして英米を打倒するか？」に出席する。4月10日、白梅麗夫人が他界する。5月10日、長男永善一家が同居して家業と家事一切を引き継ぐ。8月1日夜、「今日ノ歓喜ヲ何ヲ以テ比較スルカ」と題するラジオ放送を行う。10月7日、この日をもって『尹致昊日記』が終わる。	2月1日、日本軍、ガダルカナル島撤退開始。
1944 （79）		7月21日、阿部信行が新総督となる（〜1945年9月28日）。
1945 （80）	3月、ソウルから開城に疎開する。4月、帝国議会の勅選貴族院議員に任命される。10月15日、「ある老人の瞑想録（1）」を書く。10月20日、「ある老人の瞑想録（2）」を書く。11月30日、開城市内の歯科医に行った帰りに路上で卒倒し、自宅に運ばれるも以後、昏睡状態が続く。12月6日、開城の家で脳溢血により死去。	9月16日、韓国民主党が結成される。10月16日、李承晩が帰国する。

人名索引

489

木下隆男（きのした・たかお）
- 1946年　東京生まれ。
- 1971年　東京外国語大学英米語学科卒業。
- 2007年　同年3月、33年間務めた都立高校英語教師を定年退職し、同年9月、韓国ソウル上道洞にある崇実大学校大学院キリスト教学科に留学する。
- 2011年　同年8月、「105人事件と青年学友会研究」により崇実大学校大学院よりキリスト教学博士学位を授与される。同年11月に帰国して現在に至る。

評伝　尹致昊
（ユンチホ）

「親日」キリスト者による朝鮮近代60年の日記

2017年9月28日　初版第1刷発行

著　者	木　下　隆　男
発行者	石　井　昭　男
発行所	株式会社 明石書店

〒101-0021 東京都千代田区外神田6-9-5
電　話　03（5818）1171
ＦＡＸ　03（5818）1174
振　替　00100-7-24505
http://www.akashi.co.jp

組　版	朝日メディアインターナショナル株式会社
装　丁	明石書店デザイン室
印　刷	モリモト印刷株式会社
製　本	モリモト印刷株式会社

（定価はカバーに表示してあります）　　　　ISBN978-4-7503-4562-8

ブルース・カミングス 著

朝鮮戦争の起源

【全2巻〈計3冊〉】A5判／上製

誰が朝鮮戦争を始めたか。
──これは問うてはならない質問である。

膨大な一次資料を駆使しつつ、解放から1950年6月25日にいたる歴史を掘り起こすことで既存の研究に一石を投じ、朝鮮戦争研究の流れを変えた記念碑的名著。初訳の第2巻を含む待望の全訳。

❶朝鮮戦争の起源1
1945年─1947年 解放と南北分断体制の出現
鄭敬謨／林 哲／加地永都子【訳】　　　　　　　　　◎7000円
日本の植民地統治が生み出した統治機構と階級構造を戦後南部に駐留した米軍が利用して民衆の運動を弾圧したことにより、社会の両極化が誘発される過程を跡づける。ソウルおよび各地方に関する資料を丹念に分析し、弾圧と抵抗の構図と性質を浮き彫りにする。

❷朝鮮戦争の起源2【上】
1947年─1950年「革命的」内戦とアメリカの覇権
鄭敬謨／林 哲／山岡由美【訳】　　　　　　　　　◎7000円
旧植民地と日本の関係を復活させ共産圏を封じ込めるという米国の構想と朝鮮の位置づけを論じる。また南北の体制を分析、南では体制への抵抗と政権側の弾圧が状況を一層不安定化させ、北ではソ連と中国の影響が拮抗するなか独自の政治体制が形成されていったことを解き明かす。

❸朝鮮戦争の起源2【下】
1947年─1950年「革命的」内戦とアメリカの覇権
鄭敬謨／林 哲／山岡由美【訳】　　　　　　　　　◎7000円
1949年夏の境界線地域における紛争を取り上げ、50年6月以前にも発火点があったことを示すほか、アチソン演説の含意や中国国民党の動向等多様な要素を考察。また史料に依拠しつつ人民軍による韓国占領、韓米軍にによる北朝鮮占領を分析し、この戦争の内戦の側面に光をあてる。

〈価格は本体価格です〉

北朝鮮とアメリカ 確執の半世紀

ブルース・カミングス 著
杉田米行 監訳
古谷和仁、豊田英子 訳

四六判／上製 ◎2800円

現在の北朝鮮を形づくっているものは何か。日本に対するゲリラ戦、骨肉相食む朝鮮戦争、個人崇拝、韓国との苦難に満ちた関係、ソ連の崩壊と冷戦の終結、そして核をめぐる現在の危機を朝鮮近現代史研究の第一人者が率直に語る。「悪の枢軸」に仕立て上げられたこの国を三元論的な解釈から解き放ち、国際社会との複雑で微妙な関係の中に位置づけて描く。

現代朝鮮の歴史
―世界のなかの朝鮮―

世界歴史叢書

ブルース・カミングス著
横田安司、小林知子訳

四六判／上製 ◎6800円

打ち砕かれ粉々にされながらも自らの運命を切り開いてきた朝鮮半島の近現代史。特に、朝鮮戦争の諸原因とその影響、50年代以降の韓国経済の目を見張る発展、アメリカへの移民、さらに統一の可能性とそれに伴う様々な問題などに関しての分析は極めて緻密、かつ刺激的である。また、日本及び中国とは異なる独自の文化についても詳しい言及がなされている。

〈価格は本体価格です〉

共同研究 安重根と東洋平和
東アジアの歴史をめぐる越境的対話
李洙任、重本直利 編著　●5000円

韓国映画100年史
その誕生からグローバル展開まで
鄭琮樺 著　野崎充彦、加藤知恵 訳　●3200円

韓国近現代史
世界歴史叢書　1905年から現代まで
池明観　●3500円

朝鮮史 その発展
世界歴史叢書
梶村秀樹　●3800円

韓国現代史60年
徐仲錫 著　文京洙 訳　民主化運動記念事業会 企画　●2400円

日韓でいっしょに読みたい韓国史
未来に開かれた共通の歴史認識に向けて
徐毅植,安智源,李元淳,鄭在貞 著　君島和彦,國分麻里,山崎雅稔 訳　●2000円

東大生に語った韓国史
韓国植民地支配の合法性を問う
李泰鎮 著　鳥海豊 訳　●3000円

韓国の歴史教育
皇国臣民教育から歴史教科書問題まで
金漢宗 著　國分麻里、金玹辰 訳　●3800円

東アジアの歴史
韓国高等学校歴史教科書
アンビョンジクほか 著　三橋広夫・三橋尚子 訳　●3800円

韓国歴史用語辞典
世界の教科書シリーズ 42 アンビョンジク
イ・ウンソク・ファンビョンソク 著　三橋広夫・三橋尚子 訳　●3500円

帝国日本の植民地支配と韓国鉄道
1892〜1945　鄭在貞 著　三橋広夫 訳　●9000円

朝鮮通信使の足跡
日朝関係史論
仲尾宏　●3000円

朝鮮通信使をよみなおす
「鎖国」史観を越えて
仲尾宏　●3800円

国際共同研究 韓国併合と現代
歴史と国際法からの再検討
笹川紀勝、李泰鎮 編著　●9800円

国際共同研究 韓国強制併合一〇〇年 歴史と課題
笹川紀勝、邊英浩 監修　都時煥 編著　●8000円

アジア女性基金と慰安婦問題
回想と検証
和田春樹　●4400円

〈価格は本体価格です〉